PANORAMA DU DROIT
Collection dirigée par Guillaume BERNARD

PROCÉDURE PÉNALE

Madeleine LOBE FOUDA

SOMMAIRE

2. Les juridictions répressives 69

3. L'objet du procès pénal 101

PARTIE III

LISTE DES PRINCIPALES ABRÉVIATIONS

- *ACP : Archives de politique criminelle*
- *AJ pénal : Actualité juridique – Pénal*
- *AJDA : Actualité juridique de droit administratif*
- AP : assemblée plénière de la Cour de cassation
- Ass. plén. : Assemblée plénière de la Cour de cassation
- *Bull. crim. : Bulletin des arrêts de la chambre criminelle de la Cour de cassation*
- *Bull. inf. C. cass. : Bulletin d'information de la Cour de cassation*
- C. : code
- C. civ. : code civil
- C. const. : Conseil constitutionnel
- C. for. : code forestier
- C. mon. et fin. : code monétaire et financier
- C. rur. : code rural
- CE : Conseil d'Etat
- CEDH : Convention européenne des droits de l'homme
- CGCT : code général des collectivités territoriales
- Chron. : chronique
- CJCE : Cour de justice des Communautés européennes
- CJM : code de justice militaire
- COJ : code de l'organisation judiciaire
- Const. : Constitution de la République française (octobre 1958)
- Cour EDH : Cour européenne des droits de l'homme
- CP : code pénal
- CPP : code de procédure pénale
- Crim. : chambre criminelle de la Cour de cassation
- CSPu : code de la santé publique
- *D. : Recueil Dalloz*
- DDH : Déclaration universelle des droits de l'homme
- *DP : Dalloz périodique*
- *Dr. pénal* : revue *Droit pénal*
- *Gaz. Pal. : La Gazette du Palais*
- J.-cl : encyclopédie juridique Jurisclasseur
- *JCP : Semaine juridique/Jurisclasseur*
- *LPA : Les Petites Affiches*
- LPF : livre des procédures fiscales
- Obs. : observations
- *RDP : Revue de droit public*
- *Rev. pénit. : Revue pénitentiaire et de droit pénal*
- *RGDP : Revue générale de droit public*
- *RJC : Revue de jurisprudence constitutionnelle*
- *RSC : Revue de sciences criminelles et de droit comparé*
- *RTD com. : Revue trimestrielle de droit commercial*
- S. : *Sirey*

INTRODUCTION

Fiche n° 1 : Présentation de la procédure pénale

Références

Ouvrages

• Bouloc B. et Matsopoulos H., *Droit pénal général et procédure pénale*, 15e éd., 2004.
• Bouloc B., *Procédure pénale*, Dalloz, 20e éd., 2006.
• Buisson J. et Guinchard S., *Procédure pénale*, Litec, 3e éd., 2005.
• Desportes F., Lazerges-Cousquer L., *Traité de procédure pénale*, Economica, 2009.
• Falleti F. et Debove F., *Précis de droit pénal et de procédure pénale*, Presses universitaires de France, coll. « Major », 2e éd., 2006.
• Fourment F., *Procédure pénale*, CPU, 2e éd., 2004.
• Garé T. et Ginestet F., *Droit pénal et procédure pénale*, Dalloz, coll. « Hyper cours », 5e éd., 2008.
• Herzog-Evans M., *Procédure pénale*, Vuibert, coll. « Dyna'sup Droit », 2009.
• Larguier J. et Conte Ph., *Procédure pénale*, Dalloz, coll. « Mémentos », 21e éd., 2006.
• Merle R. et Vitu A., *Traité de droit criminel*, tome II, Cujas, 5e éd., 2001.
• Pradel J., *Droit pénal comparé*, Dalloz, 2e éd., 2002.
• Rassat M.-L., *Droit pénal et procédure pénale*, Presses universitaires de France, coll. « Mémentos Thémis », 1986.
• Rassat M.-L., *Traité de procédure pénale*, Presses universitaires de France, 2001.
• Robert J.-H., *Libertés publiques et droits de l'homme*, Montchrestien, 1998.
• Rolland B., *Procédure civile*, Studyrama, 2005.
• Rolland B., Lobe Fouda M., Monera E, *Formulaire d'actes de procédure ; 100 modèles en procédures civile, pénale et administrative*, Studyrama, 2008.
• Soyer J.-C., *Droit pénal et procédure pénale*, LGDJ, 2004.
• Sudre F., *Droit européen et droit international des droits de l'homme*, Presses universitaires de France, 6e éd., 2003.
• Vergès E., *Procédure pénale*, Litec, 2005.

Articles

• Boulan B., « La conformité de la procédure pénale française avec la CEDH », *Mélanges Larguier*, Presses universitaires de Grenoble, 1993, p. 21.
• Farina-Cussac J., « La sanction punitive dans les jurisprudences du Conseil d'Etat et de la Cour EDH », *RSC*, 2002, p. 517.
• Marguénaud J.-P., « La dérive de la procédure pénale française au regard des exigences européennes », *D.*, 2000, p. 249.
• Mayer D., « Evolution de l'attitude de la chambre criminelle de la Cour de cassation à l'égard de la Convention européenne des droits de l'homme », in *Mélanges Levasseur*, Litec, 1992, p. 239.

• OPPETIT B., « Droit commun et droit européen », in *Mélanges Loussouarn*, Dalloz, 1994, p. 311.
• PRADEL J., « La loi n° 2002-307 du 4 mars 2002 : un placebo pour guérir certains maux de la réforme du 15 juin 2000 sur la présomption d'innocence », *D.*, 2002, p. 1963.
• ROUJOU DE BOUBÉE G., « La protection des droits de l'homme en droit pénal français », *Revue internationale de droit pénal*, 1976, p. 93.

Recueils de jurisprudence

• BERGER V., *Jurisprudence de la Cour européenne des droits de l'homme*, Sirey, 2e éd., 2004.
• FAVOREU L. et PHILIP L., *Les Grandes Décisions du Conseil constitutionnel*, Dalloz, 12e éd., 2003.
• FAVOREU L., *Recueil de jurisprudence constitutionnelle*, Litec, 1959-1999.
• JEANDIDIER W. et BELOT J., *Les Grandes Décisions de la jurisprudence (procédure pénale)*, Presses universitaires de France, coll. « Thémis », 1986.
• PRADEL J. et VARINARD A., *Les Grands Arrêts de la procédure pénale*, Dalloz, 4e éd., 2003.
• SUDRE F. et MARGUÉBAUD J.-P., ANDRIANTSIMBAZOVINA J., GOUTTENOIRE A. et LEVINET M., *Les Grands Arrêts de la Cour européenne des droits de l'homme*, Presses universitaires de France - Droit, coll. « Thémis », 2e éd., 2004.

Dictionnaires juridiques

• CORNU G. (dir.), *Vocabulaire juridique*, Association Capitant, Presses universitaires de France, 2005.
• GUILLIEN R. et VINCENT J. (dir.), *Lexique des termes juridiques*, 15e éd., Dalloz, 2005.

Chronologie : Principales lois de procédure pénale depuis l'an 2000

• **Loi n° 2000-516 du 15 juin 2000 renforçant la présomption d'innocence et les droits de la victime** : intégration des principes directeurs de procédure pénale dans le code de procédure pénale, recours contre les décisions des cours d'assises, modification du régime de la garde à vue, principe de la présomption d'innocence, indemnisation des détentions provisoires injustifiées, droit des victimes lors des différentes phases de la procédure, statut de témoin assisté, réexamen d'une condamnation définitive après condamnation par la Cour européenne des droits de l'homme, juridictionnalisation de l'application des peines, indemnisation à raison d'une détention provisoire injustifiée.

• **Loi n° 2000-1354 du 30 décembre 2000** : indemnisation des condamnés reconnus innocents.

• **Loi organique n° 2001-539 du 25 juin 2001 sur le statut des magistrats** : limitation de la durée d'exercice de certaines fonctions, extension de la procédure pour avis de la Cour de cassation à la matière pénale, processus de filtrage des pourvois.

• **Loi n° 2001-1062 du 15 novembre 2001 relative à la sécurité quotidienne** : procédure de témoin anonyme, mesures restrictives de liberté dont l'application est prévue jusqu'au 31 décembre 2003.

• **Loi n° 02-307 du 4 mars 2002 complétant la loi du 15 juin 2000 renforçant la présomption d'innocence** : purge des nullités, élargissement des pouvoirs des organes de répression, appel du procureur général contre les arrêts d'acquittement de la cour d'assises.

• **Loi n° 2002-1138 du 9 septembre 2002 d'orientation et de programmation pour la justice (loi Perben I)** : traitement de la délinquance des mineurs, juridiction de proximité, amélioration de l'aide aux victimes.

• **Loi n° 2002-1138 du 9 septembre 2002** : détention provisoire des mineurs de 13 à 16 ans, création de la juridiction de proximité, procédure simplifiée des délits au code de la route par voie d'ordonnance pénale, référé-détention.

• **Loi organique n° 2003-153 du 26 février 2003** portant statut des juges de proximité.

• **Loi n° 2003-239 du 18 mars 2003 sur la sécurité intérieure** : cadre légal des visites des domiciles, suppression de l'obligation de notifier le droit au silence à la personne gardée à vue.

• **Loi constitutionnelle n° 2003-267 du 25 mars 2003** : institution du mandat d'arrêt européen.

• **Loi n° 2003-495 du 12 juin 2003 sur la lutte contre les violences routières** : création du délit d'homicide ou de blessures involontaires commis par le conducteur d'un véhicule terrestre à moteur, aggravation de la répression.

• **Loi n° 2004-204 du 9 mars 2004 (loi Perben II) portant adaptation de la justice aux évolutions de la criminalité** : régime dérogatoire concernant les infractions de criminalité et de délinquance organisée, renforcement des pouvoirs de coercition de police judiciaire, accroissement des prérogatives du juge des libertés et de la détention, procédure de comparution sur reconnaissance préalable de culpabilité, extradition, mandat européen.

• **Loi n° 2005-47 du 26 janvier 2006** : compétence de la juridiction de proximité.

• **Loi n° 2005-1549 du 12 décembre 2005 relative au traitement de la récidive des infractions pénales** : surveillance judiciaire de personnes dangereuses condamnées pour crime ou délit, sursis avec mise à l'épreuve, placement sous surveillance électronique mobile à titre de mesure de sûreté, suivi sociojudiciaire.

• **Loi n° 2006-64 du 23 janvier 2006 relative à la lutte contre le terrorisme** : lutte contre le financement des activités terroristes, recours à la vidéosurveillance aux fins de prévention d'actes de terrorisme, activités privées de surveillance, contrôles frontaliers.

• **Loi n° 2006-396 du 4 avril 2006** relative à la prévention et à la répression des violences au sein du couple ou commises contre les mineurs.

• **Loi n° 2007-291 du 5 mars 2007 relative à l'équilibre de la procédure pénale** : renforcement du caractère contradictoire pendant l'instruction, création des pôles d'instruction, collégialité de l'instruction, affirmation du caractère exceptionnel de la détention provisoire, renforcement des droits de la défense.

• **Loi n° 2007-297 du 5 mars 2007 relative à la prévention de la délinquance** : rôle du maire dans la prévention de la délinquance, présentation immédiate du mineur devant la juridiction de jugement, extension de la composition pénale aux mineurs.

• **Loi n° 2007-1198 du 10 août 2007 renforçant la lutte contre la récidive des majeurs et des mineurs** : aggravation des sanctions encourues en matière de récidive par l'institution des peines plancher, extension du domaine de l'injonction des soins.

• **Loi n° 2007-1545 du 30 octobre 2007** instituant le contrôleur général des lieux de privation de liberté.

• **Loi n° 2008-174 du 25 février 2008** sur la rétention de sûreté et la déclaration d'irresponsabilité pour trouble mental.

• **Loi n° 2008-644 du 1er juillet 2008** créant des nouveaux droits pour les victimes et améliorant l'exécution des peines.

• **Loi constitutionnelle n° 2008-724 du 23 juillet 2008** de modernisation des institutions de la Ve République instituant la question prioritaire de constitutionnalité.

• **Loi n° 2009-526 du 12 mai 2009** de simplification et de clarification du droit et d'allégement des procédures.

• **Loi organique n° 2009-1523 du 10 décembre 2009** relative à l'application de l'article 61-1 de la Constitution précisant la procédure relative à la question prioritaire de constitutionnalité.

Définitions

• **Procédure pénale** : branche du droit pénal régissant l'organisation et la compétence des autorités répressives ainsi que le déroulement du procès pénal.

• **Procès pénal** : au sens strict, il s'agit de l'audience devant les juridictions de jugement. Au sens large, le procès pénal retrace le déroulement de la procédure depuis la constatation de l'infraction jusqu'au prononcé de la décision définitive.

• **Procédure accusatoire** : procédure se caractérisant par le rôle actif reconnu à la victime, qui a l'initiative du procès, ainsi que par la neutralité des juges, qui doivent apprécier les preuves administrées par les parties.

• **Procédure inquisitoire** : les poursuites sont exercées par un accusateur public. Le rassemblement de la preuve est généralement confié au magistrat instructeur.

Explications

La procédure pénale réglemente le processus judiciaire qui va de la découverte de l'infraction au prononcé de la décision de la juridiction de jugement. Toutefois, elle peut s'appliquer sans procès pénal entendu au sens strict, c'est-à-dire sans audience devant la juridiction de jugement. Il en est ainsi en cas de non-lieu, de recours aux modes alternatifs aux poursuites ou de procédures simplifiées de jugement des délits et des contraventions. En cas de condamnation, les règles de procédure vont réglementer l'exécution de la peine.

La procédure pénale prévoit en outre les règles relatives à l'organisation et à la compétence des juridictions répressives.

Afin de mieux cerner la notion de procédure pénale, il importe de présenter son objet (I), le régime procédural français (II) ainsi que les sources de la procédure pénale (III).

I. Le domaine de la procédure pénale

La délimitation de l'objet de la procédure pénale implique d'une part la détermination des rapports existant entre cette matière et le droit pénal, et, d'autre part, sa distinction des autres droits processuels.

A. Droit pénal général et procédure pénale

Le droit pénal général détermine les incriminations et les sanctions applicables. La procédure pénale fixe le cadre dans lequel l'Etat met en œuvre le droit de punir. Elle constitue le lien entre l'infraction et la réponse pénale apportée par les autorités étatiques. L'application des sanctions prévues par le droit pénal qui menace les prérogatives individuelles ne peut se faire que dans le strict respect des règles de procédure pénale, souvent prescrites sous peine de nullité. Et même lorsque la nullité n'est pas expressément prévue, elle peut être déclarée si l'acte a porté atteinte aux droits de la défense.

Comme le droit pénal, la procédure pénale doit trouver un équilibre entre les droits individuels et la protection de la société. Les règles de procédure pénale doivent être assez rigoureuses pour permettre la répression de tous les coupables sans toutefois atteindre les innocents. Elles doivent également préserver les droits de l'individu, ceux de la personne poursuivie comme ceux de la victime. Les règles de procédure doivent garantir une bonne administration de la justice, d'où la mise en place d'un régime de preuves respectueux de la dignité humaine et permettant d'éviter les erreurs judiciaires. L'indépendance des organes du procès pénal doit aussi être assurée à tous les stades de la procédure.

B. La procédure pénale et les autres droits processuels

1. Procédure pénale et procédure civile

La procédure pénale réglemente l'action publique exercée par le ministère public contre l'auteur d'une infraction. L'action publique permet de réparer le trouble social causé par l'infraction. Elle tend à l'application d'une peine ou d'une mesure de sûreté. Le procès civil réglemente les organes de la justice civile. Il permet de régler un litige opposant des particuliers.

Parce qu'elles peuvent être attentatoires aux libertés individuelles, les règles de procédure pénale ne peuvent être édictées que par la loi (art. 34 Const.), alors que les règles de procédure civile sont édictées par le pouvoir réglementaire.

La procédure civile est essentiellement accusatoire. Elle applique le principe dispositif. Elle est laissée entre les mains des parties, qui ont l'initiative des poursuites et qui peuvent y mettre fin d'un commun accord[1]. Les règles de compétences peuvent être modifiées d'un commun accord par les parties.

Le procès pénal échappe aux parties. C'est la consécration du principe de l'indisponibilité du litige. Le ministère public, qui exerce l'action publique, ne peut transiger et le procès doit être mené jusqu'à son terme.

Le juge répressif participe activement à la recherche de la preuve. Le juge d'instruction doit instruire à charge et à décharge, au besoin en utilisant des pouvoirs

1. Guinchard S. et Vincent J., *Procédure pénale*, Litec, 2005, n° 1. Rolland B., *Procédure civile*, Studyrama, 2e éd., 2007.

coercitifs. La juridiction de jugement qui apprécie les éléments de preuve afin de déterminer la culpabilité ou l'innocence de la personne poursuivie peut, lorsque les preuves produites lui semblent insuffisantes, ordonner un supplément d'information. Le juge civil en revanche obéit au principe de la neutralité et le juge de la mise en état n'a pas les mêmes pouvoirs d'investigation que le juge d'instruction. Le système de l'intime conviction s'oppose au système de la preuve légale administrée devant le juge civil.

Au-delà de ces différences, procédure pénale et procédure civile présentent des éléments communs. En application de la règle de l'unité de la justice civile et répressive, les juridictions civiles et pénales sont toutes des juridictions de l'ordre judiciaire et obéissent de ce fait à des règles ou principes communs. Les deux procédures subissent également l'influence de diverses normes internationales, européennes et communautaires qui imposent le respect des droits fondamentaux des parties au procès [2].

2. Procédure pénale et procédure administrative

Procédure pénale et procédure administrative s'opposent essentiellement par le principe de la dualité de juridictions. Bien qu'elles aient pour but l'intérêt public, les juridictions administratives ne peuvent, sauf exception, connaître des infractions pénales.

3. Procédure pénale et procédure disciplinaire

Alors que la procédure pénale vise à la protection de l'intérêt général, la procédure disciplinaire constitue le droit répressif propre à une institution particulière. L'instance se déroule devant une autorité non juridictionnelle et aboutit au prononcé de sanctions disciplinaires.

Lorsque le fait constitue à la fois une infraction disciplinaire et une infraction pénale, l'autorité disciplinaire n'a pas à surseoir à statuer en l'attente de la décision pénale[3].

La Cour européenne des droits de l'homme[4] considère que les sanctions disciplinaires ont une finalité punitive. Par conséquent, les principes de procédure pénale doivent également être appliqués à la procédure disciplinaire. Le Conseil d'Etat[5] et

2. Guinchard S., « Vers une démocratie procédurale », *Justices*, 1999, p. 91.
3. Civ., 1re, 17 oct. 1995, *Bulletin des Chambres civiles de la Cour de cassation*, I, n° 364.
4. Cour EDH, 8 juin 1976, Engels c/ Pays-Bas, Série A, n° 22 ; 28 juin 1984, Campbell et Fell c/ Royaume-Uni, Série A, n° 80.
5. 14 févr. 1996, Maubleu, *Actualité juridique droit administratif*, 1996, 403, note Stahl et Chavaux ; *JCP*, 1996, II, 22669, note Lacombe et Vion ; *Revue française de droit administratif*, 1996, 339 et concl. Sanson, p. 1186.

la chambre criminelle exigent également le respect des principes fondamentaux de procédure pénale en matière disciplinaire.

II. Le régime procédural

A. Les différents systèmes concevables

Selon l'importance accordée à l'un ou l'autre des intérêts contradictoires en jeu, la procédure sera de type accusatoire ou de type inquisitoire. Le droit français a opté pour une procédure mixte.

1. La procédure accusatoire

L'élément prédominant dans ce système est l'accusation. Le juge ne peut se saisir lui-même. Les poursuites pénales doivent être déclenchées par un accusateur, à l'origine, la victime privée ou ses ayants droit. Le désistement de la victime met fin aux poursuites. Le désistement de la victime met fin aux poursuites. Le juge n'intervient pas dans la recherche des preuves, celles-ci devant être établies par les parties. La phase d'instruction n'existe pas et le procès se confond avec l'audience de jugement.

La procédure accusatoire est publique, orale et contradictoire.

Le système accusatoire favorise l'égalité entre les parties. Mais il sacrifie les intérêts de la société en privilégiant ceux de la personne poursuivie.

2. Le système inquisitoire

Dans ce système, la phase principale est l'enquête (*inquisitio*), qui va permettre de faire toute la lumière sur les faits et d'apporter toute la vérité au juge avant la phase de jugement, d'où l'importance de l'aveu. Les preuves sont recherchées par un juge, le même que celui qui statue au fond ou un magistrat instructeur.

La procédure est écrite, ce qui favorise les voies de recours. Elle est secrète et elle n'est pas contradictoire.

Le système inquisitoire traduit le souci de lutter efficacement contre la délinquance au détriment des droits de la défense. Le juge peut se saisir d'office s'il a connaissance de faits susceptibles de constituer une infraction.

Pris séparément, chaque système est déséquilibré, privilégiant à l'excès tantôt les droits de la défense, tantôt les intérêts de la société. Les droits contemporains tentent de concilier les deux intérêts en adoptant des systèmes mixtes.

B. Le régime procédural français

Le régime procédural français est un modèle mixte.

La mise en mouvement des poursuites est une prérogative du ministère public. Cependant, la victime a également la possibilité de déclencher le procès pénal par une plainte avec constitution de partie civile ou par une citation directe. L'instruction est caractéristique d'une procédure inquisitoire car elle est écrite et secrète. Mais, au fil des réformes, elle devient contradictoire afin d'assurer le respect des droits de la défense.

La phase du jugement possède des caractéristiques d'une procédure de type accusatoire. Elle est publique, orale et contradictoire.

III. Les sources de la procédure pénale

Il convient de distinguer les sources internes des sources internationales et européennes.

A. Les sources internes

1. La Constitution et le bloc de constitutionnalité

La Constitution du 4 octobre 1958 contient diverses règles de procédure pénale. Il en est ainsi de l'article 66 qui consacre l'autorité judiciaire gardienne des libertés individuelles. L'article 67 de la Constitution prévoit la mise en cause du président de la République devant la Haute Cour en cas de manquement manifestement incompatible avec l'exercice de son mandat[6], alors que l'article 68 de la Constitution énonce que les membres du gouvernement sont justiciables devant la Cour de justice de la République.

Diverses règles de procédure proviennent du bloc de constitutionnalité qui comprend des textes de valeur constitutionnelle visés dans le préambule tels que la Déclaration des droits de l'homme et du citoyen du 26 août 1789 (principe de l'égalité des citoyens devant la loi, principe de la légalité procédurale, principe de la présomption d'innocence), le préambule de la Constitution de 1948, qui vise les principes fondamentaux reconnus par les lois de la République.

Seul le Conseil constitutionnel est compétent pour contrôler la constitutionnalité des lois. Selon l'article 61 de la Constitution, il peut être saisi par le président de la

6. Loi const. n° 2007-238 du 23 février 2007 portant modification du titre IX de la Constitution, *JO*, 24 février 2007, p. 3354.

République, le Premier ministre, le président de l'Assemblée nationale, le président du Sénat ou soixante députés ou soixante sénateurs. Une disposition déclarée anticonstitutionnelle ne peut être promulguée ni mise en application (art. 62 Const.)[7].

Selon l'article 61-1 de la Constitution issu de la loi constitutionnelle du 23 juillet 2008, lorsque, à l'occasion d'une instance en cours devant une juridiction, il est soutenu qu'une disposition législative porte atteinte aux droits et libertés que la Constitution garantit, le Conseil constitutionnel peut être saisi de cette question sur renvoi du Conseil d'Etat ou de la Cour de cassation qui se prononce dans un délai déterminé (art. 29, loi du 23 juillet 2008). La loi organique du 10 décembre 2009, prise en application de l'article 46-I de la loi constitutionnelle de 2008, fixe les modalités d'application de la question prioritaire de constitutionnalité. La procédure qui est la même devant les juridictions des deux ordres juridictionnels est applicable à partir du 1er mars 2010.

Mais cette procédure est soumise à divers filtres, la recevabilité du moyen tiré de ce qu'une disposition législative porte atteinte aux droits et libertés garantis par la Constitution ou aux engagements internationaux de la France devant être examinée d'abord par la juridiction saisie du litige puis par le Conseil d'Etat ou la Cour de cassation qui doivent décider si la question prioritaire de constitutionnalité peut être transmise au Conseil constitutionnel.

Le moyen doit être présenté dans un écrit distinct et motivé. Un tel moyen peut être soulevé pour la première fois en cause d'appel. Il ne peut être relevé d'office. Le moyen ne peut être soulevé devant la cour d'assises. En cas d'appel d'un arrêt rendu par la cour d'assises en premier ressort, il peut être soulevé dans un écrit accompagnant la déclaration d'appel. Cet écrit est immédiatement transmis à la Cour de cassation.

La juridiction saisie du litige doit statuer sans délai par une décision motivée sur la question prioritaire de constitutionnalité, mais la transmission à la Cour de cassation ou au Conseil d'Etat ne sera effectuée que si les conditions posées par l'article 23-2 de la loi du 10 décembre 2009 sont réunies :

- 1° La disposition contestée est applicable au litige ou à la procédure, ou constitue le fondement des poursuites ;
- 2° Elle n'a pas déjà été déclarée conforme à la Constitution dans les motifs et le dispositif d'une décision du Conseil constitutionnel, sauf changement des circonstances ;
- 3° La question n'est pas dépourvue de caractère sérieux.

7. Cass. AP., 10 oct. 2001, *Bull. inf. C. cass.*, 15 nov. 2001, concl. R. de Gouttes ; *Bull. crim.*, n° 206 ; *D.*, 2001, p. 3021 et 3365, chron. L. Favoreu ; *D.*, 2002, 237, note C. Debbasch ; *RSC*, 2002, p. 59, obs. Hamon ; *D.*, 2002, p. 674, note Pradel ; *JCP*, 2000, II, 10024, note C. Franck ; *RSC*, 2002, 128, obs. Giudicelli.

La décision de transmettre la question est adressée au Conseil d'Etat ou à la Cour de cassation dans les huit jours de son prononcé avec les mémoires ou les conclusions des parties. Elle n'est susceptible d'aucun recours. Le refus de transmettre la question ne peut être contesté qu'à l'occasion d'un recours contre la décision réglant tout ou partie du litige.

Lorsque la question est transmise au Conseil d'Etat ou à la Cour de cassation, la juridiction sursoit à statuer jusqu'à réception de la décision du Conseil d'Etat ou de la Cour de cassation ou, s'il a été saisi, du Conseil constitutionnel (art. 23-3 de la loi du 10 décembre 2009). Le cours de l'instruction n'est pas suspendu et la juridiction peut prendre les mesures provisoires ou conservatoires nécessaires. Toutefois, le sursis à statuer n'est pas applicable si une personne est privée de liberté à raison de l'instance, si l'instance a pour objet de mettre fin à une mesure privative de liberté ou si la loi ou le règlement prévoit qu'elle statue dans un délai déterminé ou en urgence.

Si la juridiction de première instance statue sans attendre et s'il est formé appel de sa décision, la juridiction d'appel sursoit à statuer, sauf si elle est elle-même tenue de se prononcer dans un délai déterminé ou en urgence. Lorsque le sursis à statuer risquerait d'entraîner des conséquences irrémédiables ou manifestement excessives pour les droits d'une partie, la juridiction qui décide de transmettre la question peut statuer sur les points qui doivent être immédiatement tranchés.

Si un pourvoi en cassation a été introduit alors que les juges du fond se sont prononcés sans attendre la décision de la Cour de cassation ou, s'il a été saisi, celle du Conseil constitutionnel, il est sursis à toute décision sur le pourvoi tant qu'il n'a pas été statué sur la question prioritaire de constitutionnalité. Il en va autrement quand l'intéressé est privé de liberté à raison de l'instance et que la Cour de cassation est tenue de statuer dans un délai déterminé.

Dans un délai de trois mois à compter de la réception de la transmission de la procédure, le Conseil d'Etat ou la Cour de cassation se prononce sur le renvoi de la question prioritaire de constitutionnalité au Conseil constitutionnel (art. 23-4, loi du 10 décembre 2009). Il est procédé à ce renvoi dès lors que les deux premières conditions de l'article 23-2 sont remplies et si la question est nouvelle ou présente un caractère sérieux. L'exception d'inconstitutionnalité peut aussi être soulevée, y compris pour la première fois en cassation, à l'occasion d'une instance devant le Conseil d'Etat ou la Cour de cassation. Le moyen est présenté, à peine d'irrecevabilité, dans un mémoire distinct et motivé. Il ne peut être relevé d'office. La juridiction dispose d'un délai de trois mois à compter de la présentation de ce moyen pour rendre sa décision.

Lorsque le Conseil constitutionnel a été saisi, le Conseil d'Etat ou la Cour de cassation sursoit à statuer jusqu'à ce qu'il se soit prononcé. Il en va autrement quand l'intéressé est privé de liberté à raison de l'instance et que la loi prévoit que la Cour de cassation statue dans un délai déterminé. Si le Conseil d'Etat ou la Cour de cassation est tenu de se prononcer en urgence, il peut n'être pas sursis à statuer.

La décision motivée du Conseil d'Etat ou de la Cour de cassation de saisir le Conseil constitutionnel lui est transmise avec les mémoires ou les conclusions des parties (art 23-7, loi décembre 2009). Le Conseil constitutionnel reçoit une copie de la décision motivée par laquelle le Conseil d'Etat ou la Cour de cassation décide de ne pas le saisir d'une question prioritaire de constitutionnalité. Si le Conseil d'Etat ou la Cour de cassation ne s'est pas prononcé dans les délais, la question est transmise au Conseil constitutionnel. La décision du Conseil d'Etat ou de la Cour de cassation est communiquée à la juridiction qui a transmis la question prioritaire de constitutionnalité et notifiée aux parties dans les huit jours de son prononcé.

Le Conseil constitutionnel, saisi de la question prioritaire de constitutionnalité, avise immédiatement le président de la République, le Premier ministre et les présidents de l'Assemblée nationale et du Sénat. Ceux-ci peuvent adresser au Conseil constitutionnel leurs observations sur la question prioritaire de constitutionnalité qui lui est soumise[8]. L'extinction, pour quelque cause que ce soit, de l'instance à l'occasion de laquelle la question a été posée est sans conséquence sur l'examen de la question (art. 23-9 de la loi).

Le Conseil constitutionnel statue dans un délai de trois mois à compter de sa saisine. Les parties sont mises à même de présenter contradictoirement leurs observations. L'audience est publique, sauf dans les cas exceptionnels définis par le règlement intérieur du Conseil constitutionnel. Sa décision doit être motivée. Elle est notifiée aux parties et communiquée soit au Conseil d'Etat, soit à la Cour de cassation ainsi que, le cas échéant, à la juridiction devant laquelle la question prioritaire de constitutionnalité a été soulevée.

Le Conseil constitutionnel communique également sa décision au président de la République, au Premier ministre et aux présidents de l'Assemblée nationale et du Sénat. La décision du Conseil constitutionnel est publiée au *Journal officiel*. Si la disposition est jugée anticonstitutionnelle, elle est abrogée à compter de la décision ou d'une date ultérieure fixée par la décision. Le Conseil constitutionnel détermine les conditions et les limites dans lesquelles les effets que la disposition a produits sont susceptibles d'être remis en cause (art. 62 Const.).

8. Lorsqu'une disposition d'une loi du pays de la Nouvelle-Calédonie fait l'objet de la question prioritaire de constitutionnalité, le Conseil constitutionnel avise également le président du gouvernement de la Nouvelle-Calédonie, le président du congrès et les présidents des assemblées de province.

2. La loi

Aux termes de l'article 34 de la Constitution, la loi détermine les règles de procédure pénale. Au sens strict, il s'agit de la loi votée par le Parlement et promulguée par le président de la République. Il faut y inclure les ordonnances prises par le pouvoir réglementaire sur délégation du Parlement (art. 38 Const.) lorsqu'elles sont ratifiées par le Parlement. Le règlement peut aussi intervenir dans le domaine de la procédure pénale lorsqu'il s'agit de mettre en œuvre les lois de procédure pénale[9].

La procédure pénale est régie par le code de 1958 entré en vigueur en 1959 et qui a repris les dispositions majeures du code d'instruction criminelle. Mais ce code a fait l'objet de multiples réformes permettant tantôt d'accroître les droits des personnes suspectes ou poursuivies (loi du 15 juin 2000, loi du 5 mars 2007 relative à l'équilibre de la procédure), tantôt de renforcer la répression en raison du développement de la délinquance ou de certaines formes de la délinquance (loi sécurité-liberté du 2 février 1981, loi Perben du 9 mars 2004, loi du 5 mars 2007 relative à la prévention de la délinquance, loi du 10 août 2007 relative à la récidive des mineurs et des majeurs).

Les lois nouvelles de procédure sont d'application immédiate. Selon l'article 112-2 1° du code pénal, les lois nouvelles concernant l'organisation judiciaire et la compétence régissent le jugement, non seulement des infractions commises après leur promulgation, mais aussi de celles commises antérieurement tant qu'un jugement sur le fond n'a pas été rendu en première instance. Les lois nouvelles de procédure relatives au déroulement du procès pénal s'appliquent à la poursuite et au jugement des infractions commises avant qu'elles n'aient été promulguées, même si l'instance est déjà engagée, tant qu'un jugement sur le fond n'est pas intervenu (art. 112-2, 2° CP).

L'application de loi nouvelle est toutefois écartée s'il existe au profit du délinquant un droit acquis. Une loi nouvelle de procédure qui supprime une voie de recours ou en modifie le délai d'exécution ou les effets ne peut être opposée à celui qui en bénéficiait au moment où a été rendue la décision qui l'a condamné. L'article 112-3 du code pénal dispose à cet effet que les lois relatives à la nature, aux cas d'ouverture des voies de recours, aux délais et aux personnes admises à se pourvoir s'appliquent aux décisions prononcées après leur entrée en vigueur. La forme de recours sera celle prévue par la loi en vigueur au jour de l'exercice. Par ailleurs, l'application de la loi nouvelle ne peut entraîner la nullité des actes régulièrement accomplis sous l'empire de la loi ancienne ni davantage proroger la validité d'ordonnances rendues en matière de détentions préventives avant sa promulgation (art. 112-4 CPP).

9. C. const. 27 nov. 1959, RATP, *RJC*, II, 1. 1960, p. 518, note L. Hamon ; *Revue du droit public*, 1960, obs. Waline.

Les lois relatives à la prescription de l'action publique et à la prescription de la peine sont immédiatement applicables aux infractions commises avant leur entrée en vigueur lorsque les prescriptions ne sont pas acquises. Elles s'appliquent immédiatement même lorsqu'elles auraient pour résultat d'aggraver la situation de l'intéressé (art. 112-2, 4° CP).

3. Les principes généraux de procédure pénale

Il s'agit de règles que les tribunaux jugent fondamentales, qui s'appliquent même en l'absence de texte et qui sont énoncées par la jurisprudence. Il en est ainsi des droits de la défense, du principe selon lequel la personne poursuivie et son conseil doivent avoir la parole en dernier[10]. Mais la plupart de ces principes ont un fondement constitutionnel.

B. Les sources internationales

1. Généralités

Divers textes internationaux permettent d'assurer l'entraide répressive internationale lorsqu'il existe un élément d'extranéité dans le procès. Ils tendent à créer une coopération aussi bien judiciaire que policière entre Etats. Ils permettent également d'assurer le jugement ou l'exécution de la peine des délinquants grâce à des conventions d'extradition bilatérales ou multilatérales[11].

D'autres textes imposent des standards de procédure garantissant une bonne justice : Déclaration des droits de l'homme du 26 août 1789, Déclaration universelle des droits de l'homme du 10 décembre 1948 (art. 8 à 11), Pacte international relatif aux droits civils et politiques (19 décembre 1966), Convention européenne de sauvegarde des droits de l'homme et des libertés fondamentales (4 novembre 1950), Charte des droits fondamentaux de l'Union européenne du 18 décembre 2000.

La suprématie des textes internationaux est consacrée par l'article 55 de la Constitution, qui pose le principe de la primauté des textes internationaux régulièrement ratifiés et promulgués sur les textes internes qui leur seraient contraires. Parmi tous ces textes, la Convention européenne et les textes communautaires jouent un rôle particulièrement important du fait de leur application directe dans les Etats signataires.

10. Crim., 28 sept. 1983, *D.*, 1984, p. 156. note Pradel.

11. Convention européenne d'extradition du 13 décembre 1957 ; convention relative à la procédure simplifiée d'extradition applicable uniquement aux pays de l'Union européenne.

2. La Convention européenne de sauvegarde des droits de l'homme

Elle impose une conception humaniste de la procédure[12] et diverses dispositions internes constituent des applications de la jurisprudence de la Cour européenne des droits de l'homme : la réglementation des écoutes téléphoniques[13], les garanties accordées au suspect pendant la garde à vue[14], le remplacement de la procédure de contumace par la procédure de défaut[15], l'abrogation de l'obligation pour l'accusé de se mettre en état la veille de l'ouverture de l'audience de la cour d'assises[16], etc. Son essor est lié à l'existence de la Cour européenne des droits de l'homme qui, à travers sa jurisprudence, influence directement le droit national. Depuis la loi du 15 juin 2000 (art. 626-1 CPP), le requérant peut demander le réexamen de la décision définitive en cas de condamnation de la France pour violation des dispositions de la Convention européenne des droits de l'homme (voir Fiche n° 23).

3. Le droit communautaire

Si la Cour de justice des Communautés européennes déclare qu'en principe, la législation pénale et la procédure communautaire relèvent de la compétence des Etats membres, elle considère toutefois qu'il ne peut en être déduit que ce domaine du droit ne peut être affecté par le droit communautaire (CJCE, 16 déc. 1996, *Europe*, févr. 1997, n° 30). L'article 6 § 2 du traité sur l'Union européenne stipule que l'Union respecte les droits fondamentaux, tels qu'ils sont garantis par la Convention européenne des droits de l'homme et tels qu'ils résultent des traditions constitutionnelles communes aux Etats membres, en tant que principes généraux de droit communautaire. La Charte des droits fondamentaux de l'Union européenne, même si elle ne peut être évoquée par les particuliers devant les juridictions en cas de litige, énonce ainsi un ensemble de droits fondamentaux inspirés de la convention européenne et qui concerne particulièrement la procédure pénale : présomption d'innocence et respect des droits de la défense (art. 48), droit à un tribunal impartial (art. 47).

L'influence du droit communautaire sur le droit national s'exerce à travers les principes dégagés par la Cour de justice des Communautés européennes tels que le droit de ne pas contribuer à sa propre incrimination ou le droit de tout accusé à être défendu par un avocat même en son absence (CJCE, 28 mars 2000, Krombach c/ Bamberski, aff. C-7/98).

12. Vergès E., *Procédure pénale*, *op. cit.*, n° 20.
13. Les articles 100 et ss. du code de procédure pénale, introduits dans le code par une loi du 10 juillet 1991 après une condamnation de la France par la Cour EDH : arrêt Kruslin et Huvig 24 avril 1990.
14. Cour EDH, 28 juillet 1999, aff. Selmoumi, *JCP*, 1999, II, 10193.
15. Cour EDH, 13 février 2001, aff. Krombac, *D.*, 2001, IR 746 ; *RSC*, 2001, 429, obs. F. Massias ; *JCP*, 2001, I, 342, obs. F. Sudre ; *D.*, 2001, 3302, note J.-P. Marguénaud ; voir aussi CJCE, 28 mars 2000, Krombac c/ Bamberski, *D.*, 2000, IR 122 ; *RSC*, 2001, obs. F. Massias ; *D.*, 2001, obs. J.-F. Renucci ; *JCP*, 2001, I, 291, obs. F. Sudre.
16. Cour EDH, 14 déc. 1999, aff. Kalfaoui, *JCP*, 2000, I, 203.

La charte des droits fondamentaux de l'Union européenne réaffirme en les complétant les droits fondamentaux posés par les précédentes conventions.

Approfondissement : La difficile conciliation des différents intérêts pendant le procès pénal

Lorsqu'une infraction est commise, divers intérêts contradictoires peuvent se trouver en concurrence. Il y a d'abord l'intérêt de la société, qui consiste à punir le coupable afin de rétablir l'ordre. Il y a aussi les intérêts du délinquant, qu'il ne faut pas sacrifier sur l'autel de la répression. Enfin, il y a les intérêts de la victime, qui cherche à obtenir réparation du préjudice subi. La procédure doit être équitable et préserver chacun de ces intérêts.

I. Les intérêts de la société contre les intérêts de la personne poursuivie

On peut d'abord opposer les droits de la société à ceux du délinquant. Les règles de procédure doivent sanctionner le coupable tout en protégeant ses droits. Selon qu'on met l'accent sur l'un ou l'autre des intérêts, la politique pénale sera plus répressive ou plus indulgente envers le délinquant.

L'étude de la politique criminelle permet de démontrer que celle-ci est en rapport assez étroit avec la politique en général. En effet, le changement de majorité politique entraîne souvent une remise en cause des réformes précédemment opérées. Les auteurs distinguent ainsi des périodes correspondant aux changements politiques : une politique de défense sociale serait organisée par la gauche alors que la droite représenterait le courant sécuritaire.

Mais ce rapport n'est pas absolu. Le respect des droits de l'homme repose en effet sur la présomption d'innocence et le respect corrélatif des droits de la défense. Dans ce cas, même la promulgation des dispositions accentuant la répression doit respecter l'intérêt des condamnés. Dans une même loi, on peut ainsi trouver une juxtaposition de mesures sévères et de mesures plus douces (loi du 2 février 1981, dite « sécurité et liberté »). Par ailleurs, la médiatisation de certaines affaires venant jeter un discrédit sur la manière dont la justice est rendue peut amener le législateur à préserver davantage l'équilibre de la procédure pénale et donc à tenir compte des droits de la personne poursuivie (loi du 5 mars 2007 sur l'équilibre de la procédure pénale).

La protection des droits du délinquant ne doit cependant occulter le fait qu'un trouble a été causé à la société. Il faut une répression certaine et rapide par une sanction appropriée (loi du 5 mars 2007 sur la prévention de la délinquance). Toutefois, toutes les précautions doivent être prises pour éviter de punir un innocent, d'où la réglementation minutieuse du recueil de la preuve. Lorsqu'il s'agit de faits simples, comme en matière contraventionnelle, la procédure est raccourcie par un recouvrement simplifié de l'amende (art. 529 CPP) ou par un jugement sans audience (art. 524 CPP). En matière délictuelle, les procédures simplifiées sont prévues lorsque les faits sont établis et qu'il n'est pas nécessaire de mener des investigations particulières. Ainsi, le prévenu qui reconnaît les faits peut se voir proposer une comparution sur reconnaissance préalable de culpabilité (art. 495-7) ou une composition pénale (art. 41-2 CPP) ou une alternative aux poursuites (art. 41-1 CPP). La procédure est plus longue lorsque les faits objets du délit sont complexes ou s'il s'agit d'un crime. L'instruction devient alors nécessaire.

Du fait des mutations sociales et du développement de certaines formes de délinquance portant gravement atteinte à la société, la sévérité des règles répressives peut être accrue et les droits de la défense moins protégés. En matière de criminalité et de délinquance organisées, par exemple, le législateur permet ainsi le recours aux moyens déloyaux, même dès le stade de l'enquête, sous le contrôle de l'autorité judiciaire (art. 706-73 CPP).

II. Le conflit entre les intérêts de la victime et ceux du délinquant

Les droits du délinquant peuvent être opposés à ceux de la victime (loi du 15 juin 2000 relative à la présomption d'innocence et aux droits des victimes). La victime qui se porte partie civile est considérée comme une partie au procès et peut faire des demandes d'actes d'instruction ou exercer des voies de recours. Elle peut se constituer partie civile et déclencher les poursuites en cas d'inaction du procureur de la République. La partie civile peut faire assurer la défense de ses droits pas un avocat qui a accès au dossier de la procédure.

La prise en compte des droits de la victime ne doit toutefois pas se faire au détriment des droits du prévenu ou de l'accusé. Ainsi, la constitution de partie civile abusive ou dilatoire est-elle sanctionnée. Le droit de se porter partie civile en matière délictuelle est, depuis la loi du 5 mars 2007, subordonné au refus préalable du procureur d'exercer des poursuites ou à son inaction pendant un certain temps. La victime peut également être condamnée à supporter les frais d'expertise.

Quelle que soit la place accordée à la victime, son rôle reste limité à la demande des indemnisations. L'instance pénale a d'abord pour objet la satisfaction de l'intérêt social et il n'est pas reconnu à la victime le droit de requérir une peine qui corresponde à l'intensité de la douleur subie. Un fossé peut ainsi se creuser entre les attentes de la victime et la justice. En effet, si la victime estime que la peine prononcée est correcte, elle pourra faire « son deuil ». Dans le cas contraire, peut naître un sentiment d'injustice qui n'est pas nécessairement comblé par l'allocation de dommages-intérêts. Le sentiment d'injustice peut également apparaître en cas de traitement rapide des petites infractions pénales, la sanction pouvant être prononcée en l'absence de la victime ou en cas de classement de l'affaire pour des raisons d'opportunité réelle. Ce sentiment se retrouve également lorsque l'auteur de l'infraction ne peut être poursuivi en raison d'un trouble psychique ayant entièrement aboli son discernement.

La prise en compte de l'intérêt des victimes a entraîné ces dernières années la promulgation de lois prises dans la hâte. Il en est ainsi de la loi du 25 février 2008 relative à la rétention de sûreté et à la déclaration d'irresponsabilité pour trouble mental. Le juge délégué aux victimes a été institué afin de veiller aux intérêts de la victime (art. D. 47-66). De même a été créé un service d'aide au recouvrement des victimes d'infractions pénales (SARVI, art. 706-15-1 CPP).

Toutes ces mesures illustrent-elles de la tendance actuelle à faire de l'émotion suscitée par les faits odieux et de la souffrance des victimes une référence lors de l'élaboration des lois pénales ? « *Mais au nom de la souffrance des victimes, qui appelle toute la solidarité de toute la société, nous ne devons pas altérer le difficile équilibre de la justice pénale qui repose sur les principes du procès équitable inscrit dans la Convention européenne des droits de l'homme* » (R. Badinter, *Le Monde*, 9 septembre 2007).

PARTIE I

LE CADRE DE LA PROCÉDURE PÉNALE

1. Les principes fondamentaux de la procédure pénale

L'article préliminaire du code de procédure pénale énumère une liste de principes de procédure pénale :

« *I. La procédure pénale doit être équitable et contradictoire et préserver l'équilibre des droits des parties.*
Elle doit garantir la séparation des autorités chargées de l'action publique et des autorités de jugement.
Les personnes se trouvant dans des conditions semblables et poursuivies pour les mêmes infractions doivent être jugées selon les mêmes règles.

II. L'autorité judiciaire veille à l'information et à la garantie des droits des victimes au cours de toute la procédure pénale.

III. Toute personne suspectée ou poursuivie est présumée innocente tant que sa culpabilité n'a pas été établie. Les atteintes à sa présomption d'innocence sont prévenues, réparées et réprimées dans les conditions prévues par la loi.
Elle doit être informée des charges retenues contre elle et être assistée d'un défenseur.
Les mesures de contrainte dont cette personne peut faire l'objet sont prises sur décision ou sous le contrôle effectif de l'autorité judiciaire. Elles doivent être strictement limitées aux nécessités de la procédure, proportionnées à la gravité de l'infraction et ne pas porter atteinte à la dignité de la personne.
Il doit être définitivement statué sur l'accusation dont cette personne fait l'objet dans un délai raisonnable.
Toute personne condamnée a le droit de faire examiner sa condamnation par une autre juridiction. »

Cet article énonce les principes permettant d'assurer la garantie d'une administration de la justice pénale tout en protégeant les droits des différentes parties au procès.

Fiche n° 2 : Les principes garantissant une bonne administration de la justice : les principes relatifs à l'autorité judiciaire

Références

Ouvrages

• ALLIX D., *Les Droits fondamentaux dans le procès pénal*, Montchrestien, coll. « Comment devenir avocat », 2e éd., 2003.
• BERGOIGNAN-ESPER, *La Séparation des fonctions de justice répressive*, Presses universitaires de France, 1973.
• COHEN-JONATHAN G., *Aspects européens des droits fondamentaux*, Montchrestien, 3e éd., 2002.
• PRADEL J. et CORSTENS G., *Droit pénal européen*, Dalloz, 2e éd., 2002.
• RENUCCI J.-F., *Droit européen des droits de l'homme*, LGDJ, 3e éd., 2002.

Articles

• BEIGNIER B. et BLÉRY C., « L'impartialité du juge, entre apparence et réalité », *D.*, 2001, 2427.
• BENOÏT-ROHMER F., « La charte des droits fondamentaux de l'Union européenne », *D.*, 2001, chron., p. 1483.
• BUSSY F., « Nul ne peut être juge et partie », *D.*, 2004, 1745.
• CANIVET G., « Economie de la justice et procès équitable », *JCP G*, 2001, I, 361.
• DECOCQ A., « Réflexions sur l'article préliminaire du code de procédure pénale ou l'utilité de multiplier des proclamations de principe », *in* « Principes de justice, Mélanges Burgelin », *D.*, 2008, p. 116.
• CROCQ P., « Le droit à un tribunal impartial » in *Droits et libertés fondamentaux*, Dalloz, 1999.
• KOERING-JOULAIN R., « La notion européenne de tribunal indépendant et impartial au sens de l'article 6 § 1 », *RSC*, 1990, p. 765.
• MARTIN A., « Le Conseil supérieur de la magistrature et l'indépendance des juges », *Revue de droit public*, 1997, p. 741.
• NICOLOPOULOS P., « La procédure devant les juridictions répressives et le principe du contradictoire », *RSC*, 1989, p. 1.
• PRADEL J., « La notion européenne de tribunal indépendant et impartial selon le droit français », *RSC*, 1990, p. 692.
• REBUT D., « Le droit à un tribunal impartial devant la chambre criminelle », *RSC*, 1998, p. 449.

Explications

Parce que l'application des règles de procédure pénale peut porter atteinte à la liberté des individus, elle implique nécessairement l'intervention de l'autorité judiciaire qui est soumise à certains principes afin d'assurer une bonne administration de la justice. Les principes gouvernant l'autorité judiciaire permettent d'offrir au justiciable la garantie d'une bonne administration de la justice.

I. Le principe de la séparation des fonctions répressives

A chaque étape du procès doit intervenir une autorité spécifique. Le ministère public est chargé de mettre en mouvement et d'exercer l'action publique. Le juge d'instruction est compétent pour informer à charge et à décharge. La juridiction de jugement est compétente pour apprécier les charges et se prononcer sur la culpabilité ou l'innocence de la personne poursuivie. Le juge de l'application des peines est chargé d'assurer l'exécution de la sanction prononcée.

A. Le contenu du principe

Le principe de la séparation des juridictions répressives implique qu'une seule et même autorité ne saurait accuser, instruire, juger la même affaire. Son application aboutit à créer des incompatibilités qui doivent être vérifiées lors de la composition des juridictions :
• la séparation des fonctions de poursuite et de jugement (article préliminaire al. 2, art. 253 CPP) : la procédure pénale doit garantir la séparation des autorités chargées de l'action publique et des autorités de jugement. Le membre du parquet qui a mis en mouvement l'action publique ne peut siéger dans les juridictions chargées de juger l'individu qu'il a décidé de poursuivre ;
• la séparation des fonctions de poursuite et d'instruction : le ministère public ne peut que poursuivre et n'a en principe aucun pouvoir d'ordonner des actes d'instruction. Le juge d'instruction ne peut saisir lui-même. Il ne peut instruire qu'après une saisine par réquisitoire introductif du procureur de la République ou une plainte avec constitution de partie civile de la victime ;
• la séparation des fonctions d'instruction et de jugement : le juge d'instruction ne peut siéger dans la juridiction de jugement qui statue sur une affaire qu'il a instruite (art. 49 al. 2 et 253 CPP). Le juge des libertés et de la détention ne peut participer au jugement des affaires dont il a eu connaissance dans ses fonctions de juge des libertés (art. 173-1 CPP).

B. Les limites du principe

Le principe de la séparation des fonctions n'est pas absolu.

Les juridictions de jugement peuvent se saisir en cas d'infraction d'audience (art. 675 CPP). La chambre de l'instruction, juridiction d'instruction du second degré, peut étendre les poursuites à des faits non visés dans le réquisitoire introductif du ministère public (art. 202 CPP).

Le juge des enfants qui instruit une affaire concernant un mineur peut siéger dans la juridiction de jugement statuant sur ce même mineur (art. 8, ord. 2 février 1945).

Avant la saisine de la juridiction d'instruction, le procureur de la République peut procéder ou faire procéder à des actes de police judiciaire qui ne diffèrent pas, dans leur nature et dans leur but, des actes accomplis par le juge d'instruction. En recourant à la procédure de comparution sur reconnaissance préalable de culpabilité, il peut fixer une peine soumise à l'homologation du tribunal si la personne soupçonnée reconnaît les faits et participer ainsi à la condamnation (art. 495-7 CPP).

Plusieurs atteintes au principe de la séparation des fonctions répressives résultent du fait que diverses autorités administratives indépendantes disposent d'un ensemble de pouvoirs leur permettant de cumuler les fonctions de poursuites, d'instruction et de jugement. Ces autorités ont de ce fait le pouvoir de sanctionner la violation des règlements qu'elles édictent elles-mêmes. Cette situation, contestable tant du point de vue du droit interne que du droit européen, a été condamnée par le juge constitutionnel, le Conseil d'Etat et la Cour de cassation[1].

II. L'indépendance et l'impartialité du tribunal

A. L'indépendance du tribunal

1. Indépendance vis-à-vis du pouvoir législatif

Le pouvoir législatif ne peut remettre en cause ni les données du procès ni les décisions rendues et ayant autorité de chose jugée[2]. La Cour européenne rejette ainsi l'adoption de lois de validation rétroactive s'appliquant au procès en cours[3].

2. Indépendance vis-à-vis du pouvoir exécutif

Les magistrats sont des fonctionnaires dont la carrière, et par conséquent l'indépendance, pourrait être affectée par le pouvoir politique. Il faut éviter que la « *dépendance organique ne devienne une dépendance fonctionnelle* »[4]. L'indépen-

1. C. const., 25 févr. 1992 ; CE, 31 mars 1995 ; AP, 5 févr. 1999, *Bull. crim.*, n° 1, *JCP G*, 1999, note H. Matsopoulou ; *D.*, 1999, somm. p. 249, obs. I. Bon-Garcin.
2. Cour EDH, 9 déc. 1994, Raffineries grecques Stran c/ Grèce, *JCP*, 1995, obs. F. Sudre.
3. Cour EDH, 22 oct. 1997, Papageorgiou c/ Grèce, *D.*, 1998, som., p. 208, obs. N. Fricéro : une telle pratique est toutefois limitée en matière pénale en raison du principe de la non-rétroactivité de la loi pénale plus sévère.
4. Guinchard S. et Buisson J., *Procédure pénale*, *op. cit.*, n° 395.

dance des magistrats[5] est assurée par des garanties statutaires, parmi lesquelles les conditions de nomination, d'avancement ou d'inamovibilité[6].

La Cour européenne des droits de l'homme apprécie l'indépendance du tribunal en tenant compte du mode de désignation, de la durée du mandat de ses membres et de l'existence de garanties contre les pressions extérieures. Elle s'attache aussi à l'apparence d'indépendance de la juridiction. Un tribunal peut être indépendant alors même que les juges sont désignés par le pouvoir exécutif ou législatif, dès lors que l'inamovibilité est garantie pendant la durée du mandat[7]. Tel n'est pas le cas lorsque le tribunal compte parmi ses membres une personne se trouvant dans un état de subordination de fonction et de services par rapport à l'une des parties. L'impartialité des autorités administratives, qui peuvent parfois poursuivre et incriminer, peut aussi être garantie dès lors que la personne poursuivie a la possibilité de saisir un tribunal indépendant et impartial de la décision prononcée[8].

L'exigence de l'indépendance du tribunal vis-à-vis de l'exécutif se traduit aussi par la condamnation de la pratique du renvoi en interprétation d'un traité international. La Cour européenne des droits de l'homme a ainsi remis en cause l'obligation pour le juge de suivre l'interprétation donnée par le ministre des Affaires étrangères[9].

3. Indépendance vis-à-vis des autres magistrats

L'indépendance doit exister dans les relations entre les magistrats. Si le président de la chambre de l'instruction doit vérifier la mise en état des dossiers des juges d'instruction, il ne peut guider le choix des décisions de ce juge, ni les réformer[10].

B. L'impartialité du tribunal

Le principe de la séparation des pouvoirs est renforcé par le principe de l'impartialité. L'impartialité consiste en une absence de préjugés ou de parti pris. Elle concerne surtout les magistrats du siège et spécialement les juridictions de jugement qui apprécient la culpabilité de la personne poursuivie. S'agissant des membres du parquet, la Cour de cassation considère que ce moyen est inopérant, le ministère

5. Pour les magistrats du parquet, voir *infra* Fiche n° 6.
6. Pour plus de développements, Latour X. et Pauvert B., « La justice, organisation et indépendance », in *Libertés publiques et droits fondamentaux*, Studyrama, 2006 ; Rolland B., « Le droit à un procès équitable » in *Procédure civile*, Studyrama, 2005, p. 131 et ss. ; Guinchard S., Varinard A., *Institutions judiciaires*, Dalloz, 6e éd., 2001, n° 82 et 492.
7. Cour EDH, 28 juin 1984, Campbell et Fell c/ Royaume-Uni, Série A, n° 80 ; Cass. ass. plén., 22 déc. 2000, *Bull. inf. C. cass*, n° 529 ; *JCP*, 2001, 311, obs. L. Cadiet.
8. Cour EDH, 2 sept. 1998, Lauko et Kadubek c/ Slovaquie, *RSC*, 1999, 402, obs. R. Koering-Joulain.
9. Cour EDH, 24 nov. 1994, Beaumartin c/ France, *JCP*, 1995, I, 3823, obs. F. Sudre ; *Actualité juridique droit administratif*, 1995, p. 137, obs. J.-F. Flauss : Cour EDH, 13 févr. 2003, Chevrol c/ France, Req. n° 49636/99.
10. C. const., DC, 80-127, 19-20 janv. 1981, Sécurité-liberté.

public ne décidant pas du bien-fondé de l'accusation en matière pénale[11]. Par ailleurs, en cas de partialité, celle-ci n'est pas de nature à faire échec au droit du demandeur d'être entendu par un tribunal indépendant et impartial[12].

1. L'impartialité subjective ou personnelle

L'impartialité subjective tient aux convictions personnelles des magistrats. Ces derniers ne doivent avoir aucune raison de favoriser ou défavoriser tel ou tel justiciable. L'impartialité subjective se présume jusqu'à preuve du contraire. Même si elle est difficile à établir, elle doit être appréciée objectivement en tenant compte des éléments faisant naître un doute quant à l'impartialité du juge, notamment si ce dernier fonde sa conviction sur des éléments subjectifs et arbitraires ou sur des considérations étrangères au litige. En revanche, le seul fait pour un juré de se livrer à des plaisanteries de mauvais goût sur la race asiatique, alors que les prévenus sont asiatiques, ne suffit pas à prouver les convictions racistes de ce dernier[13].

2. L'impartialité objective ou fonctionnelle

L'impartialité objective se rapporte aux apparences et se pose en raison de l'exercice même des fonctions du juge, indépendamment de ses convictions personnelles ou de son attitude. Tout juge placé dans la même situation verrait son impartialité appréciée de la même manière.

L'impartialité objective renforce le principe de la séparation des pouvoirs. Un même magistrat ne peut alors connaître d'une affaire à plusieurs titres.

Même sans violer le principe de la séparation des fonctions judiciaires, il est interdit qu'un même magistrat connaisse par deux fois d'une affaire. Un magistrat ayant statué au premier degré ne peut ainsi connaître de l'affaire en appel. Toutefois, le seul fait qu'un magistrat ait pu connaître l'affaire en une autre qualité ne suffit pas à fonder le grief de partialité[14]. Il n'y a pas d'atteinte au principe de l'impartialité dans le fait de statuer sur opposition formée par le prévenu jugé précédemment par défaut. Il en est de même lorsque le même juge connaît, au cours de procédures distinctes concernant le même accusé, des faits nouveaux, mais connexes[15]. Le juge qui a participé à une cour d'assises ayant condamné un accusé pour complicité de meurtre peut valablement siéger au sein d'une autre cour d'assises pour des poursuites exercées pour le même crime contre la même personne, mais cette fois en

11. Crim., 6 janv. 1998, *Procédures*, 1998, n° 96.

12. Mais la partialité pourrait être évoquée si un membre du parquet se retrouve dans la composition de la juridiction de jugement.

13. Cour EDH, 9 mai 2000, Sander c/ Royaume-Uni, Req. n° 34129/96.

14. Cour EDH, 6 juin 2000, Morel c/ France, *D.*, 2001, somm., p. 1062, obs. N. Fricero.

15. Crim., 10 juillet 1997, *Bull. crim.*, n° 271.

tant qu'auteur[16]. L'impartialité peut être retenue si le juge vient à connaître au pénal, puis au civil ou au disciplinaire (ou vice versa) des mêmes faits[17].

En cas de disjonction de procédure, l'impartialité peut résider dans le fait de juger des accusés alors qu'on a déjà jugé un coaccusé dont le cas avait été disjoint[18].

III. La composition des juridictions répressives

A. Le principe de l'unité de la justice civile et répressive

Les juridictions de l'ordre judiciaire ont une compétence civile et pénale. Ainsi, le tribunal de police compétent en matière de contravention n'est que le tribunal d'instance statuant au pénal. Le tribunal correctionnel est une formation du tribunal de grande instance statuant au pénal.

Le parallélisme entre les juridictions civiles et pénales n'est pas absolu. La cour d'assises est une juridiction purement répressive et le jury n'a aucune compétence pour statuer sur l'action civile. La prise en compte des circonstances tenant à la qualité de l'auteur de l'infraction, à la nature de l'acte explique l'existence de juridictions pénales spécialisées n'ayant aucune correspondance au civil.

A l'unité de juridiction correspond l'unité de magistrats, qui sont tous recrutés de la même manière par concours national. Les magistrats peuvent au cours de leur carrière, ou même dans le cadre d'une même affectation, passer du siège au parquet et vice versa. Dans les petites juridictions, les mêmes magistrats tiennent les audiences civiles et pénales. Dans les juridictions plus importantes, il y a une certaine affectation de magistrats qui se spécialisent en chambre. Mais cette affectation peut toujours être modifiée. La Cour de cassation échappe cependant à la règle du roulement conduisant les autres juridictions à alterner les fonctions pénales et civiles.

La technicité du droit pénal de fond et le particularisme de la procédure pénale appellent toutefois une spécialisation pour certaines fonctions : l'instruction, l'application des peines, les magistrats spécialisés en matière économique, financière, de criminalité et de délinquance organisée.

16. Crim., 20 janv. 1999, *Bull. crim.*, n° 11.
17. Crim., 16 oct. 1991, *Bull. crim.*, n° 351 ; Crim., 5 nov. 2003, *D.*, 2003, 397 ; 24 nov. 1999, *Bull. crim.*, n° 275 ; *Dr. pénal*, 2000, n° 52 obs. Maron ; 17 févr. 1992, *Bull. crim.*, n° 80. Le juge d'instruction peut toutefois siéger au civil : Crim., 16 juin 1998, *D.*, 1998, somm. 361.
18. Cour EDH, 6 août 1996, Ferrantelli et Santangelo c/ Italie, *RSC*, 1997, 482, obs. R. Koering-Joulain.

B. La règle de la collégialité

Le principe de la collégialité répond au souci d'éviter les erreurs judiciaires, de préserver la liberté de décision du juge et d'établir un contrôle des juges les uns sur les autres. En général, les magistrats sont en nombre impair pour faciliter la formation de la majorité.

Ce principe connaît cependant de nombreuses exceptions. L'instruction est confiée au premier degré à un juge unique. La loi du 5 mars 2007 relative à l'équilibre de la procédure pénale instaure toutefois la collégialité au niveau de l'instruction. Mais celle-ci dont la mise en œuvre était prévue au 1er janvier 2010 a été repoussée au 1er janvier 2011 dans l'attente d'une plus grande réforme de la procédure pénale[19].

Le tribunal de police et la juridiction de proximité siègent à juge unique. Il en est de même du juge des enfants prononçant certaines mesures de sûreté.

Le tribunal correctionnel, formation en principe collégiale, peut siéger à juge unique, même en cas de récidive, lorsqu'il s'agit des infractions prévues à l'article 398-1 du code de procédure pénale. Toutefois, même dans ces hypothèses, la collégialité doit être respectée si le prévenu est en détention provisoire, s'il s'agit d'une procédure de comparution immédiate ou si les délits de l'article 398-1 du code de procédure pénale sont connexes à des infractions ne relevant pas de la compétence du juge unique. La complexité des faits peut également justifier le renvoi de l'affaire devant la juridiction collégiale, d'office par le juge unique ou à la demande des parties ou du parquet. Il en est de même si la peine susceptible d'être prononcée est un emprisonnement ferme d'une durée supérieure à cinq ans (art. 398-2 CPP).

Au niveau de l'exécution des peines, le juge de l'application des peines est juge unique.

Les dérogations au principe de la collégialité ne concernent cependant que les juridictions du premier degré.

Fiche d'arrêt

I. Conseils méthodologiques

La fiche d'arrêt est un exercice permettant d'analyser et de comprendre une décision de justice. Elle prépare au commentaire d'arrêt.

19. Article 136, loi n° 2009-526 du 12 juin 2009 de simplification et de clarification du droit et d'allégement des procédures.

Une première lecture rapide doit permettre d'identifier la décision en déterminant la juridiction qui l'a rendue, la date de la décision, les parties, les textes invoqués, le domaine et la nature de la décision (jugement ou arrêt, arrêt de cassation ou de renvoi, arrêt d'infirmation ou de confirmation).

Par la suite, il faut déterminer la structure de l'arrêt en distinguant les motifs du dispositif.

Dans une fiche d'arrêt, on trouve nécessairement :
• les faits, qui sont les événements ayant donné naissance au litige (actes ou faits juridiques). Il ne faut retenir que les faits pertinents ayant conduit à la décision et les relater de manière chronologique. La précision de la date des faits peut être importante, notamment en ce qui concerne les délais de recours ou l'application de la loi dans le temps ;
• la procédure : lorsque la décision les précise, il faut mentionner l'objet de la première demande et la décision rendue, la partie qui a intenté l'appel et les arguments invoqués, la décision de la juridiction d'appel, la partie qui a intenté le pourvoi et les moyens invoqués ;
• les prétentions et arguments des parties : les prétentions constituent l'objet de la demande, ce que veut obtenir la partie qui a saisi la juridiction. Les arguments sont les moyens de fait ou de droit servant à étayer les prétentions. Les prétentions et les arguments peuvent être exposés en même temps que la procédure. Lorsque la Cour de cassation rend un arrêt de rejet, elle reproduit les griefs ou arguments formulés par l'auteur du pourvoi à l'encontre de la décision de la cour d'appel. S'il s'agit d'un arrêt de cassation, les motifs de l'arrêt permettent de déterminer les motivations de la décision contestée par le pourvoi et celles de la décision rendue par la Cour de cassation. Mais la Cour de cassation ne reproduit pas toujours les arguments développés par le pourvoi à l'appui de la demande ;
• le problème de droit : c'est la question de droit soulevée et tranchée par la juridiction saisie. Il doit être formulé de manière générale et abstraite. Le problème juridique doit être dégagé à partir des thèses des différentes parties et la solution donnée par la juridiction antérieure. Il y a autant de problèmes juridiques que de branches de moyen ;
• la solution adoptée par le juge : la Cour de cassation sanctionne la décision de la cour d'appel lorsqu'elle a rendu un arrêt de cassation. La cassation peut être partielle. Elle peut être avec ou sans renvoi devant une cour d'appel. L'arrêt de rejet confirme la solution déjà adoptée et met fin à la procédure. Il faut également mentionner le raisonnement utilisé par la Cour de cassation.

II. Applications

Arrêt de cassation

Juridiction et date de la décision	Cour de cassation, chambre criminelle, audience du 7 avril 1993
	LA COUR,
Décision attaquée	Vu l'ordonnance du président de la chambre criminelle de la Cour de cassation, en date du 3 septembre 1992, ayant ordonné l'examen immédiat du pourvoi ;
Visa	Vu les mémoires produits en demande et en défense ; Sur le moyen unique de cassation pris de la violation de l'article 6, alinéa 1er, de la Convention européenne de sauvegarde des droits de l'homme et des libertés fondamentales et de l'article L. 522-2 du code de l'organisation judiciaire : Vu lesdits articles, ensemble l'article 14 du Pacte international relatif aux droits civils et politiques ;
Attendu de principe	Attendu que si le mineur auquel est imputée une infraction pénale doit bénéficier d'un procès juste et équitable, ce principe ne fait pas obstacle à ce qu'un même magistrat spécialisé, prenant en compte l'âge du prévenu et l'intérêt de sa rééducation, puisse intervenir à différents stades de la procédure ;
Faits, procédure	Attendu que, pour déclarer irrégulière la composition du tribunal pour enfants de Reims ayant siégé les 27 novembre 1991 et 5 février 1992, sous la présidence du juge des enfants qui avait procédé à l'instruction du dossier, les juges d'appel énoncent que, s'il n'est pas contesté que le magistrat concerné a conservé une parfaite impartialité personnelle, la réunion en une même personne des fonctions d'instruire et de juger est incompatible avec la garantie du droit à un juge impartial au sens de l'article 6.1 de la Convention européenne de sauvegarde des droits de l'homme et des libertés fondamentales ;

Motifs de cassation	Mais attendu que l'ordonnance du 2 février 1945, en permettant pour les mineurs délinquants, dans un souci éducatif, une dérogation à la règle de procédure interne selon laquelle un même magistrat ne peut exercer successivement, dans une même affaire, les fonctions d'instruction et de jugement, ne méconnaît aucune disposition de la Convention européenne susvisée ; qu'une telle dérogation entre dans les prévisions de l'article 14 du Pacte international de New York, relatif aux droits civils et politiques, comme aussi dans celles des règles de Beijing, approuvées par les Nations unies le 6 septembre 1985, qui reconnaissent la spécificité du droit pénal des mineurs ; Que si la décision, par le juge des enfants, de saisir le tribunal pour enfants et non de prononcer lui-même une mesure éducative, implique qu'une sanction pénale puisse être envisagée à l'égard du mineur, le risque objectif de partialité qui pourrait en résulter est compensé par la présence de deux assesseurs délibérant collégialement en première instance et par la possibilité d'un appel, déféré à une juridiction supérieure composée de magistrats n'ayant pas connu de l'affaire et dont l'un des membres est délégué à la protection de l'enfance ;
Solution de la Cour de cassation	D'où il suit que la cour d'appel a méconnu le sens et la portée des principes sus-énoncés et que la cassation est, dès lors, encourue ;
Dispositif : arrêt de cassation avec renvoi	Par ces motifs : CASSE ET ANNULE l'arrêt susvisé de la cour d'appel de Reims, chambre des mineurs, en date du 30 juillet 1992, et pour qu'il soit à nouveau jugé conformément à la loi : RENVOIE la cause et les parties devant la cour d'appel de Paris, chambre des mineurs.

Rédaction de la fiche d'arrêt

Faits :
Dans une procédure concernant un mineur, le juge des enfants ayant instruit le dossier a fait partie de la composition du tribunal pour enfants jugeant la même affaire.

Procédure :
Par un arrêt du 30 juillet 1992, la cour d'appel de Reims a déclaré irrégulière la composition du tribunal pour enfants de Reims au motif que la réunion en une même personne des fonctions d'instruction et de jugement était incompatible avec la garantie du droit à un juge impartial au sens de l'article 6 § 1 de la Convention européenne des droits de l'homme.
Un pourvoi en cassation a été intenté par le procureur général près la cour d'appel de Reims. Le 7 avril 1993, la chambre criminelle casse l'arrêt de cour d'appel et renvoie devant la cour d'appel de Paris.

Thèses en présence :
Pour les juges d'appel, la réunion sur une même personne des fonctions d'instruction et de jugement est incompatible avec la garantie du droit à un juge impartial au sens de l'article 6-1 de la Convention européenne des droits de l'homme.
Pour l'auteur du pourvoi, les particularités du régime juridique du mineur justifient le fait que le juge des enfants puisse à la fois instruire et juger.

Problème juridique :
La question qui se pose est celle de savoir si le fait pour le juge des enfants d'intervenir à plusieurs stades de la procédure dans l'instruction et le jugement ne constitue pas une violation à l'exigence d'impartialité posée par l'article 6 § 1 de la Convention européenne des droits de l'homme.

Décision de la Cour de cassation :
Est régulière la composition d'un tribunal pour enfants siégeant sous la présidence du juge des enfants qui a procédé à l'instruction du dossier, s'il n'est pas contesté que le magistrat concerné a conservé une parfaite impartialité personnelle.

La garantie du droit à un juge impartial au sens de l'article 6 § 1 de la Convention européenne de sauvegarde des droits de l'homme et des libertés fondamentales ne fait pas obstacle à ce qu'un même magistrat spécialisé dans les affaires de mineurs, prenant en compte l'âge du prévenu et l'intérêt de sa rééducation, puisse intervenir à différents stades de la procédure.

Arrêt de rejet

Juridiction et date de la décision	Cour de cassation, chambre criminelle, audience du 10 juillet 1997
	LA COUR,
Moyens du pourvoi	Vu les mémoires produits en demande et en défense ; Vu les mémoires produits en demande et en défense ; Sur le quatrième moyen de cassation pris de la violation de l'article 6 de la Convention européenne de sauvegarde des droits de l'homme et des libertés fondamentales, 510, 591 et 593 du code de procédure pénale, ensemble violation des droits de la défense : « en ce que le tribunal correctionnel et la cour d'appel étaient respectivement composés de M. Hayat, président, et de Mmes Pelletier et Degrelle-Croissant, assesseurs, et de M. Dubreuil, président, et de M. Limoujour et Mme Delafollie, assesseurs ; alors que ces magistrats ne pouvaient légalement faire partie des juridictions appelées à se prononcer sur le délit de fraude fiscale, ayant le même jour pour le tribunal et vingt-huit jours auparavant pour la Cour, participé à une décision sur le fond relative à la culpabilité du prévenu pour des faits de recel d'escroquerie, objet de la fraude fiscale reprochée ; qu'en effet ces magistrats avaient rendu, le 28 septembre 1995 et le 1er mars 1996, un jugement puis un arrêt condamnant André L. à une peine d'emprisonnement pour avoir versé, en connaissance de cause, sur un compte personnel ouvert au Crédit agricole des sommes provenant d'une prétendue escroquerie, affaire comparable à celle qui leur était à nouveau déférée puisque les sommes litigieuses retenues au titre du recel d'escroquerie étaient celles appréhendées par l'administration fiscale comme revenus d'origine indéterminée ; qu'ainsi ces magistrats ayant nécessairement pris parti sur la culpabilité d'André L. au regard des faits de la cause, le tribunal et la cour d'appel ainsi composés ne se présentaient plus objectivement comme un tribunal impartial » ;

Solution de la cour d'appel	Attendu que le prévenu a soutenu devant la cour d'appel qu'ayant déjà eu à connaître, un mois auparavant, d'une procédure parallèle d'escroqueries et de banqueroute, cette juridiction ne pouvait, sans méconnaître les dispositions de l'article 6-1 de la Convention européenne des droits de l'homme et des libertés fondamentales, juger les faits connexes de fraude fiscale visés à la prévention ; Attendu que, pour écarter l'argumentation d'André L., la cour d'appel énonce que, même si elles présentent certaines analogies, les procédures visées ne concernent ni la même cause ni les mêmes parties et que, n'ayant pas eu, à ce jour, à apprécier la culpabilité du prévenu pour le délit de fraude fiscale, elle pouvait, sans porter atteinte aux dispositions conventionnelles précitées, connaître de l'appel formé, par ce dernier, contre le jugement du tribunal correctionnel le condamnant de ce chef ;
Solution de la Cour de cassation	Attendu qu'en se prononçant ainsi, la cour d'appel a, sans encourir les griefs allégués, justifié sa décision ; Qu'en effet aucune disposition légale ou conventionnelle n'interdit à des magistrats, ayant antérieurement eu à connaître de procédures concernant un prévenu, de faire partie de la juridiction appelée à juger cette personne pour des faits nouveaux, seraient-ils connexes, ces magistrats demeurant libres de se former, en toute objectivité, une opinion sur l'affaire soumise à leur examen ; D'où il suit que le moyen doit être écarté ;
Dispositif : arrêt de rejet	Et attendu que l'arrêt est régulier en la forme ; REJETTE le pourvoi.

Rédaction de la fiche d'arrêt

Faits :
M. L. a procédé à des versements de sommes d'argent provenant d'une escroquerie sur un compte personnel. Il est poursuivi à la fois pour recel d'escroquerie et délit de fraude fiscale portant sur les mêmes sommes d'argent.

Procédure :
Pour le recel d'escroquerie, il est condamné par le tribunal correctionnel le 28 septembre 1995, puis par la cour d'appel le 1er mars 1996.

Pour le délit de fraude fiscale, la cour d'appel, composée des mêmes magistrats que ceux ayant statué sur le délit d'escroquerie, confirme le 29 mars 1996 la décision rendue en première instance le 28 septembre 1995.
M. L. intente un pourvoi en cassation contre l'arrêt de la cour d'appel. Ce pourvoi est rejeté par la chambre criminelle de la Cour de cassation le 10 juillet 1997.

Thèses en présence :
L'auteur du pourvoi prétend qu'il a été jugé par une juridiction partiale, car les mêmes magistrats ont eu à connaître à la fois du recel d'escroquerie et du délit de fraude.
Devant la cour d'appel, M. L. avait soulevé une exception, en soutenant que cette juridiction était composée des mêmes magistrats qui l'avaient condamné quelques jours auparavant pour recel d'escroquerie, et ne pouvait, sans violer le principe de l'impartialité, connaître également du délit de fraude fiscale.
La cour d'appel a considéré que les procédures visées ne concernaient ni la même cause, ni les mêmes parties. Elle s'estimait compétente pour juger le délit de fraude fiscale.

Problème juridique :
La question est de savoir si le fait pour un même magistrat de statuer dans deux procédures parallèles portant sur des faits ayant un lien entre eux et concernant le même prévenu contrevient à l'exigence de l'impartialité.

Décision de la Cour de cassation :
« *Aucune disposition légale ou conventionnelle n'interdit à des magistrats, ayant antérieurement eu à connaître de procédures concernant un prévenu, de faire partie de la juridiction appelée à juger cette personne pour des faits nouveaux, seraient-ils connexes, ces magistrats demeurant libres de se former, en toute objectivité, une opinion sur l'affaire soumise à leur examen.* »

En conséquence, la règle de l'impartialité n'est pas violée dès lors que les différentes poursuites mettant en cause un même individu ne portent pas sur les mêmes faits, mais sur des faits connexes. Les éléments constitutifs du délit de fraude fiscale et ceux du recel d'escroquerie sont différents, même si ces infractions portent sur les mêmes sommes d'argent.

Fiche n° 3 : Les principes garantissant une bonne administration de la justice : les principes relatifs au déroulement de la procédure

Références

• PRADEL J. et LÉGER Ph., « Pour un procès dans un délai raisonnable », *D.*, 1982, chron., p. 105.

Explications

Sous réserve des particularités liées à chaque phase procédurale, diverses dispositions permettent de s'assurer du bon déroulement du procès. Le procès pénal doit être tenu dans un délai raisonnable. La publicité des audiences permet d'éviter un jugement rendu dans le secret.

I. La célérité de la procédure

Selon l'article 5 de la Convention européenne des droits de l'homme, toute personne arrêtée ou détenue a le droit d'être jugée dans un délai raisonnable. L'article 6 § 1 de la Convention européenne des droits de l'homme proclame également le droit pour toute personne à ce que sa cause soit entendue dans un délai raisonnable. La convention européenne exige ainsi que la procédure pénale se déroule dans un délai raisonnable, dans l'intérêt d'une bonne administration de la justice. Il s'agit de préserver les intérêts des personnes poursuivies, dont l'honneur est mis en cause, ainsi que ceux des victimes, qui demandent réparation. Cette exigence a été reprise dans l'article préliminaire du code de procédure pénale.

La notion de délai raisonnable ne correspond à aucun délai précis. Ce délai est apprécié par rapport aux circonstances de l'espèce[1]. L'insuffisance du personnel, les difficultés financières ou le manque de moyens matériels ne peuvent en principe justifier la violation de la convention[2]. En revanche, la complexité de l'affaire, le comportement du requérant qui multiplie les recours ou celui des autorités nationales peuvent fonder la conviction de la Cour.

En droit interne, diverses dispositions tendent à renforcer le droit à être jugé dans un délai raisonnable.

En matière correctionnelle de police, des procédures permettent d'accélérer le processus pénal en mettant à la disposition du procureur des alternatives aux pour-

1. Cour EDH, 24 oct. 1989, H c/ France, Série A, n° 162 A.
2. Cour EDH, 26 nov. 1992, Lombardo c/ Italie, § 23, Série A, n° 206-C, estimant que la surcharge de travail ne saurait entrer en ligne de compte.

suites. Il peut ainsi proposer une médiation pénale ou une composition pénale (art. 41-1, 41-2 CPP). D'autres réduisent la durée en supprimant certaines phases. L'instruction peut ainsi être remplacée par la comparution immédiate si l'affaire est élucidée (art. 395 CPP). L'ordonnance pénale permet de supprimer l'audience de jugement (art. 495 et 524 CPP).

Lorsque la complexité de l'affaire ou sa nature criminelle nécessite le processus normal, les actes de procédures sont soumis à des délais stricts devant être respectés sous peine de nullité (garde à vue, détention). Les autorités peuvent alors être tenues de prévoir le délai d'achèvement de la procédure. Le juge de l'instruction a ainsi l'obligation d'aviser la personne mise en examen du délai prévisible d'achèvement de la procédure (art. 116 CPP). Au bout de ce délai, le mis en examen peut demander le règlement de l'affaire (art. 175-1 CPP) et, en cas d'inaction du juge, un recours est possible devant la chambre de l'instruction.

Ces diverses dispositions ne permettent cependant pas d'effacer la lenteur de la procédure française. La jurisprudence refuse toutefois d'annuler la procédure, la constatation éventuelle du non-respect du délai raisonnable étant sans incidence sur la validité des procédures lorsque la lenteur ne provient pas de la violation d'une disposition précise[3]. L'intéressé peut cependant intenter une action en responsabilité contre l'Etat pour fonctionnement défectueux du service public de la justice sur le fondement de l'article 781-1 du code de l'organisation judiciaire pour faute lourde ou déni de justice.

II. La publicité de la procédure

Toute personne qui fait l'objet d'une accusation en matière pénale a droit à ce que sa cause soit entendue publiquement et que le jugement soit rendu publiquement. L'intérêt de cette mesure est de protéger le justiciable contre une justice secrète. Mais s'agissant de la protection d'un intérêt privé, l'individu peut y renoncer.

Le principe de la publicité n'est pas absolu, celui-ci n'étant pas exigé pendant la phase de l'enquête. Pendant l'instruction, la publicité n'est exigée que pour les débats relatifs à la détention provisoire (art. 145 et 199 CPP).

Si le principe est celui de la publicité de l'audience de jugement, l'accès à la salle d'audience peut cependant être interdit, pour la totalité ou une partie du procès, lorsque les intérêts des mineurs ou la protection de la vie privée des parties ou la préservation de la moralité l'exigent ou lorsque le tribunal l'estime nécessaire dans l'intérêt de l'ordre public ou de la sécurité nationale. Dans tous les cas, le jugement doit être rendu publiquement.

3. Crim., 26 sept. 2001, *Bull. crim.*, n° 190, *Procédures*, 2001, comm. n° 236, p. 15, note J. Buisson ; *RSC*, 2002, p. 340-342, note J.-F. Renucci.

Approfondissement : Les délais de procédure

A la suite de l'article 6 § 3 de la Convention européenne des droits de l'homme, l'article préliminaire du code de procédure pénale dispose qu'il doit être définitivement statué sur l'accusation dont une personne fait l'objet dans un délai raisonnable. L'article 220 du code de procédure pénale, quant à lui, énonce que les procédures ne doivent subir aucun retard injustifié. L'exigence du délai raisonnable porte non seulement sur la durée de toute la procédure (I), mais sur la durée de chaque acte de procédure (II).

I. L'enfermement de la procédure dans un délai raisonnable

Si la notion du délai raisonnable est un concept flou, elle implique que la procédure ne doit pas excéder une certaine durée. Toutefois, la durée de la procédure, plus ou moins longue, ne constitue pas en elle-même une violation de la Convention européenne des droits de l'homme. La Cour européenne des droits de l'homme tient en effet compte de la complexité de l'affaire, du comportement du requérant et de celui des autorités compétentes ainsi que de l'enjeu du litige pour les intéressés (Cour EDH, 20 oct. 2005, Ouranio Tox c/ Grèce).

La complexité de l'affaire peut tenir au nombre des parties, à la nature des faits nécessitant des expertises (Cour EDH, 26 févr. 1993, Billi c/ Italie) aux circonstances de commission de l'infraction, à l'existence de questions préjudicielles (Cour EDH, 26 févr. 1998, Patitis et autres c/ autres).

Le comportement du requérant peut être source de lenteur de la procédure si celui-ci multiplie des manœuvres dilatoires. Mais le fait d'utiliser toutes les voies de recours offertes par la législation peut rallonger la durée de la procédure, sans pour autant constituer une manœuvre (Cour EDH, 23 avril 1987, Monnet c/ France).

Le caractère déraisonnable du délai peut être imputé à l'Etat, soit du fait du comportement du juge qui ne met pas en œuvre toutes les diligences nécessaires pour régler le litige et procède à de nombreux ajournements (Cour EDH, 26 sept. 1996, Zapiata c/ Italie), soit du fait d'un dysfonctionnement de la justice ou de la carence des autorités nationales à améliorer l'efficacité de la justice. Lorsque le manquement est imputable à l'Etat, l'intéressé peut saisir la Cour européenne des droits de l'homme. Selon l'article 781-1 du code de l'organisation judiciaire, la responsabilité de l'Etat peut être engagée pour faute lourde ou pour déni de justice (Cass. ass. plén., 23 févr. 2001).

S'agissant de l'enjeu du litige (Cour EDH, 23 avril 1996, Phocas c/ France ; 22 juillet 2003, Coste c/ France) le respect du délai raisonnable de procédure est particulièrement contrôlé si la personne est en détention provisoire. L'article 5 § 3 de la Convention européenne des droits de l'homme dispose à cet effet que toute personne arrêtée ou détenue a le droit d'être jugée dans un délai raisonnable ou libérée pendant la procédure. L'enjeu du litige peut aussi tenir à la nécessité d'indemniser les victimes (Cour EDH, 31 mars 1992, aff. X c/ France).

Pour apprécier le délai de la procédure, il faut partir de la date de la notification officielle des faits (interrogatoire lors de la garde à vue, interrogatoire de première comparution aboutissant à la mise en examen ou à l'acquisition du statut de témoin assisté) jusqu'au prononcé de la décision définitive (ordonnance de non-lieu, condamnation, relaxe ou acquittement) et, en cas de condamnation, à la fin de l'exécution de la peine.

II. L'enfermement de chaque acte de procédure dans un délai strict

Pour éviter la longueur excessive de la procédure, le législateur a enfermé les différents actes dans des délais stricts, sous peine de nullité ou de déchéance du droit d'agir. S'il est important d'avoir une connaissance et une maîtrise parfaites des différents délais, il est surtout primordial de savoir les calculer.

Selon l'article 801 du code de procédure pénale, tout délai prévu par une disposition de procédure pénale pour l'accomplissement d'un acte ou d'une formalité expire le dernier jour à 24 heures. Il s'agit de délais non francs en l'absence de dispositions contraires. Le délai qui expire un samedi ou un dimanche ou un jour férié chômé est prorogé jusqu'au premier jour ouvrable suivant (Crim., 10 mai 2006). Le point de départ du délai de procédure est fixé au lendemain du jour constituant la formalité ou l'événement faisant courir le délai.

Les délais expirent le lendemain du dernier jour prévu par la loi, la prorogation de l'article 801 du code de procédure pénale pouvant par ailleurs être applicable.

Le point de départ du délai prévu pour chaque acte ou formalité est précisé par les textes qui le prévoient et dépend parfois de la qualité de la personne qui doit l'accomplir ou de la situation de la personne mise en examen. A titre d'exemple, le délai du pourvoi en cassation est de cinq jours francs à partir du jour de l'arrêt rendu contradictoirement ou de la signification de l'arrêt contradictoire à signifier. Lorsqu'il s'agit d'un arrêt ou d'un jugement par défaut, le délai ne court contre le prévenu que du jour où ces décisions ne sont plus susceptibles d'opposition et à l'égard du ministère public à l'expiration du délai de dix jours qui suit la signification (art. 568 CPP). Le délai pour interjeter appel est de dix jours à compter du prononcé du jugement contradictoire (art. 498 CPP). Si le jugement est rendu par défaut ou par itératif défaut, le délai ne court qu'à compter de la signification du jugement (art. 499 CPP). En cas d'appel d'une partie pendant les délais requis, les autres parties ont un délai supplémentaire de cinq jours pour interjeter appel. Le procureur général, quant à lui, dispose d'un délai de deux mois pour interjeter appel (art. 505 CPP).

Le dépassement du délai est admis en cas de circonstances insurmontables ayant empêché la personne d'agir en temps utile.

Les dispositions de l'article 801 du code de procédure pénale sont inapplicables en matière de prescription de l'action publique, le délai de prescription n'étant pas un délai prévu pour l'accomplissement d'un acte ou d'une formalité (Crim., 30 oct. 2001). Elles sont également écartées lorsque la loi a prévu une date limite pour l'accomplissement d'un acte. Les parties devant faire viser leur mémoire par le greffe au plus la veille de l'audience, aucune prorogation n'est possible si le dernier jour est un jour férié chômé. Les délais relatifs à la détention provisoire ne sont pas non plus concernés.

Approfondissement : La dématérialisation de certaines procédures pénales

Afin de réduire les délais de traitement mais aussi de diminuer les coûts de fonctionnement, ou d'éviter les dysfonctionnements, la loi du 5 mars 2007 tendant à renforcer l'équilibre de la procédure pénale a prévu la possibilité de notifier et de transmettre certains actes de procédures par voie électronique. La dématérialisation implique soit la numérisation des documents existants, soit l'enregistrement des actes sous forme de données informatiques dès l'origine (*La Dématérialisation de la chaîne pénale : mission d'audit de modernisation*, La Documentation française, 2006). L'article 803-1 du code de procédure pénale prescrit cependant de conserver une trace écrite des documents transmis.

I. La notification des actes

Selon l'article 803-1 du code de procédure pénale, dans les cas où le code de procédure pénale prévoit de procéder aux notifications à un avocat par lettre recommandée ou par lettre recommandée avec demande d'avis de réception, la notification peut aussi être faite sous la forme d'une télécopie avec récépissé ou par un envoi adressé par un moyen de télécommunication à l'adresse électronique de l'avocat.

A cet effet, l'avocat peut faire connaître son adresse électronique à l'issue de la première comparution de la personne mise en examen, ou de la première audition de la partie civile ou du témoin assisté, lorsque cette adresse ne figure pas, de façon générale, dans le répertoire des avocats communiqué à la juridiction (art. D. 590 CPP).

Peuvent ainsi être notifiés sous forme numérisée :
• la copie des actes du dossier d'instruction (art. D. 15-7 CPP) qui pourront être adressés à l'adresse électronique de l'avocat ;
• le réquisitoire définitif du procureur de la République adressé au juge d'instruction : à défaut de copie adressée à l'avocat, l'envoi pourra se faire sous forme numérisée (art. 40-1 CPP) ;
• l'appel des ordonnances du juge d'instruction ou du juge des libertés et de la détention ainsi que l'ensemble des transmissions de dossiers à la cour d'appel, la copie du dossier de l'information devant être adressée au procureur général ou au

président de la chambre de l'instruction pourront être transmis par voie électronique (art. D. 40-3 CPP nouveau).

II. La transmission des documents par voie électronique par les avocats

Les avocats ne pourront transmettre les documents à l'adresse électronique de la juridiction que si un protocole a été passé entre, d'une part, le président et le procureur de la République du Tribunal de grande instance et, d'autre part, le barreau de la juridiction (art. D. 591 CPP). Les avocats extérieurs à la juridiction ne peuvent faire une telle transmission que si le protocole le prévoit et s'ils disposent d'un interlocuteur identifié au sein de la juridiction (F. Desportes, L. Lazerges-Cousquer, *Traité de procédure pénale*, 2009, n° 940). Une pièce écrite des documents doit être conservée.

Les documents pouvant faire l'objet d'une transmission électronique sont :
• les demandes de délivrance de copie des pièces d'un dossier (art. R. 155 CPP) ;
• les demandes de la personne mise en examen tendant à l'octroi du statut de témoin assisté (art. 80-1-1 CPP) ;
• les demandes d'investigations sur la personnalité prévues par le neuvième alinéa de l'article 81 ;
• les demandes de la partie civile tendant à ce que soit ordonné tout acte permettant d'apprécier la nature et l'importance du préjudice subi par la victime ou de recueillir des renseignements sur sa personnalité (art. 81-1 CPP) ;
• les demandes d'actes d'investigation (art. 82-1 CPP) ;
• les demandes tendant à la constatation de la prescription de l'action publique (art. 82-3 CPP) ;
• les constitutions de partie civile adressées au juge d'instruction déposées par l'avocat (art. 85 CPP), les documents prévus à l'article 85 du code de procédure pénale devant être joints sous forme numérisée sous peine d'irrecevabilité ;
• les plaintes avec constitution de partie civile adressées au procureur de la République en matière délictuelle (art. 85 al. 2 CPP) ;
• les demandes d'un témoin assisté tendant à sa mise en examen (art. 113-6 CPP) ;
• les demandes de délivrance d'une copie du dossier de l'instruction (art. 114 al. 3 CPP) ;
• les déclarations de la liste des pièces dont l'avocat souhaite remettre une reproduction à son client (art. 114-7 CPP) ;
• les déclarations de changement de l'adresse déclarée (art. 116 dernier alinéa CPP) ;
• les demandes de confrontations individuelles (art. 120-1 CPP) ;
• les demandes d'expertises (art. 156 CPP) ;
• les demandes de modification de la mission d'un expert ou d'adjonction d'un co-expert (art. 161-1 CPP) ;
• les observations concernant les rapports d'expertise d'étape (art. 161-2 CPP) ;
• les observations et les demandes de complément d'expertise ou de contre-expertise (art. 167 CPP) ;

- les observations concernant les rapports d'expertise provisoires (art. 167-2 CPP) ;
- les observations, les demandes d'actes et les observations complémentaires (art. 175, al. 3, 4, 5 CPP).

La transmission par voie électronique est également étendue à tous les actes ne pouvant être faits que par simple lettre ainsi qu'aux dépôts des mémoires devant la chambre de l'instruction à condition qu'un protocole soit passé entre les chefs de la cour d'appel et le barreau (art. D. 591 dernier alinéa et D. 592 CPP).

Les transmissions sont effectuées, en respectant les modalités prévues par le protocole, à partir de l'adresse électronique professionnelle de l'avocat, préalablement communiquée à la juridiction, et après que les documents joints ont fait l'objet d'une numérisation. Les messages adressés font l'objet d'un accusé électronique de lecture par la juridiction. Ils sont considérés comme reçus par la juridiction à la date d'envoi de cet accusé, et cette date fait, s'il y a lieu, courir les délais de procédure.

Les dispositions de l'article D. 591 ne sont pas applicables aux demandes de mise en liberté ou de mainlevée du contrôle judiciaire (art. D. 593).

Fiche n° 4 : La protection des droits des parties : les garanties communes aux parties

Références

• DOUCHY-OUDOT M., « Le procès équitable », in *Le Grand Oral : Protection des libertés et des droits fondamentaux*, dir. GUINCHARD S. et HARICHAUX M., Montchrestien, 2006, p. 594.
• DINTHILLAC J.-P., « L'égalité des armes dans les enceintes judiciaires », Rapport de la Cour de cassation, 2003, La documentation française, 2004.
• GUINCHARD S., « Le procès équitable, garantie formelle ou enjeu substantiel », *Mélanges Farjat*, éd. Frison-Roche, 1999, p. 139.
• KARSENTY D., « Droit au procès équitable. Evolution récente de la jurisprudence de la Cour de cassation », Rapport de la Cour de cassation, La documentation française, 2001.

Explications

Il s'agit de l'ensemble des prérogatives accordées aux personnes privées pour leur permettre d'assurer la protection de leurs intérêts tout au long du procès. Elles permettent d'assurer l'accès à la justice et concernent aussi bien la personne poursuivie que la victime (I).

I. L'accès au juge

Le droit à un juge traduit d'abord la possibilité pour toute personne d'accéder à la justice pour faire valoir ses droits. Mais il est également l'expression du principe posé par l'article 66 de la Constitution (A). selon lequel l'autorité judiciaire est gardienne des libertés individuelles (B).

A. Le droit de faire juger du bien-fondé de l'accusation

1. Le principe

En matière pénale, toute personne a droit à un tribunal lorsqu'il y a une accusation qui est portée contre elle pour y faire entendre sa cause (art. 8 DDH, art. 6 § 1 de la CEDH, art. 14 Pacte international aux droits civils et politiques, art. 47 Charte européenne).

La matière pénale recouvre le droit pénal formel et les règles édictées en dehors du code pénal et qui peuvent être mises en œuvre par des organes autres que le juge judiciaire. La Cour européenne des droits de l'homme l'étend aux sanctions disciplinaires ou pénitentiaires ou aux sanctions administratives. Elle tient compte des indications nationales, de la nature du fait ou du comportement transgresseur et de la sévérité de la sanction[1]. Le Conseil constitutionnel déclare que des sanctions ayant le caractère d'une punition, ou sanctions répressives, peuvent être prononcées par un organe non juridictionnel[2].

La personne poursuivie dans le cadre d'un procès pénal a le droit de soumettre au juge toute contestation relative à l'accusation. Elle peut invoquer les points de droit et fait dont dépend la solution du litige.

La personne ayant subi un préjudice résultant de l'infraction a également le droit d'intenter une action en justice et de demander réparation en se constituant partie civile. L'action de la victime est même admise devant la juridiction pénale à des fins répressives alors qu'elle ne peut ou ne veut pas obtenir réparation.

2. Le droit à un recours

Le droit à un juge implique également le droit de contester toute décision en effectuant les recours prévus par la loi afin de saisir une juridiction supérieure.

Le droit à un double degré de juridiction n'est proclamé par la Convention européenne des droits de l'homme, mais par le protocole n° 7 (art. 2). Il est prévu par le pacte international relatif aux droits civils et politiques (art. 14 § 5). Lorsqu'il n'est pas prévu, généralement pour les infractions légères, la possibilité d'intenter un pourvoi en cassation suffit, la Cour de cassation devant vérifier l'application de la loi.

Le principe du double degré de juridiction permet de faire juger la même affaire deux fois par des juges différents, les premiers étant en principe hiérarchiquement inférieurs aux seconds (art. 2 protocole additionnel n° 7 CEDH). Cette règle, qui a pour but d'éviter les erreurs judiciaires, s'applique aussi bien aux juridictions d'instructions qu'aux juridictions de jugement. La cour d'appel ne peut être saisie directement d'une affaire et les juges ayant siégé au premier degré ne peuvent faire partie de la composition de la cour d'appel.

Le principe du double degré de juridiction n'est pas absolu. En matière de police, l'appel n'est pas possible lorsque la peine encourue n'est pas celle prévue pour les contraventions de cinquième classe ou lorsque la peine prononcée n'est pas supérieure au maximum de l'amende encourue pour les contraventions de deuxième classe (art. 546 CPP). Ces décisions rendues en dernier ressort ne sont susceptibles que d'un pourvoi en cassation. Les jugements avant-dire droit qui ne statuent pas sur le fond de l'affaire mais sur les incidents soulevés au cours du procès devant le

1. Cour EDH, 8 juin 1976, Engel c/ Pays-Bas, Série A, n° 22 ; Cour EDH, 22 févr. 1996, Putz c/ Autriche, *RSC*, 1997, 469, obs. Koering-Joulin ; *Revue trimestrielle des droits de l'homme*, 1997, 493, note F. Massias.
2. C. const. 97-395, 30 déc. 1997, *JO*, 31 déc.

tribunal de police ou le tribunal correctionnel ne peuvent faire l'objet d'un appel que s'ils mettent fin à la procédure (art. 507 al. 1, art. 549 al. 1 CPP).

3. Le droit à un jugement

Toutes les parties au procès ont le droit d'obtenir une décision de justice, qu'elle soit ou non en leur faveur. Cette décision doit être motivée (art. 485 CPP). Les juges doivent indiquer avec une clarté suffisante les motifs sur lesquels ils se fondent pour trancher le litige. L'obligation de motiver varie en tenant compte de la juridiction qui rend la décision, cette obligation ne pesant pas sur la cour d'assises[3].

4. Le droit à l'exécution d'une décision de justice

Il doit être considéré comme faisant partie du droit à un procès équitable[4]. Les procédures d'exécution doivent être garanties conformément aux principes posés par l'article 6 § 1 de la Convention européenne des droits de l'homme.

La peine prononcée doit être exécutée dans un délai raisonnable (art. 707 CPP). L'exécution de la peine doit aussi tenir compte des intérêts de la société et des droits des victimes ainsi que de l'insertion ou de la réinsertion des condamnés. Elle doit être individualisée en fonction de l'évolution et de la situation du condamné. Lorsqu'il s'agit d'une peine privative de liberté, les modalités d'exécution doivent permettre le retour progressif du condamné à la liberté et éviter une remise en liberté sans aucune forme de suivi judiciaire.

5. Le droit à un juge dans l'application des peines

La personne condamnée a droit à l'intervention d'un juge pour l'application de la peine, compétent pour déterminer les modalités du traitement pénitentiaire (art. 709-1 CPP). Depuis la loi du 15 juin 2000, la plupart des décisions prises par le juge de l'application des peines ne sont plus considérées comme des mesures d'administration judiciaire. La personne condamnée peut ainsi exercer un recours de nature juridictionnelle contre la décision prise par le juge de l'application des peines.

B. L'autorité judiciaire, gardienne des libertés individuelles

Selon l'article 66 de la Constitution, l'autorité judiciaire est gardienne des libertés individuelles. Les mesures de contrainte dont la personne suspecte ou poursuivie peut faire l'objet ne peuvent être prises que sur décision ou sous le contrôle effectif

3. Crim., 14 oct. 2009, pourvoi n° 08-86.480 : l'arrêt de la cour d'assises satisfait aux exigences légales et conventionnelles dès lors qu'ont été assurés l'information préalable sur les charges fondant la mise en accusation, le libre exercice des droits de la défense ainsi que le caractère public et contradictoire des débats.
4. Cour EDH, 19 mars 1997, Hornsbyn, *JCP*, 1997, II, 22 459.

de l'autorité judiciaire[5]. En cas d'arrestation et de détention, une autorité judiciaire doit contrôler la légalité des mesures ordonnées afin de lutter contre les arrestations et les détentions arbitraires (art. 9 Pacte international relatif aux droits civils, civiques et politiques, art. 5 CEDH). Par conséquent, les juridictions judiciaires sont exclusivement compétentes en cas d'atteintes aux droits individuels et aucun conflit ne peut être élevé par l'autorité administrative (art. 136 al. 3 CPP).

La question qui se pose est alors de déterminer quels sont les membres de l'autorité judiciaire. Le Conseil constitutionnel déclare parfois que l'autorité judiciaire comprend à la fois les magistrats du siège et ceux du parquet[6]. Dans d'autres cas, il estime que les mesures d'injonction de nature à porter atteinte à la liberté individuelle requièrent la décision d'un magistrat du siège[7]. Le législateur français prévoit le contrôle de l'autorité judiciaire et exige, en tenant compte de la gravité de l'acte, l'intervention d'un membre du parquet ou celle d'un magistrat du siège.

Le contrôle du procureur de la République suffit pendant la phase de mise de l'enquête de police. Il doit être informé dès la décision de placement en garde à vue. Il peut prolonger la mesure de la garde à vue, la présentation préalable du suspect étant parfois exigée avant toute décision (art. 63 al. 2 CPP)[8]. Mais lorsqu'il s'agit de la délinquance organisée où la garde à vue peut avoir des durées très longues, l'autorisation du juge d'instruction ou juge de la liberté de la détention est nécessaire (art. 706-88 CPP). C'est également ce dernier qui peut ordonner le placement ou la prolongation de la détention provisoire.

II. L'équité de la procédure

La notion d'équité renvoie à la recherche d'un certain équilibre entre les parties. Le caractère de la procédure s'apprécie de manière globale par rapport à l'ensemble des parties dans les différentes phases de la procédure.

5. DC, 76-75, 12 janv. 1977, Fouille des véhicules, *RJC*, I, 45 ; DC, n° 94-352, 18 janvier 1995, Vidéo surveillance, *RJC*, I, 612 ; *JCP*, 1995, II, 22525, note Lafay, *Revue du droit public*, 1995, 575, note F. Luchaire ; *Revue française de droit constitutionnel*, 1995, 22, 362, obs. Favoreu ; *LPA*, 1995, n° 48, p. 18, note Nguyen Van Tuong et n° 68, p. 7, note B. Mathieu ; C. const., DC 2005-532, 19 janv. 2006, *JO*, 21 janv., décision relative à la loi contre le terrorisme portant diverses dispositions relatives à la sécurité et aux contrôles frontaliers, M. Lobe Lobas, « La loi du 23 janvier 2006 et les nouvelles mesures de lutte contre le terrorisme », *Les Affiches – Le Moniteur d'Alsace*, 2006, n° 39 ; P. Chrestia, « La loi du 23 janvier relative à la lutte contre le terrorisme : premières observations », *D.*, 2006, p. 1409 ; C. Lienhard, « La loi relative à la lutte contre le terrorisme et portant dispositions diverses relatives à la sécurité et au contrôle frontalier », *JCP*, 2006, 113.
6. C. const., DC, n° 93.326, 11 août 1993, *JCP*, 1993, I, 3720.
7. C. const., DC, 2 février 1995 95-360, *D.*, 1995, chron., p. 171 ; Cour EDH, 10 juillet 2009, Medvedyev c/ France, Req. 3994/03 : le procureur de la République judiciaire n'est pas une autorité judiciaire au sens de la convention et n'est de ce fait pas compétent pour ordonner la privation de liberté à bord d'un cargo.
8. La Cour européenne des droits de l'homme considère toutefois que le parquet n'est pas une autorité judiciaire au sens de la convention, Cour EDH, 10 juillet 2008, Medvedyev c/ France n° 3394/03.

A. L'égalité des armes

Le principe de l'égalité des armes consiste dans l'obligation d'offrir à chaque partie une possibilité raisonnable de présenter sa cause et ses preuves dans des conditions qui ne la placent pas dans une situation de net désavantage par rapport à son adversaire (article préliminaire du code de procédure pénale).

Le ministère public, qui agit au nom de la société, est également une partie au procès. Mais il n'est pas placé sur le même pied d'égalité que les parties privées. Il dispose de prérogatives importantes dans le recueil des preuves et l'orientation de la procédure. Il dirige l'enquête et contrôle les gardes à vue. Il décide de la suite à donner aux plaintes qu'il reçoit. Il requiert la peine applicable. Toutefois le principe de l'égalité des armes doit aussi s'apprécier en tenant compte des rapports entre la partie civile et la personne poursuivie.

B. Le principe du contradictoire

Chaque partie peut discuter les preuves administrées par les autres et invoquer les siennes. Ce principe est beaucoup plus affirmé pendant la période d'instruction et de jugement. Pendant l'enquête, le suspect ne peut accéder au dossier de la procédure ni prendre connaissance des pièces de culpabilité même s'il est informé des causes de la poursuite. La libre discussion est assurée par l'immunité qui couvre les propos tenus au cours des débats judiciaires et qui ne sont pas étrangers à la cause. Pendant la phase de jugement, le respect de ce principe implique la comparution des parties.

C. Le principe d'égalité

Le droit à un juge suppose l'accès égal de tous les justiciables à la justice. Le législateur peut cependant prévoir des règles de procédures différentes selon les faits, les situations et les personnes auxquelles elles s'appliquent, pourvu que les différences ne procèdent pas de discriminations injustifiées[9].
Par ailleurs, les immunités peuvent permettre à ceux qui en bénéficient d'échapper aux poursuites pénales (voir Fiche n° 8, *infra*).

9. C. const. 18 et 20 janv. 1981, DC, 80-127, Loi sécurité-liberté, *RJC*, I, 91 ; *JCP*, 1981, II, 19701, note C. Franck ; *D.*, 1981, note Pradel et 1982, 441, note Dekeuwer ; *Actualité juridique droit administratif*, 1981, 275, note Rivero et 278 note Gournay. ; voir également DC, 86-215, 3 sept. 1986, lutte contre la criminalité, *RJC*, I, 279 ; *RSC*, 1987, 567, chron. Loloum et Nguyen ; *RGDP*, 1989, obs. L. Favoreu.

Fiche n° 5 : La protection des droits des parties : les garanties particulières des droits des parties

Références

• Auvret P., « Le droit au respect de la présomption d'innocence », *JCP*, 1994, I, 3802.
• Buisson J., « Le juge délégué aux victimes », *Procédures*, 2007, Focus n° 44.
• Cohen C., « De la présomption d'innocence au secret de l'instruction : la double impasse », *Gaz. Pal.*, 1995, doct. p. 951.
• Costa J.-P., « Les droits de la défense selon la jurisprudence de la Cour EDH », *Gaz. Pal.*, 5 oct. 2002, doct.
• Frison-Roche M.-F., « Les droits de la défense en matière pénale » in *Droits et libertés fondamentaux*, Dalloz, 1999.
• Jamin C., « Avocats et juge délégué aux victimes : les méfaits de l'Etat paternel », *D.*, 2007, p. 2228.
• Koering-Joulain R., « La chambre criminelle et les droits reconnus par la CEDH à "l'accusé" avant jugement », *Mélanges Levasseur*, Litec, 1992, p. 205.
• Lavric S., « Juge délégué aux victimes, pourquoi faire », *AJ pénal*, 2007, p. 408.
• Léauté J., « Les principes généraux relatifs aux droits de la défense », *RSC*, 1953, p. 47.
• Lienhard C., « Le JUDEVI », *D.*, 2007, Interview 3120.

Définitions

• **Droits de la défense** : prérogatives accordées à un plaideur pour assurer la protection de ses intérêts et dont la violation peut être sanctionnée par une nullité.

• **Présomption d'innocence** : principe selon lequel la personne poursuivie est présumée innocente tant que la preuve de sa culpabilité n'a pas été établie. Ce principe constitue une règle de preuve. Mais il s'agit d'un droit pour toute personne impliquée dans une procédure judiciaire présentée comme coupable avant toute condamnation.

Explications

Les garanties particulières sont accordées aussi bien à la personne poursuivie qu'à la victime de l'infraction.

I. Les droits de la personne poursuivie

Il s'agit des droits de la défense et de la présomption d'innocence. Par ailleurs, les mesures de contrainte ne peuvent être ordonnées à son encontre que si elles sont nécessaires et proportionnées à l'infraction commise.

A. Les droits de la défense

Cette expression générique recouvre en réalité plusieurs autres droits.

1. Le droit d'être informé de la nature et de la cause de l'accusation (art. 6 § 3, CEDH)

L'information qui porte sur le fondement juridique et la qualification des faits doivent être données dans une langue que l'intéressé comprend. L'obligation d'informer s'étend à toute personne impliquée dans la procédure. Lorsque la personne est mineure ou un incapable majeur ou assisté, le responsable légal, le tuteur ou le curateur doit également être avisé.

2. Le droit de disposer du temps et des facilités nécessaires à la préparation de sa défense (art. 6 § 3, b CEDH)

L'accusé doit pouvoir disposer de tous les éléments pertinents recueillis ou pouvant l'être par les autorités compétentes. Il peut demander le report d'une audience pour mieux préparer sa défense.

3. Le droit de se défendre soi-même ou avec l'assistance d'un avocat

Pour que la discussion soit équitable, les parties privées doivent être assistées par un avocat. Il s'agit là d'un droit fondamental à caractère constitutionnel[1]. L'article 6 § 3, c de la Convention européenne des droits de l'homme proclame le droit pour tout accusé à l'assistance d'un défenseur de son choix. S'il n'a pas les moyens de rémunérer un défenseur, il doit pouvoir être assisté gratuitement par un avocat d'office lorsque les intérêts de la justice l'exigent.

Pendant la phase de l'enquête préliminaire, la personne suspecte peut se faire assister par un avocat. Si elle est placée en garde à vue, elle a le droit de s'entretenir avec un avocat, mais cet entretien peut être différé en matière de criminalité et de délinquance organisées ou de trafic de stupéfiants. L'avocat n'est cependant pas présent pendant les interrogatoires effectués (art. 63-4 CPP). La Cour européenne des droits de l'homme affirme quant à elle le droit du suspect de se faire assister par un avocat dès la garde à vue[2].

Pendant l'instruction, la personne mise en examen ou le témoin assisté ne peut être entendu qu'en présence d'un avocat. L'avocat doit être convoqué au plus tard cinq

1. Cass. ass. plén., 30 juin 1995, *JCP*, 1995, II, 22478, concl. Jéol et note Pedriau ; *D.*, 1995, p. 513, concl. Jéol et note Drago ; C. const. 18-20 janv. 1981, Sécurité liberté, *JCP*, 1981, II, 19701, note C. Franck ; *D.*, 1981, p. 101, note Pradel et 1982, p. 441 note Dekeuwer ; *AJDA*, 1981, p. 275, note Rivero : C. const. 11 août 1993, Garde à vue, *JCP*, 1993, I, 3720, p. 489, obs. Le Gunehec ; *D.*, 1993, p. 299, note Pradel.
2. Cour EDH, 13 oct. 2009, Dayan c/Turquie, n° 7377/03.

jours ouvrables avant l'interrogatoire ou l'audition de la partie qu'il assiste par lettre recommandée avec demande d'avis de réception, télécopie avec récépissé ou verbalement avec émargement au dossier de la procédure (art. 114 CPP). La procédure est mise à sa disposition quatre jours ouvrables au plus tard avant chaque interrogatoire de la personne mise en examen ou chaque audition. Après la première comparution de la personne mise en examen, la procédure est également mise à tout moment à la disposition des avocats durant les jours ouvrables, sous réserve des exigences du bon fonctionnement du cabinet d'instruction.

Après la première comparution ou la première audition, les avocats des parties peuvent se faire délivrer copie de tout ou partie des pièces et actes du dossier à leurs frais ou éventuellement sous forme numérisée (art. 803-1 CPP). La délivrance de la copie doit intervenir dans le mois suivant la demande. Ils peuvent, après autorisation du juge d'instruction, transmettre une reproduction des copies ainsi obtenues à leur client, ce dernier étant tenu de ne pas les diffuser auprès d'un tiers sous peine d'amende (art. 114-1 CPP). Les copies des rapports d'expertise peuvent être communiquées par les parties ou leurs avocats à des tiers pour les besoins de la défense. Le juge d'instruction dispose d'un délai de cinq jours ouvrables à compter de la réception de la demande pour s'opposer à la remise de tout ou partie de ces reproductions par une ordonnance spécialement motivée au regard des risques de pressions sur les victimes, les personnes mises en examen, leurs avocats, les témoins, les enquêteurs, les experts ou toute autre personne concourant à la procédure. Le silence observé dans le délai imparti vaut acceptation. En cas de refus, un recours peut être formé devant la chambre de l'instruction (art. 114 al. 5 et ss. CPP).

Devant le tribunal correctionnel et les juridictions de police, le droit à l'assistance d'un avocat est une faculté, le prévenu pouvant décider de se défendre seul. Mais l'assistance d'un avocat devient obligatoire si le prévenu est atteint d'une infirmité de nature à compromettre sa défense. Elle l'est également devant la cour d'assises, les tribunaux pour mineurs, les tribunaux militaires. L'avocat représente le mis en cause, mais il n'est pas nécessaire que l'accusé ou le prévenu comparaisse personnellement[3].

Au cours des interrogatoires ou des auditions, l'avocat peut poser des questions ou présenter ses observations (art. 120 CPP). Pendant l'audience de jugement, il peut poser directement des questions au prévenu ou à l'accusé, après avoir demandé la parole au président de la juridiction.

La personne poursuivie a le droit de s'entretenir librement avec son avocat. Leur entretien ne peut être transcrit et versé au dossier que s'il fait apparaître la participation de l'avocat à l'infraction[4].

3. Cour EDH, 23 mai 2000, aff. Van Pelt, n° 31070/96 ; AP., 2 mars 2001, *Bull. crim.*, n° 56 ; Crim., 16 mai 2007, *Bull. crim.*, n° 127.
4. Crim., 17 sept. 2008, pourvoi n° 08-85229.

4. Le droit de participer à la recherche des preuves et notamment d'interroger ou faire interroger les témoins ou de les convoquer (art. 6 § 3 d CEDH)

La personne poursuivie peut participer à la recherche des preuves en sollicitant du juge l'accomplissement d'actes d'investigation. Elle peut demander à être confrontée avec ceux qui l'ont mise en cause.
Concernant le témoignage, l'utilisation de dépositions anonymes pour fonder une condamnation n'est pas systématiquement incompatible avec la Convention européenne des droits de l'homme (Cour EDH, 26 mars 1996, Doorson c/ Pays-Bas). Il est également admis qu'une personne puisse témoigner sans révéler ses sources.

5. Le droit à l'assistance gratuite d'un interprète linguiste ou en langue des signes (art. 6 § 3, e CEDH)

Cette prérogative peut être accordée à toute personne ne maîtrisant pas la langue du pays dans lequel il est traduit en justice ainsi qu'aux individus dépendant du langage des signes. Elle est soumise à l'appréciation du juge. Le droit à l'interprète concerne non seulement l'ensemble des actes de la procédure mais aussi la phase d'audience.

Les droits de la défense doivent être respectés à toutes les étapes du procès, sous peine de nullité (art. 171 et 802 CPP, voir Fiche n° 24).

B. La présomption d'innocence

Le principe de la présomption d'innocence apparaît d'abord comme une règle de preuve. Tant qu'une personne n'a pas été condamnée définitivement, elle est présumée innocente. La preuve de sa culpabilité incombe alors à l'accusation.

Mais la présomption d'innocence constitue également un droit opposable (art. 9 de la DDH 1789, art. 11 de la Déclaration universelle des droits de l'homme de 1948, art. 14 du Pacte international relatif aux droits civils et politiques et art. 6 § 2 CEDH).

En cas d'atteinte à la présomption d'innocence, l'article 9-2 alinéa 1 du code civil prévoit que le juge peut prescrire en référé, aux frais du responsable, toutes mesures aux fins de faire cesser l'atteinte aux frais de la personne responsable. La procédure de référé-présomption d'innocence est ouverte à toute personne présentée publiquement, avant toute condamnation comme coupable de faits, faisant l'objet d'une enquête ou d'une instruction judiciaire. Toutes les personnes impliquées dans une procédure judiciaire disposent de cette faculté sans qu'il soit nécessaire qu'elles aient été placées en garde à vue ou mises en examen[5]. Elle ne concerne pas les personnes déjà condamnées en première instance.

5. Action se prescrivant par trois mois comme en matière de presse, délai rouvert au profit de la personne concernée lorsqu'elle bénéficie d'une décision pénale la mettant hors de cause.

En cas de non-lieu, d'acquittement ou de relaxe, le juge peut, à la demande de l'intéressé, prescrire la publication de la décision ou l'insertion d'un communiqué dans la presse (art. 177-1 CPP, art. 131-35 CP).

La violation de la présomption d'innocence peut constituer une infraction pénale. Il en est ainsi du fait de diffuser avant tout jugement de condamnation, par quelque moyen que ce soit et sans l'accord de l'intéressé, l'image d'une personne portant des menottes dès lors qu'elle est mise en cause, identifiée ou identifiable (art. 35 ter loi du 29 juillet 1881 sur la presse), de la violation du secret, de l'instruction ou du délit de diffamation.

C. La nécessité et la proportionnalité des mesures de contrainte

Les mesures de contraintes dont la personne poursuivie ou suspecte peut faire l'objet doivent être strictement limitées aux nécessités de la procédure et proportionnées à la gravité de l'infraction reprochée.

Pour la Cour européenne des droits de l'homme, le recours à des mesures portant atteinte aux droits des individus peut être admis dès lors qu'il est prévu par la loi, à condition que l'acte soit effectué dans un but légitime et qu'il soit nécessaire (art. 8 et 10 CEDH). Il en est ainsi lorsqu'une personne paraît avoir participé au crime ou lorsque les nécessités de l'information l'exigent. Cette limite permet les perquisitions et les écoutes téléphoniques, le placement sous contrôle judiciaire, la détention provisoire. Il faut également que l'acte soit proportionnel à l'objectif à atteindre.

II. Les droits de la partie civile

Si le législateur français a toujours reconnu à la victime la possibilité de mettre en mouvement l'action publique, ce n'est qu'en 1921 (loi du 10 mars) que lui ont été accordés le droit à l'assistance d'un avocat et l'accès au dossier (art. 114 CPP). Lorsque la victime se constitue partie civile, elle devient partie au procès et la protection de ses intérêts est assurée par diverses dispositions.

A. Information de la victime sur ses droits

L'autorité judiciaire veille à l'information et à la garantie des droits des victimes au cours de la procédure pénale (article préliminaire CPP). La police judiciaire est tenue de recevoir les plaintes déposées par les victimes d'infractions et de les transmettre le cas échéant au service ou à l'unité de police territorialement compétents (art. 15-3 CPP).

Le procureur de la République peut recourir à une association d'aide aux victimes afin qu'il soit porté assistance à la victime (art. 41 CPP). Lorsqu'il recourt à une procédure rapide de jugement, la victime doit être avisée de la date de l'audience (art. 293-1 CPP).

Au cours de l'instruction, la partie civile a la faculté de solliciter l'accomplissement de tout acte lui paraissant utile à la manifestation de la vérité (art. 82-1 CPP). Elle peut demander que le transport sur les lieux, l'audition d'un témoin, d'une autre partie civile ou d'une personne mise en cause soient réalisés en présence de son conseil (art. 82-2 CPP). Les intérêts de la victime peuvent motiver le placement ou la prolongation de la détention provisoire. Cette mesure peut être ordonnée afin d'empêcher une pression sur les témoins ou les victimes ou pour mettre un terme à un trouble exceptionnel et persistant à l'ordre public entre autres par l'importance du préjudice causé (art. 144 CPP).

Le juge de l'instruction doit aviser la partie civile tous les six mois de l'état d'avancement du dossier. La partie civile doit être avisée du délai prévisible d'achèvement de la procédure. Au terme de ce délai, elle pourra demander la clôture de l'information (art. 89-1 CPP).

Afin de faciliter l'indemnisation des victimes, une demande d'indemnisation ou de restitution peut être formulée dès le stade de l'enquête. Elle vaudra constitution de partie civile si l'action publique est mise en mouvement et si le tribunal correctionnel ou de police est directement saisi (art. 420-1 CPP).

Les officiers et agents de police judiciaire (art. 53-1 et 75 CPP) ainsi que le juge d'instruction (art. 80-3 CPP) doivent informer la victime de son droit à obtenir réparation de son préjudice. Le juge de l'instruction doit en outre l'informer des modalités d'exercice de ce droit. Il peut d'office, sur réquisition du parquet ou à la demande de la partie civile, procéder à tout acte lui permettant d'apprécier la nature et l'importance des préjudices subis par la victime ou de recueillir les renseignements sur la personnalité de celle-ci (art. 81-1 CPP).

Après le jugement sur l'action publique, la juridiction de jugement peut renvoyer la décision sur l'action civile pour statuer sur l'action civile afin de permettre à la partie civile d'apporter les justificatifs de sa demande (art. 464 CPP). L'exécution provisoire de la décision sur les intérêts civils peut être ordonnée et la victime peut intenter des recours quant à ces intérêts. Toute juridiction condamnant l'auteur d'une infraction visée aux articles 706-3 et 706-14 du code de procédure pénale à verser des dommages et intérêts à la partie civile doit aviser celle-ci de la possibilité de saisir la commission d'indemnisation des victimes d'infractions (art. 706-15 CPP).

La victime peut se faire assister par un avocat et, lorsqu'elle se porte partie civile, elle ne peut être entendue qu'en présence de celui-ci, convoqué dans les conditions de l'article 114 du code de procédure pénale. Ce dernier a également accès au dossier. Elle doit être assistée d'un interprète dans le cas où elle ne parle pas français ou lorsque la traduction d'un document versé aux débats est nécessaire (art. 344 et 407 CPP).

Il est interdit de diffuser sans l'accord de l'intéressé, l'image des circonstances d'un crime ou d'un délit portant gravement atteinte à la dignité de la victime (art. 35 quater, loi du 29 juillet 1881 sur la presse)[6]. Afin de préserver l'anonymat des mineurs victimes d'une infraction ou des victimes d'agression ou d'atteinte sexuelle, le fait de diffuser, de quelque manière de ce soit, des informations relatives à leur identité ou permettant leur identification est également sanctionné (art. 39 2° et 5°, loi du 29 juillet 1881 sur la presse).

B. Le juge délégué aux victimes

Le juge délégué aux victimes a été institué par le décret n° 2007-1605 du 13 novembre 2007 (art. D. 47-6-1 à D. 47-6-14, D. 48-3, D. 49-64 et ss. CPP). Il veille, dans le respect de l'équilibre des droits des parties, à la prise en compte des droits reconnus par la loi aux victimes.

1. Les fonctions juridictionnelles

Le juge délégué aux victimes préside à la commission d'indemnisation des victimes. Il peut présider les audiences du tribunal correctionnel statuant après renvoi sur les seuls intérêts civils. La compatibilité entre ces fonctions dépend cependant de la nature et de l'étendue des mesures qui ont été prises par le magistrat en qualité de juge aux victimes avant de statuer sur les intérêts civils[7].

2. Les attributions d'administration judiciaire

Le juge délégué aux victimes peut être saisi par toute personne ayant été victime d'une infraction pour laquelle l'action publique a été traitée dans le cadre d'une mesure alternative aux poursuites ou a abouti à un jugement, et demeurant dans le ressort du tribunal de grande instance où il exerce ses fonctions. Il peut dans ce cas être assisté d'un greffier. Selon la nature de la demande, le juge transmet celle-ci au magistrat du siège ou du parquet territorialement compétent, qui le tient informé des suites qui lui sont apportées, et en avise la victime et son avocat.

Lorsque la peine de sanction réparation a été prononcée et que le condamné n'a pas procédé à l'indemnisation de la partie civile dans les délais requis, le juge délégué aux victimes peut, à la demande de la partie civile, saisir de ce manquement le juge de

6. I. Corpart, « Du droit à l'image (de la veuve) à la liberté de l'image du photographe », Civ., 7 mars 2006, *Revue juridique personnes et famille*, 2006, p. 10.
7. Cass. Avis 20 juin 2008, n° 00-80005P.

l'application des peines, qui appréciera s'il y a lieu d'envisager la mise à exécution de la peine d'amende ou d'emprisonnement fixée par la juridiction de jugement.

Lorsqu'un condamné est placé sous le contrôle du juge de l'application des peines, notamment pour l'exécution d'un sursis avec mise à l'épreuve ou d'une mesure d'aménagement de peine, le juge délégué aux victimes peut, à la demande de la victime, saisir le juge de l'application des peines de la situation particulière de cette victime pour que, le cas échéant, ce magistrat complète les obligations auxquelles le condamné est soumis par l'obligation d'indemniser la victime prévue. Il en est de même pour l'obligation de contribuer aux charges familiales ou de s'acquitter des pensions alimentaires. Si le condamné est déjà soumis à l'une de ces obligations et qu'il ne la respecte pas, le juge délégué aux victimes peut, à la demande de la victime, saisir de ce manquement le juge de l'application des peines, qui appréciera s'il y a lieu d'envisager la révocation du sursis avec mise à l'épreuve ou le retrait ou la révocation de la mesure d'aménagement.

Lorsqu'un condamné est placé sous le contrôle du juge de l'application des peines, notamment pour l'exécution d'un sursis avec mise à l'épreuve ou d'une mesure d'aménagement de peine, le juge délégué aux victimes peut, à la demande de la victime, saisir le juge de l'application des peines de la situation particulière de cette victime pour que, le cas échéant, ce magistrat complète les obligations auxquelles le condamné est soumis par l'interdiction d'entrer en relation avec la victime prévue ou par l'interdiction de paraître dans certains lieux dans lesquels la victime réside ou travaille. Il en est de même, en cas d'infraction commise au sein du couple ou sur ses enfants, des obligations de résider hors du domicile ou de la résidence du couple et, le cas échéant, de s'abstenir de paraître dans ce domicile ou cette résidence ou aux abords immédiats de celui-ci, ainsi que, si nécessaire, de faire l'objet d'une prise en charge sanitaire, sociale ou psychologique. Si le condamné est déjà soumis à l'une de ces obligations ou interdictions et qu'il ne la respecte pas, le juge délégué aux victimes peut, à la demande de la victime, saisir de ce manquement le juge de l'application des peines, qui appréciera s'il y a lieu d'envisager la révocation du sursis avec mise à l'épreuve ou le retrait ou la révocation de la mesure d'aménagement.

Les ordonnances du juge délégué aux victimes adressées au juge de l'application des peines sont transmises en copie au procureur de la République.

Au vu de l'ordonnance, le juge de l'application des peines se saisit d'office ou sur réquisitions du procureur de la République. Il informe le juge délégué aux victimes de sa décision dans le délai d'un mois. Le juge délégué aux victimes dispose de quinze jours à compter de la réception de la réponse du juge d'application des peines pour en informer la victime.

Le juge délégué aux victimes peut recueillir et transmettre au juge de l'application de peine les demandes de la victime tendant à être informée de la mise à exécution de la peine contre le condamné ou de la libération du condamné, ou tendant à ne pas en être informée.

Les décisions et les ordonnances prises par le juge délégué aux victimes en constituent des mesures d'administration judiciaire non susceptibles de recours.

3. Les fonctions administratives

Le juge délégué aux victimes vérifie les conditions dans lesquelles les parties civiles sont informées de leurs droits à l'issue de l'audience. Il participe, sous l'autorité du président du tribunal de grande instance et en lien avec le procureur de la République, à l'élaboration et la mise en œuvre de dispositifs coordonnés d'aide aux victimes sur le ressort du tribunal de grande instance.

Il doit établir un rapport annuel sur l'exercice de ses attributions.

2. Les juridictions répressives

Fiche n° 6 : L'organisation des juridictions répressives

Références

• Dossier : « La loi du 5 mars 2007 sur l'équilibre de la procédure pénale : premiers commentaires », *AJ pénal*, 2007, p. 105.
• FLAUSS J.-F., « Le statut pénal du président de la République », *LPA*, 31 déc. 2002.
• JEANDIDIER W., « Requiem pour la chambre d'accusation », *JCP*, 2000, I, 210.
• LIENHARD C., « La Cour de justice de la République et sa procédure à l'épreuve de sa première expérience », *JCP*, 1999, n° 11, Actualités.
• LOBE LOBAS M., « La loi du 5 mars 2007 relative à l'équilibre de la procédure pénale », *LPA*, 2 mai 2007.
• LOMBARD F., « Les citoyens-juges. La réforme de la cour d'assises ou les limites de la souveraineté populaire », *RSC*, 1996, p. 773.
• LYON-CAEN P., « Le Parquet général de la Cour de cassation », *D.*, 2003, p. 211.
• MATHIEU B., « La Haute Cour de justice et la responsabilité pénale des ministres ou comment se servir d'un sabre de bois », *Revue française de droit constitutionnel*, 1990-4, p. 735.
• « L'affaire du sang contaminé et la Haute Cour de justice », *Revue française de droit constitutionnel*, 1993, p. 427.
• PRADEL J., « "L'appel" contre les arrêts de la Cour d'assises : un apport heureux de la loi du 15 juin 2000 », *D.*, 2001, p. 1964.
• « La procédure de jugement applicable devant la Cour de justice de la République, un mode d'emploi à préciser », *D.*, 1996, chron. p. 1.

Définitions

• **Juridiction de jugement** : juridiction appelée à se prononcer sur la culpabilité des personnes citées ou renvoyées devant elle. Elle acquitte, relaxe ou condamne. Elle ne prononce pas nécessairement une sanction pénale.

• **Juridiction d'instruction** : la juridiction d'instruction est chargée de rechercher les éléments de preuve permettant d'établir l'existence de l'infraction, ou la participation des personnes mises en cause. Au vu de ces éléments, elle décide s'il y a lieu de saisir la juridiction de jugement.

• **Juridiction de droit commun** : juridiction dont la compétence s'étend à toutes les affaires qui n'ont pas été expressément attribuées à une juridiction spécialisée.

• **Juridiction d'exception** : juridiction dont la compétence se limite aux affaires que la loi lui attribue. Cette compétence est liée à la nature de l'infraction et/ou à la qualité de la personne.

Explications

Les juridictions répressives sont compétentes pour connaître des infractions pénales. Elles participent à la recherche des preuves afin d'établir la culpabilité ou l'innocence de la personne poursuivie. Elles se répartissent entre les juridictions de droit commun (I) et les juridictions d'exception (II).

I. Les juridictions de droit commun

Elles sont compétentes pour connaître de tous les faits dont la compétence n'est pas expressément attribuée à une juridiction spécialisée. Il faut distinguer les juridictions de jugement et les juridictions d'instruction.

A. Les juridictions de jugement de droit commun

La fonction de jugement permet au tribunal de porter une appréciation sur les faits, de se prononcer sur la culpabilité ou l'innocence de la personne poursuivie en tenant compte des éléments de preuve débattus devant lui. Lorsque la culpabilité est établie, il prononce une peine, sauf cas de dispense ou d'exemption de peine.

1. Les juridictions du premier degré

La compétence des juridictions est déterminée de première instance en tenant compte de la gravité de l'infraction. Les juridictions de police sont compétentes pour juger les contraventions, le tribunal correctionnel est compétent pour juger les délits et la cour d'assises est compétente pour juger les crimes.

a) En matière contraventionnelle
Sont compétents le tribunal de police et la juridiction de proximité.

La juridiction de proximité, juridiction à juge unique, est compétente pour juger des contraventions des quatre premières classes, à moins qu'un décret en Conseil d'Etat n'attribue la compétence au tribunal de police (art. 521 CPP). Le juge de proximité peut aussi valider une composition pénale sur délégation du président du tribunal de grande instance. Il demeure compétent en cas de contravention des quatre premières classes commises par les mineurs.
Le juge de proximité est soumis au statut de la magistrature, mais n'est pas membre du corps judiciaire. C'est un juge non professionnel choisi à raison de ses compétences ou de son expérience.

Le tribunal de police est une formation du tribunal d'instance à juge unique siégeant au chef-lieu de l'arrondissement Lorsque le tribunal d'instance comprend plusieurs magistrats, l'un d'eux est désigné pour connaître des affaires pénales. Il existe des tribunaux d'instance ne siégeant qu'en matière pénale à Paris, Lyon, Marseille.
Le tribunal de police est compétent pour les contraventions de cinquième classe et des contraventions connexes. Il peut connaître des contraventions relevant normalement de la juridiction de proximité lorsqu'un décret pris en Conseil d'Etat le prévoit. Les contraventions commises par les mineurs et celles qui sont connexes ou indivisibles à un crime ou délit échappent à sa compétence. Il en est de même de celles qui sont sanctionnées par une amende forfaitaire ou qui relèvent de la procédure de l'ordonnance pénale ou certaines contraventions de grande voirie.

b) En matière délictuelle
Le tribunal correctionnel est la juridiction de droit commun en matière de délit (art. 381 CPP). Sa compétence peut s'étendre aux contraventions d'audience ou connexes à un délit, et à celles qui lui ont été soumises à la suite d'une erreur de qualification.

Il s'agit d'une formation du tribunal de grande instance siégeant en principe en collégialité. Elle est alors composée d'un président et de deux assesseurs assistés d'un greffier. Lorsque les débats doivent se dérouler sur une longue période, le président du tribunal de grande instance peut désigner un ou deux juges supplémentaires pour assister aux débats. Ces derniers ne participeront au délibéré que si un ou plusieurs magistrats composant le tribunal se trouvent empêchés d'assister à toutes les audiences (art. 398 al. 2 CPP).

Le tribunal correctionnel siège à juge unique lorsqu'il s'agit de délits énumérés à l'article 398-1 du code de procédure pénale[1].

Le renvoi devant la structure collégiale est exigé lorsque les délits prévus à l'article 398-1 du code de procédure pénale sont connexes à des délits ne relevant pas de la compétence du juge unique. Il en est de même si le prévenu est en détention provisoire lors de sa comparution à l'audience ou s'il est poursuivi selon la procédure de comparution immédiate. Le renvoi s'impose également en raison de la complexité de l'affaire ou si la peine susceptible d'être prononcée est supérieure à cinq ans. Il peut être ordonné par le juge unique d'office, à la demande du ministère public ou des parties (art. 398-2 al. 3 CPP).

1. Violences volontaires, vol simple et certains vols aggravés, exhibition sexuelle, abandon de famille, circulation routière, transport public et routier, chasse ou pêche, chèque et carte de paiement, matériel de guerre, armes et munitions, filouterie, détournement de gage ou d'objet saisi, destruction, dégradation ou détérioration, menaces, recel, outrage, usage de stupéfiants, sévices envers les animaux, appels téléphoniques malveillants, délits pour lesquels l'emprisonnement n'est pas prévu.

Lorsque la formation collégiale constate que la qualification retenue dans l'acte de saisine relève du juge unique, l'affaire peut être renvoyée devant le juge unique ou être jugée par le président. Le renvoi à la formation collégiale est exigé lorsque le juge unique constate que l'affaire est du ressort de la formation collégiale (art. 398-2 CPP).

Dans les tribunaux importants, il existe une chambre correctionnelle compétente pour les affaires pénales relevant de ce tribunal.

c) En matière criminelle

Il existe une cour d'assises par département, siégeant en principe au chef-lieu du département (art. 232 CPP, soit au chef-lieu de la cour d'appel s'il y en a une, soit au siège du tribunal de grande instance). Certaines cours d'assises énumérées à l'article R. 41 du code de procédure pénale ont leur siège dans une ville autre que le chef-lieu de la cour d'appel ou dans une ville autre que le chef-lieu du département. La cour d'appel peut aussi, sur les réquisitions du procureur général, ordonner par arrêt motivé que les assises se tiendront au siège d'un tribunal autre que celui auquel elles se tiennent habituellement.

Par opposition aux autres juridictions de droit commun, la cour d'assises n'est pas permanente. Elle ne siège qu'une fois par trimestre (art. 236 CPP). Mais le premier président de la cour d'appel peut, sur proposition du procureur général, ordonner qu'il soit tenu, au cours d'un même trimestre, une ou plusieurs sessions supplémentaires.

La cour d'assises est formée d'une cour constituée de trois magistrats professionnels (un président, membre de la cour, deux assesseurs, conseillers à la cour d'appel ou juges du TGI) et d'un jury composé de neuf jurés.

Pour être juré, il faut être de nationalité française, avoir plus de 23 ans, savoir lire et écrire, jouir des droits civils, civiques et de famille (art. 255 et ss. CPP). Diverses incapacités sont édictées afin de permettre la constitution d'un jury incontestable. Ne peuvent être jurés les personnes ayant été condamnées pour crime ou délit à une peine au moins égale à six mois d'emprisonnement, les majeurs incapables, les personnes en état d'accusation ou sous mandat de dépôt ou d'arrêt, les personnes déclarées en faillite. Diverses incompatibilités permettent de garantir l'indépendance des jurés. Elles sont soit générales et liées aux fonctions (magistrat, membre du gouvernement), soit spéciales en fonction de l'affaire à juger (liens de parenté ou d'alliance avec un membre de la cour ou l'accusé, personne susceptible d'intervenir dans l'affaire). Des dispenses peuvent être accordées aux personnes âgées de plus de 70 ans ou en raison de l'éloignement ou de tout autre motif reconnu valable.

Les jurés sont désignés par tirage au sort sur les listes électorales au terme de plusieurs opérations successives (art. 259 et ss. CPP). En sont exclues les personnes ayant rempli les fonctions de juré dans le département depuis moins cinq ans (art. 258-1 al. 1 CPP).

Le jury de jugement est constitué au début de chaque séance et en présence de l'accusé. Neuf noms sont tirés au sort ainsi que ceux des jurés suppléants. Au fur et à mesure des tirages, l'accusé ou son conseil peuvent récuser cinq noms et le ministère public quatre. En appel, l'accusé ne pourra en récuser plus de six et le ministère public plus de six. A l'issue du tirage, le jury définitivement formé prend place dans la salle d'audience où le président leur indique leurs devoirs.

La cour et les jurés délibèrent et votent ensemble sur la matérialité des faits, la culpabilité et la peine applicable. Pour toute décision défavorable à l'accusé, il faut une majorité de huit voix au moins (donc cinq jurés) et en appel de dix voix au moins (sept jurés). La cour statue seule sur l'action civile, après même après acquittement ou relaxe de la personne mise en examen (art. 371-1 CPP).

La cour d'assises est compétente pour connaître des crimes qui ne relèvent pas d'une juridiction spécialisée. Elle peut également juger des infractions connexes à un crime.

La cour d'assises bénéficie d'une plénitude de juridiction pour juger des personnes renvoyées devant elle par la décision de mise en accusation (art. 231 CPP). Par conséquent, elle ne peut se déclarer incompétente, même si elle disqualifie les faits ou si une loi nouvelle correctionnalise l'infraction.

La cour est seule compétente pour connaître de l'action civile, même après avoir acquitté ou relaxé la personne renvoyée devant la cour d'assises.

2. Les juridictions d'appel

a) La chambre des appels correctionnels de la cour d'appel

La chambre des appels correctionnels est une formation pénale de jugement de la cour d'appel composée d'un président et de deux conseillers, assistés d'un greffier (art. 510 CPP). Elle est compétente pour connaître des appels interjetés contre tous les jugements rendus par les tribunaux correctionnels de son ressort (art. 496 CPP). Elle ne connaît de l'appel que de certains jugements rendus par le tribunal de police ou la juridiction de proximité (art. 546 et 547 CPP) en tenant compte de la gravité de la peine prononcée (suspension du permis de conduire, amende prononcée supérieure à celle prévue pour les contraventions de deuxième classe), de la peine encourue (contravention de cinquième classe), en cas de condamnation à des dommages-intérêts. L'appel est toujours possible si les poursuites ont été engagées à l'initiative de l'administration des Eaux et Forêts.

La chambre des appels correctionnels peut, sur renvoi après cassation, rejuger au fond des affaires qui avaient déjà été jugées par d'autres cours d'appel.

b) La cour d'assises statuant en appel
L'appel est possible depuis la loi du 15 juin 2000 contre les arrêts de condamnation rendus par la cour d'assises. Seul le procureur de la République peut, depuis la loi du 4 mars 2002, intenter un recours en appel contre un arrêt d'acquittement.
La cour d'assises d'appel est désignée par la chambre criminelle. Elle n'est pas hiérarchiquement supérieure à la cour d'assises de premier ressort. Elle ne s'en distingue que par sa composition (12 jurés et trois magistrats professionnels). Mais elle siège dans un autre ressort que celle ayant initialement jugé l'affaire.

B. Les juridictions d'instruction

Il s'agit des juridictions chargées de l'instruction préparatoire ou information. Si, en droit, elles peuvent toujours être saisies, on ne leur soumet en fait que les affaires graves et complexes.

Les juridictions d'instruction doivent recueillir les éléments de preuve nécessaires à la manifestation de la vérité. Elles doivent également apprécier la portée des éléments ainsi réunis, décider d'une part du maintien de l'individu en liberté ou de son placement en détention provisoire, d'autre part de son renvoi devant la juridiction de jugement compétente ou de sa mise hors de cause.

1. Au premier degré

a) Le juge d'instruction et les pôles d'instruction
Le juge d'instruction est un juge du tribunal de grande instance, magistrat du siège chargé par décret de l'instruction. Il peut être révoqué en tant que juge d'instruction, mais demeure inamovible en tant que magistrat. La durée des fonctions est illimitée, ce qui permet une certaine spécialisation. Il ne peut cependant exercer pendant plus de dix ans dans un même tribunal.
Le juge d'instruction est compétent pour instruire en toute matière. Il n'est saisi des contraventions que sur réquisitions du procureur de la République. Sa saisine est obligatoire en matière criminelle, facultative en cas de délit en tenant compte de la complexité l'affaire.

Des pôles d'instruction sont institués au sein de tribunaux de grande instance (art. 52-1 CPP). Les juges d'instruction du pôle sont seuls compétents pour connaître des informations criminelles ou en cas de cosaisine. Le président du tribunal peut alors désigner des juges d'instruction adjoints[2]. Ils demeurent compétents en cas de requalification des faits en cours d'information ou lors du règlement de celle-ci.

2. Ces dispositions relatives à la compétence du pôle sont abrogées à compter du 1er janv. 2011, date à laquelle deviendra effective la collégialité.

La compétence du pôle peut s'étendre sur le ressort de plusieurs tribunaux de grande instance[3]. Un ou plusieurs juges d'instruction peuvent être chargés, en tenant compte s'il y a lieu des spécialisations prévues, de coordonner l'activité des juges d'instruction au sein du pôle.

En matière de délit, les juges d'instruction près les tribunaux ne disposant pas de pôle sont compétents. Le procureur de la République près le tribunal de grande instance au sein duquel il n'existe pas de pôle peut requérir l'ouverture d'une information devant les magistrats du pôle territorialement compétent en matière criminelle ou lorsque l'affaire s'avère complexe (art. 80-II CPP).
En principe, à partir du 1er janvier 2011, l'instruction devra être faite par un collège de trois juges d'instruction nommé pour chaque affaire, par le président du tribunal de grande instance[4]. Un magistrat de premier grade exercera les fonctions du juge coordinateur. Le collège sera compétent pour les ordonnances de mise en examen, d'octroi du statut de témoin assisté à une personne mise en examen, de placement sous contrôle judiciaire, de saisine du juge des libertés et de la détention et de mise en liberté d'office, les avis de fin d'information, les ordonnances de règlement et de non-lieu. Les autres actes pourront être délégués à l'un des juges composant le collège (art. 83 CPP).

b) Le juge des libertés et de la détention
Il s'agit d'un magistrat de siège désigné pour ses fonctions par le président du tribunal de grande instance (art. 137-1 CPP). Lorsque le nombre de magistrats est insuffisant, les fonctions du juge des libertés et de la détention peuvent être exercées par le même vice-président pour trois juridictions et au maximum pendant quarante jours.
Le juge des libertés et de la détention est compétent en matière de liberté des personnes. Il peut ainsi ordonner le placement ou la prolongation de la détention provisoire. Il intervient dans les cas prévus par la loi chaque fois qu'une liberté individuelle est compromise ou atteinte par une décision prise au stade de l'enquête policière ou de l'instruction. Il peut ainsi autoriser les perquisitions sans le consentement de la personne ou en dehors des heures légales en matière de terrorisme (art. 706-24 CPP) ou de délinquance organisée (art. 706-28 CPP). Il peut accorder les prolongations exceptionnelles de la garde à vie en matière de terrorisme et de délinquance organisée (art. 706-88 CPP).
Le juge des libertés et de la détention est aussi compétent pour autoriser certaines mesures de rétention des étrangers (art. 36 bis et quater, ord. 1945).

2. La chambre de l'instruction

La chambre de l'instruction est une formation collégiale de la cour d'appel composée d'un président et de deux conseillers assistés d'un greffier (art. 192 CPP).

3. Décret du 16 janvier 2008 entré en vigueur le 1er mars 2008.
4. Si cette réforme n'est pas définitivement abrogée par la suppression du juge d'instruction.

Sa fonction principale est celle de juge d'instruction de second degré. Elle connaît ainsi des appels formés contre les ordonnances juridictionnelles du juge d'instruction et du juge des libertés et de la détention. Elle est également une juridiction supérieure de l'instruction. Elle peut rendre un arrêt de mise en accusation, requalifier les faits ou exercer le pouvoir de révision. La compétence territoriale de la chambre de l'instruction s'étend sur celle de la cour d'appel.

La chambre de l'instruction est aussi compétente en matière d'extradition, de mandat européen, de réhabilitation judiciaire et de rectification des mentions du casier judiciaire, de rectification des arrêts de cour d'assises et des incidents contentieux qu'ils soulèvent, de relèvement. Elle constitue enfin une juridiction disciplinaire pour les officiers et agents de police judiciaire. Elle procède au règlement des juges en cas de conflits de juridictions.

Le président de la chambre de l'instruction dispose de pouvoirs propres et constitue à lui seul une juridiction. Il doit veiller au bon fonctionnement des cabinets d'instruction du ressort de la cour d'appel. Il contrôle le déroulement de la détention provisoire.

C. La chambre criminelle de la Cour de cassation

La chambre criminelle est l'une des six chambres de la Cour de cassation. Elle est composée de cinq conseillers assistés d'un greffier. Une formation restreinte de trois magistrats peut être désignée par le président de la Cour pour éviter l'engorgement. Mais la formation restreinte peut renvoyer l'affaire à la formation normale si l'une des parties en fait la demande. Le renvoi est de droit sur demande de l'un des membres de la formation. Le ministère public est tenu par l'avocat général.

Saisie d'un pourvoi en cassation, la chambre criminelle est juge du droit. Mais elle connaît exceptionnellement des faits lorsqu'elle est saisie d'un pourvoi en révision destiné à réparer les erreurs judiciaires. Elle statue également sur les questions de compétence et désigne la cour d'assises d'appel. La formation restreinte peut déclarer non admis les pourvois irrecevables ou non fondés sur un moyen sérieux de cassation (art. L. 136-1 COJ).

Une chambre mixte peut être réunie lorsqu'une affaire pose un problème relevant des attributions de plusieurs chambres ou si la question a reçu des solutions divergentes. Le renvoi devant l'assemblée plénière peut se produire lorsque l'affaire pose une question de principe ou en cas de second pourvoi pour la même affaire sur les mêmes moyens.

La Cour de cassation comprend également diverses commissions : la commission nationale de réparation des détentions injustifiées, la commission de révision des condamnations pénales des décisions devenues définitives, la commission de réexamen d'une décision pénale après prononcé d'un arrêt de condamnation de la Cour européenne des droits de l'homme. Une commission de trois conseillers statue sur les recours formés par les officiers de police judiciaire contre les mesures de retrait ou de suspension de l'habilitation à exercer les fonctions de police judiciaire.

Les juridictions pénales, à l'exception des juridictions d'instruction et de la cour d'assises, peuvent, avant de statuer sur une nouvelle question de droit, présentant une difficulté sérieuse et posant de nombreux litiges, solliciter l'avis de la Cour de cassation dans les cas et conditions fixés par l'article 151-1 du code de l'organisation judiciaire. L'avis rendu par la Cour de cassation ne lie cependant pas le juge (art. 706-64 à 706-70 CPP).

II. Les juridictions spécialisées

Les juridictions spécialisées ont en général un statut dérogatoire au droit commun par leur composition ou par la procédure qui y est suivie. L'existence de ces juridictions est liée à la qualité de la personne jugée et/ou à la nature des infractions.

A. En fonction du délinquant

En fonction de la qualité du délinquant, on distingue les juridictions pour mineurs, les juridictions militaires et les juridictions politiques.

1. Les juridictions pour mineurs

L'ordonnance du 2 février 1945 a instauré la spécialisation des magistrats et des juridictions pour les mineurs afin de mettre l'accent sur les mesures éducatives et la réinsertion des mineurs délinquants[5].

a) Le juge des enfants

Le juge des enfants est un magistrat choisi au sein du tribunal de grande instance compte tenu de son intérêt pour les questions liées à l'enfance. Il cumule les fonctions d'instruction et de jugement. Il est également président de la juridiction de jugement et juge de l'application des peines.

Pour les délits et les contraventions de cinquième classe, l'instruction est effectuée par le juge des enfants, mais le parquet peut orienter l'affaire vers un juge d'instruction. Il est tenu de le faire si le dossier met en cause conjointement des majeurs et des mineurs. En cas de crime, le recours à un juge d'instruction est obligatoire[6].

5. Ces juridictions demeurent compétentes pour juger les majeurs qui ont commis une infraction durant leur minorité.

6. L'appel des ordonnances rendues par le juge des enfants statuant comme magistrat d'instruction ou par le juge d'instruction est soumis à la chambre de l'instruction composée d'un conseiller à la protection de l'enfance.

Le juge des enfants est compétent pour les délits et contraventions de cinquième classe commis par les mineurs. Lorsque le mineur a des coauteurs ou complices majeurs, la disjonction de procédure doit être ordonnée. Les contraventions des quatre premières classes relèvent du juge de proximité.
Le juge des enfants ne peut prononcer qu'une mesure éducative ou la relaxe. Il peut aussi prononcer une dispense de peine (art. 8, ord. 1945). S'il estime qu'une peine ou une sanction éducative s'impose, il doit transmettre le dossier au tribunal pour enfants dont il est le président.
Le juge des enfants est aussi compétent en matière non pénale pour des questions relatives à l'enfance en danger (art. 375 C. Civ.).

b) Le tribunal pour enfants
Il est composé d'un président et de deux assesseurs qui sont de simples particuliers nommés pour quatre ans par le garde des Sceaux, en tenant compte de leur compétence et de l'intérêt particulier qu'ils portent aux questions relatives à l'enfance.
Le tribunal pour enfants est compétent pour les contraventions de cinquième classe et pour les amendes excédant 750 euros. Il connaît des délits commis par des mineurs de 18 ans et des crimes commis par les mineurs de 16 ans. Il ne peut connaître des infractions commises par des majeurs coauteurs ou complices, ce qui nécessite une disjonction des poursuites.
La compétence du tribunal pour enfants est écartée en cas d'infraction commise, en temps de paix, hors du territoire de la République par un mineur membre des forces armées ou si le mineur est ressortissant d'un Etat occupé ou d'un Etat ennemi à l'époque des faits. En temps de guerre, les juridictions militaires sont compétentes si le mineur est militaire ressortissant d'un Etat occupé ou d'un Etat ennemi à l'époque des faits ou coauteur ou complice de personnes déférées devant les juridictions des forces armées (art. L. 121-6 CJM).
Le tribunal pour enfants peut prononcer non seulement des mesures éducatives, mais aussi des sanctions éducatives et des peines. Le tribunal pour enfants connaît des décisions prises par le juge de l'application des peines ou le juge des enfants en matière d'exécution des peines.

c) La cour d'appel
En cas d'appel contre les décisions du juge des enfants, du tribunal de police et du tribunal pour enfants, une chambre spéciale de la cour d'appel est saisie. Cette chambre est composée de trois conseillers dont l'un doit être délégué à l'enfance. Le parquet est représenté par un magistrat spécialisé. Elle statue aussi sur les décisions d'assistance éducative et les décisions de placement provisoire.

d) La cour d'assises pour mineurs
Elle est compétente pour les crimes commis par des mineurs de 16 à 18 ans. Elle peut éventuellement juger les majeurs coauteurs ou complices de mineurs. Son organisation est la même que celle de la cour d'assises de droit commun. Mais les deux assesseurs sont des juges pour enfants. Les débats ont lieu à huis clos.

2. *Les juridictions militaires*

La compétence des juridictions n'est pas seulement liée à la qualité de l'auteur. Elle tient aussi à la nature de l'infraction.

a) En temps de paix
Il faut distinguer selon que l'infraction est commise sur le territoire de la République ou en dehors de ce territoire.

• *La compétence des juridictions de droit commun pour les infractions commises sur le territoire de la République* : les délits militaires ou assimilés commis sur le territoire de la République sont jugés par des tribunaux correctionnels de droit commun, mais dans une formation spécialisée en matière militaire (art. 697 al. 1 CPP). Il en existe une par ressort de cour d'appel. Les délits visés sont les infractions militaires proprement dites (livre III CJM) ou les délits de droit commun commis par les militaires dans l'exercice de leurs fonctions, les délits constitutifs d'atteintes aux intérêts fondamentaux de la nation (art. 702 CPP).
Les crimes militaires, à l'exception de ceux commis par les gendarmes agissant dans le cadre de la police administrative ou judiciaire, sont jugés par une cour d'assises sans jury, composée de sept magistrats professionnels. Cette formation est incompétente pour les crimes de droit commun commis par les militaires, sauf s'il existe un risque de divulgation d'un secret de défense nationale. Elle connaît aussi des atteintes aux intérêts fondamentaux de la nation (art. 702 CPP).
Les juridictions de droit commun sont compétentes pour les crimes et délits commis hors service (art. L. 2 CJM), pour les contraventions et pour les crimes ou délits même militaires commis par les mineurs. Elles le sont également s'agissant des infractions de droit commun commises par les militaires de la gendarmerie dans l'exercice de leurs fonctions relatives à la police administrative ou judiciaire, sauf lorsqu'il s'agit des infractions commises dans le service du maintien de l'ordre (art. 697-1 al. 3 CPP).

• *La compétence du tribunal aux armées de Paris pour les infractions commises hors du territoire de la République :* hors du territoire de la République, et sous réserve des engagements internationaux, le tribunal aux armées de Paris (art. L. 111-1 CJM) est compétent pour les infractions commises par les militaires stationnant ou opérant hors du territoire de la République. Il connaît aussi de toutes les infractions commises par les personnes à la suite de l'armée en vertu d'une autorisation (personnels civils, familles).
Pour le jugement des contraventions, le tribunal aux armées est composé de son président ou d'un magistrat qu'il délègue. Pour le jugement des délits, il est composé d'un président et de deux assesseurs ou, dans les cas prévus par l'article 398-1 du code de procédure pénale, d'un seul de ces magistrats exerçant les pouvoirs conférés au président. L'appel des jugements au tribunal des armées de Paris se fait devant la cour d'appel de Paris.

Pour le jugement des crimes, le tribunal aux armées est composé d'un président et de six assesseurs ou, lorsqu'il statue en appel, de huit assesseurs (art. L. 221-4 CJM).
Pour le jugement des crimes de droit commun commis par des militaires dans l'exécution du service, le tribunal aux armées comprend le tribunal proprement dit et le jury, sauf s'il existe un risque de divulgation d'un secret de la défense nationale. L'ordonnance de mise en accusation prononcée par le juge d'instruction du tribunal aux armées constate, s'il y a lieu, qu'il existe un risque de divulgation d'un secret de la défense et ordonne que le tribunal aux armées soit composé sans jury.
L'appel des jugements du tribunal aux armées de Paris se fait devant la cour d'appel de Paris. Toutefois, en cas d'appel d'une décision de condamnation ou d'acquittement rendue en matière criminelle, la chambre criminelle désigne soit une cour d'assises d'appel compétente en matière militaire, soit le même tribunal aux armées, autrement composé, pour connaître de l'appel. Si la chambre criminelle considère qu'il existe un risque de divulgation d'un secret de la défense nationale, l'appel est porté devant le tribunal aux armées, autrement composé.
Pour le jugement des contraventions et des délits, des chambres détachées du tribunal aux armées peuvent, en cas de besoin, être instituées par décret à titre temporaire hors du territoire de la République (art. L. 111-2 al. 2 CJM).
Le tribunal aux armées comprend une chambre de l'instruction composée d'un président et de deux assesseurs, tous trois magistrats du siège appartenant au corps judiciaire. Les fonctions du ministère public sont assurées par le procureur général près la cour d'appel ou l'un de ses avocats généraux ou substituts généraux.
Le tribunal aux armées de Paris connaît de toutes les infractions commises par les membres des forces armées, les personnes à la suite de l'armée en vertu d'une autorisation, les personnes civiles employées par les armées et les personnes à leur charge qui accompagnent le chef de famille. Relèvent également de ce tribunal les auteurs ou complices d'infractions contre les forces armées, leurs établissements ou matériels, lorsqu'elles sont réprimées par la loi française (art. L. 121-7 CJM).
Il est incompétent à l'égard des mineurs, sauf s'ils sont membres des forces armées ou lorsqu'aucune juridiction française pour mineurs n'est compétente à leur égard, ou s'il s'agit de mineurs ressortissants d'un Etat occupé ou d'un Etat ennemi à l'époque des faits reprochés (art. L. 121-6 CJM).

b) En temps de guerre

En temps de guerre, la compétence des juridictions des forces armées est déterminée par renvoi à celle du tribunal aux armées de Paris. Celle-ci concerne les crimes et délits commis depuis l'ouverture des hostilités par les nationaux ennemis ou par tous agents au service de l'administration ou des intérêts ennemis sur le territoire de la République ou sur tout autre territoire soumis à l'autorité de la France ou dans toute zone d'opérations de guerre (art. 122-3 CJM).
Les tribunaux territoriaux des forces armées sont compétents pour les infractions commises sur le territoire (art. L. 112-1 CJM). Ils sont composés de deux magistrats du siège et de trois militaires.

Pour le jugement des maréchaux et amiraux de France, des officiers généraux ou assimilés et des membres du contrôle général des armées, le Haut Tribunal des forces armées est compétent (art. L. 112-3 CJM).
Lorsqu'un tribunal des forces armées n'a pas été établi, les affaires relevant de la justice militaire sont portées devant la juridiction de droit commun suivant la procédure qui y est applicable (art. L. 112-4 CJM).
Les tribunaux militaires aux armées : en temps de guerre peuvent être créés des tribunaux militaires aux armées lorsque ces dernières stationnent ou opèrent hors ou sur le territoire de la République (art. L. 112-27 CJM). Lorsqu'un tel tribunal n'a pas été créé, les affaires sont portées devant un tribunal territorial des forces armées.

c) Des prévôtés et des tribunaux prévôtaux
Des prévôtés constituées par la gendarmerie sont établies aux armées, en tout temps, lorsque de grandes unités, formations ou détachement des armées stationnent hors du territoire de la République. En temps de guerre, elles peuvent être établies hors du territoire de la République.
Hors du territoire de la République, et si des tribunaux militaires aux armées sont établis, un tribunal prévôtal peut être institué dans la zone de stationnement ou d'opérations des troupes auxquelles il est rattaché. Les tribunaux prévôtaux, créés par décision du ministre de la Défense, sont compétents pour connaître des contraventions des quatre premières classes commises sur le territoire étranger par toute personne justiciable des juridictions des forces armées (art. L. 421-1 CJM). Ils sont également compétents pour les infractions aux règlements relatifs à la discipline commises par des justiciables non militaires et par les prisonniers de guerre qui ne sont pas officiers. Si la victime peut demander réparation du dommage, elle ne peut toutefois mettre en mouvement l'action publique.

B. Les juridictions politiques

La Cour de sûreté de l'Etat instituée en 1963 pour juger en temps de paix les crimes et délits contre la sûreté de l'Etat a été supprimée par une loi du 4 août 1981. Sa compétence a été répartie entre les juridictions de droit commun, mais dans une formation spécialisée (ex. cour d'assises sans jury pour les crimes, art. 702, CPP).

1. La Haute Cour

Le président de la République bénéficie d'une immunité absolue pour les actes accomplis dans l'exercice de ces fonctions.

Avant la loi constitutionnelle du 23 février 2007, l'immunité prévue par l'ancien article 68 de la Constitution ne couvrait que les actes de haute trahison. La responsabilité du président de la République pouvait alors être mise en cause devant la Haute Cour de justice qui ne pouvait être saisie que par les deux assemblées parlementaires en termes identiques.

La loi constitutionnelle du 23 février 2007 modifiant les articles 67 et 68 de la Constitution a apporté des précisions quant au statut pénal du chef de l'Etat.

L'immunité est toujours de principe pour les actes accomplis par le président de la République en cette qualité (art. 67 Const.).

Toutefois, en cas de manquement à ses devoirs manifestement incompatible avec l'exercice de son mandat, une procédure de destitution peut être engagée (art. 68 Const). Dans ce cas, la Haute Cour est compétente. La proposition de réunion de la Haute Cour adoptée par une des assemblées du Parlement est aussitôt transmise à l'autre, qui se prononce dans les quinze jours. La Haute Cour est présidée par le président de l'Assemblée nationale. Elle statue dans un délai d'un mois, à bulletins secrets, sur la destitution. Sa décision est d'effet immédiat.

Toutes les décisions doivent être prises à la majorité des deux tiers des membres composant l'assemblée concernée ou la Haute Cour. Toute délégation de vote est interdite. Seuls sont recensés les votes favorables à la proposition de réunion de la Haute Cour ou à la destitution.

Pour les autres faits infractionnels, le président de la République ne peut, durant son mandat et devant aucune juridiction ou autorité administrative française, être requis de témoigner pas plus qu'il ne peut faire l'objet d'une action, d'un acte d'information, d'instruction ou de poursuite. Tout délai de prescription ou de forclusion est suspendu. Les instances et procédures auxquelles il est ainsi fait obstacle peuvent être reprises ou engagées contre lui à l'expiration d'un délai d'un mois suivant la cessation des fonctions (art. 67 al. 2 et 3 Const.).

2. La Cour de justice de la République

La Cour de justice de la République est compétente pour juger les crimes et délits commis par les membres du gouvernement dans l'exercice de leurs fonctions (art. 68-1 et 68-2 Const.). Dans un arrêt du 27 juin 1995[7], la chambre criminelle a déclaré que les actes commis par un ministre dans l'exercice de ses fonctions sont ceux qui ont un rapport direct avec la conduite des affaires de l'Etat, à l'exclusion des comportements concernant la vie privée ou les mandats électifs locaux. Dans un autre arrêt, elle considère que la compétence de la Cour de justice de la République ne s'étend qu'aux actes commis par des ministres à l'occasion de l'exercice de leurs fonctions[8].

7. Affaire Carignon, *Bull. crim.*, n° 235.
8. Crim., 6 févr. 1997, Affaire Michel Noir, *Bull. crim.*, n° 48, *RSC*, 1997, 667 ; Crim., 12 février 2000, affaire Dumas, *D.*, 2001, p. 660, note Bück ; Crim., 13 déc. 2000, *D.*, 2001, IR, 744.

La Cour de justice est formée de 12 parlementaires élus à parité par l'Assemblée nationale et le Sénat, de trois magistrats de la Cour de cassation dont l'un occupe les fonctions de président.

Toute personne qui se prétend lésée peut porter plainte devant une commission de requêtes, qui apprécie souverainement la suite à donner. Elle peut classer la procédure ou transmettre le dossier au procureur général aux fins de saisine de la commission d'instruction composée de trois magistrats de siège qui instruit l'affaire. Ses décisions sont sans recours. Un pourvoi en cassation est possible devant l'assemblée plénière contre les décisions de la Cour de justice. Même si l'affaire est renvoyée devant la Cour, celle-ci n'est pas compétente pour connaître de l'action civile[9].

Devant la Cour de justice de la République, une fois que la commission des requêtes a donné son aval à l'engagement des poursuites, une commission d'instruction conduit les investigations après avoir été saisie par le procureur général. Cette commission est composée de trois titulaires et trois suppléants. Un pourvoi en cassation est possible devant l'assemblée plénière.

C. En fonction de la nature de l'infraction

Le développement de certaines formes de criminalité a imposé l'institution de juridictions spécialisées.

1. La criminalité et la délinquance organisées

La loi n° 2004-204 du 9 mars 2004 a créé, en matière de criminalité et délinquance organisées, des juridictions spécialisées devant lesquelles est suivie une procédure particulière en matière de surveillance, d'infiltration, de garde à vue, de perquisitions, etc. Lorsque ces infractions sont complexes, la compétence territoriale du tribunal correctionnel ou de la cour d'assises peut être étendue au ressort d'une ou de plusieurs cours d'appel pour l'enquête, la poursuite, l'instruction et le jugement des crimes et délits prévus à l'article 706-73 du code de procédure pénale, sauf les crimes ou délits terroristes et à l'article 706-74 du code de procédure pénale.

Chaque juridiction spécialisée comprend un parquet, des formations d'instruction et de jugement spécialisés (art. 706-75 CPP). Elle a une compétence concurrente à celles des juridictions de droit commun sur toute l'étendue de son ressort (art. 706-76 al. 1 CPP). La juridiction saisie demeure compétente quelles que soient les incriminations retenues lors du règlement ou du jugement de l'affaire, sauf au juge d'instruction de renvoyer l'affaire devant le juge de police si les faits constituent une contravention (art. 706-76 al. 2 CPP).

9. Burgelin F., « De la constitution de partie civile devant la Cour de justice de la République », *D.*, 2000, Actualités, n° 22.

2. Le terrorisme et le trafic de stupéfiants

En matière terroriste, il existe une compétence concurrente entre les juridictions de Paris et les juridictions normalement compétentes, tant au niveau des poursuites, de l'instruction, que du jugement (art. 706-16 à 706-18 CPP). Pour le jugement des crimes terroristes (art. 706-16 CPP et 421-1 à 421-5 CPP), la cour d'assises n'est composée que de magistrats professionnels (sept au premier ressort et neuf en appel).

Pour le trafic de stupéfiants, une formation spécialisée de la cour d'assises, uniquement composée de magistrats professionnels, est compétente. Elle est également compétente pour juger des délits de participation à une association de malfaiteurs ayant pour objet le terrorisme ou le trafic de stupéfiants et les infractions connexes à l'une de ces infractions. Les dispositions de la loi du 9 mars 2004 relative à la criminalité et à la délinquance organisées sont applicables sauf dispositions contraires au trafic de stupéfiants.

3. Les infractions en matière économique et financière

Dans le ressort d'une même cour d'appel, au sein des tribunaux de grande instance, il existe des formations correctionnelles spécialisées en matière économique et financière chargées de l'enquête, de la poursuite, de l'instruction et du jugement des infractions complexes. Il s'agit d'une compétence concurrente à celle des juridictions normalement compétentes.

L'institution de pôles financiers a abouti à la création des juridictions interrégionales spécialisées en matière financière (art. 704 CPP), compétentes sur le ressort de plusieurs cours d'appel pour l'enquête, la poursuite, l'instruction et le délit des affaires complexes. La complexité s'apprécie en raison du grand nombre d'auteurs, de complices ou de victimes ou du ressort territorial sur lequel elles s'étendent.

Le tribunal correctionnel de Paris est compétent pour la poursuite, l'instruction et le jugement des actes incriminés par les articles 435-3 et 435-4 du code pénal : corruption d'agents publics étrangers dans les transactions commerciales internationales à l'échelle de la Communauté européenne qui se commettent sur tout le territoire national[10]. Il s'agit d'une compétence concurrente à celle des juridictions normalement compétentes.

4. Les infractions en matière maritime

Les tribunaux maritimes commerciaux, qui sont des juridictions répressives, sont composés de cinq juges : un président, magistrat du tribunal de grande instance

10. Loi n° 2000-595 du 30 juin 2000 et celle du 26 mai 1997 visant à lutter contre les corruptions impliquant des fonctionnaires des Communautés européennes ou des Etats membres de l'Union européenne.

dans le ressort duquel se trouve le tribunal, et quatre professionnels de la navigation maritime. Ils sont compétents en cas d'abandon de navire, d'usurpation de l'exercice de commandement, de refus d'assistance en cas d'abordage, etc. Ces délits, commis surtout par les marins, peuvent aussi être imputés aux personnes civiles embarquées.

Les juridictions du littoral maritime, créées au ressort d'une ou de plusieurs cours d'appel (art. 706-107 al. 1 CPP), connaissent des délits de pollution en matière maritime et des voies ouvertes à la navigation maritime prévues et réprimées au code de l'environnement[11] commises dans les eaux territoriales, les eaux intérieures et les voies navigables. Il en va de même lorsque ces infractions, sauf celle visée à l'article L. 218-22 du code de l'environnement, sont commises dans la zone économique exclusive ou dans la zone de protection écologique. Pour les affaires qui sont complexes, le procureur, dont la compétence est étendue, peut requérir le juge d'instruction compétent de se dessaisir au profit du tribunal de Paris. Cette compétence s'étend aux infractions connexes.

Le tribunal de Paris est exclusivement compétent si les infractions mentionnées à l'article 706-107 du code de procédure pénale sont commises hors des espaces français sous juridiction française à bord d'un navire français ou encore pour l'infraction visée à l'article L. 218-22 du code de l'environnement (art. 706-108 al. 1 et 2).

5. Les infractions en matière de grande voirie

Les contraventions de grande voirie sont de la compétence du tribunal administratif, les voies de circulation appartenant à l'Etat (art. 774-8 COJ).

6. Les infractions mettant en cause les intérêts fondamentaux de la nation

En temps de paix, elles relèvent des juridictions de droit commun (art. 702 al. 1 CPP). Cependant, quelle que soit la qualité de la personne, et même si les faits n'ont pas été commis dans l'intention de porter atteinte à la défense nationale, les crimes et délits de trahison, d'espionnage ou d'atteinte à la défense nationale, ainsi que les infractions qui leur sont connexes, sont jugés par une formation spécialisée en matière militaire.

En temps de guerre, les juridictions des forces armées instituées par le code de justice militaire sont compétentes.

11. Livre II, titre 1, chapitre 8, section 1.

7. Les infractions en matière sanitaire

La compétence territoriale de certains tribunaux de grande instance désignés par décret est étendue au ressort d'une ou plusieurs cours d'appel pour l'enquête, la poursuite et l'instruction, s'il s'agit de délits de jugements des infractions définies par l'article 706-2 du code de procédure pénale, dans les affaires complexes relatives soit à un produit de santé tel que défini par l'article L. 5311-1 du code de la santé publique, soit à un produit destiné à l'alimentation de l'homme ou de l'animal ou à un produit ou une substance auxquels l'homme est durablement exposé et qui sont réglementés en raison de leurs effets ou de leur dangerosité. Il s'agit d'une compétence concurrente à celle des juridictions désignées par les règles normales de compétence.

Fiche n° 7 : La compétence des juridictions répressives

Références

• GAUDEMET Y., « Les questions préjudicielles devant les deux ordres de juridiction », *Revue française de droit administratif*, 1990, p. 78.
• GUYENOT J., « Le dessaisissement des juridictions dans la procédure pénale française », *RSC*, 1963, p. 483.
• NONNET G., « Le règlement des juges dans la procédure de jurisprudence moderne de la chambre criminelle », *JCP*, 1970, I, 2319.
• PÉPY A., « La séparation des autorités administrative et judiciaire et l'appréciation par le juge répressif de la légalité des actes administratifs individuels », *Mélanges Patin*, Cujas, 1965, p. 95.

Définitions

• **Prorogation légale de compétence** : la prorogation légale permet d'étendre la compétence d'une juridiction, qui connaît ainsi des faits qui relèvent normalement d'une autre juridiction.

• **Correctionnalisation judiciaire** : pratique judiciaire consistant à donner aux faits une qualification moins grave et qui entraîne une dérogation aux règles de compétence.

• **« Le juge de l'action est juge de l'exception »** : principe attribuant au juge pénal compétence pour connaître des questions soulevées par les parties au procès qui relèvent normalement d'une autre juridiction pénale, civile ou administrative.

• **Règlement de juge** : procédure permettant de régler les conflits de compétence pouvant survenir lorsque deux juridictions de l'ordre judiciaire se déclarent compétentes pour les mêmes faits.

Explications

Les règles de compétence permettent de déterminer quelle est la juridiction apte à connaître d'une affaire (I). En matière pénale, elles sont d'ordre public et ne peuvent être écartées qu'en vertu d'une dérogation légale expresse (II).

I. Les règles normales de compétence

Elles permettent de désigner parmi toutes les juridictions susceptibles d'intervenir, celle qui va connaître du litige. Elles sont impératives et sont sanctionnées par la nullité.

A. La détermination de la juridiction compétente

Lorsqu'une infraction est commise à l'étranger, les juridictions françaises sont compétentes si la loi pénale française est applicable. Les liens de rattachement permettant de déterminer la juridiction compétente sont le lieu de résidence de la personne impliquée, le lieu de sa dernière résidence connue, le lieu de son arrestation, le lieu de résidence de la victime ou le lieu d'atterrissage de l'aéronef. A défaut d'existence d'un de ces liens, les juridictions de Paris sont compétentes sauf si, sur requête du ministère public ou de la victime, la Cour de cassation renvoie l'affaire devant une juridiction plus proche du lieu de l'infraction (art. 693 CPP).

Lorsque l'infraction est commise en France, le législateur tient compte de trois critères pour déterminer la compétence des juridictions répressives : la nature de l'infraction, le lieu de l'infraction, la qualité de l'auteur. Il n'existe pas d'ordre de priorité entre ces différents critères de compétence, et l'autorité de poursuite opte pour celui qui lui paraît le plus approprié.

1. La compétence matérielle ou compétence d'attribution ou ratione materiae

La compétence matérielle dépend de la nature de l'infraction et de sa qualification légale. Ainsi, pour les juridictions de jugement, le tribunal de police et la juridiction de proximité sont compétents pour les contraventions (art. 521 CPP), le tribunal correctionnel l'est pour les délits (art. 381 CPP). La cour d'assises est normalement compétente pour les crimes, mais du fait de sa plénitude de compétence, elle est saisie de toutes les infractions visées dans la décision de mise en accusation (art. 231 CPP).

Le juge d'instruction est compétent pour instruire en toute matière (art. 79 CPP), à l'égard de toute personne, sauf de celles qui relèvent de la compétence d'une juridiction d'exception. Il est saisi obligatoirement en cas de crime ou de délits complexes. Il n'intervient en matière contraventionnelle et sur les délits simples que sur réquisitions du ministère public.

La compétence du juge des enfants et du tribunal pour enfants est déterminée en fonction de la mesure qu'il est envisagé de prononcer.

2. La compétence territoriale ou ratione loci

Elle est fondée sur des considérations de lieu qui varient selon l'infraction concernée. Lorsqu'une infraction est imputée à une personne morale, la juridiction compétente est celle du lieu de l'infraction ou du siège social. En cas de poursuites concomitantes de personnes physiques, la compétence territoriale suit celle des personnes physiques.

La juridiction de jugement territorialement compétente pour les contraventions, le tribunal de police compétent est celui du lieu de commission des faits ou de leur constatation ou du lieu de résidence du prévenu (art. 522 CPP). En matière de délit, la compétence dépend du lieu de commission de l'infraction, du lieu de résidence ou du lieu d'arrestation de la personne poursuivie (art. 382 CPP) ou de sa détention (art. 664 CPP). Pour les crimes, la cour d'assises compétente est celle vers laquelle la décision de mise en accusation renvoie l'accusé, cette décision étant attributive de compétence (art. 394 CPP).

La juridiction d'instruction compétente est celle du lieu de commission de l'infraction, de résidence ou d'arrestation de l'auteur. Au cours d'une instruction déjà ouverte, le juge d'instruction peut se déplacer sur tout le territoire pour accomplir les actes nécessaires à son enquête. Le juge du pôle de l'instruction est compétent pour tous les crimes ou les délits complexes commis sur son ressort qui peut s'étendre sur le ressort de plusieurs tribunaux de grande instance.

3. La compétence personnelle ou ratione personae

Elle est liée à la qualité de l'auteur de l'infraction, ce qui justifie l'existence des juridictions d'exception telles que les juridictions pour mineurs, les juridictions militaires et les juridictions politiques. La qualité s'apprécie au jour des faits.

B. La sanction des règles de compétence

Les décisions rendues par une juridiction incompétente sont nulles de nullité absolue. Pour éviter les inconvénients d'une telle sanction, deux séries de mesures sont prévues : d'une part, la juridiction pénale qui s'estime incompétente doit rendre une décision d'incompétence ; d'autre part, lorsque deux juridictions prétendent connaître simultanément d'une affaire ou refusent au contraire de la juger, se pose un conflit de compétence résolu par une tierce juridiction.

1. La décision d'incompétence

Parce que les règles de compétence sont d'ordre public, toutes les juridictions répressives doivent vérifier leur compétence, même si des conclusions d'incompétence n'ont pas été déposées par les parties.

L'article 90 du code de procédure pénale impose au juge d'instruction de vérifier sa compétence territoriale. Mais ce principe s'applique aussi pour les compétences matérielle et personnelle et quel que soit le mode de saisine. Si le juge d'instruction s'estime incompétent, il doit rendre une ordonnance qui est susceptible d'appel devant la chambre de l'instruction par les parties (art. 186 al. 3 CPP) et par le procureur de la République (art. 185 al. 1 CPP).

Les juridictions de jugement, à l'exception de la cour d'assises, peuvent d'office se déclarer incompétentes (art. 469 et 540 CPP). Si le juge de jugement, usant de son pouvoir de qualification, estime que la qualification qu'il donne à l'acte est de sa compétence, il statue. S'il disqualifie les faits en leur donnant une qualification moins grave, il peut aussi statuer. Le tribunal correctionnel saisi d'une contravention ne peut se déclarer incompétent. Mais quand il donne aux faits une qualification plus grave que celle contenue dans l'acte de saisine, il doit se déclarer incompétent et renvoyer l'affaire au procureur de la République.

Lorsqu'une juridiction de jugement rend une décision d'incompétence, l'appel ou le pourvoi n'est possible que si la décision met fin à la procédure (art. 507 al. 1 CPP). Si elle rend une décision où elle s'estime compétente, l'appel et le pourvoi ne peuvent être reçus qu'après une ordonnance rendue par le président de la chambre des appels correctionnels ou par le président de la chambre criminelle suite à une requête émanant de la partie voulant intenter le recours. En cas de refus d'appel ou de pourvoi immédiat, ces voies de recours ne pourront être exercées qu'après décision sur le fond.

La cour d'assises, en raison de sa plénitude de juridiction, ne peut se déclarer incompétente, même si elle a été saisie d'une contravention ou d'un délit, ou d'un crime pour lequel elle n'a pas de compétence territoriale (art. 351 CPP). Toutefois, elle doit se déclarer incompétente si une juridiction étrangère est compétente, s'il s'agit d'un crime commis par un mineur ou par un membre du gouvernement dans l'exercice de ses fonctions.

2. Les conflits de compétence

a) Les conflits d'ordre juridictionnel ou conflits d'attribution

Il y a conflit d'ordre juridictionnel lorsque la juridiction administrative s'estime compétente alors que la juridiction répressive a été saisie. Dans cette situation, le préfet dépose un déclinatoire de compétence aux fins d'obtenir le dessaisissement du tribunal répressif. En cas de refus, le préfet saisit le tribunal des conflits par un arrêté de conflit qui oblige le juge répressif à surseoir à statuer. Cette procédure, qui peut concerner l'action publique ou l'action civile, est exclue dans certains cas.
S'agissant de l'action publique, le conflit ne peut être élevé devant le tribunal de police ni devant la cour d'assises ou devant le tribunal militaire. Ces juridictions ont simplement le pouvoir de se déclarer incompétentes sous le contrôle de la Cour de cassation si une question d'ordre administratif se présente à elles. En matière correctionnelle, la procédure ne peut être appliquée que s'il s'agit d'un délit relevant des tribunaux administratifs ou lorsque la solution pénale dépend d'une exception préjudicielle de nature administrative.
Pour l'action civile, le conflit peut toujours être élevé dans tous les cas où la responsabilité de l'Etat ou de l'administration est mise en cause. Cependant, les tribunaux judiciaires sont seuls compétents pour la réparation des dommages causés par un véhicule, même appartenant à une personne morale de droit public

(loi du 31 décembre 1957) ou en cas de contestation née d'une atteinte à la liberté individuelle ou à l'inviolabilité du domicile par un magistrat ou un fonctionnaire (art. 136 CPP).

b) Les conflits de juridictions

Dans cette hypothèse, deux juridictions de l'ordre judiciaire se déclarent compétentes pour la même affaire (conflit positif) ou incompétentes (conflit négatif). La pluralité des critères de compétence en fonction du lieu de commission de l'infraction, du lieu de résidence ou du lieu d'arrestation de l'auteur peut entraîner des saisines parallèles. Le conflit peut aussi survenir en d'appréciation erronée de sa propre compétence par l'une des juridictions en cause.

Le conflit de juridiction se résout par la procédure du règlement des juges (art. 657 à 661 CPP). Il faut toutefois qu'il s'agisse de deux décisions juridictionnelles définitives statuant sur la compétence et non sur des incidents tels que l'irrégularité de la saisine.

Le conflit est réglé par la juridiction supérieure. La chambre de l'instruction est compétente si le conflit oppose deux tribunaux de police ou deux tribunaux correctionnels ou deux juges d'instruction du ressort de la même cour d'appel. L'arrêt rendu n'est qu'indicatif de compétence et la juridiction désignée conserve la faculté de vérifier sa compétence. Dans tous les autres cas (juridictions de même degré mais ressorts différents, juridiction de droit commun et d'exception, juridiction de jugement et juge d'instruction), la chambre criminelle statue et sa décision est attributive de compétence.

La procédure de règlement des juges peut être évitée ou anticipée. La Cour de cassation saisie d'un pourvoi contre une décision d'une juridiction du fond peut procéder d'office et par avance au règlement des juges alors qu'elle n'est pas saisie d'une requête à cette fin. De même, lorsque deux juges d'instruction appartenant ou non au même tribunal se trouvent saisis de faits identiques ou connexes, le procureur de la République peut requérir le dessaisissement de l'un au profit de l'autre dans l'intérêt d'une bonne administration de la justice. Il faut cependant l'accord des deux juges (art. 657 CPP).

II. Les dérogations aux règles de compétence

Les règles de compétence étant d'ordre public, seul le législateur peut y apporter des dérogations dans l'intérêt d'une bonne administration de la justice. Les dérogations, qui sont générales (A) ou spéciales (B), permettent d'étendre la compétence d'une juridiction, qui connaît ainsi d'une infraction qui ne ressort pas normalement de sa compétence.

A. Les dérogations générales

Elles peuvent s'appliquer chaque fois que les conditions d'application sont remplies. A l'exception de la correctionnalisation judiciaire, qui est d'origine prétorienne, toutes les autres dérogations générales sont prévues par la loi.

1. La prorogation légale de compétence

La prorogation légale permet d'étendre la compétence matérielle, territoriale ou personnelle d'une juridiction. Elle est la conséquence de la jonction de procédures qui n'est possible qu'en cas de connexité ou d'indivisibilité. La jonction de procédures permet de faire juger devant une seule et même juridiction des infractions ayant un lien entre elles. La jonction de procédures permet de rassembler tous les éléments dans un seul dossier et d'éviter les contradictions de jugements possibles en cas de saisine de différents tribunaux.

a) La connexité

Selon l'article 203 du code de procédure pénale, la connexité existe dans quatre hypothèses qui prévoient un lien entre plusieurs infractions ou plusieurs délinquants. La connexité existe à raison :

- de l'unité de temps et de lieu : les infractions sont commises en même temps par plusieurs personnes réunies, sans concert entre les participants ;
- de l'unité de dessein réalisée par l'entente formée par avance par différentes personnes, alors même que les infractions sont commises en des temps et en des lieux différents ;
- du lien de causalité existant entre les infractions : des infractions sont commises pour se procurer les moyens d'en commettre d'autres ou d'en assurer l'impunité ;
- du fait qu'une personne recèle tout ou partie des biens provenant de l'infraction.

La jurisprudence considère que la liste des cas prévus par l'article 203 du code de procédure pénale n'est pas limitative et étend la connexité à toutes les hypothèses analogues à celles prévues par la loi lorsqu'il existe des liens étroits entre les infractions.

b) L'indivisibilité

D'origine prétorienne, l'indivisibilité est aujourd'hui consacrée dans l'article 382 du code de procédure pénale. Elle suppose un lien plus étroit qu'en cas de connexité. Il peut en être ainsi en cas d'infraction unique commise par plusieurs personnes ou en cas de commission de plusieurs infractions par une seule personne.

c) Les effets de la jonction de procédures

La jonction de procédures, simplement facultative en cas de connexité et obligatoire en cas d'indivisibilité, n'entraîne pas toujours une dérogation aux règles normales de compétence. Il en est ainsi en cas vol commis par un auteur principal et un complice (indivisibilité) et soumis au juge d'instruction et au tribunal correctionnel dans le ressort territorial desquels il est commis ou en cas de délits connexes (vol et recel) commis dans le ressort d'un même tribunal. Il en va autrement lorsque des faits de nature différente (crimes, délits, contraventions) ou des faits relevant les uns des juridictions d'exceptions, les autres des juridictions de droit commun ou des faits de même nature commis à des lieux différents sont soumis à la même juridiction.

Lorsqu'il s'agit de juridictions de droit commun, la prorogation s'opère au profit de la juridiction compétente pour juger l'infraction la plus grave. Si elles sont de même degré, la prorogation est faite au profit de celle qui peut assurer une meilleure administration de la justice, par exemple celle devant laquelle la réunion des preuves est la plus facile.

Entre une juridiction d'exception et une juridiction de droit commun, la prorogation s'effectue au profit de la juridiction de droit commun. Cependant, en cas d'infraction commise par des mineurs et par des majeurs, les premiers sont nécessairement jugés par les juridictions pour mineurs et le juge d'instruction peut renvoyer les majeurs devant la cour d'assises des mineurs dont la compétence est alors prorogée (art. 9, ord. 2 février 1945).

2. La règle « le juge de l'action est le juge d'exception »

Le juge répressif est en principe compétent pour statuer sur l'infraction pénale mais également sur les exceptions de nature extra-pénale dont dépend la solution du procès (art. 384 CPP). C'est l'application du principe selon lequel « *le juge de l'action est juge de l'exception* ». Le juge répressif doit alors appliquer, pour la résolution de la question posée, les règles de la branche de droit concernée.

Cependant, lorsqu'il s'agit d'une exception préjudicielle, les règles de compétence normales sont maintenues et le juge pénal doit surseoir à statuer jusqu'à ce que la juridiction normalement compétente ait rendu la décision.

Les exceptions préjudicielles résultent d'une disposition de la loi et sont d'interprétation stricte. Elles sont limitées, car le principe est de laisser au juge pénal la possibilité de résoudre toutes les questions dont dépend l'issue du procès.

a) Les exceptions préjudicielles de nature civile
Elles se rapportent à un droit réel immobilier concernant la personne poursuivie (art. 384 CPP), aux questions relatives à la filiation si l'infraction en cours de jugement est relative à l'état civil (art. 311-5 et 311-6 C. civ.), aux questions de nationalité sauf s'il s'agit de la cour d'assises (art. 124 C. nationalité, art. 29 C. civ.), à la contrefaçon des brevets d'invention. La jurisprudence a ajouté l'exception de nullité du mariage pour les infractions où celle-ci peut avoir une incidence (bigamie).

b) Les exceptions préjudicielles de nature administrative
Elles tiennent au principe de la séparation des autorités administratives et judiciaires, qui conduit à retirer au juge pénal la connaissance de toute question de droit public (opportunité des actes administratifs, constitutionnalité d'un acte, délimitation du domaine public, savoir si un fonctionnaire était en service ou non, nullité d'un permis de construire). Le sursis à statuer suppose que la question à juger soit de même nature pour la juridiction judiciaire et la juridiction administrative.

Par conséquent, le juge pénal intervenant en matière fiscale n'a pas à attendre que le tribunal administratif ait fixé le montant de l'impôt dû car le juge pénal juge la fraude et le juge fiscal, l'imposition. Cependant, s'agissant des actes administratifs, réglementaires ou individuels, le juge répressif est compétent pour les interpréter et pour en apprécier la légalité lorsque de cet examen dépend la solution du procès pénal (art. 111-5 CP).

c) Les exceptions préjudicielles relevant du droit international et communautaire
Le juge pénal peut interpréter les traités internationaux, sans qu'il soit nécessaire de solliciter l'avis d'une autorité non juridictionnelle. Le juge conserve toutefois la faculté de demander un tel avis, sans pour autant en être lié. Cependant, lorsqu'il s'agit du traité instituant la Communauté européenne ou un acte communautaire, seule la Cour de justice des Communautés européennes a compétence pour les interpréter et se prononcer sur leur validité (traité de Rome, art. 234, ancien art. 177). Dans cette hypothèse, l'article 386 du code de procédure pénale n'est pas applicable et l'exception est recevable même si elle n'est pas invoquée *in limine litis*.

d) Les exceptions préjudicielles de nature pénale
En cas de dénonciation calomnieuse ou de diffamation, par exemple si le fait dénoncé a donné lieu à des poursuites pénales, la juridiction ne peut statuer qu'après une décision définitive sur l'exactitude ou la fausseté du fait principal, dénoncé ou révélé (art. 226-11 CPP). Il en est de même lorsqu'une juridiction est saisie d'un délit dont la preuve dépend d'un document argué faux jusqu'à ce qu'il ait été statué sur ce faux. Dans ce cas, ce sont les poursuites qui sont alors suspendues, sauf devant la cour d'assises.

Pour être recevable, l'exception doit être soulevée *in limine litis*, avant toute défense au fond devant une juridiction de jugement (art. 386 CPP). Elle doit être de nature à retirer le caractère délictueux au fait poursuivi. Elle doit être vraisemblable et s'appuyer sur des faits ou des titres donnant un fondement à la prétention du prévenu.

Si l'exception est retenue, le tribunal impartit un délai au prévenu pour saisir l'autorité compétente et, en cas de défaillance de l'intéressé, il passe outre l'exception. La décision de rejet de l'exception doit être motivée. En cas de saisine de la juridiction compétente, la décision de celle-ci s'impose à la juridiction répressive.

3. Le renvoi

Le renvoi (art. 662 et ss. CPP) a pour effet d'ôter à une juridiction déjà saisie une affaire pour la confier à une autre de même ordre. Il est ordonné par la chambre criminelle afin de préserver l'indépendance des magistrats ou de garantir le bon fonctionnement de la justice.

Le renvoi pour cause de suspicion légitime peut être demandé par la partie mise en examen, la partie civile, le ministère public près la juridiction ou le procureur général près la Cour de cassation lorsque des éléments sont susceptibles de jeter un doute sur l'impartialité ou l'indépendance de la juridiction. Cette procédure diffère de la récusation (art. 668 CPP), qui tend à écarter un magistrat à titre individuel au sein d'une juridiction.

Le renvoi pour cause de sûreté publique sur requête du procureur général de la Cour de cassation a pour but de transférer d'une région à une autre le jugement d'un procès dont il y a lieu de redouter qu'il ne soit source de trouble à cet endroit (cas de menaces exercées contre le juge, manifestations dans la rue, tentatives d'évasion concertées).

Dans l'intérêt d'une bonne administration de la justice, le renvoi peut être ordonné à la demande du ministère public, notamment pour éviter le transfèrement d'un détenu. La juridiction du lieu de détention devient alors compétente, et il est procédé comme en matière de règlement des juges.

Le renvoi peut enfin être demandé par le ministère public si le cours de la justice se trouve interrompu pour une cause quelconque ou lorsque la juridiction normalement compétente ne peut être légalement composée.

En cas de rejet d'une demande de renvoi, une nouvelle demande ne peut être formée que si elle se fonde sur de nouvelles circonstances.

La délocalisation peut être effectuée avant même qu'une juridiction soit saisie, par exemple en cours d'enquête (art. 43 CPP). Elle est possible lorsque les faits mettent en cause, comme auteur ou complice, une personne dépositaire de l'autorité publique ou chargée d'une mission de service public qui est habituellement, de par ses fonctions ou sa mission, en relation avec les magistrats ou fonctionnaires. Le procureur général peut, d'office, sur proposition du procureur de la République ou à la demande de l'intéressé, transmettre l'affaire au tribunal de grande instance le plus proche du ressort de la cour d'appel. La décision du procureur général n'est pas susceptible d'appel.

4. La correctionnalisation judiciaire

La correctionnalisation judiciaire est une pratique prétorienne visant à faire juger une infraction par une juridiction qui n'est pas matériellement compétente. Elle consiste généralement à retenir un délit au lieu d'un crime, en omettant une circonstance aggravante ou un élément constitutif.

La correctionnalisation judiciaire peut être opérée lors de l'instruction et la procédure est alors orientée selon la fausse qualification, mais la juridiction de jugement peut rectifier la qualification adoptée préalablement. La disqualification peut aussi intervenir pendant le jugement.

La correctionnalisation judiciaire comporte des avantages. Elle permet souvent d'éviter les acquittements propres à certaines formes de criminalité qui peuvent susciter l'indulgence des jurés (meurtre sur mineur de moins de 15 ans en cas de déni de grossesse, euthanasie). Elle permet également une procédure plus rapide et moins coûteuse devant le juge correctionnel et traduit le souci d'éviter les encombrements lors des sessions d'assises. Elle évite de prouver l'existence d'une circonstance aggravante. Mais elle présente l'inconvénient de porter atteinte aux règles de procédures pour des raisons pratiques ou de politique répressive.

La loi du 9 mars 2004 a implicitement reconnu la correctionnalisation judiciaire en permettant aux parties de la contester. A l'issue de l'instruction, le mis en examen et la partie civile peuvent interjeter appel d'une ordonnance de renvoi devant le tribunal correctionnel s'ils estiment que les faits constituent un crime et qu'ils auraient dû faire l'objet d'une ordonnance de mise en accusation devant la cour d'assises (art. 186-3 CPP). Si aucun appel n'est formé devant la chambre de l'instruction, les parties sont censées avoir accepté la correctionnalisation, et la juridiction correctionnelle ne peut se déclarer incompétente[1]. Cette règle n'est cependant pas applicable lorsqu'il apparaît au cours des débats que les faits étaient intentionnels et constituent en réalité un crime. Dans ce cas, le tribunal peut renvoyer le ministère public aux fins de saisine de la cour d'assises.

B. Les dérogations spéciales

Elles sont relatives à certaines juridictions ou liées à la nature des infractions.

1. La plénitude de juridiction de la cour d'assises

La décision de mise en accusation qui saisit la cour d'assises est attributive de compétence. Elle ne peut se déclarer incompétente même si elle a été saisie par erreur d'une contravention, d'un délit, ou d'un crime pour lequel elle n'a pas de compétence territoriale (art. 351 CPP). Toutefois, elle doit se déclarer incompétente si une juridiction étrangère est compétente, s'il s'agit d'un crime commis par un mineur ou par un membre du gouvernement dans l'exercice de ses fonctions.

2. Les dérogations relatives à certaines infractions

Elles portent atteinte à la détermination de la compétence territoriale des juridictions.

S'agissant de l'abandon de famille, le tribunal correctionnel compétent est soit celui du lieu où le délit a été commis, soit celui du lieu du domicile ou de la résidence du créancier de la pension alimentaire. Cette règle ne peut cependant être évoquée

1. Crim., 24 mars 2009, pourvoi n° 08-84849.

pour écarter la compétence des tribunaux répressifs français lorsque le créancier de la pension est domicilié ou réside à l'étranger (art. 382 al. 3 CPP).

En certaines matières, il existe des juridictions spécialisées ayant une compétence concurrente à celle des juridictions normalement compétentes. Des procédures de dessaisissement ont donc été aménagées au profit de ces juridictions pour les infractions de criminalité et de délinquance organisées (art. 706-77 CPP), pour les infractions économiques et financières (art. 705-1 CPP). Lorsqu'il s'agit d'actes de terrorisme, le dessaisissement se fait au profit des juridictions de Paris (art. 706-1 CPP).

Cas pratique

I. Conseils méthodologiques

Le cas pratique est une épreuve par laquelle l'étudiant est amené à prendre connaissance d'une situation de fait, à découvrir les problèmes juridiques qu'elle contient, et à préciser, pour chacun d'eux, la solution la plus vraisemblable en l'état du droit positif. L'objectif est de donner une qualification juridique aux faits, de choisir la règle applicable en l'espèce et de motiver la solution.

L'étudiant ne doit pas se borner à exposer des principes et des exceptions aux principes sans les confronter aux faits. Les réponses du type « *Oui, c'est le cas en l'espèce* » sont donc à proscrire. L'étudiant doit en effet utiliser le texte du cas, en citant au besoin des passages, en soutien de ses énonciations. Une réponse non motivée en fait et en droit ne vous rapportera aucun point.

Il importe de bien comprendre les faits. Après plusieurs lectures, l'étudiant doit isoler les faits pertinents en écartant les détails inutiles. La mention de la date des faits peut s'avérer importante pour la résolution des conflits de lois dans le temps. Le lieu des faits permet de déterminer la juridiction compétente. Il faut également identifier les personnes en cause en précisant leur identité, leur qualité, le titre en vertu duquel elles sont intervenues et le lien qui les rapproche.

Les faits doivent recevoir une qualification juridique. Le ou les problèmes juridiques doivent être posés.

Afin de donner une solution justifiée, il faut identifier la règle de droit applicable, si possible en écartant celles dont l'application n'est pas concevable en l'espèce. Il faut vérifier si les conditions d'application de la règle retenue sont réunies. Lorsque le texte est imprécis, on peut proposer diverses hypothèses. Il faut indiquer l'origine de la règle (adage, loi, jurisprudence). Si la solution préconisée ne découle pas de manière évidente de la règle invoquée, il faut expliquer le raisonnement que l'on tient (analogie, interprétation *a contrario*, etc.). Dans tous les cas, la solution proposée doit être légale.

La présentation du cas pratique peut revêtir plusieurs formes. Elle dépend de la manière dont la question est formulée. Il peut s'agir de rédiger une réponse, comme dans le cadre d'une consultation, de répondre directement à une suite de questions posées. Parfois, la présentation n'est pas précisée.

Lorsqu'il s'agit de rédiger une note, le plan n'est pas nécessaire. Il faut traiter chaque point de manière indépendante : rappel des faits, qualification, règle applicable, conditions d'application de la règle, solution proposée, chance de succès.

Lorsqu'il s'agit d'une suite de questions, il faut y répondre successivement, dans l'ordre où elles sont posées, après avoir fait un bref exposé des faits.

Lorsque les faits sont exposés et que le cas pratique se termine par une interrogation (« *Qu'en pensez-vous ?* », « *Que conseillez-vous à... ?* », ou « *X. vous demande...* »), il est nécessaire de faire un plan. Un plan en deux parties est conseillé lorsqu'il est possible de regrouper les problèmes juridiques en deux grands thèmes. Mais un plan en trois parties est tout aussi envisageable. Il faut dans tous les cas éviter de présenter dans une première partie le principe et dans une seconde partie le cas d'espèce. Chaque problème juridique doit correspondre à une partie ou à une sous-partie du devoir. C'est le cas pratique qui impose le plan. Il ne s'agit pas non plus de disserter sur la notion en cause. Il faut confronter les faits de l'espèce aux conditions de la règle de droit générale et abstraite afin de vérifier si elle est applicable en l'espèce. Lorsque le cas pratique est ouvert (« *Qu'en pensez-vous ?* »), il faut donner la solution la plus vraisemblable. S'il est fermé (« *X. vous demande...* »), il faut énoncer la solution qui convient le mieux aux intérêts de la partie concernée, en évaluant les chances de succès de la personne qui demande la consultation à la fin de chacune des étapes du raisonnement. L'introduction doit comporter un résumé succinct des faits et une présentation du plan. La conclusion n'est pas nécessaire.

II. Application

A. Faits

Renaud est arrêté à Toulouse en possession d'objets volés. Ses aveux permettent d'appréhender l'auteur présumé du vol, William, le fournisseur, à son domicile strasbourgeois. Ce dernier aurait commis son forfait dans un magasin d'antiquités à Mulhouse. Il s'avère également qu'une voiture a été volée à Paris par Denis, âgé de 16 ans, afin de faciliter le transport des objets.

Déterminez les juridictions compétentes.

Article 311-3 du code pénal : le vol est puni d'un emprisonnement de trois ans et de 45 000 euros d'amende.

Article 321-1 du code pénal : le recel est puni de cinq ans d'emprisonnement et de 375 000 euros d'amende.

B. Eléments de correction

Les faits relatés font ressortir la commission de diverses infractions. On peut retenir la complicité de vol, Denis, mineur de 16 ans ayant commis le vol afin de faciliter le transport des objets volés, le vol d'objets dans un magasin d'antiquités à Mulhouse, commis par William, le fournisseur. Le recel peut également être qualifié à l'encontre de Renaud pour lequel on va présumer qu'il avait connaissance de l'origine frauduleuse des objets.

La détermination de la juridiction matériellement compétente ne pose pas de difficultés dans la mesure où les infractions commises sont des délits. Ces infractions doivent être jugées par un tribunal correctionnel (art. 381 CPP), sauf en ce qui concerne le vol commis par Denis, qui est de la compétence du juge des enfants ou du tribunal pour enfants.

Il faut également déterminer la juridiction territorialement compétente.

En matière de délit, la compétence territoriale dépend du lieu de commission de l'infraction, du lieu de résidence ou du lieu d'arrestation de la personne poursuivie (art. 382 CPP) ou de sa détention (art. 664 CPP).

Pour le vol d'antiquités à Mulhouse, ce serait le tribunal correctionnel de Mulhouse, lieu de commission de l'infraction, ou le tribunal correctionnel de Strasbourg, lieu d'arrestation de William, le fournisseur. Dans le cas où les deux juridictions s'estimeraient compétentes, on pourrait recourir à la procédure de règlement des juges.

Pour le recel, la juridiction compétente est le tribunal correctionnel de Toulouse.

Une juridiction parisienne pour enfants doit être saisie pour le jugement du vol commis par Denis.

Toutefois, ces trois infractions présentent des liens de connexité entre elles. Il peut donc être intéressant de ne constituer qu'un seul dossier en joignant les différentes procédures, ce qui constitue une dérogation aux règles normales de compétence.

Il peut être dérogé aux règles de compétence lorsqu'il existe un lien de connexité entre les différentes infractions. Selon l'article 203 du code de procédure pénale, la connexité existe à raison de l'unité de temps et de lieu entre les infractions, de l'unité de dessein réalisée par l'entente formée par avance par différentes personnes, même si les infractions sont commises en des temps et en des lieux différents, du lien de causalité existant entre les infractions ou du fait qu'une personne recèle tout ou partie des biens provenant de l'infraction.

En l'espèce, deux cas de connexité peuvent être établis. D'une part, il existe un lien de causalité entre le vol de la voiture à Paris et le vol d'objets à Mulhouse : le vol de voiture a été commis pour faciliter le vol d'objets à Mulhouse. D'autre part, il y a également l'hypothèse du recel d'objets volés, Renaud ayant acheté une partie du butin.

En cas de connexité, la jonction de procédures peut être ordonnée et la juridiction saisie voit sa compétence prorogée. Toutefois, il faut tenir compte de la nature des juridictions.

Lorsqu'il s'agit de juridictions de droit commun, la prorogation s'opère au profit de la juridiction compétente pour juger l'infraction la plus grave. Si elles sont de même degré, la prorogation est faite au profit de celle qui peut assurer une meilleure administration de la justice, par exemple celle devant laquelle la réunion des preuves est la plus facile. En l'espèce, le tribunal correctionnel de Mulhouse pourrait également connaître du recel. De même, William, le fournisseur, serait également jugé à Mulhouse. Seule la compétence territoriale du tribunal de Mulhouse serait alors prorogée.

Entre une juridiction d'exception et une juridiction de droit commun, la prorogation s'effectue au profit de la juridiction de droit commun. Cependant, en cas d'infraction commise par des mineurs et par des majeurs, les premiers sont nécessairement jugés par les juridictions pour mineurs, les majeurs pouvant être renvoyés devant la juridiction pour enfants qui voit sa compétence prorogée. Le tribunal correctionnel de Mulhouse ne peut connaître du vol de voiture commis par Denis. Mais la juridiction parisienne pourrait connaître de toutes ces infractions.

3. L'objet du procès pénal

Fiche n° 8 : L'action publique : les parties

Références

Ouvrage

• CARBASSE J.-M. (sous la dir.), *Histoire du parquet*, Presses universitaires de France, 2000.

Articles

• DINTILHAC J.-P., « Rôle et attributions du Procureur de la République », *RSC*, 2002, p. 35.
• FAVOREU L., « Brèves observations sur la situation du parquet au regard de la Constitution », *RSC*, 1994, p. 675.
• JEAN J.-P., « Le ministère public entre modèle jacobin et modèle européen », *RSC*, 2005, p. 670.
• PRADEL J. et LABORDE J.-P., « Du ministère public en matière pénale. A l'heure d'une éventuelle réforme », *D.*, 1997, chron., p. 141.
• RENNUCCI J.-F., « Le procureur de la République est-il un magistrat au sens de l'article 5 § 3, de la Convention européenne des droits de l'homme ? », note ss. Cour EDH, 3 juin 2003, n° 33343-96, *D.*, 2003, p. 2268.
• ROLLAND M., « Le ministère public, agent non seulement de répression, mais aussi de prévention », *JCP*, 1957, I, 1342.
• TURCEY V., « La nouvelle indépendance du parquet : mythe ou réalité », *LPA*, 1998, 27 avril, p. 4-7.

Définitions

• **Action publique** : action pour l'application de la peine exercée au nom de la société par le ministère public.

• **Membre du ministère public** : magistrat du parquet, dépendant du pouvoir exécutif, chargé d'exercer l'action publique et de requérir l'application de la loi.

Explications

L'action publique est l'action exercée au nom de la société par le ministère public pour faire constater par un juge compétent le fait punissable, établir la culpabilité du délinquant, obtenir le prononcé de la sanction prévue par la loi et rétablir l'ordre public troublé par l'infraction. Elle est l'objet principal du procès pénal.

L'action publique peut être déclenchée par le procureur de la République ou la victime lorsqu'elle se constitue partie civile. Elle peut aussi être mise en mouvement par la juridiction de jugement en cas de délits ou de contraventions d'audience[1] ou par la chambre de l'instruction en cas d'infractions connexes. Mais son exercice n'appartient qu'au ministère public et, dans les cas prévus par la loi, aux fonctionnaires de certaines administrations.

Cette action oppose la société, représentée par le ministère public (I), au délinquant (II).

I. Le demandeur à l'action publique

Le ministère public, appelé aussi magistrature debout ou parquet, exerce ses pouvoirs sous l'autorité du ministre de la Justice. Il met en mouvement l'action publique au nom de la société et intervient en tant que partie principale au procès pénal.

A. Le ministère public

1. L'organisation du ministère public

Le parquet du tribunal correctionnel est dirigé par le procureur de la République près le tribunal de grande instance assisté de procureurs adjoints et de substituts (art. 398-3 CPP).

En matière de police, les fonctions du ministère public sont exercées par un officier du ministère public (art. 45 à 48, 523-1 CPP). Pour les contraventions de cinquième classe, le procureur de la République, ou un de ses substituts, doit représenter le ministère public. Dans les autres cas, le procureur de la République peut siéger s'il le juge utile. A défaut, le ministère public est représenté par un commissaire de police du ressort du tribunal d'instance ou, en cas d'empêchement, d'un ressort limitrophe du département désigné par le procureur général. En cas de nécessité et à titre exceptionnel, le juge d'instance peut demander au maire ou à un de ses adjoints d'exercer les fonctions du ministère public. Pour les infractions forestières, c'est un ingénieur des Eaux et Forêts qui doit exercer cette fonction ou un chef de district ou un agent technique désigné par le conservateur des Eaux et Forêts.

Le ministère public près la cour d'appel est dirigé par le procureur général assisté d'avocats généraux et de substituts généraux.

Lorsque la cour d'assises se tient au siège de la cour d'appel, le procureur général exerce les fonctions du ministère public. Dans les autres cas, ces fonctions sont dévolues au procureur de la République du tribunal de grande instance de la ville où

1. Exception faite de l'outrage à magistrats (art. 675 CPP).

la cour d'assises siège. Le procureur général peut cependant désigner un autre membre du parquet.

Auprès de la Cour de cassation, le ministère public est représenté par le procureur général, assisté d'un premier avocat général et de plusieurs avocats généraux dont certains sont spécialement affectés auprès de la chambre criminelle. Mais ce parquet n'exerce pas l'action publique.

Les juridictions spécialisées disposent également d'un parquet spécialisé pour les infractions concernées. Il en est ainsi en matière de criminalité et de délinquance organisées, de terrorisme, en matière économique et financière, de pollution des mers. Devant les juridictions pour mineurs, interviennent des magistrats du parquet spécialisés dans les questions de l'enfance. Devant les juridictions militaires, un procureur de la République, détaché auprès du ministre de la Défense et placé sous l'autorité du garde des Sceaux, tient le siège du ministère public pour les tribunaux établis en dehors du territoire. La même solution est applicable en temps de guerre.

Parfois, un organe spécifique est affecté auprès de la juridiction spécialisée. Près les tribunaux maritimes commerciaux, un commissaire rapporteur appartenant au corps des officiers de marine assure les fonctions de poursuite.

Devant la Haute Cour et la Cour de justice de la République, le procureur général de la Cour de cassation représente le parquet. Il n'exerce cependant pas l'action publique puisque l'initiative des poursuites appartient aux assemblées parlementaires devant la Haute Cour et à la commission des requêtes devant la Cour de justice de la République.

2. Les caractères du ministère public

a) L'irrécusabilité

Contrairement aux magistrats du siège, les magistrats du parquet sont irrécusables (art. 669 al. 2 CPP). Le ministère public est partie principale et nécessaire au procès.

b) L'irresponsabilité

Les magistrats du ministère public sont irresponsables. Les membres du parquet ne peuvent être poursuivis en raison de l'exercice régulier de leur fonction, à la suite par exemple d'un non-lieu ou d'une relaxe de la personne poursuivie à leur initiative ou en cas d'inaction. Toutefois, en cas de faute personnelle, la victime pourra assigner l'Etat devant une juridiction de l'ordre judiciaire, lequel dispose d'une action récursoire contre le magistrat fautif[2]. La responsabilité d'un membre du parquet peut aussi être engagée s'il commet une infraction dans l'exercice de ses fonctions.

2. Article L. 411-4 COJ, art. 136 al. 1 et 2 CPP ; J.-M. Auby, « La responsabilité de l'Etat en matière de justice judiciaire », *Actualités juridiques*, 1973, p. 4 ; M. Lombard, « La responsabilité du fait de la fonction juridictionnelle et la loi du 5 juillet 1872 », *RDP*, 1975, p. 585 et ss.

c) L'indivisibilité

Représentant toujours le même intérêt, les différents membres du ministère public sont interchangeables à l'intérieur d'un même parquet. Il n'est pas nécessaire que dans une affaire donnée, le même magistrat intervienne à toutes les étapes du procès, contrairement au juge du siège[3]. Par conséquent, l'acte accompli par un membre du parquet l'est au nom du parquet tout entier.

d) L'indépendance

Le ministère public est indépendant des juridictions de jugement, d'instruction qui ne peuvent lui adresser des injonctions (art. 620 CPP). Elles ne peuvent ordonner la suppression de certaines phrases du réquisitoire introductif et elles n'ont pas le droit de se saisir elles-mêmes d'une affaire, sauf exceptions prévues par le législateur.

Le ministère public est aussi indépendant vis-à-vis de la victime. Celle-ci peut mettre en mouvement l'action publique malgré l'inertie ou contre le gré du parquet en se constituant partie civile, mais le ministère public n'est pas obligé de soutenir l'accusation. Le désistement et l'acquiescement de la victime ne l'empêchent pas de demander une condamnation ni d'exercer des voies de recours, sauf dans le cas où la plainte de la victime est une condition à l'exercice de l'action publique. Le ministère public peut également agir seul, même en cas d'inaction de la victime.

Se pose le problème de l'indépendance des magistrats du parquet vis-à-vis de l'exécutif en raison du principe de la subordination hiérarchique.

e) La hiérarchisation

Parce qu'ils représentent le pouvoir exécutif, les magistrats du parquet sont placés sous la direction et le contrôle de leurs chefs hiérarchiques et sous l'autorité du garde des Sceaux. Cette situation pose le problème de leur indépendance par rapport au pouvoir exécutif.

Le ministre de la Justice conduit la politique d'action publique déterminée par le gouvernement et veille à la cohérence de son application sur le territoire de la République (art. 30 CPP). Il n'est pas membre du parquet, mais il exerce une autorité sur les procureurs généraux près les cours d'appel, lesquels ont eux-mêmes autorité sur les procureurs de la République de leur ressort, ces derniers l'exerçant sur les substituts et les membres du ministère public du tribunal de police.

Le ministre de la Justice peut adresser des instructions générales d'action publique qui sont des directives de politique pénale pouvant être adaptées compte tenu des caractéristiques régionales et locales de la délinquance. Il peut dénoncer au procureur général les infractions dont il a connaissance. Il peut également lui enjoindre par la voie d'instructions écrites et versées au dossier de la procédure d'engager ou de faire

3. Cass. Crim., 16 janv. 1894, S. 1895. 1. 97 ; Cass. Crim., 3 juillet 1990, *Bull. crim.*, n° 275 ; Crim., 5 mai 1997, *Bull. crim.*, n° 168.

engager des poursuites ou de saisir la juridiction compétente de telles réquisitions écrites que le ministre juge opportunes. La transmission par le ministre de la Justice d'instructions tendant au classement d'une procédure n'est cependant pas admise.

Chaque parquet est placé sous la direction et le contrôle d'un chef hiérarchique : le procureur général ou le procureur de la République.

Le procureur général près la Cour de cassation n'a pas autorité sur les membres des parquets généraux ni des parquets d'instance. Mais il peut recevoir des ordres formels du ministre afin de dénoncer à la chambre criminelle des actes judiciaires, des arrêts ou jugements contraires à la loi en vue d'obtenir leur annulation (art. 620 CPP).

Le procureur général près la cour d'appel veille à l'application de la loi pénale et au bon fonctionnement des parquets de son ressort (art. 35 al. 1 CPP). Il anime et coordonne l'action des procureurs de la République. Il a autorité sur tous les procureurs de la République de son ressort et peut adresser des directives ainsi que des instructions écrites versées au dossier dans les affaires individuelles (art. 36 CPP). Chaque procureur de la République doit lui adresser un rapport annuel d'activité et de gestion du parquet.

Le procureur de la République près le tribunal de grande instance a autorité sur les substituts et, en vertu de l'article 41 alinéa 2 du code de procédure pénale, sur les officiers de ministère public près les tribunaux de police de son ressort.

La subordination hiérarchique qui oblige les membres du parquet à informer leur supérieur direct, subit deux limites.

La première limite concerne le pouvoir propre des chefs du parquet. Le procureur général ou le procureur de la République peut poursuivre sans instructions ou contrairement aux instructions reçues. S'il ne suit pas les directives de la hiérarchie, une sanction peut être prononcée, mais l'acte accompli demeure valable. Les supérieurs hiérarchiques n'ont pas un pouvoir de substitution leur permettant d'accomplir les actes non exécutés, la subordination ne s'opérant qu'au sein du parquet. Toutefois un substitut du procureur à qui l'ordre est adressé peut valablement engager les poursuites, même contre la volonté du chef du parquet, en vertu du principe de l'indivisibilité. Les substituts doivent toutefois se conformer aux instructions du procureur dont ils relèvent et ce dernier peut se substituer à ses subordonnés.

La seconde limite est une application de l'adage « *la plume est serve, la parole est libre* ». Si les membres du ministère public doivent, dans les pièces écrites de la procédure, exprimer la position de leur hiérarchie, ils disposent de la liberté de parole à l'audience (art. 33 CPP). Ils peuvent alors formuler des réquisitions orales contraires à leurs réquisitions écrites.

La subordination hiérarchique a des conséquences sur le statut de ces membres. Le ministre de la Justice exerce un droit de surveillance pouvant entraîner la révocation ou le déplacement ou la rétrogradation des membres du parquet. Les mesures disciplinaires sont soumises à l'avis consultatif du Conseil supérieur de la magistrature.

3. Le rôle du ministère public

a) Le ministère public, titulaire de l'action publique

En vertu de l'opportunité des poursuites, le ministère public choisit la suite à donner aux plaintes qui lui sont adressées. Mais une fois s'il choisit de poursuivre ou si la victime lutte contre son inaction en déclenchant l'action publique par une constitution de partie civile, il est alors partie principale au procès pénal.

Le ministère public n'est pas propriétaire de l'action publique. Par conséquent, il ne peut en disposer, notamment en transigeant, en se désistant (s'il estime que la poursuite a été engagée à tort, le tribunal reste saisi et doit statuer) ou en acquiesçant à un jugement (en renonçant à l'exercice d'une voie de recours). Il décide de l'exercice des voies de recours contre des ordonnances du juge d'instruction ou les décisions des juridictions de jugement.

Lorsqu'il décide de recourir à une alternative aux poursuites, il peut proposer la sanction applicable. La sanction doit être homologuée, s'il s'agit d'une de comparution sur déclaration préalable de culpabilité, ou validée, s'il s'agit d'une composition pénale, par la juridiction de jugement.

Au niveau de la Cour de cassation, le ministère public intervient pour faire connaître à la Cour de cassation la solution qui lui paraît la meilleure du point de vue du droit.

b) Le ministère public, partie nécessaire au procès

Il doit être présent devant toutes les juridictions répressives. La décision de jugement doit mentionner cette présence même lorsque l'action publique est exercée par une administration dans les cas prévus par la loi.

c) Le ministère public et la direction de l'enquête de police judiciaire

Le ministère public dirige la police judiciaire (art. 41 al. 2 CPP). Il peut requérir les officiers et agents de police judiciaire et leur donner des instructions en vue la recherche des auteurs de l'infraction. Il contrôle les gardes à vue et doit visiter les locaux de garde à vue au moins une fois par an. Il dispose des pouvoirs attachés à la qualité d'officier de police judiciaire dans la mesure où il peut procéder lui-même aux actes nécessaires à la recherche et à la poursuite des infractions. Par ailleurs, les membres de la police judiciaire sont placés sous la surveillance du procureur général qui peut, en cas de faute, saisir la chambre de l'instruction à des fins disciplinaires (art. 225 CPP).

d) Le ministère public et l'instruction

Le juge d'instruction ne peut informer qu'en vertu du réquisitoire du parquet à cette fin. Le juge d'instruction doit lui communiquer la procédure à tout moment. Il peut requérir et assister à l'accomplissement des actes d'instruction : audition, transport sur les lieux, perquisition, confrontation, etc.

e) Le ministère public et l'exécution de la peine
Le parquet est également chargé de l'exécution des décisions de justice. Il peut ainsi ordonner l'incarcération en cas de condamnation à une peine privative de liberté, le paiement de l'amende ou l'exécution de toute autre peine, une fois que la décision est devenue définitive (art. 708 CPP). Le ministère public peut requérir la force publique pour assurer cette exécution. Il peut déférer devant le tribunal correctionnel certaines décisions du juge de l'application des peines, notamment des courtes peines privatives de liberté (personnalisation des peines). Le procureur de la République peut suspendre ou fractionner une peine de police ou une peine correctionnelle non privative de liberté (art. 708 al. 3). Il doit établir un rapport annuel sur l'état et les délais d'exécution des peines.

f) Le ministère public et la prévention de la délinquance
Dans le cadre de ses attributions en matière d'alternative aux poursuites, de mise en mouvement et d'exercice de l'action publique, de direction de la police judiciaire, de contrôle d'identité et d'exécution des peines, le procureur de la République veille à la prévention des infractions à la loi pénale. A cette fin, il anime et coordonne dans le ressort du tribunal de grande instance la politique de prévention de la délinquance dans sa composante judiciaire, conformément aux orientations nationales de cette politique déterminées par l'Etat, telles que précisées par le procureur général. Il est également consulté par le représentant de l'Etat dans le département avant que ce dernier n'arrête le plan de prévention de la délinquance (art. 39-1 CPP).
Le ministère public joue également un rôle de prévention lorsqu'il décide un classement sous condition. Il peut ordonner des enquêtes de personnalité.

B. Les fonctionnaires de certaines administrations

Dans des cas limitativement prévus par la loi, certaines administrations ont le pouvoir de déclencher l'action publique pour les infractions qui lèsent les intérêts dont elles ont la charge (art. 1 CPP). Les fonctionnaires de ces administrations sont alors habilités à poursuivre des infractions spécifiques.

L'administration des Eaux et Forêts exerce l'action publique conjointement avec le parquet. Les fonctionnaires de cette administration sont compétents pour toutes les infractions au code rural et forestier, quelle que soit la peine encourue. Devant le tribunal de police, les infractions forestières sont poursuivies par un ingénieur des Eaux et Forêts ou par un chef de district ou un agent technique de cette administration. Le parquet doit toutefois être présent à l'audience (art. L. 38-2 et 3 C. rur. et L. 153-5 C. for.).

L'administration des Ponts et Chaussées exerce l'action publique et assure le rôle du ministère public à l'audience pour les contraventions consistant dans des atteintes à la conservation des voies publiques (art. L. 116-1 et ss. C. voirie routière).

L'administration des douanes peut agir seule devant le tribunal de police (art. 356 C. douanes) pour toutes les contraventions passibles d'amendes et de confiscation. Devant le tribunal correctionnel, elle agit en concurrence avec le ministère public, qui est seul apte à requérir l'emprisonnement. Les agents des douanes peuvent se voir confier des pouvoirs d'enquête sous la direction du procureur de la République ou du juge d'instruction (art. 28-1 CPP). Mais l'action fiscale est retirée à l'administration dans les procédures dont les agents des douanes ont été saisis en application de l'article 28-1 du code de procédure pénale[4].

L'administration des contributions indirectes poursuit seule lorsqu'il s'agit d'une infraction fiscale uniquement punissable d'amende. Lorsque l'infraction est punie d'un emprisonnement, l'administration intervient pour déclencher l'action publique comme partie lésée, mais l'exercice est réservé au ministère public. Si l'infraction est punie des deux peines, l'administration peut exercer les poursuites, mais ne peut requérir qu'une peine d'amende, sauf si des agents des douanes ont été requis pour effectuer une enquête judiciaire[5].

L'action publique est exercée par ces administrations essentiellement dans le but d'obtenir une sanction pécuniaire. Elles ont donc la possibilité, contrairement au ministère public, d'éteindre l'action publique en transigeant avec le coupable (art. 6 al. 3 CPP).

L'administration qui succombe à son action est tenue de payer les frais, dans les mêmes conditions qu'une partie civile ordinaire en cas d'acquittement ou de relaxe du prévenu.

II. Le défendeur à l'action publique

L'action publique ne peut être exercée que contre celui qui a personnellement participé à la commission d'une infraction. Elle doit en principe être exercée contre tous les délinquants, mais certains échappent à la répression en vertu de certaines immunités.

4. Article 28, loi du 23 juin 1999, article 343-2 du code des douanes : infractions douanières, contributions indirectes, TVA, vols de biens culturels, atteintes aux intérêts financiers de l'Union européenne, matériel de guerre, blanchiment, contrefaçon.
5. Article L. 235 LPF, loi du 9 mars 2004.

A. Le principe de la responsabilité personnelle

L'action publique étant dirigée contre le délinquant, elle ne doit saisir que les personnes soupçonnées d'être auteurs, coauteurs ou complices de l'infraction. Lorsqu'elles ne sont pas encore identifiées, l'action peut être mise en œuvre contre X. Le principe de la responsabilité pénale individuelle et celui de la personnalité des peines interdisent de l'intenter contre des personnes qui ne sont que civilement responsables. De même, en cas de décès du délinquant, l'action ne peut être exercée contre ses héritiers, qui ne sont tenus que de la réparation des dettes civiles.

Lorsque l'action est engagée contre une personne morale, celle-ci est représentée par le représentant légal à moins qu'il ne soit lui-même poursuivi à titre personnel, auquel cas un mandataire de justice est désigné ou une personne déléguée à cet effet. Si la personne morale est dissoute, l'exécution d'une sanction prononcée peut intervenir jusqu'à la clôture des opérations de liquidation. Mais en cas de fusion de sociétés, la société absorbante ne peut être tenue des agissements de la société absorbée[6].

Les tiers civilement responsables peuvent intervenir au procès s'ils sont cités par le ministère public ou la partie civile (art. 531 CPP). Ils ne sont tenus qu'au paiement des dommages et intérêts[7].

Exceptionnellement, une personne qui n'est pas l'auteur de l'infraction peut être tenue au paiement d'une amende par la loi. Les amendes prononcées en vertu du code de la route contre un préposé peuvent ainsi être mises à la charge du commettant si ce dernier a été cité à l'audience (art. L. 121-1 CPP). De même, le titulaire d'un certificat d'immatriculation d'un véhicule est déclaré responsable pécuniairement des infractions à la réglementation sur le stationnement, sur les vitesses maximales autorisées ou les signalisations imposant l'arrêt des véhicules à moins qu'il n'établisse l'existence d'un événement de force majeure ou qu'il ne fournisse des renseignements sur l'auteur de l'infraction (art. L. 21-1 et L. 21-2 C. route). Dans ces hypothèses, les personnes responsables pécuniairement ne sont cependant pas déclarées pénalement responsables.

Les sanctions matérielles de nature réelle s'appliquent quel que soit le propriétaire de l'objet sur lequel elles portent et même s'il est étranger à l'infraction (confiscation de biens, fermeture ou retrait de licence d'un fonds de commerce, confiscation du véhicule ayant servi à la consommation de l'infraction). Lorsque la fermeture

6. Crim., 20 juin 2000, *Bull. crim.*, n° 237, *D.*, 2001, p. 281 note H. Matsopoulou, *RTD com.*, 2000, p. 1024 obs. Bouloc ; Crim., 14 oct. 2003, *Bull. crim.*, n° 189.

7. Boulan, « La situation du civilement responsable dans le procès pénal », *Mélanges Weil*, Paris, 1898, p. 69 ; Crim., 9 déc. 1980, *Bull. crim.*, n° 342.

d'établissement peut être prononcée, le ministère public doit informer le propriétaire de l'immeuble, le bailleur ou le propriétaire du fonds de commerce menacés de l'engagement des poursuites et les citer à l'audience, où ils pourront se faire représenter par un avocat (art. 706-37 CPP, art. 225-10 CP, art. L. 3355-5 CSPu).

La personne soupçonnée n'acquiert la qualité de défendeur à l'action publique qu'à compter du moment où elle devient partie à la procédure. Il faut que les faits lui soient notifiés officiellement par l'un des procédés prévus à cette fin (citation directe, mise en examen). Par conséquent, elle doit être identifiée. Lorsque l'auteur est inconnu, une information contre X peut être ouverte afin de pouvoir identifier le coupable.

B. Les immunités

En vertu du principe d'égalité, la loi pénale doit atteindre toute personne soupçonnée d'avoir participé à l'infraction. Certains délinquants échappent cependant à la poursuite pénale lorsqu'ils bénéficient d'une immunité.

L'immunité se définit comme la cause d'impunité qui, tenant à la situation particulière de l'auteur d'une infraction au moment où il commet celle-ci, s'oppose définitivement à toute poursuite, alors que la situation créant ce privilège a pris fin. L'immunité rend impossible toute poursuite et donc irrecevable l'action publique devant une juridiction d'instruction ou de jugement.

1. Les immunités judiciaires

Les immunités judiciaires permettent de garantir la liberté de la défense et la sincérité des auditions. Les propos tenus, les écrits produits devant les tribunaux ne peuvent être poursuivis pour diffamation, injure ou outrage dès lors qu'ils ont un lien avec l'affaire. Il en est de même des comptes rendus des débats judiciaires alors qu'ils sont fidèles et faits de bonne foi (art. 41 al. 3, loi de 1881 sur la presse). Saisis d'une poursuite pour de tels faits, les juges peuvent néanmoins prescrire la suppression des discours injurieux, outrageants ou diffamatoires et une condamnation de leur auteur à des dommages et intérêts, même s'ils ne peuvent lui infliger une sanction pénale.

2. Les immunités politiques

Le président de la République bénéficie ainsi d'une immunité politique pour les actes qu'il accomplit dans l'exercice de ses fonctions, sauf lorsqu'il s'agit d'actes manifestement incompatibles avec l'exercice de son mandat (art. 67 Const.). En ce qui concerne les députés et les sénateurs, l'immunité couvre les opinions ou votes émis dans l'exercice de leurs fonctions (art. 26 al. 1 CPP), les actes de la fonction parlementaire au sein de l'hémicycle ainsi que les discours tenus dans le sein de l'assemblée, les rapports ou toute autre pièce imprimée par ordre de l'une des assemblées. Les parlementaires européens bénéficient de la même immunité[8].

3. Les immunités familiales

Les immunités familiales empêchent l'exercice de l'action publique lorsqu'il existe un lien de parenté ou d'alliance entre l'auteur de l'infraction et la victime.

Ces immunités s'appliquent d'abord lorsqu'une appropriation frauduleuse des biens a été commise au préjudice d'un ascendant, d'un descendant ou de son conjoint, sauf si les époux sont séparés de corps ou autorisés à vivre séparément (art. 311-12, 312-9, 312-12, 313-3 al. 2, 314-4 CP). Il en est ainsi en cas de vol, d'abus de confiance, de chantage, de recel ou d'escroquerie. Il faut cependant que le bien appartienne à la victime. L'infraction étant constituée, les autres protagonistes peuvent être poursuivis. L'immunité est cependant écartée lorsque le vol porte sur des objets ou documents indispensables à la vie quotidienne de la victime, tels que des documents d'identité, relatifs au titre de séjour ou de résidence d'un étranger, ou des moyens de paiement.

Une autre catégorie d'immunité familiale empêche de poursuivre la personne qui, ayant un lien de parenté avec l'auteur d'un crime ou d'un délit, l'a dissimulé aux autorités soit en ne le dénonçant pas, soit en lui fournissant une aide pour leur échapper (art. 434-1 CP). Il en est de même en cas de non-témoignage en faveur d'un innocent lorsque l'auteur ou le complice de l'infraction qui motivait la poursuite contre l'innocent est un parent ou un allié (art. 434-11 CP).

4. Les immunités diplomatiques et consulaires

Les représentants d'un Etat étranger ainsi que leur famille et leur personnel bénéficient d'une immunité diplomatique qui s'étend à tous les délits pendant la durée de leur mission dans le pays où ils sont accrédités, sauf s'ils ont la nationalité de l'Etat accréditaire ou s'ils y ont leur résidence permanente[9]. Cette immunité joue même pour les actes accomplis avant l'entrée en fonction de l'agent diplomatique[10].

Les agents et employés consulaires bénéficient d'une immunité limitée aux actes accomplis dans l'exercice de leurs fonctions[11].

8. Protocole du 8 avril 1965 sur les privilèges et immunités des Communautés européennes, article 10, *JO*, 29 juillet 1967.
9. Convention de Vienne du 18 avril 1961 sur les relations diplomatiques, articles 31 § 1 et 38 § 1, *JO*, 17 avril 1971.
10. Cass. civ. 1re, 22 avril 1958, *JCP*, 1958, II, 10644.
11. Article 43 § 1, Convention de Vienne, *op. cit.*

Les fonctionnaires et agents de la Communauté européenne bénéficient aussi d'une immunité sur le territoire des Etats membres, quelle que soit leur nationalité, pour les actes accomplis dans l'exercice de leurs fonctions. Elle cesse de plein droit à la fin des fonctions[12].

Dissertation juridique : Le ministère public et la mise en état du dossier pénal

Conseils méthodologiques

La dissertation juridique est un exercice théorique qui permet d'exposer les connaissances et les réflexions relatives à un aspect déterminé du droit. Il ne s'agit pas de reproduire le cours, et ce d'autant plus que la résolution du problème juridique posé peut se trouver dans différentes parties de ce cours. L'étudiant construit sa réflexion à partir de son cours, de ses connaissances personnelles sur le sujet, des articles de doctrine ou de la jurisprudence.

L'étudiant doit analyser et comprendre le sujet. Une lecture approfondie des termes du sujet est nécessaire. Il faut identifier les concepts, les définir et les analyser, ce qui permet de comprendre le sens de la question posée et de délimiter ainsi le sujet.

Une dissertation comporte nécessairement une introduction et un développement. La conclusion n'est pas obligatoire.

L'introduction doit partir du général au particulier. Elle doit amener le correcteur à la problématique et à l'annonce du plan. Elle doit commencer par une phrase d'attaque qui permet de se situer dans un domaine du droit. Elle doit comporter une définition des notions en cause. Le problème juridique doit être exposé et l'on peut évoquer son environnement juridique, son intérêt, son évolution ou les difficultés qu'il soulève. C'est dans l'introduction qu'il faut éliminer les éléments qui n'ont qu'un intérêt mineur.

Le plan doit être annoncé et justifié dans l'introduction. Il doit être cohérent et permettre de répondre au problème juridique posé. Il comporte deux parties (rarement trois), traitant les problèmes essentiels dégagés lors du travail au brouillon. Chaque partie comprend deux sous-parties. Les sous-parties doivent être annoncées par un chapeau. Une transition est nécessaire entre les deux parties.

Il n'existe pas de plan type. L'adoption d'un plan dépend de la façon dont l'étudiant a mené sa réflexion. Elle impose une certaine logique entre les différentes parties.

12. Crim., 12 janv. 2005, *JCP*, 2005, IV, 2270.

Application

Le sujet est le suivant : Le ministère public et la mise en état du dossier pénal.

Le ministère public est présent tout au long de la procédure pénale et cette omniprésence est liée à son statut particulier. Il est partie au procès puisqu'il représente les intérêts de la société et veille de ce fait à l'application de la loi. Mais, contrairement à la victime, il est intégré dans l'organisation des juridictions répressives dont il constitue une composante (art. 32 CPP, art. L. 213-4, R. 213-21 à R. 213-23, L. 311-14 et L. 311-15, COJ). Aucune audience pénale ne peut se tenir en l'absence d'un représentant du parquet.

Partie principale au procès pénal, le parquet exerce l'action publique. Il n'est toutefois pas obligé de mettre en mouvement les poursuites, car il apprécie la suite à donner à l'affaire en vertu de l'opportunité des poursuites (art. 40 al. 1 CPP). L'application du principe de l'opportunité implique que le procureur de la République apprécie l'état du dossier, c'est-à-dire la consistance et la pertinence des preuves recueillies ainsi que les possibilités légales qu'elles offrent sous l'angle de la poursuite (art. 40 CPP). Ce dossier est constitué pendant la mise en état de l'affaire, phase préparatoire au procès.

La constitution du dossier commence au cours de l'enquête préliminaire, durant laquelle le procureur de la République dispose de pouvoirs importants (I). A l'issue de cette enquête, le procureur de la République peut trancher si le dossier est consistant (art. 40-1 CPP). Il peut classer sans suite (art. 40-1 al. 3° CPP), proposer une alternative aux poursuites (art. 40-1 al. 2° et 3°, art. 41-1, 41-2 CPP). Il peut saisir directement le tribunal suivant l'un des modes prévus par la loi (art. 388, 531 CPP) ou proposer une peine au prévenu si ce dernier est d'accord (art. 497-5 CPP). Lorsque les éléments du dossier de l'enquête ne sont pas suffisants ou s'il s'agit d'un crime, il devra requérir l'ouverture d'une instruction. La saisine du juge d'instruction par le parquet ne constitue cependant pas un obstacle à l'exercice des pouvoirs du ministère public, qui en font une partie privilégiée (II).

I. Les pouvoirs du parquet pendant l'enquête de police judiciaire

Alors que les autorités d'enquête ne sont pas tenues d'enquêter à charge ou à décharge et que l'avocat du suspect ne joue qu'un rôle limité pendant cette phase procédurale, l'accusation, représentée par le parquet, est déjà une partie active. En effet, non seulement les actes d'enquête se déroulent sous la direction du ministère public (A), mais ce dernier peut également les accomplir personnellement en vertu des pouvoirs qui lui sont reconnus par la loi (B).

A. La direction de l'enquête de police judiciaire

Le procureur de la République dirige l'activité de la police judiciaire dans le ressort de son tribunal (art. 12 et 41 CPP). Afin d'exercer ce pouvoir de direction, le procureur doit être informé des faits délictueux (1). Il peut aussi requérir l'accomplissement des actes d'enquêtes (2).

1. L'information du procureur de la République

Les officiers de police judiciaire ont l'obligation d'informer le procureur de la République de tous les crimes, délits et contraventions dont ils ont connaissance et de lui transmettre tous les renseignements, procéduraux et actes qui y sont relatifs (art. 40 CPP).
Ils doivent lui rendre compte des opérations sans attendre la fin de leurs missions. Le procureur doit ainsi être avisé du placement en garde à vue du suspect (art. 63 et 77 CPP), de la rétention d'un mineur afin de contrôler son identité (art. 78-3 CPP). Il doit être informé dès l'identification d'une personne à l'encontre de laquelle ont été réunis des indices laissant présumer qu'elle a participé à la commission d'une infraction (art. 75-2 CPP), en cas d'ouverture d'une enquête. Le ministère public ainsi avisé est mis en mesure d'assumer ses responsabilités.
Dès la clôture de leurs investigations, les officiers de police judiciaire doivent directement faire parvenir au parquet l'original et une copie certifiée conforme des procès-verbaux dressés. Les actes et documents ainsi que les objets saisis sont mis à sa disposition.
L'information du parquet lui permet également d'exercer un contrôle sur l'activité des officiers de police judiciaire. C'est à lui qu'incombe le contrôle de la garde à vue, dont il peut ordonner la prolongation. Il doit également visiter les locaux de la garde à vue (art. 41 al. 3 CPP).

2. Le pouvoir de requérir des actes d'enquête

Le ministère public peut requérir les officiers et agents de police judiciaire et leur donner des instructions en vue de rechercher et de constater les infractions. Il a le libre choix de la formation de police ou de gendarmerie pour l'exécution de ses missions (art. D. 2 CPP). L'officier de police judiciaire a alors l'obligation d'exécuter les instructions reçues et de se soumettre aux mesures de contrôle.
Le parquet peut intervenir pendant l'enquête soit pour ordonner certaines mesures, soit pour accorder des autorisations. Il peut ainsi permettre à un officier de police judiciaire de poursuivre ses investigations en tout point du territoire. Sur autorisation du procureur de la République, un témoin peut être contraint à comparaître par la force publique. Il peut autoriser la mise en place de certains procédés permettant la constatation des infractions de trafic de stupéfiants.
Il peut autoriser l'officier de police judiciaire à enjoindre les organismes de mettre à sa disposition, dans les meilleurs délais, les informations utiles à la manifestation de la vérité contenue dans les systèmes informatiques ou traitements de données nominatives qu'ils administrent.

Les officiers de police judiciaire ne peuvent solliciter ou recevoir des ordres ou instructions que de l'autorité judiciaire dont ils dépendent. Cette autorité fonctionnelle se traduit par le fait que les aptitudes des officiers de police judiciaire sont notées par le procureur général sur proposition du procureur de la République. Cette notation est prise en compte pour leur avancement judiciaire (art. 19 et D. 45 CPP).

B. Le pouvoir d'accomplir les actes d'enquête

Selon l'article 41 alinéa 3 du code de procédure pénale, le procureur de la République a tous les pouvoirs et prérogatives attachés à la qualité d'officier de police judiciaire. Il peut de ce fait procéder lui-même aux actes d'enquête. En cas d'infractions flagrantes, il exerce les pouvoirs attribués par l'article 68 du code de procédure pénale. L'arrivée du procureur de la République sur les lieux dessaisit les officiers de police judiciaire s'il manifeste son intention en ce sens Il peut alors accomplir tous les actes de police judiciaire ou prescrire aux officiers de police judiciaire de poursuivre les opérations. Il a le droit, dans cet exercice, de requérir directement la force publique.

La loi du 9 mars 2004 relative à la criminalité et à la délinquance organisée a particulièrement renforcé les pouvoirs de coercition du parquet s'agissant des crimes et délits visés à l'article 706-73 du code de procédure pénale. En cas de flagrance, une opération d'infiltration peut être autorisée par le procureur de la République (art. 706-81 CPP). Il peut faire procéder à une perquisition, sans le consentement du maître des lieux placé en garde à vue lorsque le transport de celui-ci présente des risques graves soit de troubles ou d'évasion, soit de disparition de preuves pendant le temps nécessaire au transport (art. 706-94 CPP).

La réalisation de certains actes est soumise à l'autorisation du juge des libertés et de la détention. Il en est ainsi des perquisitions domiciliaires nocturnes (art. 706-89 CPP) ou des écoutes téléphoniques pendant l'enquête (art. 706-95 CPP). Des perquisitions sans l'assentiment de la personne concernée peuvent être autorisées sur requête du procureur de la République, sur autorisation du juge des libertés et de la détention (art. 76 CPP), lorsque la peine encourue est supérieure ou égale à cinq ans d'emprisonnement (art. 76 al. 4 CPP).

Certains actes autrefois réservés à l'enquête de flagrance peuvent aussi être effectués au cours d'une enquête préliminaire, ce qui a étendu le pouvoir coercitif du procureur de la République. C'est le cas des constatations ou examens techniques ou scientifiques (art. 77-1 CPP), de la comparution forcée aux fins d'audition (art. 78 CPP), du placement en garde à vue (art. 63 CPP issu de la loi du 15 juillet 2000). Un mandat de recherche peut être décerné contre toute personne à l'encontre de laquelle il existe une raison plausible de soupçonner qu'elle a commis ou tenté de commettre une infraction punie d'au moins trois ans d'emprisonnement (art. 77-4 CPP).

Les pouvoirs ainsi reconnus au parquet peuvent le conduire à requérir le plus tard possible l'ouverture d'une information.

II. Une partie privilégiée lors de l'instruction

Hormis les cas où l'instruction est obligatoire, comme en matière criminelle (art. 79 CP, art. 5, ord. 2 févr. 1945) ou en cas de délit commis par un mineur (art. 5, ord. 2 févr. 1945), le procureur a toute faculté de requérir l'ouverture d'une instruction en tenant compte de l'état du dossier.

Le procureur de la République va donner une direction certaine à l'information par les réquisitoires qui vont déterminer l'étendue de la saisine du juge (A) et par le contrôle qu'il exerce sur l'instruction (B).

A. La détermination de l'étendue de la saisine du juge d'instruction

Le procureur de la République saisit le juge d'instruction par un réquisitoire introductif ou réquisitoire à fin d'informer. Le réquisitoire ne laisse que peu de latitude au juge d'instruction qui, sauf refus d'informer ou incompétence peu probables, est obligé d'ouvrir l'information requise. De ce fait, le procureur a l'initiative de la procédure d'instruction pour des motifs dont certains sont laissés à son appréciation en fonction de la consistance du dossier : personnes non identifiées, indices insuffisants, jonction de procédures nécessaire, complexité de l'affaire.

Lorsque l'action civile est déclenchée de manière indirecte par une plainte avec constitution de partie civile devant le juge d'instruction, cette plainte doit être communiquée au ministère public afin qu'il prenne ses réquisitions (art. 86 CPP). Même si ce dernier se trouve dans ce cas dans l'impossibilité de requérir un arrêt des poursuites, il n'est pas obligé de tenir compte de la position de la victime. Il peut requérir une information contre X alors que la victime avait désigné nommément une autre personne. Il peut aussi retenir une qualification des faits différente.

L'influence du procureur de la République, qui s'exerce sur la saisine du juge d'instruction, perdure aussi pendant l'instruction. Celle-ci peut en effet être étendue ultérieurement par des réquisitoires supplétifs dont l'objet consiste à ajouter des faits qui n'étaient pas compris dans la poursuite initiale.

Ainsi saisi, le juge d'instruction ne peut informer que sur les faits visés dans le réquisitoire introductif ou supplétif (art. 80 al. 1 CPP). Tout acte d'instruction sur d'autres faits peut être annulé pour excès de pouvoir. Par ailleurs, en vertu du principe de la séparation des fonctions répressives, le juge d'instruction ne peut se saisir lui-même. Par conséquent, en cas de découverte de faits nouveaux par le juge d'instruction, celui-ci doit immédiatement les communiquer au procureur qui, en vertu de l'opportunité des poursuites, décide de la suite à donner à l'affaire. S'il décide d'ouvrir une instruction sur ces faits, il peut saisir un autre juge d'instruction. Il apparaît dès lors que le juge d'instruction ne peut instruire sur des faits précis qu'en accord avec le procureur de la République, qui exerce également un contrôle sur l'instruction.

B. Le contrôle sur l'instruction

Comme la partie civile, le ministère exerce un certain contrôle sur l'instruction, notamment par des demandes d'actes ou par la possibilité d'exercer des recours contre les ordonnances du juge d'instruction. Néanmoins, les prérogatives du parquet apparaissent bien plus importantes que celles de la victime.

1. Les pouvoirs du parquet pendant l'instruction

Le parquet peut à tout moment requérir du juge d'instruction tous actes lui paraissant utiles à la manifestation de la vérité et toutes mesures nécessaires. Il peut demander à assister à l'accomplissement de ces actes (art. 82 CPP), tels les transports sur les lieux et les perquisitions (art. 92 CPP). Lorsqu'il assiste aux interrogatoires et confrontations de la personne poursuivie et aux auditions de la partie civile (art. 119 CPP), il peut poser des questions.

Lorsque le juge d'instruction oppose un refus au parquet, il doit rendre une ordonnance motivée dans les cinq jours. En matière de détention provisoire, cependant, l'ordonnance doit être notifiée immédiatement au procureur de la République (art. 137-4 CPP). Ce dernier peut alors saisir directement le juge des libertés et de la détention, s'il s'agit d'un crime ou d'un délit puni d'au moins dix ans d'emprisonnement, ou former appel contre l'ordonnance du juge d'instruction. Si le juge d'instruction rend une ordonnance de mise en liberté contraire aux réquisitions du procureur, celui-ci peut interjeter appel et saisir concomitamment le président de la cour d'appel aux fins de suspension des effets de cette ordonnance (art. 148-1-1 CPP).

Il peut interjeter appel de toute ordonnance du juge d'instruction (art. 185 CPP) alors que le droit d'appel de la personne poursuivie et de la partie civile est limité à certaines ordonnances seulement (art. 186 CPP). L'appel du procureur de la République est recevable même s'il a été fait droit à ses réquisitions. Par ailleurs, l'appel initié par le parquet n'est pas soumis au filtrage du président de la chambre de l'instruction. Le ministère public peut également introduire une requête en annulation des actes d'instruction qu'il estime irrégulièrement accomplis (art. 170 CPP).

Lui seul peut demander la réouverture de l'instruction pour charges nouvelles (art. 190 CPP) après une ordonnance de non-lieu.

L'avis du procureur de la République est requis pour toute mesure de contrainte exercée à l'encontre de la personne mise en examen : délivrance d'un mandat d'arrêt (art. 1321 CPP), placement ou mainlevée du contrôle judiciaire (art. 140 CPP) ou de la détention provisoire (art. 145 CPP). Il peut même saisir directement le juge des libertés et de la détention aux fins de placement en détention provisoire en cas de crime ou délits punis de dix ans d'emprisonnement (art. 137-4 CPP).

2. La communication permanente du dossier
Le parquet a la possibilité de demander la communication du dossier de la procédure à tout moment. Le juge d'instruction ne peut refuser d'y faire droit sous peine de nullité. Le procureur de la République doit rendre le dossier dans les vingt-quatre heures (art. 82 al. 2 CPP). Aucune sanction n'est cependant prévue en cas de dépassement de délai.
Le parquet a ainsi un accès permanent au dossier. Il peut à tout moment être informé de toutes les avancées du dossier, ce qui lui permet ainsi de pouvoir prendre des réquisitions dans tel ou tel sens. Il dispose donc d'un avantage certain sur les parties privées. Cet avantage est conforté par le fait que le bureau du procureur se trouve au palais de justice, donc dans les mêmes locaux que le juge d'instruction, avec qui il peut entretenir des relations cordiales en tant que collègue. Il est avisé à l'avance de certains actes d'investigations (art. 93 et 94 CPP), des ordonnances non conformes à ses réquisitions le jour même (art. 183 al. 5 CPP). Les parties privées, quant à elles, n'ont pas un accès direct au dossier. Seuls leurs avocats peuvent le consulter, après avoir déposé une demande au greffe, les jours ouvrables et sous réserve du bon fonctionnement des cabinets d'instruction (art. 114 al. 2 CPP).
Au terme de cette analyse, il apparaît que le parquet exerce une influence certaine sur le déroulement de la procédure. La place ainsi accordée au procureur de la République fait apparaître un certain déséquilibre par rapport aux parties privées. Le parquet, qui représente l'accusation, intervient très tôt dans la procédure alors que la victime partie civile et la personne poursuivie n'acquièrent le droit de faire des demandes d'actes que lors de l'instruction. Cette question n'a malheureusement pas été abordée par la loi du 5 mars 2007 sur l'équilibre de la procédure pénale.

Cas pratique

Enoncé

Mme Etoné a porté plainte contre sa fille, Irène, qui lui a subtilisé 2 000 euros, son carnet de chèques, sa carte de crédit ainsi qu'une bague de valeur appartenant à son amie Jeanne.

Eléments de correction

Dans cette affaire, un vol est commis au détriment d'un ascendant. Des liens de parenté unissent l'auteur et la victime. Dans cette situation, l'article 311-12 du code de procédure pénale prévoit une immunité familiale. L'existence d'une telle immunité interdit les poursuites.

Toutefois, l'immunité ne joue que si le bien appartient à la victime. Tel n'est pas le cas en ce qui concerne la bague qui appartient à l'amie de la mère.

Par ailleurs, l'immunité est écartée lorsque le vol porte sur des objets ou documents indispensables à la vie quotidienne de la victime, tels que des documents d'identité, relatifs au titre de séjour ou de résidence d'un étranger, ou des moyens de paiement. Elle ne couvrirait donc que la somme de 2 000 euros, mais pas le carnet de chèque et les cartes de crédit. Cette exception a été introduite par la loi du 4 avril 2006 relative à la prévention et la répression des violences commises au sein du couple et contre les mineurs. Elle est censée protéger les époux victimes de violences de la part de leur conjoint. Mais en l'absence de précision supplémentaire, l'exception peut s'appliquer de manière plus large et permettre l'exercice de l'action publique contre les descendants de la victime.

Fiche n° 9 : L'action publique : l'opportunité des poursuites

Références

• GABA H. K., « Multirécidive et opportunité des poursuites et de la sanction : la complexité du "trouble à l'ordre public" », *Rev. pénit.*, 1999, p. 559.
• SIMMAT DURAND L., « Le parquet et l'opportunité des poursuites », *Gaz. Pal.*, 1996, n° 171, p. 2.

Définitions

• **Opportunité des poursuites** : pouvoir du ministère public lui permettant apprécier les suites à donner aux plaintes et dénonciations qui sont portées à sa connaissance.

Explications

Le ministère public exerce l'action publique et requiert l'application de la loi (art. 32 CPP). Ce pouvoir est également reconnu aux fonctionnaires de certaines administrations dans les cas prévus par la loi.

L'exercice de l'action publique comprend l'ensemble des actes par lesquels l'action, une fois mise en mouvement, se poursuit jusqu'à la décision définitive. Il consiste dans la direction de l'action, notamment dans les réquisitions à prendre en vue de l'instruction et du jugement et dans l'exercice des voies de recours.

L'action publique n'est pas nécessairement exercée lorsqu'une infraction est commise. Le ministère dispose en effet de la faculté de décider de la suite à donner à l'affaire en vertu du principe de l'opportunité des poursuites.

I. Le principe

Selon l'article 40 du code de procédure pénale, le procureur de la République reçoit les plaintes et dénonciations et apprécie la suite à leur donner. L'article 40-1 du code de procédure pénale prévoit à cet effet que lorsque le procureur estime que les faits portés à sa connaissance constituent une infraction commise par une personne dont l'identité et le domicile sont connus et pour laquelle aucune disposition ne fait obstacle à la mise en mouvement de l'action, il décide s'il est opportun d'engager les poursuites, de mettre en mouvement une procédure alternative aux poursuites ou de classer sans suite.

Le principe de l'opportunité des poursuites ne signifie cependant pas l'arbitraire du ministère public. La décision du ministère public doit s'inscrire dans le cadre de la politique criminelle déterminée par le garde des Sceaux (art. 30 CPP) et tenir compte du contexte local (art. 35 CPP). Par ailleurs le pouvoir accordé au ministère public ne nuit pas aux droits des victimes dans la mesure où elles peuvent aussi déclencher l'action publique.

Avant de prendre sa décision, le procureur de la République doit respecter les exigences légales. Il doit vérifier sa compétence. Il doit déterminer si les faits sont punissables en vertu du principe de la légalité criminelle. Il doit s'assurer que l'infraction est susceptible d'être poursuivie parce que les faits peuvent recevoir une qualification, que la loi pénale n'a pas été abrogée, que l'action n'est pas éteinte, notamment par un délai de prescription, qu'il n'y a pas d'amnistie concernant les faits. Il peut diligenter une enquête afin de prendre en compte toutes les circonstances liées à la commission des faits.
L'opportunité des poursuites ne joue que par rapport à la suite à donner à l'affaire, à savoir classer, poursuivre ou recourir à une alternative aux poursuites. L'opportunité est liée au fait qu'il n'est pas obligé de poursuivre toutes les affaires dont il est saisi. Ce pouvoir ne peut être exercé que lorsque les poursuites sont possibles et que les conséquences de l'infraction ne sont pas minimes.

Lorsque les faits ne constituent pas une infraction ou que la prescription est atteinte ou l'auteur des faits est décédé par exemple, il doit classer sans suite.
Lorsqu'il n'existe aucun obstacle aux poursuites et que les faits sont punissables, il doit ouvrir une instruction s'il s'agit d'un crime ou un délit complexe ou un délit commis par un mineur. Lorsque les faits constituent un délit ou une contravention punissable, il peut alors user de pouvoir d'opportunité en décidant de classer sans suite, de procéder à une alternative aux poursuites ou de mettre en mouvement l'action publique.

II. Les limites au principe de l'opportunité des poursuites

La liberté reconnue au parquet dans le déclenchement des poursuites subit de nombreuses atteintes. Ces limites ne peuvent résulter que d'un texte.

A. Les obstacles à la volonté de poursuivre

1. La plainte préalable

Le déclenchement de l'action publique est subordonné à la plainte de la victime lorsque l'infraction porte essentiellement atteinte à des intérêts privés (diffamation, injure, atteinte à la vie privée) ou lorsque l'infraction cause peu de trouble à l'ordre public général (infraction de chasse sur le terrain d'autrui ou poursuite d'un délit commis à l'étranger par un Français ou contre un Français). La plainte préalable de l'administration est nécessaire en matière fiscale, économique, en matière de Sécurité sociale, en cas de diffamation de l'administration et de ses fonctionnaires.

La plainte préalable est nécessaire à la poursuite, mais le ministère public n'est pas obligé d'agir.

2. L'avis de certaines autorités

La mise en mouvement de l'action publique peut être subordonnée à l'avis de certaines administrations. En matière fiscale, le parquet doit avoir un avis conforme de la commission des infractions fiscales, sauf si l'infraction constitue en même temps une infraction de droit commun. L'avis du ministre de la Défense ou de l'autorité habilitée est exigé avant toute poursuite d'infractions militaires commises en temps de paix lorsque ces infractions n'ont pas été dénoncées par l'autorité militaire et qu'elles ne sont pas flagrantes (art. 698-1 CPP).

3. La mise en demeure

Une mise en demeure de l'autorité compétente est exigée avant toute poursuite en cas d'infraction à l'obligation scolaire (art. 227-17-1 CP), pour les infractions en matière d'hygiène et de sécurité de travail ou certaines infractions en matière de Sécurité sociale.

4. Les questions préjudicielles

La question préjudicielle à l'action publique fait obstacle à la poursuite. Elle se distingue de l'exception préjudicielle au jugement, qui empêche la juridiction de statuer. En cas de crime ou délit commis à l'occasion d'une poursuite judiciaire du fait de la violation d'une disposition de procédure pénale, l'action publique ne peut être exercée que si le caractère illégal de la poursuite ou de l'acte a été préalablement constaté par une décision définitive de la juridiction répressive saisie.

5. La qualité du délinquant

L'inviolabilité parlementaire est une règle de procédure qui suspend l'exercice des fonctions. Elle diffère donc de l'immunité, qui constitue un obstacle définitif aux poursuites pour les infractions commises dans l'exercice des fonctions. Depuis la loi constitutionnelle du 4 août 1995, le parquet peut engager les poursuites sans l'autorisation du bureau de l'Assemblée, mais l'Assemblée peut demander la suspension des poursuites pendant la durée de la session. La procédure de levée de l'inviolabilité parlementaire par le bureau de l'Assemblée n'est nécessaire que si des mesures privatives ou restrictives de droit sont envisagées. L'Assemblée peut également requérir la suspension de ces mesures pendant la durée de la session.

Lorsqu'il s'agit de parlementaires européens, l'inviolabilité peut être levée par le Parlement sur demande de l'autorité judiciaire d'un Etat membre adressée au président du Parlement européen.

L'inviolabilité est exclue pour les contraventions, en cas de crime ou de délit flagrant et en cas de condamnation définitive.

S'agissant des ministres, le procureur général près la Cour de cassation ne peut saisir la commission d'instruction de la Cour de Justice de la République que sur avis conforme de la commission des requêtes.

B. Les obligations de poursuivre

1. L'ordre du supérieur hiérarchique

Du fait de la subordination hiérarchique, le refus du procureur de la République peut être levé par un ordre de poursuite du procureur général ou du garde des Sceaux (art. 36 et 37 CPP). Le procureur doit aviser immédiatement ses supérieurs hiérarchiques des crimes et délits les plus graves. Mais les supérieurs n'ayant aucun pouvoir de substitution, la poursuite ne sera déclenchée que si ce magistrat obéit ou s'il est remplacé par un collègue plus avenant.

2. Les pouvoirs de la chambre de l'instruction

La chambre de l'instruction, saisie au cours d'une instruction, peut ordonner l'extension des poursuites à des faits résultant du dossier ou à des personnes non mises en examen (art. 202 et 204 CPP).

3. La constitution de partie civile de la victime

La volonté de ne pas poursuivre du ministère public est annihilée par l'action de la partie civile devant les juridictions répressives. Dans ce cas, l'action publique est mise en mouvement, même contre le gré du ministère public. En matière délictuelle, cependant, la constitution de partie civile de la victime est subordonnée au refus du parquet de ne pas agir (art. 85 CPP).

Fiche n° 10 : L'action publique : le classement sans suite

Définitions

• **Classement sans suite** : décision prise par le procureur de la République de ne pas poursuivre.

Explications

Le procureur de la République peut, en vertu de son pouvoir, classer sans suite. Cette possibilité n'est réellement ouverte que pour les infractions de faible gravité.

I. Les motifs du classement sans suite

La décision de classement sans suite peut intervenir de manière objective en raison :
• d'une impossibilité légale : l'infraction n'est pas constituée en ses éléments matériel et moral, le fait n'est pas incriminé, l'infraction est couverte par un fait justificatif, prescrite ou amnistiée, l'action est irrecevable, l'auteur des faits est décédé ;
• d'une impossibilité de fait : auteur non identifié, absence de preuves.

Le procureur de la République peut aussi décider de classer sans suite alors que l'infraction est constituée et que le délinquant est identifié pour des raisons d'opportunité réelle en tenant compte :
• du faible préjudice résultant de l'infraction ;
• du caractère du trouble mineur à l'ordre public ;
• de la personnalité du prévenu ;
• de sa volonté de ne pas réitérer les faits alors que l'auteur de l'infraction est délinquant primaire ;
• du fait qu'il a indemnisé la victime ou qu'il est en train de le faire ;
• du fait que la mesure alternative a été accomplie jusqu'à son terme. Le classement sans suite ne peut toutefois être décidé lorsque le prévenu n'a pas exécuté la mesure alternative ordonnée à son encontre, à moins que ne soit intervenu un élément nouveau depuis que la mesure a été décidée.

II. Les effets du classement sans suite

Le classement sans suite est une décision administrative. Il s'agit d'une décision provisoire n'ayant pas d'autorité de la chose jugée. Le procureur de la République peut rouvrir le dossier en cas de découverte d'éléments nouveaux, tant que la prescription n'est pas acquise. La personne ayant dénoncé les faits peut former un recours contre la décision de classement sans suite auprès du procureur général (art. 40-3 CPP). Ce dernier peut soit enjoindre au procureur de la République d'engager les poursuites (art. 36 CPP), soit rejeter le recours s'il l'estime infondé.

La décision sans suite doit être notifiée aux victimes identifiées, aux plaignants ou autorités publiques et fonctionnaires cités à l'article 40 du code de procédure pénale (art. 40 al. 2 CPP).

Fiche n° 11 : L'action publique : les alternatives aux poursuites

Références

• DESDEVISES M.-C., « Réparer ou punir, la médiation pénale », *LPA*, 1997, 25 août, p. 3.
• DOBKRINE M., « La transaction pénale », *D.*, 1994, chron., p. 137.
• HEDERER J., « Un an d'expérimentation de la composition pénale dans un tribunal de grande instance », *AJ pénal*, 2003, p. 45.
• LEBLOIS-HAPPE J., « De la transaction à la composition pénale », *JCP*, 2000, I, 198.
• LEBLOIS-HAPPE J., « De la transaction pénale à la composition pénale », Loi n° 99-515 du 23 juin 1999, *JCP*, 2000, I, 138.
• « La médiation pénale comme mode de réponse à la petite délinquance : état des lieux et perspectives », *RSC*, 1994, p. 525.
• MEDJAOUI K., « L'injonction pénale et la médiation pénale, tableau comparatif », *RSC*, 1996, p. 823.
• PONCELA P., Quand le procureur compose la peine (bis), *RSC*, 2003, p. 139.
• VOLF, « La composition pénale : un essai manqué », *Gaz. Pal.*, 2000, doctr. 559.

Définitions

• **Alternative aux poursuites** : décision par laquelle le procureur de la République conditionne le classement de l'affaire à l'accomplissement d'une obligation ou substitue une mesure réparatrice ou punitive aux poursuites. L'exécution de la mesure interdit les poursuites.

• **Composition pénale** : procédure permettant au procureur de la République de proposer, tant que l'action publique n'est pas mise en mouvement et dans les cas prévus par la loi, à une personne qui reconnaît les faits, une mesure de composition pénale.

Explications

Les alternatives aux poursuites constituent une voie intermédiaire entre la poursuite et l'absence de poursuite. Elles peuvent être utilisées en matière délictuelle et contraventionnelle. Elles supposent que les faits soient établis et le délinquant identifié. La décision sur l'action publique est alors différée jusqu'à l'accomplissement par le délinquant d'une mesure ordonnée par le parquet. Le procureur de la République peut proposer soit une mesure réparatrice ou médiation pénale (I), soit une composition pénale (II).

I. Les mesures alternatives aux poursuites

Avant sa décision sur l'action publique, le procureur de la République peut directement, par l'intermédiaire d'un officier de police judiciaire, d'un délégué ou d'un médiateur, proposer une mesure alternative aux poursuites si celle-ci peut assurer la réparation du dommage, mettre fin au trouble résultant de l'infraction ou contribuer au reclassement de son auteur (art. 41-1 CPP). Le procureur de la République soumet dans ce cas le classement de l'affaire à une condition fixée à la personne intéressée.

Le médiateur convoque les deux parties, reçoit d'abord séparément puis ensemble si elles sont d'accord. Si la médiation concerne un mineur, le procureur de la République doit recueillir l'accord préalable du mineur et du titulaire de l'autorité parentale (art. 12-1, ord. 1945). L'interdiction de faire état des déclarations recueillies au cours de la procédure de médiation n'est pas applicable en matière pénale.

Le médiateur peut :
• procéder au rappel auprès de l'auteur des faits des obligations résultant de la loi ;
• orienter l'auteur des faits vers une structure sanitaire, sociale ou professionnelle. Cette mesure peut consister dans l'accomplissement par l'auteur des faits, à ses frais, d'un stage ou d'une formation dans un service ou un organisme sanitaire, social ou professionnel, et notamment d'un stage de citoyenneté, d'un stage de responsabilité parentale ou d'un stage de sensibilisation aux dangers de l'usage de produits stupéfiants. Lorsque l'infraction a été commise à l'occasion de la conduite d'un véhicule terrestre à moteur, cette mesure peut consister dans l'accomplissement, par l'auteur des faits, à ses frais, d'un stage de sensibilisation à la sécurité routière ;
• demander à l'auteur des faits de régulariser sa situation au regard de la loi ou des règlements ou de réparer le dommage résultant de l'infraction ;
• demander à l'auteur des faits de réparer le dommage résultant de ceux-ci. Lorsqu'il s'agit d'un mineur, le procureur peut proposer une mesure ou une activité d'aire ou de réparation à l'égard de la victime ou de la collectivité (art. 12-1, ord. 2 février 1945). Il faut l'accord du mineur et de ses représentants ;
• avec l'accord des parties, à une mission de médiation entre l'auteur des faits et la victime. En cas de réussite de la médiation, le procureur de la République ou le médiateur du procureur de la République en dresse procès-verbal, qui est signé par lui-même et par les parties, et dont une copie leur est remise. Si l'auteur des faits s'est engagé à verser des dommages et intérêts à la victime, celle-ci peut utiliser le procès-verbal pour en demander le recouvrement. En cas d'échec de la procédure de médiation, les éléments du dossier peuvent verser devant la juridiction de jugement[1] ;

1. Crim., 12 mai 2004, *Bull. crim.*, n° 121.

• en cas d'infraction commise contre le conjoint, le concubin ou le partenaire lié par un pacte civil de solidarité, prononcer contre l'auteur des faits, l'obligation de résider hors du domicile ou de la résidence du couple ou même de paraître aux abords immédiats de celui-ci. Une prise en charge sanitaire, sociale ou psychologique peut être ordonnée si elle s'avère nécessaire. Ces mesures peuvent également être prises en cas de violences commises contre ses enfants ou ceux de son conjoint, concubin ou partenaire. Lorsque l'infraction est commise par l'ancien conjoint ou concubin de la victime, ou par la personne ayant été liée à elle par un pacte civil de solidarité, le domicile concerné est celui de la victime.

Le recours aux mesures réparatrices et à la médiation suspend la prescription de l'action publique. Leur exercice n'entraîne pas nécessairement l'extinction de l'action publique, le procureur de la République pouvant décider de la suite à donner à l'affaire, sauf lorsqu'il s'agit de l'injonction thérapeutique. En cas de non-respect des mesures proposées lié au comportement de l'auteur des faits, le procureur de la République doit, sauf élément nouveau, mettre en œuvre une composition pénale ou engager les poursuites.

II. La composition pénale

Tant que l'action publique n'a pas été mise en mouvement, le procureur de la République peut proposer une composition pénale à toute personne qui reconnaît avoir commis soit un délit puni d'amende ou d'un emprisonnement d'une durée inférieure ou égale à cinq ans ainsi qu'à toute contravention connexe à ce délit, soit une contravention (art. 41-2, 41-3, R. 15-33-38 CPP). Depuis la loi du 5 mars 2007 relative à la prévention de la délinquance, la composition pénale peut aussi être proposée au mineur âgé d'au moins 13 ans lorsqu'elle apparaît adaptée à la personnalité de l'intéressé (art. 7-2, ord. 1945). Elle est exclue en matière d'homicide par imprudence, de délits de presse et de délits politiques.

A. La proposition de composition pénale

Tant que l'action publique n'a pas encore été mise en mouvement, le procureur de la République peut proposer une composition pénale, directement ou par l'intermédiaire d'une personne habilitée. Elle peut être notifiée pendant la garde à vue par l'officier de police judiciaire. Elle donne lieu à une décision écrite et signée par le procureur de la République, qui précise la nature et le quantum des mesures proposées.

La personne est informée qu'elle peut se faire assister d'un avocat avant de donner son accord aux mesures proposées. L'accord du mineur, ainsi que celui de ses représentants légaux, doit être recueilli en présence d'un avocat.

Lorsque la proposition est acceptée, un procès-verbal est établi et transmis au président du tribunal par le parquet aux fins de validation de la composition. En matière délictuelle, le président peut déléguer à tout juge ou un juge de proximité de son ressort la validation de la composition (art. 41-2 CPP). S'il s'agit d'une contravention, la requête en validation est adressée au juge du tribunal de police ou au juge de proximité, sauf lorsque le juge de proximité a été désigné pour valider toutes les compositions pénales (art. 41-3 CPP). Si l'auteur de l'infraction est un mineur, le juge des enfants est compétent (art. 7-2 al. 4, ord. 2 févr. 1945).

Le juge peut procéder à l'audition de l'auteur des faits et de la victime avant de valider ou de refuser de valider la proposition. Devant le juge des enfants, l'audition du mineur et de ses représentants est de droit s'ils en font la demande.

Si le juge rend une ordonnance validant la composition pénale, les mesures décidées sont mises à exécution. Dans le cas contraire, la composition devient caduque et le procureur de la République peut décider de mettre l'action publique en mouvement. La décision du juge est notifiée à l'auteur des faits et à la victime, mais elle n'est susceptible d'aucun recours.

B. Les mesures de composition pénale

Les mesures pouvant être proposées au titre de la composition pénale varient en fonction de la nature de l'infraction ou de l'âge de l'auteur.

1. Les délits

En matière correctionnelle, il s'agit :
• du paiement d'une amende de composition au Trésor public. Le montant de cette amende, qui ne peut excéder le montant maximum de l'amende encourue, est fixé en fonction de la gravité des faits ainsi que des ressources et des charges de la personne. Son versement peut être échelonné, selon un échéancier fixé par le procureur de la République, à l'intérieur d'une période qui ne peut être supérieure à un an ;
• du dessaisissement au profit de l'Etat de la chose qui a servi ou était destinée à commettre l'infraction ou qui en est le produit ;
• de la remise de son véhicule, pour une période maximale de six mois, à des fins d'immobilisation ;
• de la remise au greffe du tribunal de grande instance de son permis de conduire, pour une période maximale de six mois ;
• de la remise au greffe du tribunal de grande instance de son permis de chasser, pour une période maximale de six mois ;
• de l'accomplissement au profit de la collectivité, notamment au sein d'une personne morale de droit public ou d'une personne morale de droit privé chargée d'une mission de service public ou d'une association habilitées, d'un travail non rémunéré pour une durée maximale de soixante heures, dans un délai qui ne peut être supérieur à six mois ;
• de l'obligation d'effectuer un stage ou une formation dans un service ou un organisme sanitaire, social ou professionnel pour une durée qui ne peut excéder trois mois dans un délai qui ne peut être supérieur à dix-huit mois ;

• de l'interdiction d'émettre, pour une durée de six mois au plus, des chèques autres que ceux qui permettent le retrait de fonds par le tireur auprès du tiré ou ceux qui sont certifiés et de ne pas utiliser de cartes de paiement ;
• de l'interdiction de paraître, pour une durée qui ne saurait excéder six mois, dans le ou les lieux dans lesquels l'infraction a été commise et qui sont désignés par le procureur de la République, à l'exception des lieux dans lesquels la personne réside habituellement ;
• de l'interdiction de rencontrer ou recevoir, pour une durée qui ne saurait excéder six mois, la ou les victimes de l'infraction désignées par le procureur de la République ou d'entrer en relation avec elles ;
• de l'interdiction de rencontrer, recevoir, pour une durée qui ne saurait excéder six mois, le ou les coauteurs ou complices éventuels désignés par le procureur de la République ou d'entrer en contact avec eux ;
• de l'interdiction de quitter le territoire national et de l'obligation de remettre son passeport pour une durée qui ne saurait excéder six mois ;
• de l'obligation d'effectuer, le cas échéant à ses frais, un stage de citoyenneté ;
• en cas d'infraction commise soit contre son conjoint, son concubin ou son partenaire lié par un pacte civil de solidarité, soit contre ses enfants ou ceux de son conjoint, concubin ou partenaire, de l'obligation de résider hors du domicile ou de la résidence du couple et, le cas échéant, de s'abstenir de paraître dans ce domicile ou cette résidence ou aux abords immédiats de celui-ci, ainsi que, si nécessaire, de faire une prise en charge sanitaire, sociale ou psychologique ; les dispositions du présent 14° sont également applicables lorsque l'infraction est commise par l'ancien conjoint ou concubin de la victime, ou par la personne ayant été liée à elle par un pacte civil de solidarité, le domicile concerné étant alors celui de la victime ;
• de l'accomplissement, le cas échéant à ses frais, d'un stage de sensibilisation aux dangers de l'usage de produits stupéfiants ;
• de l'obligation de se soumettre à une mesure d'activité de jour consistant en la mise en œuvre d'activités d'insertion professionnelle ou de mise à niveau scolaire soit auprès d'une personne morale de droit public, soit auprès d'une personne morale de droit privé chargée d'une mission de service public ou d'une association habilitées à mettre en œuvre une telle mesure ;
• de l'obligation de se soumettre à une mesure d'injonction thérapeutique, lorsqu'il apparaît que l'intéressé fait usage de stupéfiants ou fait une consommation habituelle et excessive de boissons alcooliques.

Lorsque la victime est identifiée, et sauf si l'auteur des faits justifie de la réparation du préjudice commis, le procureur de la République doit également proposer à ce dernier de réparer les dommages causés par l'infraction dans un délai qui ne peut être supérieur à six mois. Il informe la victime de cette proposition. Cette réparation peut consister, avec l'accord de la victime, en la remise en état d'un bien endommagé par la commission de l'infraction.

2. Les contraventions

En matière de police, les mesures doivent être exécutées dans un délai de trois mois. L'interdiction de paraître sur les lieux de l'infraction, celle de rencontrer la victime, les autres auteurs ou complices, ou l'interdiction de quitter le territoire ne sont pas applicables. L'obligation d'accomplir un travail d'intérêt général ne s'applique qu'aux contraventions de cinquième classe. Le versement d'une amende de composition, la confiscation de l'objet du délit, l'immobilisation du véhicule, la privation du permis de chasse ou de conduire ne s'appliquent aux contraventions des quatre premières classes que si ces mesures peuvent être encourues à titre complémentaire pour l'infraction concernée.

3. Les mesures applicables aux mineurs

Pour les mineurs, la composition pénale peut aussi comporter l'une des mesures suivantes, dont la durée d'exécution ne peut excéder un an :

- accomplissement d'un stage de formation civique ;
- obligation de suivre de façon régulière une scolarité ou une formation professionnelle ;
- respect d'une décision, antérieurement prononcée par le juge, comme le placement dans une institution ou un établissement public ou privé d'éducation ou de formation professionnelle habilité ;
- consultation d'un psychiatre ou d'un psychologue ;
- accomplissement d'une mesure d'activité de jour.

C. Les effets de la composition pénale

La poursuite est suspendue pendant la mise en œuvre de la composition pénale ainsi que pendant l'exécution des obligations prescrites. L'exécution des mesures éteint l'action publique. Il n'y a pas de condamnation pénale, donc pas de premier terme de la récidive, mais la composition pénale exécutée est inscrite au bulletin n° 1 du casier judiciaire.

Pour préserver les intérêts de la victime, la loi lui permet, par voie de citation, de saisir le tribunal correctionnel magistrat qui ne statuera que sur les seuls aspects civils. La victime peut également demander le recouvrement des dommages-intérêts suivant la procédure d'injonction de payer lorsque l'auteur des faits s'est engagé à les verser.

Si la personne n'accepte pas la composition pénale ou si, après avoir donné son accord, elle n'exécute pas les mesures décidées, le procureur de la République met en mouvement l'action publique, sauf élément nouveau. En cas de poursuite et de condamnation, il est tenu compte du travail accompli et des sommes déjà versées par le délinquant.

Fiche n° 12 : L'action publique : la décision de poursuivre

Définitions

• **Citation directe** : exploit d'huissier délivré sur requête du ministère public ou à la demande de la partie civile afin d'assigner une personne devant une juridiction.

• **Réquisitoire** : acte par lequel le ministère public saisit la juridiction d'instruction aux fins d'ouverture d'une information.

• **Comparution immédiate** : procédure permettant au procureur de la République de faire traduire sur le champ un prévenu lorsque l'affaire est en état d'être jugée et que les charges sont suffisantes.

Explications

La décision de poursuivre est irrévocable, le ministère public ne pouvant alors dessaisir la juridiction d'instruction ou de jugement. Il peut toutefois requérir un non-lieu, une relaxe ou un acquittement. La décision de poursuivre n'a pas l'autorité de la chose jugée et ne prouve pas la culpabilité de la personne poursuivie.

Le ministère public ne peut mettre en mouvement l'action publique qu'en recourant à l'un des procédés prévus par la loi et qui permettent de saisir la juridiction d'instruction ou de jugement. On distingue les procédures classiques (I) des procédures rapides ou simplifiées de déclenchement de l'action publique (II). La comparution sur reconnaissance préalable de culpabilité permet quant à elle de proposer une peine et de permettre un jugement rapide de l'affaire.

I. Les procédés ordinaires

Ils permettent la saisine du juge d'instruction lorsqu'une information est nécessaire ou de la juridiction de jugement lorsque l'affaire est en état d'être jugée.

A. La saisine de la juridiction d'instruction

Le réquisitoire introductif d'instance ou réquisitoire à fins d'informer permet au procureur de la République de saisir la juridiction d'instruction. Il s'agit d'un document écrit, daté et signé par le procureur de la République. Il peut être délivré contre une ou plusieurs personnes dénommées ou contre X lorsque l'identité des auteurs est inconnue. Il doit mentionner les faits et viser les textes violés. Il n'est pas nécessaire que les faits soient qualifiés, sauf en matière de presse. Ils doivent cependant être précis, car ils déterminent l'étendue de la saisine *in rem* du juge d'instruction. Le ministère public y annexe les documents qui l'ont averti des infractions (plaintes, dénonciations, procès-verbaux) et les actes de recherche déjà effectués. Le réquisitoire introductif peut être complété par des réquisitoires supplétifs permettant d'étendre la saisine du juge d'instruction en cours d'information.

L'instruction est obligatoire en matière criminelle (art. 79 CPP) ou en cas de délit commis par un mineur (art. 5 ord. 2 févr. 1945). Elle est facultative en matière délictuelle. Elle peut être requise lorsque les personnes impliquées ne sont pas encore identifiées ou identifiables, lorsque les indices recueillis ne sont pas suffisants pour entraîner une saisine de la juridiction de jugement, lorsqu'il s'agit de délits complexes et, enfin, lorsque dans un dossier de procédure des personnes susceptibles d'être poursuivies ont été interpellées alors que les autres auteurs ou complices ne l'ont pas encore été et qu'une poursuite de l'ensemble des participants paraît nécessaire.

B. La saisine de la juridiction de jugement

1. La citation directe

La citation directe permet de saisir le tribunal correctionnel lorsqu'une instruction n'est pas nécessaire ou le tribunal de police (art. 550 et ss. CPP). Il faut que la personne soit identifiée et que les preuves apparaissent suffisantes pour permettre au tribunal de statuer valablement.

La citation directe est un exploit d'huissier qui doit mentionner les faits poursuivis et vise le texte de loi applicable, préciser le tribunal saisi, le lieu, la date et l'heure de l'audience et désigner l'identité du requérant, celle de la personne poursuivie et éventuellement du civilement responsable ainsi que celle de l'huissier.

L'acte est porté à la connaissance de l'intéressé par voie d'huissier dix jours au moins avant la date de l'audience, le délai pouvant augmenter en tenant compte du lieu de résidence de la personne citée (art. 552 CPP)[1]. En son absence, la signification est faite à un parent, allié ou à une personne résidant au domicile du prévenu. A défaut, la citation est déposée à la mairie, l'huissier ayant l'obligation d'informer la personne concernée de cette remise sans délai par lettre recommandée. L'avis signé vaut citation à personne. Lorsque le prévenu n'a pas de résidence connue, la copie d'exploit est remise au parquet. Le procureur de la République peut alors requérir un officier de police judiciaire et un agent de police judiciaire aux fins de découvrir l'adresse de l'intéressé.

1. Ce délai est augmenté d'un mois si la partie citée devant le tribunal d'un département d'outre-mer réside dans un autre département d'outre-mer, dans un territoire d'outre-mer, à Saint-Pierre-et-Miquelon ou Mayotte ou en France métropolitaine, ou si, cité devant un tribunal d'un département de la France métropolitaine, elle réside dans un département ou territoire d'outre-mer, à Saint-Pierre-et-Miquelon ou Mayotte.

2. La convocation en justice

La convocation en justice est notifiée, à la demande du procureur de la République, par un greffier ou un officier ou un agent de police judiciaire ou, en cas de détention de la personne convoquée, par le chef de l'établissement pénitentiaire (art. 390-1 CPP). Elle doit porter les mêmes mentions et être notifiée dans les mêmes délais que la citation directe.

3. Avertissement suivi de la comparution volontaire

L'avertissement délivré par le ministère public dispense de citation en cas de comparution volontaire (art. 389 CPP). Il s'agit d'une formalité moins coûteuse et moins formaliste que la citation directe. Le billet d'avertissement indique le délit poursuivi et vise le texte applicable. Aucune formalité n'est exigée quant à sa délivrance. Si le prévenu ne comparaît pas, la juridiction ne peut rendre une décision par défaut et le ministère public doit alors recourir à la citation directe. La comparution volontaire sur avertissement ne saisit pas le tribunal. La juridiction n'est saisie que si le ministère public ne prend pas ses réquisitions, même si le prévenu se présente volontairement à l'audience. Lorsque le prévenu est détenu, le juge doit constater son consentement à être jugé sans citation préalable.

II. Les procédures accélérées de saisine de la juridiction de jugement

En matière délictuelle, lorsque l'affaire est en état d'être jugée, le procureur de la République peut utiliser une procédure accélérée de saisine du tribunal. Les procédures rapides ne sont pas applicables lorsqu'il s'agit de délits de presse, de délits politiques et des infractions dont la procédure est prévue par une loi spéciale (art. 387-6 CPP) tels les délits de pêche, délits forestiers, fraude. Lorsqu'un mineur est mis en cause, le procureur de la République ne peut recourir qu'à la présentation immédiate devant le tribunal pour enfants (voir Fiche n° 25).

Ces modes de poursuite nécessitent que la personne soit déférée devant le procureur de la République qui doit constater son identité et recueillir ses déclarations. Le prévenu est informé qu'il a droit à l'assistance d'un avocat qui peut consulter le dossier immédiatement et communiquer avec son client. La victime doit être avisée par tous moyens de la date d'audience.

A. La convocation par procès-verbal

Elle permet au procureur de la République d'inviter la personne déférée à comparaître dans un délai qui ne peut être inférieur à dix jours ni supérieur à deux mois. Il lui notifie également les faits retenus à son encontre ainsi que le lieu, la date et l'heure de l'audience (art. 394 CPP). Le prévenu peut renoncer à ce délai et demander à être jugé plus rapidement en présence de son avocat qui peut consulter le dossier et communiquer librement avec le prévenu (art. 393 CPP).

Durant le délai qui précède l'audience, le prévenu peut être soumis à des mesures de contrôle judiciaire prises par le juge des libertés et de la détention à la requête du procureur de la République. Le prévenu et son avocat doivent être entendus.

B. La comparution immédiate

La comparution immédiate permet au procureur de la République de faire juger sur le champ le prévenu (art. 395 et ss. CPP). Elle ne peut être utilisée que si la peine maximale encourue est au moins égale à six mois en cas d'infraction flagrante, et deux ans dans les autres cas. La détermination du quantum de la peine se fait en tenant également compte des circonstances aggravantes, à l'exclusion des circonstances personnelles telles que la récidive.

Le procureur de la République doit notifier les faits à la personne qui lui a été déférée, recueillir ses déclarations et l'informer de son droit à l'assistance d'un avocat (art. 393 CPP). L'avocat peut consulter le dossier et communiquer avec son client. Il doit également diligenter une enquête sociale (art. 41 CPP). Le prévenu est retenu jusqu'à sa comparution qui doit avoir lieu le jour même et conduit sous escorte devant le tribunal.

Si la réunion du tribunal est impossible le jour même, le prévenu peut être placé en détention provisoire par le juge des libertés et de la détention statuant en chambre du conseil, à la demande du procureur de la République. L'ordonnance de placement n'est pas susceptible d'appel et la comparution du prévenu doit avoir lieu au plus tard le troisième jour ouvrable suivant la détention. Si le juge des libertés et de la détention estime que la détention n'est pas nécessaire, il peut recourir au contrôle judiciaire. Mais, dans ce cas, le procureur doit notifier à l'intéressé la date et l'heure de l'audience en utilisant la convocation par procès-verbal. Le juge des libertés et de la détention doit statuer après fait procéder à une enquête sociale.

Si la réunion du tribunal est possible le jour même, le tribunal, qui ne peut siéger qu'en formation collégiale, peut juger l'affaire si le prévenu y consent en présence de son avocat. S'il refuse ou si l'affaire n'est pas en état d'être jugée, elle est renvoyée à une prochaine audience dans le délai qui ne peut être inférieur à deux semaines, sauf renonciation expresse du prévenu, ni supérieur à six semaines. Si la peine encourue dépasse sept ans d'emprisonnement, le prévenu peut demander le renvoi à une audience qui doit avoir lieu dans un délai qui ne peut être inférieur à deux mois sans être supérieur à quatre mois.

Le tribunal peut commettre par jugement un de ses membres ou un juge d'instruction de la juridiction désignée pour procéder à un supplément d'instruction S'il estime qu'il faut des investigations supplémentaires approfondies, il peut renvoyer le dossier au procureur de la République. Il statue au préalable sur le maintien du prévenu en détention jusqu'à sa comparution devant le juge d'instruction. Celle-ci doit avoir lieu le jour même, à défaut de quoi, le prévenu est remis d'office en liberté. Si les faits relèvent de la compétence d'un pôle de l'instruction et qu'il n'existe pas de pôle au sein du tribunal de grande instance, cette comparution doit intervenir devant le juge d'instruction du pôle territorialement compétent dans un délai de trois jours ouvrables, à défaut de quoi le prévenu est remis en liberté d'office (art. 397 CPP).

Lorsque le prévenu est placé en détention provisoire, le jugement au fond doit intervenir dans un délai de deux mois à compter du jour de la première comparution. Ce délai est porté à quatre mois si la peine encourue est supérieure à sept ans.

C. La présentation immédiate du mineur

La procédure de présentation immédiate est applicable aux mineurs qui encourent une peine d'emprisonnement supérieure ou égale à un an en cas de flagrance, ou supérieure ou égale à trois ans dans les autres cas (art. 14-2, ord. 2 févr. 1945). Elle ne peut être engagée que si des investigations sur les faits ne sont pas nécessaires. Il faut également que des investigations sur la personnalité du mineur aient été accomplies, le cas échéant, à l'occasion d'une procédure antérieure de moins d'un an. Le mineur doit être traduit devant le tribunal pour enfants pour y être jugé à une audience qui doit avoir lieu dans un délai qui ne peut être inférieur à dix jours ou supérieur à un mois. Le procureur de la République peut requérir un placement sous contrôle judiciaire ou en détention provisoire jusqu'à l'audience.

Lorsqu'il s'agit d'un mineur de 13 à 16 ans, cette procédure n'est applicable que si la peine encourue est d'au moins cinq ans d'emprisonnement, sans qu'elle puisse excéder sept ans. Le procureur de la République ne peut alors requérir que le placement sous contrôle judiciaire du mineur jusqu'à sa comparution devant le tribunal pour enfants dans un délai de dix jours à deux mois.

Il peut toutefois être procédé au jugement du mineur à la prochaine audience, sans que le délai de dix jours soit applicable, lorsque le mineur et son avocat y consentent expressément, sauf si les représentants légaux du mineur, dûment convoqués, font connaître leur opposition.

Si l'affaire n'est pas en état d'être jugée, le tribunal peut renvoyer à une prochaine audience dans un délai qui ne peut être supérieur à un mois. Il peut alors commettre le juge des enfants pour procéder à un supplément d'information ou ordonner une mesure provisoire. Si le mineur est en détention provisoire ou sous contrôle judiciaire, le tribunal statue par décision spécialement motivée sur le maintien de la mesure. Lorsque le mineur est en détention provisoire, le jugement au fond doit être rendu dans un délai d'un mois suivant le jour de sa première comparution devant le tribunal.

Le tribunal pour enfants peut également, s'il estime que des investigations supplémentaires sont nécessaires compte tenu de la gravité ou de la complexité de l'affaire, renvoyer le dossier au procureur de la République. Lorsque le mineur est en détention provisoire, il statue au préalable sur le maintien du mineur en détention provisoire jusqu'à sa comparution devant le juge des enfants ou le juge d'instruction. Cette comparution doit avoir lieu le jour même, à défaut de quoi le prévenu est remis en liberté d'office.

Cas pratique

Enoncé

1. Au cours d'un contrôle douanier, des produits apparemment illicites ont été saisis alors que Rodin tentait de les dissimuler. Mais à l'issue de la garde à vue, au cours de laquelle il a avoué qu'il lui arrivait de se livrer à un tel trafic afin d'arrondir ses fins de moins, la nature exacte des produits saisis n'a pas encore pu être déterminée, le laboratoire commis n'ayant pas encore fini de faire ses analyses.

2. Albert Infortune, déjà connu des services de police, a été appréhendé alors qu'il brisait les vitres d'une voiture.

Déterminez les suites de ces affaires.

Eléments de correction

1. L'auteur présumé avoue les faits, mais il n'est pas encore possible de qualifier les produits saisis. Les aveux de la personne ne suffisent pas à eux seuls à établir la nature des stupéfiants. Par ailleurs, le transporteur affirme qu'il lui « *arrivai[t] de [se] livrer à un tel trafic* ». Son acte semble donc s'inscrire dans un réseau. Par conséquent, il apparaît nécessaire de requérir l'ouverture d'une information en saisissant le juge de l'instruction.

2. Il s'agit ici d'un cas de flagrant délit, l'auteur présumé ayant été appréhendé pendant la commission de l'acte délictueux. L'infraction commise est la destruction, la dégradation ou la détérioration d'un bien appartenant à autrui. Elle est punie de deux ans d'emprisonnement et de 30 000 euros d'amende (art. 322-1 CP).

En présence d'une infraction flagrante et si la peine encourue est au moins égale à six mois d'emprisonnement, le procureur peut faire juger immédiatement le prévenu devant le tribunal. La procédure de comparution immédiate paraît donc adaptée en l'espèce (art. 395 CPP).

Modèles d'actes de procédure

Citation à prévenu devant le Tribunal correctionnel de (ville)

L'an deux mille *(année)*, le *(date)*
Nous, M. ou Mme *(nom et prénoms)*, Huissier de justice
A
M. ou Mme *(nom et prénoms)*
Né(e) le
Domicilié(e)

A la demande de Monsieur le Procureur de la République près le Tribunal de grande instance de *(ville)*
Elisant domicile en ses bureaux : je vous fais connaître que vous êtes poursuivi(e) pour les motifs indiqués dans le mandement de citation signifié en annexe.
Vous serez jugé sur ces faits à l'audience du Tribunal correctionnel de *(ville)*
Qui se tiendra le *(date)* au Palais de Justice de ladite ville.

TRÈS IMPORTANT
Vous êtes tenu(e) de vous présenter personnellement à cette audience seul(e) ou assisté(e) d'un avocat. Vous pouvez aussi, mais dans certains cas seulement, vous y faire représenter par un Avocat.
Si vous désirez le concours d'un Avocat, vous pouvez soit faire assurer à vos frais votre défense par un Avocat que vous aurez choisi, soit demander au Bâtonnier de l'Ordre des Avocats ou au Président du Tribunal la désignation d'office d'un défenseur.
Si vous estimez être dans l'impossibilité de venir à l'audience, vous devez adresser une lettre au Président du Tribunal pour expliquer les raisons de votre absence. Vous joindrez à votre lettre toutes pièces justificatives. Si, à l'audience, vos raisons sont admises par le Tribunal, une nouvelle citation vous sera adressée pour une audience ultérieure. Dans le cas contraire, l'affaire sera jugée malgré votre absence.
Vous devez rappeler dans toute correspondance la date, l'heure et le lieu de l'audience à laquelle vous êtes convoqué(e) (ainsi que le numéro de la chambre indiquée ci-dessus).

MODALITÉS DE REMISE DE L'ACTE (code de procédure pénale, art. 550 et ss.)
Copie du présent acte a été remise au susnommé, parlant à sa personne ainsi déclarée.
La signification à la personne même du susnommé s'étant avérée impossible, et vérification faite qu'elle habite à l'adresse indiquée, copie de l'acte a été remise, sous enveloppe fermée ne portant d'autres indications que d'un côté, les nom, prénoms, et adresse du signifié et de l'autre côté le sceau de mon Etude apposé sur la fermeture du pli, par clerc assermenté, visées par moi les mentions sur l'original à :

Ainsi déclaré, présente au domicile qui a accepté de le recevoir et d'en donner récépissé.

Personne n'étant présent au domicile, au représentant municipal compétent, dans le délai légal, qui a visé l'original.

De cette remise, l'intéressé a été avisé par LR avec AR n° :

Procès-verbal de signification

Le présent acte a été remis par clerc assermenté, dont les mentions seront visées par moi sur l'original, le tout conformément à la loi, dans les conditions indiquées à la rubrique marquée ci-dessous d'une croix, et suivant les déclarations qui lui ont été faites.
• Au destinataire, personne physique, qui a signé l'original :
• Au destinataire, personne morale, à M. ou Mme ......, qualité déclarée :
Qui a accepté de recevoir la copie de l'acte, et qui a signé l'original. La lettre recommandée avec accusé de réception, prévue à l'article 557 du code de procédure pénale, a été adressée conformément à la loi, ce jour.
En l'absence du destinataire, l'acte a été remis sous enveloppe fermée ne portant d'autres indications que d'un côté, le nom et l'adresse du destinataire de l'acte, et de l'autre côté le cachet de l'étude apposé sur la fermeture du pli.
• A une personne présente au domicile du destinataire
M. ou Mme ....
Qui a accepté de recevoir la copie de l'acte, et qui a signé l'original. La lettre recommandée avec accusé de réception, prévue à l'article 557 du code de procédure pénale, a été adressée conformément à la loi, ce jour.
• Personne n'ayant reçu ou voulu recevoir l'acte, et vérifications faites que le destinataire demeure bien à l'adresse indiquée : à la mairie de son domicile.
A une personne habilitée qui a signé l'original. La lettre recommandée avec accusé de réception, prévue à l'article 558 du code de procédure pénale, a été adressée conformément à la loi, ce jour.
• N'ayant pu trouver l'intéressé à l'adresse indiquée ci-dessus, j'ai effectué diverses démarches en vue de découvrir son domicile, sa résidence et son lieu de travail actuels. A cet effet, je me suis adressé aux voisins, à la Mairie de la commune, à la Gendarmerie et au commissariat de police les plus proches.
J'ai enfin pu apprendre que l'intéressé se trouvait actuellement :
Ne pouvant régulariser l'acte à cette adresse, je l'ai converti en procès-verbal de recherches, pour servir et valoir ce que de droit.
La personne visée dans l'acte est sans domicile ou résidence connus.
• A Monsieur le Procureur de la République près le Tribunal de grande instance de *(ville)* où étant et parlant à la personne d'un Secrétaire greffier, qui a visé les originaux.
Le présent acte comporte ...... feuilles.
Visées par moi, conformément à la loi, les mentions ci-dessus relatives à la notification de l'acte.

Signature de l'huissier de justice

Mandement de citation

Le Procureur de la République de *(ville)*
A
Maître *(nom et prénoms)*, Huissier de justice à *(ville)*
J'ai l'honneur de vous prier de bien vouloir citer à comparaître à l'audience du Tribunal correctionnel de *(ville)* (audience correctionnelle collégiale), le *(date)* à *(heure)* :
M. ou Mme *(nom et prénoms)*
Domicile :
Né(e) le *(date)*, à *(lieu)*
Nationalité :
Pour être jugé(e) comme prévenu(e),
D'avoir à *(lieu)* et dans le ressort du Tribunal de grande instance de *(ville)* courant *(période)*, depuis temps non couvert par la prescription *(description des faits)*, faits prévus et réprimés par l'article ou les articles .... du code pénal.
Il ou elle sera avisé(e) qu'il ou qu'elle a la possibilité d'organiser sa défense :
• par lui-même ou : elle-même ;
• en prenant contact avec un Avocat ;
• en sollicitant l'aide juridictionnelle pour obtenir la désignation d'un Avocat par le Bâtonnier.
Cette procédure est applicable :
• * si ses ressources matérielles sont inférieures à 802 euros pour l'aide totale ;
• * si ses ressources mensuelles sont entre 802 et 1 202 euros pour l'aide partielle.
(*) plafonds affectés d'un correctif de 91 euros par personne à charge.
Dans ce cas, il doit prendre contact le plus rapidement possible avec le Bureau d'aide juridictionnelle.
Soit transmis à ...., avec prière de citer et, après régularisation de l'exploit, de me le retourner dans un délai maximum de dix jours.
Le Procureur de la République

Fiche n° 13 : L'action publique : la comparution sur reconnaissance préalable de culpabilité

Références

• Céré J.-C., « De la composition pénale à la reconnaissance préalable de culpabilité », *AJ pénal*, 2003, p. 45.
• Delage J.-P., « La CRPC : du modèle législatif aux pratiques... et des pratiques vers quel(s) modèle(s) », *AJ pénal*, 2005, p. 433.
• Poncela P., « Quand le procureur compose la peine (bis) », *RSC*, 2003, chron., p. 139.
• Pradel J., « Une consécration du *plea-bargaining* à la française : la composition pénale instituée par la loi n° 99-1515 du 23 juin 1999 », *D.*, 1999, chron., p. 379.

Définitions

• **Comparution sur reconnaissance préalable de culpabilité** : encore appelée plaider-coupable, cette procédure permet au procureur de la République de proposer une peine à une personne qui reconnaît avoir commis les faits.

Explications

Le procureur de la République peut proposer, dans les conditions prévues par la loi, une peine à une personne qui reconnaît les faits (I), peine qui doit être homologuée par le président du tribunal de grande instance (II).

I. Conditions de la comparution sur reconnaissance préalable de culpabilité

La comparution sur reconnaissance préalable de culpabilité (CRPC), ou plaider coupable[1], est applicable aux délits punis d'amende à titre principal ou d'un emprisonnement inférieur ou égal à cinq ans (art. 495-7 CPP). Elle est exclue pour les mineurs, en matière de délits de presse, d'homicide involontaire ou les délits faisant l'objet d'une procédure spéciale. Elle est également écartée si la victime se constitue partie civile devant le juge d'instruction avant que cette procédure ne soit utilisée.

Peuvent faire l'objet de cette voie procédurale les personnes qui comparaissent devant le procureur de la République et qui reconnaissent les faits. Lorsqu'une instruction ne paraît pas nécessaire, le procureur peut y recourir d'office ou à la demande de l'intéressé ou de son avocat.

La mise en œuvre de la comparution sur reconnaissance préalable de culpabilité n'interdit pas au procureur de la République de procéder simultanément à une

1. Dossier *AJ pénal*, 2005, p. 433 : « La CRPC, un an après... ».

convocation en justice. La saisine du tribunal résultant de cette convocation en justice est caduque si la personne accepte les peines proposées et que celles-ci font l'objet d'une ordonnance d'homologation (art. 495-15-1 CPP).

Lorsque la personne a fait l'objet d'une citation directe ou d'une convocation par officier ou agent de police, elle peut adresser au procureur une lettre recommandée avec accusé de réception par laquelle elle déclare reconnaître avoir commis les faits et solliciter l'application de la comparution sur reconnaissance préalable de culpabilité. Cette faculté n'est pas offerte à la personne renvoyée devant le tribunal correctionnel par le juge d'instruction. La décision du procureur de la République d'user de cette voie rend alors caduque la poursuite antérieure, à la condition que la comparution sur reconnaissance préalable de culpabilité aboutisse. Le refus de la proposition du procureur ou sa non-homologation, lorsqu'ils interviennent dix jours avant le début de l'audience fixée par la poursuite initiale, la font revivre, sinon le procureur doit faire une nouvelle citation. Le tribunal ne peut dans ce cas opposer sa reconnaissance de culpabilité au prévenu.

Le procureur de la République peut proposer à l'intéressé l'exécution d'une ou plusieurs peines principales (art. 495-8 CPP). La durée de l'emprisonnement, assortie d'un sursis total ou partiel, ne peut être supérieure à un an ou excéder la moitié de la peine encourue. S'il s'agit d'une peine ferme, il devra préciser si celle-ci est immédiatement exécutoire ou si la personne sera convoquée devant le juge de l'application des peines pour que soient déterminées les modalités d'exécution. S'il s'agit d'une peine d'amende assortie du sursis ou non, le montant ne peut être supérieur à l'amende encourue pour l'infraction. Des mesures d'aménagement de la peine prévues à l'article 712-6 du code de procédure pénale peuvent également être proposées.

La présence de l'avocat est obligatoire. La personne est avisée qu'elle peut demander un délai de réflexion de dix jours pour accepter ou refuser les mesures prononcées (art. 495-10 CPP). Si le délai est demandé, le procureur de la République peut présenter la personne au juge des libertés et de la détention aux fins de placement sous contrôle judiciaire ou, si l'une des peines encourues est supérieure ou égale à deux mois d'emprisonnement ferme à exécution immédiate, de placement en détention provisoire. La nouvelle comparution doit avoir lieu dans un délai de dix à vingt jours à compter de la décision du juge des libertés et de la détention.

II. Homologation de la comparution sur reconnaissance préalable de culpabilité

A. La procédure d'homologation

Si la personne accepte la proposition en présence de son avocat, elle est aussitôt présentée devant le président du tribunal de grande instance (art. 495-9 CPP). Si la personne n'est pas détenue, elle peut être convoquée devant le président du tribunal de grande instance ou le juge délégué par lui dans un délai inférieur ou égal à un mois. La personne et son avocat sont entendus en audience publique.

Le président du tribunal peut décider d'homologuer les peines proposées par le procureur de la République. Il statue par une ordonnance motivée (art. 495-11 CPP). La procédure se déroule en audience publique et le ministère public doit être représenté[2].

Lorsque la victime est identifiée, elle est informée sans délai et invitée à comparaître lors de l'audience, assistée le cas échéant de son avocat pour se constituer partie civile et demander réparation du préjudice. Le président du tribunal de grande instance ou le juge délégué par lui statue sur cette demande, même dans le cas où la victime n'a pas comparu à l'audience lorsqu'elle s'est portée partie civile par lettre recommandée. Il en est de même si la victime a fait une demande de dommages-intérêts pendant l'enquête, cette demande valant constitution de partie civile, avec l'accord du procureur de la République si l'action publique a été mise en mouvement et le tribunal correctionnel saisi. Si elle n'a pas pu exercer son droit, elle peut citer l'auteur des faits devant le tribunal correctionnel, qui statuera sur les intérêts civils (art. 495-13 CPP).

B. Effets de l'ordonnance d'homologation

L'ordonnance d'homologation a les mêmes effets qu'un jugement de condamnation. Elle est immédiatement exécutoire. Si la peine de prison est ferme, la personne peut être immédiatement incarcérée ou convoquée par le juge de l'application des peines. L'ordonnance est motivée par les constatations, d'une part, que la personne, en présence de son avocat, reconnaît les faits qui lui sont reprochés et accepte la ou les peines proposées par le procureur de la République, d'autre part, que cette ou ces peines sont justifiées au regard des circonstances de l'infraction et de la personnalité de son auteur. Le condamné peut faire appel de l'ordonnance, dans ce cas, le ministère public ne pourrait alors faire qu'un appel du condamné seul, la cour évoque et statue au fond, sans pouvoir prononcer une peine plus sévère (art. 520-1 CPP). La victime peut également faire appel.

En cas de refus d'homologation par le tribunal ou de non-acceptation de la proposition par le prévenu, le procureur saisit le tribunal ou requiert l'ouverture d'une information (art. 495-12 CPP)[3]. Dans ce cas, ni le ministère public ni les parties ne peuvent faire état des déclarations faites au cours de la procédure.

2. Cass. avis, 18 avril 2005, *Bull. crim.*, n° 1 ; *D.*, 2005, p. 1200, note Pradel ; *JCP*, 2005, Actualités 252 ; *RSC*, 2005, p. 592, note Giudicelli ; CE, 11 mai 2005, *D.*, 2005, IR 1379, obs. Astaix ; *RSC*, 2005, p. 592, note A. Giudicelli.

3. Lorsqu'il met en œuvre une comparution sur reconnaissance préalable de culpabilité, le ministère public ne peut saisir le tribunal correctionnel avant l'échec de cette procédure : Crim., 4 oct. 2006, *Bull. crim.*, n° 244, *D.*, 2007, p. 58 note Delage ; *AJ pénal*, 2007, p. 79, note Leblois-Happe ; *RSC*, 2007, p. 118, note Giudicelli ; *Procédures*, 2007, comm. 44, obs. Buisson, *Dr. pénal*, 2007, comm. 45, obs. Maron ; Cass. avis, 23 avril 2007, *D.*, 2007, *Actualités juridiques*, 1503.

Lorsque la personne avait été déférée à la suite d'une convocation par procès-verbal ou par comparution immédiate, le procureur de la République peut la retenir jusqu'à sa comparution devant le tribunal correctionnel ou le juge d'instruction, qui doit avoir lieu le jour même. Si la réunion du tribunal n'est pas possible le jour même, les dispositions relatives à la comparution immédiate sont applicables, même si la personne avait demandé à bénéficier d'un délai et avait été placée en détention provisoire.

Lecture d'arrêt

L'arrêt

Crim., 7 janvier 2009, pourvoi n° 08-84856

« Statuant sur le pourvoi formé par sur le procureur général de la cour d'appel contre l'arrêt de ladite cour, chambre correctionnelle, en date du 27 mai 2008, qui, statuant sur les poursuites dirigées à l'encontre d'Alain X... des chefs de conduite d'un véhicule malgré une suspension du permis de conduire et conduite sous l'empire d'un état alcoolique, a renvoyé le ministère public à se mieux pourvoir ;

« Vu les articles 388 et 495-8 du code de procédure pénale ;

« Attendu que le procureur de la République peut saisir la juridiction correctionnelle selon l'un des modes prévus par le premier de ces textes lorsque, après la délivrance d'une convocation en vue d'une comparution sur reconnaissance de culpabilité, il renonce à proposer une peine dans les conditions prévues par le second de ces textes ;

« Attendu qu'il résulte de l'arrêt attaqué et des pièces de procédure qu'Alain X..., convoqué en vue d'une comparution sur reconnaissance préalable de culpabilité, s'est présenté au procureur de la République, sans être assisté par son avocat, contrairement aux exigences de l'article 495-8 du code de procédure pénale, en raison d'un mouvement de grève du barreau ; que le magistrat lui a alors délivré, par procès-verbal, une convocation à l'audience du tribunal correctionnel ; que, devant cette juridiction, le prévenu a soulevé, avant toute défense au fond, l'exception de nullité de la procédure ;

« Attendu que, pour confirmer le jugement qui a constaté que le tribunal était irrégulièrement saisi et a renvoyé le ministère public à se mieux pourvoir, l'arrêt attaqué retient que lorsque le ministère public met en œuvre une procédure de comparution sur reconnaissance préalable de culpabilité, il ne peut saisir concomitamment le tribunal correctionnel avant l'échec de cette procédure ; que l'article 495-12 du code de procédure pénale retient deux causes de non-aboutissement de la procédure, la première lorsque la personne déclare ne pas accepter la peine proposée, la seconde lorsque le président du tribunal rend une ordonnance de refus d'homologation ; que les juges ajoutent que l'une ou l'autre de ces conditions n'existait pas et que le ministère public ne pouvait pas valablement saisir le tribunal correctionnel ;

« Mais attendu qu'en prononçant ainsi, la cour d'appel a méconnu les textes susvisés et le principe ci-dessus rappelé ;

« D'où il suit que la cassation est encourue. »

L'analyse de l'arrêt

Selon l'article 495-12 du code de procédure pénale, lorsque la personne déclare ne pas accepter la peine proposée ou le président du tribunal rend une ordonnance de refus d'homologation de la comparution sur reconnaissance préalable de culpabilité (CRPC), le procureur de la République peut saisir, sauf élément nouveau, le tribunal correctionnel. La saisine du tribunal correctionnel est donc subordonnée à l'échec de la CRPC.

En l'espèce, Alain X., poursuivi pour conduite d'un véhicule malgré une suspension du permis de conduire et conduite sous l'empire d'un état alcoolique, s'est présenté seul devant le procureur de la République alors qu'il avait convoqué en vue d'une CRPC. Constatant l'absence de l'avocat liée, le procureur de la République lui a délivré une convocation devant le tribunal correctionnel.

Les poursuites sont annulées par le tribunal correctionnel à la demande du prévenu, et en appel sur appel du ministère public, au motif que le procureur de la République ne pouvait, alors que les conditions posées à l'article 495-12 du code de procédure pénale n'étaient pas réunies, procéder à une convocation devant le tribunal correctionnel. Il aurait dû renvoyer l'affaire en l'absence de conseil.

Un pourvoi en cassation a été intenté par le ministère public qui estimait la saisine de la juridiction de jugement valable, dès lors la comparution directe n'avait pas pu être mise en œuvre.

Pour la chambre criminelle, le procureur de la République peut saisir la juridiction correctionnelle dès lors qu'il renonce à proposer une peine en application de l'article 495-8 du code de procédure pénale. Si la comparution sur reconnaissance préalable de culpabilité n'a pu aboutir, c'est en raison de l'absence de l'avocat alors que les textes exigent sa présence lorsque le prévenu accepte ou refuse les peines proposées.

Fiche n° 14 : L'extinction de l'action publique

Références

• DOBKRINE M., « La transaction pénale », *D.*, 1994, chron., p. 137.
• GUÉRY C., « Kafka II ou pourquoi faire simple quand on peut faire... une nouvelle loi sur la prescription des infractions commises contre les mineurs », *D.*, 2004, p. 3015.
• HELFRE H., « Essai de liste des actes interruptifs et des actes non interruptifs de prescription de l'action publique », *Gaz. Pal.*, 1987, I, p. 427.

Définitions

• **Acte de poursuite** : acte lié à l'exercice de l'action publique, permettant sa mise en œuvre ou sa continuation ou l'exercice des voies de recours ou d'une voie alternative aux poursuites. Largement entendu, il s'agit de tous les actes de l'enquête de police judiciaire, les actes de procédure effectués par le ministère public et les actes d'instruction. L'accomplissement d'un tel acte permet l'interruption de la prescription.

• **Prescription** : cause d'une extinction en action en justice liée à l'écoulement du temps. Au terme du délai de prescription, l'action devient irrecevable.

Explications

Il faut distinguer la prescription (I) des autres causes (II) d'extinction de l'action publique.

I. La prescription de l'action publique

L'action publique s'éteint par prescription si elle n'est pas mise en mouvement pendant un certain délai à compter de la commission de l'infraction. Il en est de même si un tel délai s'est écoulé depuis l'accomplissement du dernier acte de poursuite.

Le bénéfice de la prescription se justifie par le dépérissement des preuves et qu'il devient difficile de les recueillir. Le manque de diligence de la partie poursuivante qui a laissé s'écouler les délais pour agir peut aussi expliquer la prescription. On peut enfin tenir compte du fait que le trouble causé par l'infraction a diminué. La jurisprudence est très souvent hostile à l'égard de la prescription et se montre soucieuse des intérêts de la victime[1].

1. E. Vergès, *Procédure pénale*, Litec, n° 160.

La prescription est une cause générale d'extinction de l'action publique, sauf pour les crimes imprescriptibles tels que les crimes contre l'humanité (art. 213-5 CP).

La prescription est d'ordre public. Celui qui en bénéficie ne peut y renoncer. Au besoin, le juge devra la relever d'office. Cette exception peut même être invoquée pour la première fois devant la Cour de cassation ou devant une juridiction de renvoi.

Les nouvelles lois de prescription sont sans effet sur les prescriptions déjà acquises lors de leur entrée en vigueur, mais peuvent s'appliquer aux prescriptions non acquises même si elles ont pour effet d'aggraver le sort de l'intéressé (art. 112-2, 4° CP).

La prescription opère sur les faits eux-mêmes et bénéficie à tous les participants à l'infraction.

A. Le délai de prescription de l'action publique

Le délai de prescription de l'action publique est de dix ans pour les crimes, trois ans pour les délits et un an pour les contraventions (art. 7, 8, 9 CPP).

En tenant compte de la gravité des infractions ou de la qualité de la victime, le législateur prévoit des délais de prescription plus longs.

Le délai de prescription est de trente ans pour les crimes et vingt ans pour les délits en matière de terrorisme (art. 706-31 al. 1 CPP), de trafic de stupéfiants (art. 706-25-1 al. 1 CPP).

Le délai est de dix ans pour les délits d'agression sexuelle et d'atteinte sexuelle sans violence commis sur des mineurs (art. 8 al. 2 CPP). Les délits de corruption du mineur ou de recours à la prostitution d'un mineur se prescrivent par dix ans (art. 8 al. 2, art. 706-47 CPP).

Les crimes de meurtre ou d'assassinat précédés ou accompagnés d'un viol, de tortures ou d'actes de barbarie commis à l'encontre d'un mineur et de violences sur mineur ayant entraîné une mutilation ou une infirmité permanente se prescrivent par vingt ans (art. 7 al. 3 CPP, art. 706-47 CPP).

Exceptionnellement, il existe des délais plus courts : trois mois pour les délits de presse (art. 65 loi du 29 juillet 1881), un an pour les délits de presse en matière de racisme, six mois pour certains délits en matière électorale (art. L. 114 code électoral) à compter de la promulgation des résultats.

B. La computation du délai de prescription

Le délai de prescription commence à courir du jour où l'infraction a été commise (art. 7 CPP). Dans la pratique, le mode de calcul ne tient pas compte du jour de la commission (*dies a quo*). Par conséquent, le point de départ du délai se situe en réalité le lendemain de ce jour. Le jour du terme du délai (*dies a quem*) est inclus, même s'il survient un jour férié[2]. Le délai ne se calcule pas de jour en jour, mais par échéances consécutives de mois et/ou d'années.

Pour les infractions instantanées, le délai court du jour de la commission des faits. Pour certains délits instantanés qui se répètent, par exemple en cas de remises successives consécutives à une escroquerie, il s'agit du jour de la dernière remise. Pour les infractions continues, c'est le jour où cesse l'activité délictueuse. Lorsqu'il s'agit d'infractions d'habitude, on tient compte du jour du dernier acte constitutif de l'habitude. Pour les délits d'omission, c'est le jour où l'acte obligatoire aurait dû être accompli (infraction instantanée) ou le jour de la cessation de l'abstention coupable (infraction continue).

Lorsqu'il s'agit des infractions matérielles, il s'agit du jour de la réalisation du dommage, même s'il apparaît bien après la commission des faits. Dans ce cas, c'est la consommation de l'infraction qui est retardée, mais pas la prescription. En cas de diffusion de message sur le réseau Internet, le point de départ du délai est fixé à la date du premier acte de publication, celle à laquelle le message a été mis pour la première fois à la disposition des utilisateurs[3].

En cas de meurtre ou d'assassinat précédé ou accompagné d'un viol, de tortures ou d'actes de barbarie, d'agressions sexuelles, de proxénétisme ou violences ayant entraîné une mutilation ou une infirmité permanente (art. 7 al. 3 CPP) ou de délits d'agression ou d'atteinte sexuelle (art. 8 al. 2 CPP) commis à l'encontre d'un mineur, le délai ne commence à courir qu'à partir de sa majorité (art. 706-47 CPP). En matière de désertion et d'insoumission, la prescription ne court que du jour où le coupable a atteint l'âge le dispensant de satisfaire à toute obligation militaire (art. L. 211-13 CJM). Le délit d'organisation frauduleuse d'insolvabilité ne se prescrit qu'à compter du jour de la condamnation définitive à l'exécution de laquelle le prévenu a voulu se soustraire (art. 314-8 CP). Pour les infractions électorales, c'est le jour de la proclamation des résultats (art. L. 114 code électoral).

En l'absence d'indication légale et dans le but d'assurer la répression, la jurisprudence retarde le point de départ du délai, en raison du caractère occulte ou

2. Crim., 30 oct. 2001, *Bull. crim.*, n° 224 : le délai de prescription de l'action publique, dont l'écoulement a pour effet d'ôter aux faits poursuivis tout caractère délictueux, ne constitue pas un délai prévu pour l'accomplissement d'un acte ou d'une formalité au sens de l'article 801 du code de procédure pénale.
3. Crim., 19 sept. 2006, pourvoi n° 05-87230.

clandestin de l'infraction, à partir du jour où le délit est apparu et a pu être constaté dans des conditions permettant l'exercice de l'action publique. Il en est ainsi en cas d'abus de confiance, d'abus de biens sociaux ou d'infraction d'atteinte à l'égalité des candidats dans les marchés publics.

C. L'interruption et la suspension du délai

Le délai peut être prorogé lorsque la partie poursuivante n'est pas restée inactive ou lorsque la partie poursuivie n'a pas pu agir.

1. L'interruption du délai

L'interruption a pour effet d'effacer rétroactivement le temps écoulé entre l'infraction et l'acte qui l'interrompt. Est interruptif tout acte d'instruction ou de poursuite, à condition qu'il soit régulier et émane de la personne compétente. Une citation devant une juridiction incompétente interrompt cependant la prescription.

Les actes d'instruction tendent à la constatation des infractions, à la recherche de leur auteur ou d'une manière générale à la manifestation de la vérité, notamment les actes du juge d'instruction ou les actes de la police judiciaire, comme les procès-verbaux de constatation de l'infraction. Un soit-transmis adressé par le procureur général au procureur de la République en vue de rechercher l'adresse du prévenu est considéré comme un acte interruptif.

Les actes de poursuite tendent à la mise en mouvement de l'action publique. Ils peuvent émaner du parquet (réquisitoire introductif, supplétif ou définitif, citation directe) ou de la partie civile (constitution de partie civile même par voie d'intervention[4], citation directe). Sont également interruptifs les actes renvoyant à l'exercice de l'action, comme l'exercice d'une voie de recours. Les jugements au fond ou avant-dire droit, contradictoires ou par défaut, produisent le même effet. Les actes accomplis par une autorité étrangère et concernant les mêmes faits que ceux dont est saisie une juridiction française sont interruptifs.

Les actes tendant à la mise en œuvre ou à l'exécution d'une composition pénale interrompent la prescription (art. 41-2 CPP). Il en est de même de la proposition de transaction proposée par le maire à certains contrevenants (art. 44-1 CPP) ou par la Haute Autorité de lutte contre les discriminations à certains délinquants (art. l. 11-3, loi du 30 déc. 2004).

Pour la jurisprudence, la plupart des actes accomplis pendant l'enquête ou l'instruction ont un effet interruptif. Il faut cependant qu'il s'agisse d'actes valables. Les

4. Crim., 9 déc. 1980, *Bull. crim.*, n° 341 ; 20 févr. 1986, *Bull. crim.*, n° 70 : l'interruption est subordonnée au versement de la consignation dans le délai fixé par le juge.

actes doivent manifester une volonté de poursuivre ou tendre à la recherche de la vérité. La plainte simple de la victime, une simple invitation à comparaître, une demande d'aide judiciaire, une décision ordonnant un sursis à statuer, un commandement de payer n'interrompent pas la prescription. En revanche, un procès-verbal pour recherches infructueuses, la lettre envoyée par le procureur de la République à un expert afin que lui soient communiqués les résultats dans le but de fixer l'audience de l'affaire sont interruptifs.

L'interruption de la prescription anéantit tout le temps déjà écoulé et fait courir un nouveau délai. Le nouveau délai est en principe le même que le précédent. Mais lorsqu'il s'agit d'un délai dérogatoire, le délai qui court après l'interruption est le délai de droit commun, sauf en matière de presse.

L'interruption produit effet à l'encontre de toutes les personnes impliquées par les faits objets de la prévention, quand bien même les poursuites ne seraient engagées qu'à l'encontre de l'une d'elles[5]. Elle n'a d'effet que pour les faits visés dans l'acte, quelle que soit la qualification qui leur a été donnée. Mais l'effet interruptif s'étend aux infractions connexes ou indivisibles, même en cas de poursuites séparées ou par voie de réquisitions supplétives. L'acte interruptif d'un crime est cependant sans incidence sur la prescription d'un délit si celle-ci est acquise.

2. La suspension du délai de prescription

La suspension ne fait qu'arrêter le cours de la prescription, le temps écoulé restant acquis. Une fois l'obstacle levé, le délai reprend où il s'était arrêté.

Certaines causes de suspension du délai sont légales. La mise en œuvre de mesures alternatives aux poursuites suspend la prescription (art. 41-1 CPP). La minorité de la victime est une cause de suspension. La prescription est également suspendue lorsque l'infraction reprochée à l'occasion d'une poursuite judiciaire sanctionne la violation d'une règle de procédure pénale, jusqu'à ce que la juridiction saisie se soit prononcée sur la validité de l'acte litigieux (art. 6-1 CPP). La prescription de l'action publique est suspendue pendant la durée du mandat présidentiel au profit du président de la République (art. 67 al. 2 et 3 Const.) ou pendant la consultation du Conseil de la concurrence (art. L. 462-3 C. com.).

La jurisprudence, se fondant sur le principe selon lequel la prescription ne court pas contre celui qui ne peut valablement agir, a aussi déterminé des obstacles de droit (exception préjudicielle, appel, pourvoi, autorisation préalable nécessaire, la détention d'un délinquant à l'étranger dans un pays refusant son extradition, délai de fixation du montant de la consignation) ou de fait (catastrophes naturelles, occupation,

5. L'acte interruptif effectué dans le cadre d'une procédure de droit commun n'a pas d'effet sur la poursuite menée devant la Haute Cour de justice : HCJ, commission d'instruction, 5 févr. 1993, *D.*, 1993. 261 note Pradel.

perte des pièces du dossier) qui suspendent le délai de la partie se trouvant temporairement dans l'impossibilité d'agir.

II. Les autres causes de l'action publique

A. Le fait des parties

1. Le retrait de la plainte

En principe, le retrait de la plainte est sans effet sur l'action publique, sauf lorsque celle-ci est une condition préalable aux poursuites (art. 6 al. 3 CPP).

2. Le décès du défendeur

Le décès du défendeur à l'action publique rend impossible le déclenchement des poursuites ou leur continuation. Mais l'action publique reste possible contre les coauteurs ou complices. Les sanctions pénales pécuniaires restent dues par les héritiers (art. 133-1 CPP).

3. Les voies alternatives aux poursuites

L'accomplissement de la cure en matière de stupéfiants (art. L. 3423-1 al. 2 et 3 CSPu), ordonnée par le procureur de la République ou spontanée, même à l'étranger, éteint l'action publique.

L'exécution de la composition pénale éteint l'action également l'action publique.

4. La transaction pénale

La transaction est l'accord conclu, après la commission de l'infraction, entre l'autorité de poursuite et l'auteur présumé des faits afin de substituer un mode alternatif aux poursuites ordinaires selon le droit commun de l'action publique. En échange de l'abandon des poursuites, celle-ci obtient l'aveu du délinquant et le versement d'une somme d'argent ou l'exécution de certaines obligations.

Une telle transaction ne peut intervenir que dans des hypothèses expressément prévues par la loi (art. 6 al. 3 CPP), car le ministère public ne peut transiger[6]. Les exceptions à l'effet non extinctif de l'action publique par la transaction concernent surtout les administrations qui ont le pouvoir d'exercer l'action publique. Il en est ainsi en matière de contributions indirectes (art. L. 248 et L. 249 LPF), de douanes (art. 350 C. douanes), de voirie routière avec l'accord de l'autorité compétente (art. L. 116-8 C. voirie routière), de forêts (art. L. 153-2 et R. 153-1 C. for.).

6. C. const. n° 95-360, DC, 2 févr. 1995.

La transaction doit être effectuée avant la mise en mouvement de l'action publique. Lorsque l'action publique a été engagée, la transaction ne peut être possible qu'après accord de l'autorité judiciaire.

Pour les contraventions que les agents de la police municipale sont habilités à constater par procès-verbal (art. 2212-5 CGCT) et qui sont commises au préjudice de la commune, le maire peut, tant que l'action publique n'a pas été mise en mouvement, proposer au contrevenant une transaction consistant en la réparation de ce préjudice ou en l'exécution, au profit de la commune, d'un travail d'intérêt général d'une durée maximale de trente heures (art. 44-1 CPP). La transaction proposée par le maire et acceptée par le contrevenant doit être homologuée par le procureur de la République ou, s'il s'agit d'un travail d'intérêt général, par le tribunal de police ou le juge de proximité. L'action publique est éteinte lorsque l'auteur de l'infraction a exécuté dans le délai imparti les obligations résultant pour lui de l'acceptation de la transaction.

Lorsque le préjudice n'a pas été réalisé au détriment de la commune mais que la contravention a été causée sur son territoire, le maire peut proposer au procureur de la République de procéder à une des mesures prévues aux articles 41-1 ou 41-3 du code de procédure pénale. Le procureur doit le tenir informé des suites données.

La transaction peut s'appliquer aux contraventions de même nature que les agents de la ville de Paris chargés d'un service de police et les agents de surveillance de Paris sont habilités à constater par procès-verbal en application des articles L. 2512-16 et L. 2512-16-1 du code général des collectivités territoriales. Il en est de même aux contraventions de même nature que les gardes champêtres sont habilités à constater par procès-verbal conformément à l'article L. 2213-18 du code général des collectivités territoriales.

La Haute autorité de lutte contre les discriminations et l'égalité peut également proposer une transaction lorsqu'une discrimination relevant de sa compétence est commise (art. D. 1-1 CPP). La transaction porte sur le versement d'une amende et l'indemnisation de la victime à condition que l'auteur et la victime donnent leur accord. Elle doit être homologuée par le procureur de la République et son exécution éteint l'action publique.

L'extinction ne se produit que sur l'action publique relative à l'infraction pour laquelle a été accordé ce droit. La transaction sur l'infraction douanière d'importation de marchandises prohibées n'a pas d'effet l'action publique exercée pour importation de produit stupéfiant. Elle ne concerne que la seule personne impliquée, à l'exclusion des autres participants. Mais la transaction accordée à une personne morale bénéficie à son représentant légal ou à son préposé lorsqu'elle est civilement responsable.

5. Les procédures rapides de recouvrement de l'amende

Le paiement de l'amende forfaitaire éteint l'action publique pour les contraventions de police.

B. Du fait de la loi

L'extinction de l'action publique repose dans certains cas sur la disparition du caractère délictueux des faits.

1. L'abrogation de la loi pénale

En cas d'abrogation de la loi pénale, le juge doit, en application du principe de la rétroactivité *in mitius*, appliquer la loi nouvelle plus douce aux infractions commises antérieurement et qui n'ont pas donné lieu à un jugement passé en force de chose jugée. Aucune poursuite portant sur ces faits ne peut plus être exercée. La victime ne peut alors démontrer que la faute civile de l'auteur[7]. L'abrogation de la loi n'a cependant pas d'effet sur les condamnations passées en force de chose jugée (art. 112-1 CP). Celles-ci cessent toutefois d'être exécutées.

2. L'amnistie

Elle enlève rétroactivement à un fait son caractère délictueux (art. 133-9 CP). Elle s'oppose au déclenchement des poursuites ou interrompt les poursuites en cours pour tous les participants lorsqu'elle est réelle. Lorsqu'elle est personnelle, l'action publique survit à l'égard des autres participants. Lorsqu'elle est conditionnelle, subordonnée par exemple au paiement d'une amende, elle n'éteint pas l'action publique. Si elle est promulguée après prononcé d'une décision définitive, elle n'a d'effet que sur les peines.

L'amnistie ne préjudicie pas aux droits des tiers (art. 133-10 CP). L'action en réparation doit être portée devant le juge civil, sauf si l'action civile avait été intentée devant les juridictions répressives avant l'entrée en vigueur de la loi, auquel cas elles demeurent compétentes, à l'exception de la cour d'assises.

C. L'autorité de la chose jugée au criminel sur le criminel

L'action publique s'éteint par l'autorité de la chose jugée (art. 6 al. 1 CPP, art. 14 Pacte international relatif aux droits civils et politiques, art. 7 Protocole n° 7 CEDH).

7. Pour la jurisprudence, si elle intervient après qu'une décision sur le fond a été prise, le juge répressif peut continuer à connaître de l'action civile, Crim., 16 mars 1987, *D.*, 1988, 40 ; Crim., 15 mars 1995, *Bull. crim.*, n° 104.

Le principe de l'autorité de la chose jugée au criminel sur le criminel s'exprime à travers l'adage « *non bis in idem* ». Il interdit de poursuivre à nouveau une personne à raison des mêmes faits après une première décision devenue irrévocable. L'exception de chose jugée au pénal est d'ordre public et peut être relevée d'office par le juge.

La portée du principe n'est pas la même selon qu'il s'agit d'une décision d'instruction ou d'une décision de jugement.

1. Devant les juridictions d'instruction

Les ordonnances de non-lieu motivées ne s'opposent pas à une nouvelle ouverture de l'information, en cas de charges nouvelles, à l'initiative du parquet. Elles ne font pas obstacle à la citation directe, pour les mêmes faits, d'une personne qui n'a pas été mise en examen lors de l'information, ni entendue comme témoin assisté, ni nommément visée par les réquisitions du ministère public ou dans une plainte avec constitution de partie civile.

2. Devant les juridictions de jugement

L'application du principe implique qu'il y ait identité d'objet, de parties et de cause[8].

L'objet d'une poursuite pénale devant une juridiction répressive, quel que soit l'auteur de la poursuite, tend à faire condamner une personne pour des faits et de lui faire purger une peine.

Les nouvelles poursuites sont interdites quand il y a identité de partie poursuivante et partie poursuivie. La partie poursuivante est toujours le ministère public. Du côté de la partie poursuivie, l'identité n'existe plus si l'intéressé est poursuivi en des qualités différentes, par exemple s'il est d'abord poursuivi comme auteur, ensuite comme complice ou civilement responsable. Mais rien n'empêche de poursuivre une autre personne pour les mêmes faits.

L'identité de cause s'entend de l'identité des faits à l'origine des poursuites. Une personne peut être poursuivie une seconde fois dès lors que les faits fondant la nouvelle poursuite sont manifestement différents des premiers, quand bien même il existerait un lien de causalité entre eux. Il en est de même en cas de réitération de l'infraction ou d'infraction continue.

Lorsque les faits précédemment jugés tombent sous le coup d'une autre qualification, l'article 368 du code de procédure pénale dispose qu'une personne légalement acquittée ne peut plus être reprise ou accusée à raison des mêmes faits, même sous

8. Crim., 2 avril 1990, *Bull. crim.*, n° 141.

une qualification différente. La doctrine étend son application aux décisions rendues par les autres juridictions. En cas de nouvelles poursuites exercées après une première condamnation, une relaxe ou un acquittement, la jurisprudence s'oppose à la reprise des poursuites si les faits sont identiques dans leurs éléments constitutifs, en l'absence d'éléments nouveaux.

Le principe *non bis in idem* s'applique aussi lorsqu'une décision définitive portant sur les mêmes faits a été rendue par une juridiction étrangère (art. 54 Convention de l'application des accords de Schengen), ce qui exclut les classements sans suite décidés par le ministère public étranger[9].

Fiche d'arrêt

L'arrêt

Crim., 5 février 2007, pourvoi n° 06-88713

« Vu les articles 6, 8 et 221-2 du code de procédure pénale, ensemble l'article 593 dudit code ;

« Attendu que, d'une part, seul un obstacle de droit mettant la partie poursuivante dans l'impossibilité d'agir suspend la prescription à son profit ;

« Attendu que, d'autre part, tout arrêt de la chambre de l'instruction doit comporter les motifs propres à justifier la décision ; que l'insuffisance des motifs équivaut à leur absence ;

« Attendu qu'il résulte de l'arrêt attaqué et des pièces de la procédure que, dans une information suivie contre Jean-Louis X... des chefs d'escroquerie, faux et usage de faux, le juge d'instruction ayant constaté qu'un délai de plus de trois ans s'était écoulé depuis le dernier acte d'instruction constitué par l'avis de fin d'information donné aux parties le 29 octobre 2002 a, par ordonnance du 4 juillet 2006, déclaré que l'action publique était éteinte par la prescription ;

« Attendu que, devant la chambre de l'instruction, les parties civiles, appelantes de cette décision, ont déposé un mémoire articulant qu'après la délivrance de l'avis de fin d'information, elles ne disposaient d'aucun moyen pour contraindre le juge d'instruction à accomplir des actes interruptifs de prescription ;

« Attendu que, pour infirmer l'ordonnance entreprise et renvoyer le dossier au juge d'instruction afin de poursuivre l'information, l'arrêt, après avoir relevé que l'une des parties civiles avait formulé, le 14 novembre 2002, une demande d'actes irrecevable

9. Crim., 12 mai 2009, pourvoi n° 07-85.875.

comme ayant été adressée au juge d'instruction et non à son greffier, retient que celles-ci, passé le délai de vingt jours suivant l'avis prévu par l'article 175 du code de procédure pénale, ne disposaient d'aucun moyen de droit leur permettant d'interrompre la prescription ;

« Mais attendu qu'en prononçant ainsi, alors que les parties civiles avaient la possibilité, d'une part, de saisir le juge d'instruction d'une demande d'actes régulière dans le délai de vingt jours suivant l'avis de fin d'information, d'autre part, après l'expiration de ce délai, passé quatre mois depuis le dernier acte d'instruction, de saisir directement la chambre de l'instruction en application des dispositions de l'article 221-2 du code de procédure pénale, la cour d'appel a méconnu le sens et la portée des textes susvisés et du principe ci-dessus énoncé ;

« D'où il suit que la cassation est encourue ;

« Par ces motifs,

« CASSE et ANNULE, en toutes ses dispositions, l'arrêt susvisé de la chambre de l'instruction de la cour d'appel de Paris, en date du 26 octobre 2006, et pour qu'il soit à nouveau jugé, conformément à la loi ;

« RENVOIE la cause et les parties devant la chambre de l'instruction de la cour d'appel de Paris autrement composée, à ce désignée par délibération spéciale prise en chambre du conseil. »

Eléments de correction

Le 29 octobre 2002, le juge d'instruction, saisi d'une affaire d'escroquerie, envoie aux parties l'avis de fin d'information prévu par l'article 175 du code de procédure pénale. Le 14 novembre 2002, une des parties civiles, la caisse régionale de Crédit agricole de Toulouse et du Midi Toulousain fait une demande d'actes qui est jugée irrecevable parce qu'elle a été envoyée au juge d'instruction et non à son greffier. Le 4 juillet 2006, le juge d'instruction rend une ordonnance constatant l'extinction de l'action publique par prescription, un délai de plus de trois ans s'étant écoulé depuis l'avis de fin d'information.

Les parties civiles saisissent la chambre de l'instruction. Elles estiment que le délai de vingt jours compté à partir de l'avis d'information ne concerne que les actes antérieurs à cet avis. Par ailleurs, la demande d'acte effectuée après le délai de vingt jours par une des parties civiles devrait être considérée comme un acte tendant à obtenir du juge l'accomplissement d'un acte interruptif de la prescription.

Si la chambre de l'instruction relève que l'une des parties a fait une demande irrecevable, elle déclare également qu'après le délai de vingt jours, les parties ne disposent d'aucun moyen de droit leur permettant d'interrompre la prescription. Elle a de ce fait infirmé l'ordonnance du juge d'instruction et a renvoyé le dossier au juge d'instruction afin de poursuivre l'information.

La chambre criminelle devait répondre à la question de savoir si le fait pour les parties de ne pouvoir faire de demandes d'actes après le délai de vingt jours suivant l'avis de fin d'information pouvait être considéré comme une cause de suspension de l'action publique.

La chambre criminelle rappelle que seul un obstacle de droit mettant la partie poursuivante dans l'impossibilité d'agir suspend la prescription à son profit. Tel n'est pas le cas lorsque diverses possibilités sont offertes aux parties et que celles-ci ne les ont pas exercées. D'une part, elles n'ont pas saisi le juge dans le délai de vingt jours de l'article 175 du code de procédure pénale pour demander la nullité des actes antérieurs à cet avis. D'autre part, elles n'ont effectué aucun contrôle sur le déroulement de l'instruction. En application de l'article 221-2 du code de procédure pénale, elles avaient la possibilité de saisir directement la chambre de l'instruction après l'écoulement d'un délai de quatre mois depuis le dernier acte d'instruction. Pour la chambre criminelle, l'acquisition de la prescription est due à la négligence des parties.

Lecture d'arrêt

Crim., 12 mai 2009, pourvoi n° 07-85875

« Statuant sur le pourvoi formé par :
- X... W...,
contre l'arrêt de la cour d'appel de TOULOUSE, chambre correctionnelle, en date du 2 juillet 2007, qui, sur renvoi après cassation, l'a condamné, pour recel, à 50 000 euros d'amende, cinq ans d'interdiction professionnelle, et a prononcé sur les intérêts civils ;
« Vu les mémoires en demande, en défense, et les observations complémentaires produits ;

« Attendu qu'il résulte de l'arrêt attaqué et des pièces de procédure que W... X..., ressortissant allemand, est poursuivi en France pour avoir recelé en Allemagne des objets d'art dérobés au préjudice de ressortissants français ; que, devant le tribunal correctionnel, le prévenu a soulevé l'exception de chose jugée en alléguant qu'il avait déjà été poursuivi et jugé pour les mêmes faits en Allemagne ; que, pour infirmer le jugement ayant écarté cette exception et déclarer l'action publique éteinte, la cour d'appel, par arrêt du 16 septembre 2004, a retenu que W... X... avait fait l'objet, de la part du ministère public allemand, d'une décision de classement sans suite pour insuffisance de charges ; que cet arrêt a été cassé, le 6 décembre 2005, par la Cour de cassation, au motif que la décision susvisée n'avait pas valeur de jugement définitif ;

« Attendu que, devant la cour d'appel de renvoi, le prévenu a soutenu que la règle *non bis in idem* devait trouver application en l'espèce, en alléguant que les faits ayant donné lieu aux poursuites seraient définitivement prescrits en Allemagne ;
« Attendu que, pour écarter cette exception et rejeter la demande de sursis à statuer dans l'attente de la saisine de la Cour de justice des Communautés européennes d'une question préjudicielle sur les effets de l'acquisition de la prescription de l'action publique en Allemagne sur l'action publique exercée en France, l'arrêt retient que la décision de classement sans suite prise en Allemagne n'est pas une des procédures alternatives entraînant l'extinction de l'action publique après que le prévenu a respecté certaines obligations ; que les juges ajoutent que la règle *non bis in idem* s'applique à des procédures dans lesquelles des poursuites et un jugement définitif sont intervenus, ce qui n'est pas le cas en l'espèce, l'action publique n'ayant jamais été engagée en Allemagne ;
« Attendu qu'en se déterminant ainsi, la cour d'appel a fait l'exacte application de l'article 54 de la Convention d'application de l'accord de Schengen, dès lors que la prescription de l'action publique dans un Etat ne fait obstacle à la poursuite des mêmes faits dans un autre Etat qu'à la condition que ladite prescription ait été constatée par un jugement définitif rendu à la suite de l'exercice de l'action publique ;
« Que tel n'étant pas le cas en l'espèce, le moyen ne peut qu'être écarté ;
« Et attendu que l'arrêt est régulier en la forme ;
« REJETTE le pourvoi. »

Fiche n° 15 : L'action civile : les conditions d'exercice

Références

• CHARTIER Y., « L'indemnisation des victimes d'infractions pénales », *Gaz. Pal.*, 1985, Doct., 346.
• COUVRAT P., « La protection des victimes d'infractions », *RSC*, 1983, p. 577.
• GUTH J.-M., « Le dédommagement des victimes d'infractions violentes et la Convention européenne du 24 novembre 1983 », *Mélanges Levasseur*, 1992, p. 421.
• LARROUMET Ch., « L'indemnisation des victimes d'accidents de la circulation », *D.*, 1985, chron., p. 237.
• MERLE R., « La distinction entre le droit de se constituer partie civile et le droit d'obtenir réparation du préjudice », *Mélanges Vitu*, 1987, p. 387.
• PRADEL J., « Un nouveau stade dans la protection des victimes d'infractions », *D.*, 1983, chron., p. 241.
• RENUCCI J.-F., « L'indemnisation des victimes d'actes terroristes », *D.*, 1987, chron., p. 197.
• RIOU M., « De la dissociation entre la réparation et la répression dans l'action civile exercée devant les juridictions répressives », *D.*, 1991, chron. 9. 85.
• RUBELIN-DEVICHI J., « L'irrecevabilité de l'action civile et la notion d'intérêt général », *JCP*, 1965, I, 1922.

Définitions

• **Action civile** : action en réparation du préjudice né de l'infraction intentée devant une juridiction répressive visant à obtenir des restitutions, des dommages-intérêts.

• **Action à fins civiles** : action née d'une infraction, mais qui n'a pas pour objet la réparation du dommage. Elle est intentée devant une juridiction civile.

• **Victime de l'infraction** : personne ayant subi un préjudice résultant de l'infraction et qui peut par conséquent en demander réparation.

Explications

L'action civile est définie comme l'activité procédurale exercée par la victime d'une infraction pour faire constater par le juge répressif le préjudice né de cette infraction, établir la responsabilité du délinquant et obtenir l'indemnisation ou les restitutions nécessaires.

L'action civile se distingue de l'action à fins civiles, qui est consécutive à une infraction mais qui n'a pas pour objet la réparation du préjudice (revendication d'un meuble volé, action en révocation d'un legs pour ingratitude). Elle ne doit pas non plus être confondue avec l'action en réparation d'un dommage résultant d'une faute purement civile, l'action en dommages-intérêts. Ces trois actions ne peuvent être exercées que devant le juge civil alors que l'action civile peut être intentée au choix de la victime devant la juridiction pénale ou devant la juridiction civile.

I. Le demandeur à l'action civile

L'action civile ne peut être exercée que par les personnes ayant personnellement souffert du préjudice causé par l'infraction (art. 2 CPP) et qui ont la qualité de victime.

Lorsque la victime est un mineur non émancipé, l'action civile est exercée par son représentant légal. Si l'infraction a été commise par ce dernier ou les intérêts du mineur ne sont pas assez assurés, un administrateur *ad hoc* doit être désigné par le procureur de la République, le juge d'instruction ou la juridiction de jugement[1] (art. 706-50 CPP).

L'incapable majeur sous sauvegarde de justice ou en curatelle conserve sa capacité d'exercice mais le majeur en curatelle doit être assisté de son curateur au cours des débats. Le majeur sous tutelle doit être représenté dans son action civile par le tuteur (art. 440 C. civ.).

L'action civile de la personne morale doit être exercée par son représentant, personne physique.

A. L'exigence d'un préjudice personnel et direct résultant de l'infraction

La victime doit faire la preuve d'un préjudice personnel et direct résultant de l'infraction.

1. Un préjudice résultant d'une infraction

Le préjudice doit être né d'une infraction. L'infraction doit être punissable dans la mesure où l'action civile est l'accessoire de l'action publique. Elle ne doit donc pas être justifiée par la légitime défense ou couverte par une amnistie, la prescription ou l'abrogation de la loi pénale. Si le juge acquitte ou relaxe l'intéressé, la victime ne peut obtenir des dommages-intérêts devant la juridiction répressive, sauf si une autre faute peut être établie. Si l'infraction n'est plus punissable au pénal parce qu'elle a déjà été sanctionnée, la victime doit saisir la voie civile.

Le préjudice doit être actuel et certain. Le préjudice simplement éventuel n'est pas recevable. La réparation en cas de perte de chance peut être admise. L'établissement d'un préjudice certain n'est exigé que devant les juridictions de jugement. Devant la juridiction d'instruction, il suffit que les circonstances sur lesquelles la demande

1. Neirinck C., « La dualité de régime de l'administrateur *ad hoc* des mineurs », *JCP*, 2000, I, 228.

s'appuie permettent au juge d'admettre comme possible l'existence d'un préjudice allégué et la relation directe de celui-ci avec une infraction pénale.

2. Un préjudice direct

Le préjudice direct est celui qui découle de l'infraction. Cette condition se rattache à l'exigence d'un lien de causalité. Pour la jurisprudence, c'est le dommage qui prend directement sa source dans l'infraction poursuivie ou la conséquence directe de l'infraction ou le préjudice résultant directement de l'infraction[2]. Il s'agit de l'atteinte à la valeur juridique protégée par la loi pénale.

Certaines personnes éprouvent un préjudice qui est la conséquence du dommage subi par la victime directe. Ce sont les victimes indirectes. Les héritiers ont ainsi un préjudice résultant du décès de leur ascendant. Il en est de même du préjudice matériel subi du fait de l'incapacité de la personne qui versait des subsides. L'action civile n'est ouverte qu'aux proches de la victime (parents, alliés, concubin, pacsé). Les autres victimes indirectes ne sont pas fondées à se prévaloir d'une telle action du juge pénale. Il en sera de même si le préjudice, bien que personnel des proches n'a pas pour cause directe la commission de l'infraction. L'obligation pour l'héritier d'acquitter les droits de mutation après le décès de la victime ne constitue pas un préjudice né directement de l'infraction. Cette obligation trouve sa source dans la loi fiscale. De même, l'indemnisation versée à la victime par la victime découle du contrat qui la lie à son assureur. Par conséquent, l'assureur ne peut exercer une action civile.

Il existe des exceptions à l'exigence d'un préjudice direct qui prennent en compte des intérêts non protégés par l'infraction poursuivie dans la mesure où l'article 3 du code de procédure pénale déclare l'action civile recevable pour tous chefs de dommages matériels, corporels ou moraux, découlant des faits objets de la poursuite. La victime d'un accident de circulation peut obtenir la réparation des dégâts matériels causés à son véhicule en plus de la réparation du préjudice corporel et moral. Cependant, si elle ne subit qu'un dommage matériel, son action en réparation ne pourra être exercée que devant le juge civil.

3. Un préjudice personnel

L'action civile n'appartient qu'à celui qui a éprouvé, du fait de l'infraction, une atteinte personnelle à son intégrité physique, son patrimoine, son honneur ou son affection. Il peut donc s'agir d'un préjudice simplement moral ou d'agrément. Il en est ainsi des victimes directes de l'infraction.

2. La notion de préjudice direct n'implique pas que l'infraction n'ait fait qu'une seule victime. Une seule infraction peut causer directement des dommages à des personnes différentes qui en souffrent personnellement.

Les victimes indirectes peuvent également exercer l'action civile dès lors qu'elles établissent la preuve d'un préjudice personnel en application des articles 2 et 3 du code de procédure pénale. Il en est ainsi du dommage moral causé par le spectacle des graves blessures causées au père de la victime. Cette possibilité n'est ouverte qu'aux proches de la victime qui peuvent agir au pénal.

Lorsque l'infraction a provoqué le décès immédiat de la victime, les héritiers exercent une action qui leur est propre, née directement dans leur patrimoine, résultant du préjudice personnel moral et matériel résultant de la perte de la victime. Il reste cependant à déterminer si ces héritiers peuvent exercer l'action civile au nom de la victime, pour le préjudice qu'elle a subi.

Le principe est que l'action civile de la victime est transmise aux héritiers à condition d'être née dans son patrimoine. La transmission de cette action dépend donc du moment du décès de la victime directe.

Lorsque la victime décède alors que l'instance est pendante devant la juridiction répressive, les héritiers continuent son action, différente de celle qu'ils peuvent exercer au titre de leur préjudice propre, à condition qu'elle ait été intentée du vivant de la victime. Si l'action civile n'a pas été intentée par la victime avant son décès, les héritiers ne peuvent demander cependant réparation que devant le juge civil.

Lorsque l'infraction s'est produite après le décès de la victime, par exemple en cas d'injure ou de diffamation contre la mémoire du défunt, les héritiers peuvent exercer l'action au nom et en représentation du défunt, la qualification, la compétence et la peine s'appréciant alors par rapport à la personne du défunt. Ils ne peuvent agir en leur nom propre que si l'auteur de l'infraction a eu l'intention de leur porter préjudice (art. 34, loi du 29 juillet 1881).

Les tiers qui ont payé totalement ou partiellement à la victime la réparation du dommage causé par l'infraction et qui se trouvent subrogés dans ses droits n'ont pas le droit d'action civile de la victime, car leur préjudice ne résulte pas directement de l'infraction, mais de la convention conclue avec la victime. Ils ne peuvent agir, sauf exception légale, contre l'auteur des faits devant le juge pénal.

L'assureur de la victime peut intervenir au procès pénal, devant une juridiction de jugement, même pour la première fois en appel lorsqu'il s'agit d'atteinte involontaire à la vie ou à l'intégrité physique (art. 388-1 et ss. CPP). Il peut intervenir même en l'absence de constitution de partie civile à condition que l'action publique ait été mise en mouvement.

La Sécurité sociale peut intervenir dans le procès pénal déclenché par la victime pour obtenir le remboursement des frais médicaux consécutifs à des accidents résultant d'infractions.

Les Fonds de garanties contre les accidents de circulation et de chasse peuvent agir devant les juridictions pénales par voie d'intervention, même pour la première en appel.

Le Fonds d'indemnisation des victimes des actes de terrorisme et d'autres infractions peut agir au pénal, même en cas d'inaction de la victime, même pour la première en appel, mais seulement si des personnes ont subi un préjudice découlant de l'infraction.

L'Etat et les collectivités publiques disposent d'une action directe permettant de se constituer partie civile contre l'auteur de menaces ou d'attaques visant un fonctionnaire afin d'obtenir le remboursement des sommes versées (art. 11 loi du 13 juillet 1983 portant statut général des fonctionnaires). Ils peuvent également être subrogés dans les droits de la victime décédée ou de la victime d'une infirmité ou d'une maladie imputable à un tiers. Les créanciers de la victime peuvent exercer l'action oblique, sauf pour les actions attachées à la personne du débiteur, mais ils ne peuvent le faire au pénal.

La jurisprudence a parfois évoqué la notion d'infraction d'intérêt général pour exclure l'action civile. Il en est ainsi de l'outrage aux bonnes mœurs, du faux en écriture publique, de l'atteinte au secret de la défense nationale, des infractions en matière d'urbanisme ou économique. Cette jurisprudence est aujourd'hui en recul[3]. La soustraction de preuve est une infraction de nature à causer un préjudice personnel aux victimes de l'infraction pour lesquelles les preuves ont été soustraites. Le délit de modification de l'état des lieux d'un crime ou d'un délit (art. 434-4 CP) a également pour but la protection des intérêts privés et autorise par voie de conséquence l'exercice de l'action civile. Le délit d'initié, qui cause un préjudice à la stabilité du marché, est aussi susceptible d'entraîner un dommage personnel aux actionnaires.

B. L'action civile intentée dans un intérêt collectif

Une personne morale peut intenter une action morale devant une juridiction répressive lorsqu'elle subit un préjudice personnel découlant directement de l'infraction en application de l'article 2 du code de procédure pénale. Il en est ainsi des actions exercées pour la défense de son patrimoine ou en cas d'atteinte à l'honneur.

La jurisprudence d'abord puis l'article 2 du code de procédure pénale admettent dans des conditions strictement déterminées l'action civile des groupements en vue d'assurer la défense des intérêts collectifs. Ces intérêts se distinguent de l'intérêt d'une victime déterminée, mais aussi de l'intérêt général protégé par le ministère public.

3. Crim., 23 fév. 2001, *Dr. pénal*, 2000, comm. 132, obs. Maron.

1. *L'action civile des syndicats et les ordres professionnels*

a) Les syndicats

L'action civile des syndicats professionnels devant une juridiction répressive a été admise pour la première fois par une décision des chambres réunies du 5 avril 1913[4]. Cette solution a été consacrée par une loi du 12 mars 1920 (art. L. 7423 C. travail). Les syndicats peuvent exercer tous les droits réservés à la partie civile en cas de préjudice direct ou indirect à l'intérêt collectif de la profession de la profession qu'ils représentent. Il importe peu que le syndicat soit représentatif ou même que la personne directement lésée y soit membre. Le syndicat ne peut se substituer à la victime ayant éprouvé un préjudice personnel et direct pour exercer son action individuelle[5]. Il ne peut non plus défendre l'intérêt général.

b) Les ordres professionnels

Les ordres professionnels sont chargés d'assurer la protection des intérêts de la profession qu'ils représentent. Ils doivent justifier d'un préjudice personnel et direct causé à la profession. Ils n'ont pas le droit de demander la réparation d'un délit dont la poursuite est réservée par la loi aux seules personnes physiques et morales qui en ont été directement victimes. Si l'ordre des avocats peut se porter partie civile en cas d'exercice illicite des activités de consultation en matière juridique ou de port illégal du costume d'avocat, son action est cependant irrecevable dans un procès de violences et séquestration infligées à un avocat.

Dans certains cas, la constitution de partie civile est admise même en présence d'un préjudice indirect. Le Conseil national et le conseil départemental de l'ordre des médecins peuvent se constituer partie civile en cas d'infraction portant un préjudice direct ou indirect à la profession, y compris en cas de menaces ou de violences commises en raison de l'appartenance à la profession (art. L. 4122-1 al. 2 et L. 4123 al. 4 CSPu).

Les organismes représentatifs des officiers ministériels peuvent se porter partie civile à condition d'établir un préjudice personnel. Le conseil régional des notaires et la chambre régionale des huissiers peuvent se porter partie civile dans des poursuites pour ventes aux enchères publiques de meubles dans des conditions illicites. Mais la chambre des huissiers ne peut intervenir en tant que partie civile dans un procès de menaces de mort envers un huissier.

2. *Les associations*

En principe, l'action civile des associations régulièrement constituées n'est recevable que si l'association peut se prévaloir d'un préjudice direct et personnel consistant en une atteinte dans son patrimoine ou dans ses intérêts moraux.

4. *D.*, 1914.1.65, note Mestre.
5. Le syndicat ne peut se substituer à la personne ayant éprouvé un préjudice personnel et direct pour exercer son action individuelle, Crim., 16 déc. 1991, *Bull. crim.*, n° 479.

La jurisprudence s'est souvent montrée réticente à admettre l'action des associations exercée pour la défense d'intérêts collectifs au motif que le préjudice invoqué se confond avec le préjudice social dont la réparation est assurée par l'exercice de l'action publique. Leur action a une nature particulière dans la mesure où le but est de veiller au respect de la législation en déclenchant l'action publique. Il est interdit aux associations de se substituer à l'action individuelle des membres.

Les associations constituées en vue de la défense d'un intérêt déterminé, telles que les associations de pêche ou de chasse, ne peuvent agir que si elles invoquent un préjudice personnel et direct. Toutefois, les fédérations départementales agréées de pêche et de pisciculture et les associations agréées de pêcheurs professionnels peuvent exercer les droits reconnus à la partie civile en cas d'infractions aux articles L. 430-1 et ss. du code de l'environnement causant un préjudice direct ou indirect aux intérêts collectifs qu'elles ont pour objet de défendre.

Les associations à but désintéressé[6] constituées dans un objectif social ou charitable, ou afin de combattre les inégalités raciales ou religieuses, ou pour défendre les intérêts généraux doivent établir un préjudice direct et personnel distinct du préjudice social en l'absence d'une disposition légale leur conférant l'exercice des droits de la partie civile. Cependant, lorsqu'elles sont reconnues d'utilité publique (ligue antialcoolique, association de protection de l'environnement), le droit d'exercer l'action civile leur est reconnu dans les conditions fixées par le législateur (art. 2-1 CPP ou textes extérieurs).

Les associations doivent pour protéger les intérêts spécifiques prévus par la loi. Dans certains cas, il faut qu'elles soient régulièrement déclarées depuis au moins un certain délai à la date des faits (association de lutte contre le racisme, association de protection de la nature et de l'environnement). Les associations déclarées défendant les intérêts des élus municipaux doivent s'affilier à l'Association des maires de France. Certaines doivent recevoir un agrément (association de défense des intérêts du consommateur). Le droit d'exercer l'action publique n'existe que pour les infractions déterminées par le texte qui l'accorde. Les associations de protection animale ne peuvent se porter partie civile qu'en cas de sévices, actes de cruauté ou mauvais traitements sur animaux. Le préjudice doit donc résulter directement de l'infraction, sauf lorsque la loi reconnaît à l'association le droit d'agir en cas d'atteinte directe ou indirecte aux intérêts collectifs dont elles assurent la défense.

Les associations qui se voient reconnaître la possibilité d'exercer les droits reconnus à la victime peuvent agir par voie d'action. Dans certaines hypothèses, seule la voie d'intervention est admise. L'action ou l'intervention peut être subordonnée à l'accord de la victime (associations de lutte contre les violences sexuelles).

6. G. Stefani, G. Levasseur, B. Bouloc, *Procédure pénale*, 19e éd., 2004, n° 252.

3. *Les personnes morales de droit public*

Les personnes morales de droit public peuvent en tant que victime ordinaire demander réparation du préjudice matériel que leur cause directement une infraction (art. 2-7 CPP). Elles ne peuvent se porter partie civile lorsqu'il s'agit d'un intérêt purement moral dans la mesure où cet intérêt se confond avec l'intérêt de la société défendu par le ministère public. Elles ne peuvent demander réparation du dommage causé aux intérêts généraux de la collectivité qu'elles représentent[7].

II. Le défendeur à l'action civile

A. Le délinquant et les héritiers du délinquant

L'action civile est exercée contre les coauteurs et les complices de l'infraction. Cette action peut être exercée même contre un mineur.

En cas de décès de l'auteur de l'acte, l'action publique est éteinte. Mais l'action en réparation peut être exercée contre les héritiers du délinquant. Il s'agit de constater l'existence d'une dette de réparation qui grève le patrimoine du délinquant et qui se transmet avec le patrimoine. Cette action ne peut être portée que devant les juridictions civiles. Cependant, si une action au fond avait déjà été rendue du vivant du délinquant, l'action civile sera poursuivie devant les juridictions pénales. Les héritiers sont alors défendeurs en appel ou devant la Cour de cassation dans une instance limitée aux seuls intérêts civils.

B. Les garants du délinquant

1. *La personne civilement responsable*

Les personnes civilement responsables sont les personnes visées à l'article 1384 du code civil. Mais la jurisprudence estime que cette liste n'est pas limitative et admet la responsabilité civile des personnes qui organisent et contrôlent à titre permanent, le mode de vie des personnes qui leur sont confiées[8].

Les personnes civilement responsables ne peuvent intervenir ou être appelées dans un procès que si une action publique a été préalablement engagée à l'encontre de

7. Crim., 19 févr. 1957, *Bull. crim.*, n° 161 : une commune ne peut se constituer partie civile en cas de poursuite pour contravention à un arrêté de police du maire.
8. Ass. plén., 29 mars 1991, arrêt Blieck, responsabilité civile d'un centre d'adaptation pour les violences commises par une personne handicapée mentale : *Bull. crim. AP* n° 1 ; *JCP*, 1991. 673, conclusions et note D.-H. Dontenwille et J. Ghestin ; *D.*, 1991, p. 324, note Ch. Larroumet ; *Gaz. Pal.*, 1992, n° 219, p. 12, note F. Chabas ; Crim., 10 oct. 1996, *Bull. crim.*, n° 357 ; *D.*, 1997, p. 309, note M. Huyette ; *JCP*, 1997, p. 205, note F. Chabas : association ayant reçu la garde de mineurs ; Crim., 9 mars 2000, *Bull. crim.*, 2000, II, n° 44 ; *JCP*, 2000, 1607, note Gouttenoire-Cornut : pour un incendie, centre médico-pédagogique à qui la mère avait confié un mineur.

celui dont elles répondent. Elles ne peuvent être tenues à réparation que si l'action publique se solde par une déclaration de culpabilité (art. 415, 460, 493, 515, 544 CPP).

Elles peuvent contester l'existence de l'infraction et les conséquences civiles qui en découlent ou démontrer que les conditions de leur responsabilité ne sont pas réunies. Pour la chambre criminelle, cependant, la responsabilité des père et mère est une responsabilité de plein droit dont ils ne peuvent s'exonérer qu'en invoquant la force majeure ou la faute de la victime[9]. Les voies de recours leur sont ouvertes en ce qui concerne la condamnation civile. Elles ne peuvent intervenir pour la première fois en appel.

2. L'assureur

L'assureur peut être mis en cause par toute partie qui y a intérêt, y compris même en appel pour la première fois en cas de poursuites pour homicide ou blessures involontaires (art. 338-1 CPP). Il possède alors tous les droits reconnus au civilement responsable. Avant toute défense au fond, il peut ainsi discuter l'existence ou la qualification de l'infraction ou contester sa garantie lorsque cette exception est de nature à l'exonérer totalement.

C. L'administration

Lorsqu'un fonctionnaire a causé un dommage, l'administration n'est pas engagée si l'infraction résulte d'une faute personnelle détachable du service. S'il s'agit d'une faute revêtant une certaine gravité, révélant un manquement volontaire ou inexcusable à des obligations d'ordre professionnel ou déontologique, la juridiction répressive peut alors accueillir l'action civile. Est détachable de la fonction d'un agent public, même si elle n'est pas dépourvue de tout lien avec le service, la faute de cet agent qui, impliquant une intention de nuire ou présentant une gravité particulière, révèle un manquement volontaire et inexcusable à des obligations d'ordre professionnel et déontologique[10].

Si l'infraction constitue une faute de service, l'administration est responsable et la juridiction administrative est exclusivement compétente. La victime peut cependant exercer une action à fins répressives devant la juridiction pénale alors que cette dernière n'est pas compétente pour accorder réparation.

9. Crim., 19 févr. 1997, II, n° 56 ; *Gaz. Pal.*, 1998, p. 18, note B. Puill. ; *LPA*, p. 12, note M.-C. Lebreton ; *Gaz. Pal.*, 1997, p. 14, note F. Chabas ; *JCP*, 1997, p. 247, concl. et note R. Kessous et G. Viney ; *JCP*, 1998, p. 1367, note Alt-Maes ; *D.*, 1997, p. 265, note P. Jourdain et p. 327, note G. Blanc.
10. Crim., 30 sept. 2008, *Bull. crim.*, n° 197, *D.*, 2008, p. 2975, note Mastopoulou, *AJ pénal*, 2008, obs. Royer.

Par dérogation, lorsque l'infraction est commise par un membre de l'enseignement public, les juridictions de l'ordre judiciaire sont seules compétentes, qu'il s'agisse d'une faute de service ou d'une faute personnelle. L'action est alors dirigée contre l'Etat, qui est substitué au membre de l'enseignement public[11]. Les juridictions judiciaires sont également compétentes pour les dommages causés par un véhicule appartenant à l'administration, en cas d'atteinte aux libertés individuelles (art. 136 CPP) et abus d'autorité commis par un fonctionnaire, par exemple des violences exercées par un policier au cours d'une garde à vue.

Approfondissement : Les règles particulières d'indemnisation

Accidents de la circulation

La loi du 5 juillet 1985 a institué des règles permettant d'améliorer la situation des victimes d'accidents de la circulation et d'accélérer les procédures d'indemnisations. Cette loi concerne tous les accidents de la circulation dans lesquels est impliqué un véhicule terrestre à moteur, à l'exception des chemins de fer et des tramways. Elle s'applique que l'accident soit ou non le résultat d'une infraction pénale et s'exerce aussi bien devant les juridictions pénales que devant les juridictions répressives, même en cas de relaxe.

Indemnisation des victimes de dommages résultant d'une infraction

Une procédure d'indemnisation particulière est prévue au bénéfice de certaines victimes de dommages résultant d'une infraction (loi du 3 janvier 1977 modifiée par la loi du 6 juillet 1990, art. 706 CPP). La réparation ne peut être obtenue que si l'auteur est insolvable ou inconnu. En sont cependant exclues les réparations résultant des textes spéciaux (accidents de la circulation, accidents de travail, sauf s'il est imputable à une autre personne que l'employeur et ses préposés).

L'indemnisation est accordée par le Fonds de garantie des victimes d'actes terroristes et d'autres infractions (art. 706-3, R. 50-1 CPP). Le fonds est alimenté par des contributions assises sur les primes et les cotisations des contrats d'assurance de biens. Celles-ci sont considérées comme une sorte d'assurance sociale du risque pénal. Pour la Cour de cassation, l'indemnité allouée par les fonds de garantie n'a pas le caractère de dommages-intérêts, mais d'un secours accordé en vertu d'un devoir de solidarité.

L'indemnisation peut être accordée à toute victime française, quel que soit le lieu de commission de l'infraction. Si l'infraction a été commise à l'étranger, il n'est pas nécessaire que la loi ou les juridictions françaises soient compétentes. Les ressortissants d'un Etat membre de l'Union européenne sont couverts lorsque l'infraction a

11. Crim., 23 avril 1976, n° 123, *D.*, 1977, 21 note Martin.

été commise sur le territoire national. Pour la Cour de justice des Communautés européennes, le droit communautaire s'oppose à la législation d'un Etat membre qui exclut les ressortissants des autres Etats membres, qui résident et travaillent sur son territoire, du bénéfice d'une indemnisation destinée à réparer les dommages qui résultent des atteintes à la personne causées par une infraction qui n'a pas été commise sur le territoire de cet Etat, au seul motif de leur nationalité (CJCE, 5 juin 2008, n° C-164/07 Woods c/ Fonds de garantie). Les personnes ressortissant d'un pays non-membre de la communauté ne le sont que sous réserve des traités et accords internationaux et du séjour régulier en France.

La réparation est intégrale pour des faits volontaires ou non, présentant le caractère matériel d'une infraction. Il n'est pas nécessaire que l'élément moral soit constaté. L'infraction peut donc être commise par une personne atteinte d'un trouble mental. Il peut même s'agir d'une infraction amnistiée. Les dommages pris en compte sont tous ceux qui découlent d'un dommage corporel (décès, incapacité permanente, incapacité totale de travail personnel de plus d'un mois, agression sexuelle ou atteinte sexuelle), qu'ils soient matériels ou moraux, subis par la victime directe. La victime par ricochet doit justifier de son préjudice personnel et ne peut exercer un recours issu du patrimoine du défunt. C'est l'un des intérêts de la distinction entre le caractère de secours propre à l'indemnité allouée par le fonds (Cass. civ. 2e, 18 juin 1986) et celui de dommages-intérêts de l'indemnité supportée par le civilement responsable. Les dommages purement matériels sont exclus.

L'indemnisation est plafonnée s'agissant des dommages matériels résultant des infractions de vol, escroquerie ou abus de confiance et des infractions d'extorsion de fonds ou de destruction, de dégradation ou détérioration d'un bien. Il en est de même lorsqu'il s'agit de dommages corporels résultant d'atteintes légères, c'est-à-dire n'entraînant qu'une incapacité totale de travail inférieure à un mois. La victime doit justifier qu'elle ne peut obtenir à un titre quelconque une réparation effective et suffisante de son préjudice. Elle doit aussi prouver que ses ressources sont inférieures au plafond prévu pour bénéficier de l'aide juridictionnelle et que le défaut d'indemnisation la place dans une situation matérielle ou psychologique grave. L'indemnisation de ces préjudices est plafonnée au triple du montant mensuel de ressources imposé pour bénéficier de l'aide juridictionnelle partielle. Elle s'opère aussi déduction faite des prestations sociales indemnitaires déjà versées et des indemnités de toute nature reçues ou à recevoir d'autres débiteurs. La faute de la victime peut toutefois avoir pour effet de réduire ou d'exclure son droit à indemnisation.

Le recours dirigé contre le Fonds est porté devant une commission nationale d'indemnisations de victimes d'infractions (CIVI), instituée auprès de chaque tribunal de grande instance, composée de deux magistrats du siège et d'une personne s'étant signalée par l'intérêt qu'elle porte aux problèmes des victimes. Le ministère public, partie jointe, est représenté par le procureur de la République ou son substitut.

La commission compétente est celle du domicile du demandeur ou du siège de la juridiction pénale déjà saisie dans le cas échéant de la poursuite de l'infraction. Elle doit être saisie dans le délai de trois ans à compter de la date de l'infraction ou, si des poursuites pénales sont engagées, dans le délai d'un an à compter de la décision définitive de la juridiction pénale sur l'action publique et/ou l'action civile, ou dans le délai d'un an à compter de l'avis donné par la juridiction d'application des peines (art. 706-15 CPP). Le délai est suspendu au profit des mineurs.

Les commissions sont dotées de véritables pouvoirs d'instructions : auditions, interrogatoires, expertises. Les procès-verbaux dressés dans le cadre de la poursuite sont communiqués le cas échéant. Elles peuvent également allouer des provisions aux requérants.

Elles rendent leur décision en chambre de conseil, sauf demande contraire de la victime, au terme d'une procédure contradictoire. Elles statuent en premier ressort et les décisions sont susceptibles d'appel devant la cour d'appel.

La commission n'est pas tenue de surseoir à statuer dans l'attente de la décision pénale ou civile définitive. Lorsque la juridiction pénale statue sur l'action civile ou lorsque la juridiction alloue à la victime des dommages-intérêts supérieurs à l'indemnité accordée par la commission, la victime peut réclamer un complément d'indemnité à la commission (art. 706-8 CPP). Lorsqu'une juridiction condamne l'auteur d'une infraction entrant dans le champ du recours à verser des dommages-intérêts à la partie civile, elle doit l'informer de la possibilité de saisir la commission d'indemnisation des victimes d'infractions (CIVI).

Si la victime choisit de demander réparation au terme d'une action civile parallèle à son recours devant la commission, elle doit indiquer à la juridiction saisie de l'action civile sa saisine de la commission et, le cas échéant, le montant de l'indemnité accordée, à peine de nullité du jugement en ce qui concerne ses dispositions civiles.

Le Fonds de garantie est subrogé dans les droits de la victime. Il peut agir contre les personnes responsables du dommage et demander le remboursement de l'indemnité qu'il a versée à la victime. Il peut exercer cette action devant le juge civil ou devant le juge pénal, par voie de constitution de partie civile, indépendamment de l'exercice, par la victime de sa propre action.

Indemnisation des préjudices résultant des accidents médicaux

L'indemnisation pour risques sanitaires (infection nosocomiale, accident médical) est prévue par l'article L. 1142-1 du code de la santé publique. Lorsque la responsabilité ne peut être engagée contre un professionnel de santé ou un établissement de soins, le patient qui subit un préjudice imputable aux actes de prévention ayant des conséquences anormales au regard de son état de santé et présentant un caractère de gravité peut demander une indemnisation auprès de l'Office national d'indemnisation des accidents médicaux, des affections iatrogènes et des infections nosocomiales (décret n° 2003-314 du 4 avril 2003).

Pathologies dues à l'amiante

Les personnes victimes de pathologies liées à l'amiante peuvent obtenir une indemnisation auprès du fonds. Le décret du 23 octobre 2001 réglemente le Fonds d'indemnisation des victimes de l'amiante (décret n° 2001-963).

Contamination après transfusion

Les victimes de préjudices résultant de la contamination par le virus d'immunodéficience humaine causée par une transfusion de produits sanguins ou une injection de produits dérivés du sang réalisée sur le territoire de la République française sont indemnisées par l'Office national d'indemnisation des accidents médicaux, des affections iatrogènes et des infections nosocomiales (art. L. 3122-1 CSPu).

Indemnisation des victimes des essais nucléaires français

Toute personne souffrant d'une maladie radio-induite résultant d'une exposition à des rayonnements ionisants dus aux essais nucléaires français et inscrite sur une liste fixée par décret en Conseil d'Etat conformément aux travaux reconnus par la communauté scientifique internationale peut obtenir réparation intégrale de son préjudice dans les conditions prévues par la présente loi (loi n° 2010-2 du 5 janvier 2010 relative à la reconnaissance et à l'indemnisation des victimes des essais nucléaires français). Si la personne est décédée, la demande de réparation peut être présentée par ses ayants droit.
Les personnes concernées par cette procédure, souffrant d'une pathologie radio-induite, doivent avoir résidé ou séjourné :
- 1° entre le 13 février 1960 et le 31 décembre 1967 au Centre saharien des expérimentations militaires, ou entre le 7 novembre 1961 et le 31 décembre 1967 au Centre d'expérimentations militaires des oasis ou dans les zones périphériques à ces centres ;
- 2° entre le 2 juillet 1966 et le 31 décembre 1998 dans les atolls de Mururoa et Fangataufa, ou entre le 2 juillet 1966 et le 31 décembre 1974 dans des zones exposées de Polynésie française inscrites dans un secteur angulaire ;
- 3° entre le 2 juillet 1966 et le 31 décembre 1998 dans certaines zones de l'atoll de Hao ;
- 4° entre le 19 juillet 1974 et le 31 décembre 1974 dans certaines zones de l'île de Tahiti.

Un décret en Conseil d'Etat délimite les zones mentionnées.
Le demandeur justifie, en cas de besoin avec le concours du ministère de la Défense et des autres administrations concernées, que la personne a résidé ou séjourné dans

les zones et durant les périodes visées à l'article 2 et qu'elle est atteinte de l'une des maladies figurant sur la liste.

Les demandes individuelles d'indemnisation sont soumises à un comité d'indemnisation, présidé par un conseiller d'Etat ou un conseiller à la Cour de cassation et composé notamment d'experts médicaux nommés conjointement par les ministres chargés de la Défense et de la Santé sur proposition du Haut Conseil de la santé publique. Les ayants droit des personnes décédées avant la promulgation de la loi peuvent saisir le comité d'indemnisation dans un délai de cinq ans à compter de cette promulgation.

Le comité d'indemnisation examine si les conditions de l'indemnisation sont réunies. Lorsqu'elles le sont, l'intéressé bénéficie d'une présomption de causalité à moins qu'au regard de la nature de la maladie et des conditions de son exposition le risque attribuable aux essais nucléaires puisse être considéré comme négligeable.

Le comité procède ou fait procéder à toute investigation scientifique ou médicale utile, sans que puisse lui être opposé le secret professionnel. Il peut requérir de tout service de l'Etat, collectivité publique, organisme gestionnaire de prestations sociales ou assureur communication de tous renseignements nécessaires à l'instruction de la demande. Ces renseignements ne peuvent être utilisés à d'autres fins que cette dernière. Les membres du comité et les agents désignés pour les assister doivent être habilités à connaître de ces informations.

Dans le cadre de l'examen des demandes, le comité respecte le principe du contradictoire. Le demandeur peut être assisté par une personne de son choix. Dans un délai de quatre mois suivant l'enregistrement de la demande, le comité présente au ministre de la Défense une recommandation sur les suites qu'il convient de lui donner. Ce délai peut être porté à six mois lorsque le comité recourt à des expertises médicales. Dans un délai de deux mois, le ministre, au vu de cette recommandation, notifie son offre d'indemnisation à l'intéressé ou le rejet motivé de sa demande. Il joint la recommandation du comité à la notification.
Dans l'année suivant la promulgation de la présente loi, les délais d'instruction par le comité d'indemnisation sont portés à huit mois à compter de l'enregistrement de la demande.

L'indemnisation est versée sous forme de capital. Toute réparation déjà perçue par le demandeur à raison des mêmes chefs de préjudice, et notamment le montant actualisé des pensions éventuellement accordées, est déduite des sommes versées au titre de l'indemnisation prévue par la présente loi. L'acceptation de l'offre d'indemnisation vaut transaction et désistement de toute action juridictionnelle en cours. Elle rend irrecevable toute autre action juridictionnelle visant à la réparation des mêmes préjudices.

Le ministre de la Défense réunit au moins deux fois par an une commission consultative de suivi des conséquences des essais nucléaires. Cette dernière peut également se réunir à la demande de la majorité de ses membres. La commission comprend dix-neuf membres dont un représentant de chacun des ministres chargés de la Défense, de la Santé, de l'Outre-mer et des Affaires étrangères, le président du gouvernement de la Polynésie française ou son représentant, le président de l'assemblée de la Polynésie française ou son représentant, deux députés, deux sénateurs, cinq représentants des associations représentatives de victimes des essais nucléaires ainsi que quatre personnalités scientifiques qualifiées dans ce domaine.
La commission est consultée sur le suivi de l'application de la présente loi ainsi que sur les modifications éventuelles de la liste des maladies radio-induites. A ce titre, elle peut adresser des recommandations au ministre de la Défense et au Parlement.

Approfondissement : Le service d'aide au recouvrement des dommages-intérêts (SARVI)

La loi n° 2008-644 du 1er juillet 2008 a créé au profit des victimes d'infraction pénales, une aide au recouvrement des dommages-intérêts qui leur ont été accordés par une décision de justice en réparation du préjudice subi. Le Fonds de garantie des victimes d'actes terroristes et d'autres infractions est chargé d'aider les victimes d'infractions qui ne peuvent pas bénéficier d'une indemnisation à obtenir l'exécution, par l'auteur des faits, de la décision de justice leur accordant des dommages et intérêts. Cette aide est apportée le SARVI au nom de la solidarité nationale.
Les personnes pouvant bénéficier de cette aide sont les victimes d'une infraction ayant déposé plainte et ayant obtenu après s'être constituées partie civile l'allocation d'une indemnité par une juridiction répressive. Cette possibilité ne concerne que les personnes justifiant d'une décision de justice devenue définitive, rendue après le 1er octobre 2008. Elles doivent également établir du non-paiement par le condamné des dommages-intérêts. Elles ne doivent pas non plus pouvoir bénéficier d'une indemnisation de la CIVI, FGTI (actes de terrorisme), FGAO (accident de la circulation), FIVA (victime de l'amiante), ONIAM (accident médical).

La personne doit saisir le SARVI si le condamné n'a pas payé les indemnités dues dans un délai de deux mois suivant la date à laquelle la décision est devenue définitive. Elle dispose alors d'un délai de douze mois à partir de la date de la décision pour introduire sa demande. Si le CIVI a été saisi en premier et que la demande est rejetée, le délai d'un an court à compter de la date de notification du rejet.

La demande d'aide au recouvrement doit être accompagnée d'un justificatif d'identité, d'un relevé d'identité bancaire, de la copie de la décision de la CIVUI et de sa notification, de l'attestation sur l'honneur indiquant le montant perçu de l'auteur ou l'échéancier de paiement, ou l'absence de paiement, des éléments complémentaires sur le patrimoine, les revenus, l'employeur de l'auteur, de la copie certifiée conforme ou exécutoire de la décision pénale accordant des dommages et intérêts, du certificat de non-appel, de non-opposition ou de non-pourvoi mentionnant la date et le mode de signification.

Si la juridiction pénale a accordé une indemnité d'un montant inférieur ou égal à 1 000 euros, le SARVI règle l'intégralité de la somme dans un délai de deux mois à compter de la réception de la demande d'aide au recouvrement, dès lors que le dossier est complet.

Si la juridiction pénale a accordé des sommes d'un montant supérieur à 1 000 euros, le SARVI accorde une avance égale à 30 % du montant total, avec un minimum de 1 000 euros et un maximum de 3 000 euros. Cette somme est réglée dans un délai de deux mois à compter de la réception de la demande complète. Le SARVI se charge ensuite d'obtenir le paiement par le condamné des sommes mises à sa charge, augmentées d'une pénalité, mais ce n'est qu'en fonction des sommes qu'il parvient à récupérer auprès de l'auteur des faits, que le SARVI règle le complément de la somme qui devrait revenir à la victime, donc sans garantie de total recouvrement.

Commentaire d'arrêt n° 1

Conseils méthodologiques

La fiche d'arrêt établie permet à l'étudiant de confronter le contenu de l'arrêt à ses connaissances personnelles. Il doit faire une appréciation critique de l'arrêt en confrontant le raisonnement des magistrats à d'autres raisonnements, ce qui lui permet de déterminer s'il s'agit d'un arrêt de principe, d'un revirement de jurisprudence ou de la confirmation d'une position déjà adoptée.

Lorsqu'il s'agit de faire un commentaire conjoint de deux arrêts, il faut retrouver le problème juridique aux deux décisions.

La motivation du juge

La motivation de la décision qui est l'objet du pourvoi doit être présentée clairement. Dans un arrêt de cassation, les motifs développés par la Cour de cassation s'opposent à ceux de la cour d'appel. Dans un arrêt de rejet, les motifs de la Cour de cassation se rapprochent en principe de ceux de la cour d'appel. Toutefois, la Cour de cassation peut s'opposer à la motivation de la décision contre laquelle le pourvoi est formé, tout en rejetant le pourvoi. Dans ce cas, elle peut procéder à une substitution de motifs qui change le fondement juridique de la décision sans que celle-ci soit modifiée.

Il faut apprécier l'arrêt et présenter sa portée à partir du cours ou des connaissances personnelles.

L'élaboration du plan

Le plan découle de la solution donnée par la juridiction. Les parties du commentaire sont dégagées à partir des questions de droit soulevées par l'arrêt, les moyens de droit. Lorsque les questions sont distinctes les unes des autres, chacune fait l'objet d'une partie. Il est possible de les regrouper lorsqu'elles concernent la même notion juridique. Mais lorsque l'arrêt ne comporte qu'un seul moyen et un seul problème de droit, il faut arriver à trouver deux parties. Chaque partie doit comporter deux sous-parties.

La rédaction

L'introduction doit présenter le thème général de la décision et, à partir de la fiche d'arrêt, présenter les faits, les qualifications juridiques, la procédure, les thèses en présence et la solution. Le plan doit être annoncé.

Application

Commentaire conjoint d'arrêts.

Arrêt n° 1

AP, 9 mai 2008, pourvoi n° 06-851

« Attendu, selon l'arrêt attaqué (Bastia, 7 juin 2006), que Mme Angèle X... a cité directement devant le tribunal correctionnel M. Jean-René Y... et d'autres personnes, des chefs d'abus de faiblesse et d'autres infractions, pour obtenir réparation tant de son préjudice personnel que de celui de sa mère Irène X..., alors décédée ;

« Attendu que Mme Angèle X... fait grief à l'arrêt de déclarer irrecevable la citation directe qu'elle a délivrée pour les faits dont aurait été victime sa mère, alors, selon le moyen, qu'est recevable l'action civile des ayants droit de la victime tendant à la réparation du préjudice personnel directement causé à cette dernière par l'infraction ; qu'ainsi la cour d'appel n'a pu légalement déclarer irrecevable la citation directe de Mme Angèle X... à raison des faits dont avait été victime sa mère décédée, sans violer les articles 6 de la Convention européenne des droits de l'homme, 223-15-12 du code pénal, 2, 591 et 593 du code de procédure pénale ;

« Mais attendu que, sauf exceptions légales, le droit de la partie civile de mettre en mouvement l'action publique est une prérogative de la victime qui a personnellement souffert de l'infraction ; que l'action publique n'ayant été mise en mouvement ni par la victime ni par le ministère public, seule la voie civile était ouverte à la demanderesse pour exercer le droit à réparation reçu en sa qualité d'héritière ;

« D'où il suit que le moyen n'est pas fondé de ce chef. »

Arrêt n° 2

AP, 9 mai 2008, pourvoi n° 05-87379

Sur le moyen unique :

« Vu les articles 2 et 3 du code de procédure pénale, ensemble l'article 731 du code civil ;

« Attendu que toute personne victime d'un dommage, quelle qu'en soit la nature, a droit d'en obtenir réparation de celui qui l'a causé par sa faute ; que le droit à réparation du préjudice éprouvé par la victime avant son décès, étant né dans son patrimoine, se transmet à ses héritiers ;

« Attendu, selon l'arrêt attaqué rendu sur renvoi après cassation, que MM. Jacques et Lionel X..., parties civiles, demandaient devant la cour d'appel saisie des seuls intérêts civils, en leur qualité d'héritiers d'Antoine X..., la réparation des préjudices matériels et moraux causés par les faits de falsifications de chèques et usage dont leur auteur avait été victime ;

« Attendu que pour déclarer cette demande irrecevable, après avoir dit constituer à la charge de Mme Ana Y..., renvoyée devant le tribunal correctionnel par ordonnance du juge d'instruction du 17 juin 2002, les éléments des infractions de falsifications de chèques et usage, l'arrêt retient que MM. Jacques et Lionel X... ne peuvent être considérés comme victimes directes de ces faits, alors même que leur auteur, bien qu'il en fût informé, n'avait jamais déposé plainte ni même manifesté l'intention de le faire ;

« Qu'en statuant ainsi, alors que le droit à réparation des préjudices subis par Antoine X..., né dans son patrimoine, avait été transmis à ses héritiers qui étaient recevables à l'exercer devant la cour d'appel saisie des seuls intérêts civils, peu important que leur auteur n'ait pas introduit d'action à cette fin avant son décès, dès lors que le ministère public avait mis en mouvement l'action publique et que la victime n'avait pas renoncé à l'action civile, la cour d'appel a violé les textes susvisés ;

« PAR CES MOTIFS :

« CASSE et ANNULE, mais seulement en ce qu'il a déclaré MM. Jacques et Lionel X... irrecevables en leur demande de réparation des préjudices subis par leur auteur, Antoine X..., par suite des faits de falsifications de chèques et d'usage, l'arrêt rendu le 26 octobre 2005, entre les parties, par la cour d'appel de Paris ; remet, en conséquence, sur ce point, la cause et les parties dans l'état où elles se trouvaient avant ledit arrêt et, pour être fait droit, les renvoie devant la cour d'appel de Paris, autrement composée. »

Eléments de correction

Les deux arrêts rapportés, rendus à la même date, celle du 9 mai 2008 portent sur les modalités d'exercice de l'action civile des héritiers au nom de leur défunt. Cette action se distingue de l'action personnelle intentée par les héritiers pour leur préjudice personnel et direct. Lorsque la victime avait intenté l'action civile avant son décès, ses héritiers peuvent la continuer. Lorsque cette action n'a pas été intentée avant le décès de la victime, tout le problème est de savoir si les héritiers peuvent l'exercer devant la juridiction pénale.

Dans le premier arrêt, Angèle X. a intenté une action en justice devant le tribunal correctionnel pour abus de faiblesse afin d'obtenir réparation tant de son préjudice que de celui de sa mère décédée. La cour d'appel déclara l'action exercée au nom de la défunte irrecevable. Angèle X. a par la suite intenté un pourvoi au motif que le droit de la partie civile de mettre en mouvement l'action publique est une prérogative de la victime qui a personnellement souffert du dommage.

Dans le second arrêt, Jacques et Lionel X ont saisi la cour d'appel saisie des seuls intérêts civils afin d'obtenir réparation, en leur qualité d'héritiers d'Antoine X, des préjudices matériels et moraux dont leur auteur avait été victime du fait de falsifications de chèques et usage. Pour la cour d'appel, ces héritiers ne peuvent être considérés comme victimes directes des infractions alors que leur auteur n'avait jamais saisi la justice ni manifesté l'intention de le faire.

L'Assemblée devait dans les deux cas préciser les conditions dans lesquelles l'action successorale pouvait être déclarée recevable, alors que l'action publique n'avait pas mise en mouvement. Dans le premier arrêt, elle déclare que « *sauf exceptions légales, le droit de la partie civile de mettre en mouvement l'action publique est une prérogative de la victime qui a personnellement souffert de l'infraction ; que l'action publique n'ayant été mise en mouvement ni par la victime ni par le ministère public, seule la voie civile était ouverte à la demanderesse pour exercer le droit à réparation reçu en sa qualité d'héritière* ». Dans le second arrêt, elle énonce que « *le droit à réparation des préjudices subis par Antoine X..., né dans son patrimoine, avait été transmis à ses héritiers qui étaient recevables à l'exercer devant la cour d'appel saisie des seuls intérêts civils, peu important que leur auteur n'ait pas introduit d'action à cette fin avant son décès, dès lors que le ministère public avait mis en mouvement l'action publique et que la victime n'avait pas renoncé à l'action civile* ». Ce faisant, elle fait une distinction selon que l'action publique avait été mise en mouvement ou non par la victime.

I. L'action publique n'a pas été mise en mouvement avant le décès de la victime

Deux conséquences :

A. Impossibilité pour l'héritier d'agir au nom de la victime devant le juge pénal
L'héritier ne peut agir au pénal au nom de la victime.
Sauf exceptions légales, le droit de la partie civile de mettre en mouvement l'action publique est une prérogative de la victime qui a personnellement souffert de l'infraction.

B. Action en réparation exercée devant le juge civil
L'action publique n'ayant été mise en mouvement ni par la victime ni par le ministère public, seule la voie civile était ouverte à la demanderesse pour exercer le droit à réparation reçu en sa qualité d'héritière.
L'action civile exercée en son propre nom n'a pas abouti, les personnes poursuivies ayant été relaxées.

II. L'action publique a été mise en mouvement avant le décès de la victime

Deux conséquences :

A. Exercice de l'action successorale au pénal
Dès lors que le ministère public avait mis en mouvement l'action publique et que la victime n'avait pas renoncé à l'action civile.

B. Action par voie d'intervention
Sauf exceptions légales, le droit de la partie civile de mettre en mouvement l'action publique est une prérogative de la victime qui a personnellement souffert de l'infraction.

Lecture d'arrêt

L'arrêt

C. cass. 9 septembre 2008, pourvoi n° 07-87207

« Statuant sur le pourvoi formé par :
- X... Teddy,
agissant tant en son nom personnel qu'en qualité de représentant légal de ses enfants Linley, Westley et Presley Mathis X..., parties civiles, contre l'arrêt de la cour d'appel de BASSE-TERRE, chambre correctionnelle, en date du 11 septembre 2007, qui, dans la procédure suivie contre Philémon Y... du chef d'homicide involontaire, a prononcé sur les intérêts civils ;

« Sur le moyen relevé d'office, après avis donné aux avocats, pris de la violation des articles 2, 3, 464 et 512 du code de procédure pénale ;

« Vu lesdits articles ;

« Attendu que les tribunaux répressifs ne sont compétents pour connaître de l'action civile en réparation du dommage né d'une infraction qu'accessoirement à l'action publique ; qu'il en résulte que ces tribunaux ne peuvent se prononcer sur l'action civile qu'autant qu'il a été préalablement statué au fond sur l'action publique ;

« Attendu qu'il résulte de l'arrêt attaqué et des pièces de procédure que Philémon Y..., poursuivi pour homicide involontaire, étant décédé en cours de délibéré, le tribunal correctionnel a, par jugement en date du 13 octobre 2006, constaté l'extinction de l'action publique et renvoyé l'affaire sur les intérêts civils à l'audience du 8 décembre 2006 où elle a été mise en délibéré au 12 janvier 2007 ; que, par jugement du même jour, l'assureur du prévenu a été condamné à payer des dommages-intérêts aux ayants droit de la victime ; que, sur l'appel de l'assureur et d'un des ayants droit, les juges du second degré ont fixé les créances des parties civiles sans prononcer de condamnation contre quiconque ;

« Mais attendu qu'en statuant ainsi, la cour d'appel a méconnu le sens et la portée des textes susvisés et du principe ci-dessus rappelé ;

« D'où il suit que la cassation est encourue ; que, n'impliquant pas qu'il soit à nouveau statué sur le fond, elle aura lieu sans renvoi, ainsi que le permet l'article L. 411-3 du code de l'organisation judiciaire ;

« Que l'ordre public et une bonne administration de la justice commandent qu'en application de l'article 612-1 du code de procédure pénale, l'annulation prononcée ait effet à l'égard des parties à la procédure qui ne se sont pas pourvues ;

« Par ces motifs, et sans qu'il y ait lieu d'examiner le moyen proposé ;

« CASSE et ANNULE, en ses dispositions concernant les demandeurs au pourvoi, l'arrêt susvisé de la cour d'appel de Basse-Terre, en date du 11 septembre 2007. »

Analyse de l'arrêt

Le décès de la personne poursuivie éteint l'action publique. Les juridictions pénales étant dessaisies ne peuvent par conséquent plus statuer sur l'action civile du fait de son caractère accessoire à l'action publique. La juridiction pénale étant dessaisie de l'action publique, l'action en réparation ne peut alors être exercée que devant la juridiction civile.

Toutefois, les juridictions répressives demeurent compétentes pour statuer sur les intérêts civils lorsqu'une action sur le fond a déjà été rendue au pénal. Les héritiers du délinquant deviennent alors défendeurs en appel ou devant la Cour de cassation pour les seuls intérêts civils.

En l'espèce, le prévenu étant décédé en cours d'instance devant le tribunal correctionnel, et avant toute décision sur le fond, la juridiction aurait dû se déclarer incompétente pour connaître de l'action civile.

Fiche n° 16 : La mise en œuvre de l'action civile

Références

• BROUCHOT J., « L'arrêt Laurent-Atthalin, sa genèse, ses conséquences », *Mélanges Patin*, p. 411.
• ROETS C., « Le contentieux de l'action civile et l'article 6 § 1 de la Convention européenne des droits de l'homme : une tentative de clarification de la cour de Strasbourg », *D.*, 2004, p. 2943.

Définitions

• **Partie civile** : personne ayant subi un préjudice résultant d'une infraction qui se constitue partie civile devant le juge d'instruction (plainte avec constitution de partie civile) ou la juridiction de jugement (citation directe). Une demande de dommages-intérêts auprès de la police judiciaire vaut constitution de partie civile si l'action publique est intentée.

• **Droit d'option de la victime** : faculté pour la victime d'une infraction de choisir de porter l'action en réparation devant une juridiction civile ou une juridiction pénale.

• **Le principe « *electa una via* »** : principe selon lequel la victime ne peut plus porter son action devant la juridiction pénale si elle opte pour la voie civile.

Explications

La victime ayant subi un préjudice résultant de l'infraction dispose d'une option lui permettant de choisir la voie pénale ou la voie civile (I). Devant la juridiction pénale, elle peut se constituer partie civile et devenir partie au procès (II).

I. Le droit d'option de la victime

La victime peut effectuer son choix en tenant compte des avantages et des inconvénients de chaque voie.

A. Liberté et irrévocabilité de l'option

Si le choix de la voie d'action est libre, il est en principe irrévocable.

1. Liberté de l'option

La victime qui souhaite obtenir réparation du dommage causé par l'infraction possède une option qui lui permet soit de se porter partie civile devant une juridiction répressive (art. 3 CPP), soit d'intenter une action devant une juridiction civile (art. 4 CPP).

L'option n'est possible que si les deux voies sont concurremment ouvertes.

La voie civile est fermée en cas de diffamation envers les corps constitués, les administrations publiques, les corps constitués, les armées (art. 46, loi du 29 juillet 1881 sur la liberté de la presse). Il en est de même lorsqu'il s'agit de la responsabilité d'un instituteur en cas de dommage causé par un élève ou à un élève. La victime ne peut alors agir qu'au pénal.

La voie pénale est fermée lorsque la juridiction pénale est incompétente parce l'affaire relève d'une juridiction d'exception (Cour de justice de la République, Haute Cour de justice). Il en est de même lorsque l'action publique est éteinte. Ne peut être exercée au pénal l'action à fins civiles, c'est-à-dire l'action fondée sur une infraction mais n'ayant pas objet pour la réparation du dommage.

2. L'irrévocabilité de l'option

En principe, l'option est irrévocable en application de la maxime « *electa una via, non datur recursus ad alteram* ». Toutefois, l'option n'est irrévocable que lorsque la partie lésée a d'abord choisi la voie civile (art. 5 CPP). En revanche, le choix d'exercer la voie répressive n'est pas irrévocable (art. 426 CPP), à moins que la juridiction répressive n'ait statué au fond. En outre, la constitution de partie civile devant la juridiction pénale n'empêche pas la victime de saisir le juge des référés civils afin d'obtenir des mesures provisoires, lorsque l'existence de l'obligation n'est pas sérieusement contestée (art. 5-1 CPP).

Le principe de l'irrévocabilité de l'option n'est pas absolu :
• la victime peut revenir sur son choix et saisir la juridiction pénale lorsqu'elle a saisi une juridiction civile incompétente ou une juridiction civile étrangère ;
• elle peut également agir au pénal si au moment où elle a agi au civil, le fait n'apparaissait pas comme une infraction ;
• l'irrévocabilité n'est pas opposable lorsque la victime engage au pénal une action civile différente par sa cause et son objet de l'action en réparation engagée devant les juridictions civiles. Ainsi, l'annulation d'un contrat pour vice de consentement est différente de la demande en réparation du dommage causé par l'escroquerie réalisée au moyen de ce même contrat ;
• le passage du civil au pénal est également possible lorsque la victime se joint à l'action du ministère public avant que le juge civil n'ait statué au fond ;
• l'assignation devant le juge des référés ne fait pas obstacle à la saisine du juge pénal.

Pour la jurisprudence, le principe de l'irrévocabilité de la voie civile n'est pas un principe d'ordre public puisqu'il est édicté dans le seul intérêt du prévenu, de sorte qu'il ne peut être soulevé d'office par le juge et doit être soulevé avant toute défense au fond. Le défenseur peut également renoncer à s'en prévaloir.

B. Le choix de la victime

1. L'action en réparation exercée devant la juridiction civile

Si la victime opte pour la voie civile, l'action obéit aux règles de procédure civile. Cependant, étant liée à l'infraction, la procédure est soumise au principe posé à l'article 4 alinéa 2 du code de procédure pénale selon lequel le criminel tient le civil en l'état.

Lorsque la voie civile est exercée en même temps que l'action publique intentée par le ministère public, il doit être sursis au jugement de l'action civile exercée devant la juridiction civile tant qu'il n'a pas encore été statué définitivement sur l'action publique. Le tribunal civil peut rendre sa décision dès que la juridiction pénale a statué définitivement sur l'action publique. Sont également considérés comme des décisions définitives l'ordonnance de non-lieu, le jugement par défaut ou l'arrêt de contumace.

Le sursis a un caractère d'ordre public, mais il doit être demandé par une partie. Il doit être respecté sous peine de nullité absolue de la procédure. Cependant, la mise en mouvement de l'action publique n'impose pas la suspension du jugement des autres actions exercées devant la juridiction civile, de quelque nature qu'elles soient, même si la décision d'intervenir au pénal est susceptible d'exercer, directement ou indirectement, une influence sur la solution du procès civil. Par conséquent, une action à fins civiles peut être jugée par la juridiction civile avant que la juridiction répressive ait rendu sa sentence.

2. L'action civile devant le juge pénal

L'action civile devant les juridictions pénales présente de nombreux intérêts pour la victime. Elle est plus économique qu'une action devant la juridiction civile. Elle est souvent plus efficace dans la mesure où les preuves sont apportées par le ministère public et le juge d'instruction. Elle est également plus rapide et elle permet en un seul procès d'obtenir la condamnation de l'auteur de l'infraction et la réparation du dommage. La règle de la solidarité qui pèse sur tous les participants à l'infraction est également favorable à la victime.

L'action civile devant le juge répressif permet de pallier une éventuelle inertie du parquet et d'apporter ou de rechercher des preuves auxquelles la justice n'aurait pas pensé en raison des pouvoirs donnés à la partie civile.

La victime partie civile ne peut plus être entendue comme un témoin.

II. La constitution de partie civile

Il s'agit d'analyser les modes de saisine de la juridiction pénale par la victime ainsi que les effets de la constitution de partie civile.

A. Les modalités de constitution de partie civile

La victime peut se constituer partie civile par voie d'intervention ou par voie d'action. Elle peut aussi formuler sa demande de dommages-intérêts dès le stade de l'enquête avec l'accord du procureur de la République, et cette demande vaut constitution de partie civile si l'action publique est mise en mouvement (art. 420-1 al. 2 CPP).

1. La voie d'intervention

La victime agit par voie d'action lorsqu'elle se joint à l'action publique déjà engagée par le parquet.

Pendant l'instruction, la constitution de partie civile peut intervenir à tout moment (art. 87 CPP) même par l'envoi d'une simple lettre.

Devant le tribunal correctionnel ou de police ou le juge de proximité, la victime peut intervenir avant l'audience par une déclaration au greffe, par lettre recommandée avec accusé de réception ou par une télécopie adressée au tribunal au moins vingt-quatre heures avant le début de l'audience. Avec l'accord du procureur de la République, la demande de restitution ou de dommages-intérêts peut également être formulée par la victime, au cours de l'enquête de police, auprès d'un officier ou d'un agent de police judiciaire, qui en dresse procès-verbal. Cette demande vaut constitution de partie civile si l'action publique est mise en mouvement et que le tribunal correctionnel ou de police est directement saisi (art. 402-1 CPP).

Pendant l'audience, elle peut intervenir également par dépôt de conclusions ou par déclaration orale au greffe avant les réquisitions du procureur de la République sur le fond (art. 421-1 CPP).

L'intervention n'est pas possible en appel, car elle priverait le prévenu du double degré de juridiction. Mais elle peut être faite après un jugement par défaut (art. 420-1 CPP).

La constitution de partie civile par voie d'intervention ne permet pas à la partie civile d'étendre les poursuites aux faits non visés dans le réquisitoire introductif.

2. *La voie d'action*

La victime agit par voie d'action lorsque le ministère public ne veut pas exercer ou n'a pas encore exercé l'action publique. Elle peut agir par citation directe ou par une plainte avec constitution de partie civile.

a) La plainte avec constitution de partie civile
Il s'agit d'une lettre datée, signée et adressée au juge d'instruction dans laquelle la victime se déclare expressément partie civile et demande des dommages et intérêts (art. 85 CPP). Il faut que les circonstances sur lesquelles elle s'appuie permettent au juge d'admettre comme possible l'existence du préjudice allégué et la relation directe de celui-ci avec l'infraction[1]. La plainte avec constitution de partie civile est interdite en cas de contravention ou en cas d'information spéciale, par exemple pour rechercher les causes d'une mort ou d'une disparition.
Le juge peut, d'office ou à la demande du procureur de la République, entendre le plaignant et l'inviter à produire toute pièce utile à l'appui de sa demande. Il doit fixer le montant de la consignation garantissant le montant de l'amende civile sanctionnant le déclenchement abusif ou dilatoire de l'action publique, sauf décision contraire du juge ou si la victime bénéficie de l'aide juridictionnelle. Cette somme est fixée en fonction des ressources de la partie civile (art. 88 et 392-1 CPP). Elle doit être déposée au greffe de la juridiction dans le délai imparti. A défaut, la constitution de partie civile est irrecevable. La demande d'aide juridictionnelle ne suspend pas le délai fixé. Pour la jurisprudence, la constitution de partie civile est irrecevable si la consignation n'a pas été payée dans le délai fixé dans le délai imparti par le juge[2]. La victime doit également faire une déclaration d'adresse au juge d'instruction (art. 89 CPP). Devant la juridiction de jugement, une élection de domicile dans le ressort du tribunal saisi suffit (art. 392 et 533 CPP).

b) La citation directe
Elle obéit aux mêmes conditions de forme que celle délivrée par le parquet (art. 392-1 CPP). Il n'est pas nécessaire que la citation contienne des conclusions expresses aux fins d'indemnisation. Ce mode d'action ne peut être utilisé que si l'auteur de l'infraction est connu et si l'instruction n'est pas obligatoire. La juridiction de jugement doit fixer le montant de la consignation qu'elle devra verser au greffe sous peine d'irrecevabilité de la demande. Le tribunal saisi a l'obligation de juger quelles que soient les réquisitions du procureur de la République.

B. Les effets de la constitution de partie civile

En se constituant partie civile, la victime devient partie civile. Mais la constitution par voie d'action produit des effets particuliers.

1. Crim., 15 nov. 1988, *D.*, 1998, IR, p. 302.
2. Crim., 9 nov. 1998, *Bull. crim.*, n° 291 ; *Procédures*, 1999, obs. Buisson.

1. Les effets communs aux différentes voies

La constitution de partie civile par voie d'action ou par voie d'intervention attribue à la victime la qualité de partie au procès pénal. Elle a le statut de la partie civile.

Le juge d'instruction doit informer, malgré les réquisitions contraires du procureur, sauf si les faits ne peuvent donner lieu à poursuites. La juridiction de jugement doit statuer sur la demande en réparation.

Pendant l'instruction, la partie civile ne peut être entendue ou confrontée qu'en présence de son avocat dûment convoqué (art. 114, 115 CPP). Elle doit être informée de ses droits lors de la première audition (art. 89-1 CPP). Les actes importants sont notifiés au domicile élu (art. 89, 183 CPP). Elle peut faire valoir ses preuves et solliciter un acte d'instruction (art. 81, 82-1, 156 CPP). Elle doit être informée tous les six mois de l'avancement du dossier. Elle peut exercer les voies de recours contre les ordonnances du juge d'instruction lui faisant grief et les jugements rendus sur les intérêts civils.

Devant la juridiction de jugement, elle a droit à l'assistance d'un avocat (art. 418, 536 CPP). Elle peut produire des preuves et poser des questions à un témoin (art. 427 CPP). Elle peut exercer les voies de recours contre les jugements rendus (art. 497, 546, 568, 573 CPP).

2. L'effet particulier de la voie d'action

a) La mise en mouvement de l'action publique

Lorsqu'elle est recevable, la constitution de partie civile par voie d'action met en mouvement de l'action publique. Ce principe a été consacré par la jurisprudence dans l'arrêt Laurent-Atthalin[3] avant d'être consacré par l'article 1 alinéa 2 du code de procédure pénale. Ce pouvoir accordé à la partie civile permet de vaincre l'inertie du ministère public. Pour la jurisprudence, la constitution de partie civile par voie d'action oblige le juge d'instruction à informer sur les faits qui y sont dénoncés, malgré les réquisitions contraires du procureur de la République. La loi lui impose de vérifier, par une information préalable et contradictoire, la réalité des faits dénoncés[4]. L'action publique est mise en mouvement même si la victime ne peut obtenir aucune réparation au pénal (art. 418 CPP). C'est l'action civile à fins répressives exercée dans le seul but d'établir l'existence de l'infraction et la culpabilité du prévenu[5].

3. Crim., 8 déc. 1906, S. 1907, 1, p. 377 ; *DP*, 1907, 1, p. 207.
4. Crim., 1er septembre 2009, pourvoi n° 08-88.426.
5. Crim., 19 oct. 1982, *Bull. crim.*, n° 222.

b) La sanction des constitutions de partie civile abusives

Si la constitution de partie civile présente de nombreux avantages pour la partie civile, elle peut porter atteinte aux droits de la personne poursuivie lorsqu'elle est abusive ou dilatoire. La voie pénale peut en effet être utilisée comme moyen de pression, pour faire durer la procédure devant le juge civil ou pour profiter des procédés d'investigation du juge répressif. Par ailleurs, la multiplication de constitutions de partie civile peut créer un encombrement devant les tribunaux répressifs. Diverses mesures légales permettent de lutter contre les constitutions de partie civile abusives.

• *Les mesures préventives :* la partie civile ne peut obliger le juge d'instruction à instruire contre la personne qu'elle vise nommément dans sa plainte. Ce dernier reste libre d'ouvrir la procédure contre toute personne que l'information fera connaître. Si l'information se termine par un non-lieu, la partie civile ne peut relancer l'action publique[6]. Seul le ministère public peut demander la réouverture d'une information sur charges nouvelles (art. 190 CPP).

Si le procureur de la République estime que la plainte est insuffisamment motivée et justifiée, il peut, avant de prendre son réquisitoire, et si le juge ne l'a pas déjà fait, demander à celui-ci d'entendre la partie civile et l'inviter à produire toute pièce utile. Il peut également prendre un réquisitoire afin d'informer contre personne dénommée, sans viser la personne nommée dans la plainte. Lorsqu'il apparaît, à l'issue des investigations réalisées à la suite du dépôt de la plainte, que les faits ne sont pas manifestement avérés ou si la plainte n'est pas suffisamment motivée ou justifiée, le procureur de la République peut prendre des réquisitions de non-lieu. Le juge d'instruction peut rendre une ordonnance de non-lieu, en se fondant sur l'enquête que la plainte a un caractère manifestement abusif (art. 86 al. 4 CPP)[7].

En matière délictuelle, la recevabilité de la plainte avec constitution de partie civile est subordonnée au refus de poursuites ou à l'inaction du parquet pendant un délai de trois mois depuis le dépôt de la plainte, sauf s'il s'agit de délit de presse ou divers prévus au code électoral (art. 85 CPP). La prescription de l'action publique est suspendue au profit de la victime du dépôt de la plainte jusqu'à la réponse du procureur au plus dans le délai de trois mois.

• *Les mesures réparatrices :* le juge d'instruction qui rend une ordonnance de non-lieu ou de refus d'informer peut prononcer une amende civile de 15 000 euros à l'encontre de la partie civile (art. 86 et 177-1 CPP). Si la partie civile est une personne morale, l'amende est prononcée contre son représentant à condition qu'il soit de mauvaise foi (art. 177-3 CPP). Le ministère public, dans un délai de trois à compter du jour où la décision de non-lieu est devenue définitive, peut citer la partie civile à comparaître devant le tribunal correctionnel (art. 91-1 CPP).

6. Mais la victime peut déposer une plainte portant sur les mêmes faits contre une personne autre que celle mise en examen.

7. Crim., 3 mars 2009, pourvoi n° 08-84521.

Le tribunal saisi par citation directe, ou la cour d'appel, peut accorder des dommages-intérêts à la personne poursuivie en cas de relaxe (art. 472 CPP). Il peut également prononcer une amende civile si la citation est abusive ou dilatoire.
La juridiction qui a prononcé un non-lieu, une relaxe ou un acquittement peut accorder à la personne poursuivie une indemnité destinée à compenser les frais de défense et qui peut être mise à la charge de la partie civile qui a déclenché les poursuites (art. 800-2 CPP).
La personne bénéficiant d'un non-lieu non motivé par une amnistie, d'une relaxe ou d'un acquittement peut en outre porter plainte pour dénonciation calomnieuse (art. 226-10 CP). Il en est de même en cas de désistement du plaignant. La juridiction statue en application de l'article 1382 du code civil, afin d'apprécier si la partie civile était au moment de la plainte de mauvaise foi ou téméraire. Si le juge d'instruction ou la chambre de l'instruction a sanctionné la partie civile d'une amende pour constitution de partie civile abusive ou dilatoire, la décision s'impose au tribunal.
Elle peut enfin obtenir la publication des décisions de non-lieu, un droit de réponse, des rectifications et des communiqués, mesures qui permettent de sanctionner le non-respect de la présomption d'innocence.

Cas pratique

I. Enoncé

Lasse de subir les violences conjugales, Mme Patience intente une action en divorce. Plus tard, suite aux conseils d'un ami, elle décide de poursuivre son mari au pénal et entend se constituer partie civile devant le juge d'instruction.
Elle veut également se venger de son mari, dirigeant d'une grande entreprise. Elle est en effet au courant de divers détournements qu'il a commis. Elle le dénonce aux autorités judiciaires et entend se constituer partie civile.

II. Eléments de correction

A. Sur la possibilité de saisir la juridiction civile

Mme Patience a certainement subi des violences volontaires de la part de son mari. Lorsque les violences n'entraînent pas le décès de la victime, elles sont généralement sanctionnées comme délits (art. 222-9 et ss. CPP).

Mme Patience saisit d'abord la juridiction civile d'une action en divorce fondée sur les violences qui doivent lui permettre de prouver la faute de son mari. Il s'agit là d'une action à fins civiles dont l'objet n'est pas d'obtenir réparation du dommage subi mais d'établir une faute permettant de justifier le prononcé du divorce. La question qui se pose en l'espèce est de savoir si elle peut par la suite exercer une action civile devant le juge pénal.

En application de la règle *electa una via*, la victime qui porte son action devant la juridiction civile ne peut plus l'intenter devant la juridiction pénale (art. 5 CPP). Il faut cependant que les deux actions soient identiques par leur cause et par leur objet. Tel n'est pas le cas lorsque la victime agit au civil pour demander le divorce et que, par la suite, elle saisit la juridiction répressive pour obtenir réparation du préjudice subi.

B. Sur la possibilité de se constituer partie civile devant le juge d'instruction

Depuis la loi du 5 mars 2007 tendant à l'équilibre de la procédure pénale, la plainte avec constitution de partie civile n'est recevable qu'à condition que la personne justifie soit que le procureur de la République lui a fait connaître, à la suite d'une plainte déposée devant lui ou un service de police judiciaire, qu'il n'engagera pas lui-même des poursuites, soit qu'un délai de trois mois s'est écoulé depuis qu'elle a déposé plainte devant ce magistrat, contre récépissé ou par lettre recommandée avec demande d'avis de réception, ou depuis qu'elle a adressé, selon les mêmes modalités, copie à ce magistrat de sa plainte déposée devant un service de police judiciaire (art. 85 CPP). Cette condition de recevabilité de la plainte avec constitution de partie civile est exigée en matière délictuelle afin d'éviter les constitutions de partie civile abusives et l'encombrement des tribunaux. En conséquence, Mme Patience doit d'abord porter plainte et voir quelle est la position du parquet. La prescription de l'action publique est suspendue, à son profit, du dépôt de la plainte jusqu'à la réponse du procureur de la République ou, au plus tard, une fois écoulé le délai de trois mois.

C. Sur la possibilité de se constituer partie civile dans les poursuites pour détournement

La constitution de partie civile n'est possible que si la personne établit un préjudice direct et personnel découlant de l'infraction (art. 2 CPP). Tel n'est pas le cas en l'espèce, car les divers détournements commis par son mari ne lui ont causé aucun dommage.

Fiche n° 17 : L'extinction de l'action civile

Explications

L'action civile peut s'éteindre du fait de son caractère accessoire à l'action publique (I) ou des causes propres à une action de nature privée (II).

I. L'extinction de l'action civile liée à l'extinction de l'action publique

L'action civile peut s'éteindre du fait de la prescription de l'action publique ou de la chose jugée au criminel sur le civil.

A. La prescription de l'action civile

Le code d'instruction criminelle avait posé le principe de solidarité des prescriptions civile et pénale repris par le code de procédure pénale. L'action civile devait donc se prescrire dans le même temps que l'action publique, plus courte qu'en cas de simple faute civile.

La loi du 23 décembre 1980 modifiant l'article 10 du code de procédure pénale a désolidarisé les prescriptions.

Lorsqu'elle est intentée devant une juridiction répressive, l'action civile se prescrit selon les règles de l'action publique (art. 10 CPP). Si l'action publique est prescrite, le juge pénal ne peut plus connaître de l'action civile. Cependant, lorsque l'action civile a été portée devant les juridictions pénales dans les délais propres à l'action publique et qu'il a été définitivement statué sur l'action publique par une condamnation pénale, les mesures d'instruction ordonnées par le juge pénal sur les seuls intérêts civils obéissent aux règles de la procédure civile (art. 10 al. 2 CPP).

Lorsqu'elle est intentée devant la juridiction civile, l'action en réparation du dommage se prescrit selon les règles du droit civil. La durée de la prescription est alors de dix ans pour le droit commun des actions en responsabilité nées des délits ou quasi-délits ou vingt ans s'il s'agit de l'action en responsabilité civile née de tortures, actes de barbarie, violences ou agressions sexuelles commises sur un mineur (art. 2226 C. civ.). Les causes de suspension et d'interruption de l'action civile sont alors celles de l'action civile. Par ailleurs, alors que la prescription de l'action publique est d'ordre public, la prescription de l'action civile est d'ordre privé. Par conséquent, le juge ne peut la soulever d'office et le bénéficiaire peut y renoncer même lorsqu'elle est acquise.

Lorsqu'il s'agit des infractions de presse, la solidarité de prescription joue. Même devant la juridiction civile, l'action doit être intentée dans un délai de trois mois.

B. L'autorité de la chose jugée au criminel sur le civil

Le juge civil se trouve, sauf exceptions, lié dans sa décision par la décision du juge répressif, en raison du principe de l'autorité de la chose jugée au criminel sur le civil afin d'éviter la contradiction des jugements.

Le juge civil statuant sur l'action en réparation du dommage causé par une infraction doit respecter ce qui a été jugé au pénal afin d'éviter la contrariété des jugements. Cette règle est déduite de l'article 4 alinéa 2 du code de procédure pénale, qui oblige le juge à surseoir à statuer dans l'attente, dans la même affaire, de la chose qui sera jugée au pénal. Elle permet d'éviter la contrariété entre les deux décisions.

Le sursis doit être respecté sous peine de nullité de la procédure. Cependant, la mise en mouvement de l'action publique n'impose pas la suspension du jugement des autres actions exercées devant la juridiction civile, de quelque nature qu'elles soient, même si la décision à intervenir au pénal est susceptible d'exercer, directement ou indirectement, une influence sur la solution du procès civil. Par conséquent, une action à fins civiles peut être jugée par la juridiction civile avant que la juridiction répressive ait rendu sa sentence.

La jurisprudence y voit une règle d'intérêt privé à laquelle les parties peuvent renoncer. Mais elle admet qu'elle a un caractère absolu et s'impose à toutes parties au procès civil, même à celles étrangères au procès pénal.

L'autorité de la chose jugée au criminel sur le civil ne vaut que pour les décisions irrévocables rendues sur le fond par une juridiction de jugement française. La chose jugée pendant l'instruction n'a donc aucune autorité sur le civil, car elle a un caractère provisoire.

La décision doit émaner d'une juridiction. Cependant, les ordonnances pénales du tribunal de police rendues sans débat contradictoire et en dehors de la présence de la partie civile n'ont pas autorité sur le civil. Il peut également s'agir des juridictions non judiciaires mais rendant des décisions répressives, comme le juge administratif réprimant les contraventions de grande voirie.

L'autorité de la chose jugée au criminel sur le civil ne s'attache qu'aux constatations de nature pénale rendues par le juge pénal. Lorsqu'une juridiction répressive statue sur l'action civile, sa décision n'a pas d'autorité renforcée et elle ne s'impose qu'aux conditions de l'article 1351 du code civil exigeant l'identité d'objet, de partie et de cause. Cependant, si l'infraction comporte des éléments civils, comme l'exigence d'un contrat préalable à un abus de confiance, l'autorité de la chose jugée au criminel va s'imposer.

Seules les constatations incontestables et motivées de la décision du juge pénal ont autorité au civil. Il en est ainsi des constatations relatives à l'élément matériel ou à l'élément moral, à la qualification des faits, à la culpabilité ou à l'innocence de la personne poursuivie, à l'intervention d'une chose dans la réalisation d'un dommage, à l'exclusion de celles relatives au prononcé de la peine, aux circonstances atténuantes, à l'intervention d'une cause étrangère. Le juge civil conserve son entière liberté quant à l'étendue de la faute, à l'existence d'un événement de force majeure et aux faits non jugés par le juge pénal.

En cas de condamnation au pénal, le juge saisi de l'action civile ne peut contredire la décision pénale en ce qui concerne l'existence de l'infraction, sa qualification et la culpabilité du condamné. La victime obtiendra des dommages-intérêts si elle établit le préjudice. En cas d'acquittement, la victime peut obtenir réparation à la condition que celle-ci ne soit pas fondée sur une faute pénale. En cas de relaxe, le prévenu ne peut être condamné au civil, sauf si la décision est motivée par l'absence d'intention. Mais le juge civil peut retenir une faute civile d'imprudence. Lorsque la relaxe est fondée pour défaut de faute pénale d'imprudence, une demande en réparation peut être fondée sur une faute civile d'imprudence.

II. Les autres causes de l'action civile

Elles tiennent à la nature de l'action de la victime.

Ayant pour objet la réparation d'un préjudice particulier, l'action civile a une nature privée et fait partie du patrimoine de la partie civile. La victime peut en disposer. Il lui est possible de la céder entre vifs, et ses créanciers peuvent l'exercer devant les juridictions civiles. Les héritiers la trouvent dans la succession et l'exercent conformément aux règles du droit civil.

La victime peut transiger sur ses intérêts civils et recevoir une satisfaction : paiement, novation, compensation, renonciation, remise de dette. La transaction avec le civilement responsable n'empêche cependant pas la constitution de partie civile contre le prévenu.

Le désistement intervient quand la victime ne se présente pas à l'audience après la mise en œuvre de l'action civile. Il ne fait pas obstacle à l'action devant le juge civil (art. 526 CPP). Il supprime seulement le droit d'être partie civile à l'instance pénale.

En cas d'acquiescement, la victime renonce à l'exercice des voies de recours. L'acquiescement peut être tacite lorsque la victime laisse par exemple s'écouler le délai d'un recours sans l'exercer. Il est exprès lorsque la victime renonce ouvertement à l'exercice des voies de recours avant que soit expiré le délai.

Ces causes d'extinction n'ont en principe aucun effet sur l'action publique. Selon l'article 2 alinéa 2 du code de procédure pénale, la renonciation à l'action civile ne peut arrêter ni suspendre l'exercice de l'action publique. Le ministère public conserve sa liberté d'action. Ce principe comporte cependant quelques exceptions. Les renonciations ou les désistements intervenant en matière d'injures et de diffamations entre les particuliers (art. 49, loi du 29 juillet 1881) font obstacle à toute poursuite ou arrêtent les poursuites déjà commencées. Selon l'article 425 du code de procédure pénale, si l'action publique n'a été mise en mouvement que par la citation directe délivrée par la partie civile, le tribunal ne statuera que s'il en est requis par le ministère public. Il en est ainsi lorsque la partie civile ne comparaît pas à l'audience ou n'y est pas représentée. Elle est alors considérée comme se désistant.

4. La preuve en matière pénale

Le code de procédure ne contenant aucune disposition générale relative à la preuve en matière pénale, la jurisprudence a élaboré, à partir des dispositions des articles 427 et suivants du code de procédure pénale traitant de l'administration de la preuve devant le tribunal correctionnel, des principes généraux auxquels il faut ajouter les garanties issues du bloc de constitutionnalité et de la Convention européenne des droits de l'homme.

Aborder l'étude de la preuve revient à répondre aux questions suivantes : Qui doit prouver ? Que faut-il prouver ? Comment prouver ? Quelle est la valeur de la preuve produite ? Ces diverses questions peuvent être résumées en deux points essentiels : celui de la charge de la preuve et celui des moyens de preuve.

Fiche n° 18 : La charge de la preuve

Références

• MOLINA E., *La Liberté de la preuve des infractions en droit français contemporain*, Presses universitaires d'Aix-Marseille, 2001.

Définitions

• *Actori incumbit probatio* : principe selon lequel la preuve de la culpabilité de la personne poursuivie incombe à l'accusation.

• **Preuve** : établissement de l'existence d'un fait ou d'un acte dans les conditions prévues par la loi.

Explications

Le système de la preuve pénale repose sur un principe fondamental, celui de la présomption d'innocence. La personne poursuivie n'a donc pas à rapporter la preuve de son innocence. En cas de doute sur sa culpabilité, la juridiction répressive doit prononcer sa relaxe ou son acquittement.

I. Le principe *actori incumbit probatio*

En vertu du principe de la présomption d'innocence, il n'appartient pas à la partie poursuivie d'établir son innocence. Il revient au ministère public et à la partie civile d'établir tous les éléments constitutifs de l'infraction et l'absence de tous les éléments susceptibles de la faire disparaître en application de l'adage *actori incumbit probatio*.

L'établissement de la preuve par le ministère public est facilité par le dossier pénal établi au stade de l'enquête à partir des recherches effectuées par les officiers de police judiciaire ou pendant l'instruction par les investigations menées par le juge d'instruction. Au stade du jugement, si les juges ne sont pas convaincus par les preuves rapportées, la juridiction peut demander un complément ou un supplément d'enquête en vue de la manifestation de la vérité.

La recherche de la preuve doit obéir au principe de la légalité. Le ministère public doit établir que le fait matériel commis correspond à une qualification légale. Il faut démontrer qu'il s'agit d'une infraction punissable et établir l'absence d'une amnistie, l'absence de prescription ou l'inexistence d'un fait justificatif.

La preuve doit également porter sur l'élément matériel de l'infraction, ainsi que le cas échéant sur les conditions préalables. Le demandeur doit d'abord prouver la commission de tel acte répréhensible, à la fois dans ses éléments fondamentaux et accessoires. Il doit ensuite prouver que l'acte a bien été commis par la personne poursuivie. La plupart des actes d'investigation tendent à l'établissement de l'élément matériel.

Le ministère public doit démontrer l'élément moral de l'infraction qu'est la culpabilité. Même si le parquet n'est pas dispensé d'une telle preuve[1], s'agissant d'une infraction intentionnelle, le juge tient souvent compte des circonstances matérielles (moyen utilisé pour commettre l'infraction, intensité des coups donnés sur telle ou telle partie du corps). S'agissant des infractions non intentionnelles, il faut distinguer les contraventions des délits. Les contraventions sont punissables dès que le fait matériel est constaté. L'élément moral est présumé, l'auteur des faits pouvant s'exonérer en établissant la force majeure (art. 121-2 CP). Pour les délits, le ministère public doit prouver la faute de mise en danger délibérée de la personne d'autrui ou la faute d'imprudence, simple ou qualifiée.

Lorsque l'infraction est reprochée à une personne morale, ses éléments constitutifs doivent être prouvés dans la personne des personnes physiques ayant agi pour son compte.

Tant que la preuve des faits reprochés n'est pas rapportée, l'individu poursuivi est présumé innocent, et si le moindre doute existe dans l'esprit du juge, ce dernier devra lui accorder le bénéfice du doute en application de l'adage *in dubio pro reo*.

II. Le renversement de la charge de la preuve

A. Les présomptions de culpabilité

Diverses présomptions de culpabilité d'origine légale ou jurisprudentielle permettent d'alléger la charge de la preuve que doit fournir l'accusation.

Les présomptions défavorables à la personne poursuivie peuvent concerner l'élément moral de l'infraction. C'est le cas de l'article 35 bis de la loi du 28 juillet 1881 sur la liberté de la presse, qui répute de mauvaise foi toute reproduction d'une imputation jugée diffamatoire. L'intention est parfois présumée lorsque le ministère prouve non pas que l'individu avait telle intention, mais plutôt qu'il n'a pas pu avoir d'autre intention. Le recel peut ainsi être établi dès lors qu'un ensemble d'indices montre que la personne poursuivie ne pouvait ignorer la provenance frauduleuse des objets (art. 321-6 CP). La jurisprudence présume aussi l'absence de contrainte ou de fait justificatif, la preuve incombant au prévenu, sauf exceptions légales concernant l'instruction de nuit ou le vol et les pillages exécutés avec violence en ce qui concerne la légitime défense (art. 122-6 CP).

1. Crim., 22 févr. 1993, *Bull. crim.*, n° 84 : le prévenu ne peut prouver sa bonne foi.

Parfois, la présomption porte sur l'élément matériel. En matière douanière, celui qui est interpellé dans le rayon douanier sans titre de circulation valable est réputé avoir introduit les marchandises qui sont en sa possession frauduleusement (art. 418 C. douanes). De même, celui qui ne peut justifier de ressources correspondant à son train de vie et qui vit avec une personne se livrant habituellement à la prostitution est considéré comme proxénète (art. 225-6 CP).

Pour la Cour de cassation, ces solutions ne sont pas contraires à l'article 6 § 2 de la Convention européenne des droits de l'homme dès lors que les présomptions de fait ou de droit tiennent compte de la gravité de l'enjeu, qu'il est possible d'apporter la preuve contraire et que les droits de la défense sont assurés. La Cour européenne des droits de l'homme admet aussi l'existence des présomptions de culpabilité, à condition de les enfermer dans des limites raisonnables prenant en compte la gravité de l'enjeu et préservant les droits de la défense[2]. Quant au Conseil constitutionnel, la présomption de culpabilité peut être admise à titre exceptionnel dès lors qu'elle n'est pas irréfragable, que le respect des droits de la défense est assuré et qu'elle repose sur une vraisemblance raisonnable induite des faits[3].

B. La preuve de certains faits par la partie poursuivie

Si la présomption d'innocence implique que la preuve incombe au demandeur, elle signifie également que celui qui formule une exception devient à son tour demandeur et doit apporter la preuve des faits qu'il allègue : *reus in excipiendo fit actor*. Par conséquent, la personne poursuivie qui prétend qu'elle bénéficie d'un fait justificatif, d'une cause de non-imputabilité ou d'une excuse absolutoire, ou qu'elle a été définitivement jugée à l'étranger et, en cas de condamnation, qu'elle a subi ou prescrit sa peine doit l'établir.

Le ministère public peut aussi démontrer l'existence d'un fait justificatif s'il est constitué. Dans la pratique, il s'attachera en fait à démontrer l'absence de cause d'exonération.

Lecture d'arrêt

Crim., 26 novembre 2008, pourvoi n° 08-83003

« Statuant sur le pourvoi formé par :

« - X... P..., en qualité de représentant légal de la SOCIÉTÉ BAUDIN CHÂTEAUNEUF,

2. Cour EDH, 7 oct. 1988, Salabiaku c/ France, Séries A, n° 141A.
3. C. Const., décision n° 99-411, DC du 16 juin 1999 rendue sur le projet de loi portant sur diverses mesures relatives à la sécurité routière et aux infractions sur les agents des exploitants de réseau de transport public de voyageurs, *JO*, 19 juin 1999 p. 9018, lire Y. Mayaud, « Entre le dit et le non-dit, ou les leçons de droit pénal du Conseil constitutionnel », *D.*, 1999, p. 589.

« Contre l'arrêt n° 199 de la cour d'appel d'ORLÉANS, chambre correctionnelle, en date du 31 mars 2008, qui, pour excès de vitesse, l'a déclaré responsable pécuniairement d'une amende de 180 euros ;

« Vu le mémoire produit ;
« Sur le moyen unique de cassation, pris de la violation des articles L. 121-2 et L. 121-3 du code de la route, 6 § 1 et 2 de la Convention européenne des droits de l'homme et 9 de la Déclaration des droits de l'homme et du citoyen et des articles préliminaire et 591 du code de procédure pénale ;
« En ce que l'arrêt attaqué a déclaré P... X..., pris en sa qualité de représentant légal de la société Baudin Châteauneuf titulaire de la carte grise du véhicule constaté en excès de vitesse de moins de 20 km/h là où la vitesse maximale autorisée est supérieure à 50 km/h et dont le conducteur au moment des faits n'a pu être identifié, pécuniairement responsable de l'amende encourue du fait de l'infraction commise avec ce véhicule et d'avoir, en conséquence, dit qu'il sera tenu, à ce titre et en cette qualité, au paiement d'une amende de 180 euros ;

« Aux motifs que l'article L. 121-1 du code de la route affirme le principe de la responsabilité pénale du conducteur d'un véhicule, pour les infractions commises par lui dans la conduite de ce véhicule, et les articles L. 121-2 et L. 121-3 de ce même code posent le principe de la responsabilité pécuniaire du titulaire du certificat d'immatriculation d'un véhicule pour certaines infractions ; que s'agissant des contraventions à la réglementation sur les vitesses maximales autorisées, l'article L. 121-3 dispose que le titulaire du certificat d'immatriculation du véhicule est redevable pécuniairement de l'amende encourue, à moins qu'il n'établisse l'existence d'un vol ou de tout autre événement de force majeure ou qu'il n'apporte tous éléments permettant d'établir qu'il n'est pas l'auteur véritable de l'infraction ; qu'en l'espèce où le titulaire du certificat d'immatriculation du véhicule en infraction est une société, cette dernière disposition est sans objet, dès lors qu'une personne morale, par définition inapte à la conduite d'un véhicule, ne peut jamais être l'auteur véritable d'une infraction de la nature de celle qui est poursuivie ; que le dernier alinéa de l'article L. 121-3 vise précisément, par renvoi à l'article L. 121-2, le cas où le certificat d'immatriculation du véhicule est établi au nom d'une personne morale, ce dernier article disposant que "*lorsque le certificat d'immatriculation du véhicule est établi au nom d'une personne morale, la responsabilité pécuniaire prévue au premier alinéa incombe, sous les mêmes réserves, au représentant légal de cette personne morale*" ; que lesdites réserves sont explicitées dans le même article ; qu'il en résulte que le représentant légal d'une personne morale n'est pas responsable pécuniairement de l'infraction poursuivie s'il établit l'existence d'un événement de force majeure ou s'il fournit des renseignements permettant d'identifier l'auteur véritable de l'infraction ; que, dès lors que la possibilité a été offerte à P... X... de donner le nom de la personne à laquelle le véhicule avait été confié le jour où l'infraction a été commise, identité qu'il ne peut ignorer dans sa position de chef d'entreprise, mais qu'il ne communique pas pour des raisons qui lui sont propres et dont la loi ne lui demande aucun compte, il ne peut soutenir, ainsi qu'il le fait, que l'application des dispositions précitées le place dans une situation où sa culpabilité est présumée en contradiction avec les dispositions de la Convention européenne des droits de l'homme ; qu'en effet, il n'existe pas d'incompatibilité entre les articles précités qui instituent une responsabilité pécuniaire, laquelle n'a pas de caractère pénal ainsi qu'en dispose explicitement l'article L. 121-3, et la Convention européenne des droits de l'homme, alors, par ailleurs, que le responsable pécuniaire fait présentement le choix de taire le nom de l'auteur de l'infraction pour lui éviter des poursuites ; que, dans ces conditions, le jugement sera confirmé dès lors que l'infraction a été constatée par un procès-verbal régulier dont la force probante est entière et que le premier juge a prononcé une juste sanction, sauf à dire que l'amende, prévue par un texte pénal à titre de sanction d'une infraction, n'a pas un caractère civil ;

« Alors que, d'une part, le titulaire du certificat d'immatriculation d'un véhicule est redevable pécuniairement de l'amende encourue pour les contraventions à la réglementation sur les vitesses maximales autorisées à moins qu'il n'établisse l'existence d'un vol ou de tout autre événement de force majeure, ou qu'il n'apporte tous éléments permettant d'établir qu'il n'est pas l'auteur de l'infraction ; que le représentant légal d'une personne morale titulaire du certificat d'immatriculation du véhicule constaté en excès de vitesse, pécuniairement responsable de l'amende, doit en conséquence être déchargé de sa responsabilité s'il apporte des éléments établissant qu'il n'est pas l'auteur véritable de l'infraction ; qu'en subordonnant la décharge du représentant légal de la personne morale à la condition qu'il fournisse des renseignements permettant d'identifier l'auteur véritable de l'infraction, la cour d'appel a ajouté à la loi une condition qu'elle ne comporte pas et a violé les textes susvisés ;
« Alors que, d'autre part, les présomptions de responsabilité en matière contraventionnelle ne sont valables que si elles sont réfragables et qu'est assuré le respect des droits de la défense ; qu'elles doivent donc pouvoir être renversées par la seule preuve que le présumé responsable n'est pas l'auteur de l'infraction sans que puisse être exigée la fourniture de l'identité du contrevenant ; qu'en déclarant P... X... pécuniairement redevable de l'amende encourue pour excès de vitesse constaté sur un véhicule appartenant à la société dont il est le représentant légal aux motifs qu'il refusait de communiquer le nom de l'auteur véritable de l'infraction et en refusant ainsi de le décharger de la responsabilité qu'il encourait à titre personnel en démontrant qu'il n'était pas l'auteur véritable de l'infraction, la cour d'appel a méconnu la présomption d'innocence et les droits de la défense en violation des textes susvisés ;

« Attendu que, pour déclarer P... X... responsable pécuniairement de l'amende encourue, pour un excès de vitesse commis avec un véhicule de la société dont il est le représentant légal, l'arrêt retient qu'il ne fournit pas de renseignements permettant d'identifier l'auteur véritable de l'excès de vitesse ;

« Qu'en statuant ainsi, la cour d'appel a justifié sa décision, sans encourir les griefs allégués ;

« Qu'en effet, il résulte de la combinaison des articles L. 121-2 et L. 121-3 du code de la route que le représentant légal d'une personne morale est redevable pécuniairement de l'amende encourue pour les contraventions à la réglementation sur les vitesses maximales autorisées, commises avec un véhicule immatriculé au nom de cette personne morale, à moins qu'il n'établisse l'existence d'un événement de force majeure ou qu'il ne fournisse des renseignements permettant d'identifier l'auteur véritable de l'infraction ;

« D'où il suit que le moyen doit être écarté. »

Fiche n° 19 : Les modes de preuve

Références

• DANJAUME G., « Le principe de la liberté de la preuve en procédure pénale », *D.*, 1996, chron., p. 153.
• GALLOUX C., « L'empreinte génétique ; la preuve parfaite », *JCP*, 1991, I, 3497.
• LECLERC H., « Les limites de la liberté de la preuve. Aspects actuels en France », *RSC*, 1992, p. 15.
• MAISTRE DU CHAMBON P., « La régularité "des provocations policières" : l'évolution de la jurisprudence », *JCP*, 1989, I, 3422.

Définitions

• **Liberté de la preuve** : l'infraction étant un fait juridique, tous les moyens de preuve sont recevables devant le juge, sauf exceptions prévues par le législateur.

• **Force probante de la preuve** : valeur attachée à un mode de preuve. En matière pénale, la preuve est appréciée par le juge selon son intime conviction, sauf dans les cas où le législateur attache une force probante particulière à une preuve.

• **Légalité de la preuve** : principe imposant la recherche des preuves dans le respect de la dignité humaine, des droits de la défense, de la loyauté, d'où la réglementation des modes de preuve.

• **Présomption** : conséquence juridique que la loi ou le juge tirent d'un fait connu à un fait inconnu.

Explications

Le principe de la liberté des preuves (I) permet de déterminer les modes de preuve et leur valeur. Ce principe est cependant limité par celui de la légalité des preuves (II), qui détermine comment les preuves sont recherchées et administrées.

I. Le principe de la liberté des preuves

A. Liberté des modes de preuve

1. Le principe

L'infraction étant un fait juridique, tout moyen de preuve est admis, sauf si la loi en dispose autrement (art. 427 CPP). L'écrit n'est pas une preuve préconstituée comme en matière civile, sauf dans les cas où le juge répressif doit admettre la preuve d'un acte juridique selon les règles du code civil. En dehors de cette hypothèse, l'écrit a valeur d'indice.

Les éléments de preuve découlent des déclarations des personnes obtenues pendant l'interrogatoire de la personne suspecte ou poursuivie, de l'audition des témoins ou de la victime. Les indices de preuves résultent également des constatations matérielles faites par les enquêteurs eux-mêmes. Lorsqu'il se pose une question technique, ils peuvent recourir à des méthodes scientifiques en faisant appel à des techniciens ou experts.

2. Les exceptions

Afin de garantir les droits de la défense, la preuve par écrit ne peut résulter de la correspondance échangée entre le prévenu et son conseil (art. 432 CPP). De même, pour permettre la libre discussion des parties, le juge ne peut fonder sa décision que sur des preuves qui lui sont apportées au cours des débats et contradictoirement discutées devant lui (art. 427 al. 2 CPP). Sont donc prohibés les éléments puisés dans la notoriété publique, dans la commune renommée ou dans la connaissance personnelle du juge ou encore les éléments non discutés contradictoirement.

Certaines infractions ne peuvent être établies que par les moyens prévus par la loi. Ainsi, les contraventions ne peuvent être prouvées que par un procès-verbal ou rapport de police, à défaut par témoignage (art. 537 CPP). La contestation d'une poursuite contraventionnelle ne peut être faite que par écrit ou par témoin. Lorsque la loi prévoit un mode de preuve particulier pour une infraction, le principe de la liberté de la preuve demeure si le texte ne précise pas qu'il s'agit du seul mode d'établissement de la preuve. En matière de circulation routière, on peut ainsi recourir à des procédés scientifiques tels que l'éthylomètre ou le cinémomètre, qui ont la même force que les procès-verbaux.

La preuve des conditions préalables de l'infraction doit être rapportée conformément aux modes de preuve de la branche de droit qu'elles concernent.

B. Liberté dans l'appréciation de la preuve

1. Le principe de l'intime conviction du juge

Lorsqu'il s'agit d'apprécier la valeur des preuves, deux théories s'opposent. Selon la théorie des preuves légales, la preuve régulièrement rapportée s'impose au juge avec la force que lui donne la loi. Le juge n'a pas de pouvoir d'appréciation, les preuves étant hiérarchisées.

Le système de l'intime conviction, retenu en matière pénale, donne au juge le pouvoir d'apprécier la force probante de la preuve (art. 353 CPP pour la cour d'assises, art. 427 CPP en matière correctionnelle et art. 536 CPP en matière contraventionnelle). S'il n'est pas obligé de retenir toutes les preuves produites, le juge ne peut en revanche forger son intime conviction qu'à partir des preuves légalement apportées et discutées contradictoirement pendant l'audience. Cette règle permet de favoriser la libre discussion et de respecter les droits de la défense.

Les juges doivent expliquer comment s'est forgée leur intime conviction en motivant leur décision. La motivation va impliquer une adéquation entre les motifs et le dispositif. Le juge ayant relevé l'insuffisance de preuves ne pourrait condamner la personne poursuivie et inversement, il ne pourrait la relaxer en faisant état de plusieurs éléments de preuve concordants. La motivation n'est cependant exigée que pour les tribunaux de police et les tribunaux correctionnels, mais pas pour la cour d'assises[1].

2. Les limites du principe

La liberté du juge en matière d'appréciation des preuves n'est pas totale.

Les présomptions favorables à l'accusation constituent des exceptions à l'intime conviction, car elles s'imposent aux juges lorsqu'elles ne sont pas renversées.

Certaines infractions ne peuvent être établies que par des modes de preuve particuliers dont la valeur est fixée par le législateur et s'impose au juge. En principe, les procès-verbaux de police et les rapports ne valent qu'à titre de simples renseignements (art. 430 CPP) et le juge peut les écarter.

Certains procès-verbaux ont cependant une force probante renforcée et valent jusqu'à preuve contraire. C'est le cas de procès-verbaux constatant une contravention (art. 537 al. 2 CPP) ou les délits prévus par des lois spéciales en matière du droit du travail, de la concurrence des prix, de l'urbanisme, de la chasse, de chemins de fer, de fraudes alimentaires. La preuve contraire ne peut alors être rapportée que par écrit ou témoignages, les dénégations du prévenu ou de simples présomptions étant inopérantes (art. 431 et 537 al. 3 CPP).

D'autres procès-verbaux valent jusqu'à inscription de faux. Il en est ainsi des procès-verbaux rédigés par deux agents ou fonctionnaires compétents constatant personnellement certains délits prévus par des lois spéciales, comme en matière de douane, de forêts, de pêche fluviale. La preuve ne peut alors être anéantie qu'en démontrant que ces documents sont des faux. La même force probante est conférée aux documents procéduraux établis par des magistrats, notamment aux arrêts et jugements, aux mentions du procès-verbal d'un débat contradictoire ou d'un réquisitoire introductif.

1. Crim., 14 oct. 2009, pourvoi n° 08-86480 : l'arrêt de la cour d'assises répond aux exigences de motivation dès lors qu'il reprend les réponses qu'en leur intime conviction, magistrats et jurés composant la cour d'assises d'appel, statuant dans la continuité des débats, à vote secret et à la majorité qualifiée des deux tiers, ont données aux questions sur la culpabilité, les unes, principales, posées conformément au dispositif de la décision de renvoi, les autres, subsidiaires, soumises à la discussion des parties.

La force probante de ces procès-verbaux s'attache uniquement aux faits personnellement constatés par l'agent. A défaut, le procès-verbal ne vaudra qu'à titre de renseignement. Elle s'attache aussi à l'infraction constatée. Ainsi, le procès-verbal d'un garde-chasse de l'Office national de la chasse constatant concomitamment une infraction de violence volontaire et un délit de chasse n'a de force probante renforcée que pour ce dernier délit.

II. Le principe de la légalité de la preuve

A. Les principes régissant l'administration de la preuve

Ces principes doivent être respectés par les magistrats et les enquêteurs qui participent activement au rassemblement des preuves. Le suspect et la personne mise en examen ne sont pas tenus de collaborer à l'administration de la preuve.

Les personnes autres que celles impliquées dans la procédure sont tenues de déposer et de dire la vérité, sauf si elles sont astreintes au secret professionnel. Le secret est cependant réduit dans le cas du blanchiment. Les avocats et notaires, les organismes financiers doivent déclarer au procureur de la République les opérations sur des sommes qui pourraient provenir du trafic de stupéfiants ou d'activités criminelles organisées (art. L. 562-2 C. mon. et fin.). Le secret est étendu en faveur des journalistes, qui ne sont pas tenus de révéler leurs sources (art. 109 CPP).

1. Le principe de dignité

Les procédés de recueil de preuve doivent préserver la dignité humaine. Les preuves ne doivent pas être extorquées sans recourir à la violence, la force ou les traitements inhumains ou dégradants. La déclaration de la personne poursuivie doit être libre et volontaire. Tel n'est pas le cas lorsqu'elle est obtenue par violence, par contrainte ou par espoir d'un avantage.

A la contrainte, on assimile également tous les procédés permettant d'influencer la liberté d'autodétermination ou d'altérer la capacité de se souvenir et d'apprécier les faits. La Cour de cassation prohibe l'audition d'un témoin, même consentant, ainsi que l'interrogatoire d'un suspect sous hypnose. L'hypnose prive en effet la personne interrogée de tout discernement et celle-ci est amenée le cas échéant, à contribuer à sa propre incrimination.

2. Le principe de nécessité

Les actes d'investigations ne doivent pas porter atteinte aux droits de la personne, tel que le droit à l'intimité de la vie privée, le droit à la liberté d'expression (art. 8 et 10 CEDH). Cependant, la violation de ces droits peut être admise pour des nécessités de défense de l'ordre public ou la prévention des infractions. Cette limite permet les perquisitions et les écoutes téléphoniques. Il faut cependant que l'acte soit proportionnel à l'objectif à atteindre et qu'il soit accompli dans les conditions prévues par la loi.

3. Le principe de loyauté

Il concerne aussi bien les autorités de poursuites que les parties privées aux procès.

a) Principe de loyauté et autorité de poursuite

Dans la recherche de la preuve, les magistrats et les policiers ne doivent pas recourir à des procédés déloyaux, non conformes aux principes régissant l'obtention de preuve. La déloyauté évoque tous les agissements réduisant ou supprimant le libre arbitre.

Le recours aux stratagèmes est interdit parce qu'un tel procédé peut conduire l'individu à faire des déclarations qu'il n'aurait pas faites normalement. Le juge d'instruction ne peut ainsi engager une conversation téléphonique en se faisant passer pour un tiers et obtenir ainsi des charges à son encontre. Un officier de police judiciaire ne peut organiser une conversation téléphonique entre deux personnes, dictant à l'une les questions qu'elle doit poser à l'autre et enregistrant les réponses, démontrant ainsi son implication.

La jurisprudence admet la provocation à la preuve dès lors qu'elle a pour but de rassembler des preuves ou de constater une infraction déjà commise ou sur le point de l'être. Cette provocation peut être faite par le policier lui-même ou par un tiers agissant sur ordre de la police judiciaire. En revanche, la provocation à l'infraction, qui détermine l'individu à la commission même de l'infraction, est interdite. Le policier ne peut exercer une pression sur le suspect pour qu'il commette une infraction qu'il n'aurait pas commise sans son intervention. En l'absence d'activité délictueuse habituelle, la provocation policière entraîne la relaxe du prévenu.

Les provocations policières, les infiltrations d'agents occultes ont été particulièrement réglementées par le législateur en matière de criminalité et de délinquance organisée (art. 706-81 CPP). De telles opérations nécessitent une autorisation du procureur de la République ou du juge de l'instruction[2]. Mais l'absence d'autorisation est sans incidence sur la régularité de la procédure qui fait suite.

Les détournements de procédure sont interdits. Les pouvoirs d'investigations sont strictement délimités par la loi de telle sorte que les agents d'investigations ne peuvent sortir de ces limites.

b) Principe de loyauté et parties privées

Les parties privées ne sont pas tenues au respect du principe de loyauté. Les preuves obtenues de manière illicite ou déloyale par une personne privée sont reçues par le

2. Pradel J., « Trafic de drogue, provocation délictueuse des agents de l'autorité et permission de la loi », *D.*, 1992, chron. 229.

juge pénal. Les enregistrements de voix ou de gestes réalisés en vue d'un éventuel procès de leur propre chef par les victimes plaignantes ou la partie civile sont reçus par le juge lorsqu'ils ont été pratiqués sans l'intervention préalable d'un magistrat ou d'un officier de police judiciaire. La chambre criminelle admet ainsi la preuve obtenue par *testing* par des personnes privées afin d'établir le mobile discriminatoire des auteurs de l'infraction[3]. Une partie civile peut être autorisée à communiquer au juge d'instruction des enregistrements obtenus au moyen d'une infraction pénale. Mais les preuves ainsi obtenues ne constituent que des indices dont l'appréciation relève du pouvoir souverain du juge.

B. La réglementation des modes de preuve

Si les infractions peuvent être prouvées par tous moyens, c'est à la condition que les moyens de preuve ne procèdent pas de la méconnaissance des règles de procédure. Le respect du principe de la légalité des preuves implique la réglementation par le législateur du recueil de la preuve. Il s'agit de décrire le déroulement des opérations (transport sur les lieux, perquisitions, auditions, interrogatoire, confrontations, etc.) permettant d'obtenir les indices ou pièces à convictions ainsi que les déclarations des personnes au cours des différentes phases de la procédure.

Selon que l'on se trouve pendant l'enquête, l'instruction ou le jugement, les règles de procédure peuvent différer et les actes sont accomplis par l'officier de police judiciaire, le juge d'instruction. Toutes ces opérations doivent donner lieu à l'établissement de procès-verbaux.

Ne seront exposées que les généralités sur les déclarations des personnes et les méthodes scientifiques.

1. L'audition des témoins

Est considérée comme témoin toute personne susceptible d'apporter des éléments de preuve intéressant la procédure, mais contre laquelle il n'existe aucune raison plausible de soupçonner qu'elle a commis ou tenté de commettre l'infraction (art. 706-57 CPP).

Certaines personnes ne peuvent témoigner du fait de l'existence d'incompatibilité. On ne peut être témoin et juge de jugement dans la même affaire. De même, le juge d'instruction ou les policiers et gendarmes qui ont connu de l'affaire au stade de l'enquête ou de l'instruction ne peuvent témoigner une fois leurs tâches terminées. Mais une personne peut avoir la double qualité d'expert et de témoin.

3. Collet-Askri L., « *Testing or not testing* ? La chambre de la Cour de cassation valide ce mode de preuve, serait-il déloyal (à propos de l'arrêt de la chambre criminelle du 11 juin 2002) », *D.*, 2003, 1309.

On ne peut être partie au procès et témoin. Mais la victime peut se porter partie civile après avoir témoigné[4]. De même, un mis en examen peut être témoin dans une autre procédure portant sur des faits différents. Le conjoint de la partie civile peut témoigner.

Il existe également diverses incapacités. Les mineurs de moins de 16 ans, les ascendants, les descendants, les frères et cœurs, les alliés au même degré et même le conjoint ne peuvent être entendus qu'à titre de renseignement (art. 335 CPP). La condamnation à une interdiction des droits civiques, civils et de famille emporte interdiction de témoigner.

L'audition en tant que simple témoin d'un membre du gouvernement n'est possible qu'après autorisation du Conseil des ministres et avis du garde des Sceaux. En cas de refus, la déposition est reçue par écrit au domicile de l'intéressé par le premier président de la cour d'appel ou le président du tribunal de grande instance (art. 652 et ss. CPP). La jurisprudence considère que le chef de l'Etat n'est pas tenu de déposer dans la mesure où le refus entraîne une mesure de contrainte et même éventuellement des poursuites[5].

a) Les obligations du témoin

La personne convoquée qui ne se présente pas peut être contrainte par la force publique (art. 62, 78, 109 CPP).

Pendant l'enquête, le témoin est entendu sans prestation de serment. La prestation est exigée au stade de l'instruction et du jugement[6].

Devant le juge d'instruction et la juridiction de jugement, le témoin est tenu de déposer, sous peine de sanction (art. 434-15-1 CP).

Le témoin a également l'obligation de dire la vérité, sous réserve de pouvoir invoquer le secret professionnel (art. 226-13 et 226-14 CP). Le journaliste n'est pas obligé de révéler les origines de ses informations (art. 109 CPP). Le médecin, le ministre du culte ou un avocat sont aussi tenus à un secret général pour les faits portés à sa connaissance à l'occasion de l'exercice de sa profession (art. 109 al. 5 CPP). Les faits doivent être exposés de la manière la plus objective possible sans être interprétés. Le témoignage doit être sincère, sous peine de poursuite pour faux témoignage (art. 434-13 et -14 CP). La sincérité du témoignage est également protégée par la répression de la subornation de témoin.

L'audition du témoin peut nécessiter le recours à un interprète. L'interprète doit prêter serment lors de l'enquête sur commission rogatoire, mais pas lors de l'enquête préliminaire ou l'enquête de flagrance. La traduction par interprète peut être faite au moyen d'un dispositif technique de télécommunication (art. 706-71 CPP).

4. La partie civile est assimilée au témoin en ce qui concerne le paiement des indemnités, sauf décision contraire du tribunal (art. 422 CPP).

5. Ass. plén., 10 octobre 2001, RTD civ. 2002, p. 169, note N. Molfessis ; *D.*, 2002, juris. p. 237, note C. Debbasch et p. 674, note J. Pradel, chron. p. 3365, note L. Favoreu ; *Dr. pénal*, 2002, chron. p. 4, note G. Delaloy ; *Revue française de droit administratif*, 2001, p. 1169, note O. Jouanjan et P. Wachsmann.

Si le témoin est atteint de surdité, on fait appel à un interprète en langue des signes ou à une personne qualifiée dans une méthode ou un langage permettant de communiquer avec les sourds.
Les témoins peuvent être confrontés entre eux ou avec les personnes gardées à vue ou mises en examen. Ils peuvent être invités à participer à des opérations de reconnaissance où leur sont présentées plusieurs personnes. Ils peuvent participer à l'élaboration d'un portrait-robot. Ils peuvent être consultés pour la consultation de fichiers de police, pour identification d'individus ou d'armes. Ils peuvent enfin participer à des transports pour identifier les lieux.

b) La protection du témoin
Le témoin qui ne veut pas dévoiler son adresse par peur de représailles peut se faire domicilier dans un commissariat ou une brigade de gendarmerie (art. 706-57 à 706-63).
Si l'audition est susceptible de mettre gravement en danger la vie ou l'intégrité physique du témoin, des membres de sa famille ou de ses proches, le juge des libertés et de la détention, saisi par le procureur de la République ou le juge d'instruction, peut, par décision motivée, autoriser que les déclarations de cette personne soient recueillies sans que son identité apparaisse dans le dossier de la procédure (art. 706-58 CPP). La déposition anonyme n'est si la procédure porte sur un crime ou un délit puni d'au moins trois ans d'emprisonnement[7]. L'anonymat est exclu si, au regard des circonstances dans lesquelles l'infraction a été commise ou de la personnalité du témoin, la connaissance de l'identité de la personne est indispensable à l'exercice des droits de la défense (art. 706-60 CPP).
La décision du juge des libertés et de la détention est jointe au procès-verbal d'audition du témoin, sur lequel ne figure pas la signature de l'intéressé. L'identité et l'adresse de la personne sont inscrites dans un autre procès-verbal signé par l'intéressé, qui est versé dans un dossier distinct du dossier de la procédure. L'identité et l'adresse de la personne sont inscrites sur un registre coté et paraphé, qui est ouvert à cet effet au tribunal de grande instance.
La personne mise en examen peut, dans les dix jours à compter de la date à laquelle il lui a été donné connaissance du contenu de l'audition d'un témoin anonyme, contester, devant le président de la chambre de l'instruction, le recours à l'anonymat. Le président de la chambre de l'instruction statue par décision motivée qui n'est pas susceptible de recours au vu des pièces de la procédure et de celles figurant dans le dossier. S'il estime la contestation justifiée, il ordonne l'annulation de l'audition. Il peut également ordonner que l'identité du témoin soit révélée à la condition que ce dernier fasse expressément connaître qu'il accepte la levée de son anonymat.

6. Voir cependant l'article 310 du code de procédure pénale, ainsi que l'article 434-13 du code pénal ; Crim., 7 sept. 1992, *Bull. crim.*, n° 262.
7. Le Calvez J., « Les dangers "X" en procédure pénale : opinion contre le témoin anonyme », *D.*, 2002, 3024.

La personne convoquée comme témoin en raison de sa profession peut déclarer comme adresse son adresse professionnelle (art. 760-57 CPP).

Les services de police et de gendarmerie peuvent rétribuer toute personne étrangère aux administrations publiques qui leur a fourni des renseignements ayant permis la découverte de crimes et délits organisés ou l'identification des auteurs.

2. L'interrogatoire de la personne suspecte ou poursuivie

Il permet d'obtenir l'aveu de la personne. Dans certains, l'accord donné à une proposition de composition pénale ou la transaction conclue entre les organes de poursuite et la personne accusée valent aveu.

Pendant l'enquête, l'interrogatoire du suspect est fait par les officiers de police judiciaire pendant la garde à vue ou par les officiers de police judiciaire ou le procureur de la République en cas d'enquête de flagrance. Il se fait sans la présence d'un avocat et les déclarations de l'intéressé donnent lieu à l'établissement d'un procès-verbal qu'il signe avec l'interrogateur.

Lors de l'instruction préparatoire, l'interrogatoire du mis en examen ne peut être effectué que par un juge, en présence de l'avocat dûment convoqué. L'enregistrement audiovisuel de l'interrogatoire est obligatoire si la personne est mise en examen pour crime (art. 116-1 CPP).

3. L'audition de la victime

Pendant la phase préliminaire, la partie civile n'est pas encore constituée et la victime est entendue comme simple témoin.
L'audition de la partie civile est faite par le juge d'instruction dans les mêmes conditions que l'interrogatoire de la personne poursuivie. Lors de la première audition, le juge informe la partie civile de ses droits. Les officiers de police judiciaire ne peuvent entendre la partie civile, même sur commission rogatoire, sauf si elle en fait la demande.
Lorsqu'il s'agit d'un mineur victime de certaines infractions de nature sexuelle, un enregistrement audiovisuel de l'audition du mineur doit être effectué (art. 706-52 et 706-53 CPP). Cependant, l'enregistrement peut être exclusivement sonore sur décision du procureur de la République ou du juge d'instruction, dans l'intérêt du mineur. Par ailleurs, le mineur doit être assisté lors de son audition par le juge d'un avocat.

4. Les méthodes scientifiques

Les enquêteurs peuvent recourir à des méthodes scientifiques en faisant ainsi appel à des techniciens ou à des experts qui doivent interpréter les indices. L'usage des méthodes scientifiques est critiqué car elles ne sont pas toujours fiables, à l'exception de la détermination de l'empreinte génétique d'un individu. Le recours à ces procédés peut aussi heurter le principe de l'inviolabilité du corps, de l'intimité de la personne et des droits de la défense. Malgré ces réserves, l'emploi de telles méthodes se justifie par le fait que la justice pénale doit disposer de moyens efficaces pour sanctionner les graves atteintes à l'intérêt général. Plus l'atteinte est grave, plus les procédés scientifiques pourront être contraignants (art. 16-1 C. civ.). L'intéressé doit pouvoir discuter les résultats.

Certaines méthodes ne portent pas atteinte à l'intégrité de la personne : radar, écoutes téléphoniques, sonorisations, caméras. D'autres portent atteinte au corps humain. Des prélèvements externes peuvent être effectués sur toute personne pouvant permettre d'obtenir des renseignements sur les faits ou à l'encontre de laquelle il existe une raison plausible de soupçonner qu'elle a commis ou tenté de commettre une infraction afin de faire une comparaison avec les traces et indices prélevés pour l'enquête. Lorsqu'il s'agit de prélever un objet dans le corps d'un individu, l'extraction est possible si la victime est décédée. Si elle est vivante, ou si c'est l'auteur qui est concerné, il faut l'accord de l'individu. En cas de refus, aucun texte ne permet l'intervention. En matière douanière toutefois, les douaniers peuvent solliciter l'autorisation du juge et, en cas de nouveau refus, une sanction pénale peut être appliquée (art. 60 § 4 C. douanes).

Plusieurs textes prévoient des prélèvements sanguins sans autoriser le recours à la force, mais érigent en infraction le refus de se soumettre à l'opération. En matière de circulation routière (art. L. 234-3, L. 235-1, C. route), lorsque les épreuves de dépistage de l'imprégnation alcoolique ou de conduite sous l'influence de stupéfiants sont positives ou lorsque le conducteur refuse de les subir, une vérification pourra être faite qui consiste en des examens médicaux, cliniques, biologiques, ce qui inclut la prise de sang.

Des prélèvements sanguins peuvent être effectués lorsqu'une infraction sexuelle a été commise afin de déterminer si la personne suspecte n'est pas atteinte d'une maladie sexuellement transmissible, même sans son consentement (art. 706-47-1 CPP). Le refus de s'y soumettre constitue une infraction dont les peines se cumulent avec l'infraction, objet de la procédure.

Divers fichiers permettent l'enregistrement des données contenant des informations nominatives relatives aux plaintes et dénonciations reçues par les procureurs et les juges d'instructions et les suites qui leur sont réservées. C'est le cas du fichier judiciaire des auteurs d'infractions sexuelles ou du fichier national automatisé d'empreintes digitales ou génétiques. Le rapprochement avec les données incluses au fichier peut être demandé par un officier de police judiciaire, quel que soit le crime ou le délit commis. La comparaison implique un prélèvement biologique sur la personne. L'officier de police judiciaire peut procéder ou y faire procéder sans l'assentiment de l'intéressé s'il s'agit d'une personne condamnée pour crime ou pour un délit puni de dix ans d'emprisonnement. Le refus de s'y soumettre constitue un délit (art. 706-56 CPP). On peut contourner le refus en saisissant les objets du suspect.

Commentaire d'arrêt

L'arrêt

Crim., 11 mai 2006, pourvoi n° 05-84837, *Bull. crim.*, n° 132

« La Cour de cassation, chambre criminelle, en son audience publique tenue au Palais de Justice à Paris, le 11 mai 2006, a rendu l'arrêt suivant :

« X... Antoine,

« Contre l'arrêt de la cour d'appel de BORDEAUX, chambre correctionnelle, en date du 8 juin 2005, qui, pour détention d'images de mineurs présentant un caractère pornographique, l'a condamné à six mois d'emprisonnement avec sursis ;

« Vu l'article 6 de la Convention européenne des droits de l'homme et l'article préliminaire du code de procédure pénale, ensemble le principe de la loyauté des preuves ;

« Attendu que porte atteinte au principe de la loyauté des preuves et au droit à un procès équitable, la provocation à la commission d'une infraction par un agent de l'autorité publique ou par son intermédiaire ; que la déloyauté d'un tel procédé rend irrecevables en justice les éléments de preuve ainsi obtenus ;

« Attendu que, pour rejeter l'exception de nullité des poursuites exercées pour détention d'images de mineurs présentant un caractère pornographique, l'arrêt, après avoir constaté que Thierry Y... avait, à l'instigation des policiers, incité le prévenu à lui transmettre de telles images, retient que les faits rapportés aux policiers par Thierry Y... ont constitué des indices apparents révélant l'existence d'agissements délictueux de détention d'images illicites déjà commis justifiant le contrôle d'identité d'Antoine X... sur le lieu du rendez-vous convenu ;

« Mais attendu qu'en prononçant ainsi, et alors que l'audition au cours de laquelle Antoine X... a reconnu détenir les images illicites était consécutive à la provocation ayant déterminé l'ensemble des poursuites, la cour d'appel a violé les textes susvisés et le principe ci-dessus rappelé ;

« D'où il suit que la cassation est encourue de ce chef ;

« Par ces motifs,

« CASSE et ANNULE. »

Eléments de correction

Même si le principe de loyauté n'est pas clairement exprimé par le législateur français, son application est contrôlée par la jurisprudence qui le considère comme une garantie du procès équitable sur le fondement de l'article 6 de la Convention européenne des droits de l'homme (Cour EDH, 9 juin 1998, Teixera de Castro c/ Portugal). Ce principe implique que les preuves soient recueillies de manière régulière. Il s'agit d'éviter que les règles procédurales soient contournées par les enquêteurs, qui méconnaîtraient ainsi les droits de la défense. Par conséquent, dès que les droits de l'individu sont violés dans le cadre d'une procédure pénale, les actes commis par les enquêteurs peuvent être annulés (Cour EDH, 27 oct. 2004, Edwards et Lewis c/ Royaume-Uni). C'est en application de ce principe que sont appréciées les provocations policières.

A la demande de la brigade des mineurs, Thierry Y. s'est présenté sur des sites de rencontres homosexuelles comme étant un adolescent de 14 ans intéressé par des relations sexuelles. L'objectif de cette mise en œuvre était de piéger des pédophiles et de permettre leur identification.

Le stratagème mis en place fonctionne, et Antoine X. accepte de transmettre des images lors d'un rendez-vous. Bien évidemment, la brigade des mineurs s'y est rendue et a procédé à son interpellation alors même qu'il n'a été trouvé en possession d'aucune image. Au cours d'une audition ultérieure, il a révélé à l'officier de police judiciaire qu'il était détenteur d'images depuis un certain temps.

Sur la base de ces aveux, des poursuites sont engagées pour détention, diffusion et transmission en vue de leur diffusion d'images de mineurs à caractère pornographique. Mais Antoine X. introduit une requête en nullité, estimant que les poursuites ont été fondées sur des éléments obtenus à la suite d'une provocation l'ayant déterminé à commettre les infractions retenues contre lui.

La cour d'appel de Bordeaux annule les poursuites engagées de chef de diffusion et de transmission d'images de mineurs présentant un caractère pornographique. Mais elle condamne le prévenu à six mois d'emprisonnement sans sursis pour détention d'images. Les juges d'appel ont considéré que le principe de loyauté n'a pas été méconnu dans la mesure où l'intervention des policiers ou des tiers a eu pour seul effet de permettre la constatation d'infractions déjà commises et d'y mettre fin, ce qui était le cas pour le délit de détention d'images de mineurs présentant un caractère pornographique, antérieur à l'intervention du provocateur.

L'arrêt de la cour d'appel de Bordeaux a été censuré par la chambre criminelle. Pour les juges de cassation, la provocation à la commission d'une infraction par un agent de l'autorité publique ou par son intermédiaire porte atteinte au principe de la loyauté (I). Un tel procédé de preuve rend irrecevable les preuves obtenues et entraîne la nullité de tous les actes subséquents procédant de ce stratagème. Il rappelle ainsi le principe de la nullité de la provocation à la commission d'une infraction et en détermine l'étendue (II).

I. La provocation à la commission d'une infraction, une atteinte au principe de loyauté

La provocation est définie comme le fait par un agent public de dissimuler sa qualité pour appréhender des délinquants potentiels ou suspectés et constater les infractions. Elle peut également être le fait d'un tiers agissant sous les ordres et pour le compte des enquêteurs officiels.

La provocation policière constitue donc un procédé déloyal qui rend en principe irrecevable les preuves ainsi obtenues. Cependant, la jurisprudence distingue la provocation à la preuve, qui est admise (A), et la provocation à la commission d'une infraction, illicite (B).

A. L'admission de la provocation à la preuve

La provocation à la preuve permet de constater l'existence d'une infraction qui se serait ou s'est déjà produite sans la participation des policiers ou d'en identifier les auteurs. Dans cette hypothèse, l'enquêteur n'exerce aucune influence dans le processus infractionnel.

Il en est ainsi lorsque l'infraction est en train de se commettre. La jurisprudence considère ainsi qu'il n'y a pas de provocation si l'intervention d'un policier, qui s'est présenté comme un acheteur, n'a en rien déterminé les agissements délictueux du prévenu, mais a seulement eu pour effet d'en arrêter la commission (Crim., 2 mars 1971). De même, ne constitue pas un stratagème le fait pour des policiers de se cacher dans un placard pour constater des faits de corruption ou d'observer à la jumelle les alentours d'un lieu de rendez-vous (Crim., 22 avril 1992).

Lorsque l'infraction est déjà consommée, la provocation à la preuve est un piège facilitant la constatation de l'infraction lorsqu'on est en présence de délinquants d'habitude ou dans un contexte préexistant de commission de l'infraction. La provocation n'a alors pour but que de révéler l'infraction, l'action des policiers étant alors sans incidence sur la validité des poursuites (Crim., 1er avril 1998).

Le recours à la provocation policière s'avère également utile s'agissant de certaines infractions dont la preuve est difficile à obtenir. Ainsi, s'agissant des infractions de grande criminalité ou de délinquance organisée, le législateur a réglementé les infiltrations policières à la condition qu'elles ne constituent pas une incitation à la commission d'une infraction (art. 706-81 CPP). En dehors de ces hypothèses légales, la difficulté subsiste, comme en l'espèce, en matière de détention, de diffusion ou de transmission d'images pédophiles. En effet, la simple consultation des sites pornographiques mettant en scène des mineurs ne suffit pas à caractériser le délit. Le délit n'est consommé que par l'impression, l'enregistrement sur un support numérique ou la transmission d'images. La provocation ne peut être alors tolérée que s'il existe déjà des indices permettant de suspecter la commission d'une infraction. Elle ne doit pas avoir pour but d'amener l'individu à commettre l'infraction.

B. L'illicéité de la provocation à la commission d'une infraction

La provocation à l'infraction consiste à déterminer les agissements de la personne poursuivie. Le piège tendu est la cause de l'infraction. Dans cette situation, la provocation est antérieure à la commission de l'infraction. Elle incite un individu à commettre une infraction pour pouvoir ensuite en rapporter la preuve.

La jurisprudence sanctionne le recours à des stratagèmes destinés à tromper la défense de la personne impliquée dans une affaire judiciaire, que ces stratagèmes soient le fait du juge d'instruction ou de policiers agissant dans le cadre d'une commission rogatoire.

Lorsque la provocation est exercée par un officier de police judiciaire agissant en dehors de toute commission rogatoire, la jurisprudence exige que les principes de l'administration de la preuve soient également respectés. Constitue ainsi une atteinte au principe de loyauté, viciant la recherche de l'établissement de la vérité, l'interpellation d'une personne mise en cause en exécution d'une enquête de flagrance ouverte pour extorsion de fonds et trafic d'influence à la suite d'une machination de nature à déterminer les agissements délictueux du prévenu (Crim., 23 févr. 1996, Schuller). L'arrêt commenté confirme ainsi la condamnation des procédés déloyaux de recueil de preuve. La condamnation s'étend aux actes déloyaux commis par les personnes agissant pour le compte des enquêteurs.

La sanction de la provocation à la commission d'une infraction se justifie par le fait qu'il n'est pas établi que l'agent aurait commis l'infraction sans le fait du provocateur. Dans cette hypothèse, en effet, les policiers interviennent activement dans le processus infractionnel. Le délinquant ne serait peut-être pas passé à l'acte sans la contrainte ou la pression exercée sur lui par le provocateur. Le provocateur crée l'occasion qui permet à la personne de faire le larron. En l'espèce, les allégations mensongères de Thierry Y. sur son âge ainsi que sur ses préférences sexuelles n'avaient qu'un objectif, celui de créer un climat de confiance et de pousser Antoine X. à tenter de commettre le délit de transmission et de diffusion des images de mineurs à caractère pornographique. Il en aurait été autrement si le provocateur avait été contacté par le suspect (Crim., 1er oct. 2003).

II. La portée de la nullité

L'application du principe de loyauté dans l'administration de la preuve permet d'invalider les preuves obtenues par fraude ou au moyen d'une provocation ayant déterminé l'agent à commettre l'infraction. La nullité s'étend sur tous les actes subséquents à la provocation (A). Se pose la question du sort des poursuites portant sur des faits commis antérieurement à la provocation, mais révélés grâce à celle-ci (B).

A. La nullité des actes subséquents à la provocation

Il est de principe que l'on ne peut tirer aucun moyen de preuve des pièces obtenues par l'intervention des enquêteurs ou des personnes agissant sur leur ordre. Il en est ainsi du procès-verbal de constatation de l'infraction, l'audition effectuée à la suite de la provocation. Par conséquent, la nullité frappe tous les actes de procédure qui procèdent de ce stratagème.

La nullité porte aussi sur la procédure subséquente à la provocation. Le réquisitoire introductif fondé sur des pièces annulées en raison de la provocation policière est ainsi invalidé (Crim., 27 février 1996). Des poursuites fondées sur des éléments de preuve obtenus de manière déloyale doivent être annulées. Tel a été le cas pour une action engagée par l'administration des douanes sur la base de soustractions frauduleuses de documents bancaires effectués dans une banque suisse, documents qui avaient permis la démonstration du délit dont elle se plaignait. Des enregistrements obtenus par des moyens déloyaux peuvent cependant être joints à la procédure, dès lors qu'ils ne constituent que des moyens soumis à une discussion contradictoire (Crim., 30 mars 1999).

B. Nullité de la procédure et actes commis antérieurement à la provocation

Si la procédure subséquente doit être annulée, la question du sort des infractions commises antérieurement mais découvertes grâce à la provocation demeure posée. En l'espèce, pendant son audition, Antoine X. a avoué détenir des images illicites. Pour les juges de la cour d'appel, les poursuites pouvaient être valablement engagées au regard de la détention des images. Cette infraction n'a pas été provoquée dans la mesure où les informations du provocateur ont constitué des indices apparents révélant l'existence d'agissements délictueux de détention d'images pornographiques illicites déjà commis.

La Cour de cassation censure ce raisonnement. Peu importe que les infractions commises l'aient été antérieurement à la provocation. Ce qui importe ici c'est la constatation de l'infraction au cours d'une audition nulle parce que procédant d'une provocation irrégulière. La nullité de la provocation entraîne donc la nullité de tous les actes de procédure qui y trouvent leur support, même s'ils permettent d'établir la preuve des infractions commises avant l'acte déloyal (Crim., 23 juin 1999).

PARTIE II

LA MISE EN ÉTAT DES AFFAIRES PÉNALES

Fiche n° 20 : Les caractères de la mise en état

Références

• GIUDICELLI C., « Le secret de l'instruction appliqué au juge de l'instruction », *AJ pénal*, 2004, p. 141.
• PY B., « Secret professionnel : le syndrome des assignats », *AJ pénal*, 2004, p. 133.
• Rapport de la commission Justice pénale et droit de l'homme présidée par Mme DELMAS MARTY M., « La mise en état des affaires pénales », juin 1990.
• Rapport de la commission de réflexion de la justice pénale présidée par M. LÉGER P., sept. 2009.

Explications

La mise en état correspond à la phase préparatoire du procès pénal. Elle couvre l'enquête et l'instruction. Elle a pour fonction d'établir sans équivoque qu'une infraction a bien été commise, d'identifier les auteurs et de cerner leur personnalité afin de permettre à un tribunal de statuer sur leur sort[1]. Elle part de la constatation de l'infraction par les autorités publiques jusqu'à la saisine de la juridiction de jugement.

La phase de mise en état des affaires pénales n'est pas nécessaire dans toutes les procédures. Elle peut être très courte si la victime fait citer directement la personne poursuivie devant la juridiction de jugement. Elle peut être assez longue lorsqu'une enquête, puis une instruction s'avèrent nécessaires pour identifier les auteurs et rassembler les preuves[2].

La phase de la mise en état a les caractères d'une procédure inquisitoire.

I. Le caractère écrit de la mise en état

Les actes d'investigation pendant l'enquête et l'instruction doivent faire l'objet d'un procès-verbal qui doit retracer le déroulement de l'acte en tenant compte des règles prescrites. En l'absence de procès-verbal ou en présence d'un procès-verbal ne respectant pas les conditions prescrites, la nullité de la procédure peut être encourue. Selon l'article 429 du code de procédure pénale, tout procès-verbal ou rapport n'a de valeur probante que s'il est régulier en la forme, si son auteur a agi dans l'exercice de ses fonctions et a rapporté sur une matière de sa compétence ce qu'il a vu, entendu ou constaté personnellement.

1. Rapport Delmas Marty, « La mise en état des affaires pénales », juin 1990.
2. E. Vergès, *Procédure pénale*, Litec, 2005, p. 143.

A. Pendant l'enquête

Pendant l'enquête, doit être dressé un procès-verbal de déclarations faites. Les personnes entendues procèdent elles-mêmes à sa lecture, peuvent y faire consigner leurs observations et y apposent leur signature. Si elles déclarent ne pas savoir lire, lecture leur en est faite par l'officier de police judiciaire préalablement à la signature. En cas de refus de signer le procès-verbal, mention en est faite sur celui-ci (art. 62 CPP).

Pendant la garde à vue, l'officier de police judiciaire doit mentionner sur le procès-verbal d'audition de toute personne gardée à vue la durée des interrogatoires auxquels elle a été soumise et des repos qui ont séparé ces interrogatoires, les heures auxquelles elle a pu s'alimenter, le jour et l'heure à partir desquels elle a été gardée à vue, ainsi que le jour et l'heure à partir desquels elle a été soit libérée, soit amenée devant le magistrat compétent (art. 64 CPP).

Pendant l'enquête de flagrance, les procès-verbaux des actes d'investigations effectués doivent être dressés sur le champ, signés par l'officier de police judiciaire sur chaque feuillet (art. 66 CPP).

B. Pendant l'instruction

Pendant l'instruction, les procès-verbaux des interrogatoires et d'auditions doivent comporter les questions auxquelles il est répondu (art. 429 al. 2 CPP). Chaque page du procès-verbal doit être signée par le juge, le greffier et la personne entendue ou interrogée (art. 121, 106 et 107 CPP). Si elle ne sait pas lire, lecture doit être faite par le greffier. Si elle ne sait pas ou ne veut pas signer, mention en est portée sur le procès-verbal. En l'absence de l'un des signatures exigées par la loi, le procès-verbal doit être considéré comme non avenu. Lorsqu'il est procédé à l'audition sur commission rogatoire, la signature du greffier n'est pas exigée. L'audition de la partie civile, l'interrogatoire de la partie mise en examen, les dépositions des témoins sont résumés par le juge d'instruction, qui les dicte à son greffier, à charge pour ce dernier de les consigner dans des procès-verbaux.

Au fur et à mesure de leur rédaction ou de leur réception, copie doit être établie des actes du juge d'instruction ainsi que des pièces de la procédure (art. 81 al. 2 CPP).

II. Le caractère secret de la mise en état

La procédure au cours de la phase de mise en état est en principe secrète, sauf dans les cas où la loi en dispose autrement et sans préjudice des droits de la défense (art. 11 al. 1 CPP).

A. *Le principe*

Le caractère secret s'affirme à travers l'interdiction faite aux personnes concourant à la procédure de divulguer les informations concernant le dossier de l'instruction (art. 11 al. 2 CPP). Le secret de l'instruction s'impose aux juges, aux greffiers, aux policiers. Il concerne également les experts, les huissiers, les interprètes.

Le juge d'instruction ne peut révéler les faits dont il a connaissance au cours de l'instruction. Mais il peut être entendu comme témoin à la fin de l'information pendant la juridiction de jugement. Le secret s'impose à toutes les personnes investies de police judiciaire. Par conséquent, les audiences se déroulent dans le cabinet du juge d'instruction et ne sont pas publiques.

La personne mise en examen, la partie civile et le témoin ne sont pas tenus au secret de la procédure. Toutefois, les parties au procès ne peuvent librement diffuser les pièces de l'instruction. Les avocats peuvent leur transmettre une copie des pièces, mais elles ne peuvent les communiquer à des tiers (art. 114 CPP).

Les avocats doivent respecter le secret de l'instruction en matière pénale, en s'abstenant de communiquer des renseignements extraits du dossier ou de publier des documents, pièces ou lettres intéressant une information en cours. Pour la jurisprudence, l'avocat viole le secret professionnel en révélant sciemment à une personne étrangère à la procédure le contenu d'un acte couvert par le secret de l'instruction[3]. L'interdiction de communiquer ne s'étend pas au client de l'avocat, partie à la procédure concernée, pour les besoins de sa défense.

Les journalistes ne concourant pas à la procédure n'ont pas l'obligation de respecter le secret de l'instruction. Toutefois, ils ne peuvent publier des documents provenant de l'instruction, sous peine d'être poursuivis de recel[4], l'infraction d'origine étant la violation du secret professionnel.

La violation du secret engage la responsabilité pénale du fautif. Elle peut entraîner la responsabilité de l'Etat du fait d'un fonctionnement défectueux du service public de la justice[5]. Une atteinte à la présomption d'innocence peut être retenue (art. 9-1 C. civ.). Une révélation concomitante à l'accomplissement de l'acte de procédure peut conduire à son annulation si elle entraîne une atteinte aux intérêts des parties[6].

3. Crim., 28 sept. 2004, *JCP*, 2005, IV, note R. Martin.
4. Crim., 19 juin 2001, *D.*, 2001, p. 2538, note B. Beignier et B. de Lamy.
5. Civ., 19 mars 1999, *Procédures*, 1999, n° 213.
6. Crim., 25 janv. 1996, *Dr. pénal*, 1996, comm. n° 200.

B. Les limites

Dans certains cas, le législateur autorise la publicité de l'instruction. Afin d'éviter la propagation d'informations inexactes, le procureur de la République peut, d'office ou à la demande des parties, faire des communications qui ne doivent comporter que des éléments objectifs tirés de la procédure mais aucune appréciation à charge (art. 11 al. 3 CPP). Le mode de diffusion adéquat incombe au procureur de la République, en fonction de la nature de l'affaire et des objectifs recherchés. La violation du secret de l'information n'est sanctionnée par la nullité sauf s'il en est résulté une atteinte aux intérêts d'une partie[7].

Le juge d'instruction peut publier des informations utiles à l'instruction ou diffuser des appels à témoins ou des avis de recherche indispensables au déroulement de l'enquête ou l'instruction.

Le dossier pénal peut être transmis à certaines administrations. Le procureur de la République peut utiliser les informations dont il a connaissance pour en faire usage dans les limites de ses pouvoirs. Il peut les communiquer au tribunal de commerce dans une procédure pénale en cours. Il peut communiquer le dossier pénal à l'administration fiscale. Les pièces obtenues dans une autre procédure d'enquête ou d'instruction peuvent être utilisées dans la procédure en cours si elles peuvent contribuer à éclairer le juge.

Le juge d'instruction ou le procureur de la République peuvent communiquer des éléments de l'affaire en cours, permettant des recherches ou des enquêtes scientifiques ou techniques, à des autorités ou des organismes habilités (art. 11-1 CPP). Ces derniers sont toutefois tenus au secret professionnel.

Le secret de l'instruction est également limité par la publicité des débats devant le juge des libertés et de la détention ainsi que devant la chambre de l'instruction.

Approfondissement : Le rapport de la commission Léger et la mise en état des affaires pénales

Les mesures phares préconisées par la commission Léger portent sur la mise en état des affaires pénales. Cette commission propose en effet de simplifier la phase préparatoire du procès pénal en supprimant le juge d'instruction et en instaurant un cadre unique de l'enquête. En ce qui concerne la phase préparatoire du procès pénal, les propositions énoncées visent à accroître le rôle du juge dans sa fonction de contrôle du bon déroulement de l'enquête, à renforcer les droits de la défense, à souligner que tout acte d'enquête doit être effectué à charge et à décharge et enfin à simplifier la procédure :

7. Crim., 27 avril 2000, *Bull. crim.*, n° 170 ; 25 janv. 1996, *Bull. crim.*, n° 51, *D.*, 1996, somm., 258, obs. J. Pradel.

• la suppression du juge d'instruction qui ne peut agir dans une stricte neutralité et qui n'est pas totalement un juge, les fonctions juridictionnelles et d'enquête étant antagonistes ;
• la simplification de la phase préparatoire du procès pénal en instituant un cadre unique d'enquête : le procureur de la République chargé de diriger l'enquête sans tenir compte de la gravité de l'infraction pourra effectuer lui-même les actes d'enquête ou les déléguer aux services de police judiciaire. Le procureur serait également l'organe de poursuite. Les fonctions d'instruction et poursuite n'étant plus séparées, les critiques relatives au juge d'instruction vont également concerner le procureur de la République. L'extension pose aussi la question du statut du parquet qui n'est pas réglée et celle de la nécessité de garder le principe de l'opportunité des poursuites ;
• l'institution d'un juge de l'enquête et des libertés : ce juge serait compétent pour décider des mesures attentatoires aux libertés (écoutes téléphoniques, perquisition hors flagrance et hors accord de l'intéressé, mandat, prolongation de la garde à vue au-delà de quarante-huit heures, contrôle judiciaire, détention provisoire, contrôle de la proportionnalité des atteintes aux libertés). Le juge de l'enquête et des libertés sera également chargé d'assurer le respect du principe de loyauté pendant l'enquête. Il pourra ainsi statuer les demandes d'actes des parties lorsque celles-ci auront été refusées par les parties. De même en cas de refus du parquet d'agir, il pourra enjoindre au parquet d'ouvrir une enquête sur les faits dénoncés par la victime. Mais cette injonction n'emporte-t-elle pas obligation de poursuivre ? ;
• l'appel contre les actes effectués par le parquet ou la police judiciaire sous la direction du parquet sera formé devant la chambre de l'enquête et des libertés ;
• la garantie et le renforcement du mis en examen pendant l'enquête : en ce qui concerne les droits de la défense, il est proposé deux régimes d'enquête, un régime simple similaire au régime actuel et un régime renforcé dans lequel le mis en cause disposera de l'ensemble des droits du contradictoire et qui se rapproche de la situation du mis en examen (accès au dossier, assistance d'un avocat lors des interrogatoires, possibilité de faire des demandes d'actes). Le régime renforcé serait obligatoirement applicable en matière criminelle ou lorsque la personne a été placée sous contrôle judiciaire ou en détention provisoire, ou si la personne a été expressément mise en cause par la victime. Il pourra aussi être appliqué, dans les autres, à la demande du mis en cause. Quel que soit le régime, toute personne entendue, placée en garde à vue ou non, devrait être informée des faits ;
• la garantie et le renforcement des droits de la victime : la victime pourra avoir accès au dossier et demander l'accomplissement des actes d'investigation, soulever la nullité des actes et être assistée d'un avocat. Elle pourra saisir le juge de l'enquête et des libertés en cas de refus du parquet ou en cas d'inaction pendant un délai d'un mois. Il en sera de même si le parquet décide de ne pas poursuivre ou n'agit pas dans un délai de trois mois depuis le dépôt de la plainte. En cas de classement sans suite, la victime pourra saisir le procureur général et en matière criminelle, elle peut contester cette décision devant le juge de l'enquête. Elle conserve la possibilité de saisir la juridiction correctionnelle ou de police par citation directe ;

• le respect des droits et libertés individuelles dans la phase préparatoire : il s'agit d'accroître les droits de la personne gardée à vue en prévoyant la présence de l'avocat dès le début de la mesure et un entretien de trente minutes, la possibilité d'un nouvel entretien dès la 12e heure, l'avocat pouvant alors avoir accès aux procès-verbaux d'audition de son client. La présence de l'avocat pendant les auditions serait envisageable en cas de prolongation de la mesure. Le comité propose une harmonisation des régimes de garde à vue en distinguant le régime de droit commun unique en matière de flagrance et préliminaire, un régime dérogatoire applicable en matière de délinquance organisée et de trafic et un régime exceptionnel en matière de terrorisme. La garde à vue ne devrait être ordonnée que si elle est absolument nécessaire.

Une retenue judiciaire d'une durée maximale de six heures serait instituée pour les majeurs, avec la possibilité de s'entretenir avec un avocat dès la première heure. Elle serait applicable si le seul acte d'enquête est l'audition du mis en cause. Celle-ci pourrait être poursuivie sous le régime de la garde à vue si des investigations plus importantes doivent être menées.

La commission propose l'exclusion de la détention provision en matière d'atteintes aux biens lorsque la peine encourue est inférieure à cinq ans et que le mis en cause n'a pas encore été condamné. Elle fixe des délais butoirs réduits en tenant compte de la gravité des faits et qui vont de six mois en matière délictuelle à deux ans en matière criminelle ou trois ans en matière de criminalité organisée ou de terrorisme. Le juge de l'enquête et des libertés serait compétent pour ordonner le placement en détention provisoire sauf s'il décide, d'office ou à la demande du mis en cause, saisir une formation collégiale dans laquelle le juge de l'enquête serait membre. Ce dernier peut également mettre fin à la mesure à tout moment, à charge d'appel devant la juridiction collégiale.

A ces mesures s'ajouterait la suppression du secret de l'instruction alors que serait maintenu le secret professionnel pour les magistrats et les avocats.

1. L'enquête de police

Fiche n° 21 : La police judiciaire

Références

Ouvrages

• BUISSON J., *L'Acte de police*, Thèse, Université Jean-Moulin Lyon III, 1998.
• DECOCQ A., MONTREUIL J., BUISSON J., *Le Droit de la police*, Litec, 1998.

Articles

• DÉSIRÉ S., « Des groupes d'interventions régionaux efficaces et légaux », *AJ pénal*, 2004, p. 363.
• DOBKINE M., « La création d'une nouvelle force de police judiciaire : la douane judiciaire », *D.*, 2001, chron., p. 1475.
• « La douane judiciaire, premier bilan d'une police thématique (nouvelles observations sur l'article 28-1 CPP) », *D.*, 2002, chron., p. 3284.
• JEAN J.-P., « Les groupes d'interventions régionaux (GIR), un objet juridique désormais mieux identifié », *RSC*, 2005, 59.
• LISSOUCK F.-F., « Le statut juridique des groupements d'intervention régionaux, entre Etat de droit et logique sécuritaire », *RSC*, 2004, p. 267.

Définitions

• **Police administrative** : mission de police visant à prévenir les troubles de l'ordre public et s'assurant ainsi du maintien de la tranquillité, de la sécurité et de la salubrité.

• **Police judiciaire** : mission de police consistant à constater les infractions pénales, à en rassembler les preuves et à en rechercher les auteurs.

Explications

La notion de police judiciaire désigne aussi bien l'organe ou le corps de fonctionnaires chargé de mener les enquêtes que la fonction ou la nature judiciaire des opérations effectuées par ces fonctionnaires. Ce second aspect permet de distinguer la police judiciaire de la police administrative.

La police administrative a un rôle préventif de surveillance[1]. Elle empêche que l'ordre public soit troublé et intervient avant la commission de l'infraction. La police judiciaire, qui intervient après la réalisation de l'infraction, est chargée de constater les infractions à la loi pénale, d'en rassembler les preuves et d'en rechercher les auteurs tant qu'une information n'est pas ouverte (art. 14 CPP). Lorsqu'une information est ouverte, elle exécute les délégations des juridictions d'instructions.

Cette distinction permet de déterminer les pouvoirs des agents de la police. Mais elle n'est pas aisée, les mêmes personnels pouvant agir dans le cadre de la police administrative et de la police judiciaire. En toute hypothèse, la distinction ne doit pas s'opérer d'un point de vue organique mais plutôt en fonction de la finalité de l'opération ou du rôle joué par l'agent. Un agent peut agir au départ dans le cadre de son pouvoir de police administrative. Mais son acte peut devenir judiciaire s'il a un soupçon d'infraction. Cette finalité s'apprécie de façon subjective. La ronde de nuit est un acte préventif lorsqu'elle est réalisée régulièrement dans un secteur, elle devient acte de police judiciaire dès l'instant où elle est effectuée sur la foi de renseignements selon lesquels une infraction se prépare.

I. L'organisation administrative de la police judiciaire

Le corps de la police judiciaire se dédouble entre les services de la police nationale et les services de la gendarmerie nationale, qui se répartissent sur le territoire en tenant compte des données démographiques ainsi que de la nature de la délinquance.

A. La police nationale

La police nationale est placée sous l'autorité du ministre de l'Intérieur. Elle comprend :
• la direction de l'administration de la police nationale chargée de la gestion des ressources humaines, budgétaires, logistiques et technologiques ;
• l'inspection générale de la police nationale chargée de veiller au respect, par les fonctionnaires de police, des lois et règlements et du code de la déontologie de la police nationale. A ce titre, elle effectue les enquêtes pouvant lui être confiées par les autorités administratives et judiciaires, portant sur les éventuelles défaillances des membres de la police nationale ;
• la direction centrale de la police judiciaire comprenant la division des relations internationales et le service central des courses, la sous-direction de la lutte contre la criminalité organisée et la délinquance financière, la sous-direction antiterroriste, la sous-direction de la police technique et scientifique, la sous-direction des ressources et des études ;
• la direction centrale du renseignement intérieur réunissant la direction centrale des renseignements généraux et la direction de surveillance du territoire et qui a

1. T. confl., 19 oct. 1998, *Bulletin des Chambres civiles de la Cour de cassation*, n° 11.

pour mission de lutter contre toutes les activités susceptibles de constituer une atteinte aux intérêts fondamentaux de la nation ;
• la direction centrale de la sécurité publique qui veille à la tranquillité et au maintien de l'ordre public et assure la sécurité des personnes et des biens. Elle est engagée contre les violences urbaines et la lutte contre l'insécurité routière ;
• la direction centrale de la police aux frontières ;
• la direction de la formation de police nationale ;
• la direction centrale des compagnies républicaines de sécurité ;
• le service de coopération technique internationale de sécurité ;
• le service de protection des hautes personnalités ;
• la préfecture de police de Paris chargée d'assurer la sécurité dans la capitale. Elle dispose d'une organisation spécifique. Elle comprend une direction d'ordre public pour le maintien de l'ordre et de la sécurité publique, une direction de police de proximité et une direction de police judiciaire qui s'étend aux départements de Seine-Saint-Denis, des Hauts-de-Seine et du Val-de-Marne.

La mission de la police nationale est de concourir à la garantie des libertés et à la défense des institutions de la République, au maintien de la paix et de l'ordre publics et à la protection des personnes et des biens.

B. La gendarmerie nationale

La gendarmerie nationale est un corps de fonctionnaires militaires mais qui est rattaché au ministère de l'Intérieur[2].

En plus des formations spécialisées (garde républicaine, gendarmerie de l'air, etc.) la gendarmerie nationale est composée de la gendarmerie départementale qui exerce les fonctions de police administrative et judiciaire et la gendarmerie mobile qui a une mission de maintien de l'ordre public. L'inspection générale de la gendarmerie nationale est chargée d'intervenir en cas de dysfonctionnement administratif ou de défaillance individuelle.

Les groupements d'intervention régionaux ont un statut militaire, mais ils sont placés sous l'autorité du ministre de l'Intérieur. Ils sont chargés de coordonner l'action de la police et de la gendarmerie avec d'autres services (douane, fisc, emploi, répression des fraudes, etc.) afin de lutter contre la délinquance violente, les trafics illicites dans les zones sensibles. Ils interviennent dans chaque département à l'initiative du préfet et du procureur de la République.

2. Loi. n° 2009-971 du 3 août 2009 relative à la gendarmerie nationale, *JO*, 2 août : cette loi répartit les compétences entre les ministres de la Défense et de l'Intérieur (art. L. 3225-1 C. défense) et redéfinit les missions de la gendarmerie nationale (art. L. 3211-3 C. défense).

II. Le personnel de police judiciaire

A. Les officiers de police judiciaire

1. Les personnes ayant la qualité d'officier de police judiciaire

Certaines autorités sont officiers de police judiciaire de par leurs fonctions : les maires et adjoints aux maires (art. 16 al. 1, 1° CPP), les inspecteurs généraux, les sous-directeurs de police active, les commissaires de police, les officiers de police (art. 16 al. 1. 3° CPP), les personnes exerçant des fonctions de directeur ou sous-directeur de la police judiciaire relevant du ministre de l'Intérieur et de directeur ou sous-directeur de la gendarmerie au ministère des Armées (art. 16 al. 3 CPP).

D'autres le deviennent à la suite d'un arrêté conjoint du ministère de l'Intérieur et du ministère de la Justice après avis conforme d'une commission composée de magistrats et des autorités de la gendarmerie ou de la police. Il s'agit des officiers et gradés de la gendarmerie, des gendarmes comptant au moins trois ans de service et dans la police, des fonctionnaires du corps d'encadrement et d'application de la police nationale comptant au moins trois ans de services dans ce corps (art. 16 al. 1. 2° et 4° CPP).

Les fonctionnaires énumérés à l'article 16 alinéa 1, 2° à 4° ne peuvent exercer effectivement les attributions attachées à la qualité d'officier de police judiciaire que si elles sont affectées à un emploi comportant l'exercice de mission de police judiciaire et en vertu d'une décision d'habilitation du procureur général de la cour d'appel dans le ressort de laquelle ils exercent. L'exercice de ces attributions est momentanément suspendu pendant le temps où ils participent, en unité constituée, à une opération de maintien de l'ordre. Lorsqu'ils appartiennent à un service dont la compétence excède le ressort de la cour d'appel, la décision d'habilitation est prise par le procureur général près la cour d'appel du siège de leur fonction.

Les fonctionnaires du corps d'encadrement et d'application de la police nationale ne peuvent recevoir d'habilitation que s'ils sont affectés soit dans un service ou une catégorie de services déterminés en application de l'article R. 15-1 du code de procédure pénale et figurant sur une liste fixée par arrêté des ministres de la Justice et de l'Intérieur, soit, à titre exclusif, dans une formation d'un service mentionnée par le même arrêté.

2. La compétence des officiers de police judiciaire

a) La compétence matérielle

Les officiers de police judiciaire sont chargés de l'intégralité des missions de police judiciaire. Ils reçoivent les plaintes et dénonciations en toute matière et les transmettent au procureur de la République (art. 17 CPP). Ils procèdent à des enquêtes sur infraction flagrante. Les enquêtes préliminaires peuvent être effectuées d'office ou sur instructions du procureur de la République. Ils peuvent effectuer des contrôles d'identité. Ils peuvent requérir le concours de la force publique pour exercer leur mission, exécuter des commissions rogatoires, décider de la garde à vue. Dès la clôture des opérations, ils doivent envoyer au procureur de la République une copie de tous les procès-verbaux qu'ils ont dressés et qui constituent de la procédure ainsi que les objets saisis.

b) La compétence territoriale

La compétence territoriale des officiers de police judiciaire est limitée au ressort du tribunal de grande instance où ils exercent leurs fonctions habituelles (art. 18 CPP). Certains officiers de police judiciaire ont cependant une compétence territoriale qui s'étend à l'ensemble du territoire national (art. R. 15-18 à R. 15-22 CPP). C'est le cas, dans la police nationale, des officiers de police judiciaire affectés à la direction centrale de la police judiciaire, à la direction de la surveillance du territoire ou à l'inspection générale de la police nationale, et, dans la gendarmerie, des officiers de police judiciaire affectés aux brigades de recherche de la gendarmerie de l'air et des transports aériens, entre autres. D'autres ont une compétence territoriale limitée au ressort d'une ou plusieurs cours d'appel (le service régional de police judiciaire, dans la police nationale, ou la section de recherche, dans la gendarmerie nationale, par exemple). Quelques officiers de police judiciaire bénéficient d'une compétence territoriale limitée à un département. C'est le cas du service de police urbaine, dans la police nationale, ou de la brigade départementale de renseignements judiciaires, dans la gendarmerie nationale.

La compétence peut être élargie de manière ponctuelle (art. 18 al. 2 à 7 CPP). Les officiers de police judiciaire mis temporairement à disposition d'un service autre que celui dans lequel ils sont affectés ont la même compétence que les membres du service d'accueil. En cas de crime ou de délit flagrant, les officiers de police judiciaire peuvent se transporter dans le ressort des tribunaux limitrophes du tribunal auquel ils sont rattachés pour y poursuivre leurs investigations. Ils peuvent, sur commission rogatoire du juge d'instruction ou sur réquisition du procureur de la République dans le cadre d'une enquête de flagrance ou une enquête préliminaire, procéder aux opérations prescrites sur toute l'étendue du territoire, mais l'extension de compétence ne peut résulter que d'une mention expresse du magistrat (art. D. 12, 3 CPP). Ils doivent être assistés d'un officier de police judiciaire du lieu de leurs investigations si le magistrat le décide. Ils peuvent sur commission du juge d'instruction procéder à des auditions sur le territoire d'un Etat étranger avec l'accord des autorités étrangères. En matière de criminalité organisée, la compétence peut également être élargie à toute l'étendue du territoire.

Les officiers de police judiciaire exerçant leur mission dans des véhicules affectés au transport collectif de voyageurs ou dans des lieux destinés à l'accès de ces moyens de transport sont compétents pour opérer sur la zone de défense de leur service d'affectation.

L'acte accompli par un officier de police judiciaire incompétent est sanctionné par la nullité.

B. Les agents de police judiciaire et agents de police judiciaire adjoints

1. Les agents de police judiciaire

Il s'agit des gendarmes n'ayant pas la qualité d'officier de police judiciaire et, dans la police nationale, des fonctionnaires titulaires du corps d'encadrement et d'application de la police n'ayant pas la qualité d'officier de police judiciaire, certains gardiens de la paix ayant au moins deux ans de service en qualité de titulaire (art. 20 CPP). Ces fonctionnaires ne peuvent exercer les attributions attachées à la qualité d'agent de police judiciaire que s'ils sont affectés à un emploi comportant cet exercice.

Le personnel en retraite de la police nationale ou de la gendarmerie nationale ayant exercé durant leur activité en qualité d'officier de police judiciaire peut bénéficier de la qualité d'agent de police judiciaire s'il est appelé au titre de la réserve (art. 20-1 CPP).

Les agents de police judiciaire sont compétents pour constater des infractions, en dresser procès-verbal (art. 20 CPP). Ils peuvent recevoir des déclarations par procès-verbal et, sous le contrôle de l'officier de police judiciaire, effectuer des enquêtes, participer à des opérations de surveillance ou d'infiltration en matière de criminalité organisée, sur l'ensemble du territoire (art. 706-80 et 706-81 CPP). En cas d'infraction flagrante, dans la limite des ordres reçus, ils peuvent procéder à toutes auditions utiles. Ils ne peuvent cependant décider d'une garde à vue.

Ils sont compétents dans les limites territoriales où ils exercent leurs fonctions habituelles ainsi que dans le ressort de l'officier de police judiciaire sous lequel ils ont été placés. Lorsqu'ils assistent un officier de police judiciaire, leur compétence territoriale est celle de l'officier de police judiciaire.

2. Les agents de police judiciaire adjoints

Le corps des agents de police judiciaire adjoints est composé des fonctionnaires des services actifs de la police nationale ne remplissant pas les conditions de l'article 20 du code de procédure pénale, des volontaires servant en qualité de militaire dans la gendarmerie nationale, des militaires servant au titre de la réserve opérationnelle de la gendarmerie ne remplissant pas les conditions de l'article 20-1 du code de procédure pénale, des adjoints de sécurité de la police nationale[3], des agents de surveillance de Paris (art. L. 2512-16-1 CGCT), des agents de police municipale et de certains gardes champêtres (art. 21 CPP).

3. Article 36, loi du 21 janvier 1995 d'orientation et de programmation relative à la sécurité permettant à l'Etat de faire appel à des agents âgés de 18 à 26 ans recrutés en qualité de contractuels de droit public pour une période maximale de cinq ans non renouvelable afin d'exercer des missions d'adjoints de sécurité auprès des fonctionnaires actifs de la police nationale.

Les agents de police judiciaire adjoints ont pour fonction de seconder les agents de police judiciaire à qui ils doivent rendre compte. Sur ordre de leur chef, ils peuvent constater toute infraction et recueillir des renseignements en établissant un rapport de police. Ils peuvent constater par procès-verbal les contraventions au code de la route limitativement énumérées par décret.

C. Les fonctionnaires et agents chargés de certaines fonctions de police judiciaire

Cette catégorie de personnel est composée d'agents de certaines administrations, compétents pour constater les infractions qui lèsent les intérêts dont leur administration assure la protection. Ils ont une compétence spéciale.

1. Les ingénieurs, chefs de district, agents techniques des Eaux et Forêts et gardes champêtres

Ils sont chargés de constater les délits et contraventions portant atteinte aux propriétés forestières et rurales (art. 22 et ss. CPP) : ils peuvent rechercher et constater par procès-verbaux les délits et les contraventions portant atteinte aux propriétés forestières ou rurales (art. L. 122-7 C. for.).

Les chefs de district, agents techniques et gardes champêtres suivent les choses enlevées dans les lieux où elles ont été transportées et les mettent sous séquestre. Ils peuvent concourir à l'enquête, la poursuite ou l'instruction sur réquisition de l'officier de police judiciaire, du procureur de la République ou du juge de l'instruction.

Les chefs de district et les agents techniques peuvent requérir directement la force publique. Ils doivent informer leur hiérarchie des infractions constatées.

Les gardes champêtres peuvent se faire donner main-forte par le maire, l'adjoint ou le commandant de brigade de gendarmerie, qui ne peuvent opposer un refus. Ils adressent simultanément leurs rapports au maire et à l'officier de police judiciaire compétent, qui transmettra au procureur de la République.

2. Les agents des douanes

Nommés par arrêté conjoint des ministres de la Justice et du Budget et habilités par le procureur général, ces agents sont dotés de pouvoirs de police judiciaire pour enquêter sur des infractions limitativement énumérées, mais qui ne sont pas toutes prévues par le code des douanes : délits douaniers, trafic de stupéfiants, fraudes aux intérêts communautaires, contrefaçons (art. 28-1 du CPP). Ils ne peuvent pas prendre l'initiative d'enquêter et ne peuvent agir que sur réquisition du procureur de la République ou sur commission rogatoire du juge d'instruction. Leur compétence *ratione loci* s'étend à l'ensemble du territoire national.

3. Les gardes particuliers assermentés

Ils peuvent constater, par procès-verbal, les délits et contraventions portant atteinte aux propriétés dont ils ont la garde (art. 29 du CPP). Les procès-verbaux doivent être transmis au procureur de la République.

4. Les fonctionnaires et agents des administrations et services publics auxquels des lois spéciales attribuent des pouvoirs de police judiciaire

Il s'agit du fonctionnaire et agents de police des chemins de fer, direction générale de la concurrence, de la consommation et de la répression des fraudes, pêche, inspection du travail, etc. Chaque texte précise l'étendue des pouvoirs de police judiciaire attribués à ces fonctionnaires et agents ainsi que leur compétence matérielle et territoriale (art. 28 du CPP).

D. Les autorités judiciaires

Sous l'empire du code d'instruction criminelle, le procureur de la République et le juge d'instruction avaient la qualité d'officier de police judiciaire. Cette situation comportait un inconvénient, s'agissant notamment du juge d'instruction, magistrat du siège, qui se retrouvait sous la dépendance du procureur général, magistrat du parquet. Le procureur de la République, membre du parquet, était, quant à lui, placé sous le contrôle de la chambre d'accusation, ancienne chambre de l'instruction, composée de magistrats du siège. Le code de procédure pénale a retiré cette qualité d'officier de police judiciaire aux autorités judiciaires.

Le procureur de la République et ses substituts détiennent cependant tous les pouvoirs et prérogatives attachés à la qualité d'officier de police judiciaire (art. 41 al. 4 CPP). Ils procèdent ou font procéder à tous les actes nécessaires à la recherche et à la poursuite d'une infraction (art. 41 al. 1 CPP), reçoivent les plaintes et dénonciations (art. 40 al. 1 CPP), requièrent l'assistance de la force publique dans l'exercice (art. 42 CPP). En outre, le procureur de la République qui arrive sur le lieu de commission d'une infraction flagrante a la faculté de dessaisir l'officier de police judiciaire présent (art. 68 CPP).

Le juge d'instruction dispose des mêmes pouvoirs durant la phase de l'instruction. Il peut recevoir les plaintes avec constitution de partie civile (art. 85 CPP) et transmet au parquet les autres plaintes ou dénonciations qui lui seraient adressées par erreur. Il dispose de la faculté de rechercher les preuves de l'infraction ou de déléguer certains de ses pouvoirs aux officiers de police judiciaire par commission rogatoire (art. 14 al. 2 du CPP). Il peut requérir directement l'assistance de la force publique (art. 51 al. 3 du CPP). Depuis la loi du 23 juin 1999, le juge d'instruction n'a plus la possibilité de dessaisir de plein droit l'officier de police judiciaire et le procureur de la République de leur pouvoir de direction d'enquête de flagrance en arrivant sur le lieu de commission d'une infraction flagrante.

III. Le contrôle et la responsabilité de la police judiciaire

L'exercice de la fonction de police étant susceptible de porter atteinte à la liberté individuelle, l'autorité judiciaire prévient un tel risque en contrôlant cet exercice (art. 66 Const.).

Les membres de la police judiciaire exercent leurs attributions sous la direction du procureur de la République (art. 12 et 41 CPP). Ce magistrat peut leur demander d'accomplir tout acte qu'il juge nécessaire, chaque acte faisant l'objet d'un procès-verbal devant lui être adressé dès la clôture des opérations. C'est également le procureur de la République qui contrôle les gardes à vue ou décide de leur prolongation.

La police judiciaire est également placée sous le contrôle du procureur général (art. 13 CPP). Celui-ci est chargé de noter les aptitudes des officiers de police judiciaire de son ressort sur proposition du procureur de la République et cette notation est prise en compte pour leur avancement. Il a aussi le pouvoir de suspendre ou retirer à un officier de police judiciaire l'habilitation à exercer des fonctions de police judiciaire (art. 16 du CPP).

Tous les membres de la police judiciaire, y compris les agents chargés de certaines fonctions de police judiciaire, peuvent faire l'objet de sanctions disciplinaires prononcées par la chambre de l'instruction, sans préjudice de celles prononcées par leurs supérieurs hiérarchiques. La chambre de l'instruction peut soit adresser des observations à la hiérarchie administrative si elle estime inopportun de sanctionner l'officier de police judiciaire, soit prononcer l'interdiction temporaire ou définitive d'exercer les fonctions de police judiciaire dans le ressort de la cour d'appel ou sur l'ensemble du territoire national (art. 227 du CPP). Sa décision prend effet immédiatement (art. 227 CPP).

Les membres de la police judiciaire qui commettent des infractions à l'occasion de l'exercice de leurs fonctions s'exposent enfin à des poursuites pénales devant les juridictions répressives[4]. Lorsque l'infraction a été commise en violation d'une disposition de procédure pénale, l'action publique ne peut être exercée que si le caractère illégal de l'acte accompli a été constaté par une décision devenue définitive. La victime des agissements irréguliers de la police judiciaire peut agir devant les juridictions judiciaires sur le fondement des articles 1382 et 1383 du code civil[5] afin d'obtenir réparation de son préjudice.

4. Le privilège de juridiction prévu au profit des officiers de police judiciaire par l'ancien article 687 du code de procédure pénale a été supprimé par la loi du 4 janvier 1993.

5. CE., Jobard, 13 juillet 1961 : la connaissance des litiges relatifs au fonctionnement des services judiciaires ne relève pas de la compétence des tribunaux administratifs.

Lecture d'arrêt n° 1

Cass. crim., 27 juin 2007, pourvoi n° 06-81397

« Sur le premier moyen de cassation proposé pour Alexandre X... et Delphine Z..., épouse X..., visant l'arrêt n° 1965 de la chambre de l'instruction de la cour d'appel de Douai du 30 octobre 2002 (pourvoi n° B 02-88.214), pris de la violation des articles 18, 19, 56, 63, 77 et D. 12 du code de procédure pénale, 311-1 et 321-1 du code pénal, 591 et 593 du code de procédure pénale, défaut de motifs, violation des droits de la défense, manque de base légale ;

« En ce que l'arrêt attaqué a dit n'y avoir lieu à annulation des opérations de perquisition et de saisie réalisées le 11 juin 2002 dans le domicile d'Alexandre X..., ainsi que de la mesure de garde à vue prise le même jour ;

« Aux motifs que, selon les dispositions des articles 18 et 56 du code de procédure pénale, les policiers, agissant dans le cadre d'une enquête de flagrance à la suite de vols dont ils ont été régulièrement informés, peuvent se transporter sans désemparer au domicile des personnes mises en cause pour y effectuer une perquisition, même si le domicile de l'intéressé se situe dans un ressort territorial dépendant d'une juridiction limitrophe au tribunal auquel ils sont attachés ; qu'en l'espèce, les policiers du SIR de Lens, saisis de faits de vols de fret et agissant en flagrant délit, se sont, à juste titre et en application des dispositions susvisées, rendus au domicile d'Alexandre X... situé à Rouvroy (dans le ressort du tribunal de grande instance d'Arras) dans la mesure où il avait été expressément mis en cause par Francis C..., chez lequel les marchandises provenant du vol avaient été retrouvées ;

« Qu'à ce titre, le brigadier-chef de Lens a régulièrement informé le procureur de la République et l'officier de police judiciaire compétent d'Arras dépendant d'une juridiction limitrophe de Béthune ; que le placement d'un nombre important d'objets sous main de justice a été décidé par les enquêteurs de Lens et effectué par l'officier de police judiciaire de Lens, après les avoir inventoriés ;

« Que ces objets ainsi placés sous scellés ont ensuite été présentés à Alexandre X... qui a ainsi pris connaissance de leur numérotation et qui a pu s'exprimer sur leur contenu et faire légitimement valoir ses observations, de sorte qu'il n'est nullement rapporté la preuve de l'existence d'une quelconque atteinte aux droits de la défense d'Alexandre X... ; qu'en cas d'application des dispositions de l'article 18 du code de procédure pénale, seul le procureur de la République du lieu d'exécution de la garde à vue gère cette mesure ; qu'aucune disposition n'impose de consigner dans un procès-verbal la notification de l'information relative au placement en garde à vue du mis en cause effectuée auprès du procureur de la République, une simple mention de cet avis devant être présent dans la procédure ; que, s'agissant d'un crime ou délit flagrant, le droit de suite de l'officier de police judiciaire demeure valable pour tout placement en garde à vue ;

« Qu'ainsi, la mesure de garde à vue réalisée le 11 juin 2002 à 16 heures 55 à l'encontre d'Alexandre X... à l'initiative du SIR de Lens est régulière tout comme est valable l'information au procureur de la République de permanence effectuée à 17 heures 44 ce même jour et dont mention a été portée sur le procès-verbal de notification de garde à vue ; que le grief tiré du défaut de compétence territoriale des officiers de police judiciaire et d'avis à parquet de la mesure de garde à vue doit être écarté ;

« Alors que, d'une part, selon les dispositions des articles 18, 56 et D. 12 du code de procédure pénale, l'extension de compétence territoriale conférée aux officiers de police judiciaire est exceptionnelle et n'est applicable que dans l'hypothèse d'un crime ou d'un délit flagrant en relation directe avec les opérations coercitives réalisées sur le ressort des tribunaux de grande instance limitrophes du tribunal où ils sont rattachés ; que le domicile de Francis C..., où ont été découverts les objets recelés, était situé à Liévin, dans le ressort du tribunal de grande instance de Béthune, tandis que le domicile d'Alexandre X..., où ont eu lieu la perquisition et les saisies du 11 juin 2002, était situé à Rouvroy, dans le ressort du tribunal de grande instance d'Arras ;

« Qu'à défaut d'avoir constaté l'existence d'un lien étroit de causalité entre le trafic reproché à Francis C... et les marchandises retrouvées au domicile d'Alexandre X..., les conditions de la flagrance prévues à l'article D. 12 précité n'étaient pas réunies ;

« Qu'ainsi, c'est à tort que la chambre de l'instruction a refusé de prononcer l'annulation de la perquisition et de la saisie réalisées dans un domicile situé hors de la compétence territoriale de l'officier de police de Lens qui est intervenu, ainsi que celles des opérations subséquentes. »

Lecture d'arrêt n° 2

Crim., 12 octobre 2009, pourvoi n° 08-86702

« Vu les articles 23 du code de procédure pénale et L. 428-27 du code de l'environnement ;

« Attendu qu'il résulte de la combinaison de ces textes que les agents de l'office national de la chasse et de la faune sauvage ne peuvent procéder à la recherche du gibier à domicile que chez les aubergistes, les marchands de comestibles et dans les lieux ouverts au public ;

« Attendu que, pour rejeter le moyen de nullité, selon lequel les saisies opérées, hors la présence d'un officier de police judiciaire, par les agents de l'Office national de la chasse et de la faune sauvage aux domiciles de particuliers méconnaissaient les dispositions de l'article 23 du code de procédure pénale, l'arrêt énonce que ces agents n'ont procédé à aucune perquisition et à aucune saisie, si ce n'est le sanglier abattu, dont ils ont récupéré les morceaux aux domiciles de Mickaël Y... et de Jean-Pierre A... ;

« Mais attendu qu'en statuant ainsi, alors qu'elle constatait que les morceaux de sanglier avaient été recherchés aux domiciles de particuliers, la cour d'appel a méconnu les textes susvisés ;

« D'où il suit que la cassation est encourue. »

Fiche n° 22 : Les modalités de l'enquête de police judiciaire

Références

Ouvrage

• MATSOPOULOU H., *Les Enquêtes de police*, LGDJ, 1996.

Articles

• HERZOG-EVANS M., « Tendances actuelles du droit des fouilles corporelles », *Gaz. Pal.*, 2002, 24-26 févr., p. 3.
• KARSENTY D., « L'article 63-1 du Code de procédure pénale dans la jurisprudence récente de la Cour de cassation », *Dr. pénal*, 2000, chron. n° 21.
• LENNON J.-L., « Les aspects coercitifs et intrusifs de l'enquête préliminaire ou l'effritement de la distinction entre enquête de flagrance et enquête préliminaire », *Dr. pénal*, 2007, étude 20.
• LESCLOUS V. et MARSAT C., « L'enquête de flagrance », *Dr. pénal*, 1997, chron. 25.
• MORVAN P., « Le policier enquêteur », *Revue pénitentiaire et de droit pénal*, 2003, p. 619.
• PRADEL J., « L'enquête proactive », *D.*, 1998, chron., p. 57.

Définitions

• **Enquête de flagrance** : enquête ne pouvant être mise en œuvre qu'en cas d'infraction flagrante et qui se caractérise par les pouvoirs coercitifs importants accordés aux autorités de police.

• **Enquête préliminaire** : enquête de police pouvant être mise en œuvre pour toute infraction, à l'initiative des forces de police ou sur instruction du procureur de la République, dès qu'il existe, à l'encontre du suspect, des raisons plausibles de soupçonner qu'il a commis ou tenté de commettre une infraction.

Explications

La police judiciaire est chargée de constater les infractions à la loi pénale, d'en rassembler les preuves et d'en rechercher les auteurs tant qu'une information n'est pas ouverte (art. 14 CPP). Elle est avertie de la commission des infractions par une plainte de la victime ou une dénonciation d'un tiers. La plainte de la victime doit donner lieu à l'établissement d'un procès-verbal, à la délivrance d'un récépissé (art. 15-3 CPP).

Seuls les officiers de police judiciaire ou, sous leur contrôle, les agents de police judiciaire peuvent effectuer les enquêtes (I) au cours desquelles ils exercent les pouvoirs qui leur sont accordés par la loi (II). Les fonctionnaires et agents chargés de certaines fonctions de police judiciaire ne peuvent exécuter que les actes isolés prévus par la loi spéciale qui les habilite.

Les officiers de police judiciaire exercent leurs pouvoirs dans le cadre d'enquêtes de police dont le régime dépend du mode de constatation de l'infraction.

I. L'enquête de flagrance

L'enquête de flagrance, ou enquête de flagrant délit, est fondée sur l'urgence et vise essentiellement à empêcher les preuves de disparaître. Elle confère à la police des pouvoirs coercitifs très importants, dangereux pour les libertés individuelles, ce d'autant plus que la contrainte ainsi exercée peut l'être sans autorisation préalable du juge. Afin de limiter les abus, le législateur détermine le cadre de l'enquête de flagrance.

A. Les cas de flagrance

1. L'infraction flagrante

L'ouverture de l'enquête de flagrance ne se justifie que si l'infraction est d'une certaine gravité. Il faut qu'il s'agisse d'un crime ou un délit punissable d'une peine d'emprisonnement (art. 53 et 67 CPP). En sont exclus les délits punissables seulement d'amende et les contraventions.
Le crime ou le délit doit également être flagrant (art. 53 CPP). Au sens strict, l'infraction flagrante est celle qui se commet actuellement ou vient de se commettre. Une infraction peut également être réputée flagrante lorsque dans un temps très voisin de l'action, une personne est soit poursuivie par la clameur publique, soit trouvée en possession d'objets, ou présente des indices laissant penser qu'elle a participé à l'infraction.
L'infraction flagrante obéit à deux critères.
Le critère temporel implique la commission actuelle ou récente de l'infraction. La jurisprudence admet que le temps voisin de l'action peut avoir une durée de vingt-quatre heures ou plus selon les circonstances.
Au critère temporel légal, la jurisprudence a ajouté un critère matériel ou sensoriel. L'état de flagrance est ainsi caractérisé par le fait qu'il existe déjà des indices apparents et objectifs d'un comportement délictueux qui peuvent être perçus par la vue, l'ouïe, le goût, l'odorat ou le toucher : la fuite d'un individu à la vue de la police, l'avis donné par la victime d'une infraction qui vient de se commettre, la palpation de sécurité aboutissant à la découverte d'un flagrant délit de port d'armes prohibé, l'odeur du cannabis ressentie lors d'un contrôle routier[1]. De même, les déclarations

1. Buisson : « Caractérisation de la flagrance. Coordination entre enquête préliminaire et enquête flagrante », comm. sous Crim., 9 janv. 2002, Lima ; *Bull. crim.*, n° 2 ; *RSC*, 2002, chron., p. 913.

d'un témoin identifié relatives à une infraction qui vient de se commettre constituent des indices apparents justifiant la mise en œuvre d'une enquête de flagrance[2]. En l'absence de tels indices, la procédure est nulle car la découverte de l'infraction est le point de départ de l'enquête de flagrance. Toutefois, les éléments susceptibles de caractériser l'état de flagrance peuvent toutefois être obtenus par la mise en œuvre d'une autre procédure, administrative ou judiciaire, ou découverts à l'occasion d'une opération de police judiciaire effectuée même dans le cadre d'une enquête préliminaire.
Dès lors que l'indice est apparent, peu importe par la suite que l'infraction s'avère être une contravention ou que la réalité des faits ne corresponde pas à l'apparence objectivement vraisemblable de la perception.

2. Les hypothèses permettant l'application des règles de la flagrance

La loi du 23 juin 1999 a supprimé l'hypothèse où le chef de la maison pouvait demander l'intervention de la police pour constater une infraction, quelle que soit la date de la commission du crime. Il existe cependant des cas d'enquêtes spécifiques justifiant l'application des règles de la flagrance.
En cas de découverte d'un cadavre ou d'une personne grièvement blessée dont la cause est inconnue ou suspecte (art. 74, 77 CPP), l'officier de police judiciaire, après en avoir informé le procureur de la République, se transporte sur les lieux afin d'y procéder aux premières constatations. Le procureur de la République peut se rendre sur les lieux s'il le juge nécessaire. Sur ses instructions, il peut être procédé aux actes de l'enquête de flagrance et, à l'issue du délai de huit jours, les investigations peuvent se poursuivre en enquête préliminaire.
En cas de disparition d'un mineur, d'un majeur protégé ou d'un majeur dans des circonstances présentant un caractère inquiétant ou suspect eu égard aux circonstances, à l'âge de l'intéressé ou à son état de santé (art. 74-1 CPP), l'utilisation des pouvoirs caractéristiques de la flagrance est envisageable pendant les pouvoirs de contrainte peuvent être utilisés pendant huit jours à compter des instructions du procureur de la République. Passé ce délai, les investigations doivent se poursuivre selon les formes de l'enquête préliminaire.
Les règles de flagrant délit peuvent enfin s'appliquer aux fins de recherche et de découverte d'une personne en fuite, sur réquisitions du procureur de la République (art. 74-2 CPP). Sont concernées les personnes faisant l'objet d'un mandat d'arrêt délivré par une juridiction d'instruction ou de jugement ou par le juge de l'application des peines, ainsi que celles condamnées à une peine privative de liberté sans sursis, supérieure ou égale à un an lorsque cette condamnation est exécutoire ou passée en force de chose jugée.

2. Sanchez M., « Flagrance, apparence et provocation ou la souplesse des règles de preuve », note ss Crim., 1er oct. 2003, *D.*, 2004, p. 1845 ; la dénonciation anonyme ne saurait cependant caractériser un indice objectif faisant présumer la commission d'une infraction flagrante : Crim., 2 févr. 1988, *D.*, 1988, somm. comm., p. 358.

B. La durée de l'enquête de flagrance

En l'absence de dispositions légales expresses, la jurisprudence avait subordonné la validité de la procédure à la condition que les actes d'enquête se soient succédé avec continuité.

La loi du 23 juin 1999 a limité l'enquête de flagrance menée à la suite de la constatation d'un crime ou d'un délit flagrant à huit jours maximum à compter du premier acte d'enquête. Lorsque l'enquête de flagrance porte sur un crime ou un délit puni d'au moins cinq ans d'emprisonnement, le procureur de la République peut autoriser sa poursuite pendant une nouvelle durée de huit jours (art. 53 al. 3 CPP). Au-delà de ce délai, la mise en état de l'affaire se poursuivra soit en enquête préliminaire, soit dans le cadre d'une instruction. Par ailleurs, l'officier de police judiciaire doit interrompre les opérations dès qu'il est convaincu de ne pas être dans un cas d'enquête de flagrance (contravention, fait prescrit).

C. Les autorités compétentes en cas d'enquête de flagrance

L'enquête de flagrance est de la compétence de l'officier de police judiciaire. En cas de constatation d'une infraction flagrante, il doit en informer immédiatement le procureur de la République. Si ce dernier se transporte sur les lieux, son arrivée dessaisit l'officier de police judiciaire. Il peut alors accomplir les actes d'enquête et dispose des mêmes pouvoirs qu'un officier de police judiciaire. Il peut toutefois prescrire à l'officier de police judiciaire de poursuivre les opérations (art. 68 al. 3 CPP). S'il requiert l'ouverture d'une information, la police judiciaire ne peut agir que sur commission rogatoire. Dans tous les cas, l'arrivée du juge d'instruction sur les lieux ne dessaisit plus de droit le procureur de la République et l'officier de police judiciaire.

II. L'enquête préliminaire

Les officiers de police judiciaire ou, sous leur contrôle, les agents de police judiciaire procèdent à des enquêtes préliminaires, d'office ou sur instructions du procureur de la République (art. 75 CPP). L'officier de police judiciaire est tenu d'informer le procureur de la République des crimes et délits et des contraventions dont il a connaissance[3].

L'enquête préliminaire est l'enquête de droit commun. Elle peut être ouverte pour toutes les infractions sans qu'il soit nécessaire de caractériser une situation de fait particulière, comme dans l'enquête de flagrance. Elle peut même être ouverte alors que la flagrance apparaît, la voie de la flagrance n'étant nullement obligatoire. Elle

3. L'absence d'information n'invalide cependant pas la procédure, l'initiative de l'enquête de police étant une faculté reconnue à l'officier de police judiciaire : Crim., 1er déc. 2004, *Bull. crim.*, n° 302.

a pour but d'établir l'existence des infractions ou d'en identifier l'auteur, ce qui peut éviter de recourir à l'instruction et d'accélérer le cours de la justice en utilisant la citation directe ou la comparution immédiate.

Pendant l'enquête préliminaire, aucun acte d'investigation ne peut être exercé de manière coercitive à l'encontre d'une personne sans que celle-ci n'y ait consenti. L'autorité judiciaire a l'obligation de s'assurer que le consentement n'a pas été surpris et d'informer l'intéressé de son droit de refuser la coercition.

Parce que la contrainte est conditionnelle, aucune durée de l'exécution n'est en principe impartie. Toutefois, lorsque les officiers de police judiciaire agissent d'office, ils doivent rendre compte au procureur de la République de l'état d'avancement de l'enquête lorsqu'elle est commencée depuis plus de six mois (art. 75-1 CPP). S'ils agissent sur instructions du procureur de la République, celui-ci doit fixer le délai dans lequel l'enquête préliminaire doit être effectuée, ce délai pouvant être prorogé au vu des justifications données par les enquêteurs.

Dans certains cas, l'officier de police judiciaire peut recourir à la contrainte à condition d'avoir l'autorisation d'une autorité judiciaire. L'officier de police judiciaire peut contraindre par la force publique, avec l'autorisation du procureur de la République, les personnes qui n'ont pas répondu à une convocation ou dont on peut craindre qu'elles ne répondent pas à une telle convocation (art. 78 CPP). Les perquisitions relatives à des délits punis d'une peine d'emprisonnement d'une durée supérieure ou égale à cinq ans peuvent aussi être effectuées sans l'assentiment de la personne chez qui elles ont lieu, avec l'autorisation du juge des libertés et de la détention statuant sur requête du procureur (art. 76 CPP). Le procureur de la République peut décerner un mandat de recherche si l'enquête porte sur un crime ou un délit puni d'au moins trois ans d'emprisonnement (art. 77-2 CPP).

Au cours de l'enquête, l'officier de police judiciaire doit aviser le procureur de la République dès l'identification d'une personne à l'encontre de laquelle ont été réunis des indices laissant présumer qu'elle a participé à la commission d'une infraction.

III. Les enquêtes sur commission rogatoire

Les officiers de police judiciaire peuvent mener une enquête sur la base d'une commission rogatoire délivrée par le juge chargé de l'information et portant sur des actes d'instruction se rapportant aux infractions dont il est saisi. Mais ils ne peuvent procéder aux interrogatoires et confrontation des personnes mises en examen. Ils ne peuvent entendre les parties civiles ou les témoins assistés que si ces derniers en font la demande. Ils ne peuvent perquisitionner dans certains lieux bénéficiant d'un régime particulier.

Lorsque les officiers de police judiciaire agissent sur commission rogatoire, le juge d'instruction peut étendre leur compétence territoriale au-delà de leur circonscription et même sur l'étendue du territoire national.

Lecture d'arrêt

Crim., 12 mai 2009, 09-81.434

« Statuant sur le pourvoi formé par :
- X... H...,
contre l'arrêt de la chambre de l'instruction de la cour d'appel de PARIS, 2e section, en date du 30 janvier 2009, qui, dans l'information suivie contre lui du chef d'infractions à la législation sur les stupéfiants, a rejeté sa requête en annulation d'actes de la procédure ;
« Vu l'ordonnance du président de la chambre criminelle, en date du 10 mars 2009, prescrivant l'examen immédiat du pourvoi ;
« Vu le mémoire produit ;
« Attendu qu'il résulte de l'arrêt attaqué et des pièces de la procédure qu'une surveillance policière effectuée au cours d'une enquête préliminaire portant sur un trafic de stupéfiants a abouti, le 24 juin 2008, à l'interpellation en flagrant délit d'une personne détenant de l'héroïne ; que celle-ci a été présentée le jour même à un magistrat du parquet en vue d'une injonction thérapeutique ; que, sur instruction du procureur de la République, les enquêteurs, agissant en enquête de flagrance, ont poursuivi leurs investigations et ont interpellé le lendemain, outre diverses personnes, H... X... et procédé à une perquisition chez ce dernier ;
Attendu que celui-ci, mis en examen le 28 juin 2008, a saisi la chambre de l'instruction d'une demande d'annulation d'actes de la procédure en application de l'article 173 du code de procédure pénale ;
En cet état ;
« Sur le premier moyen de cassation, pris de la violation des articles 14, 40, 53, 76 du code de procédure pénale, 593 du même code, excès de pouvoir ;
« En ce que l'arrêt attaqué a rejeté la demande de nullité de la perquisition effectuée le 25 juin 2008 au domicile d'H... X..., sans son assentiment, ainsi que de tous les actes subséquents ;
« Aux motifs qu'une enquête préliminaire avait été ouverte le 3 janvier 2008 ; qu'au cours de cette enquête, les surveillances mises en place avaient permis d'interpeller en six mois une trentaine de toxicomanes, chaque interpellation ayant donné lieu à des actes d'enquêtes en flagrant délit, l'enquête s'étant poursuivie sous la forme préliminaire ; que la surveillance avait permis de constater la reprise du trafic le 23 juin 2008, que Y... Y... a été interpellé en flagrant délit le 24 juin 2008 à 10 heures, qu'il faisait l'objet le 24 juin 2008 à 15 heures d'une injonction thérapeutique à l'issue de sa garde à vue ; que les instructions données par le procureur de la République dans le cours d'une enquête ne peuvent pas avoir obligatoirement pour effet de modifier le statut de cette enquête ; que spécialement la décision du parquet sur le sort d'une personne gardée à vue dans le cadre d'une enquête de

flagrance ne pouvait avoir par elle-même pour effet de mettre un terme à l'enquête de flagrance ; que les enquêteurs – qui ont reçu pour instruction du parquet de poursuivre leurs investigations – étaient fondés à continuer celle-ci en flagrant délit ;
« 1) Alors que le parquet est maître de la qualification et du cadre des enquêtes menées sous son égide ; que, nonobstant la circonstance que la durée maximale prévue par la loi pour une enquête de flagrance ne soit pas écoulée, le ministère public peut décider de mettre fin au cadre juridique de la flagrance et imposer aux enquêteurs de revenir au cadre d'une enquête préliminaire ; qu'il résulte des propres constatations de l'arrêt attaqué, qu'après avoir réglé le sort de Y... Y..., arrêté en flagrance le 24 juin 2008, le procureur de la République a donné comme seules instructions aux enquêteurs de "*poursuivre leurs investigations*" sans parler de flagrance, et dans le cadre d'une enquête préliminaire générale menée depuis le 3 janvier 2008 ; qu'en estimant que les enquêteurs auraient eu le pouvoir de passer outre ces ordres, la chambre de l'instruction a validé l'excès de pouvoir commis par eux et violé les textes précités ;
« 2) Alors que l'état de flagrance n'est en l'espèce légalement caractérisé qu'à l'égard de Y... Y... ; qu'aucun des éléments retenus par la chambre de l'instruction ne caractérise le moindre délit flagrant à l'encontre des autres personnes interpellées le lendemain, et notamment d'H... X..., dont l'arrêt attaqué retient au contraire, qu'il n'avait commis aucun acte délictueux depuis plusieurs semaines ; qu'en l'absence de toute flagrance concernant H... X..., de tout lien constaté entre le délit flagrant commis le 24 juin par Y... Y... et H... X..., et de la moindre autorisation avérée du procureur de la République de poursuivre l'enquête en flagrance, les enquêteurs ont commis un excès de pouvoir que la chambre de l'instruction devait censurer ; que l'arrêt sera lui-même annulé ;
« Attendu que, pour rejeter la requête en nullité de la procédure par laquelle le mis en examen soutenait qu'après la présentation au procureur de la République de la personne interpellée en flagrant délit, la procédure devait être poursuivie selon les règles de l'enquête préliminaire et qu'en conséquence la perquisition effectuée à son domicile sans son assentiment exprès était nulle, l'arrêt énonce que la décision du parquet sur le sort de la personne gardée à vue à l'occasion d'une enquête de flagrant délit ne mettait pas un terme à cette enquête ; que les juges ajoutent que les enquêteurs étaient fondés, après avoir poursuivi une enquête préliminaire pendant plusieurs mois et dès lors qu'un nouveau délit flagrant avait été régulièrement constaté, à continuer leurs investigations en enquête de flagrance pour procéder à tous les actes d'enquête ;
« Attendu qu'en l'état de ces énonciations, la chambre de l'instruction a justifié sa décision au regard de l'article 53, alinéa 2, du code de procédure pénale qui prévoit qu'à la suite de la constatation d'un flagrant délit, l'enquête de flagrance menée sous le contrôle du procureur de la République peut se poursuivre sans discontinuer pendant huit jours ;
« D'où il suit que le moyen doit être écarté. »

Fiche n° 23 : Les pouvoirs d'enquête

Références

• HERZOG-EVANS M., « Fouilles corporelles et dignité de l'homme », *RSC*, 1998, p. 735.
• LAZERGES C., « La dérive de la procédure pénale », *RSC*, 2003, p. 644.

Explications

A quelques exceptions près, les actes de l'enquête de flagrance sont identiques à ceux de l'enquête préliminaire. Mais le régime juridique n'est pas toujours le même.

I. Les actes d'investigation

Les pouvoirs d'investigation permettent aux enquêteurs de constater les infractions, d'établir les preuves et d'identifier les auteurs des infractions.

A. Les auditions

1. L'audition des témoins

Au cours de l'enquête, la personne convoquée est tenue de comparaître sous peine d'être contrainte, avec l'autorisation du procureur de la République, par la force publique (art. 62, 78 CPP). Le témoin est entendu sans prestation de serment, sauf s'il est entendu sur commission rogatoire du juge d'instruction.

2. L'audition de la victime

La victime entendue dans les formes de la déposition d'un témoin doit être informée par les enquêteurs de son droit d'obtenir réparation du préjudice subi, d'être aidée par un service ou une association d'aide aux victimes, de se constituer partie civile si l'action publique est mise en mouvement, en citant directement l'auteur des faits devant la juridiction compétente ou en portant plainte devant le juge d'instruction. Elle doit aussi être informée de son droit d'être assistée d'un avocat et de la possibilité de bénéficier d'une aide juridictionnelle (art. 53-1 CPP).

B. Les perquisitions domiciliaires

La perquisition suppose une intrusion, une pénétration dans un domicile ou un lieu clos en vue de la recherche d'objets ou de documents, données informatiques ou autres objets relatifs aux faits poursuivis. Elle implique la recherche de preuves à l'intérieur de l'immeuble. Les enquêteurs doivent effectuer des recherches actives. Tel n'est pas le cas lors d'une remise volontaire de documents.

La perquisition peut avoir lieu au domicile de toute personne qui paraît détenir des pièces ou objets relatifs aux faits incriminés, quand bien même elle ne serait pas auteur ou complice de l'infraction (art. 56 CPP).

Le domicile se définit non seulement comme le lieu où une personne a son principal établissement, mais aussi comme le lieu où, qu'elle y habite effectivement ou non, elle a le droit de se dire chez elle, quel que soit le titre juridique de son occupation. Le domicile doit toutefois être pourvu des équipements nécessaires à une habitation effective. Il peut s'agir d'un domicile mobile à condition qu'il soit effectivement habité.

1. Consentement et présence de la personne chez qui se déroule la perquisition

Au cours de l'enquête préliminaire, la perquisition effectuée par les officiers de police judiciaire ou, sous leurs ordres, les agents de police judiciaire requiert le consentement de la personne chez laquelle l'opération se déroule (art. 76 CPP). L'assentiment doit faire l'objet d'une déclaration écrite de l'intéressé[1]. Le juge des libertés et de la détention peut toutefois autoriser la police judiciaire, sur réquisitions du procureur de la République, à agir sans l'accord de l'intéressé en cas de crimes ou de délits pour lesquels la peine encourue est supérieure ou égale à cinq ans d'emprisonnement.

Dans le cadre d'une enquête flagrante, le consentement de la personne chez qui la perquisition a lieu n'est pas exigé (art. 58 à 59 CPP). Pendant l'instruction, la perquisition est possible dans tous les lieux où peuvent se trouver des objets dont la découverte serait utile à la manifestation de la vérité par le juge d'instruction (art. 92) ou les officiers de police judiciaire sur commission rogatoire (art. 151 al. 1 CPP).

La perquisition doit se dérouler en présence de la personne au domicile de laquelle elle est réalisée. En cas d'impossibilité, elle doit être invitée à désigner un représentant. A défaut, deux témoins sont désignés par l'enquêteur en dehors des personnes sur lesquelles il a autorité (art. 57 CPP).

L'officier de police judiciaire peut prendre connaissance de papiers ou documents avant de décider de leur éventuelle saisie. Le représentant, les témoins ou les personnes qualifiées requises peuvent également en prendre connaissance (art. 52 al. 2 CPP).

L'officier de police judiciaire peut consulter les dossiers informatiques contenus dans un ordinateur sur les lieux (art. 57-1 et 76-3 CPP). Il peut les copier sur tous

1. Crim., 28 févr. 1987, *Bull. crim.*, n° 48 : les mentions manuscrites des nom, prénoms, domicile, date, heure, « *lu et approuvé* » apposées sur un formulaire préétabli suffisent.

supports ou saisir les supports. Il peut avoir recours à l'assistance des tiers pour l'aider à comprendre les documents recherchés.

Les personnes présentes lors de la perquisition peuvent être retenues le temps du déroulement des opérations si elles sont susceptibles de fournir des renseignements sur les objets (art. 56 CPP).

2. Perquisitions et secret professionnel

Pour assurer la protection du secret professionnel, les perquisitions ne peuvent être effectuées dans le cabinet ou au domicile d'un avocat, dans les locaux de l'ordre des avocats ou des caisses de règlement pécuniaire des avocats que par un magistrat et en présence du bâtonnier ou de son délégué (art. 56-1 CPP). S'il s'agit d'un médecin, d'un notaire, ou d'un avoué, la présence du représentant de l'ordre ou de l'organisation professionnelle est requise (art. 56-3 CPP). Les perquisitions dans les locaux d'une entreprise de presse ou de communication audiovisuelle ne peuvent être effectuées que par un magistrat (art. 56-2 CPP). L'officier de police judiciaire peut cependant assister le magistrat qui procède à la perquisition.

Aucune perquisition n'est possible dans les locaux diplomatiques ou dans l'habitation personnelle d'un agent diplomatique, sauf accord du diplomate.

3. Perquisition et secret de défense

a) Les lieux abritant des éléments classifiés
Lorsqu'une perquisition est envisagée dans un lieu précisément identifié, abritant des éléments couverts par le secret de la défense nationale, la perquisition ne peut être réalisée que par un magistrat en présence du président de la Commission consultative du secret de la défense nationale (art. 56-4-I CPP). Ce dernier peut être représenté par un membre de la commission ou par des délégués, dûment habilités au secret de la défense nationale, qu'il désigne selon des modalités déterminées par décret en Conseil d'Etat. Le président ou son représentant peut être assisté de toute personne habilitée à cet effet.
La liste des lieux visés au premier alinéa est établie de façon précise et limitative par arrêté du Premier ministre. Cette liste, régulièrement actualisée, est communiquée à la Commission consultative du secret de la défense nationale ainsi qu'au ministre de la Justice, qui la rendent accessible aux magistrats de façon sécurisée. Le magistrat vérifie si le lieu dans lequel il souhaite effectuer une perquisition figure sur cette liste. Les conditions de délimitation des lieux abritant des éléments couverts par le secret de la défense nationale sont déterminées par décret en Conseil d'Etat.
Le fait de dissimuler dans ces lieux visés à l'alinéa précédent des procédés, objets, documents, informations, réseaux informatiques, données informatisées ou fichiers non classifiés, en tentant de les faire bénéficier de la protection attachée au secret de la défense nationale, est puni de peines prévues à l'article 434-4 du code pénal.

La perquisition ne peut être effectuée qu'en vertu d'une décision écrite du magistrat qui indique au président de la Commission consultative du secret de la défense nationale les informations utiles à l'accomplissement de sa mission. Le président de la commission ou son représentant se transporte sur les lieux sans délai. Au commencement de la perquisition, le magistrat porte à la connaissance du président de la commission ou de son représentant, ainsi qu'à celle du chef d'établissement ou de son délégué, ou du responsable du lieu, la nature de l'infraction ou des infractions sur lesquelles portent les investigations, les raisons justifiant la perquisition, son objet et les lieux visés par cette perquisition.
Seul le président de la Commission consultative du secret de la défense nationale, son représentant et, s'il y a lieu, les personnes qui l'assistent peuvent prendre connaissance d'éléments classifiés découverts sur les lieux. Le magistrat ne peut saisir, parmi les éléments classifiés, que ceux relatifs aux infractions sur lesquelles portent les investigations. Si les nécessités de l'enquête justifient que les éléments classifiés soient saisis en original, des copies sont laissées à leur détenteur.
Chaque élément classifié saisi est, après inventaire par le président de la commission consultative, placé sous scellé. Les scellés sont remis au président de la Commission consultative du secret de la défense nationale qui en devient gardien. Les opérations relatives aux éléments classifiés saisis ainsi que l'inventaire de ces éléments font l'objet d'un procès-verbal qui n'est pas joint au dossier de la procédure et qui est conservé par le président de la commission consultative.
La déclassification et la communication des éléments mentionnés dans l'inventaire relèvent de la procédure prévue par les articles L. 2312-4 du code de la défense.

b) La découverte d'éléments couverts par le secret défense à l'occasion d'une perquisition
Lorsqu'à l'occasion d'une perquisition un lieu se révèle abriter des éléments couverts par le secret de la défense nationale, le magistrat présent sur le lieu ou immédiatement avisé par l'officier de police judiciaire en informe le président de la Commission consultative du secret de la défense nationale (art. 56-4-II CPP).
Les éléments classifiés sont placés sous scellés, sans en prendre connaissance, par le magistrat ou l'officier de police judiciaire qui les a découverts, puis sont remis ou transmis, par tout moyen en conformité avec la réglementation applicable aux secrets de la défense nationale, au président de la commission afin qu'il en assure la garde. Les opérations relatives aux éléments classifiés font l'objet d'un procès-verbal qui n'est pas joint au dossier de la procédure.
La déclassification et la communication des éléments ainsi placés sous scellés relèvent de la procédure prévue par les articles L. 2312-4 et suivants du code de la défense.

c) Perquisition dans un lieu classifié
Lorsqu'une perquisition est envisagée dans un lieu classifié au titre du secret de la défense nationale dans les conditions définies à l'article 413-9-1 du code pénal, elle ne peut être réalisée que par un magistrat en présence du président de la Commis-

sion consultative du secret de la défense nationale ou de son représentant, assisté le cas échéant d'une personne habilitée à cet effet (art. 56-4-III CPP).
Le magistrat vérifie auprès de la Commission consultative du secret de la défense nationale si le lieu dans lequel il souhaite effectuer une perquisition fait l'objet d'une mesure de classification.
La perquisition ne peut être effectuée qu'en vertu d'une décision écrite et motivée qui indique la nature de l'infraction ou des infractions sur lesquelles portent les investigations, les raisons justifiant la perquisition et l'objet de celle-ci, ainsi que le lieu visé par la perquisition. Le magistrat transmet cette décision au président de la Commission consultative du secret de la défense nationale. Il la porte, au commencement de la perquisition, à la connaissance du chef d'établissement ou de son délégué, ou du responsable du lieu.
La perquisition doit être précédée d'une décision de déclassification temporaire du lieu aux fins de perquisition et ne peut être entreprise que dans les limites de la déclassification ainsi décidée. A cette fin, le président de la Commission consultative du secret de la défense nationale, saisi par la décision de déclassification, fait connaître sans délai son avis à l'autorité administrative compétente sur la déclassification temporaire, totale ou partielle, du lieu aux fins de perquisition. L'autorité administrative fait connaître sa décision sans délai. La déclassification prononcée par l'autorité administrative ne vaut que pour le temps des opérations. En cas de déclassification partielle, la perquisition ne peut être réalisée que dans la partie des lieux qui fait l'objet de la décision de déclassification de l'autorité administrative. La perquisition devra se poursuivre dans les conditions prévues pour les lieux abritant les éléments classifiés.
Les dispositions prévues par l'article 56-4 sont prescrites à peine de nullité.

4. Les horaires de perquisition

Afin de protéger l'intimité de la vie privée, les perquisitions doivent avoir lieu entre 6 et 21 heures, mais elles peuvent continuer au-delà lorsqu'elles ont débuté le jour (art. 59 CPP).

Une perquisition nocturne peut cependant être opérée en cas de réclamations faites de l'intérieur de la maison.

En matière de stupéfiants, la perquisition peut être opérée en dehors des heures légales à l'intérieur des locaux où l'on use en société de stupéfiants ou dans lesquels sont fabriqués, transformés ou entreposés illicitement des stupéfiants lorsqu'il ne s'agit pas de locaux d'habitation (art. 706-28 CPP).

En cas de proxénétisme, des perquisitions nocturnes peuvent être réalisées à toute heure du jour ou de la nuit à l'intérieur des lieux (hôtel, maison meublée) où est constatée une prostitution habituelle, uniquement pour la recherche et la constatation des actes liés à cette matière (art. 706-35 CPP).

En matière de criminalité organisée, le juge des libertés et de la détention peut, si les nécessités de l'enquête le requièrent, autoriser des perquisitions, visites domiciliaires et saisies de pièces à conviction en dehors des heures légales, quel que soit le lieu en cas d'enquête de flagrance (art. 706-89 CPP). S'il s'agit d'une enquête préliminaire, la dérogation ne peut concerner les locaux d'habitation (art. 706-90 CPP).

Dans le cadre d'une commission rogatoire, le juge d'instruction doit respecter les mêmes règles. Mais il peut, en cas d'urgence, ordonner une perquisition de nuit dans un local d'habitation s'il s'agit d'un crime ou d'un délit flagrant, s'il existe un risque immédiat de disparition de preuve ou des indices matériels, s'il existe une ou plusieurs raisons plausibles de soupçonner qu'une ou plusieurs personnes se trouvant dans les locaux sont en train de commettre les infractions visées à l'article 706-73 du code de procédure pénale (art. 706-91 al. 2 CPP).

Le fait que les opérations révèlent des infractions autres que celles visées par la loi ou l'ordonnance du juge ne constitue pas une cause de nullité des procédures incidentes.

Les dispositions relatives aux perquisitions doivent être respectées sous peine de nullité. Il faut établir que cette violation a porté atteinte aux intérêts de la partie concernée[2].

C. Les fouilles

1. La fouille corporelle

Les fouilles corporelles externes, assimilées à une perquisition, sont autorisées pour des raisons de sécurité en cas d'arrestation ou lors des opérations de contrôle d'identité. Elles doivent être effectuées par un officier de police judiciaire de même sexe que la personne et nécessitent le consentement de cette dernière dans le cadre de l'enquête préliminaire. Les dispositions relatives aux horaires de perquisition ne sont cependant pas applicables.

La fouille corporelle se distingue de la palpation de sécurité, qui est une mesure préventive de police administrative. Elle exclut tout contact direct avec l'enveloppe corporelle. La fouille à corps de sécurité concerne l'individu placé en garde à vue et permet de lui retirer tout objet susceptible d'être utilisé pour attenter à sa personne ou à celle des forces de l'ordre.

La fouille corporelle interne peut être réalisée par un médecin requis à cet effet, sur une personne gardée à vue, lorsque cet acte est indispensable pour les nécessités de l'enquête (art. 63-5 CPP). En cas d'urgence, elle peut être effectuée sur une personne

2. Crim., 17 sept. 1996, *Bull. crim.*, n° 316.

qui vient d'être arrêtée et qui n'a pas encore été placée en garde à vue ou qui ne peut faire l'objet d'une garde à vue parce qu'elle est interpellée à la suite d'un mandat d'arrêt ou d'amener.

La fouille corporelle interne est également autorisée en matière douanière lorsqu'il existe des indices laissant présumer qu'une personne dissimule des stupéfiants dans son organisme (art. 60 bis du code des douanes). Le consentement de l'intéressé est requis, à défaut, l'autorisation du juge des libertés et de la détention. Le refus de s'y soumettre est puni d'un an d'emprisonnement et de 3 750 euros d'amende (art. 60 bis du code des douanes).

2. La visite des véhicules

La fouille des véhicules n'est pas considérée comme une perquisition. Elle n'est possible qu'en vertu de certains textes particuliers, notamment au profit des agents des douanes ou pour les officiers de police judiciaire en cas de flagrance ou sur commission rogatoire lorsque l'infraction est avérée, sur la voie publique ou dans des lieux accessibles au public. Elle doit être effectuée sous le contrôle de l'autorité judiciaire.

Les officiers de police judiciaire, assistés d'agents de police judiciaire ou d'agents de police judiciaire adjoints, peuvent procéder à la visite des véhicules circulant, arrêtés ou stationnant sur la voie publique ou dans les lieux accessibles au public sur réquisitions écrites du procureur de la République aux fins de recherche des actes terroristes, de trafic de stupéfiants, en matière d'armes et d'explosifs, en cas de vol et de recel (art. 78-2-2 CPP). Les opérations se déroulent dans les lieux et pendant le temps déterminés par le magistrat.

En cas de flagrance, les fouilles peuvent être réalisées à l'initiative de l'officier de police judiciaire lorsqu'il existe à l'égard du conducteur ou d'un passager des raisons plausibles de soupçonner qu'il a commis un crime ou un délit flagrant (art. 78-2-3 CPP). L'exigence d'une raison plausible apparaît comme un frein relativement faible à l'action de la police judiciaire. Il n'est fait référence ici qu'aux véhicules circulant ou arrêtés sur la voie publique ou dans les lieux accessibles au public.

Dans le cadre de la police administrative, les fouilles ne peuvent avoir lieu que pour prévenir une atteinte grave à la sécurité des personnes et des biens (art. 78-2-4 CPP). L'officier de police judiciaire ne peut y procéder qu'avec le consentement du conducteur du véhicule. En cas de refus, le véhicule peut être immobilisé, pendant 30 minutes au maximum, dans l'attente des instructions du procureur de la République, qui peut autoriser l'opération.

Diverses dispositions sont communes aux trois hypothèses de fouille. Lorsqu'il s'agit d'un véhicule en circulation, la visite doit se dérouler en présence du conducteur et le véhicule ne peut être immobilisé que le temps nécessaire au contrôle. Si le véhicule est à l'arrêt ou en stationnement, la présence du conducteur ou du propriétaire n'est pas impérative, l'officier ou l'agent de police judiciaire pouvant requérir une personne ne relevant pas de son autorité administrative. La présence n'est pas requise si le la fouille présente des risques. Le recours à une personne extérieure est exclu si la visite comporte des risques graves pour la sécurité des personnes et des biens.

En cas de découverte d'une infraction, un procès-verbal doit être établi comportant mention du lieu, des dates et heures de début et de fin des opérations. L'établissement du procès-verbal est obligatoire si le conducteur ou le propriétaire en fait la demande lorsque la visite se déroule en leur absence. Un exemplaire est remis à l'intéressé et un autre est transmis au procureur de la République.

La visite des véhicules spécialement aménagés à usage d'habitation et effectivement utilisés comme résidence doit se dérouler en application des dispositions relatives aux perquisitions.

D. Les saisies

La saisie est le fait de placer sous main de justice des objets et documents ou des données informatiques, d'en dresser l'inventaire et d'y apposer un sceau muni d'une étiquette (le scellé).

L'enquêteur doit procéder à la saisie de tout ce qui peut servir à la manifestation de la vérité. Les pièces et documents saisis sont inventoriés et placés sous scellés afin de préserver leur intégrité. Ils doivent être présentés pour reconnaissance aux personnes soupçonnées, à leur représentant ou aux témoins.

L'avocat ne peut opposer le secret professionnel quant à la saisie des documents permettant d'établir sa participation à l'infraction. Les autres documents sont en revanche couverts par le secret professionnel, leur saisie est possible lorsqu'elle n'affecte pas les droits de la défense. Le bâtonnier peut s'y opposer et le document est alors placé sous scellé et transféré au juge des libertés et de la détention qui, après auditions, statuera et ordonnera soit la restitution du document à l'avocat, soit son versement au dossier (art. 56-1 al. 4 à 6 CPP).

En cours de perquisition, si l'officier de police judiciaire découvre une infraction flagrante, il peut procéder à des saisies. Si l'objet est relatif à une infraction non flagrante, l'enquêteur ne peut le saisir qu'avec le consentement de la personne chez qui se déroule la perquisition. Lorsque l'officier de police judiciaire agit sur commission rogatoire, il doit informer le juge mandant et il peut avertir le procureur, qui peut apprécier la suite à donner à la découverte.

Les saisies opérées indépendamment de toute constatation ou perquisition doivent faire l'objet d'un procès-verbal spécial décrivant les indices découverts, le lieu où ils l'ont été ainsi que la réponse de l'intéressé à la présentation de chaque indice.

Les pièces saisies sont restituées lorsque leur détention judiciaire ne se justifie plus. La décision revient au procureur de la République à condition qu'aucune juridiction ne soit compétente au jour de la demande faite en ce sens. Au cours de l'instruction, cette compétence est dévolue au juge de l'instruction (art. 99, 177 al. 3 CPP) ou à la chambre de l'instruction (art. 212 al. 3 CPP).

E. Les réquisitions

La réquisition permet de solliciter d'un tiers la prestation d'un service.

L'officier de police judiciaire, dans le cadre de l'enquête de flagrance, peut requérir toute personne qualifiée s'il y a lieu de procéder à des constatations ou à des examens techniques ou scientifiques. Pendant l'enquête préliminaire, une telle réquisition peut être ordonnée par le procureur de la République ou, sur avec son autorisation, par l'officier de police judiciaire. Les personnes requises doivent prêter serment, sauf si elles sont déjà inscrites sur une liste d'experts. Elles procèdent à l'ouverture des scellés et en dressent inventaire (art. 60, 77-1 CPP). Sur instructions du procureur de la République, l'officier de police judiciaire donne connaissance des résultats des examens techniques et scientifiques aux personnes à l'encontre desquelles il existe des indices laissant présumer qu'elles ont commis ou tenté de commettre une infraction, ainsi qu'aux victimes.

La réquisition peut également être destinée à toute personne, tout établissement, organisme ou toute administration en vue de la remise de documents intéressant l'enquête. Les personnes requises ne peuvent opposer le secret professionnel pour refuser la communication de documents, sauf motif légitime. Si la personne s'abstient, elle encourt une amende de 3 750 euros. Mais les personnes protégées en raison de leur profession (avocats, entreprises de presse, médecins, notaires, avoués) peuvent toujours refuser de s'exécuter (art. 60-1, 77-1-1 CPP).

L'officier de police judiciaire peut adresser des réquisitions spéciales à certains organismes publics ou personnes morales de droit privé afin qu'ils mettent à sa disposition des informations contenues dans les fichiers informatiques qu'ils administrent, sauf si un secret couvre de telles données (art. 60-2 al. 1 CPP).

Des réquisitions peuvent également être adressées aux opérateurs de télécommunications pour que ces derniers conservent, pour une durée inférieure ou égale à un an, le contenu des informations consultées par les personnes utilisatrices des services fournis par les opérateurs. Dans le cadre de l'enquête préliminaire, les réquisitions sont prises par l'officier de police judiciaire sur autorisation du juge des libertés et de la détention, saisi à cette fin par le procureur de la République. Le refus d'exécuter la réquisition est puni d'une amende de 3 750 euros.

Le procureur de la République peut désigner une personne qualifiée en vue d'effectuer des opérations techniques de décryptage des informations recueillies. Les personnes requises doivent prêter serment (art. 230-1 CPP). Lorsque l'infraction est punie d'une peine d'au moins deux ans d'emprisonnement, l'autorité judiciaire qui a procédé aux réquisitions peut prescrire le recours aux moyens de l'Etat soumis au secret de la défense nationale. Les décisions judiciaires prises dans ce cadre sont dépourvues de caractère juridictionnel et sont insusceptibles de recours (art. 203-4 CPP).

En cas d'agressions ou d'atteintes sexuelles commises sur un mineur de moins de 15 ans, l'officier de police judiciaire commis peut faire effectuer un prélèvement et un examen médical afin de détecter une éventuelle maladie sexuellement transmissible. Le médecin requis doit obtenir le consentement de l'intéressé (art. 706-47-2 al. 1 CPP). Ce prélèvement peut être opéré, sans le consentement de la personne, sur instruction du juge d'instruction (art. 706-47-2 al. 2 CPP).

F. Les prélèvements externes et opérations signalétiques

Pendant l'enquête préliminaire, le procureur de la République, ou, sur son autorisation, l'officier de police judiciaire, peut faire procéder sur toute personne susceptible de fournir des renseignements sur les faits en cause, ou toute personne à l'encontre de laquelle il existe plusieurs raisons de soupçonner qu'elle a commis ou tenté de commettre l'infraction, aux opérations de prélèvements externes nécessaires à la réalisation d'examens techniques et scientifiques de comparaison avec les traces et indices prélevés pour les nécessités de l'enquête (art. 55-1, 76-2 et CPP). Il peut procéder ou faire procéder aux opérations signalétiques, telles que la prise d'empreintes digitales, palmaires ou de photographies nécessaires à l'alimentation et à la consultation des fichiers de police.

Pendant l'enquête de flagrance, ces opérations peuvent être effectuées d'office par les officiers de police judiciaire ou, sous leur contrôle, par les agents de police judiciaire.

G. La cybersurveillance

Dans le cadre de la lutte contre la traite des humains, le proxénétisme ou le recours à la prostitution des mineurs ou des personnes vulnérables, et lorsque ces infractions sont commises par un moyen de communication électronique, l'officier de police judiciaire peut participer sous pseudonyme aux échanges électroniques. Il peut entrer en contact par ce moyen avec les personnes susceptibles d'être les auteurs de ces infractions. Il peut extraire, transmettre en réponse à une demande expresse, acquérir ou conserver des contenus illicites (art. 706-35-1 CPP).

La cybersurveillance est un fait justificatif, l'officier pouvant effectuer ces actes sans en être pénalement responsable. Elle peut aussi être effectuée sur commission rogatoire. L'officier de police judiciaire doit être affecté dans un service spécialisé et spécialement habilité à cette fin.

II. Les mesures de contrainte

Si la garde à vue (voir Fiche n° 25) est la principale mesure effectuée pendant l'enquête, les officiers de police judiciaire disposent d'autres moyens permettant d'exercer la contrainte sur les personnes.

A. L'appréhension

Elle n'est possible que dans le cadre d'une enquête de flagrance. En cas de crime ou de délit flagrant puni d'une peine d'emprisonnement, toute personne a qualité pour appréhender l'auteur et le conduire devant l'officier de police judiciaire (art. 73 CPP).

Chaque citoyen, et *a fortiori* tout membre de la police judiciaire, est donc autorisé à pratiquer une arrestation dans une situation flagrante. Un individu ne peut cependant se prévaloir de cette disposition pour appréhender une personne puis la séquestrer pendant plusieurs heures avant d'aviser l'officier de police judiciaire. L'usage de la force est envisageable à condition qu'elle s'avère nécessaire et proportionnée. La responsabilité civile de l'intervenant peut être engagée en cas de dépassement de pouvoir. Mais s'il subit un préjudice du fait de son concours à la police, il peut obtenir une indemnisation.

B. La rétention des personnes présentes sur les lieux d'une infraction flagrante

L'officier de police judiciaire peut interdire à une personne présente de s'éloigner du lieu de l'infraction jusqu'à la clôture des opérations.

Il peut également retenir les personnes présentes lors de la perquisition si elles sont susceptibles de fournir des renseignements sur les objets, documents et données informatiques saisis pendant le temps nécessaire à ces opérations (art. 57 al. 7 CPP).

C. La convocation

L'officier de police judiciaire peut convoquer toutes les personnes susceptibles de fournir des renseignements sur les faits, les objets et les documents saisis sur les lieux de l'infraction ou au cours d'une perquisition.

Les personnes convoquées sont tenues de comparaître. Mais elles ne sont pas tenues de déposer (art. 62 al. 2 et 78 CPP *a contrario*), sauf s'il s'agit d'un témoin entendu sur commission rogatoire (art. 153 CPP). En cas de refus, et s'il s'agit d'une enquête flagrante, l'officier de police judiciaire peut contraindre les personnes qui se trouvaient sur les lieux de l'infraction au moment du transport. L'autorisation du procureur de la République est requise lorsque la mesure concerne une personne qui n'a pas répondu à la convocation ou dont on peut craindre qu'elle n'y réponde pas (art. 62 al. 2 CPP). En enquête préliminaire, l'autorisation du procureur de la République est toujours exigée (art. 78 al. 2 CPP).

Les personnes à l'encontre desquelles il n'existe aucune raison plausible de soupçonner qu'elles ont commis ou tenté de commettre une infraction ne peuvent être retenues que le temps nécessaire à leur audition (art. 62 al. 5, art. 78 al. 2, art. 153 al. 2 CPP).

D. Le mandat de recherche

Le mandat de recherche peut être décerné par le procureur de la République contre les personnes à l'encontre desquelles il existe une ou plusieurs raisons plausibles de soupçonner qu'elles ont commis ou tenté de commettre une infraction punie d'au moins trois ans d'emprisonnement (art. 70 al. 1, 77-4 al. 1 CPP).

En vertu de ce mandat, la police judiciaire peut rechercher la personne, l'appréhender et la placer en garde à vue. Si la personne est à son domicile, l'arrestation ne peut avoir lieu qu'entre 6 et 21 heures. L'agent chargé de l'arrestation peut se faire accompagner par une force suffisante pour éviter que la personne recherchée se soustraie à la loi (art. 70 al. 2, art. 77-4 al. 2 CPP).

La personne saisie est placée en garde à vue et peut être auditionnée par l'officier de police judiciaire compétent sur le lieu de découverte. Lorsque les recherches ont échoué, le mandat délivré au cours de l'enquête demeure valable si une instruction est ouverte (art. 70 al. 3, art. 77-4 al. 2 CPP).

Cas pratique n° 1

I. Enoncé

Las de jouer, en ce début d'après-midi, avec leur nouvelle console, Maxime et Didier, jumeaux âgés de 12 ans, décident d'aller se distraire à la fête foraine du village. Leur porte-monnaie n'étant pas assez garni, ils sont obligés de limiter leurs activités à deux tours de manège.

Les deux jeunes garçons ressentent bien vite la frustration de n'être que de simples spectateurs de la fête qui les entoure. A peine une heure s'est-elle écoulée depuis leur arrivée que, tournant sans but entre les différentes attractions, ils aperçoivent la caisse du marchand de nougats grande ouverte et laissée sans surveillance. Maxime a aussitôt la mauvaise idée de dérober une partie de la recette. Discrètement, croit-il, il en soustrait la somme de 500 euros et prend sur l'étalage l'ours en peluche faisant office de premier lot à la tombola organisée par ce commerçant. Voyant son frère opérer de tels méfaits, Didier panique, mais, sous l'insistance de Maxime, garde en sa possession une partie du butin ainsi que l'ours en peluche dérobé.

Julien, qui a vu toute la scène, interpelle rapidement la foule en criant « *Au voleur !* ». Effrayés, les deux garçons s'enfuient. Alerté par cet appel, un gendarme mobilisé sur les lieux pour l'occasion poursuit Maxime. D'ailleurs, Maxime, vite essoufflé en raison de sa faible constitution physique, est promptement attrapé par l'agent des forces de l'ordre, qui, dans le feu de l'action, le plaque au sol, lui assène plusieurs coups et arrache de ses mains 200 euros restés en sa possession. Didier échappe, quant à lui, à toute arrestation.

Une enquête est ouverte, dans la foulée, pour éclaircir les circonstances de la soustraction. Déterminez la nature de l'enquête, prononcez-vous sur l'arrestation de Maxime et envisagez les actes de la future enquête que vous jugez opportuns.

II. Eléments de réponse

A. La nature de l'enquête

Si l'enquête préliminaire est l'enquête de droit commun, l'ouverture d'une enquête de flagrance est indiquée lorsque les faits en cause sont en train de se commettre, viennent de se commettre ou sont commis « *dans un temps très voisin* » de la découverte d'indices ou de la survenance de la clameur publique (art. 53 CPP). Les faits relatés semblent correspondre à cette définition, mais il faut vérifier si les conditions liées à la constatation ou la gravité de l'infraction sont réunies.

L'infraction flagrante obéit à un premier critère de nature temporelle. En l'espèce, les faits viennent de se commettre. L'enchaînement des faits s'est déroulé dans un temps très court puisque Julien interpelle rapidement la foule après avoir vu la scène et que le gendarme alerté attrape rapidement Maxime. On peut même considérer que les faits ont été commis dans un temps très voisin de la survenance de la clameur publique, ici, le cri de Julien.

Le critère sensoriel permet d'établir la présence d'indices apparents et objectifs d'un comportement délictueux (Cass. crim., 30 mai 1980) pouvant être perçus par la vue, l'ouïe, le goût, l'odorat ou le toucher. En l'espèce, plusieurs indices peuvent être répertoriés : le cri de Julien, la réaction des enfants, qui sont effrayés et s'enfuient afin de s'échapper, le fait que Maxime soit pris en possession d'une somme de 200 euros.

Ainsi peut-on raisonnablement penser que Maxime vient de commettre une infraction flagrante. Mais l'enquête de flagrance ne peut être ouverte que si l'on est en présence d'un crime ou d'un délit puni d'emprisonnement (art. 53 et 67 CPP). Les faits commis par Maxime, à savoir la soustraction d'argent ou d'un objet au marchand de nougats, peuvent être qualifiés comme étant un vol, délit puni de trois ans d'emprisonnement (art. 311-3 CP).

Ces deux conditions étant réunies, l'enquête présente donc bien la nature d'une enquête de flagrance.

B. L'arrestation de Maxime

En cas de délit flagrant puni d'une peine d'emprisonnement, toute personne a qualité pour en appréhender l'auteur et le conduire devant l'officier de police judiciaire (art. 73 CPP). Chaque citoyen est donc autorisé à pratiquer cette arrestation dans une situation de flagrance. Peu importe alors qu'en l'espèce, le gendarme ait ou non la qualité d'officier de police judiciaire.

L'usage de la force est légalement envisageable, à condition toutefois que ce recours soit nécessaire et proportionné (Cass. crim., 13 avril 2005). Si on peut justifier le plaquage au sol pour des raisons de particulière virulence de Maxime, on peut raisonnablement se poser des questions quant à la proportionnalité des moyens employés. Maxime est présenté comme un enfant de 12 ans ayant une faible constitution physique et qui est vite essoufflé. Il ne semblait donc pas en mesure de résister réellement à un agent des forces de l'ordre. L'administration de coups et l'agressivité dont a semblé faire preuve le gendarme en prenant les billets à Maxime paraissent donc injustifiées. Aussi, la responsabilité du gendarme pourra être engagée.

C. Les actes de l'enquête qui pourraient s'avérer opportuns

1. La perquisition

Supposant une intrusion, une pénétration dans un domicile ou tout autre lieu clos avec pour objectif la recherche d'indices, d'objets, de documents relatifs aux faits poursuivis, la perquisition peut se dérouler au domicile de toute personne qui paraît détenir des pièces ou objets relatifs aux faits incriminés, quand bien même ne serait-elle pas auteur ou complice de l'infraction.

En l'espèce, il peut être utile de perquisitionner chez les parents de Maxime afin de retrouver le reste de la somme d'argent, mais aussi la peluche dérobée par ce dernier. Le choix de perquisitionner le domicile des parents de Maxime s'explique par la fuite de Didier, le frère de Maxime, qui est probablement allé se réfugier directement chez leurs parents.

2. La saisie

La saisie permet de placer sous main de justice des objets et documents ou des données informatiques, d'en dresser l'inventaire et d'y apposer un sceau muni d'une étiquette. Elle est normalement la suite logique d'une perquisition. L'enquêteur doit d'ailleurs procéder à la saisie de tout ce qui peut servir à la manifestation de la vérité, sous réserve toutefois du respect des conditions de nécessité et de proportionnalité. Les pièces saisies sont inventoriées et placées sous scellés afin de préserver leur intégrité dans l'optique de leur production en tant que preuve dans un procès à venir (art. 56 al. 4 CPP). En l'espèce, l'officier de police judiciaire pourra, le cas échéant, saisir l'argent et la peluche.

3. La convocation

L'officier de police judiciaire peut convoquer les personnes susceptibles de fournir des renseignements sur les faits, les objets et les documents saisis sur les lieux de l'infraction ou au cours d'une perquisition (art. 62 al. 1 CPP). Aussi serait-il opportun de convoquer Julien, puisqu'il est témoin des faits commis, mais aussi Didier, qui accompagnait Maxime, afin qu'il s'explique sur son rôle dans l'infraction ou, le cas échéant, sur la présence d'objets en sa possession. Les personnes convoquées sont d'ailleurs tenues de comparaître. En cas de refus, l'officier de police judiciaire, dans le cadre d'une enquête de flagrance, peut, par la force publique, contraindre les personnes convoquées à comparaître (art. 62 al. 2 CPP).

Cas pratique n° 2

I. Enoncé

Alors qu'ils effectuaient une ronde de routine à la gare de Mulhouse, deux agents de police judiciaire ont procédé à l'arrestation d'Albert Mafieu. En effet, dès que celui-ci les a aperçus, il s'est débarrassé d'un sac qu'il avait en sa possession et a tenté de s'enfuir. Mais sa fuite a été stoppée par un agent tandis que l'autre se saisissait du sac qui contenait une quantité importante de poudre. Albert Mafieu a été conduit au commissariat de police, où sa garde à vue lui a été notifiée par l'officier de police judiciaire. Ce dernier a également effectué un test réactif à la cocaïne qui s'est révélé positif et a procédé à la pesée du sac contenant 506 grammes de poudre. Le sac avait été au préalable photographié dès l'arrivée des agents de police judiciaire au poste de police.

Avant la fin de la garde à vue, l'officier de police judiciaire effectue en présence d'Albert Mafieu un prélèvement de 4,4 grammes sur le produit qui a été placé sous scellé. Sur instruction du procureur de la République, il détruit le reste de la cocaïne et dresse un procès-verbal de cette destruction.

Le procureur de la République requiert alors l'ouverture d'une instruction. Albert Mafieu est mis en examen des chefs d'infractions à la législation sur les stupéfiants et placé en détention provisoire. Sur commission rogatoire, les officiers de police judiciaire procèdent à une perquisition au domicile d'Albert Mafieu en la présence de sa femme, qui ne s'y est pas opposée. A la fin des opérations, le procès-verbal a été signé par les enquêteurs et Mme Mafieu.

Albert Mafieu estime que l'arrestation faite par l'agent de police judiciaire est illégale. Il conteste la validité de la saisie opérée ainsi que la régularité de la perquisition effectuée à son domicile. Qu'en pensez-vous ?

II. Eléments de réponse

A. Quant à l'appréhension d'Albert Mafieu

L'arrestation d'un individu, en l'absence d'un mandat judiciaire, n'est possible qu'en cas de flagrance. L'article 73 du code de procédure pénale dispose en effet qu'en cas de crime flagrant ou de délit flagrant puni d'une peine d'emprisonnement, toute personne, et *a fortiori* un agent de police judiciaire, a qualité pour appréhender l'auteur et le conduire devant l'officier de police judiciaire.

Il s'agit alors de déterminer si on est dans un cas de flagrance (voir développement dans le cas précédent). En l'espèce, il existe des indices apparents et objectifs d'un comportement délictueux : le fait de prendre la fuite à la vue des policiers, l'intention de se débarrasser d'un sac devenu subitement encombrant et contenant manifestement des substances illicites. Au premier abord, on peut retenir le délit de détention illicite de stupéfiants, puni de dix ans d'emprisonnement (art. 222-37 CP).

Il faut noter que l'existence d'indices apparents et objectifs d'un comportement délictueux justifie l'ouverture d'une enquête de flagrance. Peu importe si les faits se révèlent moins graves par la suite. Mais dans ce cas, la police judiciaire est tenue de mettre fin à une telle enquête.

B. Quant à la saisie du sac

Pendant l'enquête de flagrance, seuls les officiers de police judiciaire peuvent procéder à la saisie des documents ou objets pouvant servir à la manifestation de la vérité, des instruments et produits de l'infraction (art. 54 CPP). Toutefois, les agents de police judiciaire, qui étaient les premiers sur les lieux de l'infraction, pouvaient recueillir le sac de poudre à condition de le remettre immédiatement à un officier de police judiciaire, préalablement avisé de la situation de flagrance. L'officier de police judiciaire devait alors procéder à la saisie et présenter le sac pour reconnaissance à Albert Mafieu. Sans ces formalités, les objets appréhendés par les agents de police judiciaire ne peuvent figurer dans la procédure.

En l'espèce, la pièce saisie n'a pas été présentée à Albert Mafieu pour reconnaissance. Les formalités prescrites par l'article 54 du code de procédure pénale n'ayant pas été respectées, on pourrait conclure à la nullité de la saisie. Mais la nullité ne peut être prononcée que si un grief est causé à la personne faisant l'objet de l'enquête (Crim., 27 sept. 1996). Le requérant doit prouver que la méconnaissance des dispositions prescrites a causé une atteinte aux droits de la personne. Or, lors du prélèvement des 4,4 grammes de poudre devant être placés sous scellés, Albert Mafieu n'a émis aucune contestation quant au sac qui lui a été présenté. On peut estimer qu'il le reconnaissait ainsi de manière implicite. Par ailleurs, le sac avait été photographié pour éviter toute confusion.

Cependant, le bloc de cocaïne a été pesé en son absence. Or, la pesée des produits stupéfiants, le prélèvement de l'échantillon et la destruction du reste du produit doivent être effectués par l'officier de police judiciaire au cours de l'enquête de flagrance en présence du suspect ou de deux témoins (art. 706-30-1 CPP). A défaut, le poids du produit ne peut lui être opposé. En conséquence, le procès-verbal de saisie doit être partiellement annulé en ce qui concerne le poids du produit stupéfiant.

C. Quant à la perquisition au domicile d'Albert Mafieu

La perquisition du domicile d'une personne ne peut avoir lieu, à peine de nullité, qu'en sa présence. En cas d'impossibilité, elle doit désigner un représentant. A défaut, la perquisition doit se dérouler en présence de deux témoins choisis par l'officier de police judiciaire et relevant de son autorité administrative (art. 57 CPP). En toute hypothèse, la détention d'un individu ne constitue pas une impossibilité insurmontable. En l'espèce, il semble que le détenu n'ait pas été invité à assister à la perquisition ni à désigner son représentant. Son épouse ne peut donc être considérée comme tel. Quant à l'officier de police judiciaire, il n'a pas choisi de témoins. Mais encore une fois, le demandeur doit faire état d'un grief consécutif à la perquisition.

Fiche n° 24 : Les contrôles et les vérifications d'identité

Références

• MAYER D., « Prévention et répression en matière de contrôle d'identité : une distinction trompeuse », *D.*, 1993, chron., p. 272.
• PICARD E., « Les contrôles d'identité au regard des droits fondamentaux : des régimes inutilement hétéroclites », *Revue française de droit administratif*, 1994, p. 959.
• SAINTE-ROSE J. et MUCCHIELLI P., « Le contrôle du juge judiciaire sur la rétention administrative », *Gaz. Pal.*, 1996, 2, doctr., p. 989.
• THOMAS D., « Les contrôles d'identité préventifs depuis les arrêts de la chambre criminelle des 4 octobre 1984 et 25 avril 1985 : la nécessité d'une nouvelle réforme », *D.*, 1985, chron., p. 1981.

Définitions

• **Contrôle d'identité** : fait pour un agent de la force publique de demander à une personne de justifier de son identité par tous moyens.

• **Contrôle d'identité judiciaire** : identification d'une personne en lien avec la commission ou la préparation d'une infraction.

• **Contrôle d'identité administratif** : contrôle non déterminé par un indice laissant présumer la commission ou la préparation d'une infraction.

• **Vérification d'identité** : opération permettant à un officier de police judiciaire de retenir une personne le temps nécessaire à l'établissement de la preuve de son identité.

Explications

Les contrôles d'identité sont définis comme le fait pour un agent de la force publique de demander à un particulier de justifier son identité par tous moyens. Selon l'article 78-1 du code de procédure pénale, toute personne se trouvant sur le territoire national doit accepter de se prêter à un contrôle d'identité (I). En cas de refus ou d'impossibilité d'établir son identité, elle peut être retenue sur place ou dans un local de police afin qu'il soit procédé à une vérification d'identité (II).

I. Les contrôles d'identité

Les contrôles d'identité sont effectués par des officiers de police judiciaire ou, sous leur contrôle, par les agents de police judiciaire et les agents de police judiciaire adjoints mentionnés aux articles 20 et 21-1° du code de procédure pénale (art. 78-2 CPP). Les agents des douanes peuvent contrôler l'identité des personnes au moment des passages aux frontières ou lorsqu'elles circulent aux abords d'un poste frontière. Ils peuvent contraindre les contrevenants et les retenir (art. 44 et 67 C. douanes).

Les contrôles judiciaires ont une finalité répressive et constituent des actes de police judiciaire. Ils sont justifiés par la commission d'une infraction. Ils se distinguent des contrôles administratifs, qui sont effectués dans le but de prévenir une atteinte à l'ordre public. Ils n'ont donc a priori aucun lien avec l'infraction. Mais le contrôle d'identité administratif peut déboucher sur un contrôle judiciaire[1].

Les opérations de contrôle d'identité doivent être contrôlées par le procureur de la République et le procureur général (art. 78-1 CPP).

A. Les contrôles d'identité judiciaires

1. Les contrôles effectués à l'initiative de la police judiciaire

Ils sont effectués à l'égard d'une personne à l'encontre de laquelle il existe une ou plusieurs raisons plausibles de soupçonner qu'elle a commis ou tenté de commettre une infraction[2], qu'elle se prépare à en commettre une, qu'elle est à même de fournir des renseignements utiles à une enquête criminelle ou délictuelle, ou qui fait l'objet de recherches ordonnées par une autorité judiciaire (art. 78-2 al. 1 CPP). L'agent doit préciser les raisons plausibles qui motivent le contrôle[3].

2. Les contrôles sur réquisitions du procureur de la République

Le contrôle judiciaire peut être exécuté sur réquisitions écrites du procureur de la République, dans des lieux et pour une période déterminés, à l'égard de toute personne, aux fins de recherche et de poursuite d'infractions qu'il précise (art. 78-2 al. 6 CPP)[4]. Toute personne se trouvant sur les lieux déterminés peut être contrôlée sans qu'il soit nécessaire de constater un lien quelconque avec les infractions en cause. Un tel contrôle doit être limité dans le temps et dans l'espace, mais le législateur ne précise aucune durée maximale, ni une étendue précise, les officiers de

1. Cornut E., « Entre confusion et distinction : propos autour des contrôles d'identité », note sous Crim., 23 mai 2001 et 7 juin 2001, *D.*, 2002, jur., p. 992.
2. Peu importe le cadre juridique de l'intervention de la police judiciaire : enquête préliminaire, de flagrance ou sur commission rogatoire. Les tentatives d'infractions sont également concernées, qu'elles soient punissables ou non.
3. Cass. Crim., 31 mai 2005, *D.*, 2005, IR, 1657 : une dénonciation anonyme non corroborée par d'autres éléments d'informations ni confortée par des vérifications apportant des éléments précis et concordants ne constitue pas une raison plausible.
4. Opérations « coup de poing ».

police judiciaire pouvant constater incidemment des infractions autres que celles visées par le procureur de la République. Toutefois, le procureur de la République doit prendre la décision en liaison étroite avec les services de police judiciaire, en fonction des observations faites dans son ressort sur les phénomènes de la délinquance.

B. Les contrôles d'identité administratifs

Les contrôles administratifs ont pour but de prévenir la commission d'une infraction, mais peuvent toutefois déboucher sur la détection d'une infraction et aussitôt sur une enquête.

1. La prévention des atteintes à l'ordre public

L'identité de toute personne, quel que soit son comportement, peut être contrôlée pour prévenir une atteinte à l'ordre public, notamment une atteinte à la sécurité des personnes et des biens (art. 78-2 al. 3 CPP). Pour éviter des abus, ce contrôle doit être fondé sur des éléments établissant concrètement l'insécurité du lieu où il est effectué : fréquence et nature des agressions, comportement de l'intéressé. En l'absence de tels éléments, le contrôle est irrégulier. Pour le Conseil constitutionnel, l'autorité concernée doit justifier, dans tous les cas, des circonstances particulières établissant le risque d'atteinte à l'ordre public qui a motivé le contrôle. Ainsi le contrôle d'un étranger dans une station de métro est irrégulier si les autorités ne précisent pas en quoi la sûreté des personnes et des biens est immédiatement menacée au moment du contrôle.

2. La lutte contre le travail clandestin

Des contrôles peuvent aussi être effectués sur réquisition du procureur de la République dans les lieux à usage professionnel ainsi que leurs annexes où sont en cours des activités de production, de réparation, de prestation de service ou de commercialisation (art. 78-2-1 CPP). Ces contrôles permettent de vérifier le respect de la législation du travail et ne concernent que les personnes occupées afin de vérifier qu'elles figurent sur le registre du commerce et qu'elles ont fait l'objet des déclarations préalables à l'embauche. Les opérations de contrôle ne peuvent durer plus d'un mois. La réquisition du procureur de la République doit être présentée à la personne disposant des lieux ou à son représentant[5].

3. Le contrôle Schengen

Des contrôles peuvent être opérés dans des zones transfrontalières dans un périmètre compris entre la frontière terrestre de la France avec les Etats parties à la

5. Cette obligation n'est pas prévue à peine de nullité : Crim., 15 févr. 2005, *D.*, 2005, IR, 917.

Convention de Schengen et une ligne tracée à 20 kilomètres en deçà, afin de vérifier le respect des obligations de détention, de port et de présentation de titres exigées par la loi (art. 78-2 al. 4 CPP). Il en est de même dans les zones accessibles au public, comme les ports, les aéroports, les gares ferroviaires. Ces contrôles peuvent s'étendre à 20 kilomètres après la frontière lorsqu'ils sont effectués à bord d'un train effectuant une liaison internationale ou dans une section autoroutière démarrant dans une zone transfrontalière. Cette mesure permet de lutter contre les délinquances transfrontalières et l'immigration clandestine.

II. Les vérifications et relevés d'identité

A. Les vérifications d'identité

La vérification d'identité suppose l'échec d'un contrôle ou d'un relevé d'identité, lorsque la personne ne veut pas ou ne peut établir son identité (art. 78-3 al. 1 CPP).

Seul un officier de police judiciaire peut procéder à une vérification d'identité. La personne est retenue sur place ou dans un local de police pendant le temps strictement nécessaire à l'établissement de son identité dans la limite maximale de quatre heures. Le procureur de la République peut y mettre fin à tout moment, notamment pour des raisons médicales. Par ailleurs, la mesure ne semble pas nécessaire lorsqu'une personne est en mesure de prouver son identité par un simple passage à son domicile.

La personne est, sauf circonstance insurmontable, présentée immédiatement à un officier de police judiciaire, qui procède aux opérations de vérifications après l'avoir mise en mesure de fournir les éléments permettant d'établir son identité par tout moyen. La personne est en outre informée de son droit de faire aviser le procureur de la République de sa rétention et de prévenir toute personne de son choix. Lorsque des circonstances particulières l'exigent, l'officier de police judiciaire peut prévenir lui-même la personne désignée par l'individu, afin d'éviter tout contact avec d'éventuels coauteurs ou complices. L'information du procureur de la République est obligatoire lorsqu'il s'agit d'un mineur et, sauf impossibilité, il doit être assisté de son représentant légal.

Si la personne refuse de collaborer ou si elle fournit des renseignements inexacts, l'officier de police judiciaire peut faire appel aux procédés judiciaires d'identité : empreintes digitales, photographies, à condition qu'ils aient été autorisés par un magistrat et qu'ils constituent le seul moyen d'établir l'identité (art. 78-3 al. 4 CPP). Il en est ainsi lorsque l'officier de police judiciaire se heurte au mutisme de l'intéressé ou au caractère fantaisiste de ses déclarations, à une évidente volonté d'éviter les recherches par des assertions manifestement mensongères ou encore à une impossibilité de corroborer les affirmations. Les moyens utilisés sont mentionnés sur procès-verbal avec une motivation spéciale. Le refus de se prêter à ces mesures est un délit puni de trois mois d'emprisonnement et de 3 750 euros d'amende (art. 78-5 CPP).

Un procès-verbal doit mentionner les motifs du contrôle, les conditions dans lesquelles la personne a été informée de ses droits et mise en demeure de les exercer, la période de rétention, les diligences accomplies par l'officier de police judiciaire au titre des vérifications.

Si la vérification d'identité a une suite judiciaire, la durée de la rétention s'impute sur celle de la garde à vue (art. 78-4 CPP). Si elle aboutit en revanche à la détermination de l'identité, le procès-verbal et les pièces relatives à la vérification doivent être détruits dans les six mois afin d'éviter l'utilisation ultérieure des informations obtenues.

Les règles prévues par l'article 78-3 du code de procédure pénale sont prescrites à peine de nullité. Mais l'illégalité de la vérification n'entraîne pas nécessairement la nullité des poursuites. En tout état de cause, le requérant doit avoir intérêt à agir.

B. Les relevés d'identité

Les agents de police municipale, les adjoints de sécurité, et les agents de surveillance de la ville de Paris sont habilités à relever l'identité des contrevenants aux arrêtés municipaux ou à certaines infractions au code de la route (art. 78-6 CPP). Les agents assermentés des services publics des transports peuvent relever l'identité des personnes ayant commis une infraction et qui ne s'acquittent pas immédiatement de l'indemnité forfaitaire (art. 529-4 CPP). En cas de refus ou d'impossibilité par le contrevenant de justifier son identité, l'agent en avise l'officier de police judiciaire, qui peut ordonner la présentation sans délai du contrevenant afin de procéder à une vérification d'identité. A défaut d'un tel ordre, le contrevenant doit être relâché.

Approfondissement : Les contrôles de situation des étrangers

La question du contrôle des étrangers donne lieu à un certain nombre de difficultés qui prennent leur source dans les comportements qui peuvent parfois se révéler discriminatoires. De multiples précautions ont été prises afin de préserver de cette partialité les étrangers faisant l'objet d'un contrôle de situation, autrement dit d'une demande de présentation des pièces ou documents les autorisant à circuler ou séjourner en France, cette mesure pouvant faire suite ou non au contrôle d'identité.

I. Les contrôles de situation faisant suite à un contrôle d'identité

Toute personne sur le territoire national peut être soumise à un contrôle d'identité (art. 78-1 CPP). Les mesures détaillées ci-dessus concernent aussi bien les nationaux que les étrangers, la jurisprudence étant particulièrement vigilante quant au respect des conditions des contrôles d'identité (Crim., 4 octobre 1984).

Un contrôle de situation peut logiquement avoir lieu à la suite d'un contrôle d'identité réalisé en application des articles 78-1, 78-2 et 78-2-1 du code de procédure pénale et révélant la qualité d'étranger de la personne contrôlée (art. 611-1 al. 2 C. entrée et séjour des étrangers). L'article 78-2 alinéa 8 du code de procédure pénale instaure toutefois clairement un contrôle d'identité en zone frontalière afin de vérifier le respect des obligations de détention, de port et de présentation des titres et documents prévus par la loi, faisant ainsi référence au contrôle de situation.

S'il n'est pas à même de présenter les pièces requises, l'étranger contrôlé est alors susceptible d'être arrêté, une procédure d'enquête pour infraction aux dispositions relatives au séjour en France des étrangers pouvant être également diligentée. Un arrêté de reconduite à la frontière peut être pris par le préfet (art. 511-1, II C. entrée et séjour des étrangers).

II. Les contrôles de situation extérieurs au contrôle d'identité

Si les contrôles de situation opérés suite à un contrôle d'identité ne posent pas véritablement de problèmes, il en est autrement des contrôles de situation indépendants de toute recherche d'identité. Les premiers bénéficiant de la légitimité du procédé de contrôle d'identité qui les précède alors que les seconds courent davantage le risque de déboucher sur un « *contrôle au faciès* » (J. Morange, « Les contrôles préventifs d'identité », *Revue française de droit administratif*, 1986, p. 444). De tels contrôles sont cependant réglementés par le législateur.

En dehors de tout contrôle d'identité, les personnes de nationalité étrangère doivent être en mesure de présenter les pièces ou documents sous le couvert desquels elles sont autorisées à circuler ou à séjourner en France, cette obligation s'appliquant à la suite de toute réquisition des officiers de police judiciaire et, sur l'ordre et sous la responsabilité de ceux-ci, des agents de police judiciaire et agents de police judiciaire adjoints mentionnés aux articles 20 et 21,1° du code de procédure pénale (art. 611-1 al. 1 C. entrée et séjour).

Si le juge bénéficie ainsi d'un fondement clair, distinguant notamment contrôle d'identité et de situation, il n'existe cependant aucun critère rationnel permettant de classer ou non un individu dans la catégorie des étrangers. Sur ce point, la jurisprudence précise que cette recherche doit répondre « *à des éléments objectifs déduits de circonstances extérieures à la personne même de l'intéressé, de nature à faire apparaître sa qualité d'étranger* » (Crim., 25 avril 1985). Le fait que la personne soit connue pour avoir commis antérieurement des infractions à la législation sur l'entrée des séjours des étrangers peut ainsi justifier un contrôle.

Malheureusement, cette formule n'est pas d'application aisée. Certaines situations ne font pas l'ombre d'un doute. Ainsi en est-il d'un contrôle motivé par le seul « *type nord-africain* » de l'intéressé (CA Bordeaux, 31 octobre 1985) ou dépourvu de toute motivation (CA Rouen, 21 novembre 1990). De même, en sens contraire, sont reconnus conformes aux critères susvisés les contrôles opérés par un policier connaissant la situation irrégulière de la personne interpellée (Crim., 17 mai 1985) ou effectués à la sortie d'un foyer dont le directeur avait dénoncé certains de ses pensionnaires dépourvus de titres de séjour (CA Paris, 2 févr. 1998). D'autres suscitent davantage de controverses (le fait de s'exprimer en langue étrangère n'est pas un élément objectif : Crim., 10 nov. 1992).

Une fois les personnes étrangères en situation irrégulière démasquées, les services de police et de gendarmerie ont le pouvoir de retenir leur passeport ou leur document de voyage, à charge de leur remettre en échange un récépissé valant justification de leur identité et sur lequel la date de retenue et les modalités de restitution du document sont mentionnées (art. 611-2 C. entrée et séjours étrangers).

Cas pratique

I. Enoncé

Alors qu'ils effectuaient une ronde de routine, des policiers ont constaté, à partir de la rue, que des ouvriers travaillaient sur une grue sans être munis de casque de protection. Ils ont effectué un contrôle d'identité qui a révélé qu'il s'agissait de ressortissants marocains ne disposant d'aucun document de nature à prouver la régularité de leur activité en France. Ces derniers contestent un tel contrôle estimant qu'il est irrégulier.

II. Eléments de réponse

Les officiers de police judiciaire ou, sous leur contrôle, les agents de police judiciaire peuvent effectuer un contrôle d'identité des personnes à l'encontre desquelles il existe une ou plusieurs raisons plausibles de soupçonner qu'elles ont commis ou tenté de commettre une infraction, qu'elles se préparent à en commettre, qu'elles sont à même de fournir des renseignements utiles à une enquête criminelle ou délictuelle, ou qui font l'objet de recherches ordonnées par une autorité judiciaire (art. 78-2 al. 1 CPP). En l'espèce, la constatation, à partir de la rue, dans un chantier ouvert au public, de manquements caractérisés à la réglementation sur la sécurité des travailleurs (absence de port du casque obligatoire sur un chantier, art. L. 263-2 C. du travail) constitue un motif justifiant le contrôle d'identité des personnes qui s'y trouvent. Si un tel contrôle fait apparaître la qualité d'étranger de la personne, il peut lui être demandé de présenter les pièces et documents l'autorisant à séjourner et à travailler sur le territoire français (art. 611-1 C. entrée et séjour des étrangers). En l'espèce, l'irrégularité du contrôle de situation ne peut être invoquée (Cass. crim., 2 mai 2007).

Fiche n° 25 : La garde à vue

Références

- Bück V., « Vers un contrôle plus étendu de la garde à vue – L'exemple du contentieux relatif à la notification immédiate des droits », *RSC*, 2001, p. 325.
- Buisson J., « La garde à vue dans la loi du 15 juin 2000 », *RSC*, 2001, 25.
- Dumontet B., « L'avocat et la garde à vue : aspects pratiques et critiques », *AJ pénal*, 2004, p. 274.
- Gagnoud P., « Les nullités de la garde à vue : essai d'un bilan », *Gaz. Pal.*, 2000, 6 et 7 déc., p. 2.
- Garçon E., « Le droit à l'assistance d'un interprète impartial au cours de la garde à vue », *AJ pénal*, 2004, p. 152.
- Giudicelli A., « La garde à vue après la loi n° 2004-204 du 9 mars 2004 », *AJ pénal*, 2004, p. 261.
- Merle R., « La garde à vue », *Gaz. Pal.*, 1969, 2, p. 19.
- Schwendener M., « La nouvelle garde à vue "terrorisme" issue de la loi du 23 janvier 2006 », *AJ pénal*, 2006, p. 164.

Définitions

- **Garde à vue** : mesure privative de liberté ordonnée par un officier de police judiciaire dans le cadre de l'enquête de police et qui permet de maintenir le suspect à la disposition des autorités de police pour les nécessités de l'enquête.

- **Suspect** : personne contre laquelle il existe des raisons plausibles de soupçonner qu'elle a commis ou tenté de commettre une infraction.

Explications

La garde à vue est une mesure coercitive consistant à maintenir une personne à la disposition de l'officier de police judiciaire pour les nécessités de l'enquête, généralement pour son audition (art. 63 CPP)[1]. Il s'agit d'une mesure privative de liberté relevant de la seule compétence de l'officier de police judiciaire. Elle doit être distinguée de l'arrestation, qui ne peut être réalisée qu'en cas de flagrance, de la détention provisoire, décidée par le juge des libertés et de la détention et de la rétention policière effectuée aux fins de vérification d'identité ou en exécution du mandat d'amener et comprenant le temps compris entre l'arrestation de l'intéressé et sa présentation au juge mandant, ou de la rétention administrative des étrangers (art. L. 551-1 C. entrée et séjour des étrangers). Comme toute mesure de contrainte,

1. Crim., 11 juillet 1994, *Bull. crim.*, n° 273 : la surveillance d'une personne pendant son hospitalisation avec contrôle des visites n'est pas constitutive d'une garde à vue.

elle doit respecter les principes de nécessité et de proportionnalité (article préliminaire, § 3 CPP)[2].

I. Le placement en garde à vue

Seuls les officiers de police judiciaire, à l'exception des officiers de police judiciaire n'ayant compétence que pour les infractions routières (art. L. 130-2 C. route), peuvent décider de la garde à vue. Il s'agit d'une faculté que l'officier de police judiciaire tient de la loi et qu'il exerce sous le contrôle du procureur de la République ou du juge d'instruction[3].

A. Les personnes susceptibles d'être placées en garde à vue

La garde à vue ne peut être décidée que contre un suspect, c'est-à-dire une personne à l'encontre de laquelle il existe une ou plusieurs raisons plausibles de soupçonner qu'elle a commis ou tenté de commettre une infraction (art. 63, 77 CPP). Le simple témoin ne peut être gardé à vue[4], mais peut être retenu le temps nécessaire à son audition (art. 62 al. 5 et 78 al. 2 CPP). La faculté dont dispose l'officier de police judiciaire d'interdire, dans le cadre d'une enquête de flagrance, à toute personne de s'éloigner du lieu de l'infraction jusqu'à la clôture des opérations (art. 31 CPP) n'est pas constitutive d'un placement en garde à vue. Les diplomates restent couverts par leur immunité et les parlementaires par leur inviolabilité (art. 26 al. 2 et 3 Const.).

Les mineurs de moins de 13 ans ne peuvent être placés en garde à vue. A titre exceptionnel, une retenue peut être imposée à un mineur de 10 à 13 ans s'il existe des indices graves ou concordants laissant présumer qu'il a commis ou tenté de commettre un crime ou un délit puni d'au moins cinq ans d'emprisonnement. Cette décision doit être prise sur accord préalable d'un magistrat du ministère public ou d'un juge d'instruction spécialisé dans la protection de l'enfance ou d'un juge des enfants (art. 4-I, ord. 1945). Pour les mineurs de plus de 13 ans, les règles de droit commun s'appliquent.

B. La durée de la garde à vue

1. La garde à vue du majeur

La durée de la garde à vue est limitée à vingt-quatre heures (art. 63 al. 2 et 77 al. 1 CPP).

2. Crim., 28 janv. 1992, *Bull. crim.*, n° 32 et 10 mars 1992, *Bull. crim.*, n° 105 considérant respectivement pour l'enquête préliminaire et l'enquête de flagrance que la garde à vue n'est pas incompatible avec l'article 5 § 3 CEDH.
3. Crim., 4 janv. 2005, *Bull. crim.*, n° 3 ; *D.*, 2005, p. 761, note J.-L. Lennon.
4. Lombard F. et Haroune A., « Garde à vue : les fictions de la loi du 15 juin 2000 », à propos de l'arrêt de la chambre criminelle du 28 juin 2000, *D.*, 2002, jur., p. 438.

Dans le cadre d'une enquête de flagrance, le procureur de la République peut autoriser par écrit une prolongation de la garde à vue pour une durée maximale de vingt-quatre heures. Il peut subordonner sa décision à la présentation préalable de la personne (art. 63-2 CPP) qui peut être faite par communication audiovisuelle (art. 706-71, R. 53-33 CPP). Mais la prolongation peut être ordonnée par le procureur de la République saisi des faits alors même que la mesure se déroule dans un lieu qui ne relève pas de sa compétence.

En enquête préliminaire, la garde à vue peut être prolongée sur autorisation du procureur de la République et la présentation préalable de l'intéressé à ce magistrat est exigée. A défaut, il faut une décision écrite et motivée (art. 77 CPP)[5]. Si la garde à vue se déroule dans un ressort autre que celui du magistrat qui a prescrit l'enquête, la prolongation est accordée par le procureur de la République du lieu d'exécution de la mesure.

En matière de criminalité et de délinquance organisée, la garde à vue d'une personne peut faire l'objet de deux prolongations supplémentaires de vingt-quatre heures chacune. Ces prolongations sont autorisées, par décision écrite et motivée, soit, à la requête du procureur de la République, par le juge des libertés et de la détention, soit par le juge d'instruction. La personne doit être présentée au magistrat. La deuxième prolongation peut être effectuée sans présentation préalable si les nécessités de l'enquête l'exigent. Le juge des libertés et de la détention peut ordonner une prolongation unique de quarante-huit heures si la durée prévisible des opérations le justifie (art. 706-88 CPP).

S'il ressort des éléments de l'enquête ou de la garde à vue qu'il existe des risques sérieux d'imminence d'une action terroriste en France ou à l'étranger ou que les nécessités de la coopération internationale le requièrent, le juge des libertés et de la détention peut, à titre exceptionnel, décider que la garde à vue en cours d'une personne se fondant sur des crimes et des délits terroristes fera l'objet d'une prolongation supplémentaire de vingt-quatre heures, renouvelable une fois (art. 706-88 al. 7 CPP).

L'officier de police judiciaire qui sollicite le renouvellement doit démontrer les diligences des enquêteurs au cours de la première période et la nécessité d'une prolongation pour la progression de l'enquête. En cas de dépassement de la durée légale de la garde à vue, les actes réalisés au cours de la mesure doivent être annulés.

2. La garde à vue des mineurs

S'agissant des mineurs de plus de 10 ans, la durée de la retenue est de douze heures avec la possibilité de la prolonger, sur décision motivée du magistrat, pour une

5. Crim., 9 mai 2001, *Bull. crim.*, n° 115 ; *Procédures*, 2001, comm. 158, obs. Buisson : la simple mention « *Vu, OK pour prolongation* » ne suffit pas.

nouvelle durée de douze heures au maximum et, sauf impossibilité, après une présentation préalable du mineur au magistrat.

Le mineur de 13 à 16 ans peut être placé en garde à vue pour une durée de vingt-quatre heures, mais une prolongation n'est possible que pour les crimes et les délits punis de plus de cinq ans d'emprisonnement après présentation au procureur ou au magistrat chargé du dossier. En cas de commission d'actes de terrorisme, la garde à vue d'un mineur de 13 à 16 ans ne peut faire l'objet de la prolongation supplémentaire de quarante-huit heures (art. 4, I, ord. 2 févr. 1945, voir Fiche n° 25). Toutefois, les dispositions relatives à la criminalité organisée sont applicables au mineur de plus 16 ans lorsqu'il a des coauteurs ou complices majeurs (art. 4, VII, ord. 1945).

3. La computation des délais de garde à vue

Pour déterminer le point de départ de la garde à vue, la jurisprudence se réfère à la contrainte. Ainsi, si un individu est pris en flagrant délit, la garde à vue débute dès son appréhension. Lorsqu'une personne a été obligée de suivre les policiers ou les gendarmes dans leurs locaux aux fins d'audition, le placement en garde à vue débute dès qu'elle est mise à la disposition de l'officier de police judiciaire. Il en est de même si la personne a fait l'objet d'une rétention de police judiciaire. En revanche, si une personne se présente de son plein gré ou sur convocation au commissariat, elle peut être entendue sans être placée en garde à vue. Si elle fait par la suite l'objet d'une telle mesure, la durée est calculée à partir de l'arrivée dans le service de police.

Qu'il s'agisse d'un majeur ou d'un mineur, le cumul des gardes à vue effectuées à des phases différentes d'une même procédure ne peut dépasser la durée légale de quarante-huit heures. Lorsqu'il s'agit de gardes à vue successives portant sur des faits différents, la durée totale ne peut excéder la durée maximale légale prévue pour l'infraction la plus grave, sauf si les gardes à vue sont séparées par un laps de temps important.

4. La fin de la garde à vue

La garde à vue prend fin lorsque le temps prévu est écoulé. Mais avant l'écoulement du délai, le procureur de la République dispose de la faculté de remettre en liberté la personne gardée à vue ou d'ordonner sa présentation au parquet, qui peut recourir à une alternative aux poursuites, requérir une instruction, saisir une juridiction de jugement (art. 63 al. 3, art. 77 al. 3 CPP).

La personne qui fait l'objet d'un différemment à l'issue de la garde à vue à la demande du procureur de la République doit comparaître devant ce magistrat ou devant le juge d'instruction si une information a été ouverte. Les personnes placées en garde à vue sur commission rogatoire ou conduites devant un magistrat en exécution d'un mandat d'amener ou d'un arrêt font également l'objet d'un différemment dans la journée (art. 803-2 al. 1 CPP). En cas de nécessité, cette comparution peut avoir lieu le jour suivant sans toutefois que le délai qui sépare la fin de la garde à vue de la comparution ne dépasse vingt-quatre heures. A défaut, l'intéressé est remis en liberté.

Lorsque, à la fin de la garde à vue, les éléments sont insuffisants pour exercer des poursuites, l'enquête peut suivre son cours. Dans ce cas, l'intéressé peut interroger le procureur de la République sur la suite à donner ou susceptible d'être donnée à la procédure s'il n'a toujours pas fait l'objet de poursuites à l'expiration d'un délai de six mois à compter de l'issue de la garde à vue. Cette règle est écartée en matière de criminalité et de délinquance organisées (art. 77-2 CPP).

II. Les garanties de la garde à vue

A. L'information du procureur de la République

L'officier de police judiciaire doit informer immédiatement le procureur de la République dès le début de la mesure[6] afin qu'il puisse en contrôler la régularité et en ordonner, éventuellement, la prolongation. Le non-respect de cette obligation peut entraîner la nullité de la garde à vue (art. 63 al. 1 et 77 al. 1 CPP)[7], sauf si le retard est dû à un cas de force majeure. Mais les actes accomplis antérieurement demeurent valables. Les actes postérieurs sont annulés s'ils ont leur support dans la garde à vue invalidée. Si la garde à vue est ordonnée dans le cadre d'une commission rogatoire, le juge d'instruction doit être avisé dans les mêmes conditions (art. 154 CPP).

Le procureur de la République doit visiter les locaux de garde à vue au moins une fois par an (art. 41 al. 3 CPP). Les députés et sénateurs peuvent visiter ces locaux à tout moment (art. 719 CPP), mais ils ne peuvent entrer en contact avec les détenus, être présents lors des auditions ou prendre connaissance des procès-verbaux des enquêteurs ou du registre de garde à vue.

B. Les droits de la personne gardée à vue

1. Le droit à l'information

La personne gardée à vue doit être informée immédiatement de la nature de l'infraction sur laquelle porte l'enquête, de ses droits en matière de garde à vue, des dispositions relatives à la durée de la mesure, sous réserve qu'elle soit en état de comprendre la portée de la notification (art. 63-1, 77 al. 5 CPP). Les informations doivent être notifiées dans une langue que la personne comprend, au besoin, au moyen de formulaires écrits. La recherche d'un interprète ne peut toutefois justifier

6. Crim., 31 oct. 2001, *Bull. crim.*, n° 227 : l'avis de placement est valide lorsqu'il est transmis à un auditeur de justice placé auprès du procureur de la République.

un retard dans la notification des droits. Pour les personnes atteintes de surdité, le recours à un interprète en langue des signes est prévu (art. 63-1 al. 4 CPP).

Tout retard injustifié dans la mise en œuvre de l'obligation de notification porte atteinte aux intérêts de la partie qu'elle concerne si l'existence d'une circonstance insurmontable n'est pas justifiée. Si la personne ne peut comprendre la portée de la notification, en raison notamment de son état d'ébriété, son audition est annulée, mais pas la procédure ultérieure de citation devant le tribunal.

2. Le droit de faire prévenir un proche

Toute personne majeure gardée à vue peut faire prévenir, par téléphone, une personne avec laquelle elle vit habituellement, ou l'un de ses parents en ligne directe, l'un de ses frères et sœurs ou son employeur (art. 63-2 al. 1, 77 al. 5 et 154 al. 4 CPP). Cette notification doit intervenir au plus tard dans un délai de trois heures après le début de la garde à vue (art. 63-1 al. 6, art. 77 al. 5 CPP).

Si l'officier de police judiciaire estime, en raison des nécessités de l'enquête (risque de pression sur des témoins, de disparition des preuves), ne pas devoir faire droit à cette demande, il en réfère au procureur de la République ou au juge d'instruction (art. 63-2 et 154 CPP). En matière de terrorisme, la personne peut réitérer sa demande à compter de la 96e heure de garde à vue (art. 706-88 al. 10 CPP).

Lorsqu'il s'agit de mineurs, l'officier de police judiciaire doit informer les parents ou la personne à qui le mineur est confié. Le procureur de la République peut différer l'information pour un temps qu'il détermine d'une durée maximale de vingt-quatre heures si la garde à vue peut être prolongée ou de douze heures dans le cas contraire (art. 4, II, ord. 1945).

Cette faculté d'avertir un proche ne donne pas droit à la personne gardée à vue de s'entretenir avec sa famille.

3. Le droit à un examen médical

Un examen médical peut être effectué à la demande de la personne gardée à vue, d'un membre de la famille ou à l'initiative du procureur de la République, de l'officier de police judiciaire. En cas de prolongation, un deuxième examen médical peut être réalisé.

L'examen médical doit être, sauf circonstance insurmontable, réalisé dans les trois heures à compter du début de la garde à vue (art. 63-1 al. 6 CPP). Si le médecin déclare l'état de la personne incompatible avec la garde à vue ou les interrogatoires, ceux-ci doivent cesser. Mais l'officier de police judiciaire peut poursuivre l'audition en attendant le médecin requis.

Des dispositions imposent au procureur de la République ou au juge chargé de l'information de désigner un médecin dès le début de la garde à vue des mineurs de 16 ans (art. 4, III, ord. 1945).

En matière de criminalité organisée, l'examen par le médecin a lieu à l'issue de la première prolongation sans préjudice du droit de demander des examens complémentaires. En matière de terrorisme, s'agissant de la prolongation supplémentaire de vingt-quatre heures renouvelable une fois, outre la possibilité d'un examen médical effectué à l'initiative du gardé à vue dès le début de la garde à vue, un examen compatible ayant pour objet la compatibilité de la prolongation avec l'état de santé du gardé à vue est obligatoire (art. 706-88 CPP).

Des investigations corporelles internes ne peuvent être effectuées que par un médecin requis à cet effet (art. 63-5 CPP).

4. Le droit à l'entretien avec un avocat

Dès le début de la garde à vue et en cas de prolongation, dès le début de celle-ci, la personne gardée à vue peut demander à s'entretenir avec un avocat choisi ou désigné par le bâtonnier (art. 63-4 CPP). L'officier doit joindre l'avocat sans délai. En cas d'impossibilité, il n'est pas tenu de différer l'audition[7]. Il en est de même lorsque l'avocat ne peut se présenter avant ou lorsque l'absence d'entretien résulte de circonstances imputables à l'avocat[8].

L'avocat doit être informé de la nature et de la date présumée de commission de l'infraction. Il peut s'entretenir avec son client pendant 30 minutes, dans des conditions assurant la confidentialité. Il n'a pas accès au dossier, mais peut faire des observations écrites jointes qui y sont jointes. Il ne peut assister aux interrogatoires, ni révéler à quiconque l'existence de cet entretien pendant la durée de la garde à vue.

L'absence d'interprète lors de l'entretien de l'avocat avec la personne gardée à vue de nationalité étrangère équivaut à l'absence d'entretien et a pour conséquence la nullité de l'ensemble des actes auxquels il a été procédé durant la garde à vue.

Si l'enquête porte sur la participation à une association de malfaiteurs, le proxénétisme, l'extorsion de fonds aggravés, l'avocat ne peut intervenir qu'après la 36e heure. Dans le cadre de la criminalité organisée, le premier entretien est reporté à l'issue de la 48e heure, le second intervenant au terme de la 72e heure (art. 706-88 al. 6 CPP). S'il s'agit de terrorisme ou de trafic de stupéfiants, l'entretien a lieu à l'issue de la 72e heure. Lorsque la prolongation est autorisée en raison de la nécessité de la coopération internationale en matière terroriste ou s'il existe un risque imminent de

7. Crim., 28 avril 2004, *Bull. crim.*, n° 102.
8. Crim., 12 sept. 2000, *Procédures*, 2001, comm. 48, obs. J. Buisson.

terrorisme, la personne dont la garde à vue est prolongée peut demander à s'entretenir à l'expiration de la 96e heure et de la 120e heure (art. 706-88 al. 8 CPP).

5. Le droit au silence

Si l'obligation de notifier le droit au silence a été supprimée, il n'en demeure pas moins que la personne gardée à vue conserve le droit de se taire afin de ne pas contribuer à sa propre incrimination. Elle n'est pas tenue de répondre aux questions posées.

6. Le droit à l'intégrité et à la sûreté physique et psychique

Ce droit exprime également l'interdiction faite aux policiers d'avoir recours à la violence contre le suspect. Les mentions effectuées dans le procès-verbal des heures auxquelles la personne a pu s'alimenter ainsi que les examens médicaux permettent d'assurer le contrôle de son respect.

7. L'enregistrement de l'interrogatoire du suspect

a) L'interrogatoire d'une personne majeure

Les interrogatoires d'une personne majeure placée en garde à vue pour crime, réalisés dans les locaux d'un service ou d'une unité de police exerçant une mission de police judiciaire, doivent faire l'objet d'un enregistrement audiovisuel (art. 64-1, art. 77 al. 5, art. D. 15-6 CPP). Il ne pourra y être dérogé qu'en raison de circonstances particulières, notamment en cas d'impossibilité matérielle due au fait que plusieurs interrogatoires, intéressant ou non la même procédure, doivent être faits simultanément. L'officier de police judiciaire devra alors en référer au procureur de la République, qui désignera par décision écrite, versée au dossier, la ou les personnes dont les interrogatoires ne seront pas enregistrés. Lorsqu'il s'agira d'une impossibilité technique, la nature de celle-ci devra être mentionnée dans le procès-verbal.
L'enregistrement sera exclu, sauf décision contraire du procureur de la République, s'il s'agit de faits relevant de la criminalité organisée ou des atteintes aux intérêts fondamentaux de la nation, infractions qui font déjà l'objet de règles procédurales particulières.

b) L'interrogatoire d'un mineur

L'enregistrement s'applique à tout interrogatoire de garde à vue, aucune disposition ne restreignant cette mesure en raison de la nature de l'infraction, du lieu de l'audition ou du nombre de personnes à interroger simultanément (art. 4, VI, ord. 1945, art. 15-6 al. 2 et 4 CPP). En cas d'impossibilité technique, sa nature doit être mentionnée.

c) Les dispositions communes

L'enregistrement ne dispense pas de la rédaction d'un procès-verbal qui devra retranscrire l'interrogatoire. Par conséquent, il ne sera consulté qu'en cas de contestation du contenu du procès-verbal, à la demande du ministère public ou d'une partie, sur décision du juge d'instruction ou de la juridiction de jugement[9].

L'enregistrement est détruit dans un délai d'un mois à compter de l'expiration d'un délai de cinq ans à compter de la date de l'extinction de l'action publique. Sa diffusion est punie d'un an d'emprisonnement et de 15 000 euros d'amende.

C. Le procès-verbal d'audition

L'officier de police judiciaire doit dresser un procès-verbal d'audition des questions posées à la personne gardée à vue. Il doit mentionner la date, l'heure et le début de la mesure de garde, la durée de chaque audition, la durée de chaque période de repos, l'heure où la personne a pu s'alimenter, l'heure à laquelle elle a été conduite devant le procureur de la République ou le juge d'instruction, la date et l'heure de fin de la garde à vue. Le procès-verbal mentionne également les demandes faites par la personne gardée à vue et les suites qui leur ont été réservées. Un émargement des personnes intéressées est exigé (art. 64, 77 al. 5, art. 154 al. 4 CPP). Les mentions et émargements doivent figurer sur un registre spécial tenu dans tout local de police ou de gendarmerie susceptible de recevoir une personne gardée à vue.

La nullité de la garde à vue est soumise à l'existence d'un grief.

Cas pratique

I. Enoncé

Jeune adulte insouciant, Benjamin Franck, bûcheron de profession, ne rate jamais une occasion de se mettre hors la loi. Profitant d'un jour de congé payé, il décide de se rendre chez John, son voisin de palier, envers lequel il éprouve une profonde haine connue de tous et remontant à une triste histoire de cœur ayant opposé les deux hommes il y a à peine quelques semaines. A cette occasion, John avait en effet détourné la petite amie de Benjamin des charmes de ce dernier.

Malheureusement, cette altercation a eu une fin douloureuse. Présentant de multiples blessures dues pour partie à plusieurs coups de hache, John décide, une semaine après les faits, de porter plainte contre Benjamin, bien qu'il ne dispose pas de témoignages confirmant ses dires.

9. Les huit derniers alinéas de l'article 114 du code de procédure pénale relatifs à la mise à disposition de la procédure, de la délivrance des copies aux avocats ne sont pas applicables.

Interpellé par un officier de police judiciaire, Benjamin est immédiatement placé en garde à vue par ce dernier. Ses droits en matière de garde à vue lui seront notifiés deux heures après. Benjamin décide alors de faire valoir son droit à un avocat. L'entretien permet ainsi à Benjamin de converser environ une heure avec son avocat sur les éléments du dossier que son défenseur détient en sa possession.

Désireux de prolonger de vingt-quatre heures la garde à vue de Benjamin, l'officier de police judiciaire en informe, par téléphone, le procureur de la République qui, dans l'heure suivante, lui adresse en retour un fax sur lequel on peut lire : « *Prolongez, si bon vous le semble, la garde à vue de M. Franck. Je n'y vois aucune objection.* »

Après lecture de cet énoncé, vous vous prononcerez sur la régularité des différentes étapes de la procédure.

II. Eléments de correction

A. La nature de l'enquête

Il importe de déterminer la nature de l'enquête afin de déterminer le régime juridique des actes accomplis.

Les faits de l'espèce ne peuvent donner lieu à l'ouverture d'une enquête de flagrance. En effet, l'infraction flagrante, au sens de l'article 53 du code de procédure pénale, est une infraction dont les faits sont en train de se commettre, viennent de se commettre ou ont été commis dans un temps très voisin de la découverte d'indices ou de la survenance de la clameur publique. Les faits relatés ne viennent pas de se commettre puisqu'un laps de temps d'une semaine sépare le dépôt de plainte de la commission des faits. Il n'est pas non plus fait état de la découverte d'indices permettant, de par leur proximité avec les faits, de donner à la procédure la nature d'enquête de flagrance. Les faits de l'espèce ne pourront, en l'absence d'élément temporel, être constitutifs d'une infraction flagrante (voir Fiche n° 13). L'enquête menée doit ainsi respecter les conditions relatives à l'enquête préliminaire.

B. Le placement en garde à vue

Seuls les officiers de police judiciaire, à l'exception de ceux n'ayant compétence que pour les infractions routières (art. L. 130-2 C. route), peuvent décider d'un placement en garde à vue. Sur ce point, la procédure est régulière, Benjamin ayant été interpellé et placé en garde en vue par un officier de police judiciaire.

Seul un suspect, autrement dit une personne à l'encontre de laquelle il existe une ou plusieurs raisons de soupçonner qu'elle a commis ou tenté de commettre une infraction (art. 77 al. 1 CPP), peut en être l'objet. En l'espèce, nombre d'éléments laissent présager que Benjamin a bel et bien commis les faits qui lui sont reprochés. Et un placement en garde à vue paraît nécessaire pour cerner cette affaire au vu de la plainte de John, des atteintes à son intégrité physique, de la situation conflictuelle, bien connue de tous, existant entre Benjamin et John.

C. La notification des droits

Tout personne gardée à vue doit être immédiatement informée de la nature de l'infraction sur laquelle porte l'enquête, de ses droits en matière de garde à vue ainsi que des dispositions relatives à la durée de cette mesure (art. 77 al. 5 CPP, renvoi à art. 63-1 al. 1 CPP). En l'espèce, il est seulement fait mention d'une notification de ses droits en matière de garde à vue. La procédure est donc irrégulière si les autres informations susvisées ne lui ont pas été communiquées.

La notification doit tout de même être effectuée immédiatement. Or, en l'espèce, l'information n'a été délivrée que deux heures après le placement en garde à vue. Même si la jurisprudence a pu admettre une notification effectuée un quart d'heure après (Crim., 27 juin 2000), le retard en l'espèce semble anormalement long, d'autant plus qu'il n'est fait état d'aucune circonstance insurmontable de nature à justifier le cas échéant un tel écart. Une atteinte aux intérêts de la partie concernée peut donc être relevée.

L'information du gardé à vue relativement à ses droits à un examen médical ainsi qu'à faire prévenir l'un de ses proches peut cependant être effectuée dans les trois heures à compter du début du placement en garde à vue (art. 77 al. 5 CPP, renvoi à art. 63-1 al. 6 CPP). La notification de ces deux droits est donc régulière, celle-ci étant intervenue deux heures après le début de la garde à vue. Il en est cependant tout autre du droit à s'entretenir avec un avocat.

D. Le droit à s'entretenir avec un avocat

Dès le début de la garde à vue, la personne privée de liberté peut demander à s'entretenir avec un avocat choisi par ses soins ou commis d'office par le bâtonnier (art. 77 al. 5 CPP, renvoi à art. 63-4 al. 1 CPP). Afin de préparer au mieux l'entretien avec son client, il doit être informé de la nature et de la date présumée de l'infraction, mais il n'a pas accès au dossier. Une irrégularité manifeste a donc été commise, les faits de l'espèce indiquant que l'avocat détient le dossier en sa possession. De même, l'entretien a duré presque une heure alors que la durée maximale est de 30 minutes (art. 77 al. 5 CPP, renvoi à art. 63-4 al. 4).

E. La prolongation de la garde à vue

Dans le cadre de l'enquête préliminaire, la garde à vue peut être prolongée vingt-quatre heures sur autorisation du procureur de la République. Pour ce faire, la présentation préalable de l'intéressé au parquet est requise (art. 77 al. 2 CPP). En l'espèce, il ne semble pas que cette présentation ait eu lieu puisqu'il est seulement mentionné des échanges par des moyens de télécommunication (information du procureur de la République par téléphone et autorisation par fax) entre l'officier de police judiciaire et le procureur de République.

A défaut de présentation de la personne, la prolongation ne sera pas irrégulière si elle fait l'objet d'une décision écrite et motivée du procureur de la République (art. 77 al. 2 CPP). En l'espèce, la décision est bien écrite, mais elle est dépourvue de toute motivation puisque le magistrat ne fait que laisser l'officier de police judiciaire prendre la décision (« *Prolongez, si bon vous le semble, la garde à vue de M. Franck* »), se contentant d'affirmer qu'il n'a aucune objection. La jurisprudence, qui exerce un contrôle sur la motivation, considère qu'une décision ne faisant état que de la simple mention « *Vu, OK pour prolongation* » ne répond pas aux exigences légales (Cass. crim., 9 mai 2001).

Fiche n° 26 : Les enquêtes relevant de la criminalité et de la délinquance organisées

Références

• Accomodo G. et Guéry C., « La sonorisation : un mode légal de preuve », *D.*, 2002, chron., p. 2001.
• De Lamy B. : « La loi n° 2004-204 du 9 mars 2004 portant adaptation de la justice aux évolutions de la criminalité – première partie : la lutte contre le crime organisé – deuxième partie : efficacité et diversifications de la réponse pénale », *D.*, 2004, chron., p. 1910 et 1982.
• Pradel J., « Vers un aggiornamento » des réponses de la procédure pénale à la criminalité. Apports de la loi n° 2004-204 du 9 mars 2004, dite Perben II », *JCP*, 2004, I., 132 et 134.
• Zarka J.-C., « Loi Perben II : Le Conseil constitutionnel a prononcé deux censures et émis des réserves d'interprétation », note sous C. Const., 2 mars 2004, *JCP*, 2004, II, 10 048.

Explications

La loi du 9 mars 2004 a prévu un régime spécifique concernant les infractions relevant de la criminalité et de la délinquance organisée.

I. Les infractions de criminalité et de délinquance organisées

Le législateur ne donne pas une définition générale de la criminalité et de la délinquance organisées. Il se contente d'énumérer les infractions qui peuvent être considérées comme telles. Toutefois, ces infractions se caractérisent par leur gravité et la pluralité de leurs auteurs. Il s'agit d'infractions déjà existantes, mais qui sont soumises à un régime spécifique lorsqu'elles entrent dans la catégorie de la délinquance organisée.

Les infractions de criminalité et de délinquance organisées sont énumérées à l'article 706-73 du code de procédure pénale :
• 1° Crime de meurtre commis en bande organisée (art. 221-4, 8°CP) ;
• 2° Crime de tortures et d'actes de barbarie commis en bande organisée (art. 222-4 CP) ;
• 3° Crimes et délits de trafic de stupéfiants (art. 222-34 à 222-40 CP) ;
• 4° Crimes et délits d'enlèvement et de séquestration commis en bande organisée (art. 224-5-2 CP) ;
• 5° Crimes et délits aggravés de traite des êtres humains (art. 225-4-2 à 225-4-7CP) ;
• 6° Crimes et délits aggravés de proxénétisme (art. 225-7 à 225-12 CP) ;
• 7° Crime de vol commis en bande organisée (art. 311-9 CP) ;

• 8° Crimes aggravés d'extorsion (art. 312-6 et 312-7CP) ;
• 8° bis Délit d'escroquerie commis en bande organisée (art. 313-2CP) ;
• 9° Crime de destruction, dégradation et détérioration d'un bien commis en bande organisée (art. 322-8CP) ;
• 10° Crimes en matière de fausse monnaie (art. 442-1 et 442-2CP) ;
• 11° Crimes et délits constituant des actes de terrorisme (art. 421-1 à 421-6CP) ;
• 12° Délits en matière d'armes et de produits explosifs commis en bande organisée (art. L. 2339-2, L. 2339-8, L. 2339-10, L. 2341-4, L. 2353-4 et L. 2353-5 C. défense) ;
• 13° Délits d'aide à l'entrée, à la circulation et au séjour irréguliers d'un étranger en France commis en bande organisée (art. 21, I, al. 4 de l'ordonnance n° 45-2658 du 2 novembre 1945 relative aux conditions d'entrée et de séjour des étrangers en France) : cette infraction ne concerne pas les organismes humanitaires ;
• 14° Délits de blanchiment (art. 324-1 et 324-2 CP) ou de recel (art. 321-1 et 321-2 CP) du produit, des revenus, des choses provenant des infractions mentionnées du 1° au 13° ;
• 15° Délits d'association de malfaiteurs (art. 450-1 CP), lorsqu'ils ont pour objet la préparation de l'une des infractions mentionnées du 1° au 14° ;
• 16° Délit de non-justification de ressources correspondant au train de vie (art. 321-6-1 CP), lorsqu'il est en relation avec l'une des infractions mentionnées du 1° au 15°.

L'article 706-74 du code de procédure pénale étend le régime dérogatoire, quand la loi le prévoit, aux crimes et délits commis en bande organisée autres que ceux relevant de l'article 706-73 du code de procédure pénale ainsi qu'aux délits d'association de malfaiteurs tendant à la préparation des crimes et délits punis de dix ans d'emprisonnement autres que ceux visés à l'article 706-73 du code de procédure pénale.

La criminalité organisée se traduit par l'existence d'une bande organisée, c'est-à-dire un groupement ou une entente établis en vue de la préparation, caractérisée par un ou plusieurs faits matériels, d'une ou plusieurs infractions (art. 131-71 CP). La bande organisée se distingue de l'infraction commise en réunion. Elle suppose que les auteurs ont préparé la commission du crime ou du délit par des moyens matériels qui établissent l'existence d'une organisation. La bande organisée constitue ici un élément de l'infraction et non une circonstance aggravante. Elle doit être structurée, hiérarchisée et présenter une certaine dangerosité. Il faut donc une pluralité d'auteurs ou de complices animés par une résolution d'agir en commun.

Pour le Conseil constitutionnel, l'expression « bande organisée » met l'accent sur les conditions de préméditation et d'organisation structurée inhérentes à la notion de criminalité organisée[1]. Dans certains cas, il exige que l'infraction présente des

1. C. const., DC, 2004-492, 2 mars 2004, *JO*, 10 mars ; Crim., 2 sept. 2003, n° 02-88-332.

éléments de gravité suffisants pour être soumise au régime dérogatoire. Lorsqu'il s'agit du vol, par exemple, l'autorité judiciaire doit apprécier l'existence de ces éléments de gravité.
La criminalité organisée se caractérise aussi par la dimension nationale et même transnationale des faits ou de l'organisation criminelle, la puissance financière de l'organisation criminelle, le nombre important de victimes et l'importance des préjudices causés par l'infraction.

II. Les pouvoirs d'enquête

Un régime procédural spécifique est applicable lorsqu'il s'agit d'infractions de délinquance et de criminalité organisées. Cependant, pour infractions de trafic de stupéfiants, de proxénétisme ou de terrorisme, en l'absence de précision contraire, les dispositions spéciales s'appliquent ainsi que celles prévues aux titres XV, XVI, XVII CPP. En matière de terrorisme, par exemple, la plupart des règles anciennes s'appliquent, à l'exception de la nouvelle compétence territoriale[2].

Les enquêteurs disposent, dans le cadre de la criminalité organisée, de pouvoirs exorbitants. Dès qu'il apparaît que la circonstance de criminalité aggravée ne peut être retenue, l'enquête doit continuer sur le régime de droit commun.

A. Les actes d'investigation

1. Les actes d'enquête soumis à un régime dérogatoire

En matière de criminalité organisée, le juge des libertés et de la détention peut autoriser les perquisitions, visites domiciliaires et saisies de pièces à conviction en dehors des heures légales, quel que soit le lieu, en cas d'enquête de flagrance (art. 706-89 CPP) ou en cas d'enquête préliminaire, s'il s'agit de locaux d'habitation, même sans le consentement de la personne chez qui elles se déroulent (art. 706-92 CPP).

Dans le cadre d'une commission rogatoire, le juge d'instruction doit mentionner l'heure du début des opérations. Cependant, il peut ordonner une perquisition de nuit lorsque l'opération ne concerne pas les locaux d'habitation (art. 706-91 CPP). En cas d'urgence, la perquisition peut se dérouler dans un local d'habitation s'il s'agit d'un crime ou d'un délit flagrant, s'il existe un risque immédiat de disparition de preuve ou des indices matériels, s'il existe une ou plusieurs raisons plausibles de soupçonner qu'une ou plusieurs personnes se trouvant dans les locaux sont en train de commettre les infractions visées à l'article 706-73 du code de procédure pénale (art. 706-92 al. 2 CPP).

2. Les pénalités relatives aux infractions de criminalité aggravée sont plus sévères. La peine peut cependant être évitée ou réduite lorsqu'on a empêché la commission de l'infraction, lorsqu'on fait cesser l'infraction ou lorsqu'on permet d'éviter qu'elle ne provoque la mort ou une infirmité permanente.

Lorsque la personne au domicile de laquelle est faite une perquisition est en garde à vue ou détenue en un autre lieu et que son transport sur place paraît devoir être évité en raison des risques graves de troubles à l'ordre public ou d'évasion ou de disparition de preuves pendant le temps nécessaire au transport, la perquisition peut être faite, avec l'accord préalable du procureur de la République ou du juge d'instruction, en présence de deux témoins ou d'un représentant désigné par celui dont le domicile est en cause (art. 706-94 al. 1 CPP). Lorsque la perquisition est faite sans l'assentiment de la personne, le juge des libertés et de la détention doit donner son accord.

L'autorisation est donnée pour des perquisitions et fait l'objet d'une ordonnance écrite, précisant la qualification de l'infraction dont la preuve est recherchée ainsi que l'adresse des lieux dans lesquels les visites, perquisitions, et saisies peuvent être faites. Les opérations se déroulent sous le contrôle du magistrat qui les a autorisées et qui peut se déplacer sur les lieux pour veiller au respect des dispositions légales.

2. Les actes d'investigations spécifiques

a) La surveillance des personnes et des biens

La surveillance peut d'abord porter sur les personnes contre lesquelles il existe une ou plusieurs raisons plausibles de les soupçonner d'avoir commis l'un des crimes ou délits de criminalité et de délinquance organisées. Elle consiste dans la filature des personnes, celles-ci étant suivies dans le cadre de leurs déplacements.

La surveillance porte aussi sur l'acheminement ou le transport des objets, biens ou produits tirés de la commission de ces infractions ou servant à les commettre. Aucune coercition ne doit être exercée à l'encontre de ces objets. Il s'agit de suivre leur cheminement pour en identifier les destinataires, comparses ou receleurs.

Le pouvoir qu'ont les officiers et agents de police d'exercer cette surveillance s'étend sur toute l'étendue du territoire à condition que celle-ci ait commencé dans la circonscription de l'enquêteur. Ce dernier doit en informer le procureur de la République (art. 706-80 CPP).

b) L'infiltration

La loi du 9 mars 2004 a réglementé les infiltrations effectuées lors d'une enquête ou d'une instruction faite dans le cadre de la criminalité ou de la délinquance organisées. Elles remplacent la procédure de livraison contrôlée de stupéfiants, qui était considérée comme un acte de l'enquête de flagrance (art. 706-33 CPP et art. 67 bis C. douanes).

L'infiltration consiste, pour un officier de police judiciaire habilité, à se faire passer pour un délinquant afin d'intégrer un réseau criminel et de recueillir ainsi les indices nécessaires à la mise en cause des membres du réseau, au besoin en commettant des infractions (art. 706-81 al. 2 CPP). Il s'agit d'un moyen de provocation à la preuve, mais l'infiltration ne doit pas être utilisée pour inciter à la réalisation d'une infraction, sous peine de nullité.

L'infiltration constitue un fait justificatif, les agents infiltrés ne peuvent ainsi voir leur responsabilité engagée. Ils peuvent réaliser les actes de trafic (acquisition, transport, livraison de substances, de biens et de produits). Ils peuvent mettre à la disposition des personnes se livrant à ces infractions des moyens de conservation et de télécommunication. Ils peuvent requérir des personnes pour commettre des actes destinés à leur permettre d'exécuter l'infiltration dont ils sont chargés. L'exonération de responsabilité s'applique aussi aux actes commis par les personnes requises par les policiers pour procéder à l'infiltration (art. 706-82 CPP).
Cette opération doit être autorisée par le procureur de la République dans le cadre de l'enquête ou par le juge d'instruction en cas d'investigation sur commission rogatoire, sous peine de nullité, pour une durée de quatre mois renouvelables. L'autorisation doit mentionner l'infraction qui justifie le recours à cette procédure, l'identité de l'officier de police judiciaire sous la responsabilité duquel se déroule l'opération. Elle est versée au dossier de la procédure après achèvement de l'opération d'infiltration (art. 706-83 CPP).
L'opération d'infiltration prend fin à la date fixée dans l'autorisation initiale ou la décision de prolongation. Elle peut aussi cesser prématurément avant l'expiration du délai sur décision de l'autorité judiciaire qui l'a autorisée. L'agent infiltré peut toutefois continuer les opérations d'infiltrations sans être pénalement responsable pendant le temps nécessaire pour lui permettre de cesser sa surveillance dans des conditions assurant sa sécurité, sans que cette durée puisse excéder quatre mois (art. 706-85 CPP). Le magistrat qui a donné l'autorisation doit être informé de cette poursuite de l'opération. A l'issue de ce délai de quatre mois, si l'agent ne peut cesser son opération dans des conditions assurant sa sécurité, le magistrat en autorise la prolongation pour une durée de quatre mois (art. 706-85 CP).
L'infiltration ne peut être faite que par des officiers ou agents de police judiciaire spécialement habilités à cet effet. Ils agissent sous une identité d'emprunt pendant le temps de la procédure, y compris devant les juridictions de jugement. La révélation de leur véritable identité constitue un délit (art. 706-83 al. 3 CPP).
Toute infiltration est placée sous la responsabilité d'un officier chargé de coordonner l'opération. Lui seul peut être entendu dans le cadre de la procédure résultant de l'opération (art. 706-86 CPP). Il doit en outre rédiger un rapport comprenant les éléments strictement nécessaires à la constatation des infractions et ne mettant pas en danger la sécurité de l'agent infiltré et des personnes requises.
Des confrontations peuvent être effectuées par les personnes mises en cause et les agents infiltrés en appliquant pour ces derniers la protection des témoins anonymes, leur identité ne devant être révélée.
Aucune condamnation ne peut être prononcée sur le seul fondement des déclarations faites par les officiers ou agents de police judiciaire ayant procédé à une opération d'infiltration, sauf lorsque les agents infiltrés témoignent sous leur véritable identité (art. 706-87 al. 2 CPP).

c) Interceptions de correspondances par la voie de communications pendant l'enquête

Les écoutes téléphoniques sont autorisées pendant l'enquête préliminaire portant sur une infraction relative à la criminalité ou à la délinquance organisées (art. 706-95 CPP). Elles doivent toutefois être autorisées par le juge des libertés et de la détention sur requête du procureur de la République. Elles ont une durée maximale de quinze jours, renouvelable une fois.

d) Les sonorisations et fixations d'images

Lorsqu'il s'agit d'une infraction de criminalité organisée et si les nécessités de l'instruction l'exigent, le juge d'instruction peut, après avis du procureur de la République, autoriser par ordonnance motivée les officiers et agents de police judiciaire commis sur commission rogatoire à mettre en place un dispositif technique ayant pour objet, sans le consentement des intéressés, la captation, la fixation, la transmission et l'enregistrement de paroles prononcées par une ou plusieurs personnes à titre privé ou confidentiel, dans des lieux ou véhicules privés ou publics, ou de l'image d'une ou plusieurs personnes se trouvant dans un lieu privé[3].

La sonorisation peut être effectuée dans un lieu clos ou un véhicule, privé ou public, et suppose la mise en place de micros. La fixation d'images ne peut être réalisée que dans un lieu privé et implique la mise en place de caméras[4]. Ces actes d'investigation sont toutefois exclus dans les lieux dans lesquels les perquisitions ne peuvent être effectuées que par un magistrat. Ils ne peuvent non plus être réalisés dans le domicile, le bureau ou le véhicule d'un député, d'un sénateur ou d'un magistrat (art. 706-93 al. 3 CPP).

Ces opérations sont effectuées sous l'autorité et le contrôle du juge d'instruction (art. 706-96 al. 1 CPP). La décision ordonnant une de ces opérations doit être motivée. Elle est prise après avis du procureur de la République. L'autorisation doit contenir mention de l'infraction fondant l'opération, la durée de celle-ci et les éléments nécessaires à l'identification du lieu ou du véhicule concerné (art. 706-98 CPP).

Lorsque les enquêteurs ne peuvent légalement entrer dans les lieux pour y procéder à l'installation nécessaire, le juge peut accorder une autorisation de pénétrer dans un lieu ou un véhicule privé, même en dehors des heures légales, à l'insu ou sans le

3. La sonorisation ordonnée par le juge d'instruction du parloir du détenu est conforme à l'article 8 de la Convention européenne des droits de l'homme dès lors que cette mesure, limitée dans le temps, est nécessaire à la recherche de la manifestation de la vérité relativement à des infractions portant gravement atteinte à l'ordre public : Crim., 1er mars 2006, *Bull. crim.*, n° 59 ; Cour EDH, 20 déc. 2005, Wize c/ France, aff. 71611/01 : la sonorisation du parloir d'une maison d'arrêt constitue une ingérence étatique au sens de l'article 8 alinéa 2 de la Convention européenne des droits de l'homme et doit être prévue par la loi.

4. Crim., 21 mars 2007, *Dr. pénal*, 2007, comm. 91, obs. A. Maron : n'entre pas dans le champ de l'article 706-96 du code de procédure pénale le fait, pour des enquêteurs, de photographier clandestinement, au moyen d'un téléobjectif, les plaques d'immatriculation des véhicules se trouvant à l'intérieur d'une propriété privée non visible de la voie publique, aux fins d'identification des titulaires de la carte grise.

consentement du propriétaire ou du possesseur du véhicule ou de l'occupant des lieux ou de toute personne titulaire d'un droit sur ceux-ci. S'il s'agit d'un lieu d'habitation et si l'opération doit intervenir en dehors des heures légales, cette autorisation est délivrée par le juge des libertés et de la détention. Les mêmes autorisations sont également requises pour la désinstallation du dispositif technique mis en place (art. 706-96-2 CPP).

Pour l'installation du dispositif technique, l'officier de police judiciaire commis peut requérir tout agent qualifié d'un service, d'une unité ou d'un organisme placé sous l'autorité ou la tutelle du ministère de l'Intérieur, dont la liste est établie par un décret (art. 706-99 CPP).

Il doit être dressé un procès-verbal de chacune des opérations de mise en place du dispositif technique et des opérations de captation, de fixation et d'enregistrement sonore ou audiovisuel. Ce procès-verbal mentionne la date et l'heure auxquelles l'opération a commencé et celles auxquelles elle s'est terminée. Un autre procès-verbal doit décrire ou transcrire les images ou les conversations enregistrées qui sont utiles à la manifestation de la vérité.

Les enregistrements sonores ou audiovisuels sont détruits, à la diligence du parquet, à l'expiration du délai de prescription de l'action publique.

Le fait que les sonorisations et captation d'images révèlent des infractions autres que celles visées dans la décision du juge d'instruction ne constitue pas une cause de nullité des procédures incidentes.

e) Les mesures conservatoires

Le juge peut prononcer des mesures conservatoires, notamment le gel des avoirs ou les saisies conservatoires sur les biens meubles ou immeubles, divis ou indivis de la personne mise en examen (art. 706-103 al. 1 CPP). La saisie conservatoire peut être ordonnée afin de garantir le paiement des amendes encourues ainsi que, le cas échéant, l'indemnisation des victimes et l'exécution de la confiscation.

En cas de condamnation, ces saisies sont validées. En cas de non-lieu, de relaxe ou d'acquittement ou d'extinction de l'action publique ou civile, la mainlevée est ordonnée de plein droit, aux frais du Trésor public.

B. La garde à vue en matière de criminalité organisée

Lorsque les nécessités de l'enquête ou de l'instruction relatives à l'une des infractions de criminalité et de délinquance organisées l'exigent, la garde à vue d'une personne peut, à titre exceptionnel, faire l'objet de deux prolongations supplémentaires de vingt-quatre heures chacune qui s'ajoutent à la garde à vue initiale de droit commun (art. 706-88, al. 1 CPP). Le juge des libertés et de la détention ou le juge d'instruction peut décider que la garde à vue fera l'objet d'une seule prolongation de quarante-huit heures si la nature des investigations le justifie (art. 706-88 al. 5 CPP). La durée de la garde à vue peut alors avoir une durée de quatre-vingt-seize heures.

Les prolongations sont autorisées par décision écrite et motivée par le juge des libertés et de la détention, à la requête du ministère public, ou par le juge d'instruction après présentation de la personne gardée à vue au magistrat. Mais l'autorisation pour la seconde prolongation peut être donnée sans présentation préalable en raison des nécessités des investigations en cours ou à effectuer.

La personne gardée à vue doit être examinée par un médecin désigné par le procureur de la République, le juge d'instruction ou l'officier de police judiciaire lorsque la première prolongation est décidée. Le médecin doit se prononcer sur l'aptitude au maintien de la garde à vue. D'autres examens peuvent être demandés par le gardé à vue. Il doit en être avisé et l'examen médical est de droit. Le suspect doit être informé qu'il pourra à nouveau être examiné.

En matière terroriste, s'il ressort des premiers éléments de l'enquête ou de la garde à vue elle-même qu'il existe des risques sérieux d'imminence d'une action terroriste en France ou à l'étranger ou que les nécessités de la coopération internationale le requièrent, le juge des libertés et de la détention peut, à titre exceptionnel, décider que la garde à vue en cours d'une personne se fondant sur des crimes ou des délits terroristes fera l'objet d'une prolongation supplémentaire de vingt-quatre heures, renouvelable une fois (art. 706-88 al. 7 CPP). La personne peut alors être gardée à vue pendant 144 heures, soit six jours.

La personne dont la garde à vue est prolongée peut demander à s'entretenir avec un avocat à l'issue de la 48e heure, puis de la 72e heure de la mesure (art. 706-88 al. 6 CPP). Mais si l'enquête porte sur une infraction de trafic de stupéfiants ou sur une infraction de terrorisme, l'entretien ne peut intervenir qu'à l'issue de la 72e heure. L'entretien avec l'avocat peut encore intervenir à l'issue de la 96e heure et de la 120e heure.

Cas pratique n° 1

Enoncé

Menuet, gardien d'un immeuble, est également chargé de surveiller les box de garages souterrains, tâche de laquelle il ne s'acquitte que rarement.

Le 12 février dernier, vers 22 heures, alors qu'il s'était enfin résolu à aller y jeter un coup d'œil, Menuet est surpris par une odeur bizarre se dégageant d'un des box. N'arrivant pas à ouvrir la porte du local, il avise immédiatement le propriétaire qui décide de prévenir la police, demandant à ce que des agents soient envoyés sur les lieux.

Stars, OPJ, assisté de Touch, APJ, se rendent sur les lieux. Après avoir essayé en vain de joindre un serrurier, ils décident, après information du procureur de la République

Colombo et avec le consentement du propriétaire, de casser la porte. Le bruit fait sortir Délirium de sa torpeur et Stars lui ordonne de ne pas quitter les lieux.

Pendant que Stars et Touch constatent et procèdent à la saisie de divers sachets de poudre blanche, une plaquette de 200 grammes de résine de cannabis, ainsi que du matériel nécessaire au conditionnement des produits, le propriétaire, fort mécontent du fait que le local avait été aménagé à son insu, fouille les lieux et trouve un carnet d'adresses dissimulé dans un canapé. Curieux, il le parcourt et reconnaît certains noms dont ceux de Dylan et Dimitri Jo, artistes de renom. Il remet ensuite ce carnet à Stars. Les enquêteurs constatent également que diverses chaises sont disposées ça et là dans le local.

Stars envisage dans un premier temps de placer Délirium en garde à vue, mais compte tenu de l'état de ce dernier, décide de le conduire au local de police et d'attendre qu'il ait recouvré ses esprits. Il dresse le procès-verbal des actes accomplis mentionnant notamment qu'il a fait une perquisition lui ayant permis de découvrir les objets saisis.

Trois heures après l'arrivée au local de police, Délirium émerge enfin et Stars peut lui notifier ses droits. Deux heures après le début de la garde à vue, Délirium demande à ce que ses parents soient informés de son placement en garde à vue. Mais Stars refuse d'accéder à sa demande. Délirium subit plusieurs interrogatoires, mais ne donne aucune information. A l'issue de soixante-douze heures de garde à vue, il a un entretien avec son avocat.

Après quatre-vingts heures de garde à vue, épuisé, il craque et fournit aux enquêteurs les informations qu'ils attendent. Il leur fait savoir qu'il agit sur ordre de Crapule. C'est lui qui lui aurait demandé d'aménager le local pour recevoir des clients. Il pouvait également approvisionner d'autres clients, dont Dylan et Dimitri, à leurs domiciles.

Les enquêteurs décident de se rendre chez Crapule en pleine nuit, muni de l'autorisation du juge des libertés et de la détention. Mais Crapule ne veut pas les laisser entrer sous prétexte qu'il est 23 heures. Les enquêteurs ne tiennent pas compte de son désaccord et entrent dans l'appartement. Ils saisissent un ordinateur ainsi qu'une importante somme d'argent. Un technicien est requis et permet d'accéder aux diverses informations contenues dans l'ordinateur, notamment les noms des fournisseurs et des clients ainsi que la plupart des transactions effectuées.

Nolde et Dally Jo sont également convoqués dans le cadre de l'enquête menée par Stars et Touch. Dylan et Dimitri Jo reconnaissent les faits.

Estimant avoir bouclé leur enquête, Stars et Touch transmettent le dossier au procureur de la République. Pensez-vous que tous les actes accomplis par le duo Stars et Touch sont valables ? Dylan et Dally Jo peuvent-ils être inquiétés ?

Eléments de correction

Suite un appel du propriétaire des lieux, Stars et Touch, respectivement officier et agent de police judiciaire ont dû ouvrir une enquête et ont ainsi accompli divers actes d'investigations dont il importe d'apprécier la validité.

I. Les perquisitions

A. L'ouverture de la porte du local

Les OPJ doivent pénétrer à l'intérieur du local afin de procéder à la perquisition. La porte étant fermée, ils peuvent requérir un serrurier afin qu'il puisse leur permettre de pénétrer dans le local. Mais le serrurier étant injoignable, ils ont avec l'accord du propriétaire cassé la porte après information du procureur de la République.

Rappelons que l'OPJ agit ici dans le cadre d'un flagrant délit : infraction en train de se commettre ou venant de se commettre, odeur bizarre se dégageant du box. Il dispose donc d'un pouvoir de contrainte et peut agir même sans le consentement du propriétaire des lieux.

B. L'heure de perquisition

Les perquisitions doivent se dérouler entre 6 et 21 heures. Une perquisition ne peut en principe débuter avant 6 heures ou après 21 heures. Mais la perquisition commencée avant 21 heures peut se poursuivre au-delà.

Il existe cependant une exception à ce principe notamment lorsque c'est le maître de la maison qui réclame l'opération. La perquisition peut donc débuter à 22 heures dans le local du box de garage. En l'espèce, l'infraction étant en train de se commettre, il s'avérait opportun de procéder à la fouille du local afin de recueillir le maximum d'indices.

Dans le cadre de la criminalité et de la délinquance organisée, les perquisitions nocturnes peuvent être réalisées avec l'autorisation du juge des libertés et de la détention (cas de la perquisition effectuée chez Crapule).

C. Le déroulement de la perquisition

Seul l'OPJ assisté de son agent peut opérer la fouille. En l'espèce, le propriétaire de l'immeuble ainsi que son gardien ont procédé à la fouille du local, ce qui leur a permis de retrouver un carnet qu'ils ont également consulté.

Il s'agit là d'une atteinte à une disposition procédurale prévue à peine de nullité. Le PV de perquisition peut donc être annulé partiellement en ce qui concerne les opérations de fouille effectuées par le propriétaire et le gardien de l'immeuble.

Il reste valable quant aux autres constatations faites par l'OPJ lui-même. La saisie des objets trouvés à l'exception du carnet d'adresse est également valable.

II. La rétention de Délirium

L'OPJ agissant dans le cadre d'une enquête flagrante, peut interdire à une personne présente de s'éloigner du lieu de l'infraction jusqu'à la clôture des opérations. Il peut également retenir les personnes présentes lors de la perquisition si elles sont susceptibles de fournir des renseignements sur les objets. Cette rétention peut déboucher sur une garde à vue s'il existe contre la personne retenue des raisons plausibles de soupçonner qu'elle a commis l'infraction.

III. La garde à vue de Délirium

Compte tenu de la quantité de matériel trouvé dans le local et de l'existence de diverses chaises dans le local, l'OPJ peut suspecter un trafic de stupéfiants. Cette infraction relève de la criminalité et de la délinquance organisée. Cette qualification entraîne l'application de règles dérogatoires au droit commun.

A. Notification des droits

La personne gardée à vue doit être informée immédiatement de la nature de l'infraction sur laquelle porte l'enquête, de ses droits en matière de garde à vue, des dispositions relatives à la durée de la mesure, sous réserve qu'elle soit en état de comprendre la portée de la notification (art. 63-1 CPP). En l'espèce, compte tenu de l'état de Délirium, l'OPJ a préféré différer la notification des droits, afin de lui permettre de recouvrer sa lucidité.

B. Information des parents de Délirium

Toute personne majeure gardée à vue peut faire prévenir, par téléphone, une personne avec laquelle elle vit habituellement, ou l'un de ses parents en ligne directe, l'un de ses frères et sœurs ou son employeur (art. 63-2 al. 1 CPP). Cette notification doit intervenir au plus tard dans un délai de trois heures après le début de la garde à vue. Si l'officier de police judiciaire estime, en raison des nécessités de l'enquête (en l'espèce, il faut éviter que les complices soient informés du placement en garde à vue de Délirium) ne pas devoir faire droit à cette demande, il en réfère au procureur de la République.

C. Entretien avec un avocat

Dès le début de la garde à vue et en cas de prolongation, la personne gardée à vue peut demander à s'entretenir avec un avocat choisi ou désigné par le bâtonnier (art. 63-4 CPP). L'officier doit joindre l'avocat sans délai. En cas d'impossibilité, il n'est pas tenu de différer l'audition. Il en est de même lorsque l'avocat ne peut se présenter avant ou lorsque l'absence d'entretien résulte de circonstances imputables à l'avocat. S'il s'agit de terrorisme ou de trafic de stupéfiants, l'entretien a lieu à l'issue de la 72e heure (art. 706-88 CPP).

D. Durée de la garde à vue

La durée de la garde à vue est limitée à vingt-quatre heures, renouvelable une fois. La prolongation de la mesure au-delà de cette durée de droit commun dépend de la nature de l'infraction.

En matière de criminalité organisée, la garde à vue peut faire l'objet de deux prolongations de vingt-quatre heures chacune, par décision écrite et motivée du juge d'instruction ou du juge des libertés et de la détention à la requête du procureur de la République. Le juge des libertés et de la détention peut toutefois ordonner une prolongation unique de quarante-huit heures si la durée prévisible des opérations le justifie. En matière de trafic de stupéfiants donc, la durée de la garde à vue est de quatre-vingt-seize heures.

IV. La convocation de Nolde et Dimitri Jo

L'officier de police judiciaire peut convoquer toutes les personnes susceptibles de fournir des renseignements sur les faits, les objets et les documents saisis sur les lieux de l'infraction ou au cours d'une perquisition.

Les personnes convoquées sont tenues de comparaître. L'officier de police judiciaire peut contraindre à comparaître par la force publique, avec l'autorisation préalable du procureur de la République, les personnes qui n'ont pas répondu à une convocation à comparaître ou dont on peut craindre qu'elles ne répondent pas à une telle convocation.

Aucune poursuite ne peut être effectuée sur la base du carnet de notes récupéré dans le local, les fouilles effectuées par le propriétaire des lieux étant illégales. Il faudrait tenir compte des déclarations faites par Delirium pendant sa garde à vue ou des fichiers trouvés dans l'ordinateur de Crapule.

Cas pratique n° 2

Enoncé

Flânant en bord de mer, Rana et Rim, rentrant de leur stage chez un avocat marseillais, surprennent une conversation entre deux hommes. Intriguées par leurs propos, elles décident de les suivre discrètement. Vraisemblablement, ces deux individus se méfient, changeant fréquemment d'itinéraires, pour souvent revenir, au moins partiellement, sur leurs pas.

Tenaces, Rana et Rim arrivent, pourtant, à suivre leur trace jusqu'à la cache secrète de ces derniers, légèrement retirée au fond d'une prairie. Jouant de multiples ruses pour ne pas être vu, elles s'aperçoivent rapidement, observant à cette fin les deux hommes et leurs comparses par la fenêtre, que cette demeure n'est ni plus ni moins qu'un lieu où transite de la drogue. Le spectacle est évocateur : plusieurs liasses de billets posées sur la table en face de blocs rectangulaires plastifiés remplis de poudre blanche.

Au lieu de prévenir immédiatement la police, elles préfèrent observer les lieux et remarquent, au bout de quelques jours, que les malfaiteurs se réunissent à heures régulières dans ce lieu généralement entre 18 et 20 heures. Si les hommes arrivent sur les lieux par leurs propres moyens, ils repartent systématiquement ensemble dans un seul et unique véhicule qui semble réservé à cet effet. Par ailleurs, Rana et Rim en profitent pour prendre des notes sur les caractéristiques de chacun des individus scrutés et constatent, en outre, que les trafiquants utilisent des gants.

Profitant un soir du départ des délinquants, elles s'introduisent par une fenêtre laissée ouverte dans ce repaire de malfaiteurs. La maison semble laissée à l'abandon, ne comportant qu'une table, un téléphone, un buffet dépourvu de tout objet et quelques chaises. D'après leurs dires, aucune cache n'est présente dans cette maison, le sol étant en pierre et les murs s'avérant parfaitement lisses. Le constat est sans appel, ce lieu est un local de réunion.

Convaincues de la malhonnêteté de ces individus, Rana et Rim, de retour à Paris, en avertissent, par lettre, un juge d'instruction parisien, les faits constatés correspondant fortement à une affaire très médiatisée de trafic de drogue, actuellement instruite au palais de justice de Paris. L'information étant au point mort depuis bien longtemps, le magistrat se réjouit de pouvoir bénéficier du concours de ces deux jeunes filles.

Cela étant, leurs propos restent à confirmer. Aussi, décide-t-il de déléguer ses pouvoirs à un officier de police judiciaire parisien, une délégation prescrivant à son profit la recherche d'une infraction de trafic de stupéfiants en bande organisée au moyen de tous actes utiles à la manifestation de la vérité.

Cette délégation de pouvoir est-elle valable ? Quels actes d'instruction l'officier de police judiciaire peut-il opportunément réaliser ?

Eléments de correction

Pendant leur stage à Marseille, deux jeunes Parisiennes tombent par hasard sur un trafic de stupéfiants. Elles parlent en effet d'un lieu où transite la drogue, de blocs de plastifiés remplis de poudre blanche, de plusieurs liasses. Elles dénoncent les faits à un juge parisien. Ayant délégué les faits à un officier de police judiciaire parisien, il faut déterminer si les actes effectués sont valides.

I. La compétence du juge d'instruction

Il faut d'abord déterminer si le juge d'instruction parisien est compétent.
En matière de criminalité et de délinquance organisées (art. 706-73 CPP), et c'est bien le cas en l'espèce puisqu'il s'agit d'un crime de trafic de stupéfiants, des juridictions interrégionales spécialisées dont la compétence s'étend au ressort d'une ou de plusieurs cours d'appels, sont désignées pour connaître de l'enquête, de la poursuite et de l'instruction afférentes à ces infractions (art. 706-75 CPP).

Ainsi, les faits se déroulant à Marseille ou dans ses alentours, le juge d'instruction marseillais devrait être compétent (art. D. 47-13). Or, Rana et Rim ont fait part de leur découverte au juge d'instruction parisien, les faits constatés correspondant fortement à une affaire très médiatisée de trafic de drogue, actuellement instruite au palais de justice de Paris. Cette dénonciation ne permet pas de saisir le juge d'instruction dans la mesure où il ne s'agit ni d'un réquisitoire introductif ni supplétif d'instance, ni d'une constitution de partie civile. Plusieurs hypothèses sont alors envisageables :

Les faits constatés par Rana et Rim sont :
• identiques à ceux dont le juge parisien est déjà saisi : dans ce cas, ce magistrat demeure compétent ;
• les faits ne sont pas identiques et constituent des faits nouveaux : le juge d'instruction doit alors en informer le procureur de la République qui peut, ainsi, transmettre au procureur territorialement compétent ;
• les faits sont jugés connexes à ceux dont le juge d'instruction parisien est déjà saisi : dans ce cas, la compétence de ce magistrat peut être prorogée pour lui permettre de connaître de ces éléments factuels (art. 706-75 al. 2).
Le problème semble même encore plus complexe en l'espèce, puisque les règles précitées relatives à la délinquance et à la criminalité organisées ne sont applicables qu'aux affaires étant ou pouvant s'avérer « *d'une grande complexité* » (art. 706-75). A défaut, ce sont les règles de compétence de droit commun qui doivent être retenues.
En l'absence de plus amples détails permettant d'opérer un choix entre ces différentes solutions, nous considérerons, en l'espèce, que le juge parisien demeure compétent.

II. La commission rogatoire

La commission rogatoire est une délégation de pouvoirs opérée par le juge d'instruction au profit d'un officier de police judiciaire ou de certains autres juges. En l'espèce, les faits se déroulant à Marseille ou dans ses alentours, le juge parisien, saisi des faits, peut commettre un officier de police judiciaire marseillais ou un officier de police judiciaire de son ressort en indiquant expressément que sa compétence est étendue à l'ensemble du territoire français (art. 18 al. 4 CPP).

Relativement à l'objet même de la délégation, la commission rogatoire doit normalement intervenir lorsque le déléguant est dans l'impossibilité d'accomplir lesdits actes (art. 81 al. 4 CPP). Seule la distance pourrait justifier, en l'espèce, cette impossibilité, le juge étant en poste à Paris et les faits se déroulant à Marseille.

La commission rogatoire doit indiquer la nature de l'infraction, objet des poursuites (art. 151 al. 2 CPP), exigence remplie, en l'espèce, par l'indication dans cet acte de la recherche d'une infraction de trafic de stupéfiants en bande organisée.

Les actes d'instruction prescrits doivent être directement rattachés à la répression de l'infraction visée aux poursuites (art. 151 al. 3 CPP). La Cour de cassation a pu juger que cette exigence est remplie lorsque, comme en l'espèce, le juge mandant requiert l'accomplissement de tous actes utiles à la manifestation de la vérité (Crim., 23 nov. 1999), sous réserve, toutefois, de la qualité de la personne commise, certains actes ne pouvant être accomplis par un officier de police judiciaire. Certains actes ne peuvent être réalisés que par un magistrat. Tel est le cas de l'interrogatoire du mis en examen et de son éventuelle confrontation (art. 152 al. 2 CPP), de la désignation d'un expert (Crim., 2 sept. 1986), de la notification aux parties d'une expertise (Crim., 15 mai 1973), de la perquisition dans des locaux protégés (art. 56-1 à -3 CPP), de la délivrance d'un mandat ou de l'adoption d'une ordonnance juridictionnelle. Cette restriction touche également l'audition des parties civiles et du témoin assisté sauf s'ils en font la demande (art. 152 al. 2 CPP).

III. Les actes pouvant être accomplis

A. L'audition d'un témoin

Rana et Rim sont des personnes à l'encontre desquelles il n'existe aucune raison plausible de soupçonner qu'elles ont commis ou tenté de commettre une infraction et qui sont susceptibles d'apporter des éléments de preuve intéressant la procédure (art. 706-57 CPP) puisque, outre les témoignages décrivant les trafiquants, elles sont, également, en mesure d'apporter d'importantes précisions sur cette fameuse bâtisse à l'abandon où se déroule le trafic.

Disposant du statut de simple témoin, elles pourront être ainsi entendues par un officier de police judiciaire (art. 153 du CPP).

B. La visite des lieux

Même si les indications apportées par Rana et Rim paraissent établir l'absence d'indices en ces lieux, une visite s'impose afin de vérifier l'existence de ces éléments.

Des perquisitions peuvent être envisageables (art. 94 et ss. CPP), s'agissant d'un local où des éléments de preuve sont susceptibles d'être recueillis, les jeunes filles n'ayant pas bénéficié, à cette fin, des moyens mis à la disposition de la police judiciaire pour mener à bien de telles investigations.

C. La surveillance des personnes et des biens

Les indications données par Rana et Rim permettent d'établir la présence régulière des délinquants, à certaines heures (« *les malfaiteurs se réunissent à heures régulières dans ce lieu entre 18 h et 20 h* »). Les faits, en l'espèce, relevant des règles applicables à la délinquance et à la criminalité organisées, un dispositif de surveillance peut donc être mis en place (art. 706-80 CPP).

D. Les écoutes téléphoniques

En matière criminelle, lorsque les nécessités de l'information le requièrent, le juge peut prescrire l'interception, l'enregistrement et la transcription de correspondances émises par la voie des télécommunications (art. 100 al. 1 CPP). Aussi, la commission rogatoire donnée en l'espèce doit être, à cette fin, jugée insuffisante. Le juge d'instruction doit établir une commission rogatoire spécifique permettant l'accomplissement de telles interceptions de correspondance.

Cette commission rogatoire doit mentionner les éléments d'identification de la liaison, la durée de l'écoute ainsi que l'infraction motivant le recours aux écoutes téléphoniques. Il pourra requérir, en l'espèce, l'opérateur téléphonique, afin d'identifier le titulaire de la ligne.

Relatives à l'individu mis en cause mais aussi à toute personne susceptible d'avoir participé aux faits dont le juge est saisi ou de détenir des renseignements y afférents, les écoutes téléphoniques ne peuvent, toutefois, qu'intervenir lorsque les nécessités de l'information l'exigent. En l'espèce, les individus transitant dans la maison sont des personnes susceptibles d'avoir participé aux faits dont le juge est saisi.

E. Les sonorisations et fixations d'images

En matière de criminalité et de délinquance organisées (art. 706-73 CPP), si les nécessités de l'information le requièrent, un dispositif technique ayant pour objet la captation, la fixation, la transmission et l'enregistrement de paroles prononcées dans des lieux ou véhicules privés ou publics, ou de l'image d'une ou de plusieurs personnes se trouvant dans un lieu privé peut être mis en place, sans le consentement des intéressés, par les officiers et agents de police judiciaire compétents en vertu d'une ordonnance motivée du juge d'instruction (art. 706-96 al. 1 CPP).

Ce dispositif pourrait être utilisé dans le local de réunion des malfaiteurs. La sonorisation des locaux est d'ailleurs un intéressant complément des écoutes téléphoniques, chacune de ces techniques permettant de capter des conversations qui ne sont pas forcément appréhendées ou appréhendables par l'autre.

Cette technique de sonorisation présenterait également une véritable utilité dans la voiture servant au départ groupé des malfaiteurs. Chaque voiture particulière pourrait en faire l'objet, à condition cependant que l'on puisse identifier les véhicules en cause.

Afin de faciliter la mise en place de ce dispositif, le juge d'instruction peut autoriser l'introduction dans un véhicule ou dans un lieu privé, à toute heure du jour et de la nuit (art. 706-96 al. 2 CPP).

La sonorisation et/ou la fixation d'images doivent être également justifiées par les nécessités de l'information. Ces opérations ne peuvent être effectuées que dans le cadre des crimes et délits relevant de la criminalité et de la délinquance organisées (art. 706-96 al. 1 CPP), le trafic de stupéfiants rentrant dans le champ de ces infractions.

Pour opérer de telles investigations, la simple commission rogatoire donnée en l'espèce ne suffira pas, le juge devant rendre, à cette fin, une ordonnance motivée contenant d'une part, l'ensemble des éléments permettant d'identifier les véhicules ou les lieux privés ou publics visés, d'autre part la désignation de l'infraction motivant le recours à ces mesures ainsi que leur durée et, enfin, l'indication des « *preuves que l'utilisation de cette technique devrait permettre d'obtenir* ».

Fiche d'arrêt

L'arrêt

Crim., 27 mai 2009, 09-82115

« Statuant sur les pourvois formés par :

« - X... Karim,

« Contre l'arrêt de la chambre de l'instruction de la cour d'appel de PARIS, 5e section, en date du 11 février 2009, qui, dans l'information suivie contre lui des chefs de recel de vol par habitude et usage de fausses plaques d'immatriculation en récidive, a prononcé sur sa demande d'annulation de pièces de la procédure ;

« [...] Vu l'article 706-96 du code de procédure pénale ;

« Attendu que la mise en place d'un dispositif technique ayant pour objet, sans le consentement des intéressés, la captation et la fixation de leur image dans un lieu privé ne peut être autorisée que par le juge d'instruction, dans le cadre d'une information concernant une infraction entrant dans le champ d'application de l'article 706-73 du code de procédure pénale ;

« Attendu qu'il résulte de l'arrêt attaqué et des pièces de la procédure que des policiers, agissant en enquête préliminaire, ont mis en place un dispositif technique aux fins de capter et de fixer des images dans le parking souterrain clos d'une résidence privée dont l'accès nécessite l'usage d'une télécommande ; qu'ils ont, par ce moyen, fixé les images de personnes allant et venant dans l'allée centrale du parking ; que ces documents ont été versés dans la procédure annexée au réquisitoire introductif ;

« Attendu que, mis en examen dans l'information ultérieurement ouverte, Karim X... a saisi la chambre de l'instruction d'une demande d'annulation d'actes de la procédure et en particulier des vidéosurveillances réalisées, en faisant notamment valoir qu'elles n'avaient pas été autorisées par un juge et qu'elles avaient été effectuées dans un lieu privé, à usage d'habitation, inaccessible à des vues extérieures et clos, l'usage d'une clef étant nécessaire pour y entrer ;

« Attendu que, pour déclarer régulières les opérations consistant à mettre en place un dispositif de captation et de fixation d'images dans l'allée centrale du parking d'une copropriété dont l'accès nécessite l'usage d'une télécommande, l'arrêt attaqué retient que cette installation a été effectuée avec l'autorisation du syndic de l'immeuble, dont le numéro de téléphone et le nom du représentant sont indiqués dans le procès-verbal ; que, dans la mesure où l'installation du dispositif a été autorisée par le syndic, il n'était pas nécessaire d'obtenir l'autorisation d'un magistrat ; que les juges ajoutent que le dispositif a été installé dans les parties communes de l'immeuble et non dans les parties privatives ; qu'ils énoncent que n'étant personnellement titulaire d'aucun droit sur ces lieux, Karim X... n'a pas qualité pour contester la mise en place et l'utilisation du dispositif de surveillance ; que, s'il apparaît en personne sur les clichés versés au dossier, le recel de véhicules volés et la falsification de leur immatriculation ne sauraient être regardés comme des activités protégées au titre du respect de la vie privée ;

« Mais attendu qu'en prononçant ainsi, par des motifs inopérants, alors que, les parties communes d'une copropriété constituant un lieu privé, les opérations de captation et de fixation d'images effectuées en l'espèce ne répondaient pas aux conditions de l'article 706-96 du code de procédure pénale, la chambre de l'instruction a méconnu le texte susvisé et le principe ci-dessus énoncé ;

« Par ces motifs et sans qu'il soit besoin d'examiner les autres moyens proposés :

« CASSE et ANNULE, en toutes ses dispositions, l'arrêt de la chambre de l'instruction de la cour d'appel de Paris, en date du 11 février 2009, et, pour qu'il soit à nouveau jugé, conformément à la loi. »

Analyse de l'arrêt

Lorsqu'il s'agit d'une infraction de criminalité organisée et si les nécessités de l'instruction l'exigent, le juge d'instruction peut, après avis du procureur de la République, autoriser par ordonnance motivée les officiers et agents de police judiciaire sur commission rogatoire à mettre en place un dispositif technique ayant pour objet, sans le consentement des intéressés, la captation, la fixation, la transmission et l'enregistrement de paroles prononcées par une ou plusieurs personnes à titre privé ou confidentiel, dans des lieux ou véhicules privés ou publics, ou de l'image d'une ou plusieurs personnes se trouvant dans un lieu privé.

Les captations d'images dans un lieu privé ne peuvent être effectuées que sur autorisation du juge d'instruction au cours d'une instruction portant sur les infractions de criminalité et de délinquance organisées (art. 706-73 CPP). Une commission rogatoire doit être également adressée à cette fin aux officiers de police judiciaire.

En l'espèce, l'enquête préliminaire portait sur des faits de recel de voitures volés et de falsifications de leur immatriculation. Karim X. a demandé l'annulation de vidéo-surveillances réalisées au motif que la captation d'images a été effectuée, sans autorisation judiciaire, dans un lieu privé à usage d'habitation.

Pour la chambre de l'instruction, le dispositif a été installé avec l'autorisation du syndic. Par ailleurs, l'autorisation du juge n'était pas nécessaire dans la mesure où le procédé a été installé dans les parties communes.

L'arrêt de la chambre de l'instruction a été cassé et annulé par la chambre criminelle. Les opérations réalisées par les officiers de police judiciaire ne peuvent l'être que dans le cadre de l'article 706-63 du code de procédure pénale. En l'espèce, elles ont été réalisées en enquête préliminaire, dans un lieu privé, à savoir le parking souterrain d'une copropriété même s'il constitue une partie commune. Pour la Cour de cassation, les parties communes d'une copropriété constituant un lieu privé, les opérations de captation et de fixation d'images effectuées en l'espèce ne répondaient pas aux conditions de l'article 706-96 du code de procédure pénale.

Lecture d'arrêt

Crim., 13 novembre 2008, pourvoi n° 08-85456

« Statuant sur les pourvois formés

« Contre l'arrêt de la chambre de l'instruction de la cour d'appel de PARIS, 6e section, en date du 1er juillet 2008, qui, dans l'information suivie contre eux pour, notamment, vols, blanchiment et escroqueries en bande organisée, a prononcé sur leur demande d'annulation d'actes de la procédure ;

« Joignant les pourvois en raison de la connexité ;

« Vu l'ordonnance du président de la chambre criminelle en date du 14 août 2008 prescrivant l'examen immédiat des pourvois ;

« [...] Vu les articles 706-96, 706-97 et 706-98 du code de procédure pénale ;
« Attendu qu'il résulte de ces textes que le renouvellement d'une autorisation de mise en place d'un dispositif technique ayant pour objet, sans le consentement des intéressés, la captation, la fixation, la transmission et l'enregistrement de paroles prononcées par une ou plusieurs personnes à titre privé ou confidentiel, dans des lieux ou véhicules privés ou publics, ou de l'image de personnes se trouvant dans un lieu privé, doit intervenir avant l'expiration de la mesure précédente ;

« Attendu qu'après avoir écarté l'argumentation des demandeurs qui soutenaient que le point de départ des mesures de sonorisation devait être fixé au jour du prononcé de la décision et non pas à partir de leur mise en place, l'arrêt a également rejeté le moyen de nullité pris de la tardiveté de la mesure de renouvellement prononcée après l'expiration de l'autorisation précédente ;

« Attendu qu'en cet état, la chambre de l'instruction a décidé à bon droit que le point de départ des mesures de sonorisation devait être fixé au jour de leur mise en place effective ;

« Mais attendu qu'en déclarant également régulière l'ordonnance de renouvellement intervenue le 5 juillet 2007 alors que l'autorisation précédente avait pris fin le 23 juin 2007, la chambre de l'instruction a méconnu les textes susvisés et le principe énoncé ci-dessus ;

« D'où il suit que la cassation est encourue de ce chef. »

2. L'instruction

Fiche n° 27 : Le juge d'instruction : l'étendue de l'instruction

Références

Ouvrage

• CHAMBON B., *Le Juge de l'instruction*, Dalloz, 4e éd., 1996.

Articles

• DALLE H., « Juges et procureur de la République dans la loi Perben II », in *Le Nouveau Procès pénal après la loi Perben II*, Paris, Dalloz, 2004, p. 453 et ss.
• DALLEST J., « L'instruction depuis la loi Perben », *AJ pénal*, 2004, p. 346.
• DERIEUX E., « Secret de l'instruction et droit à l'information », *LPA*, 1997, 11 juin.
• DIVIER J.-F., « L'instruction pénale française à l'épreuve du "procès équitable" européen », *D.*, 2004, chron., p. 2948.

Définitions

• **Instruction préparatoire ou information** : phase du procès pénal, encore appelée information, au cours de laquelle le juge recherche, sous le contrôle de la chambre de l'instruction, l'existence de preuves permettant soit de renvoyer le délinquant devant une juridiction de jugement (preuves à charges), soit d'écarter sa culpabilité (preuves à décharge).

Explications

Se situant après l'enquête préliminaire, l'instruction préparatoire ou information a pour but de mettre l'affaire en état d'être jugée. Obligatoire en matière criminelle, elle est facultative en matière de délit et ne l'est en matière de police que sur réquisitions du procureur de la République (art. 44 et 79 CPP). Elle s'impose lorsqu'il s'agit de délits complexes ou lorsque l'enquête préliminaire n'a pas permis d'établir les faits et d'identifier l'auteur de l'infraction.

L'instruction est conduite par une juridiction d'instruction, de droit commun ou d'exception. Lorsqu'une instruction est ouverte (I), il ne peut y être mis fin que par une ordonnance de clôture (II).

I. L'ouverture de l'instruction

A. La saisine du juge d'instruction

1. Les modes de saisine du juge d'instruction

Le juge d'instruction ne peut se saisir d'office (art. 51 CPP). Il ne peut l'être que par l'un des deux modes prévus par la loi.

a) Le réquisitoire introductif
Le juge d'instruction ne peut informer qu'en vertu d'un réquisitoire du procureur de la République, contre personne dénommée ou contre X (art. 80 CPP).

b) La plainte avec constitution de partie civile
Le juge peut également être saisi par une plainte avec constitution de partie civile. Toutefois, en matière délictuelle, à l'exclusion des délits de presse ou de fraude électorale, la plainte avec constitution de partie civile n'est recevable que si la personne justifie soit que le procureur de la République lui a fait connaître, à la suite d'une plainte déposée devant lui ou un service de police judiciaire, qu'il n'engagera pas lui-même des poursuites, soit qu'un délai de trois mois s'est écoulé depuis qu'elle a déposé plainte (art. 85 CPP).
La plainte doit être communiquée au procureur de la République afin qu'il prenne ses réquisitions (art. 86 CPP). Aucun délai de communication n'est prévu, mais le juge doit se montrer diligent, l'instruction ne pouvant être ouverte qu'une fois ce réquisitoire pris. Le procureur de la République peut rendre un réquisitoire pris contre personne dénommée ou non dénommée, sans toutefois restreindre l'étendue de la saisine. Il peut, avant de prendre ses réquisitions et s'il n'y a pas été procédé d'office par le juge d'instruction, demander à ce magistrat d'entendre la partie civile et l'inviter, le cas échéant, à produire toute pièce utile à l'appui de sa plainte. Il ne peut prendre de réquisitions de non-informer que si les faits ne peuvent légalement comporter une poursuite ou si ces faits ne peuvent recevoir de qualification pénale. Un non-lieu peut être requis s'il apparaît au vu des investigations que les faits n'ont pas été commis (art. 86 CPP). Si le juge d'instruction passe outre les réquisitions, il doit statuer par une ordonnance motivée (art. 86 al. 4 CPP).

2. Les effets de la saisine

a) L'obligation d'informer
Quel que soit le mode de saisine, le juge d'instruction a l'obligation d'informer[1]. Il peut cependant prendre une ordonnance d'incompétence (art. 90, 185 al. 1 et 186

1. Crim., 8 déc. 1906, *D.*, 1907, 1, note F. T., Rapport Laurent Atthalin ; *S.*, 1907, 1, 377, note Demogue ; Pradel J. et Varinard A., *Les Grands Arrêts de la procédure pénale*, 5e éd., Dalloz, 2006, n° 7, p. 81.

al. 3 CPP) ou une ordonnance d'irrecevabilité en cas de non-dépôt de consignation ou si la personne n'avait pas qualité pour agir.
Il peut rendre une ordonnance de refus d'informer si les faits ne sont pas susceptibles de qualification pénale, s'ils sont prescrits ou constituent une contravention. Toutefois, les ordonnances de refus d'informer doivent demeurer exceptionnelles et motivées (art. 86 CPP)[2]. En cas de doute, le juge d'instruction doit faire toutes les recherches nécessaires et instruire. Lorsqu'il est saisi par une constitution de partie civile, il doit vérifier par une information préalable et contradictoire la réalité des faits dénoncés dans la plainte[3]. Il peut ainsi entendre la partie civile et l'inviter à produire toute pièce utile pour appuyer sa demande (art. 86 CPP).
Le procureur de la République ne peut saisir le juge d'instruction de réquisitions de non informer que si, pour des causes affectant l'action publique elle-même, les faits ne peuvent légalement comporter une poursuite ou si, à supposer ces faits démontrés, ils ne peuvent admettre aucune qualification pénale (art. 86 al. 4 CPP).
Lorsqu'il décide d'informer, il réalise des actes d'information sans matérialiser sa décision par une formalité quelconque. Il est tenu d'instruire à charge et à décharge en toute indépendance vis-à-vis de la partie civile et du parquet.

b) L'étendue de la saisine

Le juge d'instruction n'est saisi que des faits expressément indiqués dans l'acte qui déclenche les poursuites, car la saisine opère *in rem*. Si, à l'occasion de ses investigations, il découvre des faits non visés dans l'acte de saisine, il doit en informer immédiatement le procureur de la République, qui avisera de la suite à donner. Le juge d'instruction peut néanmoins faire des constatations et procéder à des actes urgents avant toute communication au procureur de la République sans toutefois faire usage de ses pouvoirs coercitifs. Le parquet peut requérir du juge d'instruction, par réquisitoire supplétif, qu'il informe sur ces nouveaux faits, requérir également l'ouverture d'une information distincte, saisir la juridiction de jugement, ordonner une enquête, décider d'un classement sans suite ou procéder à l'une des mesures alternatives aux poursuites, transmettre les plaintes ou les procès-verbaux au procureur de la République territorialement compétent. S'il requiert l'ouverture d'une information distincte, celle-ci peut être confiée au même juge d'instruction (art. 80-1 CPP).
Le juge d'instruction peut instruire sans risque de nullité sur les faits indivisibles à l'infraction dénoncée[4] ou qui constituent des circonstances aggravantes, même si ces faits ne sont pas visés dans l'acte de saisine. Mais les faits connexes sont considérés comme des faits nouveaux[5].
Le juge d'instruction n'étant pas saisi *in personam*, il peut étendre les poursuites à toutes personnes même si elles n'ont pas été désignées dans l'acte de saisine.

2. Marsat, « Le refus d'informer », *Dr. pénal*, 2000, chron., p. 14.
3. Cass. crim., 1er sept. 2009, pourvoi n° 08-88426.
4. Crim., 1er déc. 1998, *Bull. crim.*, n° 323, *Droit pénal*, 1999, comm. 49, obs. A. Maron.
5. Crim., 24 nov. 1998, *Bull. crim.*, n° 315.

Il n'est pas tenu de mettre en examen, ni d'entendre celles visées par le ministère public ou la partie civile. Cette mise en cause peut toutefois leur conférer la qualité de témoin assisté.

c) Le pouvoir de requalifier les faits

Les juridictions d'instruction ne sont pas liées par les qualifications mentionnées dans l'acte de saisine. Elles peuvent modifier la qualification inadéquate en prenant toutefois garde de ne pas modifier la prévention ou retenir des circonstances aggravantes qui ne modifient pas les faits objets de poursuite sans solliciter un réquisitoire supplétif. Le pouvoir de requalifier est toutefois exclu en matière de fraudes et de falsifications (art. L. 216-4 C. conso.) et d'infractions de presse (art. 50, loi du 29 juillet 1881). Dans ces cas, si la qualification est inexacte, un non-lieu s'impose.

B. Le juge chargé de l'instruction

1. Le choix du juge chargé de l'instruction

a) La désignation du juge chargé de l'instruction

Lorsqu'il existe dans un tribunal plusieurs juges d'instruction, le président du tribunal désigne, pour chaque information, le juge qui en sera chargé[6]. Il peut établir, à cette fin, un tableau de roulement (art. 83 al. 1 CPP). La désignation du juge d'instruction est une mesure d'administration judiciaire non susceptible de recours. Seuls les juges d'instruction regroupés au sein d'un pôle d'instruction pourront être désignés en matière criminelle ou de délits complexes donnant lieu à cosaisine.

b) La cosaisine

Lorsque la gravité ou la complexité de l'affaire le justifie, le président du tribunal peut adjoindre au juge d'instruction chargé de l'information un ou plusieurs juges d'instruction qu'il désigne soit dès l'ouverture de l'information, soit sur demande ou avec l'accord du juge chargé de l'information, à tout moment de la procédure (art. 83 al. 2 CPP).

La loi du 5 mars 2007 relative à l'équilibre de la procédure pénale renforce le mécanisme de la cosaisine applicable au plus tard le 1er mars 2008 jusqu'à la mise en place de la collégialité.

La cosaisine pourra être ordonnée dès l'ouverture de l'instruction sur décision du président du tribunal dans lequel il existe un pôle, d'office ou sur réquisitions du ministère public. En cours de procédure, elle pourra également intervenir à la demande du juge d'instruction chargé de l'information. Son consentement est requis lorsque la désignation d'autres juges est ordonnée par le président du

6. Dans certains cas, les dispositions de l'article 83 sont, toutefois, inapplicables. Il en est notamment ainsi en cas d'ouverture d'une information pour recherche des causes de la mort : Crim., 11 mai 1989, *Bull. crim.*, n° 193 ; voir pour d'autres exemples J.-P. Valat, *Procédure pénale*, articles 79 à 84, fasc. 20, n° 214.

tribunal de grande instance, d'office, sur réquisition du ministère public ou sur requête des parties. En cas de refus du juge ou à défaut de désignation dans le délai d'un mois, la cosaisine sera ordonnée par le président de la chambre de l'instruction. Lorsque l'information aura été ouverte dans un tribunal où il n'y a pas de pôle de l'instruction, le président du tribunal de grande instance du pôle territorialement compétent désignera le juge d'instruction chargé de l'information ainsi que le ou les juges d'instruction cosaisis, après dessaisissement du juge d'instruction initial au profit du pôle. A défaut, le président de la chambre de l'instruction pourra saisir la chambre de l'instruction, qui pourra renvoyer le dossier au magistrat instructeur ou procéder à son dessaisissement et à la désignation, aux fins de poursuite de la procédure, de plusieurs juges d'instruction.
Le juge d'instruction chargé de l'information coordonnera son déroulement. Il aura seul qualité pour saisir le juge des libertés et de la détention, pour ordonner une mise en liberté et pour rendre l'avis de fin d'information et l'ordonnance de règlement. L'avis et l'ordonnance pourront être signés par le ou les juges d'instruction cosaisis (art. 83-2 CPP).

c) La collégialité
La loi relative à l'équilibre de la procédure pénale a aussi instauré la collégialité de l'instruction. L'application de ce système est renvoyée au 1er janvier 2011.

2. Le remplacement du juge de l'instruction

En cas d'empêchement du juge chargé de l'information suite à un congé, une maladie ou pour toute autre cause, un autre juge chargé de le remplacer est désigné par le président du tribunal (art. 84, al. 3 CPP). Son ordonnance doit alors viser toutes les procédures instruites par le juge remplacé[7]. La désignation d'un magistrat autre qu'un juge d'instruction pour remplacer le juge empêché ne peut être faite que par l'assemblée des magistrats du siège du tribunal de grande instance (art. 50 CPP). Il ne s'agit cependant pas dans ce cas d'attribuer tous les dossiers au juge remplaçant. Toutefois, en cas d'urgence et en cas d'impossibilité de réunir l'assemblée, le président peut procéder à ce remplacement.

En cas d'urgence[8], tout juge d'instruction peut, pour des actes isolés, suppléer un autre juge d'instruction du même tribunal (art. 84, al. 4 CPP) à l'occasion de courtes périodes d'absence. L'urgence relève de l'appréciation du pouvoir souverain de la chambre de l'instruction. Lorsqu'il n'existe qu'un seul juge d'instruction ou que tous les autres sont empêchés et que la réunion de l'assemblée des magistrats est impossible, le président du tribunal peut effectuer lui-même les actes d'instructions nécessaires[9].

7. Crim., 20 août 1986, *Bull. crim.*, n° 244.
8. Crim., 30 janv. 2002, pourvoi n° 01-87630.
9. Crim., 18 mars 2009, pourvoi n° 08-88.486.

Lorsque plusieurs juges d'instructions sont désignés pour instruire un dossier, le juge chargé de l'information peut être remplacé ou supplée dans l'accomplissement des actes où il a seul compétence sans qu'il soit besoin d'une désignation nouvelle par le président de la juridiction, ni sans qu'il soit fait application de l'article 84-4 du code de procédure pénale. Le juge d'instruction qui lui a été adjoint ou le premier désigné s'ils sont plusieurs, peut exercer ses attributions (art. 84-5 CPP).

3. Le dessaisissement du juge chargé de l'instruction

Le juge d'instruction est normalement saisi par l'ordonnance de clôture.

Avant la fin de l'instruction, le dessaisissement peut intervenir sur requête du ministère public lorsqu'une même affaire est instruite par deux juges différents ou lorsque deux juges d'instruction sont saisis d'infractions connexes mettant en cause les mêmes individus (art. 663, 664 CPP). Le procureur de la République peut requérir le dessaisissement du juge d'instruction de droit commun au profit de la juridiction spécialisée[10]. L'accord des deux magistrats est exigé et le juge requis rend une ordonnance de dessaisissement.

Le dessaisissement peut être imposé en cas de refus d'abandonner le dossier et il se traduit par la procédure de règlement des juges. Le dessaisissement peut aussi être ordonné par le président du tribunal de grande instance sur requête motivée du procureur de la République pour une bonne administration de la justice (art. 84 CPP). Le juge d'instruction peut également se voir retirer son dossier par la chambre de l'instruction lorsqu'elle annule tout ou partie de la procédure et évoque ou confie le dossier à un autre juge (art. 206 CPP). La Cour de cassation peut dessaisir le juge d'instruction pour cause de suspicion légitime (art. 662 al. 1 CPP).

II. La clôture de l'instruction

La décision de clore l'instruction est prise par le juge lorsqu'il estime avoir effectué toutes les opérations ou obtenu tous les éléments nécessaires à la manifestation de la vérité.

Le procureur de la République peut requérir le règlement de l'information s'il estime que la procédure est terminée, mais le juge d'instruction est libre de ne pas y donner suite.

La personne mise en examen, la partie civile et le témoin assisté peuvent demander au juge d'instruction, à l'issue d'un délai d'un an en matière correctionnelle et de dix-huit mois en matière criminelle (art. 175-1 CPP), de clore la procédure par un renvoi ou un non-lieu. Ce délai court du jour de la mise en examen, de la constitu-

10. Crim., 31 mars 2009, pourvoi n° 08-88226.

tion de partie civile ou de l'acquisition du statut de témoin assisté. Le juge d'instruction doit se prononcer dans le délai d'un mois. La demande peut également être formée lorsqu'aucun acte d'instruction n'a été accompli pendant quatre mois. S'il décide d'y faire droit, il procède au règlement de l'instruction. Dans le cas contraire, ou à défaut de réponse, le président de la chambre de l'instruction saisi, peut rejeter la demande et renvoyer vers le juge d'instruction ou saisir la chambre de l'instruction. En cas de poursuite de l'information, une nouvelle demande peut être formée à l'expiration d'un délai de six mois.

La clôture de l'information doit intervenir dans un délai raisonnable au regard de la gravité des faits, de la complexité des investigations et de l'exercice des droits de la défense (art. 175-2 CPP). Si au bout de deux ans l'instruction n'est pas terminée, le juge d'instruction doit rendre une ordonnance motivée, mentionnant les raisons de la durée de la procédure, comportant les indications qui justifient la poursuite de l'information et informant des perspectives de règlement. Cette ordonnance, qui doit être renouvelée tous les six mois, est communiquée au président de la chambre de l'instruction, qui peut saisir la juridiction.

A. Les formalités préalables à la clôture de l'information

Depuis la loi du 5 mars 2007, la procédure du règlement de l'instruction est contradictoire. Toutefois, les parties peuvent renoncer aux délais prévus en présence de leur avocat.

L'avis de clôture de l'information doit être communiqué au parquet[11] et notifié aux parties (art. 175 CPP). Il s'ouvre alors un délai d'un mois si la personne est détenue et trois mois dans les autres cas pendant lequel le procureur de la République peut adresser les réquisitions motivées. Les parties peuvent également faire leurs observations, formuler des demandes d'actes ou invoquer des nullités sous peine de déchéance.

A l'issue de ce délai, le procureur et les parties disposent d'un nouveau délai de dix jours si le mis en examen est détenu et d'un mois dans les autres cas pour adresser au juge des réquisitions et des observations complémentaires au vu des observations ou réquisitions qui ont été communiquées.

Au terme de ce dernier délai, le juge d'instruction peut rendre son ordonnance de règlement motivée, compte tenu, le cas échéant, des réquisitions du ministère public et des observations des parties. L'ordonnance doit aussi préciser les éléments à charge et à décharge concernant chacune des personnes mises en examen.

11. Crim., 29 avril 1996, *Bull. crim.*, n° 168 : cette décision est une mesure d'administration judiciaire insusceptible de pourvoi.

Le témoin assisté, à qui doit être notifié l'avis de clôture, peut présenter des requêtes dans les mêmes conditions que les parties privées.

B. L'ordonnance de règlement

L'ordonnance de règlement met fin à l'instruction et dessaisit le juge d'instruction. Elle doit permettre l'identification de la personne mise en examen par l'indication de ses noms et prénoms, de ses date et lieu de naissance, domicile et profession. Elle doit comporter l'exposé et la qualification légale des faits, les motifs pour lesquels il existe ou non des charges suffisantes (art. 184 CPP). Une simple erreur matérielle n'entache pas ces ordonnances d'irrégularité[12].

La personne mise en examen, le témoin assisté ainsi que leurs avocats doivent obligatoirement recevoir notification, dans les plus brefs délais, des ordonnances de règlement, verbalement avec émargement au dossier ou par lettre recommandée[13] (art. 183 al. 1 et 4 CPP).

1. L'ordonnance de non-lieu

Lorsque le juge d'instruction estime que l'affaire ne peut comporter aucune suite, il rend une ordonnance de non-lieu (art. 177 al. 1 CPP). Un non-lieu partiel pour certains faits ou pour certaines personnes est possible, même en cours d'instruction (art. 182 CPP).

Le procureur de la République peut également prendre des réquisitions de non-lieu dans le cas où il est établi de façon manifeste, le cas échéant au vu des investigations qui ont pu être réalisées à la suite du dépôt de la plainte ou en application du troisième alinéa, que les faits dénoncés par la partie civile n'ont pas été commis. Dans le cas où le juge d'instruction passe outre, il doit statuer par une ordonnance motivée (art. 86-4 CPP).

L'ordonnance de non-lieu est relative lorsqu'elle est motivée en fait (charges insuffisantes ou inexistantes, identité de l'auteur inconnue). La personne qui en bénéficie ne peut plus être recherchée pour le même fait, à moins qu'il ne survienne de nouvelles charges (art. 188 CPP). Le principe s'étend aux personnes non mises en examen, mais nommément visées dans la plainte avec constitution de partie civile.

Sont considérés comme des charges nouvelles les déclarations des témoins, les pièces et procès-verbaux qui n'ont pas été soumis à l'examen du juge d'instruction

12. Crim., 9 oct. 1997, *Procédures*, 1998, comm. n° 19, obs. J. Buisson.
13. Crim., 8 févr. 1994, *Bull. crim.*, n° 56 : seule la notification faite conformément aux dispositions de l'article 183 du code de procédure pénale fait courir le délai d'appel d'une ordonnance rendue par le juge d'instruction.

et qui sont de nature soit à fortifier les charges qui auraient été trouvées trop faibles, soit à donner aux faits de nouveaux développements utiles à la manifestation de la vérité[14]. Seul le procureur de la République peut requérir la réouverture de l'information[15].

Lorsque l'ordonnance de non-lieu est motivée en droit (fait justificatif, prescription acquise), elle est définitive, absolue et irrévocable, sauf en cas de fraude ou de révélation d'un fait ayant une conséquence sur la motivation retenue.

L'ordonnance de non-lieu entraîne la mise en liberté des personnes détenues, qui peuvent engager une procédure d'indemnisation (art. 800-2 CPP), et la restitution des objets saisis, que le juge peut refuser lorsqu'elle présente un danger pour les personnes ou les biens (art. 177 al. 3 et 4 CPP). Le juge d'instruction peut ordonner une mesure de publicité visant à informer le public de l'existence d'une ordonnance de non-lieu (art. 177-1 CPP). La partie civile peut être condamnée au paiement des frais et à une amende civile si la constitution de partie civile est jugée abusive ou dilatoire (art. 177-2 CPP).

2. L'ordonnance de renvoi

Lorsque le juge d'instruction retient des charges contraventionnelles ou correctionnelles, il rend une ordonnance de renvoi soit devant le tribunal de police ou la juridiction de proximité, soit devant le tribunal correctionnel (art. 178, 179 CPP). L'ordonnance ainsi que le dossier sont transmis au procureur de la République, qui les communique sans délai au greffe de la juridiction de jugement saisie (art. 180 CPP).

L'ordonnance devenue irrévocable purge la procédure (enquête et instruction) des vices éventuels, les parties ayant été mises en mesure d'invoquer les nullités avant le règlement de l'instruction. Les juridictions de jugement ne peuvent statuer sur les nullités, sauf si les règles de compétence ont été méconnues.

Aucun appel ne peut être interjeté contre l'ordonnance de renvoi par la personne mise en examen ou la partie civile, sauf si elle est complexe et statue implicitement sur une question soumise à un recours ou en cas de disqualification des faits (art. 186-3 CPP).

En principe, l'ordonnance de renvoi met un terme à la détention provisoire ou au contrôle judiciaire, sauf décision contraire du juge d'instruction maintenant le prévenu jusqu'à sa comparution devant le tribunal. A défaut de comparution dans le délai de deux mois à compter de la date de l'ordonnance, le prévenu est libéré, sauf

14. Ne constitue pas des charges nouvelles la confirmation par de nouveaux témoins de faits connus : Crim., 17 janv. 1962, *Bull. crim.*, n° 38.
15. Crim., 11 janv. 2000, *Bull. crim.*, n° 11 : la victime ne peut se constituer à nouveau partie civile.

décision contraire du tribunal (art. 179 CPP). Le mandat d'arrêt décerné conserve sa force exécutoire, les mandats d'amener et de recherche deviennent caducs.

L'ordonnance de renvoi saisit la juridiction de jugement désignée qui connaît, le cas échéant, du contentieux concernant le contrôle judiciaire ou de la détention provisoire s'ils ont été maintenus. Elle n'est qu'indicative de compétence. Si la juridiction saisie peut se déclarer incompétente, il est procédé au règlement des juges, et la chambre de l'instruction est compétente pour la détention provisoire ou le contrôle judiciaire.

3. L'ordonnance de mise en accusation

Si le juge d'instruction retient des charges criminelles, il rend une ordonnance de mise en accusation, à charge d'appel devant la chambre de l'instruction (art. 181 et 186 CPP). L'ordonnance ainsi que le dossier de l'instruction doivent être transmis au procureur de la République, qui doit les communiquer sans retard au greffe de la cour d'assises.

L'ordonnance doit énoncer, à peine de nullité, l'exposé et la qualification légale des faits, objet de l'accusation. Elle doit préciser l'identité de l'accusé. Elle est attributive de compétence et saisit la cour d'assises, y compris des infractions connexes aux crimes. Devenue définitive, elle purge la procédure de ses vices éventuels.

Lorsque l'accusé est placé en détention provisoire, le mandat de dépôt conserve son effet exécutoire jusqu'au jugement par la cour d'assises. Pour les personnes renvoyées pour délits connexes, la détention provisoire, ou le contrôle judiciaire, prend fin, sauf décision contraire du juge (art. 179 al. 3 CPP).

4. La déclaration d'irresponsabilité pour cause de trouble mental

Depuis la loi du 25 février 2008, lorsqu'au moment du règlement de son information, le juge d'instruction estime, après avoir constaté qu'il existe contre la personne mise en examen des charges suffisantes d'avoir commis les faits reprochés, qu'il y a des raisons plausibles d'appliquer l'article 122-1 alinéa 1 du code pénal, il peut ordonner, d'office, à la demande du parquet ou d'une des parties le dossier de la procédure soit transmis par le procureur de la République au procureur général aux fins de saisine de la chambre de l'instruction (art. 706-20 CPP).

En l'absence d'une telle saisine, il rend une ordonnance d'irresponsabilité pénale pour cause de trouble mental qui précise qu'il existe des charges suffisantes établissant que l'intéressé a commis les faits qui lui sont reprochés, mais qu'il est irresponsable pénalement en raison d'un trouble psychique ou neuropsychique ayant aboli son discernement. S'il avait placé en détention provisoire, il doit être mis fin à cette mesure. Cependant, si le juge estime que l'aliéné est de nature à compromettre l'ordre public ou la sécurité des personnes, il doit en aviser le préfet qui peut ordonner l'hospitalisation d'office dans un établissement spécialisé (art. L. 348 CSPu). L'irresponsabilité pénale du délinquant ne profite pas aux autres participants à l'infraction.

La transmission du dossier au procureur général ne met pas fin à la détention provisoire ou au contrôle judiciaire, sauf décision contraire du juge. Si la chambre de l'instruction estime qu'il n'existe pas de charges suffisantes contre la personne mise en examen, elle déclare qu'il n'y a pas lieu à suivre (art. 706-123 CPP). Si des charges suffisantes sont retenues mais si l'irresponsabilité pénale n'est pas applicable elle ordonne le renvoi devant la juridiction de jugement (art. 706-124 CPP).

Si les conditions de l'article 122-1 sont réunies, elle rend un arrêt d'irresponsabilité pénale (art. 706-125 CPP). Si la partie civile en fait la demande, elle renvoie l'affaire devant le tribunal correctionnel afin qu'il se prononce sur la responsabilité civile et statue sur les dommages et intérêts. L'arrêt de déclaration d'irresponsabilité pénale pour cause de trouble mental met fin à la détention provisoire ou au contrôle judiciaire (art. 706-126 CPP).

Les juridictions de jugement, à l'exception du tribunal de police, peuvent également prononcer une décision d'irresponsabilité et peuvent statuer s'il y a lieu, sur les intérêts civils (art. 706-133 CPP). La décision met fin à la détention provisoire ou au contrôle judiciaire.

La chambre de l'instruction et les juridictions de jugement, à l'exclusion des juridictions de police peuvent prononcer des mesures de sûreté, notamment l'hospitalisation d'office de la personne s'il est établi par une expertise psychiatrique que les troubles mentaux de l'intéressé nécessitent des soins et compromettent la sûreté des personnes ou portent atteinte, de façon grave, à l'ordre public (art. 706-135 CPP, L. 3213-1 al. 2 et L. 3213-8 CSPu). Le préfet en est avisé.

Ces juridictions peuvent aussi prononcer diverses interdictions telles que l'interdiction d'entrer en relation avec la victime, l'interdiction de détenir une arme, d'exercer une activité professionnelle, la suspension du permis de conduire pour une durée qui ne peut excéder dix ans en matière correctionnelle et vingt ans pour les crimes ou les délits punis de dix ans d'emprisonnement (art. 706-136 CPP). La méconnaissance des interdictions est punie, sous du principe de l'irresponsabilité pénale, de deux ans d'emprisonnement et 30 000 euros d'amende (art. 706-139 CPP).

Cas pratique

I. Enoncé

M. Jérôme, juge d'instruction à Nice, a été saisi, le 15 septembre 2007, par une plainte avec constitution initiale de partie civile de Mme Ginette. Une information a été ouverte, le 30 octobre 2007, quelques heures après la communication de l'acte de poursuite au ministère public.

Après une brève instruction, le juge Jérôme décide de rendre une ordonnance de renvoi devant une cour d'assises.

Bien que convaincu par la qualification d'empoisonnement, le juge Jérôme, conscient d'être lié par les faits présents dans la plainte, se résigne à adopter la qualification d'homicide volontaire privilégiée par l'acte de saisine. En outre, il décide de renvoyer devant un tribunal correctionnel les faits d'entrée par effraction au domicile de la victime, commis par la personne poursuivie, et précédant la commission du crime.

Que pensez-vous des décisions prises par le juge Jérôme ?

II. Eléments de correction

A. La saisine du juge d'instruction

Le juge d'instruction ne peut se saisir d'office (Crim., 7 nov. 1989). Cette saisine peut intervenir, comme en l'espèce, à la suite d'un dépôt de plainte avec constitution initiale de partie civile. Depuis la loi du 5 mars 2007 relative à l'équilibre de la délinquance, la constitution de partie civile est soumise à une condition de recevabilité (art. 85 al. 2 CPP) qui n'est pas en cause en l'espèce, les faits étant constitutifs d'un crime.

La plainte doit être communiquée au procureur de la République afin qu'il prenne ses réquisitions (art. 86 al. 1 CPP), règle à laquelle le juge Jérôme s'est astreint. Deux questions se posent tout de même.

D'une part, même si le code de procédure pénale ne prévoit pas de délai de communication, le juge d'instruction doit se montrer diligent. La communication a eu lieu le 30 octobre 2007, le jour même de l'ouverture de l'information, soit un mois et quinze jours après la saisine du juge d'instruction. On peut craindre que le délai de communication ne respecte pas les exigences de diligence.

D'autre part, il ressort nettement des faits que l'ouverture de l'information et la communication de la plainte au ministère public ont eu lieu le même jour, la première étant intervenue une heure après la seconde. De ce fait, le réquisitoire introductif du procureur de la République n'a donc pu être pris avant l'ouverture de l'information. Même si le juge d'instruction saisi d'une plainte avec constitution de partie civile a le devoir d'instruire, le réquisitoire du ministère public est exigé, l'ouverture d'une information, contrairement aux réquisitions du procureur, devant être motivée (art. 86 al. 4 CPP).

B. L'ordonnance de règlement

Une fois l'information accomplie, le juge d'instruction doit rendre une ordonnance de règlement. Le renvoi du dossier devant une cour d'assises s'opère au moyen d'une ordonnance de mise en accusation et non d'une ordonnance de renvoi, comme a pu le penser le juge Jérôme, le régime de ces deux ordonnances n'étant pas le même.

Par ailleurs, il est indiqué que le juge Jérôme conserve la qualification proposée dans l'acte de saisine, alors même qu'il estime qu'une autre doit être retenue, parce qu'il pense être lié par les faits présents dans la plainte. Si le juge est saisi *in rem* des seuls faits expressément mentionnés dans l'acte déclenchant les poursuites, il n'est pas lié par les qualifications qui leur sont données par la victime ou même le parquet (Crim., 20 mars 1972).

Aussi, convient-il de distinguer deux hypothèses :
• première hypothèse : Le juge Jérôme pouvait facilement donner une autre qualification en se basant sur les faits contenus dans l'acte de saisine. Dans ce cas, la saisine *in rem* impose au juge de rechercher la qualification exacte des faits incriminés et, le cas échéant, de modifier la qualification inadéquate (Crim., 12 décembre 1972), ce pouvoir ne disparaissant qu'en matière de fraudes et de falsification (art. 216-4 C. conso) ou de presse (art. 50, loi du 29 juillet 1881), domaines étrangers à l'affaire soulevée en l'espèce ;
• seconde hypothèse : Le juge Jérôme ne pouvait donner une autre qualification qu'en se basant sur des faits extérieurs à l'acte de saisine, ce qui expliquerait qu'il ait renvoyé le dossier avec la qualification proposée par Mme Ginette. Mais ce raisonnement ne résiste pas à la critique. En effet, lorsque des faits non visés dans l'acte de saisine sont portés à la connaissance du juge d'instruction, il doit en informer immédiatement le procureur de la République, qui, le cas échéant, délivre au juge un réquisitoire supplétif permettant d'instruire sur ces nouveaux faits (art. 80, I al. 3 et 4 CPP ; Crim., 26 sept. 2000 et 29 nov. 2000 étendant cette règle aux cas où les poursuites résultent d'une plainte avec constitution initiale de partie civile).

Une effraction commise au domicile de la victime a précédé le crime. En l'absence de précision, on peut imaginer que le délit a été commis afin de faciliter la consommation du crime. On est donc en présence d'infractions connexes, et la cour d'assises peut valablement être saisie des infractions connexes au crime.
Clôture de l'instruction : respect du contradictoire et des droits de la défense.
Lorsque, en fin d'instruction, le ministère public communique ses réquisitions à l'avocat d'une partie après l'expiration du délai imparti, le délai dont dispose cette partie pour présenter des observations complémentaires a pour point de départ la date de cette communication et est calculé, quel qu'en soit le mode, à compter du lendemain.

Commentaire d'arrêt

L'arrêt

Cass. Crim., 26 février 2008, pourvoi n° 07-87865

« Statuant sur le pourvoi formé par :
- X. Joël,
contre l'arrêt de la chambre de l'instruction de la cour d'appel de VERSAILLES, en date du 12 octobre 2007, qui, dans l'information suivie contre lui du chef, notamment de vols aggravés, a dit n'y avoir lieu à annulation d'actes de la procédure ;

« Vu l'ordonnance du président, en date du 12 décembre 2007, ordonnant l'examen immédiat du pourvoi ;
« Vu le mémoire produit ;
« Attendu qu'il résulte de l'arrêt attaqué et des pièces de la procédure que le juge d'instruction a rendu, le 13 novembre 2006, une ordonnance de mise en accusation de trois personnes devant la cour d'assises des mineurs et de renvoi d'une quatrième devant le tribunal correctionnel ; que le procureur de la République, avisé, le 12 mars 2007, de ce qu'une empreinte génétique relevée lors de l'enquête appartenait à Joël X., a délivré, le 26 mars 2007, un réquisitoire de réouverture de l'information sur charges nouvelles et requis "*qu'il plaise à Madame le juge d'instruction rouvrir le dossier d'information n° 1/04/53*" ;
« Attendu que Joël X., mis en examen le 11 mai 2007, a excipé de la nullité de la procédure en faisant valoir que, d'une part, le réquisitoire aurait dû être pris sur le seul fondement de l'article 80 du code de procédure pénale et que, d'autre part, le juge d'instruction n'a pas été régulièrement désigné dans les conditions prévues par l'article 83 du code de procédure pénale ;
« En cet état ;
« Sur le premier moyen de cassation, pris de la violation des articles préliminaire, 80, 83, 175, 177, 178, 179, 181, 188 à 190, 591 à 593 du code de procédure pénale, 6 de la Convention européenne des droits de l'homme, défaut de motifs et manque de base légale, excès de pouvoir, dénaturation, contradiction de motifs ;

[...]
« Attendu que, pour dire n'y avoir lieu à annulation de la procédure, l'arrêt retient que, Joël X. n'ayant pas été mis en cause et n'ayant pas bénéficié d'un non-lieu dans la première information, le réquisitoire du 26 mars 2007 aurait dû être pris sur le fondement, non des articles 188 à 190 du code de procédure pénale mais sur celui de l'article 80 du même code ;

« Attendu qu'en prononçant ainsi, la chambre de l'instruction a justifié sa décision ;
« D'où il suit que le moyen doit être écarté ;

« Mais sur le second moyen de cassation, pris de la violation des articles préliminaire, 80, 81, 83, 175, 177, 178, 179, 181, 188 à 190, 591 à 593 du code de procédure pénale, 6 de la Convention européenne des droits de l'homme, défaut de motifs, manque de base légale, excès de pouvoir ;
[...]
« Vu l'article 83 du code de procédure pénale ;
« Attendu qu'il résulte de ce texte que, lorsqu'il existe dans un tribunal plusieurs juges d'instruction, seul le président du tribunal ou, en cas d'empêchement, le magistrat qui le remplace, a compétence pour désigner, pour chaque information, le juge qui en sera chargé ;
« Attendu que, pour écarter l'argumentation du demandeur et dire la procédure régulière, l'arrêt, après avoir énoncé qu'en procédant conformément aux dispositions des articles 188 à 190 du code de procédure pénale, le procureur de la République a éludé les dispositions de l'article 83 du même code relatives à la désignation du juge d'instruction par le président du tribunal, retient que, le dernier alinéa dudit article disposant que les désignations sont des mesures d'administration judiciaire, les parties ne peuvent se plaindre de l'absence de désignation du juge d'instruction ;
« Mais attendu qu'en se déterminant ainsi, alors qu'en prenant un réquisitoire visant à tort les articles 188 à 190 du code de procédure pénale, le procureur de la République s'est substitué au président du tribunal en désignant le juge chargé d'instruire, la chambre de l'instruction a méconnu le sens et la portée du texte susvisé et du principe ci-dessus énoncé ;
« D'où il suit que la cassation est encourue. »

Eléments de correction

Le 13 novembre 2006, le juge d'instruction a rendu une ordonnance de mise en accusation de trois personnes devant la cour d'assises des mineurs et de renvoi d'une quatrième devant le tribunal correctionnel.

Le 12 mars 2007, le procureur de la République est informé qu'une empreinte génétique relevée lors de l'enquête appartenait à Joël X. Le 26 mars 2007, il requiert la réouverture de l'information sur charges nouvelles et requérant au juge d'instruction de rouvrir le dossier d'information, c'est-à-dire le même dossier que celui qui avait fait l'objet d'une ordonnance de mise en accusation et de renvoi sur le fondement des articles 188 à 190 du code de procédure pénale.

Joël X. est mis en examen le 11 mai 2007 et interrogé par le même juge d'instruction ayant précédemment l'ordonnance le 13 avril 2008. Il introduit une requête en annulation au motif d'une part que le réquisitoire aurait dû être pris sur le fondement de l'article 80 du code de procédure pénale et d'autre part parce que le juge de l'instruction n'avait pas été régulièrement désigné en application de l'article 83 du code de procédure pénale.

Pour la chambre de l'instruction, le réquisitoire du procureur de la République est valable dès lors qu'il répond aux exigences de forme. Elle estime en outre que les parties au procès pénal ne peuvent exercer un recours portant sur la désignation du juge d'instruction, sauf, si en recourant aux articles 188 à 190 du code de procédure pénale, des dispositions d'ordre public (compétence et organisation des juridictions) ont été méconnues.

Joël X. a intenté un pourvoi en cassation pour excès de pouvoir. Le juge d'instruction qui, sur les réquisitions du procureur de la République, rend une ordonnance de renvoi devant la juridiction de jugement, est définitivement dessaisi de l'ensemble de la procédure dans laquelle il ne peut plus accomplir valablement d'acte. La chambre de l'instruction aurait dû annuler l'ensemble des actes accomplis dès lors qu'il a été constaté que le juge d'instruction définitivement dessaisi n'avait pas compétence pour reprendre l'instruction. Le réquisitoire de réouverture d'instruction pour charges nouvelles qui demandait la réouverture d'une instruction définitive close par une ordonnance de renvoi dans laquelle il n'avait ni bénéficié d'un non-lieu, ni été mis en examen devait dont être annulée, le juge d'instruction ayant été saisi par une procédure inadaptée.

Pour la chambre criminelle, un réquisitoire qui satisfait aux conditions de formes peut régulièrement mettre en mouvement l'action publique, même si les textes visés sont erronés. Toutefois, le mis en examen ne peut contester le mode de désignation d'un juge d'instruction par le président du tribunal ou son remplaçant, il est en revanche fondé à soulever l'incompétence du juge d'instruction qui, en l'absence de tout acte de désignation, procède à la réouverture d'une précédente information dont il a été totalement dessaisi par une ordonnance de renvoi devant une juridiction de jugement devenue définitive.

I. Découverte des faits nouveaux et ouverture de l'instruction

En cas de découverte de faits nouveaux après le dessaisissement du juge d'instruction, le procureur de la République peut requérir la réouverture de l'instruction. Il faut distinguer selon que les faits nouveaux sont découverts après une ordonnance de non-lieu ou une ordonnance de renvoi devant une juridiction de jugement.

A. Réouverture de l'instruction en cas découverte des faits après une ordonnance de non-lieu

En cas d'ordonnance de non-lieu : réquisitoire de réouverture de l'information, application des articles 188 à 190 du code de procédure pénale.

La personne qui a bénéficié d'une ordonnance de renvoi ne peut être recherchée pour les mêmes faits, à moins qu'on ne découvre des charges nouvelles. Tel n'est pas le cas en l'espèce.

B. Ouverture de l'information en cas de découverte de faits nouveaux après une ordonnance de renvoi

En cas de dessaisissement du juge de l'instruction par une ordonnance de renvoi devant une juridiction de jugement : découverte des faits nouveaux mettant en cause une personne n'ayant été ni mis en cause, ni ayant bénéficié d'un non-lieu, information nouvelle, application de l'article 80 du code de procédure pénale.

Joël X. n'ayant pas été mis en cause et n'ayant pas bénéficié d'un non-lieu dans la première information, le réquisitoire du 26 mars 2007 aurait dû être pris sur le fondement, non des articles 188 à 190 du code de procédure pénale mais sur celui de l'article 80 du même code.

Toutefois, la chambre criminelle considère que le réquisitoire de réouverture de l'information est valable même si le texte visé est erroné.

Ce réquisitoire, qui satisfait en la forme aux conditions essentielles de son existence légale, a régulièrement mis en mouvement l'action publique.

II. La désignation du juge chargé de l'instruction

A. Saisine du même juge en cas de réouverture de l'instruction

Saisine du même juge d'instruction par le réquisitoire par le procureur de la République. La procédure reprend devant le juge d'instruction initialement saisi.

B. Compétence du tribunal de tribunal de grande instance lors de l'ouverture de l'information

Alors qu'en prenant un réquisitoire visant à tort les articles 188 à 190 du code de procédure pénale, le procureur de la République s'est substitué au président du tribunal en désignant le juge chargé d'instruire, la chambre de l'instruction a méconnu le sens et la portée du texte susvisé et du principe ci-dessus énoncé.

En principe, la désignation du juge d'instruction par le président du tribunal n'est pas susceptible de recours. Il en est cependant autrement lorsque le mode de désignation du juge d'instruction n'a pas été respecté.

Modèles d'actes de procédure

	Ordonnance de non-lieu
Cour d'appel de	Nous, M. ou Mme ...., Juge d'instruction au Tribunal de grande instance de ....
Tribunal de grande instance de	Vu l'information suivie contre : M. ou Mme ....
Cabinet de M. ou Mme ... Juge d'instruction	Né(e) le .... à .... de .... et de .... Profession : .... Demeurant : ...., Ayant pour Avocat : Maître .... Personne mise en examen, Du (ou des) chef (s) ....
N° de parquet :	M. ou Mme ....
N° d'instruction : ...	Né(e) le .... à ...., de .... et de .... Profession : .... Demeurant : ...., Ayant pour Avocat : Maître .... Témoin assisté M. ou Mme ...., Demeurant .... Ayant pour Avocat : Maître .... Partie civile. Vu le réquisitoire de M. ou Mme le procureur de la République en date du ...., tendant au non-lieu et adoptant les motifs énoncés au réquisitoire dont copie ci-jointe, Vu les articles 176, 177, 183 et 184 du code de procédure pénale, Attendu que l'information a établi les faits suivants : description des faits en montrant l'absence de preuves suffisantes contre la personne mise en examen, Et attendu qu'il n'existe dès lors pas de charges suffisantes contre M. ou Mme .... d'avoir commis l'infraction susvisée ou les infractions susvisées, Déclarons n'y avoir lieu à suivre en l'état et ordonnons le dépôt du dossier au Greffe pour y être repris s'il survenait des charges nouvelles.

	Vu l'article 177 du code de procédure pénale, Vu les réquisitions M. ou Mme le procureur de la République Vu l'envoi par recommandée à la partie civile de ces réquisitions, vu les observations écrites de M ou Mme .... Attendu que .... Condamnons M. ou Mme .... partie civile dont la constitution est déclarée abusive ou dilatoire, à une amende civile d'un montant de ...... Ordonnons la mise en liberté de M. ou Mme ...., mis(e) en examen. Informons la personne mise en examen de son droit de demander, devant le Premier président de la Cour d'appel, en application des dispositions des articles 149 et suivant du code de procédure pénale, la réparation intégrale du préjudice matériel et moral résultant de la détention dont elle a fait l'objet. Le Premier président de la Cour d'appel devra être saisi par voie de requête, dans un délai de six mois à compter de la date à laquelle la présente décision deviendra définitive ; les débats devant le Premier président doivent avoir lieu en audience publique, sauf opposition du requérant qui, à sa demande, doit être entendu personnellement, ou par l'intermédiaire de son Conseil. Les décisions prises par le Premier président de la Cour d'appel peuvent, pendant un délai de dix jours de leur notification, faire l'objet d'un recours devant une Commission nationale d'indemnisation des détentions provisoires. Cette Commission, placée auprès de la Cour de cassation, statue souverainement et ses décisions ne sont susceptibles d'aucun recours, de quelque nature que ce soit.
Notification de la présente ordonnance a été adressée par lettre recommandée, à la personne mise en examen, à la partie civile, au témoin assisté et à leurs avocats, le	Fait en notre cabinet, le ....
Le Greffier	Le Juge d'instruction

Cour d'appel de …………	**Ordonnance de renvoi devant le Tribunal correctionnel** (ou le tribunal de police)
Tribunal de grande instance de ……………	Nous, M. ou Mme …………, Juge d'instruction au Tribunal de grande instance de ……
Cabinet de M. ou Mme … Juge d'instruc- tion	Vu l'information concernant : M. ou Mme …………… Né(e) le …………… à …… de ……… et de ……… Profession : ………………… Demeurant ………… Ayant pour Avocat : Maître ……………
N° de parquet : ……………	Personne mise en examen, Mise en examen du chef (ou : des chefs) de ……
N° d'instruc- tion : …	M. ou Mme ………… Domicilié ………… Ayant pour Avocat : Maître ………… Partie civile.
Avis de la présente ordonnance a été adressé par lettre recommandée à l'Avocat et par la Maison d'arrêt, le …… à la personne mise en examen.	Vu le réquisitoire de M. le procureur de la République, en date du ……, tendant au renvoi devant le Tribunal de police ou correc- tionnel, Et adoptant les entiers motifs, Vu les articles 176, 178 (ou : 179), 180, 183 et 184 du code de procédure pénale, Attendu qu'il résulte de l'information des charges suffisantes contre M. ou Mme ………, mis en examen d'avoir, à …………… et sur le territoire national, le …………, depuis temps non prescrit, commis ………………………… Faits prévus et réprimés par les articles …… du code pénal
Le Greffier	Par ces motifs
Avis de la présente ordonnance a été adressé par lettre recommandée, le ……, à la partie civile et son Avocat.	Ordonnons le renvoi de l'affaire devant le tribunal de police ou correctionnel, Pour y être jugée conformément à la loi. En conséquence, ordonnons que le dossier de cette procédure, avec la présente ordonnance, soit transmis à M. ou Mme le procureur de la République. Fait en notre cabinet, le ……
Le Greffier	Le Juge d'instruction

	Ordonnance de mise en accusation devant la Cour d'assises
Cour d'appel de	Nous, M. ou Mme ......, Juge d'instruction au Tribunal de grande instance de ....,
Tribunal de grande instance de	Vu l'information suivie contre : NOM .... PRÉNOM .... Sexe .... Placé(e) en détention provisoire le .... Né(e) le ...., à ....
Cabinet de M. ou Mme ... Juge d'instruction	De .... et de .... Profession : .... Demeurant ...., Ayant pour Avocat : Maître ...., Personne mise en examen du chef ou des chefs de ....,
N° de parquet :	M. ou Mme .... Domicilié ....,
N° d'instruction : ...	Ayant pour Avocat : Maître .... Partie civile.
	Vu le réquisitoire de M. ou Mme le procureur de la République, en date .... tendant à la transmission à M. ou Mme le procureur général du dossier de la procédure et d'un état des pièces servant à la conviction,
	Vu les articles 175, 176, 181, 183 et 184 du code de procédure pénale, Attendu que l'information a établi les faits suivants : .... Attendu que les faits devront être plus exactement qualifiés : ....
	Renseignements de personnalité La victime : La personne mise en examen
	Par ces motifs
	Disons qu'il y a charges suffisantes contre M. ou Mme .... D'avoir à ...., sur le territoire national, le .... depuis temps non prescrit commis les infractions .... Faits prévus et réprimés par l'article ou les articles .... du code pénal.

Notification de la présente ordonnance a été faite à la personne mise en examen par lettre recommandée ou par la Maison d'arrêt, à la partie civile, au témoin assisté et à leur avocat, le .... Le Greffier	En conséquence : Ordonnons la mise en accusation de M. ou Mme .... devant la Cour d'assises du département de .... pour y être jugé conformément à la loi. Ordonnons que le dossier de la procédure et un état des pièces servant à conviction soient transmis sans délai par M. ou Mme le procureur de la République à M. ou Mme le procureur général près la Cour d'appel de .... pour y être procédé conformément à la loi. Fait en notre cabinet, le .... Le juge d'instruction

Fiche n° 28 : Le juge d'instruction : le statut de la personne poursuivie

Références

• BOULOC B., « Le témoin, le témoin assisté, le mis en examen », *Revue pénitentiaire et de droit pénal*, 2003, p. 649.
• GUÉRY C., « La mise en examen par le juge d'instruction après l'entrée en vigueur de la loi du 15 juin 2000 », *JCP*, 2001, I, 359.
• LAMBERT L., « L'inculpation tardive », *Gaz. Pal.*, 1973, doct., p. 583.
• « Du témoin assisté à la partie virtuelle », *Dr. pénal*, 1997, chron. 24.

Définitions

• **Interrogatoire de première comparution** : interrogatoire pendant lequel le juge d'instruction notifie à la personne poursuivie qu'elle est mise en examen.

• **Mise en examen** : fait pour le juge d'instruction de notifier à une personne qu'elle fera l'objet d'une instruction en raison des indices graves ou concordants rendant vraisemblable qu'elle ait participé comme auteur ou complice aux faits dont il est saisi.

• **Témoin** : personne à l'encontre de laquelle il n'existe aucune raison de soupçonner qu'elle a commis ou tenté de commettre une infraction et qui est susceptible d'apporter des éléments de preuve intéressant la procédure.

• **Témoin assisté** : statut reconnu à la personne mise en cause comme auteur ou complice et qui lui permet de bénéficier de la garantie de ses droits.

Explications

Pendant l'instruction, la personne poursuivie peut être mise en examen ou acquérir le statut de témoin assisté.

I. La mise en examen

A. Les personnes susceptibles d'être mises en examen

Le juge d'instruction ne peut mettre en examen que les personnes à l'encontre desquelles il existe des indices graves ou concordants rendant vraisemblable qu'elles aient pu participer comme auteur ou complice aux faits dont il est saisi (art. 80-1 al. 1 CPP). Toute mise en examen qui interviendrait en méconnaissance de cette exigence d'indices est nulle. Dans ce cas, la personne mise en examen à tort est réputée témoin assisté depuis son interrogatoire de première comparution, ce qui a pour effet de valider tous les actes d'instruction accomplis depuis cette décision nulle (art. 174-1 CPP).

Le juge d'instruction apprécie l'existence des indices[1] et le moment de la mise en examen, sous deux réserves :
• il ne doit pas mettre en examen de façon hâtive, en l'absence d'indices graves ou concordants. Selon les circonstances, il suffit d'un seul indice grave ou de plusieurs indices légers mais concordants ;
• il lui est interdit de retarder le moment de la mise en examen et d'entendre comme simple témoin un individu contre lequel pèsent des indices graves et concordants (art. 105 CPP). La mise en examen peut cependant intervenir après que le juge s'est éclairé de la participation de la personne aux faits, notamment par son audition en tant que témoin. La nullité est encourue lorsque la violation des règles a porté atteinte aux droits de la personne[2].

En toute hypothèse, le juge ne peut procéder à la mise en examen que s'il estime ne pas pouvoir accorder le statut de témoin assisté (art. 80-1 al. 3 CPP).

Un témoin assisté peut demander à être mis en examen à tout moment de la procédure et il doit être considéré comme tel dès sa demande[3]. Lorsque la personne contre laquelle a été délivré un mandat d'amener ou d'arrêt n'a pas pu être saisie, il est établi un procès-verbal de perquisition et de recherche infructueuses (art. 134 al. 3 CPP). Elle est alors considérée comme mise en examen, non pas au cours de l'information, mais au moment de l'établissement de l'ordonnance de règlement (art. 176 CPP).

B. L'interrogatoire de première comparution

Le juge d'instruction ne peut procéder à une mise en examen qu'après avoir entendu les observations de la personne ou l'avoir mise en mesure de les faire, en étant assistée par son avocat (art. 80-1 al. 2 CPP). Cette exigence est assurée lors de l'interrogatoire de première comparution.

1. Les personnes n'ayant pas été entendues en qualité de témoin assisté

a) Convocation à l'interrogatoire de première comparution
Le juge d'instruction peut informer la personne par lettre recommandée qu'elle est convoquée, dans un délai qui ne peut être inférieur à dix jours ni supérieur à deux mois[4], à un interrogatoire de première comparution (art. 80-2 CPP). Cette lettre doit informer l'intéressé de l'intention du juge de procéder, à l'issue de la

1. Crim., 14 mai 2002, *Bull. crim.*, n° 111.
2. Crim., 4 mars 2004, *Bull. crim.*, n° 57 ; *AJ pénal*, 2004, 207, note Leblois-Happe.
3. Crim., 29 mars 2006, *Bull. crim.*, n° 99.
4. Si le non-respect du premier délai doit être sanctionné par la nullité, il n'en est vraisemblablement pas de même du second, ce retard ne semblant pouvoir lui faire grief : Circ. crim., 2000-16 F1 du 20 déc. 2000, 1.1.1.2.1.

première comparution, à la mise en examen pour les faits et les qualifications qu'elle indique et l'aviser de son droit à l'assistance d'un avocat.
Le juge d'instruction peut également faire notifier la convocation par un officier de police judiciaire. Cette notification, qui comprend les mêmes mentions que la lettre recommandée, doit être constatée par un procès-verbal signé par la personne qui en reçoit copie.

b) Les formalités de l'interrogatoire de première comparution (art. 116 CPP)
Le juge d'instruction doit constater l'identité de la personne et lui faire connaître expressément, en précisant leur qualification juridique, chacun des faits dont il est saisi et pour lesquels la mise en examen est envisagée. Mention de ces faits et de leur qualification juridique est portée au procès-verbal.
Lorsque la personne légalement convoquée se présente assistée de son avocat, le juge procède à son interrogatoire et recueille les observations de son conseil. Les questions posées par le juge d'instruction doivent être mentionnées dans le procès-verbal (art. 429 al. 2 CPP).
Si la personne n'a pas été convoquée[5], ou l'a été par un mode non légalement prévu, ou si elle a été légalement convoquée mais se présente sans son avocat, le juge l'informe de son droit à l'assistance d'un avocat. L'avocat choisi ou, dans le cas d'une demande de commission d'office, le bâtonnier de l'ordre des avocats, en est informé par tout moyen et sans délai. Si l'avocat choisi ne peut être contacté ou ne peut se déplacer, la personne est avisée de son droit de demander qu'il lui en soit désigné un d'office pour l'assister au cours de la première comparution. L'avocat peut consulter sur-le-champ le dossier et communiquer librement avec la personne. Il peut présenter ses observations.
Le juge d'instruction avertit ensuite la personne qu'elle a le choix de se taire, de faire des déclarations ou d'être interrogée. Mention de cet avertissement est portée sur le procès-verbal. L'accord pour être interrogé ne peut être donné qu'en présence d'un avocat, ce dernier pouvant également présenter ses observations. En l'absence de conseil, elle peut se taire ou faire des déclarations, mais elle ne peut faire l'objet d'un interrogatoire, sauf en cas d'urgence résultant de l'état d'un témoin en danger de mort, de l'existence d'indices sur le point de disparaître ou si une information est ouverte sur les lieux d'une enquête de flagrance (art. 117 CPP).

c) Décision du juge
Après avoir recueilli les déclarations de la personne ou procédé à son interrogatoire, le juge d'instruction lui notifie soit qu'elle n'est pas mise en examen, auquel cas elle bénéficie du statut de témoin assisté, soit qu'elle est mise en examen.

5. La personne est présentée au juge d'instruction sur mandat d'amener ou d'arrêt, après notification d'un mandat de comparution ou par le parquet à l'issue d'une garde à vue.

d) Information de la personne mise en examen

La personne mise en examen est informée des faits et de leur qualification s'ils diffèrent de ceux déjà notifiés. Elle est avisée de son droit de formuler des demandes d'actes ou des requêtes en annulation durant le déroulement de l'information ou, au plus tard, avant l'expiration des délais prévus par l'article 175 du code de procédure pénale (art. 116 al. 7 CPP).

Le juge doit aussi indiquer la durée prévisible de l'information (art. 175 CPP) et préciser à l'intéressé qu'à l'expiration de ce délai, il aura le droit de demander le renvoi, la mise en accusation, un non-lieu ou une disjonction de procédure. A défaut, ce droit naît lorsque la procédure dépasse un an en matière correctionnelle et dix-huit mois en matière criminelle.

L'intéressé doit déclarer son adresse permanente ou celle d'un tiers chargé de recevoir les actes qui lui sont destinés. Il est avisé qu'il doit informer le juge de tout changement de l'adresse déclarée.

L'interrogatoire de première comparution doit faire l'objet d'un enregistrement audiovisuel lorsque la personne est poursuivie pour un crime (art. 116-1 CPP) lorsqu'il se déroule dans le cabinet du juge d'instruction[6].

2. Les personnes ayant déjà été entendues comme témoin assisté

Lorsque la personne poursuivie a le statut de témoin assisté, le juge peut procéder à sa mise en examen à tout moment (art. 113-8 CPP).

S'il estime que des indices graves ou concordants sont apparus au cours de la procédure, le juge de l'instruction procède à la mise en examen du témoin assisté en faisant application de l'article 116 alinéa 7 et 8 du code de procédure pénale (notification de la qualification des faits, information quant aux droits, délai prévisible de la procédure), au cours d'un interrogatoire réalisé dans les formes prévues à l'article 114 du code de procédure pénale (interrogatoire en présence de l'avocat dûment convoqué, mise à disposition du dossier).

La mise en examen peut aussi se faire par lettre recommandée avec avis de réception mentionnant les faits reprochés ainsi que leur qualification juridique, le droit du mis en examen de formuler des demandes d'actes et des requêtes en annulation et le délai prévisible d'achèvement de la procédure. Cette lettre recommandée peut être envoyée en même temps que l'avis de fin d'information. La personne est, dans tous les cas, avisée qu'elle a le droit de demander à être de nouveau entendue par le juge d'instruction. Ce dernier est alors tenu d'y procéder.

Le témoin assisté peut demander à être mis en examen, cette requête lui conférant d'ailleurs ce statut (art. 113-6 CPP).

6. Crim., 1er avril 2009, pourvoi n° 08-88549.

C. *Les droits des personnes mises en examen*

Toute personne mise en examen a le droit d'être informée des ordonnances de règlement et des ordonnances susceptibles de recours. Elle peut formuler ses observations, solliciter des actes d'informations, demander à être entendue à tout moment. Elle exerce les voies de recours et introduit les requêtes en annulation. Elle peut exiger du juge qu'il se prononce sur le règlement de l'information (art. 175-1 CPP).

Elle est entendue sans prestation de serment. Elle ne peut être entendue ou confrontée qu'en présence de son avocat, sauf en cas d'urgence prévue à l'article 117 du code de procédure pénale. Elle dispose également du droit de demander à être confrontée séparément aux personnes qui l'ont accusée (art. 120-1 CPP).

Dans les six mois suivant sa comparution, la personne peut demander l'annulation de sa mise en examen (art. 173, 173-1 et 174-1 CPP). Elle peut aussi contester sa mise en examen en cours d'instruction et demander à ce que lui soit octroyé le statut de témoin assisté à l'issue d'un délai de six mois après la mise en examen et tous les six mois suivant ou dans les dix jours suivant la notification d'une expertise ou d'un interrogatoire au cours duquel elle est entendue sur les résultats d'une commission rogatoire ou sur les déclarations d'une partie civile, d'un témoin, d'un témoin assisté ou d'une autre personne mise en examen (art. 80-1-1 CPP). Le juge d'instruction doit statuer par une ordonnance motivée s'il estime que la personne doit rester mise en examen.

II. Le témoin assisté

Le statut de témoin assisté permet à une personne mise en cause de bénéficier de la protection de ses droits.

A. *L'acquisition du statut de témoin assisté*

Le témoin assisté est une personne qui a été mise en cause comme auteur ou complice des faits dont le juge d'instruction est saisi.

Est entendue comme témoin assisté la personne nommément visée dans le réquisitoire et qui n'est pas mise en examen lors de l'interrogatoire de première comparution (art. 113-1, 116 al. 6 CPP), la personne nommément visée[7] ou mise en cause

7. Crim., 26 mai 2009, pourvoi n° 09-81075 : dès lors qu'une personne n'est pas nommément visée dans une plainte avec constitution de partie civile, elle ne peut revendiquer le statut de témoin assisté, quand bien même son nom est cité dans un document joint à la plainte antérieurement au réquisitoire introductif.

par la victime qui en fait la demande au juge d'instruction (art. 113-2 al. 1 CPP), la personne dont la mise en examen est annulée par la chambre de l'instruction (art. 174-1 CPP). La personne qui a été mise en examen pour des faits qui ont justifié une ordonnance de renvoi partiel ou de mise en accusation partielle, mais qui n'est pas mise en examen pour les autres faits dont le juge est saisi, est entendue comme témoin assisté (art. 182 al. 3 CPP).

Le juge d'instruction peut octroyer le statut de témoin assisté à toute personne nommément visée par une plainte ou mise en cause par la victime lorsqu'elle n'en a pas fait la demande (art. 113-2 al. 1 CPP), à celle qui est mise en cause par un témoin ou contre laquelle il existe des raisons rendant vraisemblable sa participation à une infraction (art. 113-2 al. 2 CPP).

La notification de la qualité de témoin assisté peut intervenir lors de la première audition de l'intéressé, au cours de laquelle le juge constate son identité, lui donne connaissance du réquisitoire introductif, de la plainte ou de la dénonciation, l'informe de ses droits et demande de déclarer son adresse et tout changement futur (art. 113-4 CPP). L'attribution de ce statut peut également découler de l'envoi d'une lettre recommandée avisant l'intéressé qu'il sera entendu en qualité de témoin assisté et contenant les indications requises. Cette lettre précise que le nom de l'avocat choisi ou la demande de désignation d'un avocat commis d'office doit être communiqué au greffier de la juridiction.

B. Le statut du témoin assisté

La personne est dans une situation intermédiaire entre celle d'un simple témoin et celle d'une partie à la procédure.

Le témoin assisté a le droit d'être assisté d'un avocat, qui doit être avisé avant toute audition (art. 133-3 al. 1 CPP) et qui a accès au dossier de la procédure. Il ne peut être entendu par un officier de police judiciaire que sur sa demande[8] (art. 152 CPP). Il ne peut être entendu par un expert qu'en présence d'un magistrat et de son avocat, sauf s'il s'agit d'un médecin ou d'un psychologue.

Le témoin assisté peut faire des demandes d'actes, notamment une confrontation avec les personnes qui le mettent en cause. Il a le droit de formuler des requêtes en annulation (art. 113-3 al. 2 CPP), de saisir la chambre de l'instruction aux fins d'annulation (art. 170, 173 al. 3 CPP).

8. Crim., 6 août 2008, pourvoi n° 08-82.924 : toute personne nommément visée par une plainte avec constitution de partie civile et qui n'a pas encore acquis la qualité de témoin assisté peut être entendue par un OPJ agissant sur commission rogatoire, mais à la condition d'y avoir consenti après avoir été avisée de son droit d'être entendue en cette qualité par le juge d'instruction.

Il est avisé du délai d'achèvement de la procédure et de son droit de demander la clôture de l'instruction à l'expiration de ce délai (art. 116 al. 8, 175-1 al. 1 CPP). Il reçoit notification de l'ordonnance d'expertise et des conclusions des experts. Il reçoit l'avis de fin de règlement de la procédure, et l'ordonnance de clôture de l'instruction doit lui être adressée (art. 183 al. 1 CPP). En cas d'appel d'une ordonnance de non-lieu, il dispose du droit de faire valoir ses observations par l'intermédiaire de son avocat (art. 197-1 CPP).

N'étant pas partie à la procédure, il est tenu de comparaître et de déposer. Mais il ne prête pas serment (art. 113-7 CPP). Il ne peut faire appel des ordonnances du juge d'instruction. Son avocat peut toutefois faire valoir ses observations devant la chambre de l'instruction en cas d'appel d'une ordonnance de non-lieu (art. 197-1 CPP). Il peut saisir le président de la chambre de l'instruction lorsque le juge refuse de procéder au règlement de l'instruction. Il ne peut former un pourvoi contre l'arrêt de la chambre de l'instruction.

Le témoin assisté ne peut pas être placé sous contrôle judiciaire ou en détention provisoire, ni faire l'objet d'une ordonnance de renvoi ou de mise en accusation (art. 113-5 CPP).

Il a le droit de demander d'être mis en examen à tout moment de la procédure (art. 113-6 CPP). La mise en examen peut être ordonnée à tout moment de la procédure par le juge de l'instruction. A l'issue de l'information, si le témoin assisté n'a pas été mis en examen, il devient un témoin ordinaire en cas de saisine de la juridiction de jugement.

Cas pratique

I. Enoncé

M. Thomas, juge d'instruction au tribunal de grande instance de Besançon, se voit confronté à un cas assez complexe. Mis en cause par un témoin, actuellement destinataire de lettres de menaces, qui pense l'avoir aperçu entrer par effraction dans le local d'Igor, Georges conteste énergiquement cet argumentaire visant à lui imputer la soustraction de quelques objets qui s'y trouvaient.

Igor, qui n'a rien vu de la scène du vol, atteste toutefois avoir été intrigué trois mois plus tard par la présence, un dimanche matin, sur une brocante parisienne, d'objets ressemblant à s'y méprendre à ceux qui lui avaient été dérobés. Curieusement, c'est Georges qui était, selon lui, derrière le stand. D'ailleurs, à l'évocation par le juge d'instruction de cette activité dominicale, Georges s'est senti mal à l'aise, bafouillant sur son emploi du temps lors du week-end en question.

Convoqué par lettre simple, Georges s'en étonne lors de l'interrogatoire de première comparution. Cette contestation est reprise par son avocat, arrivé en retard et qui a été tenu d'attendre la fin de la comparution pour entrer dans le cabinet du juge. Au cours de cet entretien, Georges juge utile de ne faire que des déclarations. Le juge décide alors de lui poser quelques questions. S'ensuit la notification par le juge de la mise en examen de Georges.

Sachant que Georges n'a pas été entendu au préalable en qualité de témoin assisté, que pensez-vous des faits relatés ?

II. Eléments de correction

Trois mois après le vol dont il a été victime, Igor retrouve les objets qui lui ont été soustraits dans un stand tenu par Georges. Le juge d'instruction saisi convoque Georges par lettre simple et, à la fin de l'interrogatoire, il décide de le mettre en examen. Il s'agit ici de voir si les formalités de la mise en examen ont été respectées (A). Par ailleurs, les faits étant assez imprécis, il faut déterminer pour quelle infraction la décision de mise en examen a pu être prise (B).

A. L'interrogatoire de première comparution

1. La convocation à l'interrogatoire de première comparution

Le juge d'instruction ne peut procéder à une mise en examen qu'après avoir entendu les observations de l'intéressé ou l'avoir mis en mesure de les présenter, en étant assisté par son avocat (art. 80-1 al. 2 CPP). Georges n'ayant pas encore été entendu en qualité de témoin assisté, la mise en examen ne peut être effectuée que selon la procédure établie par l'article 116 du code de procédure pénale.

Le juge d'instruction peut convoquer la personne par lettre recommandée ou par officier de police judiciaire (art. 80-2 CPP) en l'informant de son intention de procéder, à l'issue de la première comparution, à la mise en examen pour les faits et les qualifications qu'il indique et en mentionnant le droit à l'assistance d'un avocat. En l'espèce, cette procédure n'a pas été suivie, le juge ayant convoqué l'individu au moyen d'une lettre simple ne comportant pas les mentions exigées. Une telle convocation peut être contestée dans son principe par Georges. Mais en l'absence d'une convocation dans les formes légales prévues par la loi, le juge d'instruction peut tout de même procéder à la mise en examen. Dans ce cas, l'interrogatoire de première comparution doit obéir à un formalisme particulier.

2. Les formalités de l'interrogatoire de première comparution

Le juge ne peut procéder à l'interrogatoire de première comparution que s'il a fait application de l'article 80-2 du code de procédure pénale et si la personne se présente assistée de son avocat.

A défaut, un autre formalisme s'impose au juge, notamment lorsque la personne est convoquée par une lettre simple. Le juge d'instruction doit, après avoir constaté son identité, l'informer de son droit d'être assistée par un avocat. L'avocat choisi ou commis d'office peut alors consulter le dossier, dès son arrivée au cabinet du juge, et communiquer librement avec le comparant (art. 116 al. 4 CPP). En l'espèce, il semble que Georges était déjà assisté, mais l'avocat est arrivé en retard. Ce dernier a dû attendre la fin de la comparution pour entrer dans le cabinet du juge, ce qui constitue déjà une irrégularité.

Le juge d'instruction doit aussi avertir l'individu qu'il a le choix soit de se taire, soit de faire des déclarations, soit d'être interrogé. Si Georges peut faire des déclarations, il ne peut consentir à être interrogé qu'en présence de son conseil, sous peine de nullité (Crim., 15 mars 1973). Or, d'après les faits, le juge d'instruction a décidé de lui poser des questions, procédant ainsi à un interrogatoire irrégulier, car même en admettant que Georges ait donné son accord, cet accord formulé en l'absence de l'avocat ne peut produire effet (art. 116 al. 4 CPP). Par ailleurs, les circonstances permettant au juge de l'instruction de passer outre cet accord ne semblent pas réalisées ici : témoin en danger de mort, indices sur le point de disparaître, information ouverte sur les lieux d'une enquête de flagrance (art. 117 CPP). Si un témoin est actuellement destinataire de lettres de menaces, rien n'indique qu'il s'agit de menaces de mort. Le juge aurait dû attendre l'avocat, dont l'arrivée imminente a dû être portée à sa connaissance.

B. La décision de mise en examen

Deux infractions que l'on considérera caractérisées pour les besoins de la cause ont pu, en l'espèce, donner lieu à des poursuites. Il est évident qu'il y a eu un vol par effraction, d'après les déclarations du témoin. Ensuite, l'on peut penser au recel, s'il est établi que le vendeur des objets n'est pas le voleur.

A la fin de l'interrogatoire, le juge de l'instruction notifie à Georges sa mise en examen. Seules les personnes à l'encontre desquelles il existe des indices graves ou concordants rendant vraisemblable qu'elles aient pu participer comme auteur ou complice à la commission d'infractions dont le juge d'instruction est saisi peuvent faire l'objet d'une mise en examen (art. 80-1 al. 1 CPP). Plusieurs indices légers mais concordants peuvent être jugés suffisants, de même qu'un indice unique et grave, l'examen de ces éléments relevant cependant de l'appréciation souveraine des juridictions d'instruction (Crim., 14 mai 2002 et 25 avril 2006).

En l'espèce, aucune indication n'est fournie relativement aux infractions ayant entraîné la mise en examen. A ce propos, il est utile de préciser qu'une personne poursuivie en raison de plusieurs infractions peut tout à fait disposer d'un double statut : mise en examen sur un ou plusieurs chefs et témoin assisté sur d'autres (Crim., 1er oct. 2003). Aussi, vérifiera-t-on infraction par infraction si une mise en examen était nécessaire.

1. Le vol avec effraction

Un témoin pense avoir aperçu Georges entrer par effraction dans le local d'Igor. Ceci dénote une incertitude dans ses propos. Cet indice, non circonstancié, ne peut donc être considéré grave et ne peut à lui seul justifier la mise en examen sur ce chef. La victime du vol, Igor, n'a rien vu de la scène du vol, mais elle a reconnu les objets qui lui ont été volés sur le stand tenu par Georges. Les déclarations du témoin et celles de la victime sont des indices légers mais concordants permettant d'établir la réalité du vol, l'identification des objets volés, mais pas l'identification du voleur.

Ces indices ne semblent donc pas suffisants pour prononcer une mise en examen pour vol.

2. Le recel

Concernant l'infraction de recel, le constat est différent. Le jour de la brocante, Igor a formellement reconnu les objets qui lui avaient été volés dans le stand tenu par Georges. Le témoignage d'Igor est déjà à lui seul un indice suffisamment grave pouvant entraîner la mise en examen pour recel. On peut aussi relever l'existence d'autres indices concordants, notamment la gêne ressentie par Georges lors de l'interrogatoire (ce qui implique qu'il devait se douter de l'origine frauduleuse des objets mis en vente ou de l'illicéité de son activité) et son incapacité à justifier de son emploi du temps.

Toutefois, même en présence d'indices graves ou concordants, le juge ne peut procéder à la mise en examen que s'il estime ne pas pouvoir recourir à la procédure de témoin assisté. En l'espèce, une mise en examen paraissait nécessaire compte tenu des menaces exercées à l'encontre du témoin et dont on peut se douter qu'elles proviennent de Georges ou de ses éventuels complices. La mise en examen permet en effet d'exercer des contraintes sur la personne et notamment un contrôle judiciaire.

La mise en examen paraît tout à fait justifiée concernant l'infraction de recel. Mais si l'instruction a pu permettre d'identifier Georges comme étant le voleur, seule une mise en examen pour vol peut être notifiée, le voleur ne pouvant être receleur.

Mais étant donné que l'interrogatoire de première comparution est irrégulier, Georges peut obtenir la nullité de sa mise en examen. Il bénéficiera en conséquence du statut de témoin assisté (art. 174-1 CPP).

Modèle d'actes de procédure

	Convocation pour interrogatoire de première comparution
Cour d'appel de .... Tribunal de grande instance de .... Cabinet de M. ou Mme ... Juge d'instruction N° de parquet : .... N° d'instruction : ...	Le ......, à .... Le juge d'instruction M. ou Mme .... Né (e) le .... Demeurant .... Lettre recommandée Monsieur ou Madame, En application de l'article 80-2 du code de procédure pénale, je vous informe que j'envisage votre mise en examen pour avoir à ...., le ...., commis .... Faits prévus et réprimés par l'article ou les articles .... du code pénal. Vous êtes convoqué(e) le .... à ...... heures pour un interrogatoire de première comparution, A mon cabinet, au Tribunal de grande instance de .... Très important Vous avez le droit d'être assisté(e) par un Avocat. Vous pouvez choisir l'Avocat qui vous assistera ou demander qu'il vous en soit désigné un par le Bâtonnier de l'Ordre, parmi les Avocats inscrits au Barreau. Vous devez me faire connaître votre choix dans les meilleurs délais. La mise en examen ne pourra intervenir qu'à l'issue de l'interrogatoire de première comparution. Vous voudrez bien me retourner l'accusé de réception ci-joint. Le .... Le Juge d'instruction

	Partie À renvoyer Accusé de réception N° de parquet : .... N° d'instruction : .... A M. ou Mme .... Juge d'instruction au Tribunal de grande instance de .... M. ou Mme ...., Né(e) le ...., Demeurant ...., Reconnaît être convoqué(e) à votre cabinet le .... à .... heures Je choisis Maître .... Je demande la désignation d'un Avocat d'office. Je ne choisis pas d'Avocat. (Barrer les mentions inutiles) Fait à ...., le .... Signature de l'intéressé(e)

Fiche n° 29 : Le juge d'instruction : les actes d'instruction

Références

• BOULOC B., « Le rôle du juge d'instruction dans la recherche de la vérité », *LPA*, 29 oct. 1986, p. 4.
• « La durée des procédures, un délai raisonnable », *RSC*, 2001, p. 55.
• GIUDICELLI A., « Le témoin assisté », *RSC*, 2001, p. 43.
• GUÉRY C., « Les paliers de la vraisemblance pendant l'instruction préparatoire », *JCP*, 1998, I, 140.
• LAMBERT L., « L'inculpation tardive », *Gaz. Pal.*, 1973, doct., p. 583.
• LEMONDE M., « La protection des témoins devant les tribunaux répressifs français », *RSC*, 1996, p. 815.
• MORVAN P., « L'ordonnance justifiant la poursuite de l'instruction de l'article 175-2 du code de procédure pénale : critique d'un arrêt de règlement », *D.*, 2003, chron., p. 2511.
• PRADEL J., « Un exemple de restauration de la légalité criminelle : le régime des interceptions de correspondances émises par la voie de télécommunications », *D.*, 1992, chron., p. 49.
• RENUCCI J.-F., « Expertise pénale et Convention européenne des droits de l'homme », *JCP*, 2000, I, 227.
• VÉRIN J., « L'expertise dans le procès pénal », *RSC*, 1980, p. 1022.

Définitions

• **Commission rogatoire** : acte par lequel le juge d'instruction délègue à un autre magistrat, ou à un officier de police judiciaire, l'accomplissement d'un acte d'instruction déterminé.

• **Expertise** : mesure d'instruction dont l'accomplissement est confié à un expert, en raison de sa compétence ou de l'exigence de connaissances particulières.

• **Ordonnance administrative** : décision prise par le juge se rapportant aux fonctions d'investigation.

• **Ordonnance juridictionnelle** : décision du juge faisant grief se rapportant à ses fonctions de juridiction.

Explications

Le juge d'instruction peut accomplir tous les actes nécessaires à la manifestation de la vérité à la seule condition de les réaliser conformément à la loi (art. 81 al. 1 CPP) et de respecter les exigences de nécessité et de proportionnalité. Il doit formaliser ses décisions en rendant une ordonnance.

Si le juge d'instruction mène l'information, il n'est pas le seul à avoir l'initiative des actes[1]. Le procureur de la République peut requérir l'exécution d'actes d'information et assister à leur accomplissement. En cas de refus, le juge d'instruction doit rendre une ordonnance motivée susceptible d'appel (art. 82 al. 4 CPP). En l'absence d'une décision, la chambre de l'instruction peut être directement saisie (art. 82 al. 5 CPP).

La partie civile et le mis en examen peuvent demander la réalisation de tous les actes qui leur paraissent nécessaires à la manifestation de la vérité (art. 82-1 CPP). Ils peuvent demander que le transport sur les lieux ou, selon les cas, l'audition d'un témoin, d'une partie civile ou l'interrogatoire de la personne mise en examen soit effectués en présence de leur avocat (art. 82-2 CPP). Le juge doit rendre une ordonnance motivée dans un délai d'un mois à partir de la réception de la demande.

Les actes peuvent être effectués par le juge d'instruction mais celui-ci peut déléguer l'accomplissement de certains actes.

I. Les différents actes d'information

Les actes d'investigation accomplis par le juge d'instruction sont par leur nature identiques à ceux accomplis par les officiers de police judiciaire pendant l'enquête préliminaire ou l'enquête de flagrance.

A. Les interrogatoires, auditions et confrontations

1. Interrogatoire du mis en examen

Il s'agit des interrogatoires effectués par le juge de l'instruction après la mise en examen. La personne mise en examen ne peut être interrogée qu'en présence de son avocat dûment convoqué en application de l'article 114 du code de procédure pénale, sous peine de nullité. Mais le départ de l'avocat au cours de l'interrogatoire n'en interdit pas la poursuite. Le procès-verbal doit mentionner les questions auxquelles il est répondu.

Si le procureur de la République fait connaître au juge son intention d'y assister, il doit être prévenu de l'interrogatoire au plus tard l'avant-veille (art. 119 CPP). Le procureur et les avocats des parties et du témoin assisté ont le droit de poser des questions ou de présenter de brèves observations. Le juge conserve le pouvoir de déterminer l'ordre des interventions, d'y mettre fin ou de s'opposer aux questions pouvant nuire au bon déroulement de l'information ou à la dignité de la personne en mentionnant son refus dans un procès-verbal (art. 120 CPP).

1. Ni le ministère public ni les parties ne peuvent toutefois obliger le juge d'instruction à procéder à un acte, celui-ci devant agir en toute indépendance : Crim., 22 déc. 1959, *JCP*, 1962, II, 12857, note Chambon.

Lorsque les nécessités de l'instruction l'exigent, l'interrogatoire d'une personne mise en examen peut être effectué en plusieurs points du territoire de la République se trouvant reliés par des moyens de télécommunications garantissant la confidentialité de la transmission. L'enregistrement peut être sonore ou audiovisuel. Un procès-verbal des opérations effectuées doit être édicté dans chacun des lieux concernés (art. 706-71, R. 53-37 CPP).

Le juge d'instruction peut faire appel à un interprète, qui ne peut être ni témoin, ni son greffier. S'il n'est pas assermenté, il doit prêter serment d'apporter son concours à la justice (art. 121, 102, R. 53-39 CPP). Si la personne est atteinte de surdité, elle doit être assistée d'un interprète en langue des signes désigné par le juge d'instruction pour la durée de l'information. Le juge d'instruction peut recourir à un dispositif technique permettant d'établir un contact avec le témoin. Il peut communiquer par écrit si le témoin sait lire et écrire (art. 121 al. 3 CPP). Lorsque l'interprète ne peut se déplacer, son assistance est obtenue par l'intermédiaire des moyens de télécommunications (art. 706-71 CPP).

Si la personne est mise en examen pour crime, le juge peut ordonner qu'il soit procédé à un enregistrement audiovisuel, d'office, à la demande du ministère public ou des parties sauf impossibilité matérielle résultant de la simultanéité des interrogatoires à effectuer (art. 116-1 CPP). Dans ce cas, le juge d'instruction doit décider, au regard des nécessités de l'investigation, quels interrogatoires ne seront pas enregistrés. En cas d'impossibilité technique, le procès-verbal doit en mentionner la nature. Par ailleurs, l'obligation d'effectuer un enregistrement n'est applicable que cet enregistrement est effectué dans le cabinet du juge d'instruction[2].

2. Les auditions

a) Audition de la partie civile

L'audition de la partie civile est faite par le juge d'instruction et elle est soumise au même formalisme que l'interrogatoire de la personne poursuivie. Lors de la première audition, le juge informe la partie civile de ses droits. Avant toute audition ultérieure, l'avocat de la partie civile est convoqué et doit avoir accès au dossier (art. 114 CPP). Les officiers de police judiciaire commis ne peuvent entendre la partie civile que si elle en fait la demande (art. 152 al. 2 CPP).

L'audition d'un mineur victime d'une atteinte à la vie ou à son intégrité physique ou psychique doit faire l'objet d'un enregistrement audiovisuel (art. 706-52 CPP). Le juge peut toutefois décider, dans l'intérêt du mineur, que l'enregistrement ne soit que sonore. L'original de l'enregistrement est placé sous scellé, mais une copie est établie aux fins de consultation pendant le déroulement de la procédure. Lors de l'audition, le mineur peut, sur décision du juge d'instruction ou sur demande de la victime ou de son représentant légal, être assisté d'un psychologue, d'un médecin

2. Crim., 1er avril 2009, pourvoi n° 08-88549.

spécialiste, d'un membre de sa famille, de l'administrateur *ad hoc* ou d'une personne chargée d'un mandat par le juge des enfants (art. 706-53 CPP).
Tant que la victime ne s'est pas constituée partie civile, elle est entendue comme un témoin. Mais elle n'est pas obligée de prêter serment.

b) Audition du témoin assisté
Seul le juge peut procéder à son interrogatoire. L'officier de police judiciaire, sur commission rogatoire, ne peut l'entendre que si ledit témoin en fait la demande (art. 152 al. 2 CPP). Il a alors la faculté de mettre fin, à son bon vouloir, à l'audition.

c) Audition du témoin
Le juge d'instruction peut citer par huissier ou par agent de la force publique ou convoquer par lettre toute personne dont la déposition lui paraît utile (art. 101 CPP). Le témoin cité ou convoqué qui refuse de comparaître peut y être contraint par la force publique. Dans ce cas, le juge délivre l'ordre de comparution prévu à l'article 109 du code de procédure pénale. Le témoin doit être avisé de cette éventualité. Seul le président de la République échappe à l'obligation de comparaître durant l'exercice de son mandat (art. 67 al. 2 et 3 Const.). Si le témoin est dans l'impossibilité de comparaître, le juge d'instruction peut se transporter pour procéder à l'audition ou commettre un officier de police judiciaire.
Le témoin doit prêter serment et déposer, sous réserve du respect du secret professionnel. Il doit être entendu séparément et hors la présence des parties par le juge d'instruction assisté de son greffier. Le procureur de la République ainsi que les avocats des parties et du témoin assisté peuvent être présents. Le procès-verbal doit être signé par le juge, le greffier et l'interprète (art. 106 CPP).
Afin d'assurer la protection du témoin, son domicile peut être occulté. Le témoin peut déclarer à l'adresse du commissariat ou de la brigade de gendarmerie, son adresse personnelle étant inscrite sur un registre coté et paraphé ouvert à cet effet (art. 706-57 CPP). La révélation de l'adresse d'un tel témoin constitue un délit (art. 706-59 CPP). L'anonymat complet du témoin peut aussi être ordonné (art. 706-58 CPP).

3. Les confrontations

La confrontation est définie comme l'interrogatoire ou l'audition simultanée de plusieurs personnes dont les déclarations sont divergentes[3]. Les règles applicables tiennent compte du statut de chacune des personnes entendues. La confrontation peut être effectuée en plusieurs points du territoire par des moyens de télécommunications (art. 706-71 CPP).

La personne mise en examen peut demander à être confrontée avec un témoin anonyme par l'intermédiaire d'un dispositif permettant l'audition à distance. Elle a

3. S. Guinchard et J. Buisson, *Procédure pénale*, n° 1747.

également le droit de faire interroger ce témoin par ce même moyen. La voix du témoin est rendue non identifiable par des procédés techniques appropriés (art. 706-61 CPP).

Les confrontations réalisées en matières criminelles doivent également faire l'objet d'un enregistrement.

B. Le recueil matériel d'indices

1. Les transports sur les lieux

Le transport sur les lieux permet de faire des constatations, des reconstitutions, des perquisitions ou tout autre acte de l'information (art. 92 CPP). Le juge d'instruction doit établir un procès-verbal du transport et un procès-verbal de l'acte établi sur les lieux. Si le transport sur les lieux comporte un interrogatoire ou des auditions, les formes de ces actes doivent être respectées.

Le juge de l'instruction en informe, par tout moyen, le procureur de la République, qui a la faculté de l'accompagner[4]. Assisté de son greffier, il peut se transporter sur toute l'étendue du territoire si les nécessités de l'instruction l'exigent (art. 93 CPP). Le procureur de la République du tribunal dans le ressort duquel il se transporte doit être informé.

2. Les perquisitions

Pendant l'instruction, les perquisitions peuvent être effectuées dans tous les lieux où peuvent se trouver des objets, documents ou des données informatiques dont la découverte est utile à la manifestation de la vérité (art. 94 CPP).

Lorsqu'elle est effectuée au domicile de la personne mise en examen, la perquisition obéit au même régime que celle accomplie dans le cadre d'une enquête de police judiciaire (art. 57 et 59 CPP). S'il s'agit du domicile d'un tiers, celui-ci est invité à y assister. En cas d'absence ou de refus, la perquisition se déroule en présence de deux parents ou alliés présents sur les lieux, à défaut de deux témoins (art. 96 al. 1 CPP). Dans les locaux d'une société, les perquisitions peuvent être pratiquées en la seule présence d'une personne se comportant comme le représentant qualifié, à l'exception de celles qui ont lieu dans le bureau personnel du dirigeant social, auxquelles ce dernier doit assister.

Les perquisitions doivent être opérées aux heures légales et dans des conditions permettant de préserver le secret professionnel (voir Fiche n° 13).

4. Ce droit a été également reconnu à l'avocat de la personne mise en examen : Crim., 15 févr. 1990, *Bull. crim.*, n° 78, *D.*, 1990, somm. 379, obs. J. Pradel contra Crim., 20 févr. 2002, *Bull. crim.*, n° 41.

Un procès-verbal doit être rédigé sur-le-champ, signé du juge d'instruction, du greffier et de la personne concernée ou de ses représentants. La méconnaissance des règles relatives à la perquisition n'entraîne l'annulation de l'opération que si elle a porté atteinte aux intérêts de la partie concernée.

3. Les saisies

La saisie, effectuée pendant une perquisition ou en dehors de toute perquisition, peut porter sur tout objet utile à la manifestation de la vérité. La saisie des données informatiques concerne soit l'appréhension du support physique, soit la copie réalisée en présence des personnes assistant à la perquisition (art. 97 al. 2 CPP).

Le juge peut saisir les correspondances, à l'exception de celles concernant le mis en examen et son avocat. Cependant, une telle saisie est possible si elle ne concerne pas l'exercice des droits de la défense, si elle est relative aux activités ayant donné lieu à la mise en examen de l'avocat ou si la saisie permet d'établir la participation de l'avocat à l'infraction[5].

En matière de criminalité et de délinquance organisées, le juge des libertés et de la détention peut, sur requête du procureur de la République, ordonner des mesures conservatoires de la personne poursuivie, en l'occurrence le gel des avoirs (art. 706-103 CPP).

Le juge d'instruction peut remettre à un tiers les objets ou animaux saisis dont la conservation s'avère délicate (art. 97 al. 8, 99-1 CPP). Il peut les restituer après avis du parquet ou sur ses réquisitions ou à la demande des parties ou de toute personne qui prétend avoir un droit sur l'objet saisi. Il peut remettre à la victime de l'infraction les objets saisis dont la propriété n'est pas contestée. La restitution peut être refusée si elle est de nature à faire obstacle à la manifestation de la vérité ou à la sauvegarde des droits des parties, lorsqu'elle présente un danger pour les personnes ou les biens ou lorsque l'objet saisi est susceptible de confiscation (art. 99 CPP). La décision du juge doit faire l'objet d'une ordonnance motivée.

Le juge d'instruction peut ordonner la destruction des biens meubles dont la conservation n'est plus nécessaire à la manifestation de la vérité. Il en est ainsi des objets qualifiés par la loi de dangereux ou de nuisibles ou dont la détention est illicite. Il en est de même des biens dont le propriétaire n'est pas identifié ou qui ne sont pas réclamés par leur propriétaire au terme d'un délai de deux mois après mise en demeure, sous réserve du droit des tiers (art. 99-2 CPP).

5. Crim., 7 mars 1994, *Bull. crim.*, n° 87 ; *D.*, 1995, somm. 167, obs. Brunois ; Crim., 5 oct. 1999, *Bull. crim.*, n° 206 ; Crim., 12 mars 1992, *Bull. crim.*, n° 112 ; Crim., 18 juin 2003, *Dr. pénal*, 2003, comm. 116, obs. A. Maron.

Le juge d'instruction a enfin la faculté de remettre au service des domaines, en vue de leur aliénation, des biens meubles appartenant aux personnes poursuivies, dont la conservation n'est plus nécessaire à la manifestation de la vérité et dont la confiscation est prévue par la loi, à condition toutefois que le maintien de cette mesure de contrainte soit bel et bien de nature à diminuer leur valeur (art. 99-2 al. 2 CPP).

4. Les réquisitions

Le juge d'instruction peut requérir de toute personne ou organisme de lui remettre les documents, même informatiques, qu'il détient, sans que le secret professionnel puisse lui être opposé, sauf motif légitime (art. 99-3 CPP, voir Fiche n° 13). Si les données saisies ou obtenues sont codées, une personne qualifiée peut être requise afin d'obtenir une version en clair ou la convention secrète de déchiffrage (art. 230-1 CPP). La réquisition peut aussi permettre d'obtenir, si cela paraît nécessaire, la convention secrète de déchiffrement si un moyen de cryptologie a été utilisé.

C. Les écoutes téléphoniques

Les écoutes téléphoniques consistent en l'interception, l'enregistrement et la transcription des correspondances émises par voie de télécommunications[6]. Elles impliquent la mise en place d'un dispositif permettant d'y procéder, ce qui n'est pas le cas lorsqu'il s'agit simplement d'identifier l'origine des appels. Ne constituent pas une écoute téléphonique le fait pour un policier d'établir un compte rendu des propos d'une conversation qui se déroule en sa présence, sans artifice ni stratagème, ou l'exploitation des messages enregistrés sur un appareil ou encore le fait pour un policier de se connecter au réseau en utilisant un minitel sans modification préalable de l'installation. Il en est de même de l'enregistrement par une personne privée des correspondances émises par la voie des télécommunications, quand bien même il en résulterait la constatation d'une infraction pénale. En revanche, le fait pour des policiers d'inviter un individu à téléphoner à une personne susceptible d'être impliquée dans la commission d'une infraction, d'enregistrer la conversation sur radiocassette et de dresser un procès-verbal de cette opération est qualifié d'écoute téléphonique.

1. Conditions de validité des écoutes téléphoniques

Les écoutes téléphoniques peuvent être ordonnées en matière criminelle et pour les délits punis d'une peine d'emprisonnement supérieure ou égale à deux ans lorsque les nécessités de l'instruction l'exigent (art. 100 CPP)[7].

6. Il s'agit de tout moyen de transmission, d'émission, de réception de signes, signaux, d'écrits, d'images de sons ou de renseignements de toute nature par fil, optique, radioélectricité, ou autre système électromagnétique : Circ. 26 sept. 1991, C. 100.
7. Cour EDH, 24 avril 1990, Kruslin c/ France, série A, n° 176.

L'opération peut concerner toute personne mise en cause, mais aussi toute personne susceptible de détenir un renseignement relatif aux faits dont le juge est saisi. Cependant, le juge d'instruction doit aviser préalablement à toute écoute le président de l'assemblée concernée lorsque l'interception concerne la ligne d'un député ou d'un sénateur[8], le premier président et le procureur général dans lequel se trouve le cabinet ou le domicile du magistrat concerné, le bâtonnier en cas d'interception sur une ligne du cabinet d'un avocat ou de son domicile.

L'ordonnance du juge d'instruction, non susceptible de recours, doit mentionner les éléments permettant d'identifier la liaison à écouter (numéro de la ligne, nom du titulaire) ainsi que l'infraction qui motive le recours à l'interception (art. 100-1 CPP). Elle doit préciser la durée des écoutes, d'une durée maximale de quatre mois, renouvelable dans les mêmes conditions de forme et de durée jusqu'à l'issue de l'instruction (art. 100-1 et -2 CPP).

Les écoutes ne peuvent porter sur les conversations entre la personne mise en examen et son avocat. De telles écoutes sont toutefois jugées licites si le contenu de la correspondance tend à prouver la participation de l'avocat à la commission d'une infraction. Les correspondances avec un avocat relevant de l'exercice des droits de la défense ne peuvent être transcrites à peine de nullité (art. 100-5 al. 3 CPP)[9].

2. Transcription des écoutes

Les correspondances utiles à la manifestation de la vérité sont retranscrites dans un procès-verbal qui mentionne les dates et heures de début et de fin des écoutes. Le procès-verbal est versé au dossier après la réalisation des écoutes. Les enregistrements sont placés sous scellés et sont conservés pendant le temps du délai de prescription de l'action publique. A l'issue de ce délai, ils sont détruits à l'initiative du procureur de la République.

La violation des dispositions relatives aux écoutes téléphoniques est sanctionnée par la nullité de l'interception.

D. L'expertise

L'expertise est la mission confiée à un expert par le juge d'instruction portant sur une question de fait qui requiert un avis purement technique de nature à éclairer le juge[10]. Elle suppose une interprétation, Ce qui n'est pas le cas de l'identification

8. Crim., 16 mars 2005, *Bull.*, n° 97 ; *D.*, 2005, p. 1052, note Giudicelli : ces dispositions sont inapplicables aux députés européens.
9. Crim., 17 sept. 2008, pourvoi n° 08-853220.
10. Voir dossier spécial : « Risques environnementaux et expertises », *Droit de l'environnement*, 2006, n° 142 ; Expertise pénale, *AJ pénal*, 2006, p. 57.

d'empreintes digitales, l'écoute de bandes magnétiques ou l'enquête de personnalité, une simple traduction de texte, la recherche d'un groupe sanguin, d'un taux d'alcoolémie. La mission de l'expert ne consiste pas à dire le droit, même si son avis peut aider le juge à mieux apprécier les responsabilités encourues[11].

Les officiers de police judiciaire en cas de flagrance ou le procureur de la République dans le cadre d'une enquête préliminaire ont la possibilité de solliciter le concours de personnes qualifiées, qui peuvent être des experts (art. 60 et 77-1 CPP).

1. L'initiative de l'expertise

Le juge d'instruction peut recourir à l'expertise d'office ou à la demande du ministère public ou des parties (art. 156 CPP). En matière délictuelle, les frais d'expertise peuvent être mis à la charge de la partie civile qui en fait la demande. Au cours de la procédure, il peut lui être demandé de verser un complément de consignation afin de garantir le paiement des frais de justice correspondants aux frais d'expertise (art. 88-2 CPP).

2. Le caractère contradictoire de l'expertise

Depuis la loi du 5 mars 2007 sur l'équilibre de la procédure pénale, l'expertise pénale est devenue contradictoire, qu'il s'agisse de la décision de recourir à l'expertise, de la désignation de l'expert, de la détermination de sa mission, de la notification et de la contestation de ses conclusions[12]. Il n'est toutefois pas exigé que les actes soient accomplis en présence des parties ou de leurs avocats. Les parties peuvent renoncer aux dispositions garantissant le caractère contradictoire de l'expertise en présence de leur avocat dûment convoqué (art. 161-1 CPP).

Une copie de la décision ordonnant l'expertise doit être envoyée au procureur de la République et aux avocats des parties, qui disposent d'un délai de dix jours pour faire leurs observations (art. 161-1 CPP)[13]. Les observations peuvent porter sur la mission de l'expert, auquel cas il est demandé au juge de modifier ou de compléter les questions posées. Elles peuvent concerner la nomination d'un expert, et il peut être demandé au juge d'instruction d'adjoindre un expert à celui désigné

11. Crim., 13 avril 2005, *Bull. crim.*, n° 132 : n'excède pas les limites fixées par la loi la mission d'expertise qui, après avoir précisé les questions techniques sur lesquelles devaient porter les vérifications des experts, indique que leur avis doit permettre au juge d'instruction de mieux apprécier les responsabilités encourues.

12. Cour EDH, 18 mars 1997, Mantovalloni c/ France et 2 oct. 2001, Grande-Bretagne c/ France : s'il n'existe pas de principe général soumettant l'expertise au principe du contradictoire, l'exigence du respect du principe posé par l'article 6 de la Convention européenne des droits de l'homme s'étend aux expertises.

13. Les dispositions de l'article 161-1 ne sont pas applicables aux expertises médicales dont l'objet est d'apprécier l'importance du dommage subi par la victime : article 37, décret n° 2007-699 du 3 mai 2007 pris en application de la loi du 5 mars 2007 relative à l'équilibre de la procédure pénale.

initialement. En cas de rejet de la demande, le président de la chambre de l'instruction peut trancher par une décision non susceptible de recours.

La communication de l'ordonnance est exclue lorsqu'elle risque d'entraver les investigations, lorsque les opérations d'expertise et le dépôt des conclusions de l'expert doivent intervenir dans l'urgence et ne peuvent être différés de dix jours ou s'il s'agit d'une catégorie d'expertises dont les conclusions n'ont pas d'incidence sur la détermination de la culpabilité de la personne mise en examen (art. 166 CPP).

Le dépôt du rapport est également contradictoire. Le rapport définitif est établi, le cas échéant, au vu des observations faites à la suite de la notification du rapport provisoire ou du rapport d'étape.

3. Désignation de l'expert et mission de l'expert

L'expert, personne physique ou morale, est choisi sur les listes d'experts établies par la Cour de cassation ou les cours d'appel (art. 157 CPP). Mais le juge d'instruction peut désigner, par décision motivée, un expert non inscrit, qui doit alors prêter serment.

Le juge d'instruction doit préciser à l'expert la mission confiée. Le ministère public, ou la partie qui en fait la demande, peut énoncer dans sa demande les questions qu'il voudrait poser à l'expert (art. 156 al. 2 CPP).

Si l'expert estime nécessaire d'être éclairé sur une question échappant à sa spécialité, le juge peut l'autoriser à s'adjoindre des personnes nommément désignées, spécialement qualifiées par leur compétence. Les personnes ainsi désignées prêtent serment et leur rapport sera annexé intégralement au rapport (art. 162 CPP).

Un délai doit être imparti à l'expert pour l'accomplissement de sa mission. Ce délai peut être prorogé par décision motivée rendue par le magistrat (art. 161 CPP). S'il excède un an, le juge d'instruction peut demander le dépôt d'un rapport d'étape, obligatoire si le ministère public ou les parties en font la demande (art. 167-2 CPP). Si le délai n'est pas respecté, l'expert peut être remplacé. Il doit alors rendre compte des investigations déjà effectuées et restituer les objets, pièces et documents qui lui ont été confiés (art. 161 al. 2 CPP).

4. Recueil des déclarations

L'expert peut, à titre de renseignement et pour le seul accomplissement de sa mission, recueillir les déclarations de toute personne[14]. L'autorisation du juge de

14. Crim., 2 mars 1972, *Bull. crim.*, n° 82 : l'utilisation d'un procédé consistant pour l'expert à envoyer, par lettre, un questionnaire, à charge pour son destinataire de le lui renvoyer rempli, entraîne la nullité de l'expertise.

l'instruction est requise s'il s'agit de la personne mise en examen, de la partie civile ou du témoin assisté, dont les déclarations doivent être reçues en présence de leur avocat dûment convoqué. La présence du juge ou de l'avocat n'est pas nécessaire lorsque les questions sont posées par les médecins ou psychologues experts chargés d'examiner la personne mise en examen, le témoin assisté ou la partie civile (art. 164 CPP).

5. Rapport d'expertise

Lorsque les opérations d'expertise sont terminées, l'expert rédige, sous peine de nullité, un rapport qui doit contenir la description desdites opérations ainsi que ses conclusions (art. 166 CPP). L'expert signe le rapport et mentionne les noms et qualités des personnes qui l'ont assisté. Lorsque plusieurs experts ont été désignés, chacun d'eux indique son opinion en cas de divergence ou ses réserves en les motivant. Le rapport provisoire, lorsqu'il a été déposé, est considéré comme le rapport définitif si aucune observation n'est faite par les parties ou le ministère public.

Le juge d'instruction donne connaissance aux parties et à leurs avocats dûment convoqués, des conclusions des experts (art. 167 CPP) ainsi que, le cas échéant, des rapports des personnes requises dans le cadre de l'enquête de police judiciaire lorsqu'ils ne leur ont pas été communiqués. Une copie de l'intégralité du rapport est remise, à leur demande, aux avocats des parties, si possible par voie électronique. Les conclusions peuvent également être notifiées par lettre recommandée ou, lorsque la personne est détenue, par les soins du chef de l'établissement pénitentiaire, qui adresse sans délai au juge d'instruction l'original ou la copie du récépissé signé par l'intéressé.

Un délai, qui ne peut être inférieur à quinze jours ou un mois s'il s'agit d'une expertise financière, est fixé aux parties qui peuvent présenter des observations ou formuler une demande, notamment aux fins de complément d'expertise ou de contre-expertise. Après ce délai, une telle demande ne peut être formulée qu'en cas de survenance d'un élément nouveau (art. 167 al. 3 CPP). En cas de rejet de la demande, le juge d'instruction rend une ordonnance motivée susceptible d'appel. S'il ne donne aucune réponse au bout d'un mois, la chambre de l'instruction peut être directement saisie (art. 167 al. 4 CPP). La contre-expertise demandée par la partie civile est de droit et doit être accomplie par au moins deux experts lorsque les conclusions de l'expert sont de nature à conduire le juge à ordonner un non-lieu pour cause d'aliénation mentale de la personne mise en examen (art. 167-1 CPP).

Le juge d'instruction peut notifier au témoin assisté les conclusions des expertises qui le concernent en lui fixant un délai pour présenter une demande de complément d'expertise ou de contre-expertise. Il n'est toutefois pas tenu de rendre une ordonnance motivée en cas de rejet, sauf si le témoin assisté demande à être mis en examen (art. 167 al. 5 CPP).

Les experts peuvent exposer à l'audience, s'il y a lieu, le résultat des opérations techniques auxquelles ils ont procédé, après avoir prêté serment d'apporter leur concours à la justice en leur honneur et en leur conscience (art. 168 CPP). Au cours de leur audition, ils peuvent consulter leur rapport et ses annexes. Le ministère public et les avocats des parties peuvent leur poser directement des questions à l'audience (art. 168 CPP).

II. Les commissions rogatoires

La commission rogatoire est une délégation de pouvoir opérée par le juge d'instruction à un autre magistrat ou à un officier de police judiciaire ou à un agent spécialement désigné par des textes particuliers dans le but de réaliser des actes d'informations dans les lieux où ils sont compétents (art. 151 al. 1 CPP).

Selon le lieu des opérations, le délégataire sera du ressort du juge mandant ou d'un autre ressort. S'il s'agit d'un officier de police judiciaire de son ressort, il peut indiquer expressément dans la commission rogatoire que sa compétence est étendue à l'ensemble du territoire français (art. 18 al. 4 CPP) et préciser, dans ce cas, s'il doit être assisté d'un officier territorialement compétent.

Seuls les faits dont le juge d'instruction est saisi peuvent donner lieu à délégation. La commission rogatoire doit être spéciale et viser une infraction déterminée[15]. Le délégataire qui découvre incidemment des faits nouveaux peut les constater à charge d'en aviser le mandant.

La commission rogatoire ne peut porter que sur des actes d'instruction se rattachant directement à la répression de l'infraction visée aux poursuites. Le juge d'instruction peut alors requérir la commission d'un acte déterminé ou de tout acte d'information nécessaire (art. 81 al. 4 CPP).

Certains actes ne peuvent être délégués à un officier de police judiciaire, notamment les interrogatoires et confrontations de la personne mise en examen (art. 152 al. 2 CPP), les auditions de la partie civile ou du témoin assisté, sauf s'ils ont demandé que leur déclaration soit prise par un officier de police judiciaire, les perquisitions dans les locaux protégés.

Par ailleurs, les actes juridictionnels ainsi que les mandats ne peuvent faire l'objet d'une délégation. Les interrogatoires de la personne mise en examen ou la mise en en examen ne peuvent être délégués qu'à des juges.

15. Crim., 22 janv. 1953, *D.*, 1953, 533, note C. Lapp, 21 mars 1957, *Bull. crim.*, n° 278, 16 avril 1970, *Bull. crim.*, n° 134.

Les magistrats ou officiers de police judiciaire commis exercent, dans les limites de la commission rogatoire, tous les pouvoirs du juge d'instruction (art. 152 CPP). Ils sont soumis aux mêmes obligations que celles qui auraient pesé sur le juge d'instruction s'il avait agi lui-même. Ainsi, l'audition d'un témoin par un officier de police judiciaire commis obéit au même régime que celle effectuée par le juge d'instruction. L'officier de police judiciaire ne peut délivrer des mandats. Il ne peut procéder aux à la mise en examen, ni à l'interrogatoire de première comparution ou les confrontations. Il ne peut non entendre la partie civile ou le témoin assisté, sauf s'ils en font la demande. Seul l'officier de police judiciaire commis a le pouvoir de décider d'un placement en garde à vue[16] (art. 154 CPP). Dans ce cas, les pouvoirs du procureur de la République sont exercés par le juge de l'instruction. En cas de prolongation de la mesure, la personne doit être présentée au juge de l'instruction ou au juge de l'instruction du lieu d'exécution de la mesure (art. 154 al. 2 CPP). L'officier de police judiciaire ne peut effectuer les perquisitions sur les lieux protégés.

Le juge d'instruction ne peut déléguer les actes de juridictions tels que le placement sous contrôle provisoire ou la saisine du juge des libertés et de la détention en vue du placement en détention provisoire. Il peut déléguer la mise en examen à un autre juge d'instruction.

En l'absence de saisine *in personam*, le délégataire peut être valablement chargé d'identifier toutes les personnes ayant pu commettre l'infraction.

La commission rogatoire doit indiquer la nature de l'infraction poursuivie, les actes prescrits, leur délai d'exécution. Elle doit être datée et signée par le juge d'instruction, sous peine de nullité. Lorsqu'elle se déroule sur plusieurs points du territoire, elle peut être adressée sous forme de copie. En cas d'urgence, la diffusion est faite par tous moyens, notamment par télégramme.

Le juge d'instruction dirige et contrôle l'exécution de la commission rogatoire. A ce titre, il peut se transporter sans être assisté de son greffier sur les lieux d'exécution, sans procéder lui-même à des actes d'instruction. Mais il pourra autoriser les prolongations de la garde à vue, s'il s'agit de locaux de police ou de gendarmerie. Mention de ce transport est faite sur les pièces d'exécution de la commission rogatoire.

Dans les huit jours suivant la fin des opérations, les procès-verbaux dressés par le délégataire sont communiqués au juge d'instruction, qui est tenu de vérifier la régularité des éléments recueillis (art. 81 al. 5 CPP).

16. La personne gardée à vue doit être informée que cette mesure intervient dans le cadre d'une commission rogatoire.

Cas pratique n° 1

I. Enoncé

Le corps d'Anne Ranger est découvert à son domicile par sa femme de ménage. Le procureur de la République requiert l'ouverture d'une instruction contre X.
Très vite, le juge décide de porter ses investigations sur le mari, Eric Ranger, qui est introuvable depuis quelques jours. Il se rend sur les lieux du crime afin de mieux apprécier la situation.
Il convoque Roger et Marie-Cécile, parents d'Anne Ranger, ainsi qu'Hugues et Frédérique, le frère et la sœur d'Eric. Le jour de son audition, Frédérique ne s'est pas présentée.
Roger et Marie-Cécile font état des problèmes du couple Ranger. Leur fille leur aurait fait part, quelques semaines avant sa mort, de son intention de quitter son mari. Celui-ci n'aurait pas vraiment digéré la nouvelle et aurait proféré quelques menaces.
Le juge d'instruction rédige une commission rogatoire au profit du commissaire Flaubert, lui permettant de mettre sur écoute Hugues et Frédérique. Ayant appris que le couple Ranger avait une résidence secondaire à Nice, le commissaire Flaubert décide d'y aller faire une perquisition (les faits se déroulent à Bordeaux).

Les actes réalisés sont-ils réguliers ?

II. Eléments de correction

A la suite du décès d'Anne Ranger, le juge d'instruction saisi procède ou fait procéder à divers actes dont il faut vérifier la régularité.

A. Le transport sur les lieux

Le transport sur les lieux a pour but de permettre des constats, comme en l'espèce, des reconstitutions, des perquisitions ou tout autre acte de l'information (art. 92 CPP). Si le transport sur les lieux comporte un interrogatoire ou des auditions, la forme de ces actes doit être respectée (Crim., 11 décembre 1984).

Le juge de l'instruction, assisté de son greffier, en informe, par tout moyen, le procureur de la République, qui a la faculté de l'accompagner. Il peut se transporter sur toute l'étendue du territoire si les nécessités de l'instruction l'exigent (art. 93 CPP). Le procureur de la République du tribunal dans le ressort duquel il se transporte doit être informé.

Un procès-verbal du transport ainsi qu'un procès-verbal de l'acte effectué sur les lieux doivent être établis.

B. L'audition des témoins

Le témoin est une personne à l'encontre de laquelle il n'existe pas de raison de soupçonner qu'elle a tenté de commettre une infraction, mais qui peut apporter des éléments de preuve intéressant la procédure (art. 706-57 CPP).

Le juge d'instruction peut citer par huissier ou par agent de la force publique ou convoquer par lettre toute personne dont la déposition lui paraît utile (art. 101 CPP). Le témoin cité ou convoqué doit être informé qu'en cas de refus de comparution, il peut être contraint par la force publique. Un ordre de comparution peut donc être décerné à l'encontre de Frédérique.

Le témoin doit prêter serment. L'incapacité de témoigner est absolue pour les mineurs de moins de 16 ans (art. 335 CPP) et les condamnés privés de droits civiques civils et de familles (art. 131-26-4 CP). Pour les parents ou ascendants de la personne poursuivie, l'incapacité ne peut jouer qu'au stade du jugement. Les parents convoqués doivent par conséquent être entendus.

C. La commission rogatoire

La commission rogatoire est une délégation de pouvoirs opérée par le juge d'instruction au profit d'un officier de police judiciaire ou de certains autres juges. En l'espèce, le juge d'instruction a commis un officier de police judiciaire de son ressort. En l'absence d'indication, sa compétence ne semble pas avoir été étendue à l'ensemble du territoire.

Dès lors que les actes d'instruction prescrits se rattachent directement à la répression de l'infraction visée aux poursuites (art. 151 al. 3 CPP), le juge peut requérir l'accomplissement de tous les actes nécessaires à la manifestation de la vérité (art. 81 al. 4 CPP, Crim., 23 nov. 1999). Mais il peut aussi limiter la commission rogatoire à l'accomplissement d'un acte déterminé. En l'espèce, seule l'exécution d'une écoute téléphonique est requise. Par conséquent, la perquisition effectuée par l'officier de police judiciaire, qui plus est à Nice, hors du ressort de sa compétence, n'est pas valable. En l'absence d'indications contraires dans l'ordonnance du juge, l'officier de police judiciaire ne peut agir hors de ressort territorial.

D. Les écoutes téléphoniques

En matière criminelle ou pour les délits punis d'une peine d'emprisonnement supérieure ou égale à deux ans, le juge peut prescrire l'interception, l'enregistrement et la transcription de correspondances émises par la voie des télécommunications (art. 100 al. 1 CPP).

Les écoutes téléphoniques peuvent porter sur la personne mise en examen, mais aussi sur toute personne susceptible d'avoir participé aux faits ou de détenir des renseignements afférents, les écoutes téléphoniques ne peuvent intervenir que lorsque les nécessités de l'information l'exigent. En l'espèce, les écoutes peuvent être justifiées par le fait que le juge de l'instruction espère qu'Eric tentera de prendre contact avec son frère ou sa sœur.

Cas pratique n° 2

I. Enoncé

Alerté par un voisin réveillé en pleine nuit par des cris, Jacques Robert, OPJ résidant à Dole, se rend sur les lieux après en avoir informé le procureur de la République. Il fait une découverte macabre : une jeune fille baigne dans son sang, ses vêtements déchirés. Dans quel cadre de l'enquête peut-il agir ? Quels actes peut-il légalement effectuer ?

Le procureur de la République de Dole décide d'ouvrir une information. Quelle est la juridiction d'instruction compétente ? Quelle est la procédure à suivre ?

Les résultats des analyses des prélèvements effectués sur les lieux permettent d'isoler un ADN qui n'est pas celui de la victime. Le rapprochement avec le fichier des empreintes génétiques permet d'identifier Xavier Retors déjà condamné auparavant pour viol.

Un mandat de recherche est émis par le juge d'instruction. Xavier Retors est arrêté et placé en garde à vue. Son avocat joint par téléphone ne peut se déplacer. L'officier de police judiciaire commence alors son interrogatoire. Xavier Retors avoue les faits. Il déclare avoir commis les faits avec l'aide d'un complice dont il tait l'identité.

A l'issue de la garde à vue, Xavier Retors est mis en examen et placé en détention provisoire. Le juge d'instruction donne commission rogatoire à un officier de police judiciaire de son ressort afin d'accomplir tous les actes utiles à la manifestation de la vérité en rapport avec le crime commis. L'officier de police judiciaire décide de mettre sur écoute la ligne de Xavier Retors.

Il effectue une perquisition chez Xavier Retors. Xavier Retors ayant refusé de désigner un représentant, l'officier de police judiciaire demande à deux voisins d'être témoin de l'opération. Il découvre 300 grammes de cannabis qu'il saisit. Informé, le juge d'instruction décide d'instruire sur ces faits.

Dix-huit mois après les faits, le juge d'instruction décide de clore l'information. Peut-il le faire alors que le complice n'est pas identifié ?

II. Eléments de correction

1. L'officier de police judiciaire agit ici dans le cadre de la flagrance.
Divers actes urgents peuvent être effectués afin de permettre la conservation d'indices : réquisition d'un médecin légiste, appel à la police scientifique afin de prélever les indices, limitation de l'accès au lieu du crime, rétention de toute personne, comme le voisin, susceptible d'apporter des informations.

2. Un crime a été commis : une instruction doit nécessairement être ouverte et celle-ci doit être menée par un juge du pôle d'instruction (art. 83-1 CPP). Or le siège du pôle d'instruction couvrant le territoire de Dole se trouve à Besançon. Le procureur de la République de Dole peut, soit requérir l'ouverture de l'information devant les magistrats du pôle, soit transférer le dossier au procureur de la République près le pôle d'instruction qui ouvrira l'information. Seul le procureur de la République près le tribunal de Besançon est compétent pour suivre le déroulement de l'information (art. 80, II CPP). L'identité de délinquant n'étant pas encore connue, l'information sera ouverte contre X.

3. La personne gardée à vue doit être informée de son droit à l'assistance d'un avocat (art. 63-4 CPP). Une fois que la notification a été faite et que l'avocat a été joint, l'officier de police judiciaire peut commencer l'interrogatoire si l'avocat ne peut se déplacer (Crim., 16 décembre 2006). L'officier de police judiciaire n'est pas obligé d'attendre l'arrivée de l'avocat ni que l'entretien ait lieu avant l'interrogatoire.

4. Le juge d'instruction peut déléguer l'exécution d'actes d'investigation à un officier de police judiciaire par une commission rogatoire. La commission rogatoire doit concerner les actes en rapport avec l'infraction commise. Elle est spéciale lorsque le délégataire ne peut effectuer que les actes énumérés par le juge. Elle peut également être générale, le délégataire pouvant effectuer tous les actes d'investigation se rattachant à l'information de l'infraction poursuivie.

En l'espèce, le juge d'instruction ne délimite pas les pouvoirs des officiers de police judiciaire. Toutefois, la commission de certains actes nécessite une procédure spécifique. Il en est ainsi des écoutes téléphoniques qui ne peuvent être effectuées que sur ordonnance spécifique du juge d'instruction dans les conditions prévues par la loi (art. 100 et ss. CPP). Un officier de police judiciaire bénéficiant d'une commission rogatoire générale ne peut donc procéder d'office à une écoute téléphonique.

5. La perquisition effectuée par l'officier est valable. Cette opération doit en principe se dérouler en présence de la personne chez qui elle se déroule (art. 94, 57, 59 CPP). Le fait que la personne soit détenue n'empêche pas le respect de cette règle. Mais dans la mesure où elle ne peut assister à la perquisition, elle doit désigner un représentant. A défaut celle-ci doit désigner deux représentants. Mais devant le refus de

Retors de procéder à cette désignation, l'officier de police judiciaire peut choisir des témoins en dehors des personnes se trouvant sous ses ordres.

Pendant la perquisition, l'officier de police judiciaire peut procéder à la saisie de tous les objets ou documents en rapport avec les faits. En cas de découverte d'une infraction incidente, il peut procéder à la saisie des objets. Mais il doit en aviser le juge mandant. En l'espèce, la découverte de 300 grammes de cannabis conduit à la découverte d'une infraction autre que celle dont le juge a été saisi. Le juge d'instruction ne peut ouvrir d'office une information relativement à ces faits. Il doit renvoyer au procureur de la République qui décidera de la procédure à suivre : ouvrir une enquête préliminaire, ouvrir une information en saisissant le même juge d'instruction ou un autre juge. L'ouverture de cette information n'est pas valable.

6. Lorsque plusieurs personnes ont commis les faits, il n'est pas nécessaire qu'elles soient toutes identifiées au moment de la saisine de la juridiction de jugement. Il peut y avoir disjonction de procédure : le juge d'instruction peut renvoyer une personne devant la juridiction de jugement et continuer les recherches afin d'identifier le complice ou le coauteur. Mais si Xavier Retors ne veut pas donner son identité, il sera difficile de la déterminer.

Lecture d'arrêt

Crim., 13 octobre 2009, pourvoi n° 09-83669

« Statuant sur le pourvoi formé par :
- X... Franck,

« Contre l'arrêt de la chambre de l'instruction de la cour d'appel de VERSAILLES, en date du 5 mai 2009, qui, dans l'information suivie contre lui du chef d'assassinat, a prononcé sur sa demande d'annulation d'actes de la procédure ;
[...],
« Vu les articles 593 et l'article 161-1 du code de procédure pénale ;

« Attendu que, selon le premier de ces textes, tout jugement ou arrêt doit comporter les motifs propres à justifier la décision ; que l'insuffisance ou la contradiction des motifs équivaut à leur absence ;

« Attendu que, selon l'article 161-1 du code de procédure pénale, le juge d'instruction adresse sans délai copie de la décision ordonnant une expertise au procureur de la République et aux avocats des parties, qui disposent d'un délai de dix jours pour lui demander de modifier ou compléter les questions posées à l'expert ou d'adjoindre à l'expert ou aux experts déjà désignés un expert de leur choix ; qu'en application de l'alinéa 3 de ce texte, il ne peut être dérogé à cette obligation que lorsque les opérations d'expertise et le dépôt des conclusions par l'expert doivent intervenir en urgence et ne peuvent être différés pendant le délai de dix jours susvisé ;

« Attendu que, pour écarter l'exception de nullité tirée de la violation de l'article 161-1 du code de procédure pénale, en ce que les ordonnances aux fins d'expertise prises entre juin et décembre 2008 n'ont pas été adressées en copie aux avocats des parties, l'arrêt relève que l'urgence visée par le juge d'instruction dans chacune de ces décisions n'avait pas à être spécialement motivée et qu'elle était justifiée par la multiplicité des investigations et la nécessité de disposer dans les meilleurs délais des conclusions des experts, préalablement aux mesures de transport et de reconstitution et aux confrontations envisagées ;

« Mais attendu qu'en prononçant par ces motifs, insuffisants à établir, pour chacune des ordonnances critiquées, qu'existait, au moment où elle a été rendue, l'impossibilité de différer, pendant le délai de dix jours, les opérations d'expertise et le dépôt des conclusions des experts, la chambre de l'instruction n'a pas justifié sa décision ;

« D'où il suit que la cassation est encourue de ce chef. »

Fiche n° 30 : Le juge d'instruction et le juge des libertés et de la détention : les mandats

Définitions

• **Mandat** : ordre daté et signé par le juge d'instruction ou le juge des libertés et de la détention (ou une juridiction de jugement) permettant de mettre la personne qui en est l'objet à la disposition de la justice.

Explications

Dans le cas contraire, des mandats peuvent être émis dans le but de rechercher la personne qui en fait l'objet afin de s'assurer de sa comparution ou de son arrestation.

les mandats sont délivrés par le juge d'instruction ou le juge des libertés et de la détention tantôt pour mettre l'intéressé en mesure de comparaître devant le juge d'instruction, tantôt pour ordonner à la force publique d'arrêter l'individu désigné aux fins d'interrogatoire ou de placement en détention provisoire.

I. Les différents mandats

Les mandats sont exécutoires sur toute l'étendue du territoire national[1], jusqu'à ce qu'un acte exprès de l'autorité judiciaire les rapporte, les remplace ou les anéantisse (art. 124 CPP). En conséquence, ils peuvent être exécutés même après le dessaisissement du juge d'instruction[2].

La personne contre laquelle est décerné un mandat de comparution, d'amener ou d'arrêt est entendue comme témoin assisté, sauf à la mettre en examen conformément à l'article 116 du code de procédure pénale. Elle ne peut être placée en garde à vue pour les faits ayant donné lieu à l'exécution du mandat (art. 122 al. 7 CPP).

L'exécution de mandats d'amener, d'arrêt et de recherche n'autorise pas la pénétration dans le domicile d'une personne avant 6 heures et après 21 heures (art. 134 CPP). Si la personne ne peut être saisie, un procès-verbal de perquisitions et de recherches infructueuses doit être dressé et envoyé au juge d'instruction. La personne sera considérée comme mise en examen lors du règlement de l'instruction (art. 134 al. 3 CPP).

---

1. Crim., 26 nov. 1996, *Bull. crim.*, n° 424 : un individu peut, en application des articles 113-1 et suivants du code pénal, être appréhendé, en vertu d'un mandat d'amener, dans un aéronef immatriculé en France, même dans un aéroport étranger.
2. Crim., 2 déc. 1921, *Bull. crim.*, n° 452 ; 29 sept. 1992, *Bull. crim.*, n° 290.

Le mandat d'arrêt ou de recherche peut être inscrit au fichier des personnes recherchées (art. 135-3 CPP).

A. Le mandat de comparution

Le mandat de comparution concerne toute personne à l'encontre de laquelle il existe des indices graves ou concordants rendant vraisemblable qu'elle a pu participer à une infraction en tant qu'auteur ou complice (art. 122 al. 4). La personne se présente librement devant le juge de l'instruction et ne peut faire l'objet d'une contrainte. Elle doit être immédiatement interrogée. Ce mandat peut concerner le suspect, le mis en examen et le témoin assisté.

Le juge peut décerner un mandat d'amener si la personne refuse de répondre à la convocation.

B. Le mandat de recherche

Le mandat de recherche est l'ordre donné à la force publique de rechercher une personne contre laquelle il existe des raisons plausibles de soupçonner qu'elle a commis ou tenté de commettre une infraction, de l'arrêter et de la placer en garde à vue (art. 122 al. 2 CPP). Il ne peut concerner la personne mise en examen, le témoin assisté et la personne nommément visée dans le réquisitoire introductif du procureur de la République. Un tel mandat peut également être décerné par le procureur de la République si les nécessités de l'enquête, préliminaire ou de flagrance, l'exigent (art. 70 et 77 CPP).

Le mandat de recherche est exécuté par l'arrestation de l'individu, qui doit être immédiatement placé en garde à vue (art. 122 al. 2, art. 135-1 CPP). L'officier de police judiciaire du lieu de découverte en avise le juge mandant et il peut procéder à l'audition de la personne recherchée et à tous les actes nécessaires sur commission rogatoire. Pendant la durée de la garde à vue, la personne peut être conduite dans les locaux du service d'enquête saisi des faits, sauf si ce service a envoyé un enquêteur. A l'issue de la garde à vue, le juge pourra délivrer à son encontre un mandat de comparution ou un mandat d'amener.

C. Le mandat d'amener

Le mandat d'amener est coercitif et permet d'arrêter une personne et de la conduire devant un juge afin d'y être interrogée (art. 122 al. 5 CPP). Le procureur de la République peut en délivrer dans le cadre d'une enquête de flagrance (art. 70 CPP). Le juge peut retenir la personne le temps nécessaire à l'interrogatoire.

Si la personne à l'encontre de laquelle un mandat d'amener a été décerné est saisie à moins de 200 kilomètres du siège du juge d'instruction mandant, celui-ci procède à l'interrogatoire de la personne. Si l'interrogatoire ne peut être fait immédiatement, la personne est retenue par les services de police ou de gendarmerie pendant une durée maximum de vingt-quatre heures (art. 125 al. 2, 133-1 CPP). Si l'arrestation a lieu à plus de 200 kilomètres, la personne est conduite devant le juge d'instruction ou, s'il n'est pas possible de le faire dans le délai de vingt-quatre heures, devant le procureur du lieu d'arrestation (art. 127 CPP). Celui-ci informe l'intéressé de son droit au silence et lui demande s'il consent à être transféré devant le juge mandant. En cas de refus, il est conduit à la maison d'arrêt en attendant la décision du juge, qui, après réception de la copie du procès-verbal de comparution, peut décider de procéder au transfèrement. Le transfèrement volontaire ou ordonné doit intervenir dans les quatre jours suivant la notification du mandat (art. 130 CPP). A défaut, la personne est libérée, sous réserve de circonstances insurmontables ayant retardé le transfèrement (art. 130-1 CPP).

D. Le mandat d'arrêt

Le mandat d'arrêt (art. 122 al. 6) est un ordre donné par le juge à la force publique de rechercher la personne à l'encontre de laquelle il est décerné et de la conduire à la maison d'arrêt indiquée sur le mandat, où elle sera reçue et détenue. Il est délivré contre une personne en fuite ou résidant hors du territoire à condition qu'elle encoure au moins une peine d'emprisonnement correctionnel (art. 131 CPP). Il peut également être décerné par la juridiction de jugement (art. 397-4, 465, 469, 519 al. 2 CPP) et le juge de l'application des peines (art. 763-5 CPP).

La personne arrêtée, en vertu d'un mandat d'arrêt, à moins de 200 kilomètres est présentée dans les vingt-quatre heures au juge d'instruction pour qu'il soit procédé à son interrogatoire et qu'il soit statué, le cas échéant, sur son placement en détention provisoire (art. 133 al. 1 CPP). A défaut, elle est remise en liberté. Si elle est arrêtée à plus de 200 kilomètres, les règles sont identiques à celles relatives à l'exécution du mandat d'amener (art. 133 al. 2 CPP). Si la personne est placée en détention provisoire, l'incarcération en maison d'arrêt est prise en compte.

E. Le mandat de dépôt

Le mandat de dépôt (art. 122 al. 8 CPP) est l'ordre donné par le juge des libertés et de la détention aux agents de la force publique de conduire la personne mise en examen à la maison d'arrêt et au chef d'établissement pénitentiaire de recevoir et de détenir celui qui en fait l'objet. Il ne peut être délivré que si le juge des libertés et de la détention a été saisi par une ordonnance du juge d'instruction tendant au placement en détention provisoire de la personne mise en examen et après sa comparution suivi d'un débat contradictoire en présence de son avocat. Il ne permet la recherche et l'arrestation que s'il a été précédemment notifié à la personne.

Le mandat de dépôt peut aussi être décerné pour le placement en détention provisoire par la chambre de l'instruction (art. 207 CPP), le président de la chambre de

l'instruction (art. 196 CPP) ou la juridiction de jugement.
Le mandat de dépôt s'exécute par la remise de l'intéressé au chef de l'établissement pénitentiaire (art. 135 al. 3).

II. Les conditions de forme de délivrance des mandats

Le mandat doit préciser l'identité de la personne contre laquelle il est décerné (art. 123 CPP). Si celle-ci est inconnue, une note de recherche sera diffusée. Le mandat peut être délivré contre toute personne, mais, sauf crime ou délit flagrant, l'arrestation d'un parlementaire n'est pas possible sans l'autorisation du bureau de l'assemblée à laquelle il appartient lorsqu'il s'agit d'un mandat d'amener, de dépôt ou d'arrêt. Seul le juge des libertés et des détentions peut délivrer un mandat de dépôt depuis la loi du 15 juin 2000.

Le mandat doit être daté, écrit et signé par l'autorité judiciaire qui l'a délivré et revêtu de son sceau.

Les mandats de recherche, d'amener, de dépôt et d'arrêt doivent mentionner la nature des faits imputés à la personne, leur qualification juridique et les textes applicables (art. 123 al. 2 CPP).

La notification du mandat est faite par un officier ou un agent de police judiciaire ou par un agent de la force publique à la personne qui doit recevoir une copie. Si la personne est déjà détenue pour une autre cause, le mandat peut être notifié sur instruction du procureur de la République par le chef de l'établissement pénitentiaire. Le mandat de comparution peut également être signifié par huissier. L'inobservation des formalités prescrites pour les différents mandats est sanctionnée par la nullité en cas d'atteinte aux droits de la défense. Elle peut en outre donner lieu à des sanctions disciplinaires contre le juge de l'instruction, le juge des libertés et de la détention ou le procureur de la République (art. 136 al. 1 CPP). Les tribunaux judiciaires sont compétents dès lors qu'il y a atteinte aux libertés individuelles.

Modèles d'actes de procédure

	Mandat de recherche
Cour d'appel de …………	République française Au nom du peuple français
Tribunal de grande instance de ……………	Nous, M. ou Mme ………, Juge d'instruction au Tribunal de grande instance de ………………, étant en notre cabinet, Vu l'information suivie contre : X ou M. ou Mme Du chef ou des chefs de ……………………
Cabinet de M. ou Mme … Juge d'instruction	Faits prévus et punis par l'article ou les articles … du code pénal, Vu l'article …………… Vu les articles 122, 123, 134, 135-1, 135-3 et 136 du code de procédure pénale,
N° de parquet : ……………	
N° d'instruction : …	Mandons et ordonnons à tous Officiers ou Agents de la police judiciaire, et à tous Agents de la force publique, de rechercher et de placer en garde à vue, en se conformant à la loi, M. ou Mme ………………… Né(e) le …………… à …………………………, De …………… et de ……………………, Ayant pour dernier domicile connu : ………… Personne à l'encontre de laquelle il existe une ou plusieurs raisons plausibles de soupçonner qu'elle a commis ou tenté de commettre une infraction. Requérons tout dépositaire de la force publique auquel le présent mandat sera exhibé de prêter main-forte pour son exécution en cas de besoin. Le présent mandat a été signé par nous, Juge d'instruction et scellé de notre sceau. Fait à …………, le ………… Le Juge d'instruction

	Soit-transmis
Pièce jointe : photographie de la personne recherchée.	Monsieur ou Madame le Commissaire Central à ...., Je vous prie de bien vouloir : 1) faire rechercher la personne visée par le mandat de recherche ci-joint, notamment par perquisition au domicile visé ; 2) dès le début de la garde à vue de l'intéressé : • informer le juge d'instruction de permanence par téléphone au : ...... • aviser le Procureur de la République du lieu d'arrestation ; 3) si la personne ne peut être saisie, dresser procès-verbal de perquisition et de recherches infructueuses ; 4) faire inscrire le mandat au fichier des personnes recherchées. Le Juge d'instruction

	Mandat d'amener
Cour d'appel de .... Tribunal de grande instance de .... Cabinet de M. ou Mme ... Juge d'instruction N° de parquet : .... N° d'instruction : ...	République française Au nom du peuple français Nous, M. ou Mme ...., Juge d'instruction au Tribunal de grande instance de .... Vu l'information concernant M. ou Mme ou contre X Du chef ou des chefs de .... Faits prévus et punis par l'article ou les articles ...... du code pénal, Commis le .... Vu les articles 122, 123, 125, 127, 128, 129, 130, 133-1 et 134 du code de procédure pénale, Mandons et ordonnons à tous Officiers ou Agents de la police judiciaire, et à tous Agents de la force publique, d'amener devant nous, en se conformant à la loi, Nom .... Prénom .... Sexe .... Né(e) le .... à ...., De .... et de .... Demeurant .... Profession .... Situation familiale .... Nationalité .... [ ] Mis en examen [ ] Témoin assisté [ ] Mise en cause pour la ou les infractions suivantes : .... Personne à l'égard de laquelle il existe des indices graves et concordants rendant vraisemblable qu'elle ait pu participer comme auteur ou complice à la commission de l'infraction suivante : .... Faits prévus et réprimés par l'article ou les articles .... du code pénal, Pour être interrogée dans le délai légal sur les faits qui lui sont reprochés. Requérons tout dépositaire de la force publique auquel le présent mandat sera exhibé de prêter main-forte pour son exécution en cas de besoin. Le présent mandat a été signé par nous, Juge d'instruction et scellé de notre sceau. Fait en notre cabinet, le .... Le juge de l'instruction

	Mandat d'arrêt
Cour d'appel de	République française au nom du peuple français
Tribunal de grande instance de	Nous, M. ou Mme ...., Juge d'instruction au Tribunal de grande instance de ....,
Cabinet de M. ou Mme ... Juge d'instruc- tion	Vu l'information concernant : Nom .... Prénom .... Sexe .... Né(e) le .... De .... et de .... Nationalité .... Demeurant ....
N° de parquet :	Ayant demeuré .... Et pouvant se rendre à ....
N° d'instruction :	[ ] Mis(e) en examen [ ] Témoin assisté [ ] Mis(e) en cause [ ] Renvoyé(e) devant [ ] le tribunal correctionnel [ ] la cour d'assises pour l'infraction ou les infractions suivante(s)
Signalement	Faits prévus et punis par l'article ou les articles .... du code pénal, Commis le .... Vu les réquisitions de M. ou Mme le procureur de la République en date du ...., Vu les articles 122, 123, 131, 133, 133-1, 134, 135-2 et 135-3 du code de procédure pénale.
Le mandat ci- contre a été exhibé et notifié à la personne désignée, et copie lui en a été délivrée par moi .... Le	Mandons et ordonnons à tous Officiers ou Agents de la police judiciaire et tous Agents de la force publique de rechercher et de conduire devant nous ou à défaut devant le Président du Tribunal ou le magistrat qu'il aura désigné, en se conformant à la loi, la personne susvisée. Enjoignons, le cas échéant au Directeur de la Maison d'arrêt de ...., de la recevoir et de la détenir en état de mandat d'arrêt jusqu'à ce qu'il en soit autrement ordonné.
Soit transmis Monsieur le	Requérons tout dépositaire de la force publique auquel le présent mandat sera exhibé de prêter main-forte pour son exécution en cas de besoin. En foi de quoi le présent mandat a été signé par nous, Juge d'instruction et scellé de notre sceau. Fait en notre cabinet le .... Le Juge d'instruction

Fiche n° 31 : Le juge d'instruction et le juge des libertés et de la détention : le contrôle judiciaire et l'assignation à résidence avec surveillance électronique

Références

• Bonis-Garçon C., « La détention provisoire pour manquement au contrôle judiciaire », *JCP*, 2002, I, 159.

Définitions

• **Contrôle judiciaire** : mesure contraignant la personne mise en examen pour un crime ou un délit, restée libre, à se mettre à la disposition de la justice et à respecter certaines obligations.

Explications

En principe, la personne mise en examen reste en liberté car elle bénéficie de la présomption d'innocence. Mais, afin de s'assurer de sa présence ou pour prévenir tout danger ou le renouvellement des infractions, elle peut être placée sous contrôle judiciaire ou, si ce dernier se révèle insuffisant, être assignée en résidence (art. 137 CPP).

I. Le contrôle judiciaire

Mesure intermédiaire entre l'incarcération et la mise en détention provisoire, le contrôle judiciaire contraint la personne mise en examen pour un crime ou un délit, restée libre, à se mettre à la disposition de la justice et à respecter certaines obligations (art. 137 CPP).

A. Le placement sous contrôle judiciaire

1. Les conditions du placement

Le placement sous contrôle judiciaire résulte d'une ordonnance (art. 139 al. 1 CPP) que le juge d'instruction peut prendre à tout moment de l'information, après avoir recueilli les réquisitions du ministère public (art. 137 et 138 CPP). Il doit être justifié par les nécessités de l'instruction ou décidé à titre de mesure de sûreté pour prévenir une autre infraction.

La décision peut aussi être prise par le juge des libertés et de la détention s'il estime que les conditions de la détention provisoire ne sont pas réunies et que le contrôle judiciaire se justifie (art. 137-2 al. 2, 139 CPP). Le contrôle judiciaire peut enfin être ordonné par la chambre de l'instruction, le tribunal correctionnel ou la chambre des appels correctionnels.

Le contrôle judiciaire s'applique aux personnes mises en examen pour crime ou délit puni d'une peine d'emprisonnement. S'il s'agit d'un parlementaire, il faut l'autorisation du bureau de l'assemblée à laquelle il appartient (art. 26 Const.). Il ne peut être ordonné en cas d'infraction commise par un militaire en temps de paix hors du territoire de la République (art. L. 212-154 CJM). En sont également exclues les infractions visées par l'article 52 de la loi du 24 juillet 1881 sur la presse.

2. Les conditions de placement du mineur

Pour les mineurs de 13 à 18 ans, le contrôle judiciaire peut être décidé dans les mêmes conditions que pour les majeurs. Toutefois, en matière correctionnelle, il ne peut être ordonné à l'encontre d'un mineur de moins de 16 ans que si trois conditions sont réunies : la peine d'emprisonnement encourue est supérieure ou égale à cinq ans, le mineur a déjà fait l'objet d'une mesure éducative ou d'une condamnation à une sanction éducative ou à une peine, la peine d'emprisonnement encourue est égale ou supérieure à sept ans. Il peut être encouru dans tous les cas lorsque la peine encourue est supérieure à sept ans d'emprisonnement (art. 10, ord. 2 févr. 1945).

Le contrôle judiciaire est décidé par ordonnance motivée prise, selon les cas, par le juge des enfants, le juge d'instruction ou le juge des libertés et de la détention, statuant en audience de cabinet après un débat contradictoire au cours duquel ce magistrat entend le ministère public, les observations du mineur ainsi que celle de son avocat. Il peut aussi recueillir les observations du représentant du service du service qui suit le mineur.

Le magistrat doit notifier oralement au mineur les obligations qui lui sont imposées, en présence de son avocat et de ses représentants légaux ou ceux-ci dûment convoqués. Il doit également informer le mineur magistrat qu'en cas de non-respect de ces obligations, il pourra être placé en détention provisoire. Ces formalités sont mentionnées par procès-verbal, qui est signé par le magistrat et le mineur. Lorsque cette décision accompagne une mise en liberté, l'avocat du mineur est convoqué par tout moyen et sans délai.

B. Les obligations du contrôle judiciaire

Le contrôle judiciaire impose des obligations limitativement énumérées par l'article 138 du code de procédure pénale parmi lesquelles le juge peut choisir. Leur exécution est assurée par des personnes physiques ou morales habilitées, les services de police ou de gendarmerie désignés par le juge.

1. Les obligations imposées aux personnes physiques

Les obligations imposées aux personnes physiques doivent respecter la liberté d'opinion, les convictions religieuses ou politiques de l'intéressé (art. R. 17 CPP).

a) Les personnes majeures

Certaines mesures sont des injonctions de faire. D'autres s'analysent en des interdictions. Il s'agit de :

- ne pas sortir des limites territoriales déterminées par le juge d'instruction ou le juge des libertés et de la détention ;
- ne pas s'absenter de son domicile ou de la résidence fixée par le juge d'instruction ou le juge des libertés et de la détention qu'aux conditions et pour les motifs déterminés par ce magistrat. Cette obligation peut être exécutée, avec l'accord de l'intéressé recueilli en présence de son avocat, sous le régime du placement sous surveillance électronique, à l'aide du procédé prévu par l'article 723-8 du code de procédure pénale. Le juge d'instruction exerce alors les compétences attribuées au juge de l'application des peines ;
- ne pas se rendre en certains lieux ou ne se rendre que dans les lieux déterminés par le juge d'instruction ou le juge des libertés et de la détention ;
- informer le juge d'instruction ou le juge des libertés et de la détention de tout déplacement au-delà de limites déterminées ;
- se présenter périodiquement aux services, associations habilitées ou autorités désignés par le juge d'instruction ou le juge des libertés et de la détention qui sont tenus d'observer la plus stricte discrétion sur les faits reprochés à la personne mise en examen ;
- répondre aux convocations de toute autorité, de toute association ou de toute personne qualifiée désignée par le juge d'instruction ou le juge des libertés et de la détention et se soumettre, le cas échéant, aux mesures de contrôle portant sur ses activités professionnelles ou sur son assiduité à un enseignement ainsi qu'aux mesures socio-éducatives destinées à favoriser son insertion sociale et à prévenir le renouvellement de l'infraction ;
- remettre soit au greffe, soit à un service de police ou à une brigade de gendarmerie tous documents justificatifs de l'identité, et notamment le passeport, en échange d'un récépissé valant justification de l'identité ;
- s'abstenir de conduire tous les véhicules ou certains véhicules et, le cas échéant, remettre au greffe son permis de conduire contre récépissé ; Mais le juge d'instruction ou le juge des libertés et de la détention peut décider que la personne mise en examen pourra faire usage de son permis de conduire pour l'exercice de son activité professionnelle ;
- de s'abstenir de recevoir ou de rencontrer certaines personnes spécialement désignées par le juge d'instruction ou le juge des libertés et de la détention, ainsi que d'entrer en relation avec elles, de quelque façon que ce soit. Lorsqu'il s'agit de l'interdiction de se mettre en relation avec la victime, la victime ainsi que son avocat, lorsqu'elle s'est constituée partie civile, doivent en être informés (art. 138-1 CPP) ;
- se soumettre à des mesures d'examen, de traitement ou de soins, même sous le régime de l'hospitalisation, notamment aux fins de désintoxication ;
- fournir un cautionnement dont le montant et les délais de versement, en une ou plusieurs fois, sont fixés par le juge d'instruction ou le juge des libertés et de la détention, compte tenu notamment des ressources et des charges de la personne mise en examen ;

• ne pas se livrer à certaines activités de nature professionnelle ou sociale, à l'exclusion de l'exercice des mandats électifs et des responsabilités syndicales, lorsque l'infraction a été commise dans l'exercice ou à l'occasion de l'exercice de ces activités et lorsqu'il est à redouter qu'une nouvelle infraction soit commise. Lorsque l'activité concernée est celle d'un avocat, le conseil de l'ordre, saisi par le juge d'instruction ou le juge des libertés et de la détention, a seul le pouvoir de prononcer cette mesure à charge d'appel ;
• ne pas émettre de chèques autres que ceux qui permettent exclusivement le retrait de fonds par le tireur auprès du tiré ou ceux qui sont certifiés et, le cas échéant, remettre au greffe les formules de chèques dont l'usage est ainsi prohibé ;
• ne pas détenir ou porter une arme et, le cas échéant, remettre au greffe contre récépissé les armes dont elle est détentrice ;
• constituer, dans un délai, pour une période et un montant déterminés par le juge d'instruction ou le juge des libertés et de la détention, des sûretés personnelles ou réelles ;
• justifier qu'elle contribue aux charges familiales ou acquitte régulièrement les aliments qu'elle a été condamnée à payer conformément aux décisions judiciaires et aux conventions judiciairement homologuées portant obligation de verser des prestations, subsides ou contributions aux charges du mariage ;
• s'abstenir de paraître dans ce domicile ou cette résidence ou aux abords immédiats de celui-ci, ainsi que, si nécessaire, faire l'objet d'une prise en charge sanitaire, sociale ou psychologique en cas d'infraction commise soit contre son conjoint, son concubin ou son partenaire lié par un pacte civil de solidarité, soit contre ses enfants ou ceux de son conjoint, concubin ou partenaire, résider hors du domicile ou de la résidence du couple. Cette interdiction s'applique lorsque l'infraction est commise par l'ancien conjoint ou concubin de la victime, ou par la personne ayant été liée à elle par un pacte civil de solidarité, le domicile concerné étant alors celui de la victime.

b) Les personnes mineures

Le contrôle judiciaire dont fait l'objet un mineur peut également comprendre une ou plusieurs des obligations suivantes :
• se soumettre aux mesures de protection, d'assistance, de surveillance et d'éducation confiées à un service de la protection judiciaire de la jeunesse ou à un service habilité, mandaté à cette fin par le magistrat ;
• respecter les conditions d'un placement dans un centre éducatif de la protection judiciaire de la jeunesse ou relevant d'un service habilité auquel le mineur a été confié par le magistrat et notamment dans un centre éducatif fermé ou respecter les conditions d'un placement dans un établissement permettant la mise en œuvre de programmes à caractère éducatif et civique. Ces obligations ne peuvent être ordonnées que pour une durée de six mois et ne peuvent être renouvelées par ordonnance motivée qu'une seule fois pour une durée au plus égale à six mois ;
• accomplir un stage de formation civique ;
• suivre de façon régulière une scolarité ou une formation professionnelle jusqu'à sa majorité.

Pour les mineurs de moins de 16 ans, si le contrôle judiciaire comporte l'obligation de respecter les conditions d'un placement dans un centre éducatif fermé, le non-respect de cette obligation pourra entraîner le placement du mineur en détention provisoire. Dans les autres cas, le mineur est informé qu'en cas de violation des obligations imposées, le placement dans un centre éducatif fermé pourra être ordonné, placement dont le non-respect pourra entraîner sa mise en détention provisoire.

2. Les obligations prévues pour les personnes morales

Elles sont prévues par l'article 706-45 du code de procédure pénale. Il s'agit :
• du dépôt d'un cautionnement dont le montant et les délais de versement, en une ou plusieurs fois, sont fixés par le juge d'instruction ;
• de la constitution, dans un délai, pour une période et un montant déterminés par le juge d'instruction, des sûretés personnelles ou réelles destinées à garantir les droits de la victime ;
• de l'interdiction d'émettre des chèques autres que ceux qui permettent le retrait de fonds ou ceux qui sont certifiés ou d'utiliser des cartes de paiement mais uniquement si elle est encourue à titre de peine par la personne morale ;
• de l'interdiction d'exercer certaines activités professionnelles ou sociales lorsque l'infraction a été commise dans l'exercice ou à l'occasion de l'exercice de ces activités et lorsqu'il est à redouter qu'une nouvelle infraction soit commise si cette interdiction est encourue à titre de peine par la personne morale ;
• du placement sous contrôle d'un mandataire de justice désigné par le juge d'instruction pour une durée de six mois renouvelable, en ce qui concerne l'activité dans l'exercice ou à l'occasion de laquelle l'infraction a été commise. Cette interdiction ne peut être ordonnée que si la personne morale encourt la peine de placement sous surveillance judiciaire.

C. Le déroulement du contrôle judiciaire

Le contrôle judiciaire peut s'appliquer pendant toute l'instruction et se prolonger jusqu'à la comparution devant la juridiction de jugement.

1. Pendant l'instruction

Le juge d'instruction peut modifier le contrôle judiciaire en remplaçant les obligations prévues ou en y ajoutant de nouvelles obligations (art. 139 al. 2 CPP), afin d'adapter la mesure à l'évolution de la situation de la personne.

Il peut ordonner, d'office, à la demande du procureur de la République ou de l'intéressé, la mainlevée du contrôle judiciaire en supprimant tout ou partie des obligations prononcées (art. 139 al. 2, 140 CPP). Si la demande est formulée par le mis en examen, le juge d'instruction doit, après avis du procureur de la République, statuer dans les cinq jours par ordonnance motivée. A défaut, la personne peut saisir directement la chambre de l'instruction (art. 140 CPP). Le juge d'instruction est compétent même si la mesure a été ordonnée par le juge des libertés et de la détention. La chambre de l'instruction qui infirme une décision du juge d'instruction et prononce le contrôle judiciaire ou modifie les obligations imposées peut se réserver ce contentieux pour l'avenir (art. 207 CPP).

En cas de manquement aux obligations imposées ou si le contrôle judiciaire s'avère insuffisant, le juge de l'instruction peut décerner un mandat d'arrêt ou d'amener (art. 141-2 CPP). Il peut aussi saisir le juge des libertés et de la détention, qui peut, quelle que soit la peine encourue, décerner un mandat de dépôt en vue de la détention provisoire.

2. Après l'instruction

L'ordonnance de non-lieu met fin au contrôle judiciaire (art. 177 al. 2 CPP). En cas de renvoi devant le tribunal correctionnel, le juge d'instruction peut le maintenir jusqu'à la comparution du prévenu par une ordonnance motivée (art. 179 al. 3 CPP). S'il s'agit d'une mise en accusation, le contrôle judiciaire continue à produire effet (art. 181 al. 5 CPP).

Si la personne se soustrait aux obligations du contrôle judiciaire alors qu'elle est renvoyée devant la juridiction de jugement, le procureur de la République peut saisir le juge des libertés et de la détention pour que celui-ci décerne mandat d'arrêt ou d'amener (art. 141-2 al. 2 CPP). Le juge des libertés et de la détention peut aussi ordonner le placement en détention provisoire de l'intéressé.

Après l'ordonnance de règlement, le tribunal correctionnel ou, s'il s'agit d'un crime, la chambre de l'instruction deviennent compétents. La cour d'assises ne connaît de ce contentieux que si l'intéressé présente sa demande pendant la session au cours de laquelle son affaire est jugée (art. 148-1 CPP).

En cas de relaxe, d'acquittement ou d'exemption de peine, le contrôle judiciaire prend également fin (art. 471, 142-2, 142-3 CPP).

En cas de condamnation, le tribunal correctionnel peut maintenir le contrôle judiciaire par une décision expresse jusqu'à ce que la condamnation devienne définitive. Il faut toutefois que la juridiction ait condamné une peine d'emprisonnement avec ou sans sursis ou assorti d'un sursis avec mise à l'épreuve (471 CPP). Le maintien du contrôle judiciaire est exclu si la peine d'emprisonnement est assortie de la délivrance d'un mandat de dépôt ou si le tribunal prononce l'exécution provisoire du sursis avec mise à l'épreuve. En matière criminelle, le contrôle judiciaire s'applique jusqu'à ce que la condamnation devienne définitive sauf si elle est assortie d'un mandat de dépôt ou d'une exécution provisoire du sursis avec mise à l'épreuve.

II. L'assignation à résidence avec surveillance électronique

L'assignation à résidence avec surveillance électronique peut être ordonnée, avec l'accord ou à la demande de l'intéressé, par le juge d'instruction ou par le juge des libertés et de la détention si la personne mise en examen encourt une peine d'emprisonnement correctionnel d'au moins deux ans ou une peine plus grave (art. 142-5 CPP). Lorsque la peine encourue est supérieure à sept ans d'emprisonnement et qu'il s'agit d'une infraction pour laquelle le suivi sociojudiciaire est encouru, l'assignation se fait sous le régime du placement sous surveillance électronique mobile.

Les juridictions d'instruction et de jugement peuvent prononcer, comme mesure alternative à la détention provisoire, une assignation à résidence avec surveillance électronique.

L'assignation à résidence oblige la personne à demeurer à son domicile ou dans une résidence fixée par le juge d'instruction ou le juge des libertés et de la détention et de ne s'en absenter qu'aux conditions et pour les motifs déterminés par ce magistrat. L'obligation est exécutée à l'aide du procédé permettant de détecter à distance la présence ou l'absence de l'intéressé dans les lieux fixés par le magistrat.

L'assignation à résidence avec surveillance électronique est décidée par ordonnance motivée du juge d'instruction ou du juge des libertés et de la détention, qui statue après un débat contradictoire. Elle peut également être décidée, sans débat contradictoire, par ordonnance statuant sur une demande de mise en liberté (art. 142-6 CPP).

La durée de la mesure est de six mois, renouvelable dans les mêmes conditions pour la même durée, sans pouvoir excéder une durée de placement de deux ans. L'assignation à résidence est ordonnée pour une durée qui ne peut excéder six mois (art. 142-7 CPP).

La personne qui ne respecte pas les obligations résultant de l'assignation à résidence avec surveillance électronique peut faire l'objet d'un mandat d'arrêt ou d'amener et être placée en détention provisoire.

Avec l'accord préalable du juge d'instruction, les horaires de présence au domicile ou dans les lieux d'assignation peuvent, lorsqu'il s'agit de modifications favorables à la personne mise en examen ne touchant pas à l'équilibre de la mesure de contrôle, être modifiés par le chef d'établissement pénitentiaire ou le directeur du service pénitentiaire d'insertion et de probation qui en informe le juge d'instruction (art. 142-9).

En cas de décision de non-lieu, relaxe ou acquittement devenue définitive, la personne placée sous assignation à résidence avec surveillance électronique a droit à la réparation du préjudice (art. 142-10).

La mesure peut être levée ou révoquée dans les mêmes conditions que le contrôle judiciaire (art. 142-12 al. 2). Elle est assimilée à une détention provisoire pour l'imputation intégrale de sa durée sur celle d'une peine privative de liberté (art. 142-11 CPP).

Modèles d'actes de procédure

	Ordonnance de placement sous contrôle judiciaire
Cour d'appel de	Le ....
Tribunal de grande instance de	Nous, M. ou Mme ...., Juge des libertés et de la détention au Tribunal de grande instance de ...., Vu la procédure suivie contre M. ou Mme ...... Déclarant résider ....
Cabinet de M. ou Mme ... Juge d'instruction	Mis (e) en examen du chef ou des chefs ...., Faits prévus et réprimés par l'article ou les articles .... du code pénal Vu les articles 137 et suivants du code de procédure pénale,
N° de parquet :	Vu les réquisitions du Procureur de la République tendant au placement en détention provisoire de ...., lequel nous est déféré à l'issue de son interrogatoire de première comparution devant le Juge d'instruction,
N° d'instruction : ...	Vu le débat contradictoire en date de ce jour, Attendu que la personne mise en examen encourt au minimum une peine correctionnelle d'emprisonnement, Qu'en raison des nécessités de l'instruction ou à titre de mesure de sûreté, il est nécessaire de la placer sous contrôle judiciaire.

PAR CES MOTIFS

1) PLAÇONS SOUS CONTRÔLE JUDICIAIRE la personne mise en examen qui sera astreinte à se soumettre aux obligations précisées ci-après :

• Répondre aux convocations de .... et se soumettre aux mesures de contrôle qui porteront sur ses activités professionnelles ou son assiduité à un enseignement ou des mesures socio-éducatives destinées à favoriser son insertion sociale et à prévenir le renouvellement de l'infraction, en l'espèce :
.... ;

• S'abstenir d'entrer en relation de quelque façon que ce soit, de recevoir, de rencontrer ....

2) AVISONS la personne mise en examen que si elle se soustrait volontairement aux obligations du contrôle judiciaire, il peut être décerné à son encontre mandat d'amener ou mandat d'arrêt, et un placement en détention provisoire peut être envisagé.

Fait à ....

Le ....

Le Juge des libertés et de la détention

Copie intégrale remise à la personne mise en examen et à son Conseil, ...

Le Greffier

Copie de la présente ordonnance a été adressée par lettre recommandée à l'Avocat de la personne mise en examen, le
....

Le Greffier

Avis de la présente ordonnance non conforme à ses réquisitions a été donné ce jour au Procureur de la République.

Le Greffier

Copie de la présente ordonnance a été adressée par lettre recommandée à ...., victime ou : ...., partie civile ou : Maître ......, Conseil de la partie civile.

Le Greffier

Fiche n° 32 : Le juge d'instruction et le juge des libertés et de la détention : la détention provisoire

Références

• BONIS-GARÇON C., « La détention provisoire pour manquement au contrôle judiciaire », *JCP*, 2002, I, 159.
• BOULOC B., « Le silence de la personne mise en examen peut-il justifier sa mise en détention ? », *D.*, 1995, chron., p. 315.
• CARDET C., « L'incontrôlable contrôle judiciaire "socio-éducatif" », *D.*, 2002, chron., p. 1221.
• COMMARET D., « L'indemnisation à raison d'une détention provisoire injustifiée », *RSC*, 2001, p. 117.
• GUÉRY C., « Mandats et suspects », *AJ pénal*, 2004, p. 356 ; « Le juge des libertés et de la détention : un juge qui cherche à mériter son nom... », *D.*, 2004, chron., p. 583.
• JEANDIDIER W., « Détention provisoire, Convention européenne des droits de l'homme et Code de procédure pénale », *RSC*, 1986, p. 711.
• LAVIELLE B. et LEBUR F., « Le juge des libertés et de la détention : béni-oui-oui ou terminator ? », *Gaz. Pal.*, 2001, 27 et 28 juillet, p. 3.
• LE CALVEZ J., « L'article 80-1, alinéa 1er du code de procédure pénale et la nullité de la mise en examen », *D.*, 2002, chron., p. 2277.
• POUGET P., « Les délais en matière de rétention, garde à vue et détention provisoire au regard de la Convention européenne », *RSC*, 1989, p. 78.

Définitions

• **Détention provisoire** : incarcération de la personne mise en examen, avant jugement pour des nécessités de l'instruction. Une telle incarcération peut également être ordonnée par la juridiction de jugement avant le prononcé de la décision.

Explications

Exceptionnellement, pour les nécessités de l'instruction, un placement en détention provisoire peut être ordonné contre le mis en examen lorsque les obligations du contrôle judiciaire se révèlent insuffisantes (art. 137 CPP). Depuis la loi du 15 juin 2000, seul le juge des libertés et de la détention peut prononcer une telle mesure. Lorsque la personne concernée en fait la demande, le juge d'instruction peut ordonner la mise en liberté, et, en cas de refus, le juge des libertés et de la détention statue.

I. Les conditions de placement en détention provisoire

A. Les conditions de fond

1. La gravité de l'infraction

La détention provisoire ne peut être ordonnée ou prolongée que pour les crimes et les délits punissables d'une peine d'emprisonnement au moins égale à trois ans. En cas de manquement aux obligations du contrôle judiciaire, mesure peut être ordonnée quelle que soit la peine encourue (art. 143-1 CPP).

La détention provisoire est exclue s'agissant des délits prévus à l'article 52 de la loi du 29 juillet 1881 sur la presse. Elle ne peut être ordonnée à l'encontre des agents diplomatiques et de leurs familles, des juges de la Cour européenne des droits de l'homme. Un membre du Parlement ne peut faire l'objet d'une arrestation, ou de toute autre mesure privative de liberté, qu'avec l'autorisation du bureau de l'assemblée à laquelle il appartient, sauf s'il s'agit d'un crime ou d'un délit flagrant ou en cas de condamnation définitive (art. 26 Const.). Les membres de l'Assemblée des communautés européennes bénéficient, durant les sessions, de l'immunité accordée par les parlements nationaux (art. 10, protocole sur les privilèges et immunités des communautés européennes).
Les mineurs de moins de 13 ans ne peuvent faire l'objet d'un placement en détention provisoire. Les mineurs de 13 à 18 ans peuvent être placés en détention provisoire s'ils encourent une peine criminelle ou s'ils se sont soustraits aux obligations du contrôle judiciaire. Pour les mineurs âgés de 16 ans révolus, cette mesure peut également être ordonnée lorsqu'il s'agit d'un délit puni d'un emprisonnement supérieur à trois ans (art. 11, II et III, ord. 2. février 1945).

2. Motifs de la détention provisoire

La détention provisoire doit être ordonnée pour les nécessités de l'instruction. Elle doit par conséquent être motivée. L'ordonnance doit comporter l'énoncé des considérations de droit ou de fait rendant le contrôle judiciaire insuffisant et l'assignation à résidence sous surveillance électronique insuffisants, ainsi que le motif de la détention par référence aux articles 143-1 et 144 du code de procédure pénale (art. 137-3 CPP).

Le juge doit d'abord démontrer qu'au regard des éléments précis et circonstanciés résultant de la procédure, la détention provisoire est l'unique moyen d'atteindre les objectifs visés par le législateur. Selon l'article 144 du code de procédure pénale, la détention provisoire ne peut être ordonnée ou prolongée que dans le but d'atteindre l'un des objectifs fixés par le législateur :

• conserver les preuves ou les indices matériels nécessaires à la manifestation de la vérité ;
• empêcher une pression sur les témoins ou les victimes mettant en cause la personne mise en examen ;
• empêcher une concertation frauduleuse entre la personne mise en examen et ses coauteurs ou complices dont les déclarations diffèrent ou qui n'ont pu être encore entendus ;
• protéger la personne mise en examen ;
• garantir le maintien de la personne mise en examen à la disposition de la justice ;
• mettre fin à l'infraction ou prévenir son renouvellement ;
• mettre fin au trouble exceptionnel et persistant à l'ordre public provoqué par la gravité de l'infraction, les circonstances de sa commission ou l'importance du préjudice causé. Le trouble à l'ordre public ne peut en aucun cas résulter du seul retentissement médiatique de l'affaire. Il ne saurait être invoqué pour justifier la prolongation de la détention en matière correctionnelle.

Le juge doit également démontrer au regard des éléments précis et circonstanciés résultant de la procédure le caractère insuffisant du contrôle judiciaire et de l'assignation à résidence sous surveillance électronique (art. 144 CPP). L'article 137-3 exige d'établir que ces objectifs ne sauraient être atteints en cas de placement sous contrôle judiciaire[1] (art. 137-3 CPP). Il en serait ainsi lorsque la personne n'a pas respecté les obligations du contrôle judiciaire.

Lorsque la personne poursuivie est un mineur de 13 à 18 ans mis en examen, le juge des libertés et de la détention saisi par le juge d'instruction ou le juge des enfants ne peut prononcer une telle mesure que si elle s'avère indispensable ou s'il est impossible de prendre toute autre disposition et à la condition que les obligations du contrôle judiciaire soient insuffisantes (art. 11, ord. 1945).

Une motivation supplémentaire est exigée pour toute prolongation de la détention provisoire ou de rejet d'une demande de mise en liberté lorsque la durée de la détention provisoire excède un an en matière criminelle ou huit mois en matière correctionnelle. L'ordonnance doit alors comporter les indications particulières qui visent en l'espèce la poursuite de l'information et le délai prévisible d'achèvement de la procédure (art. 145-3 CPP). Cependant, le juge d'instruction n'est pas obligé de mentionner la nature des investigations si cette indication risque d'entraver l'accomplissement de celles-ci. Il n'est pas tenu à cette motivation supplémentaire en cas de révocation du contrôle judiciaire[2].

1. Crim., 26 févr. 2008, *Bull. crim.*, n° 50.
2. Crim., 4 mars 2009, pourvoi n° 08-88420.

B. Les conditions de forme

1. Saisine du juge des libertés et de la détention

Lorsque le juge d'instruction estime nécessaire de placer le mis en examen en détention provisoire, il doit saisir le juge des libertés et de la détention par ordonnance motivée après en avoir informé le parquet (art. 145 CPP). Il doit transmettre au juge des libertés et de la détention le dossier de la procédure accompagnée des réquisitions du ministère public (art. 137-1 al. 5 CPP). Ces réquisitions doivent également être motivées.

Le ministère public peut aussi requérir aux fins de placement en détention provisoire (art. 137-4 CPP). Dans ce cas, si le juge d'instruction estime la détention provisoire injustifiée, il rend une ordonnance motivée notifiée immédiatement au procureur de la République. S'il s'agit d'un crime ou d'un délit puni d'au moins dix ans d'emprisonnement, le parquet peut saisir directement le juge des libertés et de la détention si la détention provisoire a été requise en vue de protéger la personne ou l'ordre public[3].

S'il s'agit d'un mineur, le service de la protection judiciaire de la jeunesse doit être consulté avant toute réquisition aux fins de placement en détention (art. 12, ord. 2. févr. 1945). Ce service doit établir un rapport écrit contenant tous les renseignements utiles sur la situation du mineur ainsi qu'une proposition éducative. Au vu de ce rapport, le juge de l'instruction ou le juge des enfants pourra renoncer à saisir le juge des libertés et de l'instruction et ordonner une mesure de liberté surveillée, un placement dans un établissement éducatif ou un contrôle judiciaire.

2. Enquête sociale

Dans certains cas, le juge d'instruction doit ordonner une enquête portant sur la situation personnelle, familiale et sociale de la personne mise en examen qu'il envisage de placer en détention, sauf si cette enquête a déjà été prescrite par le parquet.

Cette enquête concerne le majeur de moins de 21 ans qui encourt une peine d'emprisonnement inférieure ou égale à cinq ans d'emprisonnement (art. 81 al. 7 CPP). Il en est de même si le mis en examen fait connaître au juge d'instruction qu'il exerce l'autorité parentale sur un enfant de moins de 16 ans et ayant chez lui sa résidence habituelle afin d'éviter que la santé, la sécurité et la moralité du mineur ne soient mis en danger ou que les conditions de son éducation ne soient gravement compromises. L'enquête est toutefois exclue en cas de crime ou de délit commis contre un mineur ou en cas de non-respect des obligations du contrôle judiciaire (art. 145-5 CPP).

3. C. const., DC, 2004-492, 2 mars 2004, *JO*, 10 mars, p. 4637.

3. Comparution du mis en examen

Le juge des libertés et de la détention doit faire comparaître le mis en examen devant lui, assisté de son avocat. Au vu des éléments du dossier et après avoir recueilli les observations de l'intéressé, le juge des libertés et de la détention peut laisser la personne mise en examen en liberté ou la placer sous un contrôle judiciaire s'il estime la détention injustifiée (art. 137-3 al. 1 et 145 al. 1 CPP).

S'il envisage de la placer en détention provisoire, il doit l'informer que sa décision n'interviendra qu'après un débat contradictoire et qu'elle peut demander un délai pour préparer sa défense. Si le mis en examen n'est pas encore assisté d'un avocat, le juge l'avise qu'il sera défendu lors du débat par un avocat de son choix ou par un avocat commis d'office. L'avocat choisi, ou le bâtonnier dans le cas d'une commission d'office, est avisé par tout moyen et sans délai. Si l'avocat choisi ne peut se déplacer, il est remplacé par un avocat commis d'office.

4. Déroulement du débat contradictoire

Le débat préalable au placement ou à la prolongation de la détention provisoire est contradictoire (art. 145 CPP). Le ministère public fait connaître ses réquisitions et l'intéressé, ou son avocat, présente ses observations.

Le débat a lieu en audience publique, sauf si le ministère public, la personne mise en examen ou le juge d'instruction s'opposent à la publicité lorsqu'il s'agit d'infraction de criminalité ou de délinquance organisées, si la publicité est de nature à entraver les investigations spécifiques nécessitées par l'instruction ou à porter atteinte à la sérénité des débats ou à nuire à la dignité des personnes (art. 145 al. 6 CPP). S'il est fait droit à l'opposition ou s'il s'agit d'un mineur, les débats ont lieu en audience de cabinet.

Le débat contradictoire peut se tenir à distance, par l'utilisation de moyens de télécommunication audiovisuelle (art. 706-71 CPP).

5. Report du débat contradictoire

Le débat contradictoire peut être reporté si la personne mise en examen sollicite un délai pour préparer sa défense. Il peut en être de même lorsque le juge des libertés et de la détention veut permettre au juge d'instruction de procéder à des vérifications relatives à la situation personnelle du mis en examen ou aux faits reprochés, lorsque ces vérifications sont susceptibles de permettre le placement de la personne sous contrôle judiciaire (art. 145 al. 7 et ss. CPP).

Le juge des libertés et de la détention peut alors prescrire l'incarcération provisoire du mis en examen pendant une durée de quatre jours ouvrables[4] (art. 145 CPP al. 8 CPP). A défaut de débat dans ce délai, la personne est mise en liberté d'office.

6. Placement en détention provisoire temporaire dans l'attente de la présentation au juge l'instruction du pôle

Lorsque le procureur de la République près un tribunal de grande instance sans pôle estime que les faits reprochés à la personne qui lui est déférée doivent faire l'objet d'une information relevant de la compétence du pôle d'instruction et que les éléments de l'espèce lui paraissent exiger une mesure de détention provisoire, il peut requérir le placement sous contrôle judiciaire ou en détention provisoire de cette personne jusqu'à sa comparution devant le juge d'instruction (art. 397-7 CPP). La procédure suivie est celle applicable à la comparution immédiate (art. 394 al. 3, 396 al. 3 CPP). Si la personne est placée en détention provisoire, elle doit comparaître devant le juge d'instruction du pôle au plus tard le troisième jour ouvrable.

7. Décision du juge des libertés et de la détention

A l'issue du débat contradictoire, le juge des libertés et de la détention peut ordonner un contrôle judiciaire. S'il décide le placement en détention provisoire, il établit également un mandat de dépôt.

II. La durée de la détention provisoire

La détention provisoire ne peut excéder une durée raisonnable au regard de la gravité des faits et de la complexité de l'instruction (art. 144-1 CPP, art. 5-3 CEDH). Le code de procédure pénale prévoit des délais variables en fonction de la gravité des faits, de la peine encourue, du passé pénal du délinquant et de son âge[5]. Il s'agit de délais butoirs à l'expiration desquels le mis en examen doit être remis d'office en liberté ou placé sous contrôle judiciaire.

A. La détention provisoire des majeurs

Lorsque la détention provisoire est ordonnée à la suite d'une révocation du contrôle judiciaire à l'encontre d'une personne antérieurement placée en détention provisoire pour les mêmes faits, la durée cumulée des détentions ne peut excéder de plus de quatre mois la durée maximale de la détention prévue en matière criminelle ou

4. Et qui s'impute sur la durée de la détention provisoire (art. 145 dernier alinéa CPP).

5. Le juge ne peut fixer une durée de détention inférieure à celle prévue dans la mesure où la personne peut demander une mise en liberté : Crim., 21 nov. 2006, *Bull. crim.*, n° 291 ; *AJ pénal*, 2007, p. 138.

correctionnelle[6]. Lorsque la peine encourue est inférieure à trois ans d'emprisonnement, la durée totale des détentions ne peut excéder quatre mois (art. 141-3 CPP).

En matière correctionnelle (art. 145-1 CPP), la détention provisoire ne peut dépasser quatre mois lorsque le mis en examen n'a jamais été condamné à une peine privative de liberté ferme supérieure à un an et qu'il encourt une peine inférieure ou égale à cinq ans. Dans les autres cas, lorsque le mis en examen a déjà été condamné et/ou encourt une peine de plus de cinq ans, la détention peut être prolongée pendant une durée de quatre mois, renouvelable sans toutefois excéder un an. Le délai est porté à deux ans lorsque le fait a été commis à l'étranger ou si la personne poursuivie pour trafic de stupéfiants, de terrorisme, association de malfaiteurs, proxénétisme d'extorsion de fonds ou une infraction commise en bande organisée encourt une peine égale à dix ans d'emprisonnement. A titre exceptionnel, une dernière prolongation de quatre mois peut être décidée par la chambre de l'instruction après saisine du juge des libertés et de la détention lorsque les investigations du juge d'instruction doivent être poursuivies et que la mise en liberté de la personne causerait pour la sécurité des personnes et des biens un risque d'une particulière gravité.

En matière criminelle (art. 145-2 CPP), la détention initiale est limitée à un an. A l'issue du délai, elle peut être prolongée pour une durée de six mois jusqu'à l'ordonnance de règlement. La détention provisoire ne peut être maintenue au-delà de deux mois si la peine encourue est inférieure à vingt ans de réclusion ou de détention criminelle ou à trois ans dans les autres cas. Cette durée est augmentée d'un an si les faits ont été commis hors du territoire de la République. La durée est de quatre ans lorsqu'il s'agit de crimes contre les personnes ou la nation, ou pour trafic de stupéfiants, terrorisme, extorsion de fonds ou crime commis en bande organisée. La prolongation exceptionnelle de quatre mois renouvelable une fois peut être prononcée.

En cas de changement de qualification au cours de l'instruction, le juge d'instruction peut, après avoir communiqué le dossier au procureur de la République, saisir le juge des libertés et de la détention ou mettre l'intéressé en liberté avec ou sans contrôle judiciaire (art. 146 CPP) s'il abandonne la qualification criminelle. Si l'infraction se révèle plus grave, le titre de détention demeure valable.

B. La détention provisoire des mineurs

En matière correctionnelle, les mineurs de 16 ans révolus peuvent être placés en détention provisoire s'ils encourent une peine correctionnelle d'une durée égale ou supérieure à trois ans. La durée de la détention provisoire est d'un mois lorsque la

6. Sans tenir compte de la durée de la détention accomplie avant la révocation du contrôle.

peine n'est pas supérieure à sept ans. Une prolongation d'un mois maximum est possible à titre exceptionnel. Si la peine encourue est supérieure à sept ans, la durée de cette mesure est de quatre mois sans pouvoir excéder un an.

En matière criminelle, la détention d'un mineur de 13 à 16 ans ne peut excéder six mois, renouvelable une fois par une ordonnance motivée (art. 11 ord. 1945). Les mineurs d'au moins 16 ans sont assimilés aux majeurs, mais la durée totale de la détention ne peut excéder deux ans.

Lorsque la détention provisoire est ordonnée à la suite d'une révocation du contrôle judiciaire à l'encontre d'un mineur antérieurement placé en détention provisoire pour les mêmes faits, la durée cumulée des détentions ne peut excéder de plus d'un mois la durée maximale de la détention (art. 11-1, ord. 1945). En l'absence de détention provisoire antérieure, la durée de la détention provisoire d'un mineur de 13 à 16 ans consécutive à une violation du contrôle judiciaire ne peut excéder quinze jours ou, s'il s'agit d'un délit puni de dix ans d'emprisonnement, un mois, renouvelable une fois (art. 11-2 ord. 1945). S'il y a déjà eu plusieurs révocations du contrôle judiciaire, la durée cumulée de la détention ne peut excéder un mois ou, si le délit est puni de dix ans d'emprisonnement, deux mois.

III. Le contentieux de la détention provisoire

Le contentieux en matière de détention provisoire porte sur l'appel de l'ordonnance de placement en détention provisoire, les demandes de mise en liberté ou l'indemnisation en cas de détention provisoire injustifiée.

A. Le recours contre l'ordonnance de placement en détention provisoire

1. L'appel

L'ordonnance de placement en détention provisoire ne peut faire l'objet que d'un appel (art. 173 al. 4 CPP). Le recours peut être intenté par le parquet, même lorsque l'ordonnance est conforme à ses réquisitions (art. 185 al. 1 CPP), au procureur général (art. 185 dernier alinéa CPP) et la personne placée en détention provisoire (art. 186 al. 1 CPP).

L'appel doit être formé dans un délai de dix jours à partir de la notification de l'ordonnance (art. 186 al. 4 CPP). Le dossier de l'instruction et l'avis motivé du procureur de la République sont transmis au procureur général près la cour d'appel quoi dispose alors d'un délai de quarante-huit heures pour mettre le dossier en état et prendre ses réquisitions.

La chambre de l'instruction doit statuer par un arrêt motivé dans un délai de dix jours suivant sa saisine. A défaut, la personne est remise en liberté (art. 194 al. 2 CPP). L'audience doit être publique, sauf décision contraire (art. 199 al. 2 CPP).

Si l'ordonnance de placement en détention provisoire est infirmée, l'arrêt de la chambre de l'instruction vaut titre et se substitue à l'ordonnance du juge des libertés et de la détention. La chambre de l'instruction ne peut évoquer le dossier, qui doit être renvoyé sans délai au juge d'instruction après avoir assuré l'exécution de l'arrêt. Elle peut toutefois se réserver le contentieux de la détention provisoire ou du contrôle judiciaire pour l'avenir par une disposition expresse (art. 207 al. 1 CPP).

2. Le référé-liberté

La procédure de référé-liberté permet d'exercer un recours dans les délais plus courts.

a) Le référé-liberté porté devant le président de la chambre de l'instruction
La personne placée en détention provisoire ou le ministère peut, en même temps que l'appel, introduire un référé-liberté au plus tard le jour suivant la décision (art. 187-1 CPP) afin de demander au président de la chambre de l'instruction d'examiner immédiatement l'appel sans attendre la décision de la chambre de l'instruction. La déclaration d'appel et la demande d'examen immédiat peuvent être constatés par le juge d'instruction à l'issue du débat contradictoire.
Le président de la chambre de l'instruction doit statuer dans les trois jours au vu des éléments qui peuvent être transmis par télécopie. Il statue en audience de cabinet. L'avocat de la personne peut présenter oralement ses observations.
S'il estime l'appel justifié, il renvoie devant la chambre de l'instruction[7]. S'il infirme l'ordonnance du juge, la personne peut être libérée ou placée sous contrôle judiciaire. L'ordonnance du président n'est pas motivée et n'est pas susceptible de recours.

b) Le référé-liberté devant la chambre de l'instruction
La personne qui forme un référé-liberté peut également demander que le recours soit directement examiné par la chambre de l'instruction qui doit statuer au vu des éléments du dossier, au plus tard, le cinquième jour ouvrable suivant la demande (art. 187-2 CPP).
La chambre de l'instruction peut se prononcer sur la demande de l'examen d'appel de l'ordonnance de placement en détention provisoire dans le délai de cinq jours (art. 187-2 CPP). Si elle estime que l'intéressé doit rester en liberté, elle se prononce sur l'appel dans le délai de droit commun de dix jours[8].

B. Les recours relatifs à la mise en liberté

La juridiction d'instruction peut mettre fin à la détention provisoire à tout moment, sans attendre que les délais soient atteints, dès que les conditions de la détention

7. Crim., 6 juin 2000, *Bull. crim.*, n° 211 peut faire partie de la formation collégiale qui examinera l'appel.
8. Crim., 22 oct. 2002, n° 0285424.

provisoire ne sont plus réunies, avec ou sans contrôle judiciaire, après avis du procureur de la République (art. 147 CPP). Une demande de mise en liberté peut être demandée, le procureur pouvant exercer un référé-détention afin de suspendre l'ordonnance de mise en liberté.

1. Les demandes de mise en liberté

La mise en liberté peut aussi être requise par le procureur de la République. Le juge d'instruction peut alors ordonner la mise en liberté ou transmettre, dans les cinq jours, les réquisitions au juge des libertés et de la détention en y joignant son avis motivé tendant au maintien en détention (art. 147 al. 2 CPP). Le juge des libertés et de la détention doit statuer dans les trois jours ouvrables par une ordonnance susceptible d'appel.

La personne placée en détention provisoire peut, à tout moment, demander sa mise en liberté (art. 148 CPP). Cette demande, adressée au juge d'instruction, est communiquée au procureur de la République aux fins de réquisitions. Si le juge d'instruction donne une suite favorable, l'individu est remis en liberté. Dans le cas contraire, elle est transmise, dans les cinq jours suivant la communication, au juge des libertés et de la détention, avec son avis motivé. Le juge des libertés et de la détention dispose de trois jours pour statuer par une ordonnance motivée en droit et en fait. A défaut de décision dans les cinq jours, la personne mise en examen peut directement saisir la chambre de l'instruction, qui doit statuer dans les vingt jours, à défaut, elle est remise en liberté d'office, sauf si des vérifications concernant sa demande ont été ordonnées. Si la demande est irrecevable, le président de la chambre de l'instruction peut, par une ordonnance motivée non susceptible de recours, décider qu'il n'y a pas lieu à statuer (art. 148-8 CPP).

La personne mise en examen et détenue qui n'a pas comparu devant le juge d'instruction pendant plus de quatre mois peut saisir directement la chambre de l'instruction pour demander la mise en liberté (art. 148-4 CPP).

La mise en liberté peut être assortie d'un contrôle judiciaire qui doit comporter, lorsqu'elle fait courir un risque à la victime, l'interdiction de la rencontrer, et celle-ci est avisée de la mesure (art. 144-2 CPP). Une nouvelle détention pour les mêmes faits peut être ordonnée en cas de circonstances nouvelles justifiant l'incarcération.

La personne libérée doit déclarer son adresse auprès du chef de l'établissement pénitentiaire. Elle doit être avisée qu'elle doit signaler au juge d'instruction, jusqu'au règlement de l'information, tout changement de l'adresse déclarée.

2. Le référé-détention

Le référé-détention permet au procureur de la République de solliciter la suspension de l'ordonnance de mise en liberté rendue contrairement à ses réquisitions.

Une telle ordonnance doit lui être notifiée immédiatement. Il dispose alors d'un délai de quatre heures pour saisir le premier président de la cour d'appel (art. 148-1-1, 187-3 CPP). Pendant ce délai, la personne ne peut être libérée.

Le procureur de la République joint à sa demande les observations écrites justifiant le maintien en détention de la personne. La personne mise en examen et son avocat peuvent également présenter les observations écrites qu'ils jugent utiles.

Le premier président de la cour d'appel doit statuer au plus tard le deuxième jour ouvrable suivant la demande. Pendant cette durée, les effets de l'ordonnance de mise en liberté sont suspendus et la personne reste détenue. A défaut de décision dans le délai, la personne est remise en liberté, sauf si elle est détenue pour une autre cause.

Le premier président de la cour d'appel statue en audience de cabinet, au vu des éléments du dossier de la procédure qui peuvent être transmis par télécopie. Le ministère, avisé de l'audience, prend ses réquisitions. L'avocat peut présenter oralement ses observations, par une ordonnance motivée qui n'est pas susceptible de recours. L'ordonnance rendue n'est pas susceptible de recours.

Si le premier président de la cour d'appel estime que le maintien en détention de la personne est manifestement nécessaire au vu d'au moins deux des critères prévus par l'article 144 jusqu'à ce que la chambre d'instruction statue sur l'appel du ministère public, il ordonne la suspension des effets de l'ordonnance de mise en liberté jusqu'à cette date. La personne mise en examen ne peut alors être mise en liberté jusqu'à l'audience de la chambre de l'instruction devant laquelle sa comparution personnelle est de droit. La chambre de l'instruction doit se prononcer dans les plus brefs délais et au plus tard dans les dix jours de l'appel, faute de quoi la personne est mise d'office en liberté si elle n'est pas détenue pour une autre cause.

Dans le cas contraire, le premier président de la cour d'appel ordonne que la personne soit mise en liberté si elle n'est pas détenue pour une autre cause.

Le magistrat ayant statué sur la demande de référé-détention ne peut faire partie de la composition de la chambre de l'instruction qui statuera sur l'appel du ministère public.

C. L'indemnisation pour détention provisoire injustifiée

La personne qui a fait l'objet d'une détention provisoire au cours d'une procédure terminée à son égard par une décision de non-lieu, de relaxe ou d'acquittement devenue définitive a droit, à sa demande, à réparation intégrale du préjudice moral et matériel que lui a causé cette détention (art. 149 CPP). Il n'est pas nécessaire que le préjudice soit manifestement anormal et d'une particulière gravité[9]. Cependant, aucune réparation n'est due lorsque cette décision a pour seul fondement une déclaration d'irresponsabilité pénale pour cause de trouble mental, une amnistie postérieure à la mise en détention provisoire, la prescription de l'action publique intervenue après la libération de la personne. La réparation est également écartée lorsque la personne était dans le même temps détenue pour une autre cause, lorsque la personne a fait l'objet d'une détention provisoire pour s'être librement et volontairement accusée ou laissée accuser à tort en vue de faire échapper l'auteur des faits aux poursuites.

A la demande de l'intéressé, le préjudice est évalué par expertise contradictoire.

La réparation intégrale est allouée par décision du premier président de la cour d'appel dans le ressort de laquelle a été prononcée la décision de non-lieu, de relaxe ou d'acquittement. Il doit être saisi par voie de requête dans le délai de six mois de la décision de non-lieu, de relaxe ou d'acquittement devenue définitive, statue par une décision motivée. Les débats ont lieu en audience publique, sauf opposition du requérant. A sa demande, celui-ci est entendu personnellement ou par l'intermédiaire de son conseil.

Les décisions prises par le premier président de la cour d'appel peuvent, dans les dix jours de leur notification, faire l'objet d'un recours devant une commission nationale de réparation des détentions (art. 149-3 CPP). Cette commission, placée auprès de la Cour de cassation, statue souverainement et ses décisions ne sont susceptibles d'aucun recours, de quelque nature que ce soit.

La réparation allouée est à la charge de l'Etat qui peut exercer un recours contre le dénonciateur de mauvaise foi ou le faux témoin dont la faute aurait provoqué la détention ou sa prolongation.

IV. La détention provisoire à la clôture de l'instruction

A la fin de l'instruction, en matière correctionnelle, la détention provisoire prend fin si le juge d'instruction rend une ordonnance de non-lieu (art. 177 CPP). Il en est de même en cas d'ordonnance de renvoi, sauf si le juge d'instruction en décide le maintien par une ordonnance distincte de l'ordonnance de règlement. A défaut de comparution dans un délai de deux mois, la personne est remise en liberté, sauf décision spéciale du tribunal. Pendant ce délai, le tribunal correctionnel est compétent pour statuer sur les demandes de mise en liberté. La chambre des appels correctionnels statue si un appel a été formé (art. 148-1 CPP).

9. Conditions exigées avant la loi du 15 juin 2000.

En matière criminelle, en cas de mise en accusation, le mandat de dépôt continue de produire effet et l'intéressé reste détenu jusqu'à sa comparution, qui doit intervenir dans un délai d'un an. Si l'audience n'a pas pu débuter pendant ce délai, la chambre de l'instruction peut rendre une décision de prolongation pour six mois (art. 181 CPP). Les demandes de mise en liberté sont examinées par la chambre de l'instruction. La cour d'assises n'est compétente que lorsque la demande est formée durant la session au cours de laquelle elle doit juger l'accusé (art. 148-1 al. 2 CPP).

En cas de pourvoi, la juridiction qui a connu de l'affaire en dernier lieu statue. S'il s'agit d'un pourvoi formé contre l'arrêt de la cour d'assises, la chambre de l'instruction est compétente (art. 148-1 al. 3 CPP).

En cas de condamnation à une peine privative de liberté, la durée de la détention s'impute sur celle de la peine, sauf si la détention ne concerne pas les faits ayant entraîné la condamnation. En cas de non-lieu, de relaxe ou d'acquittement, l'intéressé peut bénéficier d'une indemnisation en compensation du préjudice que lui a causé la détention.

Lecture d'arrêt n° 1

Crim., 2 septembre 2009, pourvoi n° 09-83950

« Vu les articles 5 § 3 de la Convention européenne des droits de l'homme et 181, alinéa 9, du code de procédure pénale ;

« Attendu que, d'une part, en vertu du premier de ces textes, toute personne détenue a le droit d'être jugée dans un délai raisonnable ou libérée pendant la procédure ;

« Attendu que, d'autre part, selon l'article 181, alinéa 9, du code de procédure pénale, si l'audience sur le fond ne peut débuter avant l'expiration du délai d'un an à compter de la date à laquelle la décision de mise en accusation est devenue définitive, la chambre de l'instruction ne peut qu'à titre exceptionnel, par une décision rendue conformément à l'article 144 du code de procédure pénale et mentionnant les raisons de fait ou de droit faisant obstacle au jugement de l'affaire, ordonner la prolongation de la détention provisoire pour une nouvelle durée de six mois ; que cette prolongation peut être renouvelée une fois dans les mêmes formes ;

« Attendu qu'il ressort de l'arrêt attaqué et des pièces de la procédure que, par ordonnance, devenue définitive, du 6 décembre 2007, Patxi X...-Y..., placé sous mandat de dépôt criminel le 7 décembre 2003, a été renvoyé devant la cour d'assises de Paris, spécialement composée, sous l'accusation, notamment, de tentatives d'extorsion de fonds, infractions à la législation sur les armes et sur les explosifs, recels en bande organisée en lien avec une entreprise terroriste et association de malfaiteurs en vue de préparer des actes de terrorisme ; que la détention provisoire de Patxi X...-Y... a été prolongée une première fois pour six mois, à compter du 11 décembre 2008, en application de l'article 181, alinéa 9, du code de procédure pénale ;

« Attendu que, pour prolonger, à la demande du ministère public, la détention provisoire de Patxi X...-Y... pour une nouvelle durée de six mois, sur le fondement du même texte, et répondre à l'argumentation de l'accusé prise du droit à être jugé dans un délai raisonnable, la chambre de l'instruction, après avoir relevé qu'il résultait de la requête du procureur général que l'encombrement du rôle de la cour d'assises spécialement composée n'avait pas permis de faire comparaître Patxi X...-Y... dans le délai d'un an, même prolongé exceptionnellement une première fois pendant six mois, énonce que cette dernière juridiction étant seule compétente pour le jugement de crimes terroristes commis sur l'ensemble du territoire français, sa charge de travail a pour conséquence l'utilisation, dans certaines affaires, du délai maximal de détention institué par le code de procédure pénale, mais qu'un tel délai demeure dans les limites raisonnables prévues par les articles 5 et 6 de la Convention européenne des droits de l'homme ; que les juges ajoutent que la durée de l'information judiciaire était par ailleurs justifiée par la complexité des investigations à mener, compte tenu du mutisme des personnes mises en cause ayant conduit à des expertises dont la réalisation a entraîné l'allongement des délais d'instruction ;

« Mais attendu qu'en se déterminant ainsi, la chambre de l'instruction, qui ne pouvait justifier la mesure de prolongation de la détention à titre exceptionnel par les difficultés récurrentes de fonctionnement de la juridiction appelée à statuer au fond, et qui n'a pas recherché si les autorités compétentes avaient apporté une diligence particulière à la poursuite de la procédure, a méconnu les textes susvisés et les principes ci-dessus rappelés ;

« D'où il suit que la cassation est encourue de ce chef. »

Lecture d'arrêt n° 2

Crim., 17 juin 2006, pourvoi 06-82.339

« Statuant sur le pourvoi formé par :

X... Mohamed,

« Contre l'arrêt de la chambre de l'instruction de la cour d'appel de Versailles, en date du 3 mars 2006, qui, dans l'information suivie contre lui du chef d'infractions à la législation sur les stupéfiants, a infirmé l'ordonnance du juge des libertés et de la détention refusant de prolonger sa détention provisoire ;

« Vu le mémoire produit ;

« Sur le premier moyen de cassation, pris de la violation des articles 5 de la Convention européenne des droits de l'homme, 137-1, 137-2, 137-3, 207 et 593 du code de procédure pénale, défaut de motifs, manque de base légale ;

« Attendu qu'il résulte de l'arrêt attaqué et des pièces de la procédure que le juge d'instruction a saisi le juge des libertés et de la détention le 1er février 2006 en vue de prolonger la détention provisoire de Mohamed X..., mis en examen pour des faits de nature correctionnelle et placé en détention provisoire le 31 octobre 2005 ;

« Que, le 23 février 2006, le juge des libertés et de la détention, estimant qu'il n'y avait pas lieu de prolonger la détention provisoire, a rendu une ordonnance prescrivant que la personne mise en examen sera mise en liberté à l'expiration du titre de détention, le 28 février 2006, et la plaçant sous contrôle judiciaire ; que le procureur de la République a interjeté appel de cette décision ; que Mohamed X... a soutenu devant la chambre de l'instruction que l'ordonnance du juge des libertés et de la détention était nulle en ce qu'elle n'avait pas ordonné sa mise en liberté immédiate et qu'en conséquence l'appel du ministère public était irrecevable ;

« Attendu qu'en cet état, les griefs allégués ne sont pas encourus ;

« Que, contrairement à ce que soutient le demandeur, aucune disposition légale n'impose que le juge des libertés et de la détention prescrive la mise en liberté immédiate de la personne dont il refuse de prolonger la détention ;

« D'où il suit que le moyen, qui soutient à tort que la chambre de l'instruction aurait dû annuler l'ordonnance entreprise, ne saurait être admis ;

« Sur le second moyen de cassation, pris de la violation des articles 5 de la Convention européenne des droits de l'homme, 114 et 593 du code de procédure pénale, défaut de motifs, manque de base légale ;

« En ce que l'arrêt infirmatif attaqué a ordonné la prolongation de la détention provisoire de Mohamed X... ;

« Aux motifs que la participation de Mohamed X..., à la supposer établie, à un important trafic de stupéfiants s'est inscrite dans la durée, soit près de deux années ; que de tels faits sont de ceux qui troublent de façon exceptionnelle et durable l'ordre public ; que l'un des mis en cause est en fuite, il convient d'empêcher toute concertation de Mohamed X... avec lui ; que si l'intéressé présente certaines garanties de représentation, celles-ci ne sont pas suffisantes au regard des nécessités de l'instruction ; que, compte tenu de l'ensemble de ces motifs, un contrôle judiciaire serait, à ce stade de l'instruction, inadapté ; que la détention provisoire de Mohamed X... est donc indispensable ;

« Alors, d'une part, que la détention provisoire ne peut être prolongée en raison d'un trouble exceptionnel et persistant à l'ordre public que si ce trouble résulte de l'infraction reprochée à la personne détenue et persiste au jour de la décision de prolongation ; qu'en se bornant à relever, par des considérations purement abstraites, que les faits imputés à Mohamed X... sont "*de ceux qui*" troublent de façon exceptionnelle et durable l'ordre public, sans constater de façon concrète que ces faits auraient effectivement causé un tel trouble et que ce dernier persisterait au jour de sa décision, la chambre de l'instruction a violé les dispositions précitées ;

« Alors, d'autre part, que la chambre de l'instruction ayant retenu la prétendue insuffisance des mesures de contrôle judiciaire compte tenu de l'ensemble des motifs de sa décision, le motif pris de la nécessité d'éviter une concertation avec une autre personne mise en examen ne peut à lui seul justifier la décision attaquée ;

« Attendu que les énonciations de l'arrêt attaqué mettent la Cour de cassation en mesure de s'assurer que la chambre de l'instruction s'est déterminée par des considérations de droit et de fait répondant aux exigences des articles 137-3, 143-1 et suivants du code de procédure pénale ;

« D'où il suit que le moyen doit être écarté ;

« Et attendu que l'arrêt est régulier en la forme ;

« REJETTE le pourvoi. »

Modèles d'actes de procédure

	Ordonnance de placement en détention provisoire
Cour d'appel de .... Tribunal de grande instance de .... Cabinet de M. ou Mme ... Juge d'instruction N° de parquet : .... N° d'instruction : ...	Le .... Nous, M. ou Mme ...., Juge des libertés et de la détention au Tribunal de grande instance de .... Etant en notre cabinet ou en audience publique, Vu l'information concernant : Nom .... Nom marital .... Prénoms .... Né(e) le .... à .... De .... et de .... Adresse déclarée .... Profession .... Situation familiale .... Nationalité .... Antécédents judiciaires .... Personne mise en examen pour .... Faits prévus et punis par l'article ou les articles .... du code pénal. Vu les réquisitions de M. ou Mme le procureur de la République, en date du ......, Vu la saisine de M. ou Mme ...., juge d'instruction au Tribunal de grande instance de .... en date du ......, tendant au placement en détention provisoire de la personne susnommée, Vu les articles 137, 137-1, 143-1, 144 et 145 du code de procédure pénale, Attendu que la personne mise en examen encourt une peine criminelle, Attendu qu'il a été procédé au débat contradictoire prévu par la loi, Attendu que les obligations du contrôle judiciaire sont insuffisantes au regard des objectifs définis à l'article 137 du code de procédure pénale, en ce que .... Attendu que la détention provisoire de la personne mise en examen est l'unique moyen : • de conserver les preuves ou les indices matériels qui sont nécessaires à la manifestation de la vérité ;

	• d'empêcher une pression sur les témoins ou sur les victimes ainsi que leur famille ; • d'empêcher une concertation frauduleuse entre la personne mise en examen et ses complices ; • de protéger la personne mise en examen ; • de mettre fin à l'infraction ; • de garantir le maintien de la personne mise en examen à la disposition de la justice ; • de mettre fin à l'infraction ou prévenir son renouvellement ; • De mettre fin au trouble exceptionnel et persistant à l'ordre public qu'a provoqué l'infraction en raison de sa gravité ou des circonstances de sa commission ou de l'importance du préjudice qu'elle a causé. En ce que : .... PAR CES MOTIFS Statuant en audience publique ORDONNONS LA DÉTENTION PROVISOIRE de ......, mis(e) en examen que nous plaçons sous mandat de dépôt. Le Juge des libertés et de la détention Reçue copie intégrale le .... La personne mise en examen L'Avocat Avis de la présente ordonnance non conforme à ses réquisitions a été donné au Ministère public, ... Le Greffier Copie de la présente ordonnance a été adressée à l'Avocat de la personne mise en examen par lettre recommandée le .... Le Greffier

Fiche n° 33 : La chambre de l'instruction : le rôle du président de la chambre de l'instruction

Références

• ANGEVIN H., *La Pratique de la chambre de l'instruction*, Litec, 2005.

Explications

La chambre de l'instruction exerce un pouvoir de contrôle sur l'activité du juge d'instruction. Au sein de cette formation, le président est un organe entier doté de pouvoirs spécifiques (I).

Le président de la chambre de l'instruction dispose de pouvoirs propres, définis aux articles 219 à 230 du code de procédure pénale qui lui permettent de vérifier le bon déroulement de l'instruction et de filtrer les requêtes des parties (II).

I. Le contrôle de l'instruction

Le président de la chambre de l'instruction exerce un contrôle sur les cabinets de l'instruction du ressort de la cour d'appel et sur la détention provisoire.

A. Le fonctionnement des cabinets d'instruction

Le président de la chambre de l'instruction est l'organe régulateur de la procédure d'instruction. Sa mission consiste à s'assurer du bon fonctionnement des cabinets d'instruction de son ressort (art. 220 CPP). Il vérifie que les procédures ne subissent aucun retard, que les commissions rogatoires sont correctement délivrées et contrôlées par les mandants. A cet effet, chaque cabinet d'instruction doit lui faire parvenir un état trimestriel des affaires en cours indiquant pour chacune, la date du dernier acte exécuté dont il est saisi. Le président de la chambre de l'instruction peut également visiter le cabinet des juges d'instruction.

Lorsqu'il constate qu'un délai de quatre mois s'est écoulé depuis la date du dernier acte nécessaire à la manifestation de la vérité, le président de la chambre de l'instruction peut saisir la juridiction par requête (art. 221-2 CPP), celle-ci pouvant évoquer, renvoyer l'affaire à un autre juge du ressort, renvoyer au même juge.

B. Le contrôle de la détention provisoire

1. Le déroulement de la détention provisoire

Le président de la chambre de l'instruction exerce un contrôle sur le déroulement de la détention provisoire. Il vérifie qu'il n'existe pas de détention provisoire injustifiée. Un état spécial des personnes placées en détention provisoire doit être fait chaque trimestre. Lorsqu'il l'estime nécessaire et au moins une fois par trimestre, il visite les maisons d'arrêt de son ressort et vérifie la situation des détenus provisoires (art. 222 CPP). S'il constate une irrégularité, il saisit la chambre de l'instruction. Il peut s'opposer à un placement en détention provisoire en cas de procédure de référé-liberté, constater l'irrecevabilité d'une demande de mise en liberté ou de mainlevée de contrôle judiciaire. Si, un mois après le début de la détention, le juge d'instruction refuse de délivrer un permis de visite à un membre de la famille, ce refus peut être contesté devant le président de la chambre de l'instruction qui doit statuer dans les cinq jours.

2. L'audience semestrielle de contrôle des informations en cours en cas de détention du mis en examen

Lorsque le délai de trois mois s'est écoulé depuis le placement en détention provisoire de la personne mise en examen et que l'avis de fin d'information prévu par l'article 175 du code de procédure pénale n'a pas été délivré, l'examen de la procédure peut être décidé d'office par le président de la chambre de l'instruction ou à la demande du ministère public ou d'une partie.

La chambre de l'instruction statue après une audience à laquelle les avocats de l'ensemble des parties et des témoins assistés sont convoqués. La comparution des parties ou des témoins peut être réalisée au moyen de visioconférences. Les débats doivent se dérouler en audience publique, sauf décision contraire du président de la chambre de l'instruction, ou de la chambre de l'instruction à la requête du ministère public, de la personne mise en examen ou de la partie civile. Les parties ont la possibilité de déposer des demandes d'actes, des demandes de mises en liberté ou des requêtes en annulation.

La chambre de l'instruction peut ordonner la mise en liberté, assortie ou non du contrôle judiciaire. Elle peut prononcer la nullité de certains actes de procédure. Elle peut renvoyer totalement ou partiellement le dossier au juge d'instruction préalablement saisi en se réservant le contentieux sur la détention ou le contrôle judiciaire. Elle peut évoquer totalement ou partiellement l'information. Elle peut ordonner une cosaisine, et, si la désignation d'autres juges n'est pas possible, le juge initial peut être dessaisi et le dossier transféré entièrement à un juge d'un autre ressort. Elle peut enfin ordonner le règlement, même partiel, de la procédure.

Si, six mois après que l'arrêt est devenu définitif, la personne est toujours en détention, un nouvel examen de l'affaire peut être ordonné, sauf si l'avis de fin d'information a été délivré.

II. Le filtrage des requêtes formées par les parties

Le président de la chambre de l'instruction assure le filtrage des demandes adressées par les parties à la chambre de l'instruction afin d'éviter une formation inutile de la juridiction (art. 148-8, 176, 186, 186-1 CPP) par une ordonnance non susceptible d'appel[1]. Il peut rendre une ordonnance de non-admission d'appel lorsqu'une condition de l'appel fait défaut ou lorsqu'il a été fait appel d'une ordonnance non susceptible d'appel, lorsque le recours est formé hors délai ou lorsque l'appelant s'est désisté. Il peut également rendre une ordonnance de refus de saisine de la chambre de l'instruction en cas d'appel contre une ordonnance relative à une expertise ou portant refus par le juge de procéder à un acte d'instruction réclamé par les parties.

Lorsqu'il s'agit de requêtes en nullité des actes d'instruction, il exerce un contrôle formel sur leur recevabilité et non sur le bien-fondé des moyens invoqués (art. 173 CPP). Il en est ainsi lorsque la requête n'est pas motivée, lorsque le demandeur n'a pas fait de déclaration au greffe de la chambre de l'instruction, lorsque la requête tend à l'annulation d'un acte pouvant faire l'objet d'un appel, lorsque le parquet a déjà adressé au juge d'instruction ses réquisitions de règlement. Il en est de même en cas de saisine de la chambre de l'instruction par les parties lorsque le juge d'instruction n'a plus fait aucun acte d'instruction depuis quatre mois ou deux mois en cas de détention provisoire.

Le président de la chambre de l'instruction peut être saisi par les parties lorsque le juge d'instruction n'a pas répondu à leurs demandes d'actes ou d'expertises dans un délai d'un mois (art. 81 al. 11 CPP).

1. Un recours pour excès de pouvoir est toutefois possible : Crim., 12 déc. 1994, *Bull. crim.*, n° 402.

Fiche n° 34 : La chambre de l'instruction : les nullités de l'information

Références

- BOULOC B., « Observations sur les nullités de l'instruction », *Mélanges Couvrat*, Presses universitaires de France, 2001, p. 417.
- GOYET G., « A propos des nullités de l'instruction préparatoire : quelques remarques sur la distinction des nullités textuelles et des nullités substantielles », *RSC*, 1976, p. 899.
- GUERRIN M., « Les changements opérés par la loi sur la présomption d'innocence sur les nullités de procédures... », *RSC*, 2000, p. 753.
- HENNION-JACQUET P., « Les nullités de l'enquête et de l'instruction ; un exemple de déclin de la légalité procédurale », *Revue pénitentiaire et de droit pénal*, 2003, p. 7.
- LEVASSEUR G., « Les nullités de l'instruction », *Mélanges Patin*, Cujas, p. 469.

Définitions

- **Nullité substantielle** : sanction de la méconnaissance d'une formalité substantielle prévue par le code de procédure pénale ou toute autre disposition de procédure pénale portant atteinte aux intérêts de la partie concernée, alors même que la nullité n'est pas prévue par le texte.

- **Nullité textuelle** : sanction expressément prévue par le texte imposant le respect d'une disposition procédurale.

- **Nullité d'ordre public** : sanction d'une disposition fondamentale, même en l'absence de grief.

Explications

La nullité est la sanction de l'inobservation d'une condition de validité d'un acte juridique. L'acte annulé est censé n'avoir jamais existé. La nullité d'un acte de procédure s'apprécie d'après le droit en vigueur au moment où cet acte a été formé. L'application immédiate de la loi nouvelle est sans effet sur la validité des actes accomplis conformément à la loi ancienne (art. 112-4 CP). Les principales dispositions du code de procédure relatives aux nullités sont prévues par les articles 171 et suivants et 802 du code de procédure pénale.

Seules les ordonnances administratives du juge d'instruction peuvent être frappées de nullité, à l'exclusion des ordonnances juridictionnelles qui ne peuvent faire l'objet que d'un appel (art. 173 CPP).

Les ordonnances juridictionnelles sont celles qui doivent être communiquées au ministère public avant leur établissement et notifiées aux parties privées (art. 183 CPP). Elles peuvent faire l'objet d'un appel devant la chambre de l'instruction par le parquet et les parties (art. 185, 186 CPP). D'une manière générale, les ordonnances juridictionnelles sont prises par le juge d'instruction chaque fois qu'il prend position et tranche une contestation[1] : ordonnance par laquelle il se prononce sur sa compétence, sur la recevabilité de l'action publique ou de l'action civile, les ordonnances de clôture, les ordonnances rendues en matière de détention provisoire ou de contrôle judiciaire. Une telle ordonnance cause nécessairement un grief.

Sont administratives les ordonnances correspondant à la mission d'enquêteur, ne donnant lieu à aucune contestation de la part des parties et prises d'office par le juge (ordonnance de transport sur les lieux ou ordonnance d'une écoute téléphonique). Mais dès que la mesure prise est contestée et donne lieu à une seconde ordonnance par laquelle le juge tranche la contestation ou si une telle mesure est demandée par une partie, l'ordonnance est juridictionnelle (ordonnance refusant un supplément d'expertise).

I. Les causes de nullité

A. Nullités textuelles et nullités substantielles

Les nullités textuelles concernent la violation des formes prescrites par la loi à peine de nullité (art. 802 CPP) : perquisitions (art. 59 al. 2, art. 706-35, 706-92 CPP), vérifications d'identité (art. 78-3 CPP), convocation par procès-verbal (art. 393 al. 3 CPP), mise en examen hâtive (art. 80-1 CPP).

Les nullités substantielles ou virtuelles consistent en l'inobservation des formalités substantielles prévues par une disposition du code de procédure pénale ou extérieure au code de procédure pénale (principe général ou autre texte) portant atteinte aux intérêts de la partie concernée (art. 802 et 171 CPP).

B. Le principe « pas de nullité sans grief »

Qu'il s'agisse d'une nullité textuelle ou d'une nullité substantielle, le demandeur doit démontrer que l'irrégularité lui a causé un grief, qu'elle a porté atteinte à ses intérêts (art. 802 CPP), en application du principe « *pas de nullité sans grief* ». Toutefois, la jurisprudence exige l'établissement d'un grief aux nullités d'ordre privé et considère qu'une nullité d'ordre public est par nature préjudiciable.

Les nullités d'ordre public au sens strict concernent les violations des dispositions relatives à la compétence des juridictions, leur organisation et composition, les formes et délais des voies de recours. Dans les autres cas, la distinction relève de la

1. G. Cornu, *Vocabulaire juridique Capitant*, Presses universitaires de France, 2003.

jurisprudence. Elle considère que les manquements relatifs aux droits de la défense sont nécessairement préjudiciables : retard dans la notification des droits du gardé en vue, violation des modes d'administration des preuves, droit pour la personne poursuivie d'avoir la parole en dernier, motivation en cas de désignation d'un expert non inscrit sur la liste. Il faut faire la preuve d'un grief s'il s'agit de la violation des règles relatives aux perquisitions, aux saisies, l'absence de signature d'un procès-verbal.

II. La mise en œuvre des nullités

Les nullités ne peuvent être soulevées pendant l'enquête. L'inobservation des règles de procédure par la police judiciaire est généralement invoquée pendant l'instruction. Toutefois, l'existence d'un cas de nullité n'entraîne pas nécessairement l'annulation de l'acte.

A. La saisine de la chambre de l'instruction

La chambre de l'instruction est compétente pour connaître des nullités de la mise en état.

1. La demande en nullité

Le juge d'instruction peut présenter une requête en annulation, après avis du procureur de la République et information des parties portant sur sa propre procédure (art. 173 al. 1 CPP)[2]. Le juge d'instruction ne peut refaire un acte que s'il a été annulé par la chambre de l'instruction.

Le procureur de la République peut saisir la chambre de l'instruction par réquisitions. Il doit en informer les parties (art. 173 al. 2 du CPP).

Les parties ou le témoin peuvent adresser une requête en annulation motivée, soumise au filtrage du président de la chambre de l'instruction, qui peut la déclarer irrecevable (art. 173 CPP). La requête doit faire l'objet d'une déclaration au greffe de la chambre de l'instruction ou, si le mis en examen est détenu, au greffe de la maison d'arrêt. Une copie doit être adressée au juge de l'instruction, qui doit envoyer l'original du dossier à la chambre de l'instruction. La demande en annulation n'est recevable que si le requérant a qualité pour agir.

La demande en nullité peut concerner tout acte ou pièce de la procédure (170 CPP), y compris les actes établis au stade de l'enquête de police. En vertu de la théorie de l'unique objet, la requête ne peut porter sur les actes de nature juridictionnelle qui

2. Pour le juge des libertés et de la détention : Crim., 13 oct. 2004, *Bull. crim.*, n° 242, *D.*, 2004, IR 2833 ; *JCP*, 2004, IV 3270.

ne sont susceptibles que d'appel (art. 173 al. 4 du CPP). La jurisprudence admet cependant que l'illégalité d'une ordonnance relative à la détention provisoire et au contrôle judiciaire peut être soulevée à l'occasion d'un appel portant sur une telle décision. Le réquisitoire introductif ou une ordonnance de règlement ne peuvent être annulés que si les conditions de forme n'ont pas été respectées. La demande ne peut porter sur un acte étranger à la procédure d'instruction en cause[3].

2. Les pouvoirs de la chambre de l'instruction

La chambre de l'instruction, saisie d'une requête en nullité, a le pouvoir de relever d'office les nullités de la procédure qui lui est soumise (art. 174 al. 1 CPP). Elle doit vérifier la régularité des procédures et rechercher les éventuelles causes de nullité (art. 206 CPP). Il en est ainsi lorsqu'elle est saisie du dossier entier de la procédure de l'instruction, à condition toutefois que l'appel soit recevable.

La forclusion de l'article 175 du code de procédure pénale ne fait pas obstacle à ce que la chambre de l'instruction relève d'office tout moyen de nullité à l'occasion de l'examen de la régularité de la procédure auquel elle se livre en application de l'article 206 du code de procédure pénale. Les parties ne peuvent cependant invoquer des nullités sur le fondement de l'article 206 du code de procédure pénale lorsqu'il existe une cause d'irrecevabilité prévue par la loi.

B. La purge des nullités

En cas d'inobservation des règles de formes, divers mécanismes permettent d'empêcher la demande d'annulation.

Les parties peuvent expressément renoncer à se prévaloir d'une cause de nullité en présence de leur avocat (art. 172 CPP).

La personne mise en examen doit, sous peine d'irrecevabilité, soulever les causes de nullité antérieures ou concomitantes, respectivement à l'interrogatoire de première comparution et aux interrogatoires ultérieurs dans un délai de six mois à compter de la notification de la mise en examen ou de l'interrogatoire ultérieur, sauf si elle ne pouvait pas les connaître (art. 173-1 CPP). Il en est de même de la partie civile et du témoin assisté pour la première audition et pour les auditions ultérieures.

La partie qui soulève une nullité doit se prévaloir de toutes les causes de nullité qu'il lui est possible de connaître au jour de sa requête en annulation, à peine d'irrecevabilité de toute requête ultérieure du chef de ces nullités (art. 174 al. 1 CPP).

3. Crim., 16 mai 1990, *Bull. crim.*, n° 193 ; voir cependant Cour EDH, 29 mars 2005, Matheron c/ France, *JCP*, 2005, II, 10091 note L. Di Raimondo prônant le droit à un contrôle efficace de tout acte coercitif, même résultant d'un acte étranger à la procédure en cause.

Par ailleurs, le dépôt d'une requête en nullité ouvre au profit des autres parties la possibilité de solliciter la nullité des actes qu'elles sont en mesure de soulever à cette date (art. 197 CPP). A défaut, leurs requêtes ultérieures seraient jugées irrecevables, sauf si la partie n'a pas été avisée de la date d'audience.

Le juge d'instruction qui envisage de clore l'information en avise les parties, qui ont un délai d'un mois si une personne mise en examen est détenue et de trois mois dans les autres cas pour introduire une requête en nullité pour les actes non forclos par le délai de six mois prévu à l'article 173-1 du code de procédure pénale (art. 175 al. 2 CPP). Passé ce délai, elles ne sont plus recevables à présenter une requête en nullité[4], sauf s'il s'agit de pièces versées au dossier ou d'actes réalisés après l'expiration du délai.

Après la clôture de l'information, l'ordonnance de mise en accusation purge les vices de l'instruction. Le tribunal saisi par une ordonnance de renvoi du juge de l'instruction ou de la chambre de l'instruction ne peut constater la nullité de la procédure que si les formalités préalables au règlement de l'instruction n'ont pas été respectées. Si l'ordonnance ou l'arrêt de renvoi n'a pas été porté à la connaissance des parties ou si l'ordonnance n'a pas été rendue selon l'article 184 du code de procédure pénale, le tribunal renvoie la procédure au ministère public pour faire saisir la juridiction aux fins de régularisation.

Le tribunal saisi par citation directe ou par comparution immédiate statue sur la nullité de la procédure antérieure.

III. La portée de la nullité

La chambre de l'instruction peut limiter la nullité à tout ou partie des actes de la procédure viciée ou l'étendre à tout ou partie de la procédure ultérieure (art. 174 al. 2 CPP). L'annulation ne se limite cependant qu'aux actes subséquents. Les actes postérieurs sont atteints s'ils ont leur support nécessaire dans l'acte nul. L'annulation d'une perquisition emporte annulation des actes relatifs aux infractions constatées lors de cette opération. Mais les actes antérieurs réguliers restent valables.

L'annulation produit effet à l'égard de toutes les parties. L'acte entièrement annulé est retiré du dossier et l'acte en partie annulé est cancellé, c'est-à-dire rayé ou biffé de telle sorte qu'on rende l'acte ou la partie de l'acte illisible (art. 174 al. 2 et 3 du CPP). Il est alors interdit de tirer de ces actes ou des parties annulées un renseignement dont il pourrait être fait usage à l'encontre les parties, sous peine de poursuites disciplinaires contre les avocats et les magistrats (art. 174 al. 3 du CPP).

4. Crim., 10 juillet 2002, *Bull. crim.*, n° 52, *D.*, 2003, obs. Pradel ; *JCP*, 2002, IV 2614 ; la forclusion joue même si les parties n'auraient pas pu connaître de l'irrégularité alléguée : Crim., 6 mai 1998, *Dr. pénal*, 1999, n° 62, obs. Maron.

Cependant, lorsque la chambre de l'instruction annule la mise en examen pour violation des dispositions de l'article 80-1, la personne est considérée comme témoin assisté à compter de son interrogatoire de première comparution et pour l'ensemble de ses interrogatoires ultérieurs et, le cas échéant, jusqu'à l'issue de l'information (art. 174-1 CPP).

Les actes annulés doivent être réitérés selon les formes légales et la chambre de l'instruction peut soit évoquer, soit saisir un autre juge d'instruction ou renvoyer devant le premier juge.

Lecture d'arrêt

Crim., 20 mai 2009, pourvoi n° 08-80677

« LA COUR DE CASSATION, CHAMBRE CRIMINELLE, a rendu l'arrêt suivant :

« Statuant sur le pourvoi formé par X... Marie contre l'arrêt de la cour d'appel de VERSAILLES, 9e chambre, en date du 14 décembre 2007, qui, pour usurpation de fonction, faux en écritures publiques et usage, l'a condamnée à quatre mois d'emprisonnement avec sursis et a prononcé sur les intérêts civils ;

« Vu les mémoires personnel et ampliatif produits ;
« Sur le moyen unique du mémoire personnel, pris de la violation de l'article 175 du code de procédure pénale ;

« Sur le premier moyen de cassation du mémoire ampliatif, pris de la violation des articles 6 de la Convention européenne de sauvegarde des droits de l'homme et des libertés fondamentales, 492 et 500 du code civil, dans leur version applicable à l'époque des faits et antérieures à la loi 2007-308 du 5 mars 2007, 175, 187, 385, 591 et 593 du code de procédure pénale ;

« En ce que l'arrêt attaqué a rejeté le moyen de nullité tiré de l'absence d'information du tuteur de la personne mise en cause au moment de sa mise en examen ;

« Aux motifs que Marie X... a prétendu que son tuteur n'aurait pas été informé de sa mise en examen que, dès lors, à son avis, la cour doit annuler le procès-verbal de première comparution et donc toute la procédure subséquente ; que cependant, la cour constate que Marie X... n'a formé aucun recours à la suite de l'ordonnance rendue le 27 avril 2004, alors que les dispositions de l'article 175 du code de procédure pénale instaurent un délai de forclusion qui lui est opposable ; que la cour considère, en outre, que la mise en examen par le juge n'est pas un acte de nature patrimoniale, impliquant nécessairement la convocation du tuteur »

« Et aux motifs éventuellement adoptés que "in limine litis, *Marie X... a demandé de constater l'absence d'avis au tuteur de Marie X... de sa mise en examen et en consé-*

quence d'annuler le procès-verbal de première comparution ainsi que l'ensemble des actes subséquents" ; qu'elle fait valoir que le 5 avril 2004, elle a déposé une requête en nullité tendant à annuler la mise en examen ; que le 7 avril, elle a adressé un courrier à la chambre de l'instruction, qu'elle qualifie de mémoire complémentaire et que le 14 avril 2004, elle a déposé une seconde requête en nullité ; que le 27 avril le président de la chambre de l'instruction a rendu une ordonnance de non-saisine de la chambre en ne visant que la requête du 14 avril 2004 ; que le tribunal de grande instance de Chartres est donc compétent pour statuer sur la requête du 5 avril 2004 ; qu'en tout état de cause, il résulte des dispositions de l'article 175 du code de procédure pénale que les parties ne sont plus recevables à formuler une demande ou de présenter une requête sur le fondement de l'article 173, alinéa 3, à l'expiration du délai de vingt jours à compter de l'envoi par le juge d'instruction de l'avis de fin d'information ; qu'"*en l'espèce, Marie X... pouvait saisir la chambre de l'instruction de l'avis de fin d'information, ce qu'elle s'est abstenue de faire*" ; que les dispositions de l'alinéa de l'article 175 instaurent un délai de forclusion qui est opposable à Marie X... ; que le tribunal correctionnel n'est compétent que pour connaître les nullités postérieures à l'ordonnance de renvoi devant le tribunal correctionnel ; que par ailleurs, c'est en vain qu'il est soutenu à l'appui de la demande de nullité l'arrêt Vaudelle du 30 janvier 2001 de la Convention européenne des droits de l'homme dans la mesure où dans cette affaire la personne sous protection n'avait pu exercer ses droits de la défense et n'avait pu être assistée d'un conseil ; alors que dans le cas présent, dès sa mise en examen, Marie X... a été assistée d'un conseil comme lors de la suite de la procédure et lors de l'audience du tribunal correctionnel ;

« Alors que, d'une part, si selon l'article 187 du code de procédure pénale, lorsque l'une des parties présente une requête en nullité d'actes de la procédure, le juge d'instruction peut poursuivre son information y compris jusqu'au règlement de la procédure, la chambre de l'instruction reste saisie de la requête en nullité qui lui est présentée même après règlement de la procédure ; qu'une ordonnance de renvoi devant le tribunal correctionnel n'a pas pour effet de priver la partie ayant présenté une requête en nullité d'actes de la procédure de son droit de faire examiner son recours par la chambre de l'instruction ; qu'en l'espèce, si les juges du fond ne pouvaient en application des articles 175 du code de procédure pénale connaître des demandes de nullité d'actes de l'instruction, il leur appartenait, s'ils admettaient qu'une requête en nullité d'actes de la procédure pénale n'avait pas été examinée par la chambre de l'instruction, comme cela était soutenu par la prévenue, de surseoir à statuer dans l'attente de la décision de la chambre de l'instruction ; qu'en déclarant l'exception de nullité irrecevable en application de l'article 175 du code de procédure pénale, la cour d'appel a non seulement méconnu le sens de cette disposition, mais également les articles 187 et 385 du code de procédure pénale ;

« Alors que, d'autre part, en visant une ordonnance du 27 avril 2004, sans précision, pour affirmer que cette ordonnance pouvait faire l'objet d'un recours dans le délai de forclusion de l'article 175 du code de procédure pénale, dès lors que cet article ne concerne que la forclusion pour invoquer la nullité éventuelle des actes de l'instruction et notamment des ordonnances du juge d'instruction mais ne s'applique pas aux ordonnances du président de la chambre de l'instruction rejetant une requête en nullité et dès lors que l'ordonnance en date du 27 avril 2004 apparaissait être l'ordonnance du président de la chambre de l'instruction ayant rejeté la requête en nullité du 14 avril 2004, la cour d'appel qui ne précise pas par ailleurs si cette ordonnance s'était prononcée sur la requête en nullité du 5 avril 2004, contrairement à ce qu'affirmait la prévenue et contrairement à ce qu'admettait implicitement le tribunal, ne met pas la chambre criminelle en mesure d'exercer son contrôle ;

« Alors qu'enfin, toute personne a droit à un procès équitable ; que dès lors qu'un majeur placé sous tutelle est considéré comme affecté de troubles tels qu'il doive être assisté dans tous les actes de la vie civile, il en résulte nécessairement que son tuteur ou toute autre personne désignée pour le représenter doit être informé de la procédure pénale engagée à son encontre et à tout le moins de son éventuelle mise en examen, peu important qu'un avocat ait été désigné pour l'assister, dès lors que le tuteur n'en a pas été informé et n'a pu prendre aucune décision à cet égard ; que l'information du tuteur d'un majeur protégé que le juge d'instruction envisage de mettre en examen s'impose que cette mise en examen ait ou non immédiatement des conséquences financières ; qu'en estimant que l'information du tuteur ne s'imposait pas dès lors que la mise en examen n'était pas de nature à avoir des conséquences patrimoniales, et éventuellement que la prévenue avait bénéficié de l'assistance d'un avocat lors de l'interrogatoire de première comparution, la cour d'appel a méconnu tant l'article 6 de la Convention européenne des droits de l'homme que les articles 492 et 500 du code civil ;

« Les moyens étant réunis ;

« Attendu que, selon l'article 385, alinéa 1, du code de procédure pénale, les juridictions correctionnelles n'ont pas qualité pour constater les nullités de procédure lorsqu'elles sont saisies par le renvoi ordonné par le juge d'instruction ; que si la cour d'appel a cru devoir répondre à l'exception de nullité tirée du défaut de convocation du tuteur de la demanderesse, lors de sa mise en examen, le moyen qui reprend cette exception devant la Cour de cassation est irrecevable par application du texte précité [...]. »

Fiche n° 35 : La chambre de l'instruction : le pouvoir de réformation

Explications

En tant que juridiction de second degré, la chambre de l'instruction connaît des appels exercés contre les décisions juridictionnelles du juge de l'instruction et du juge des libertés et de la détention. C'est le pouvoir de réformation qui permet à la chambre de l'instruction de juger du bien-fondé d'une ordonnance juridictionnelle.

I. Le droit d'appel

Le droit d'appel dépend de la qualité du requérant.

A. Le droit d'appel général du ministère public

Le ministère public a un droit d'appel général (art. 185 CPP). Il peut faire appel de toute ordonnance juridictionnelle du juge d'instruction ou du juge des libertés et de la détention, et même si l'ordonnance a été rendue conformément à ses réquisitions ou sans ses réquisitions. Lorsqu'il s'agit d'une ordonnance de mise en liberté prise contrairement à ses réquisitions, il peut, en même temps que l'appel, faire un référé-détention, procédure permettant de saisir le président de la chambre de l'instruction tendant à la suspension de cette ordonnance (art. 148-1-1 CPP). Le procureur général dispose également du droit de faire appel de toutes les ordonnances juridictionnelles (art. 185 al. 2 CPP).

B. Le droit d'appel des parties privées

Contrairement au droit d'appel du ministère public, les parties privées ont un droit d'appel limite aux actes qui leur font grief. Ce droit est également contrôle par le président de la chambre de l'instruction.

1. Un droit d'appel limité

La personne mise en examen peut faire appel des ordonnances relatives à la constitution de partie civile[1], des ordonnances relatives au contrôle judiciaire ou à la détention provisoire à l'exception de l'ordonnance d'incarcération provisoire, de l'ordonnance de mise en accusation[2] (art. 186 CPP). L'appel est exclu à l'égard des

1. Mais le droit de faire appel ne porte pas sur l'ordonnance fixant le montant de la consignation : Crim., 3 avril 1990, *Bull. crim.*, n° 143, *D.*, 1990, somm. 379, obs. Pradel.

2. Crim., 4 juin 2003, *Bull. crim.*, n° 116 : est irrecevable l'appel interjeté par un mineur devant la chambre de l'instruction, à l'encontre d'une ordonnance le renvoyant devant le tribunal pour enfants pour crime.

ordonnances de renvoi en jugement, sauf si la personne mise en examen estime que les faits constituent un crime qui aurait pu être renvoyé en cour d'assises (art. 186-3 CPP). Après un non-lieu, la personne mise en examen peut porter appel contre l'ordonnance refusant la publication du jugement (art. 177-1 CPP).

La partie civile peut former un appel contre une ordonnance de refus d'informer, de non-lieu et des ordonnances faisant grief à ses intérêts civils, comme l'ordonnance déclarant irrecevable la constitution de partie civile, ou déclarant les faits amnistiés, ou fixant le montant de la consignation ou de l'amende civile (art. 186 al. 2 CPP). Elle peut interjeter appel contre une ordonnance de non-lieu seulement en ce qui concerne ses intérêts civils. Son appel ne peut porter en aucun cas sur une ordonnance relative à la détention de la personne mise en examen ou au contrôle judiciaire, sur une ordonnance de mise en accusation ou sur une ordonnance de renvoi.

La personne mise en examen et la partie civile peuvent intenter un appel contre les ordonnances relatives à la compétence, les ordonnances rejetant une demande d'acte d'instruction (art. 186-1 CPP) ou des ordonnances refusant de faire droit à la restitution d'objets saisis (art. 99 CPP). Elles ne peuvent faire appel contre une ordonnance de renvoi, sauf si le juge a omis de statuer sur un des chefs d'inculpation visés par les réquisitions du parquet ou sur une demande d'acte antérieurement formulée (art. 186, 186-1 CPP) ou s'il a disqualifié les faits (art. 186-3 CPP). L'appel est admis si l'ordonnance de renvoi statue sur la compétence internationale des juridictions françaises.

2. Un droit d'appel contrôlé des parties privées

La liste des ordonnances étant limitativement énumérée, tout recours formé contre toute autre ordonnance est irrecevable. Dans ce cas, le président de la chambre de l'instruction rend une ordonnance de non-admission d'appel. Il en est de même si la requête est déposée hors délai ou si l'appel est devenu sans objet. Le président de la chambre peut constater le désistement d'une partie lorsqu'il survient avant la saisine de la chambre de l'instruction (art. 186 CPP). Il apprécie également s'il y a lieu de saisir la chambre de l'instruction lorsqu'il s'agit des ordonnances portant refus d'une mesure d'instruction demandée par une partie privée (art. 186-1 CPP). Les décisions du président de la chambre de l'instruction ne sont pas susceptibles de recours, mais la chambre criminelle admet un pourvoi en cassation en cas d'excès de pouvoir.

C. Le droit d'appel des tiers

Les tiers peuvent intenter un appel des dispositions qui leur font grief. L'exploitant ou le propriétaire d'établissement provisoirement fermé peut faire appel de l'ordonnance prescrivant la fermeture provisoire d'un établissement en matière de proxénétisme ou de trafic de stupéfiants (art. 706-33, 706-36 CPP). La jurisprudence admet généralement l'appel d'un tiers lésé par une ordonnance du juge d'instruction. L'ordonnance de désignation d'un administrateur *ad hoc* est susceptible d'appel par les représentants légaux du mineur (art. R. 53-7 CPP).

II. Les délais d'appel

Le procureur de la République doit interjeter appel, par déclaration au greffe du tribunal, dans les cinq jours suivant la notification de l'ordonnance du juge d'instruction ou du juge des libertés et de la détention (art. 185 al. 2 CPP). Mais l'obligation de notifier ne concerne que les ordonnances non conformes aux réquisitions du procureur de la République (art. 185 al. 5 CPP). Par conséquent, si le juge d'instruction a suivi les réquisitions du parquet, le délai part du jour où l'ordonnance a été rendue. Le procureur général peut faire appel dans les dix jours suivant l'ordonnance du juge d'instruction ou du juge des libertés et de la détention. En cas d'appel par la personne mise en examen d'une ordonnance de mise en accusation, le procureur peut faire un appel incident dans le délai de cinq jours à compter de cet appel.

L'appel des parties privées doit être formé dans un délai de dix jours à compter de la notification de la décision, par déclaration au greffe du tribunal ou auprès du chef de l'établissement pénitentiaire si l'appelant est détenu (art. 186 CPP renvoyant aux articles 502 et 503 CPP applicables à l'appel des jugements au fond). Le délai court du lendemain du jour de la notification et expire le dernier jour de la fermeture. Ce délai peut être prolongé en cas de force majeure[3].

En matière de restitution d'objet saisi, le délai est de dix jours pour toutes les parties.

III. Les effets de l'appel

L'appel a un effet suspensif et un effet dévolutif.

A. L'effet suspensif de l'appel

Le délai d'appel accordé aux parties, à l'exception du délai accordé au procureur général, et l'appel lui-même suspendent l'exécution de l'ordonnance attaquée jusqu'à ce que la chambre d'accusation ait statué. Mais l'instruction se poursuit normalement, sauf décision contraire du président de la chambre d'accusation ou s'il s'agit d'un appel contre une ordonnance de règlement.

3. Crim., 27 oct. 2004, *Procédures*, 2005, obs. Buisson : appel interjeté par un membre de la famille en cas d'hospitalisation de l'intéressé.

La règle de l'effet suspensif connaît cependant des limites. L'ordonnance de mise en détention s'exécute malgré l'appel, le référé-liberté n'étant pas suspensif. En cas d'appel contre une ordonnance de non-lieu, la personne mise en examen, placée sous contrôle judiciaire ou détenue, bénéficie de la mainlevée du contrôle judiciaire ou d'un élargissement immédiat. L'appel du parquet contre une ordonnance de mise en liberté ne fait pas obstacle à une exécution immédiate, sous réserve de la procédure de référé-détention. L'ordonnance reste applicable jusqu'à son infirmation. L'exécution des ordonnances par lesquelles le juge d'instruction rejette une demande d'acte, par exemple une demande d'expertise, n'est pas suspendue. Celle-ci n'aura lieu que si l'ordonnance est infirmée.

B. L'effet dévolutif de l'appel

L'appel ne saisit la chambre de l'instruction que des points de fait et de droit sur lesquels l'ordonnance contestée a statué. Par conséquent, compte tenu des règles relatives au droit des parties, l'appel n'est recevable que dans le cadre précis autorisé par la loi. Il est interdit à l'occasion de l'exercice du droit d'appel de soulever une question étrangère à son objet (art. 186 et 186-1 CPP). C'est la règle de l'unique objet d'appel. Le mis en examen et la partie civile ne peuvent profiter d'un appel recevable pour soumettre à la chambre de l'instruction un aspect du dossier contre lequel elles ne peuvent agir.

L'effet dévolutif n'est cependant pas absolu. En cas d'appel formé contre une ordonnance relative à la détention provisoire, la jurisprudence admet que le détenu peut invoquer les irrégularités affectant la décision. Lorsque la partie civile interjette seule appel d'une ordonnance de non-lieu, ce recours saisit la chambre de l'instruction non seulement de l'action civile, mais aussi de l'action publique, même en cas d'inaction du ministère public. Enfin, l'évocation, lorsqu'elle est possible, permet à la chambre de l'instruction de connaître l'entier dossier.

C. La décision de la chambre de l'instruction

Si la chambre de l'instruction juge l'appel recevable, elle en examine le bien-fondé et statue au fond. Elle doit soit infirmer et renvoyer au même juge ou à un autre ou évoquer le dossier pour poursuivre elle-même l'information, soit confirmer l'ordonnance et renvoyer obligatoirement au même juge (art. 207 CPP).

Si elle infirme une ordonnance relative à la détention provisoire, l'arrêt de la chambre de l'instruction vaut titre et se substitue à l'ordonnance du juge des libertés et de la détention. La chambre de l'instruction ne peut évoquer le dossier, qui doit être renvoyé sans délai au juge d'instruction après avoir assuré l'exécution de l'arrêt. Elle peut toutefois se réserver le contentieux de la détention provisoire ou du contrôle judiciaire pour l'avenir par une disposition expresse (art. 207 al. 1 CPP).

Fiche n° 36 : La procédure devant la chambre de l'instruction

Explications

La procédure devant la chambre de l'instruction est régie par les articles 190 à 200 du code de procédure pénale. Ces dispositions réglementent les différentes formalités à l'audience, l'audience elle-même ainsi que les pouvoirs de la chambre de l'instruction. Il faut également évoquer le pourvoi en cassation contre les arrêts de la chambre de l'instruction.

I. L'audience devant la chambre de l'instruction

A. Les formalités préalables à l'audience

En cas de saisine de la chambre de l'instruction, il revient au procureur général de la cour d'appel de mettre l'affaire en état dans un délai de dix jours. Ce délai est de quarante-huit heures en matière de détention provisoire (art. 194 al. 1 CPP).

Le procureur général doit notifier aux parties et à leurs avocats la date à laquelle l'affaire sera appelée par lettre recommandée ou par les soins du chef de l'établissement pénitentiaire (art. 197 CPP). La notification peut aussi être faite par télécopie (art. 803-1 CPP). La nullité de l'arrêt rendue en violation de cette disposition est encourue, même si l'avocat est présent à l'audience, s'il l'invoque sans présenter d'observations sur le fond.

Le témoin assisté doit recevoir notification en cas d'appel contre une ordonnance de non-lieu (art. 197-1 CPP) ou s'il dépose une requête en annulation (art. 173 CPP). Il peut alors faire valoir ses observations par le biais de son avocat.

Un délai de quarante-huit heures en matière de détention provisoire ou de contrôle judiciaire ou de cinq jours dans les autres cas doit être respecté entre l'envoi de la notification et l'audience (art. 197 al. 2 CPP). Pendant ce délai, le dossier est tenu à la disposition des avocats des parties, à l'exception des scellés.

Les parties et leurs conseils peuvent déposer, jusqu'au jour de l'audience, des mémoires si besoin par télécopie (art. 198 CPP). La date et l'heure de dépôt doivent être visées par le greffier au plus tard la veille de l'audience. Les mémoires doivent également être communiqués au ministère public et aux autres parties.

Les réquisitions du ministère public doivent être déposées au plus tard la veille de l'audience. Il n'est pas nécessaire qu'elles soient visées par le greffier.

B. L'audience

Les débats, publics, doivent se dérouler en chambre du conseil au cours d'une audience pendant laquelle les parties doivent comparaître.

1. Comparution des parties

La chambre de l'instruction peut ordonner la comparution personnelle des parties (art. 199 al. 4 CPP) ainsi que l'apport des pièces à conviction. En matière de détention provisoire, elle doit ordonner la comparution personnelle de la personne mise en examen quand elle ou son avocat en fait la demande en même temps que la déclaration d'appel ou la demande de mise en liberté (art. 199 al. 5 CPP). En cas d'appel contre une ordonnance rejetant une demande de mise en liberté, le président de la chambre de l'instruction peut refuser la comparution personnelle si l'intéressé a comparu devant la chambre moins de quatre mois auparavant (art. 199 al. 5 CPP). La partie civile qui fait appel d'une ordonnance de non-lieu motivée par le trouble psychique ou neuropsychique de la personne mise en examen peut solliciter, en même temps que l'appel, la comparution personnelle de l'intéressé (art. 199-1 CPP).

2. Les débats

Les débats se déroulent et l'arrêt est rendu en chambre du conseil. Cependant, si la personne majeure mise en examen ou son avocat en fait la demande dès l'ouverture des débats, ceux-ci se déroulent et l'arrêt est rendu en séance publique, sauf si la publicité est de nature à entraver les investigations spécifiques nécessitées par l'instruction ou à nuire à la dignité de la personne ou aux intérêts d'un tiers. La chambre de l'instruction statue sur cette demande, après avoir recueilli les observations du procureur général et, le cas échéant, des avocats des autres parties, par un arrêt rendu en chambre du conseil, qui n'est susceptible de pourvoi en cassation qu'en même temps que l'arrêt portant sur la demande principale (art. 199 al. 1 CPP).

En matière de détention provisoire, si la personne mise en examen est majeure, les débats se déroulent et l'arrêt est rendu en audience publique[1]. Toutefois, le ministère public, la personne mise en examen ou la partie civile ou leurs avocats peuvent, avant l'ouverture des débats, s'opposer à cette publicité si celle-ci est de nature à entraver les investigations spécifiques nécessitées par l'instruction, à porter atteinte à la présomption d'innocence ou à la sérénité des débats ou à nuire à la dignité de la personne ou aux intérêts d'un tiers, ou si l'enquête porte sur une infraction de délinquance organisée. La chambre statue sur cette opposition après avoir recueilli

1. Crim., 25 juillet 2007, pourvoi n° 07-83550 : l'inobservation du principe de publicité en matière de détention provisoire ne saurait donner lieu à ouverture à cassation que s'il en résulte une atteinte aux intérêts de la partie concernée.

les observations du ministère public et des parties, par un arrêt rendu en chambre du conseil, qui n'est susceptible de pourvoi en cassation qu'en même temps que l'arrêt portant sur la demande principale (art. 199 al. 2 CPP). Si la chambre de l'instruction fait droit à cette opposition ou si la personne mise en examen est mineure, les débats ont lieu et l'arrêt est rendu en chambre du conseil. Il en est de même si la partie civile s'oppose à la publicité, dans les seuls cas où celle-ci est en droit de demander le huis clos lors de l'audience de jugement.

Les débats sont contradictoires. Après le rapport du conseiller, la juridiction entend les observations sommaires du procureur général et des conseils qui en font la demande (art. 199 al. 3 CPP). En cas d'appel d'une ordonnance de non-lieu, le témoin assisté peut faire valoir ses observations par l'intermédiaire de son avocat (art. 197-1 CPP). L'individu mis en examen, ou son avocat, est entendu en dernier.

II. Le pouvoir de révision

En principe, la chambre de l'instruction statue dans les limites de l'objet de la requête, en vertu de la théorie de l'unique objet de la requête. Mais la chambre de l'instruction peut étendre ses pouvoirs en procédant à la révision de l'instruction. Ses pouvoirs varient donc suivant l'objet de la saisine.

Si la chambre de l'instruction juge l'appel recevable, elle en examine le bien-fondé et statue au fond. Si elle confirme l'ordonnance, elle renvoie obligatoirement au même juge d'instruction. Si elle infirme la décision attaquée, elle peut renvoyer au même juge ou à un autre ou évoquer le dossier pour poursuivre elle-même l'information (art. 207 CPP).

Lorsque l'appel concernait la détention provisoire, le titre décerné par le juge des libertés et de la détention devient définitif si l'ordonnance est confirmée. Si elle est infirmée, l'arrêt de la chambre de l'instruction vaut titre et se substitue à l'ordonnance du juge des libertés et de la détention. La chambre de l'instruction ne peut évoquer le dossier, qui doit être renvoyé sans délai au juge d'instruction après avoir assuré l'exécution de l'arrêt. Elle peut toutefois se réserver le contentieux de la détention provisoire ou du contrôle judiciaire pour l'avenir par une disposition expresse (art. 207 al. 1 CPP).

Le pouvoir de révision de la chambre de l'instruction lui permet de parfaire les informations de son ressort lorsqu'elle en est saisie. Elle peut ainsi réparer les erreurs commises par le juge d'instruction, redresser les qualifications données aux faits, statuer sur tous les chefs de crimes, de délits ou de contraventions résultant du dossier de la procédure, mettre en examen les personnes qui n'ont pas été renvoyées devant elle et, à la fin de son examen, renvoyer les individus poursuivis devant la juridiction de jugement compétente.

A. Les conditions du pouvoir de révision

Le pouvoir de révision s'exerce de plein droit lorsque la chambre de l'instruction est saisie de l'entier dossier. Lorsqu'elle n'est saisie que d'un aspect particulier du dossier, elle peut évoquer et se saisir de l'entier dossier afin d'exercer son pouvoir de révision.

1. La saisine de l'entier dossier

La chambre de l'instruction exerce son pouvoir de révision lorsqu'elle est saisie de l'entier dossier, généralement à la fin de l'instruction. Il en est ainsi en cas d'appel d'une ordonnance d'une ordonnance de règlement de la procédure de mise en accusation par la personne mise en examen ou le procureur de la République (ordonnance de mise en accusation par la personne mise en examen ou le procureur de la République, art. 181, 185 al. 4 CPP ou d'une ordonnance de non-lieu exercée par la partie civile, art. 186 CPP). Il en est de même en cas de réouverture du dossier en cas de charges nouvelles (art. 189 CPP). L'entier dossier est également transmis à la chambre de l'instruction lorsque celle-ci est saisie d'un appel des parties privées contre une ordonnance de renvoi au motif que les faits poursuivis doivent recouvrir une qualification criminelle (art. 186-3 CPP) ou en cas de saisine par le procureur général qui estime que les faits auraient dû recevoir une qualification plus grave.

2. Le pouvoir d'évocation

Lorsqu'elle n'est saisie que d'un aspect particulier du dossier, la chambre de l'instruction peut évoquer et se saisir de l'ensemble du dossier (art. 207 al. 2 CPP). Dans ce cas, elle doit alors dessaisir le juge d'instruction et mener l'instruction jusqu'à son terme. L'évocation supprime le second degré de juridiction.

La chambre de l'instruction a la faculté d'évoquer lorsqu'elle annule un acte d'information d'office ou à la suite d'une requête en annulation (art. 206 al. 3, 207 al. 2 CPP).

Lorsqu'elle est saisie d'un appel, la chambre de l'instruction ne peut évoquer que si elle censure la décision du juge d'instruction (art. 207 al. 2 CPP). L'évocation est interdite si l'appel porte sur une ordonnance relative à la détention provisoire ou au contrôle judiciaire. Mais la chambre de l'instruction peut se réserver le contentieux sur la liberté par une mention expresse dans l'arrêt (art. 207 al. 1 CPP).

L'évocation est possible en cas de saisine directe de la chambre de l'instruction par une partie lorsque le juge ne répond pas dans le délai d'un mois imparti. Il en est ainsi lorsqu'il s'agit d'une demande d'examen médical ou psychologique ou de toutes demandes utiles (art. 81 al. 9 CPP), d'une demande d'audition ou d'interrogatoire d'une partie ou d'un témoin, de confrontation, de transport sur les lieux, de production d'une pièce utile à l'information (art. 82-1 CPP), d'une demande d'expertise (art. 156 al. 2 CPP) ou d'une demande de complément d'expertise ou de contre-expertise (art. 167 al. 4 CPP). De même, en cas d'inaction du juge de l'instruction pendant une période de quatre mois[2] depuis le dernier acte d'instruction, la chambre de l'instruction saisie par son président ou les parties peut évoquer (art. 221-1, 221-2 CPP).

La chambre de l'instruction peut enfin évoquer lorsqu'elle est saisie par le procureur de la République lorsque le juge d'instruction ne répond pas à ses réquisitions dans les dix jours ou par le juge de l'instruction si le juge des libertés et de la détention ne rend pas d'ordonnance dans les dix jours suivant sa saisine (art. 82 al. 5 CPP).

L'évocation est facultative, la chambre de l'instruction pouvant renvoyer l'affaire au juge saisi ou désigner un autre juge. Par ailleurs, la chambre de l'instruction peut évoquer partiellement, en ne procédant qu'à certains actes avant de renvoyer le dossier au juge de l'instruction.

B. Le contenu du pouvoir de révision

Le pouvoir de révision permettant à la chambre de l'instruction de conduire l'information, celle-ci peut ordonner un supplément d'information et exercer les pouvoirs juridictionnels. La loi lui permet également d'étendre sa saisine.

1. Le supplément d'information

La chambre de l'instruction exerce son pouvoir de révision en recourant à un supplément d'information d'office ou à la demande d'une partie (art. 201 al. 1 CPP). Elle doit alors désigner un magistrat, membre de la chambre, ou un juge d'instruction, qui va procéder aux actes d'instruction (art. 205, 207 al. 2 CPP). Ce dernier ne détient que les pouvoirs d'investigations et ne peut procéder à la mise en examen de personnes auxquelles le juge d'instruction initial n'avait pas conféré ce statut. La chambre de l'instruction reste compétente pour statuer sur les demandes de mise en liberté et pour procéder au règlement de l'instruction.

La chambre de l'instruction peut, dans tous les cas, à la demande du procureur général, d'une des parties ou même d'office, ordonner tout acte d'information complémentaire qu'elle juge utile.

Elle peut prononcer la mise en liberté, le placement en détention provisoire ou sous contrôle judiciaire de la personne mise en examen. En cas d'urgence, le président de la chambre de l'instruction peut décerner mandat d'amener, d'arrêt ou de

2. Le délai est ramené à deux mois au profit de la personne mise en examen détenue.

recherche. Il peut également ordonner l'incarcération provisoire de la personne pendant une durée qui peut excéder quatre jours ouvrables jusqu'à la réunion de la chambre de l'instruction (art. 201 CPP).

2. L'extension de l'information

La chambre de l'instruction peut étendre l'information sur toutes les infractions qui résultent du dossier de la procédure, y compris à l'égard des personnes non renvoyées devant elle, à moins qu'elles n'aient fait l'objet d'une ordonnance de non-lieu devenue définitive (art. 204 CPP). La décision de mise en examen de ces personnes à raison des faits résultant du dossier n'est pas susceptible de recours.

Elle peut aussi étendre les poursuites à des faits, résultant du dossier mais non visés dans l'acte de saisine ou distraits par une ordonnance non définitive comportant non-lieu partiel, disjonction ou renvoi devant la juridiction correctionnelle ou de police (art. 202 al. 1 CPP). L'extension de l'information ne peut donc s'exercer que par rapport aux personnes renvoyées devant la chambre de l'instruction. Elle ne peut non plus concerner les faits étrangers au dossier. Elle peut être ordonnée d'office par la chambre de l'instruction ou sur réquisitions du procureur de la République.

3. Les attributions juridictionnelles

Les pouvoirs juridictionnels liés à l'instruction sont exercés par la chambre de l'instruction et non par le juge chargé de mener le supplément d'information.

Lorsqu'elle a prescrit une information complémentaire et que celle-ci est terminée, la chambre de l'instruction ordonne le dépôt au greffe du dossier de la procédure (art. 208 CPP). Le procureur général avise immédiatement de ce dépôt chacune des parties et son avocat. Le dossier de la procédure reste déposé au greffe pendant quarante-huit heures en matière de détention provisoire, pendant cinq jours en toute autre matière (art. 209 CPP). Il est alors procédé conformément aux articles 197, 198 et 199 du code de procédure pénale.

A l'issue de cette instruction, la chambre de l'instruction rend un arrêt de non-lieu si elle estime les charges contre la personne mise en examen insuffisantes ou si les faits ne constituent pas une infraction (art. 212 CPP), ou parce que l'auteur est resté inconnu (art. 212-2 CPP). La personne est immédiatement remise en liberté si elle était détenue, et le contrôle judiciaire prend fin. En cas de découverte ultérieure de nouvelles charges, la chambre de l'instruction est compétente pour la réouverture de l'instruction.

S'il existe des charges suffisantes contre la personne mise en examen (art. 211 CPP), elle rend un arrêt de renvoi devant le tribunal correctionnel ou de police selon que les faits sont qualifiés de délit ou de contravention (art. 213 CPP). S'il s'agit d'un délit et que la personne était détenue, elle est immédiatement libérée, mais la chambre de l'instruction peut décider le maintien en détention judiciaire ou la libération sous contrôle judiciaire.

Un arrêt de mise en accusation est rendu lorsqu'il existe des charges suffisantes de crime contre la personne mise en examen (art. 214 CPP). Cet arrêt doit intervenir dans un délai de quatre mois à partir de la date de l'ordonnance. A défaut, la personne est mise en liberté d'office si elle était détenue. La décision de mise en accusation porte mandat de dépôt (art. 215 CPP), qui demeure valide si l'accusé est détenu, pendant une durée d'un an à compter du moment où l'ordonnance est devenue définitive. La détention d'une personne poursuivie pour délit connexe ne peut durer plus de six mois. Si l'accusé avait été placé sous contrôle judiciaire, la mesure continue de produire effet.

C. Les pourvois en cassation contre les arrêts de la chambre de l'instruction

Les arrêts de la chambre de l'instruction peuvent être annulés pour violation de la loi par la chambre criminelle (art. 567 CPP). Les règles sont identiques à celle d'un pourvoi portant sur la décision d'une juridiction de jugement, sous réserves de quelques particularités.

Le pourvoi ne peut être intenté que par une partie au procès. Le témoin assisté n'étant pas partie à la procédure ne peut se pourvoir en cassation. Mais le droit qui lui est reconnu de saisir la chambre de l'instruction d'une requête en annulation implique qu'il puisse se pourvoir contre l'arrêt rendu par celle-ci.

1. Conditions

S'agissant des arrêts de règlement statuant au fond, le procureur général a un droit d'appel général, à l'exception de ceux qui ne touchent qu'aux intérêts civils des parties (art. 567, 591 CPP).

La personne mise en examen ne peut se pourvoir que contre un arrêt qui lui fait grief (art. 567 CPP). Le pourvoi est possible contre l'arrêt de mise en accusation devant la cour d'assises (art 547-1 CPP), mais pas contre l'arrêt de renvoi devant le tribunal correctionnel ou de police, sauf s'il statue sur la compétence ou présente des dispositions définitives que le tribunal ne pourra modifier (art. 574 CPP). Elle ne peut non plus se pourvoir contre les ordonnances de non-lieu, ni contre les ordonnances admettant recevable une constitution de partie civile.

Le pourvoi de la partie civile n'est recevable que si le ministère public s'est lui-même pourvu (art. 575 CPP). Elle peut toutefois se pourvoir seule contre l'arrêt de refus d'informer, l'arrêt admettant une exception mettant fin à l'action publique, l'arrêt prononçant l'incompétence de la juridiction saisie, l'arrêt irrégulier, l'arrêt d'irrecevabilité de l'action civile, en matière d'atteintes aux libertés de la personne ou d'abus d'autorité commis.

Lorsqu'il s'agit des arrêts relatifs à la liberté de l'individu, seuls le ministère public et la personne mise en examen peuvent se pourvoir en cassation.

S'agissant des arrêts avant-dire droit, le pourvoi n'est pas immédiatement recevable et devra être intenté avec le pourvoi contre l'arrêt au fond, sauf si l'arrêt met fin à la procédure ou si, sur décision du président de la chambre criminelle, son examen s'impose dans l'intérêt de l'ordre public ou d'une bonne administration de la justice (art. 570 CPP). Le demandeur au pourvoi peut également obtenir une déclaration de recevabilité immédiate en déposant une requête à cette fin (art. 570, 571 CPP). La déclaration de recevabilité est toutefois exclue s'il s'agit d'une ordonnance rendue sur appel d'une ordonnance du juge d'instruction refusant de procéder à un acte, un interrogatoire, une audition ou une confrontation, une expertise, une contre-expertise ou un supplément d'expertise.

La chambre criminelle doit se prononcer dans les trois mois qui suivent la réception du dossier en matière de détention provisoire (art. 567-2 al. 1 CPP).

2. Les effets

Les effets du pourvoi sont les mêmes que lorsque le pourvoi est dirigé contre une décision d'une juridiction de jugement : effet suspensif, effet dévolutif (art. 569 CPP, voir Fiche n° 23).

Toutefois, en ce qui concerne l'effet dévolutif, si l'arrêt de la chambre de l'instruction statue sur appel d'une ordonnance de règlement, la chambre de l'instruction désignée comme juridiction de renvoi devient compétente pour l'ensemble de la procédure (art. 609-1 CPP). Dans les autres cas, la compétence de la chambre de l'instruction est, sauf décision contraire de la chambre criminelle, limitée au point ayant fait l'objet du pourvoi. Par conséquent, une fois que la chambre de l'instruction de renvoi a statué, le dossier est retourné à la chambre de l'instruction primitivement saisie. Lorsque la partie civile se pourvoit contre un arrêt de la chambre de l'instruction qui n'a statué que sur la validité de la poursuite, son pourvoi est limité à la défense de ses intérêts civils, mais la juridiction de renvoi, après cassation, doit statuer à la fois sur l'action civile et l'action publique.

Fiche d'arrêt

L'arrêt

Crim., 19 décembre 2006, pourvoi n° 06-87399

« La Cour de cassation,

« Vu l'article 207 du code de procédure pénale ;

« Attendu que la chambre de l'instruction, qui infirme l'ordonnance de mise en liberté rendue par le juge d'instruction, ne peut ordonner la prolongation de la détention sans s'être réservé, par une mention expresse de l'arrêt, le contentieux de la détention provisoire ;

« Attendu qu'il résulte de l'arrêt attaqué et des pièces de la procédure que, mis en examen du chef d'infractions à la législation sur les stupéfiants et de contrebande de marchandise prohibée, Mehdi X... a été placé en détention provisoire le 16 janvier 2006 ; que, le 1er septembre 2006, le juge d'instruction a ordonné sa mise en liberté et son placement sous contrôle judiciaire ; que, sur l'appel du ministère public, la chambre de l'instruction a, non seulement réformé l'ordonnance du juge d'instruction et ordonné la réincarcération de la personne mise en examen, mais aussi ordonné la prolongation de sa détention pour une durée de quatre mois ;

« Mais attendu qu'en prononçant ainsi, sans se réserver expressément le contentieux de la détention provisoire, la chambre de l'instruction a méconnu le sens et la portée du texte susvisé ;

« D'où il suit que la cassation est encourue ; que, n'impliquant pas qu'il soit statué à nouveau, elle aura lieu sans renvoi, ainsi que le permet l'article L. 411-3 du code de l'organisation judiciaire ;

« Par ces motifs,

« Casse et annule, en toutes ses dispositions, l'arrêt susvisé de la chambre de l'instruction de la cour d'appel de Rennes, en date du 7 septembre 2006 ;

« Dit n'y avoir lieu à renvoi ;

« Ordonne que Mehdi X... sera remis en liberté, s'il n'est détenu pour autre cause. »

Observations

X... Mehdi, mis en examen pour infraction à la législation des stupéfiants et contrebande de marchandises prohibées, a été placé en détention provisoire le 16 janvier 2006. Le 1er septembre 2006, le juge d'instruction ordonne sa mise en liberté et son placement sous contrôle judiciaire. Sur appel du parquet, la chambre de l'instruction annule l'ordonnance du juge d'instruction et ordonne la réincarcération du mis en examen. Elle décide également de prolonger la détention provisoire pour une durée de quatre mois.

X... Mehdi se pourvoit en cassation, au motif que la chambre de l'instruction qui n'était saisie, en raison de l'effet dévolutif de l'appel, que d'une demande de mise en liberté avait statué *ultra petita* en ordonnant la prolongation de la détention pour une nouvelle durée de quatre mois. Il revenait donc à la Cour de cassation de déterminer l'étendue des pouvoirs de la chambre de l'instruction saisie d'un appel contre une ordonnance en matière de détention provisoire.

Pour la chambre criminelle, la chambre de l'instruction qui infirme une ordonnance de mise en liberté ne peut prolonger la détention provisoire que si elle se réserve le contentieux sur la détention provisoire par une mention expresse de l'arrêt disant qu'elle est seule compétente pour statuer sur les demandes de mise en liberté et prolonger le cas échéant la détention provisoire. A défaut d'une telle mention, les décisions en matière de détention provisoire continuent de relever de la compétence du juge d'instruction et du juge des libertés et de la détention (art. 207 CPP, tel que modifié par la loi du 9 mars 2004).

La Cour de cassation ne fait, en l'espèce, aucune allusion à l'effet dévolutif de l'appel. Cette motivation a été souvent utilisée avant la loi du 9 mars 2004 (Crim., 1er avril 1992 et 23 juin 1999). La saisine de la chambre de l'instruction étant limitée par les termes de l'appel, celle-ci, qui n'est saisie que d'une demande de mise en liberté, ne peut, lorsqu'elle annule l'ordonnance du juge de l'instruction ou du juge des libertés et de la détention (Crim., 13 juin 2001), ordonner la prolongation sans se réserver le contentieux de la détention.

La mention expresse est exigée dans la mesure où la chambre de l'instruction ne peut user de son pouvoir d'évocation en matière de détention provisoire ou de contrôle judiciaire. Cependant, lorsque l'appel porte sur toute autre matière, la chambre de l'instruction qui évoque est compétente pour connaître du contentieux portant sur la liberté du mis en examen sans avoir besoin, cette fois, de le mentionner expressément dans sa décision. Il en sera ainsi si elle infirme une ordonnance du juge d'instruction et demande un supplément d'information (Crim., 21 nov. 2000).

PARTIE III

LE JUGEMENT

1. Le premier degré

Fiche n° 37 : L'audience devant le tribunal correctionnel, le tribunal de police et le juge de proximité : la procédure ordinaire

Références

• Boré L., « Capacité pour agir et se défendre devant le juge pénal », *JCP*, 2002, I 179.
• Di Marino G., « Le prévenu ou l'accusé absent », *Revue pénitentiaire et de droit pénal*, 2003, p. 677.
• Molins F., « Plaidoyer pour "le plaider coupable" : des vertus d'une peine négociée », *AJ pénal*, 2003, p. 61.
• Nicolopoulos P., « La procédure devant les juridictions répressives et le principe du contradictoire », *RSC*, 1989, p. 1.

Explications

Le tribunal correctionnel est compétent pour juger des affaires correctionnelles alors que le tribunal de police et le juge de proximité sont compétents en matière contraventionnelle.

En principe, la condamnation est prononcée après une audience au cours de laquelle les preuves sont contradictoirement discutées devant le juge.

I. Caractères de l'audience

L'audience de jugement présente les caractéristiques d'une procédure accusatoire.

A. L'oralité des débats

Au stade du jugement, toutes les preuves doivent être administrées oralement. Les témoins, les experts, les personnes en cause doivent s'exprimer oralement. Les réquisitoires et les plaidoiries sont également oraux.

Toutefois, des pièces à conviction peuvent être présentées, des constatations peuvent être effectuées lors d'un transport sur les lieux, les procès-verbaux dotés d'une force probante renforcée peuvent prévaloir contre une déposition. En cas de nécessité, le président peut permettre au témoin de s'aider de documents si nécessaire, à l'expert de consulter son rapport. Les conclusions, les réquisitions écrites peuvent être déposées, les notes d'audience consignent le déroulement de l'audience.

B. La publicité des débats

1. L'admission du public à l'audience

La publicité des audiences est une garantie essentielle des droits des parties et un élément du droit à un procès équitable. C'est un principe d'ordre public devant être respecté devant toutes les juridictions[1]. La violation de la publicité des débats n'est sanctionnée que si elle a porté atteinte aux intérêts du plaideur.

La publicité des débats implique la présence du public à l'audience (400, 512, 535 CPP). Toutefois, le huis clos peut être ordonné si la publicité des débats présente un danger pour l'ordre, la sérénité des débats, la dignité des personnes ou les intérêts des tiers[2]. Le président de la juridiction peut interdire l'accès à la salle d'audience aux mineurs (art. 402 CPP). La mesure peut s'étendre à toute personne ou seulement à certaines d'entre elles et couvrir les débats en totalité ou en partie. Dans tous les cas, le jugement doit toujours être prononcé en public.

Devant les juridictions pour mineurs, le nombre de personnes admises à l'audience est restreint : ministère public, mineur, représentant légaux, les membres des services ayant établi le dossier du mineur, suivi ou accueilli le mineur, la partie civile, les témoins, les experts, les personnes s'intéressant aux questions de l'enfance, les proches du mineur[3]. Devant le juge pour enfants, les débats ont lieu en chambre du conseil.

La publicité peut être ordonnée devant le tribunal pour enfants si la personne poursuivie, mineure au moment des faits et devenue majeure au jour de l'ouverture des débats, en fait la demande, sauf s'il existe un autre prévenu qui est toujours mineur ou qui, mineur au moment des faits et devenu majeur au jour de l'audience, s'y oppose (art. 400 al. 5 CPP).

2. Le compte rendu des débats judiciaires

Le compte rendu des débats judiciaires doit être fidèle et fait de bonne foi, sous peine de diffamation, injure ou outrage (art. 38 et 39 ter, loi du 29 juillet 1881 sur la presse). Les actes de procédures criminelles ou correctionnelles peuvent être publiés dès qu'ils ont été lus en audience publique. Toutefois, la publication des débats des tribunaux pour enfants est prohibée ainsi que celle de l'identité des mineurs délinquants. Il est également interdit de rendre compte de certaines affaires relatives à la vie privée ou de publier les délibérations intérieures des jurys, cours et tribunaux et, jusqu'à décision judiciaire, toute information relative à des

1. Crim., 7 janv. 2006, *Bull. crim.*, n° 275, *AJ pénal*, 2007, p. 38.
2. La décision de la juridiction doit être motivée : Crim., 9 nov. 2005, *Bull. crim.*, n° 292.
3. Mais le majeur traduit devant une juridiction pour mineurs ne bénéficie pas de la publicité.

constitutions de parties civiles. Le juge peut interdire le compte rendu des affaires relatives à des infractions militaires. La publication de l'identité des policiers, gendarmes et douaniers appartenant à des services dont les missions exigent l'anonymat est prohibée.

C. La comparution des parties

Les débats sont contradictoires, sous la direction du président chargé de les diriger (art. 401 CPP). Le respect du principe du contradictoire implique la présence du prévenu à l'audience et l'assistance des parties par un défenseur.

1. La comparution du prévenu

La procédure d'audience suppose la présence du prévenu. Le jugement rendu est alors contradictoire. Devant le tribunal de police, le prévenu peut se faire représenter lorsque la contravention n'est punissable que d'une peine d'amende (art. 544 CPP). A défaut, les articles 410 à 415 du code de procédure pénale sont applicables. Il existe toutefois des procédures sans comparution, sans débat, l'ordonnance pénale et la procédure d'amende forfaitaire. Devant le tribunal correctionnel, le jugement rendu peut être contradictoire, contradictoire à signifier ou par défaut.

Le principe est que la personne poursuivie régulièrement citée ou ayant eu connaissance de la citation doit comparaître en personne, à moins qu'elle ne fournisse une excuse reconnue valable devant la juridiction devant laquelle elle est appelée (art. 410 CPP). Si le prévenu libre ne comparaît pas, le tribunal correctionnel peut, lorsque la peine encourue est au moins égale à deux ans d'emprisonnement, ordonner le renvoi et décerner un mandat d'amener ou mandat d'arrêt par décision spéciale et motivée (art. 410-1 CPP). Si le prévenu est détenu, il est conduit par la force publique (art. 409 CPP).

a) Jugement contradictoire

Le jugement est contradictoire :

- lorsque le prévenu comparaît à l'audience, détenu ou libre ;
- lorsque le prévenu, quelle que soit la peine encourue, ne comparaît pas en personne à l'audience mais a demandé par lettre adressée au président à être jugé en son absence (art. 411 CPP). L'avocat est entendu dans sa plaidoirie. Toutefois, le tribunal peut renvoyer l'affaire à une audience ultérieure en ordonnant sa comparution. Le procureur de la République doit alors procéder à une nouvelle citation. Le prévenu qui ne se présente pas à cette nouvelle citation peut être jugé contradictoirement si son avocat est présent et est entendu. Le tribunal peut cependant décerner un mandat d'arrêt. Le jugement rendu est également contradictoire à l'égard du prévenu qui ne comparaît pas en personne à l'audience mais est représenté par un avocat qui dépose ses conclusions ;

• lorsque le prévenu dont il est établi que, bien que n'ayant pas été cité à personne, il a eu connaissance de la citation régulière le concernant dans les cas prévus aux articles 557, 558 et 560, comparaît (art. 410 al. 1 CPP) ;
• lorsque le prévenu ne peut, en raison de sa santé, comparaître devant le tribunal et qu'il existe des raisons graves de ne pas différer le jugement, il peut être entendu par un magistrat commis à cet effet, en présence ou non de son avocat (art. 416 CPP). Les débats seront repris après nouvelle citation et le jugement rendu sera contradictoire ;
• lorsque le prévenu a été expulsé de l'audience pour perturbations (art. 405 CPP). Dans ce cas, s'il comparaissait libre, il est gardé par la force publique et reconduit à l'audience le jour du jugement.

b) Jugement contradictoire à signifier
Le jugement est réputé contradictoire, le prévenu ayant eu avoir connaissance de la date de l'audience. Mais il doit être signifié au prévenu qui n'était pas présent à l'audience. Les délais de recours ne courent qu'à partir de la signification de la décision.
Le jugement est contradictoire à signifier à l'égard :
• du prévenu non-comparant et non excusé (art. 410 al. 2 et 3 CPP). Si un avocat se présente pour assurer la défense du prévenu, il doit être entendu s'il en fait la demande[4] ;
• du prévenu dont il est établi que, bien que n'ayant pas été cité à personne, il a eu connaissance de la citation régulière le concernant dans les cas prévus aux articles 557, 558 et 560, ne comparaît pas (art. 410 al. 2 CPP) ;
• du prévenu non comparant qui a qui a demandé à être jugé en son absence en étant représenté par son avocat, dans le cas où l'avocat désigné n'est pas présent au cours de l'audience (art. 411 al. 5 CPP) ;
• du prévenu qui n'a pas été cité à personne et dont l'avocat se présente pour assurer sa défense (art. 412 al. 2 CPP) ;
• du prévenu cité à la dernière adresse déclarée, lorsque le tribunal est saisi par une ordonnance de renvoi du juge d'instruction (art. 179-1 CPP) ;
• du prévenu qui fait appel du jugement rendu en première instance et qui est cité à l'adresse déclarée dans l'acte d'appel ou l'adresse figurant dans le jugement en premier ressort (art. 503-1 CPP) ;
• du prévenu présent au début de l'audience, puis absent lors de l'examen de son affaire ou au prononcé du jugement (art. 413 CPP).

c) Jugement par défaut
L'article 410 alinéa 1 du code de procédure pénale prévoit deux cas de défaut :
• d'une part, la citation n'a pas été délivrée à personne et le prévenu n'en a pas eu connaissance par signification à domicile, en mairie ou par recherche d'un officier

4. Cass. ass. plén., 2 mars 2000, *Bull. crim.*, n° 56 ; *D.*, 2001, 1989, obs. Pradel ; Crim., 16 mai 2001, *Bull. crim.*, n° 127, *Procédures*, 2001, comm. 179, obs. Buisson ; Cour EDH, 23 nov. 1993, aff. Poitrimol, *Dr. pénal*, 1994, n° 96.

ou agent de police judiciaire. Il n'a pas comparu en personne et aucun avocat ne s'est présenté pour le représenter, intervenir au débat et être entendu dans sa plaidoirie ;
• d'autre part, le prévenu, ayant eu connaissance de la citation (effectuée à personne, à domicile, à parquet ou en mairie), n'a pas comparu en vertu d'une excuse considérée comme légitime par le tribunal.

2. Comparution de la partie civile

La partie civile et le civilement responsable ne sont pas tenus de comparaître personnellement (art. 424 et 415 CPP). Ils peuvent se faire représenter à l'audience, ce qui rend le jugement contradictoire à leur égard (art. 414, 415, 424, 536 et 544 CPP). Si la partie civile ne comparaît pas ou n'est pas représentée, elle est présumée s'être désistée de sa constitution de partie civile.

Lorsque la victime agit par voie d'intervention en se constituant partie civile par lettre recommandée avec accusé de réception devant le tribunal correctionnel ou de police, la décision rendue sur l'action civile est contradictoire, mais elle n'est pas tenue de comparaître.

D. L'assistance par un avocat

L'assistance du prévenu par un avocat est facultative devant le tribunal correctionnel, le tribunal de police ou la juridiction de proximité (art. 417 al. 1 CPP). Si le prévenu n'a pas fait le choix d'un défenseur avant l'audience, le président en commet un d'office s'il en fait la demande. L'avocat ne peut être choisi que parmi ceux qui sont inscrits à un barreau (art. 417 al. 3 CPP). L'assistance est obligatoire lorsque le prévenu est atteint d'une infirmité de nature à compromettre sa défense (art. 417 al. 4 CPP). Le prévenu qui ne parle pas suffisamment la langue française doit bénéficier d'un interprète inscrit (art. 407 CPP). Si le prévenu est atteint de surdité, le président nomme d'office pour l'assister lors du procès un interprète en langue des signes ou toute personne qualifiée maîtrisant un langage ou une méthode permettant de communiquer avec les sourds.

Le majeur protégé doit être obligatoirement assisté par un avocat choisi par lui, son curateur ou son tuteur ou désigné par le procureur de la République (art. 706-116 CPP). Le curateur ou le tuteur doit être avisé de la date de l'audience. Il est entendu en qualité de témoin s'il est présent l'audience. Mais il n'est pas obligé de se retirer à l'ouverture des débats. Lorsque la personne est placée sous sauvegarde de justice, le juge des tutelles doit être avisé de la procédure et peut désigner un mandataire.

Le mineur doit être assisté d'un avocat choisi par le mineur ou ses représentants légaux, à défaut désigné d'office par le bâtonnier à la demande de la juridiction de jugement (art. 4-1, ord. 2 févr. 1945). Lorsque les poursuites sont exercées devant une juridiction pour mineurs, les parents doivent également être entendus (art. 13, ord. 2. févr. 1945).

La partie civile peut être représentée par un avocat et, lorsqu'elle ne parle pas suffisamment la langue française, un interprète.

II. Le déroulement de l'audience

Les débats sont oraux, publics, sous réserve du huis clos qui peut être ordonné par le tribunal, et contradictoires. Ils sont dirigés par le président de la juridiction, qui assure également la police de l'audience. Il peut ainsi ordonner l'expulsion d'un perturbateur ou d'un prévenu[5]. Les débats peuvent s'étendre sur plusieurs audiences.

A. Les formalités préliminaires

Le président s'assure de la comparution du prévenu et de son identité et donne lecture de l'acte par lequel le tribunal a été saisi. Il constate la présence ou l'absence des parties civiles, des témoins ou experts, interprètes (art. 406 CPP).

Lorsque le recours à un interprète est nécessaire, celui-ci doit prêter serment. S'il s'agit d'un interprète assermenté inscrit sur les listes et ayant déjà officié devant le tribunal, la prestation de serment n'est pas nécessaire, sauf si les droits de la défense peuvent se trouver lésés[6]. L'interprète ne peut être pris parmi les juges composant le tribunal, le greffier qui tient l'audience, les parties et les témoins (art. 407 CPP). Le président peut également décider de recourir à tout dispositif technique permettant de communiquer (art. 408 CPP).

Avant le jour de l'audience, le président du tribunal de police ou de la juridiction de proximité peut, sur la requête du ministère public ou de la partie civile, estimer ou faire estimer les dommages, dresser ou faire dresser des procès-verbaux, faire ou ordonner tous actes requérant célérité (art. 534 CPP).

B. La présentation des exceptions

Les exceptions préjudicielles doivent être soulevées avant toute défense au fond (art. 385 CPP). Le prévenu doit saisir la juridiction dans le délai imparti sous peine de déchéance.

---

5. En matière correctionnelle, le perturbateur, prévenu ou non, peut, lorsqu'il oppose une résistance ou cause du tumulte, être sur-le-champ placé sous mandat de dépôt, jugé et puni de deux ans d'emprisonnement, sans préjudice des peines pouvant être prononcées pour outrages et violences envers les magistrats (art. 404 CPP). Le président de la juridiction de police ne peut cependant prononcer une peine à l'encontre du perturbateur (art. 535 CPP) : le ministère public doit saisir le tribunal correctionnel au vu du procès-verbal dressé par le juge du tribunal de police ou le juge de proximité relatant les faits.
6. Crim., 28 mars 1991, *Bull. crim.*, n° 152.

Les exceptions de nullité de la procédure avant toute défense au fond lorsqu'une instruction préparatoire n'a pas eu lieu. Dans le cas contraire, en raison de la purge de nullité qu'opère l'ordonnance de renvoi, les nullités ne peuvent être soulevées que si l'ordonnance n'a pas été portée à la connaissance des parties, lorsqu'elle n'est pas valable ou lorsque le juge d'instruction n'a pas envoyé aux parties l'avis de clôture. Elles ne peuvent être soulevées d'office par le tribunal.

Les nullités de la citation doivent également être soulevées *in limine litis*.

Le juge n'est pas obligé d'examiner les exceptions dans un jugement avant-dire droit. Celles-ci peuvent être examinées en même temps que le fond, sauf en cas d'impossibilité absolue ou si l'ordre public commande une décision immédiate.

Le tribunal correctionnel peut aussi connaître des demandes de mises en liberté du prévenu placé en détention provisoire.

C. L'instruction définitive

Le président interroge le prévenu sur le fond (art. 442 CPP), les témoins (art. 444 et ss. CPP) et les experts sont auditionnés et les pièces à convictions sont présentées au fur et à mesure des différentes dépositions. L'audition des témoins, des parties civiles et des experts en plusieurs points du territoire peut se faire par visioconférence, avec possibilité d'enregistrement audiovisuel et sonore (art. 706-71 CPP).

Le ministère public et les avocats peuvent poser directement des questions au prévenu, à la partie civile, aux témoins et à toute personne appelée directement, sans l'intermédiaire du président, mais après lui avoir demandé la parole (art. 442-1 CPP).

Le tribunal peut ajourner les débats et ordonner de nouvelles mesures d'instructions ou un supplément d'information[7] (art. 463 CPP). Un membre de la juridiction est alors désigné pour effectuer cette instruction, sauf en ce qui concerne les mesures relatives à la liberté du prévenu, qui ne peuvent être prises que par le tribunal. Lorsque l'information supplémentaire est terminée, l'affaire revient devant la juridiction de jugement, qui reprend les débats.

D. Les réquisitoires et plaidoiries

Lorsque l'instruction définitive, qui a pu prendre plusieurs audiences, est terminée, viennent enfin les plaidoiries des parties et les réquisitions du ministère public (art. 458 CPP). La parole est donnée successivement au conseil de la partie civile, au

7. Le supplément d'information n'est pas incompatible avec l'article 6 Cour EDH : Crim., 19 janv. 2000, *Bull. crim.*, n° 35.

ministère public, au civilement responsable ou au tiers menacé par les effets de la peine à caractère réel, puis au défenseur du prévenu et au prévenu lui-même. Des répliques sont permises, mais la parole doit toujours être donnée en dernier lieu au défenseur et au prévenu lui-même s'il la réclame. L'ordre de parole n'est pas prescrit à peine de nullité, sauf en ce qui concerne la parole en dernier de la défense.

Toutes les parties peuvent également déposer des conclusions écrites.

III. Le jugement

A. La délibération, le prononcé et la forme du jugement de la décision

1. La délibération et le prononcé du jugement

Le jugement est précédé d'une délibération se déroulant hors la présence de toute personne étrangère, y compris le ministère public, mais les auditeurs de justice sont admis. Le délibéré peut avoir lieu sur le siège ou en chambre du conseil.

Le jugement peut être rendu à l'audience même à laquelle ont eu lieu les débats ou à une date ultérieure (art. 462 CPP). Dans ce cas, le président doit informer les parties du jour où il sera prononcé.

Le jugement est prononcé publiquement, même si les débats ont eu lieu à huis clos. Mais la lecture peut être limitée à son dispositif. Font exception à la publicité les ordonnances pénales, les décisions statuant sur des incidents ou des exceptions au cours d'audience à huis clos ou lorsque le juge des enfants statue à huis clos.

2. Forme du jugement

La minute du jugement doit être datée et signée par le président de la juridiction et par le greffier. Elle doit mentionner les noms des magistrats qui l'ont rendu et constater la présence du ministère public à l'audience (art. 486 CPP). Doivent également être notés les jours et heures des audiences, l'identification des parties et des avocats, l'exposé et le rappel des faits ainsi que l'accomplissement des formalités imposées à peine de nullité par la loi. Le jugement doit être déposé au greffe au plus tard dans les trois jours de son prononcé (art. 486, 543 CPP).

La décision doit être motivée (art. 485, 543 CPP). La loi exige parfois une motivation supplémentaire, notamment en cas d'emprisonnement sans sursis prononcé contre un majeur ou une peine d'emprisonnement, même avec sursis, contre un mineur, sauf si le détenu est en état de récidive.

Le dispositif de la décision doit énoncer les infractions dont les personnes citées sont déclarées coupables ou responsables, les peines et leurs modalités ainsi que, le cas échéant, les condamnations civiles prononcées. Il doit faire état des textes de loi dont il a été fait application. Il doit préciser la qualité du jugement et s'il est rendu publiquement, en premier ou dernier ressort. Il doit comprendre des informations destinées aux parties et qui leur ont été notifiées oralement par le président du tribunal ou un greffier du bureau de l'exécution des peines.

B. Le contenu du jugement

1. Décision avant-dire droit

En principe, le tribunal doit joindre au fond les incidents et exceptions dont il est saisi et y statuer par un seul et même jugement en se prononçant en premier lieu sur l'exception et ensuite sur le fond (art. 459 al. 3 CPP). Mais il doit aussi rendre un jugement avant-dire droit. Il en est ainsi des jugements provisoires (mise en liberté), des jugements interlocutoires ou préparatoires (jugement rendu sur une exception d'incompétence ou de nullité), des jugements d'instruction (jugement ordonnant un supplément d'information). Ces jugements ne dessaisissent pas la juridiction qui les prononce. En principe, l'appel ou le pouvoir dirigé contre eux est examiné en même temps que celui frappant le jugement sur le fond.

2. Décision sur la compétence

Si le fait déféré au tribunal correctionnel sous la qualification de délit est de nature à entraîner une peine criminelle, le tribunal renvoie le ministère public à se pourvoir ainsi qu'il avisera (art. 469 CPP). Il peut alors décerner, par la même décision, mandat de dépôt ou d'arrêt contre le prévenu. Si la personne était détenue, les effets du mandat persistent. L'intéressé peut toutefois demander une mise en liberté devant la chambre de l'instruction.

Le tribunal ne dispose pas de ce pouvoir si la victime était constituée partie civile et était assistée lorsqu'il a été saisi par une décision de renvoi. Mais, s'il s'agit de poursuites non intentionnelles, il peut renvoyer au ministère public s'il résulte des débats que les faits sont de nature à entraîner une peine criminelle parce qu'ils ont été commis intentionnellement.

Le tribunal correctionnel siégeant à juge unique peut renvoyer à la formation collégiale dans les conditions prévues à l'article 398-1 du code de procédure pénale.

Si le tribunal de police ou la juridiction de proximité estiment que le fait constitue un crime ou un délit, ils se déclarent incompétents. Ils renvoient le ministère public à se pourvoir ainsi qu'il avisera (art. 540 CPP).

Si le tribunal s'estime compétent, il statue (art. 467, 539 CPP).

3. La décision sur l'action publique

a) La décision de relaxe

Lorsque les faits à l'origine de la poursuite ne constituent pas une infraction ou qu'ils ne sont pas établis ou qu'ils ne sont pas imputables aux personnes poursuivies, le tribunal prononce la relaxe du prévenu. Si la personne était détenue, elle est libérée immédiatement, sauf si elle peut être retenue pour une autre cause.
Lorsque la relaxe est prononcée en raison d'une cause d'irresponsabilité pénale, la décision doit constater que les faits ont été commis par le prévenu (art. 470-2 CPP).

b) Jugement d'irresponsabilité pour cause de trouble mental

Si l'article 122-1 du code pénal est applicable, le tribunal correctionnel rend un jugement d'irresponsabilité pénale pour cause de trouble mental (art. 706-133 CPP). La décision met fin à la détention provisoire ou au contrôle judiciaire. Il peut prononcer des mesures de sûreté, notamment l'hospitalisation d'office de la personne s'il est établi par une expertise psychiatrique que les troubles mentaux de l'intéressé nécessitent des soins et compromettent la sûreté des personnes ou portent atteinte, de façon grave, à l'ordre public (art. 706-135 CPP, L. 3213-1 al. 2 et L. 3213-8 CSPu). Le préfet en est avisé.
Le juge correctionnel peut également ordonner diverses interdictions telles l'interdiction d'entrer en relation avec la victime, l'interdiction de détenir une arme, d'exercer une activité professionnelle, la suspension du permis de conduire) pour une durée qui ne peut excéder dix ans en matière correctionnelle et vingt ans pour les crimes ou les délits punis de dix ans d'emprisonnement (art. 706-136 CPP). La méconnaissance des interdictions est punie, sous du principe de l'irresponsabilité pénale, de deux ans d'emprisonnement et 30 000 euros d'amende (art. 706-139 CPP).

c) Décision sur la culpabilité et la sanction

S'il estime le prévenu coupable, le tribunal doit délibérer sur la sanction. La sentence est en principe indivisible et doit comporter la déclaration de culpabilité et la sanction. Cependant, la juridiction peut différer la décision sur la peine en prononçant un ajournement simple (art. 132-60 CPP) ou assorti d'une injonction (art. 132-68 CP, art. 747-4 CPP) ou d'une mise à l'épreuve (art. 132-63 CP, art. 747-3 CPP). Il peut aussi prononcer une dispense de peine (art. 469-1, 539 CPP) ou une exemption dans les cas prévus par la loi (art. 468, 542 CPP).
La décision de condamnation doit mentionner la peine principale, assortie ou non d'un sursis, à laquelle peuvent s'ajouter des peines complémentaires. Le prononcé d'une peine d'emprisonnement assortie du sursis ou d'une peine privative de liberté dont la durée est couverte par la détention provisoire entraîne la mise en liberté de la personne poursuivie. Si la peine privative de liberté est supérieure à la détention provisoire et tant que l'arrêt n'est pas définitif, le mandat de dépôt déjà délivré continue de produire ses effets jusqu'à ce que la détention provisoire et la peine coïncident (art. 471 al. 1 et 2 CPP). Si la personne a comparu libre, le tribunal peut

décerner un mandat de dépôt ou d'arrêt en cas de condamnation à une peine au moins égale à un an d'emprisonnement sans sursis (art. 465 CPP).
La juridiction peut prononcer la solidarité du paiement des amendes si le condamné a des coauteurs ou des complices insolvables par une décision motivée (art. 480-1 et 543 CPP)[8].

4. La décision sur l'action civile

Lorsque la culpabilité du prévenu a été établie, la juridiction répressive statue s'il y a lieu sur l'action civile, quelle que soit sa décision sur la peine (art. 464, 539, 542 CPP). Le délibéré sur l'action civile doit alors faire suite à celui qui concerne l'action publique. Cependant, lorsque le montant exact du préjudice n'est pas connu, le tribunal peut fixer une provision et ordonner une expertise. Par ailleurs, il peut d'office, à la demande des parties ou du parquet renvoyer l'affaire à une date ultérieure, même s'il n'ordonne pas d'instruction, afin de permettre à la partie civile d'apporter les justificatifs à l'appui de sa demande (art. 464 CPP).

En cas de relaxe et s'il s'agit d'une infraction non intentionnelle, le tribunal correctionnel, saisi par le ministère public ou sur renvoi d'une juridiction d'instruction, demeure compétent, sur demande de la partie civile ou de son assureur formulée avant la clôture des débats, pour accorder réparation selon les règles du droit civil (art. 470-1, 541 al. 2 CPP). Toutefois, si des tiers sont mis en cause, le juge pénal doit renvoyer, par une décision non susceptible de recours, au juge civil, qui doit l'examiner d'urgence selon une procédure simplifiée. La partie civile conserve toutefois le droit de former appel, quant à ses intérêts civils, du jugement de relaxe.

Le tribunal peut ordonner le versement provisoire, en tout ou partie, des dommages-intérêts alloués s'il estime qu'il n'y a pas de risque de restitution (art. 464 al. 2 CPP). Mais cette mesure peut être suspendue par le premier président en référé lorsqu'elle risque d'entraîner des conséquences manifestement excessives (art. 515-1 CPP). Une provision sur les dommages-intérêts peut être accordée s'ils ne peuvent être évalués immédiatement.

En cas de relaxe, le juge peut condamner la partie civile à verser au prévenu des dommages-intérêts pour abus de constitution de partie civile (art. 472 CPP). Il peut également lui accorder une indemnité au titre des frais non payés par l'Etat, notamment les frais d'avocat. Cette indemnité est à la charge de l'Etat ou de la partie civile si elle a mis l'action publique en mouvement.

8. En matière de police, seulement pour les contraventions de cinquième classe.

5. Les frais et dépens

Le droit fixe de procédure[9] est dû par la personne condamnée ou la partie civile qui a mis en mouvement l'action publique en cas de relaxe, sauf devant le tribunal de police, ou d'acquittement de la personne poursuivie[10]. Les mineurs en sont exemptés. Ce droit est recouvré par le Trésor public avec solidarité contre les condamnés (art. 800 CPP, art. 1018 CGI, art. 141, loi 4 janv. 1993).

Les frais de justice spécifiques à un procès ou dépens sont pris en charge par l'Etat, sans aucun recours contre les condamnés (art. 800-1 CPP). Cependant, en cas de constitution de partie civile abusive ou dilatoire, les frais de justice correspondant aux expertises ordonnées à la demande de la partie civile peuvent être mis à la charge de celle-ci par le juge d'instruction ou la chambre de l'instruction, sauf en matière criminelle et de délits contre les personnes ou lorsque la partie civile a obtenu l'aide juridictionnelle (art. 177-2, 212-2 CPP).

La partie civile qui n'obtient pas l'aide juridictionnelle peut demander le remboursement par la partie condamnée des frais qu'elle a engagés et qui ne sont pas remboursés par l'Etat (art. 475-1, 543 CPP). Il peut s'agir des honoraires d'avocat, des émoluments non compris dans la charge de l'Etat, des frais de transport, des frais de séjour, des frais de comparution devant les juridictions, des frais d'expert, de constat, d'assistance et de suivi procédural engagés.

Le prévenu qui bénéficie d'une relaxe peut demander une indemnité au titre des frais non payés par l'Etat. Mais l'indemnité peut être mise à la charge de la partie civile qui a mis l'action publique en mouvement (art. 800-2, R. 249-2 à 8 CPP).

Lecture d'arrêt

Crim., 17 décembre 2008, pourvoi n° 08-83699

« Statuant sur les pourvois formés par :
- X... F...,
- Y... I...,
contre l'arrêt de la cour d'appel de ROUEN, chambre correctionnelle, en date du 17 octobre 2007, qui a condamné la première, pour abus de confiance, à deux ans d'emprisonnement avec sursis et 3 000 euros d'amende, le second, pour recel, à

9. 20 euros pour les ordonnances pénales en matière contraventionnelle ou correctionnelle, ainsi que pour les autres décisions des tribunaux de police et des juridictions qui ne statuent pas au fond ; 90 euros pour les tribunaux correctionnels, 120 euros pour les cours d'appel en matière correctionnelle et de police, 375 euros pour les décisions des cours d'assises, 150 euros pour la Cour de cassation statuant en matière pénale.
10. Circ. crim. 93-08 F3, 14 avril 1993 relative au titre IX de la loi du 4 janv. 1993 portant réforme de la procédure pénale relative aux frais de justice criminelle, correctionnelle et de police.

seize mois de suspension du permis de conduire, et a prononcé sur les intérêts civils ;
Joignant les pourvois en raison de la connexité ;

« [...] Vu les articles 555, 558, ensemble l'article 503-1 du code de procédure pénale ;

« Attendu qu'il résulte de ces textes que l'huissier, qui délivre une citation à l'adresse déclarée par l'appelant conformément à l'article 503-1 du code de procédure pénale, est tenu d'effectuer les diligences prévues par les articles 555 et suivants dudit code lorsque le destinataire de l'exploit demeure bien à l'adresse indiquée ;

« Attendu que, pour statuer par arrêt contradictoire à signifier à l'égard des prévenus, absents à l'audience, l'arrêt attaqué que ceux-ci ont été cités à l'adresse figurant dans l'acte d'appel, par exploits d'huissier délivrés à mairie, et qu'aux termes de l'article 503-1 du code précité, toute citation, notification ou signification faite à la dernière adresse déclarée est réputée faite à personne ;

« Mais attendu qu'en prononçant ainsi, alors qu'il ne ressort pas des mentions des citations que l'huissier a adressé aux prévenus les lettres recommandées prévues par l'article 558, alinéa 3, du code de procédure pénale dans sa rédaction alors en vigueur, la cour d'appel a méconnu le sens et la portée des textes susvisés ;

« D'où il suit que la cassation est encourue. »

Fiche n° 38 : L'audience devant le tribunal correctionnel, le tribunal de police et le juge de proximité : les procédures rapides de jugement

Références

• DEFRANCE G., « Les procédures de l'amende forfaitaire », *Jurisprudence Auto*, 1990, p. 180.
• DELAGE P.-J., « La comparution sur reconnaissance préalable de culpabilité : quand la pratique ramène à la théorie », *D.*, 2005, chron., p. 1970.
• DI MARINO G., « Le prévenu ou l'accusé absent », *Revue pénitentiaire et de droit pénal*, 2003, p. 677.
• MOLINS F., « Plaidoyer pour "le plaider coupable" : des vertus d'une peine négociée », *AJ pénal*, 2003, p. 61.
• SCREVENS P., « Procédures pénales abrégées ; systèmes existants et perspectives d'avenir », *Rev. crim.*, 1991, p. 3.
• VOLFF J., « L'ordonnance pénale en matière correctionnelle », *D.*, 2003, chron., p. 2777.

Définitions

• **Ordonnance pénale** : procédure permettant au président de la juridiction en matière correctionnelle ou de police de prononcer un jugement, sans débat.

• **Amende forfaitaire** : procédure simplifiée de recouvrement de l'amende permettant à un contrevenant d'éviter des poursuites pénales par le paiement d'une somme forfaitaire entre les mains de l'agent verbalisateur. Le paiement de l'amende met fin aux poursuites.

• **Indemnité forfaitaire** : procédure permettant aux agents assermentés des services de transports publics de personnes de recouvrer l'amende.

• **Comparution sur reconnaissance préalable de culpabilité ou plaider coupable** : procédure qui permet au procureur de la République de proposer, directement et sans procès, une peine à une personne majeure qui reconnaît les faits qui lui sont reprochés. En cas d'acceptation de la proposition par l'auteur des faits, celle-ci doit être homologuée par le président du tribunal de grande instance.

Explications

Il faut distinguer les procédures sommaires de jugement en matière délictuelle (I) des procédures sommaires et simplifiées de recouvrement de l'amende (II).

I. Les procédures sommaires de jugement

Les procédures sommaires prévoient un jugement sans débat, une procédure sans saisine de la juridiction de jugement ou la possibilité pour le procureur de la République de proposer une peine au délinquant.

A. En matière délictuelle

1. L'ordonnance pénale délictuelle

La procédure simplifiée peut être choisie par le ministère public pour les délits et contraventions connexes prévus par le code de la route et les délits de réglementation des transports terrestres, les délits punissables d'amende prévus au titre IV, livre IV du code de commerce, le délit d'usage de stupéfiants (art. L. 3421-1 CSPu), le délit d'occupation en réunion des espaces communs des immeubles collectifs d'habitation (art. L. 126-3 C. constr.).

Elle ne peut être utilisée que si les faits sont établis et les renseignements sur la personnalité suffisants (art. 495, R. 41-3 CPP).

L'ordonnance pénale est exclue si le prévenu est mineur, si la victime a demandé des dommages-intérêts ou des restitutions au cours de l'enquête ou si elle a fait citer directement le prévenu avant que l'ordonnance ne soit rendue. Elle n'est pas non plus applicable si le délit routier a été commis en même temps qu'une contravention ou qu'un délit d'homicide involontaire ou d'atteinte involontaire à l'intégrité de la personne.

Saisi par le ministère public, le président du tribunal peut soit renvoyer le dossier au parquet s'il estime le débat contradictoire nécessaire ou qu'une peine d'emprisonnement devrait être prononcée, soit statuer par une ordonnance pénale portant relaxe ou condamnation à une amende et/ou à des peines complémentaires (art. 495-1 CPP). L'ordonnance rendue doit être motivée en ce qui concerne l'établissement des faits et la personnalité du prévenu.

L'ordonnance est transmise au parquet qui peut faire opposition dans les dix jours ou en poursuivre l'exécution.

Elle est portée à la connaissance du prévenu par lettre recommandée avec accusé de réception ou directement par le procureur de la République ou par l'intermédiaire d'une personne habilitée. Le prévenu dispose d'un délai de quarante-cinq jours pour faire opposition. Il est informé que l'opposition permettra que l'affaire fasse l'objet d'un débat contradictoire et public devant le tribunal correctionnel, au cours duquel il pourra être assisté par un avocat. Il est également informé qu'une peine pourra être prononcée contre lui si le tribunal l'estime coupable des faits qui lui sont reprochés.

Le délai est de trente jours à partir de la connaissance par le prévenu de la condamnation et des délais et des formes d'opposition lorsqu'il n'a pas reçu notification par lettre recommandée avec accusé de réception.

En cas d'opposition formée par le ministère public ou le prévenu, l'affaire est portée à l'audience du tribunal correctionnel. Jusqu'à l'ouverture des débats, le prévenu peut renoncer expressément à son opposition. L'ordonnance reprend sa force exécutoire et une nouvelle opposition n'est pas recevable. Le jugement rendu par défaut sur l'opposition du prévenu n'est pas susceptible d'opposition (art. 495-4 CPP).

En l'absence d'opposition, l'ordonnance est exécutoire, mais n'a pas l'autorité de la chose jugée au civil (art. 495-5 CPP). La partie lésée peut citer l'auteur des faits devant le tribunal correctionnel siégeant à juge unique, qui statue uniquement sur les intérêts civils si l'ordonnance a acquis la force de chose jugée (art. 495-6 CPP).

2. La comparution sur reconnaissance préalable de culpabilité

La comparution sur reconnaissance préalable de culpabilité, ou plaider coupable[1], est applicable aux délits punis d'amende à titre principal ou d'un emprisonnement inférieur ou égal à cinq ans (art. 495-7 CPP). Elle est exclue pour les mineurs, en matière de délits de presse, d'homicides involontaires ou les délits faisant l'objet d'une procédure spéciale. Elle est également écartée si la victime se constitue partie civile devant le juge d'instruction avant que cette procédure ne soit utilisée (*supra*, voir Fiche n° 13).

B. En matière contraventionnelle

L'ordonnance pénale permet de juger le délinquant sans débat. En cas de condamnation, seule une amende et une ou plusieurs peines complémentaires peuvent être prononcées (art. 524 et R. 42 CPP).

La procédure de l'ordonnance pénale est applicable à toutes les contraventions, même commises en état de récidive, à l'exclusion des contraventions de cinquième classe commises par un mineur, des contraventions prévues par le code du travail. Elle peut être utilisée en cas de défaut de paiement de l'amende forfaitaire majorée.

La procédure est facultative et dépend de l'initiative du ministère public, mais le tribunal peut ordonner une saisine dans les formes ordinaires. Elle ne peut être poursuivie si la victime du dommage use de la citation directe avant l'ordonnance du juge.

1. Dossier *AJ pénal*, 2005, p. 433 : « La CRPC, un an après... ».

La procédure est écrite et non contradictoire. Le juge statue sans débat préalable par une ordonnance portant relaxe ou condamnation à une amende dont il détermine librement le montant. La motivation n'est pas obligatoire.

Le ministère public peut faire opposition à son exécution dans les dix jours. L'affaire est alors renvoyée devant le juge de police statuant selon la procédure ordinaire. A défaut, l'ordonnance est notifiée au condamné. Ce dernier peut soit payer l'amende dans un délai de 30 jours[2], ce qui éteint l'action publique, soit faire opposition dans le même délai de trente jours, auquel cas l'affaire est renvoyée devant le tribunal statuant selon la procédure ordinaire. Si le prévenu ne fait pas opposition, l'ordonnance devient exécutoire, mais elle n'a pas d'autorité de la chose jugée à l'égard de l'action civile.

L'ordonnance pénale est exclue lorsque la victime a fait citer directement le prévenu avant qu'ait été rendue l'ordonnance pénale. Si elle cite le prévenu après signature de l'ordonnance pénale, mais avant l'expiration des délais d'opposition du prévenu et du parquet, le tribunal statue selon le droit commun à la fois sur l'action publique et l'action civile. Si elle agit après expiration des délais ou si le prévenu a renoncé à son droit d'opposition ou encore s'il a déjà payé l'amende, le tribunal statuera seulement sur l'action civile alors que l'action publique est déjà éteinte, sans être lié par le contenu de l'ordonnance.

II. Les procédures simplifiées de recouvrement d'amende en matière de police

Elles permettent le recouvrement de l'amende sans saisine du tribunal de police ou de la juridiction de proximité.

A. L'amende forfaitaire

La procédure d'amende forfaitaire est prévue pour les contraventions des quatre premières classes exclusivement punies d'amende (art. 529, R. 48-1 CPP). Elle concerne les infractions à la réglementation routière ou les contraventions prévues par des textes particuliers en matière de divagation d'animaux, aux parcs nationaux et aux réserves naturelles, de réglementation relative à l'air.

Cette procédure est exclue si plusieurs infractions, dont l'une au moins ne peut donner lieu à amende forfaitaire, ont été constatées simultanément, si les contraventions encourues excèdent 1 500 euros ou s'il y a eu des dommages matériels ou corporels.

2. Si le prévenu n'a pas été notifié par lettre recommandée avec accusé de réception, le délai d'opposition à compter de la date à laquelle il a eu connaissance de la condamnation par un acte d'exécution ou par tout autre moyen : Crim., 28 sept. 2004, *Bull. crim.*, n° 22 ; *RSC*, 2005, 102, obs. Giudicelli ; *JCP*, 2004, IV 3722.

Le montant de l'amende peut être acquitté entre les mains de l'agent verbalisateur ou auprès du service désigné dans l'avis de contravention dans les quarante-cinq jours qui suivent la constatation de l'infraction ou l'envoi de cet avis (art. 529-1 CPP).

Dans le délai de quarante-cinq jours, le contrevenant peut adresser une requête en exonération auprès du service mentionné dans l'avis. Cette requête est transmise au parquet. Ce dernier peut renoncer aux poursuites ou les exercer selon la saisine de droit commun ou en utilisant la voie de l'ordonnance pénale[3]. Si le contrevenant n'a formulé aucune requête et que le paiement n'est pas effectué dans le délai, l'amende est majorée de plein droit et recouvrée au profit du Trésor public en vertu d'un titre rendu exécutoire par le ministère public (art. 529-2 CPP).

Lorsqu'il s'agit des contraventions de deuxième, troisième et quatrième classes au code de la route, à l'exception de celles relatives au stationnement, l'amende forfaitaire est minorée si le contrevenant règle le montant directement entre les mains de l'agent verbalisateur ou dans un délai de trois jours à compter de la constatation de l'infraction ou de l'envoi de l'avis (art. 529-7, 529-8 CPP). A défaut, l'amende forfaitaire doit être payée dans le délai de quarante-cinq jours à compter de la constatation de l'infraction ou de l'avis. Les dispositions de l'article 529-2 sont alors applicables.

B. L'indemnité forfaitaire

Elle concerne les contraventions des quatre premières classes en matière de service public des transports ferroviaires ou tous les services publics de transports de personnes (art. 529-3 CPP). Ces infractions doivent avoir été constatées par des agents assermentés de l'exploitant, qui proposent au contrevenant une transaction pour laquelle ils l'invitent à s'acquitter, en plus de la somme due au transport, d'une indemnité forfaitaire. Son paiement éteint l'action publique.

Le règlement peut être effectué entre les mains de l'agent de l'exploitant ou dans un délai de deux mois auprès du service de l'exploitant. Dans ce cas, la somme due est majorée du montant des frais de constitution du dossier. En cas de non-paiement immédiat, l'agent est habilité à recueillir le nom et l'adresse du contrevenant et, au besoin, à requérir l'assistance d'un officier ou d'un agent de police judiciaire.

Le contrevenant peut formuler une protestation auprès de l'exploitant, qui doit être transmise au ministère public accompagnée du procès-verbal de l'infraction. Le

3. Crim., 12 sept. 2007, pourvoi n° 06-86752 : en cas de recours contre une amende forfaitaire majorée, l'amende prononcée ne peut être inférieure à celle qui aurait été due si l'intéressé n'avait pas présenté de réclamation.

ministère public peut classer ou poursuivre selon la procédure de l'ordonnance pénale ou la procédure ordinaire.

A défaut de paiement et de protestation dans un délai de deux mois, le procès-verbal d'infraction est adressé au parquet et le contrevenant devient redevable de plein droit d'une amende forfaitaire majorée. Dans les dix jours suivant l'envoi de l'avertissement de l'amende majorée, le contrevenant peut former une déclaration auprès du parquet.

Fiche n° 39 : La procédure devant la cour d'assises

Références

Ouvrage

- ANGEVIN H., *Pratique de la cour d'assises*, Litec, 4e éd., 2005.

Articles

- ANGEVIN H., « Mort d'un dogme. A propos de l'instauration par la loi du 15 juin 2000 d'un second degré de juridiction en matière criminelle », *JCP*, 2000, I, 260.
- BOUCHARD V., « Procédures par contumace et par défaut au regard de l'article 6 § 1 CEDH », *RSC*, 2003, p. 517.
- DANET J., « Le procès d'assises après la réforme : regard sur les pratiques », *RSC*, 2003, p. 289.
- DI MARINO G., « Le prévenu ou l'accusé absent », *Revue pénitentiaire et de droit pénal*, 2003, p. 677.
- GINESTET C., « Procédure de contumace et procédure équitable », *Dr. pénal*, 2001, chron. 41.
- JUY-BUIMAN R., FLORAND J.-M., REYNAUD J., « Pour une motivation des arrêts de la cour d'assises », *LPA*, 7 mars 2005, p. 7.
- « De la motivation des décisions comportant un jury », *Dr. pénal*, 1996, chron. n° 32.
- NICOLOPOULOS P., « La procédure devant les juridictions répressives et le principe du contradictoire », *RSC*, 1989, p. 1.

Explications

Les particularités de la procédure s'expliquent par la gravité des faits jugés et par la présence du jury. La procédure ordinaire s'applique (I) sauf si l'accusé s'est soustrait à la justice, auquel cas la procédure par défaut est mise en œuvre (II).

I. La procédure ordinaire

La procédure devant la cour d'assises est complexe et formaliste. Les irrégularités commises pendant cette procédure sont nulles si elles ont porté atteinte aux droits de la partie concernée.

La cour d'assises est saisie par une ordonnance de mise en accusation du juge d'instruction ou par un arrêt de mise en accusation de la chambre de l'instruction. La décision de mise en accusation confère plénitude de compétence à la cour d'assises. Elle purge la procédure antérieure de tous les vices.

A. Les formalités préalables à l'audience

1. Les actes obligatoires

L'accomplissement des formalités préalables doit être constaté par un procès-verbal signé par le président, le greffier, l'accusé et, s'il y a lieu, l'interprète.

a) Signification de la décision de mise en accusation
La décision de mise en accusation (ordonnance ou arrêt de mise en accusation) devenue irrévocable doit être signifiée à l'accusé sous peine de nullité de la procédure antérieure (art. 268 CPP). Elle s'accompagne de la délivrance gratuite à l'accusé et à la partie civile des procès-verbaux constatant l'infraction, des déclarations écrites des témoins et des rapports d'expertises (art. 279 CPP).

b) Transfert du dossier
Si l'affaire ne doit pas être jugée au siège de la cour d'appel, le dossier de la procédure est renvoyé par le procureur général au greffe du tribunal de grande instance. Les pièces à conviction y sont également transportées (art. 271 CPP). Si l'accusé est détenu, il doit être transféré dans une maison d'arrêt voisine de la cour d'assises.

c) Interrogatoire de l'accusé
Avant l'ouverture de la session, le président de la cour d'assises doit interroger l'accusé pour vérifier son identité, s'assurer de la signification de la mise en accusation (art. 272 CPP). Cet interrogatoire ne doit en aucun cas concerner le fond de l'affaire et il doit avoir lieu au moins cinq jours avant les débats, sauf en cas de renonciation expresse de l'accusé et de son conseil. Si l'accusé n'a pas encore d'avocat, il en choisit un. A défaut, un avocat est désigné d'office (art. 274 CPP)[1]. A titre exceptionnel, il peut être autorisé à en prendre un parmi ses parents ou amis (art. 275 CPP). Si l'accusé libre ne se présente pas au jour fixé pour être interrogé, le président peut décerner un mandat d'arrêt (art. 269 CPP). Il doit être fait appel à un interprète si l'accusé ne parle pas ou ne comprend pas la langue française.

d) Notification de la liste du jury de session et de la liste des témoins
La liste des jurés est signifiée à chaque accusé au plus tard au moins quarante-huit heures avant l'ouverture des débats, sous peine de nullité (art. 282 CPP). Cette liste doit contenir des indications suffisantes pour permettre l'identification des jurés, à l'exception de celles concernant leur domicile ou résidence.
Le ministère public et les parties doivent se signifier mutuellement, et au plus tard vingt-quatre heures au moins avant l'ouverture des débats, la liste de leurs témoins ainsi que des experts (art. 281 CPP). Cette disposition n'est pas prévue à peine de

1. L'absence du défenseur n'entraîne pas nécessairement le renvoi de l'affaire en raison de la nécessité d'assurer la continuité du cours de la justice et de permettre le jugement dans un délai raisonnable : Crim., 5 mai 1990, *Bull. crim.*, n° 419.

nullité. Mais l'accusé peut s'opposer à l'audition des témoins qui n'ont pas été notifiés ou dont la notification est irrégulière.

2. Les actes facultatifs

Si l'instruction lui semble incomplète ou si des éléments nouveaux ont été révélés depuis sa clôture, le président de la cour d'assises peut ordonner tous actes d'information qu'il estime utiles. Il peut les accomplir personnellement ou déléguer à un assesseur ou à un juge d'instruction (art. 283 CPP).

S'il estime que l'affaire n'est pas en état d'être jugée au cours de la session, il peut ordonner le renvoi à une session ultérieure, d'office ou à la demande du ministère public. Il peut aussi décider la jonction de certaines procédures connexes ou indivisibles ou des disjonctions dans l'intérêt d'une bonne administration de la justice. Ces simples mesures d'ordre ne donnent ouverture à cassation que si elles portent préjudice à la défense.

B. L'audience

1. L'ouverture de l'audience

L'accusé comparaît libre, mais entre deux gendarmes. S'il refuse de comparaître, il peut être amené de force (art. 320 al. 1 CPP). Le président peut ordonner que les débats auront lieu en son absence.

Le président, après avoir interrogé l'accusé sur son identité et s'être assuré qu'il a reçu notification de la décision de mise en accusation, constitue le jury de jugement par tirage au sort (art. 293 CPP et ss., voir Fiche n° 4). Une fois le jury constitué, le président donne lecture aux jurés de leurs devoirs et chacun des jurés prête serment individuellement (art. 304 CPP).

Les nullités de la procédure qui s'est déroulée entre la décision de renvoi et l'ouverture de l'audience doivent être présentées, sous peine de forclusion, dès que le jury est définitivement constitué (art. 305-1 CPP).

Le président fait appeler les témoins dont les noms ont été régulièrement signifiés et leur ordonne de se retirer dans une pièce qui leur est réservée (art. 325 CPP).

Le président invite l'accusé et les jurés à écouter avec attention la lecture de l'acte d'accusation ainsi que, lorsque la cour statue en appel, des questions posées à la cour d'assises ayant statué en premier ressort, des réponses faites aux questions, de la décision et de la condamnation prononcée[2]. La lecture doit être faite par le greffier, sous peine de nullité (art. 327 CPP).

2. L'invitation faite aux jurés de suivre la lecture de l'acte d'accusation avec attention n'est pas prescrite à peine de nullité : Crim., 27 juin 2007, pourvoi n° 06-88511 ; Crim., 20 janv. 1999, *Bull. crim.*, n° 12.

2. *Les débats*

a) Les principes gouvernant les débats

Les débats sont oraux. La transcription des dépositions des témoins et des déclarations des accusés est interdite, sauf décision contraire du président de la cour d'assises.

Les débats sont publics (art. 306 CPP), à moins que la publicité ne soit dangereuse pour l'ordre ou les mœurs. Dans ce cas, la cour le déclare par un arrêt rendu en audience publique. Toutefois, le président peut interdire l'accès de la salle d'audience aux mineurs ou à certains d'entre eux. Le huis clos est de droit si la victime partie civile d'un viol, de tortures ou d'actes de barbarie accompagnés d'agressions sexuelles le réclame (art. 306 al. 3 CPP)[3]. Dans les autres cas, le huis clos ne peut être ordonné que si la partie civile ne s'y oppose pas.

Lorsque le huis clos a été ordonné, celui-ci s'applique au prononcé des arrêts qui peuvent intervenir sur les incidents contentieux. L'arrêt sur le fond doit toujours être prononcé en audience publique.

La publicité des débats peut être ordonnée devant la cour d'assises des mineurs si la personne poursuivie, mineure au moment des faits, est devenue majeure au jour de l'ouverture des débats et qu'elle en fait la demande, sauf s'il existe un autre accusé qui est toujours mineur ou qui, mineur au moment des faits et devenu majeur au jour de l'ouverture des débats, s'y oppose (art. 306 al. 5 CPP).

L'utilisation d'appareils photographiques, d'enregistrements sonores et de caméras est interdite dès l'ouverture de l'audience. Le président de la cour peut toutefois ordonner que les débats feront l'objet d'un enregistrement sonore, les supports de cet enregistrement étant placés sous scellés et déposés au greffe de la Cour de cassation (art. 308 CPP)[4]. Celui-ci peut également ordonner l'enregistrement audiovisuel des dépositions de la victime ou de la partie civile, si elles en font la demande[5]. Ces enregistrements pourront être utilisés devant la cour jusqu'au prononcé de l'arrêt et même en cours de délibération, devant la cour d'assises statuant en appel, devant la chambre criminelle si elle siège comme cour de révision, ou devant la cour de renvoi, mais seulement pour les personnes qui ne peuvent plus être entendues (art. 308 al. 2 à 7 CPP).

L'enregistrement audiovisuel des audiences publiques est possible s'il présente un certain intérêt pour la constitution d'archives historiques de la justice (art. L. 221-1 C. patrim.). La décision est prise par le premier président pour la Cour de cassation et le premier président de la cour d'appel pour les juridictions de son ressort. Les observations des parties ou de leurs représentants peuvent être recueillies. La consultation à des fins historiques ou scientifiques est possible pendant les vingt ans suivant la clôture du procès sur autorisation conjointe des ministères de la Justice et de la

---

3. Crim., 25 nov. 2009, pourvoi n° 09-81040 : cette règle ne s'applique pas aux violences volontaires ayant entraîné une incapacité temporaire de travail inférieure à huit jours prévues à l'article 222-13 du code pénal.

4. Ces dispositions ne sont pas prescrites à peine de nullité : Crim., 12 oct. 1972, *Bull. crim.*, n° 285.

5. Crim., 3 févr. 2004, *Bull. crim.*, n° 26 ; *JCP*, 2004, IV, 1590 ; *AJ pénal*, 2004, p. 162 : la demande est irrecevable si le huis clos est ordonné.

Culture. Au bout de ce délai, la consultation est libre. Mais la reproduction ou la diffusion de l'enregistrement sont subordonnées à une autorisation accordée par le président du tribunal de grande instance de Paris à toute personne justifiant d'un intérêt. La reproduction est libre après cinquante ans. Cependant, s'il s'agit d'un crime contre l'humanité, elle est possible dès que la décision est devenue irrévocable.
Les débats sont contradictoires. Ils sont aussi continus, ce qui implique qu'ils ne peuvent être interrompus avant le prononcé du verdict, sauf suspension pour le temps nécessaire au repos des juges et de l'accusé (art. 307 CPP).

b) Le déroulement des débats

Le président de la cour d'assises a un pouvoir de police qui lui permet de maintenir l'ordre dans la salle ou d'en interdire l'accès aux mineurs (art. 309 CPP).
Le président assure la direction des débats, ce qui l'amène à régler l'ordre de production des preuves, à diriger les jurés dans l'exercice de leurs fonctions et à rejeter tout ce qui peut les compromettre ou les prolonger inutilement.
Il est investi d'un pouvoir d'instruction discrétionnaire qui lui permet de prendre, en son honneur et en sa conscience, toutes les mesures utiles pour découvrir la vérité (art. 310 CPP). Il peut ainsi passer outre certaines formalités. Il peut appeler et entendre toutes les personnes ou se faire apporter toutes pièces utiles qui lui paraissent utiles à la manifestation de la vérité. Les témoins ainsi appelés ne prêtent pas serment. Le président de la cour d'assises ne peut toutefois faire état d'un acte irrégulier. Il est aussi limité par les principes fondamentaux, notamment le respect des droits de la défense.
La cour exerce concurremment avec le président la police de l'audience et la direction de l'instruction. Elle peut ordonner un huis clos (art. 306 CPP), renoncer à la publicité ou renvoyer l'affaire à une autre session. Elle seule peut lancer un mandat d'amener contre un témoin cité mais défaillant. Elle peut résoudre par arrêt motivé les demandes de mise en liberté de l'accusé, les incidents contentieux (art. 316 CPP). Les arrêts rendus sur ces incidents ne peuvent faire l'objet d'un recours, et, si la cour d'assises examine l'affaire en appel, ces arrêts ne pourront être attaqués que par la voie du recours en cassation en même temps que l'appel au fond. La cour peut également prononcer les condamnations des infractions d'audience ou contre un témoin qui ne comparaît pas, qui refuse de prêter serment ou de déposer (art. 326 CPP) ou contre un juré défaillant (art. 288 CPP). Elle statue seule sur l'action civile (art. 371 CPP).

c) L'instruction définitive

L'accusé est interrogé au fond par le président. Il est procédé à l'audition des témoins et des experts. Les assesseurs et les jurés ne peuvent demander au président l'autorisation de poser une question aux accusés et aux témoins (art. 311 CPP). Ils ne doivent pas manifester leur opinion[6].

6. Crim., 2 juillet 1985, *Bull. crim.*, n° 253 : le fait pour un juré de poser une question destinée à obtenir un éclaircissement n'implique pas la manifestation d'une opinion préconçue sur les faits incriminés.

Le ministère public et les avocats des parties peuvent poser des questions directement à l'accusé, à la partie civile, aux témoins et à toutes les personnes appelées à la barre, après avoir demandé la parole au président (art. 312 CPP). Ils peuvent aussi réclamer des mesures complémentaires d'instruction. Les parties peuvent également demander qu'il leur soit donné acte des faits ou d'incidents survenus pendant l'audience ou encore du non-accomplissement d'une formalité.
L'accusé et la partie civile peuvent poser des questions par l'intermédiaire du président.
L'avocat de l'accusé ou de celui qui encourt la peine la plus lourde plaide en dernier. L'accusé peut également faire une courte déclaration.

d) Clôture des débats et lecture des questions
Le président déclare les débats terminés (art. 347 CPP). Il ne peut résumer les moyens de l'accusation et de la défense. Il ordonne que le dossier de la procédure soit déposé entre les mains du greffier de la cour d'assises, mais il peut conserver en vue de la délibération l'arrêt de la chambre de l'instruction.
Le président lit les questions auxquelles la juridiction devra répondre, sauf si elles sont posées dans les mêmes termes que l'ordonnance ou l'arrêt de renvoi ou si l'accusé y renonce (art. 348 CPP). Les questions doivent être posées en fait et non en droit. Elles doivent être simples et non complexes afin qu'il soit possible d'y répondre par « oui » ou par « non ». Les questions principales découlent de l'acte d'accusation et visent l'infraction, les circonstances aggravantes. Elles peuvent aussi porter sur l'existence d'une cause d'exemption ou de diminution de la peine ou d'une cause d'irresponsabilité si l'accusé en a fait état. Ces questions principales sont complétées par des questions subsidiaires si les débats font apparaître une qualification autre que celle retenue dans l'arrêt de renvoi. Les questions spéciales concernent les circonstances aggravantes apparues à l'audience. Aucune question n'est possible pour les faits entièrement nouveaux, en vertu du principe de la saisine *in rem*.
Le président doit rappeler le principe de l'intime conviction posé par l'article 353 du code de procédure pénale.
Le président ordonne le retrait de l'accusé et suspend l'audience. Si l'accusé est libre, il lui enjoint de ne pas quitter le palais de justice pendant la durée du délibéré en lui indiquant éventuellement l'endroit où il doit demeurer, sous la garde du service d'ordre (art. 354 CPP).

C. L'arrêt de la cour d'assises

1. La délibération, le prononcé et la forme de l'arrêt

La cour et le jury se retirent en chambre du conseil pour délibérer ensemble, sans la présence des personnes non habilitées. Ils ne peuvent en sortir qu'après avoir pris leurs décisions (art. 355 al. 2 CPP). Aucun report n'est possible.

Les magistrats et les jurés décident d'abord sur la culpabilité (art. 356 CPP). Le vote est écrit et secret. Chaque question fait l'objet d'un vote séparé. Pour le décompte des résultats, les bulletins blancs ou nuls sont considérés comme favorables à l'accusé. Une majorité de huit voix au moins (sur douze) est nécessaire pour toute décision défavorable à l'accusé (reconnaissance de culpabilité ou d'une circonstance aggravante).

La décision de la cour d'assises est prononcée publiquement, même si les débats ont eu lieu à huis clos (art. 366 CPP), sauf lorsqu'il s'agit des arrêts rendus sur des incidents ou au cours d'une audience à huis clos (art. 306 al. 3 et 4 CPP). La cour et le jury rentrent dans la salle d'audience. Le président fait comparaître l'accusé. Il donne lecture des réponses faites aux questions posées et prononce l'arrêt portant condamnation, absolution ou acquittement. En cas de condamnation ou d'absolution, l'arrêt se prononce sur la contrainte judiciaire.

Aucun délai n'est prescrit pour la rédaction de l'arrêt, et les minutes sont déposées au greffe du tribunal de grande instance ou de la cour d'appel. La minute de l'arrêt est signée par le président de la cour d'assises et le greffier, et la présence du ministère public doit être mentionnée (art. 377 CPP). La preuve de la régularité de l'arrêt résulte du procès-verbal établi par le greffier, au plus tard dans les trois jours du prononcé de l'arrêt, signé par lui et le président (art. 378 CPP). La motivation de l'arrêt n'est pas exigée, mais l'arrêt doit indiquer les textes de lois appliqués (art. 376 CPP).

2. La décision de la cour

a) Sur l'action publique

Si les faits ne constituent pas une infraction ou s'ils ne sont pas établis ou ne sont pas imputables à la personne poursuivie, la cour d'assises rend un arrêt d'acquittement. Si la personne était détenue, elle est libérée immédiatement, sauf si elle peut être retenue pour autre cause (art. 367 CPP). Aucune poursuite ne peut être engagée pour les mêmes faits, même sous une qualification différente (art. 368 CPP). Si la culpabilité est retenue, il est procédé au vote sur la sanction après que le président a donné lecture des articles 132-18 du code pénal prévoyant les peines plancher en matière criminelle et 132-24 CP relatif au principe de la personnalisation des peines (art. 362 CPP). Le vote a lieu en secret, séparément pour chaque accusé. La décision sur la peine se forme à la majorité absolue des votants, mais le maximum de la peine privative de liberté ne peut être prononcé qu'à huit voix. Si cette majorité n'est pas atteinte, il ne peut être prononcé une peine supérieure à trente ans si la peine encourue est perpétuelle et une peine supérieure à vingt ans si la peine encourue est de trente ans. Si, après deux tours de scrutin, aucune peine n'a réuni la majorité des suffrages, il est procédé à un troisième tour au cours duquel la plus forte peine proposée au tour précédent est écartée. Le cas échéant, il est procédé à de nouveaux tours de scrutins en écartant à chaque fois la peine la plus forte jusqu'à ce qu'une peine soit prononcée.

Si l'accusé est exempté de peine, il est immédiatement libéré, sauf s'il est détenu pour autre cause.
S'il est condamné à une peine privative de liberté ferme non couverte par la détention provisoire, et tant que l'arrêt n'est pas définitif, le mandat de dépôt qui aurait déjà été délivré contre l'accusé continue de produire effet. Dans le cas contraire, la cour décerne mandat de dépôt (art. 367 al. 2 CPP). Elle peut également décerner un mandat de dépôt contre la personne renvoyée pour délit connexe qui n'est pas détenue au moment où l'arrêt est rendu, lorsque la peine prononcée est supérieure ou égale à un an d'emprisonnement et si les éléments de l'espèce justifient une mesure de sûreté (art. 367 al. 3 CPP).
Si la peine retenue est de nature correctionnelle, la cour d'assises peut ordonner le sursis simple. La cour d'assises délibère également sur les peines secondaires et si elle prononce une peine alternative à l'emprisonnement, ou une peine complémentaire, elle peut la déclarer exécutoire par provision (art. 367 al. 4 CPP).
La cour d'assises peut aussi ordonner, par une décision spéciale et motivée, que l'accusé est tenu solidairement des amendes avec ses coauteurs et complices (art. 375-1 CPP).

b) Sur l'action civile

En cas de condamnation, la juridiction répressive doit statuer sur les intérêts civils, même en cas d'exemption de peine. La cour, sans jury, est seule compétente pour statuer sur l'action civile ou si l'accusé acquitté réclame des dommages-intérêts à la partie civile (art. 371 CPP). La cour peut statuer immédiatement ou ultérieurement. Elle peut ordonner l'exécution provisoire de sa décision sur l'action civile si elle a été demandée (art. 374 CPP). La solidarité peut être prononcée pour le paiement de l'indemnisation civile (art. 375-2 al. 1 CPP).
En cas d'acquittement, s'il y a une faute distincte résultant des faits objets de l'accusation, la cour n'est pas tenue de rechercher cette faute en l'absence de la demande de la partie civile, qui doit la prouver. Mais l'accusé peut obtenir des dommages-intérêts s'il en fait la demande.
La cour peut ordonner les restitutions, mais si la personne a été condamnée, elles ne peuvent être effectuées que si l'intéressé justifie que le condamné a laissé passer les délais sans pourvoir en cassation ou, s'il est pourvu, que l'affaire est définitivement jugée (art. 373 CPP). La restitution peut être refusée si elle présente un danger pour les personnes et les biens.

c) Les frais

Les dépens sont pris en charge par l'Etat, sans aucun recours contre les condamnés (art. 800-1 CPP). Le droit fixe de procédure est exigé de la personne condamnée, mais aussi de la partie civile qui a mis en mouvement l'action publique, en cas d'acquittement de la personne poursuivie (art. 1018 CGI). La partie civile peut obtenir le remboursement si l'accusé est condamné de ses frais non payés par l'Etat (art. 375 CPP). La cour tient toutefois compte de l'équité et de la situation économique de la partie condamnée et peut même, d'office, dire qu'il n'y a pas lieu à cette condamnation, pour des raisons tirées des mêmes considérations. L'accusé qui bénéficie d'un acquittement peut demander à être indemnisé pour compenser les frais de défense exposés. L'indemnité est accordée à la charge de l'Etat. Mais elle peut aussi être mise à la charge de la partie civile qui a déclenché l'action publique (art. 800-2, R. 249-2 CPP).

II. La procédure par défaut

Elle remplace la procédure de contumace considérée non conforme au principe du procès équitable par la Cour européenne des droits de l'homme et la Cour de justice des communautés européennes[7]. La procédure de contumace ne permettait pas à l'accusé absent aux débats de faire présenter sa défense au fond par un avocat et elle le privait de son pourvoi en cassation au profit de l'opposition, à condition qu'il se constituât prisonnier.

Est jugé par défaut l'accusé en fuite ou qui ne se présente pas sans excuse valable (art. 379-2 CPP). Il en est de même si l'absence est constatée au cours des débats. La cour peut, avant d'appliquer la procédure par défaut, décider de renvoyer l'affaire à une session ultérieure, après avoir décerné mandat d'arrêt contre l'accusé si un tel mandat n'avait pas déjà été décerné. Cette procédure ne s'applique pas à l'accusé détenu qui refuse de venir à l'audience, qui est amené par la force ou celui qui est expulsé des débats.

Cette procédure est également applicable aux personnes renvoyées pour délits connexes, mais la cour peut ordonner la disjonction des procédures. Elles seront considérées comme renvoyées devant le tribunal correctionnel pour un jugement par défaut.

En l'absence de l'accusé, la cour siège sans jury, sauf si d'autres accusés jugés simultanément sont présents ou si l'absence de l'accusé a été constatée après l'ouverture des débats.

Si un avocat est présent pour assurer la défense, il est entendu et la procédure se déroule selon les règles ordinaires, sauf celles qui tiennent à la présence de l'accusé. En l'absence de l'avocat, la cour entend la partie civile ou son avocat, les réquisitions du ministère public et statue.

En cas de condamnation à une peine privative de liberté, la cour décerne un mandat d'arrêt contre l'accusé. Si l'accusé condamné se constitue prisonnier, ou s'il est arrêté avant prescription de la peine, l'arrêt est non avenu et la cour examine de

7. Cour de justice des Communautés européennes, 28 mars 2000, Krombach et Bamberski, C7-98.

nouveau l'affaire dans les conditions ordinaires. Le mandat d'arrêt vaut mandat de dépôt jusqu'à la comparution de l'accusé, qui doit intervenir dans l'année.

La personne condamnée par défaut ne peut faire appel (art. 379-5 CPP).

Lecture d'arrêt

Crim., 12 septembre 2007, pourvoi n° 07-80618

« La Cour,
Statuant sur les pourvois formés par :

« X... Jacques,
LE PROCUREUR DE LA RÉPUBLIQUE PRÈS LE TRIBUNAL DE GRANDE INSTANCE D'ÉPINAL,
contre l'arrêt de la cour d'assises des VOSGES, en date du 26 octobre 2006, qui, pour meurtre, enlèvement et séquestration, l'a condamné à vingt ans de réclusion criminelle ainsi que contre l'arrêt du 5 février 2007 par lequel la cour a prononcé sur les intérêts civils ;

« Joignant les pourvois en raison de la connexité ;

« I. Sur le pourvoi formé par le procureur de la République :

« Attendu qu'en application de l'article 596 du code de procédure pénale, le ministère public n'est recevable à se pourvoir contre un arrêt de cour d'assises qu'au cas où la peine prononcée est autre que celle appliquée par la loi à la nature du crime ; que tel n'étant pas le cas en l'espèce, le pourvoi n'est pas recevable ;

« II. Sur le pourvoi formé par Jacques X... :

« Vu le mémoire produit ;

« (...) Les moyens étant réunis ;

« Vu les articles 376, 377 et 378 du code de procédure pénale ;

« Attendu que, selon ces textes, un greffier doit signer avec le président la minute des arrêts rendus par la cour d'assises ainsi que le procès-verbal des débats ;

« Attendu qu'il résulte de l'examen des pièces de procédure qu'aucun des arrêts rendus par la cour d'assises n'a été signé par Mme Wald, greffier ; que, M. Cuna, greffier, a signé l'arrêt fixant le nombre de jurés supplémentaires ainsi que la partie du procès-verbal relative aux débats auxquels il a assisté ;

« Attendu que, pour justifier les absences de signatures de Mme Wald, le président mentionne que le procès-verbal des débats, l'arrêt pénal et les autres arrêts incidents sont signés par "*le seul président de la cour d'assises des Vosges suite au congé-maladie du greffier et à son état invalidant ne permettant pas sa signature*" ;

« Mais attendu qu'en l'état de cette seule mention, insuffisante en l'absence de toute précision notamment sur la date à laquelle Mme Wald est devenue indisponible, la Cour de cassation n'est pas en mesure de s'assurer de l'existence d'un événement de force majeure, seul susceptible de conférer, faute de signature du greffier, authenticité aux actes susvisés ;

« Par ces motifs et sans qu'il soit besoin d'examiner les autres moyens de cassation proposés ;

« I. Sur le pourvoi formé par le procureur de la République :
« Le déclare irrecevable ;

« II. Sur le pourvoi formé par Jacques X... :
« Casse et annule, en toutes ses dispositions, l'arrêt susvisé de la cour d'assises des Vosges, en date du 26 octobre 2006, ensemble la déclaration de la cour et du jury et les débats qui l'ont précédée ;

« Casse et annule, par voie de conséquence, l'arrêt du 5 février 2007 par lequel la cour a prononcé sur les intérêts civils ;

« Et pour qu'il soit à nouveau jugé, conformément à la loi ;

« Renvoie la cause et les parties devant la cour d'assises de la Moselle, à ce désignée par délibération spéciale prise en chambre du conseil. »

2. Les voies de recours

Les voies de recours constituent une garantie contre les risques d'erreur. Elles permettent à un justiciable de pouvoir bénéficier d'un nouvel examen de son procès ou de faire vérifier la régularité de la décision rendue. Il s'agit d'un principe d'ordre public et les parties ne peuvent y renoncer d'avance (article préliminaire du code de procédure pénale).

On distingue les voies de rétractations et les voies de réformations. Les premières tendent à faire revenir l'affaire devant la même juridiction (opposition, révision). Les secondes ont pour objet de faire procéder à un second examen de l'affaire devant une juridiction supérieure à celle attaquée. En matière criminelle, la cour d'assises d'appel est de même niveau que la cour d'assises de premier degré, mais elle est autrement composée.

Les voies de recours ordinaires s'opposent aux voies de recours extraordinaires. Les premières garantissent un nouvel examen complet de l'affaire, de ses aspects de droit et de fait (appel, opposition). Elles sont en principe ouvertes à tout justiciable. Les secondes, qui ne sont ouvertes que dans des cas précis, permettent d'apprécier la régularité de la décision de justice.

La tierce opposition n'existe pas en matière pénale et, depuis la loi de juin 2000, il existe une nouvelle voie de recours, le réexamen d'une condamnation pénale après condamnation de la France par la Cour européenne des droits de l'homme.

Fiche n° 40 : Les voies de recours ordinaires : l'opposition

Explications

Voie de recours ordinaire et de rétractation, l'opposition est ouverte contre les jugements rendus par défaut : les jugements des tribunaux de police (art. 544 et 545 CPP) ou correctionnels (art. 489 à 495 CPP), les arrêts de cour d'appel (art. 512 CPP) et de la chambre criminelle (art. 579 et 589 CPP).

I. Les conditions de l'opposition

A. Les conditions de fond

1. Une décision rendue par défaut

Toute personne régulièrement citée qui ne comparaît pas au jour et à l'heure fixés par la citation est jugée par défaut (art. 487 CPP).

En ce qui concerne le prévenu, le défaut n'existe que s'il n'a pas été cité à personne et qu'il n'est pas établi qu'il a eu connaissance de la citation devant le tribunal devant lequel il n'a pas comparu (art. 412 CPP) ou si, ayant eu connaissance de la citation, il n'a pas comparu en vertu d'une excuse considérée comme légitime par le tribunal (art. 411 CPP). Cependant, l'obligation pour les jurés d'entendre l'avocat du prévenu non-comparant réduit le domaine de l'opposition, car l'intervention du conseil confère un caractère contradictoire à la décision.

La partie civile et la personne civilement régulièrement citées et qui ne comparaissent pas à l'audience ou ne se font pas représenter, sont présumées s'être désistées de leur action. Le jugement qui constate ce désistement peut être attaqué par la voie de l'opposition (art. 425, 493, 545 CPP). En cas de constitution de partie civile par lettre recommandée adressée au tribunal au moins vingt-quatre heures avant l'audience et pour une demande en restitution d'objets saisis ou de dommages-intérêts dont le montant n'excède pas le montant de la compétence de droit commun des tribunaux d'instance en matière civile, la partie civile n'est pas obligée de comparaître et le jugement est rendu par défaut (art. 420-1 al. 2 et 536 CPP).

Contre un arrêt de la chambre criminelle de cassation, seul le défendeur au pourvoi auquel le demandeur n'a pas notifié son recours par lettre recommandée avec accusé de réception dans le délai de trois jours peut faire opposition (art. 578 et 579 CPP).

Le ministère public ne peut former opposition, sauf dans le cas particulier de l'ordonnance pénale (art. 527 al. 1 CPP).

2. L'intérêt à agir

La personne qui entend exercer l'opposition doit justifier d'un intérêt à agir. Ainsi, le prévenu relaxé ne peut former opposition. L'opposition du défendeur à un pourvoi en cassation n'a de sens que si l'arrêt porte cassation de la décision déférée. La partie civile doit prouver que la décision lui fait grief.

B. Les conditions de forme

1. L'acte d'opposition

L'opposition est portée à la connaissance du ministère public, qui avise la partie civile par lettre recommandée (art. 490 CPP). Si l'opposant est détenu, elle peut être faite au moyen d'une déclaration adressée auprès du chef de l'établissement pénitentiaire, qui la communique au parquet. Devant la Cour de cassation, l'acte d'opposition se fait par déclaration au greffe de la juridiction qui a rendu la décision[1].

2. Le délai de l'opposition

En matière correctionnelle et de police, le délai pour former opposition est de dix jours à partir de la signification de la décision par défaut si l'intéressé réside en France métropolitaine, et d'un mois s'il réside hors de ce territoire (art. 491 CPP). Si le prévenu n'a pas eu connaissance du jugement prononçant sa condamnation, il peut faire opposition toute la durée de prescription de la peine (art. 492 CPP). En cas d'opposition à un arrêt rendu par la Cour de cassation, le délai est de cinq jours à compter de la notification de l'arrêt de cassation (art. 579 CPP).

II. Les effets de l'opposition

A. L'effet suspensif

Pendant le délai de l'opposition, l'exécution du jugement rendu par défaut est suspendue sous réserve de l'exécution par provision ou de la provision accordée à la partie civile. De même, un mandat d'arrêt délivré par la juridiction de jugement continue à produire effet en dépit de l'opposition (art. 465 al. 2), sauf si le tribunal en ordonne la mainlevée. L'annulation ou la suspension du permis de conduire et les mesures prononcées contre les mineurs s'appliquent immédiatement si elles ont été déclarées exécutoires.

B. L'effet extinctif

L'acte d'opposition rend non avenu le jugement par défaut dans toutes ses dispositions, sauf si le prévenu l'avait limité à son exécution (art. 489 CPP). L'effet extinc-

1. Crim., 26 mars 2008, pourvoi n° 07-81960.

tif vaut à l'égard de tous. Si le prévenu condamné par défaut forme opposition de l'arrêt de condamnation qui était contradictoire à l'égard de la partie civile, celle-ci ne peut se pourvoir en cassation contre le premier arrêt.

C. L'effet dévolutif

La juridiction qui avait initialement statué est à nouveau saisie. Les juges reprennent l'ensemble de l'affaire, toutes les questions soulevées faisant cette fois l'objet d'un débat contradictoire. La juridiction saisie doit se prononcer au plus tard dans les huit jours suivant l'opposition. A défaut, le prévenu détenu est mis en liberté.

D. La comparution du prévenu

Si le prévenu comparaît à l'audience ou s'il est représenté par son avocat, le jugement sera contradictoire et la juridiction est libre de sa décision sur le fond[2]. Elle peut aggraver ou atténuer la condamnation, ou faire revivre le jugement précédent. Cependant, le mandat d'arrêt continue de produire ses effets même si la peine est réduite. Par ailleurs, le tribunal ne peut modifier la provision qui avait été accordée à la victime.

Lorsque l'opposant n'a pas été cité ou avisé de la date d'audience, la décision relative à l'opposition est elle-même rendue par défaut et peut donc être à nouveau frappée d'opposition.

Si la personne régulièrement citée ou à qui la date de l'audience a été notifiée ne comparaît pas ou n'est pas représentée, le jugement est rendu par itératif défaut (art. 494 CPP). L'opposition est considérée comme caduque. La décision initiale produit effet à moins que des circonstances particulières ne conduisent le tribunal à modifier la peine à la baisse ou à ordonner le renvoi, et à faire rechercher l'opposant en cas de condamnation à une peine privative de liberté sans sursis (art. 494 CPP). Si les recherches demeurent vaines ou si l'opposant mis en demeure ne comparaît pas, l'opposition est déclarée non avenue et la décision initiale reprend ses droits.

2. Ass. plén., 2 mars 2001, *Bull. crim.*, n° 56, *D.*, 2001, IR 981 et 1899, note Pradel ; Crim., 19 févr. 2003, *D.*, 2003, p. 2606 : l'avocat présent à l'audience doit être entendu.

Fiche n° 41 : Les voies de recours ordinaires : l'appel

Références

- Clément G., « L'appel, voie de nullité en procédure pénale », *RSC*, 1990, p. 260.
- Pradel J., « L'appel contre les arrêts d'assises... », *D.*, 2001, chron., p. 1964.
- Temime V., « L'appel des arrêts d'assises... », *RSC*, 2001, p. 83.

Explications

L'appel est une voie ordinaire provoquant la réformation et l'annulation des jugements rendus en premier ressort par le tribunal de police, le tribunal correctionnel ou la cour d'assises du premier degré. L'appel permet de mettre en œuvre le double degré de juridiction, la seconde juridiction, en principe supérieure à la première devant connaître à nouveau de l'affaire. En matière, la cour d'assises d'appel n'est pas hiérarchiquement supérieure à la première. Elle s'en distingue par sa composition et doit siéger dans un autre ressort que celle ayant statué au premier degré.

I. Les conditions de l'appel

A. Les décisions susceptibles d'appel

En matière correctionnelle, tous les jugements peuvent faire l'objet d'un appel (art. 496 CPP). L'appel est ouvert au prévenu, au procureur de la République et au procureur général. La partie civile, le civilement responsable ainsi que les tiers payeurs ne peuvent agir qu'en ce qui concerne les intérêts civils. Les administrations qui ont le pouvoir d'exercer l'action publique peuvent également interjeter appel (art. 497 CPP).

En matière de police, l'appel est limitativement admis, sauf lorsqu'il s'agit d'une contravention connexe à un délit relevant de la compétence du tribunal correctionnel et des contraventions relatives aux Eaux et Forêts. Dans les autres cas, le prévenu, le procureur de la République, l'officier ministériel près le tribunal d'instance, le procureur général près la cour d'appel, la personne civilement responsable peuvent interjeter appel si la peine encourue est celle prévue pour les contraventions de cinquième classe, si la peine prononcée est supérieure au maximum prévu pour les contraventions de deuxième classe ou en cas de condamnation à la peine de suspension du permis de conduire (art. 546 CPP). Le prévenu, la personne civilement responsable et la partie civile peuvent interjeter appel des dispositions civiles du jugement.

En matière criminelle, l'appel des arrêts de condamnation est ouvert à l'accusé et au ministère public. Seul le procureur général peut faire appel des arrêts d'acquittements[1] (art. 380-2 CPP). L'appel sur l'action publique sera porté devant une autre cour d'assises alors que l'appel sur la seule action civile sera porté devant la chambre des appels correctionnels (art. 380-5 CPP). La cour d'appel statue sans jury quand l'accusé, renvoyé pour délit correctionnel seulement, est seul appelant ou quand l'appel du ministère public contre un arrêt de condamnation ou d'acquittement concerne un délit connexe à crime, en l'absence d'appel contre la condamnation criminelle.

L'appel d'un jugement avant-dire droit sera examiné en même temps que l'appel sur le fond, sauf s'il met fin immédiatement à la procédure ou si le président de la chambre des appels correctionnels estime qu'une décision immédiate s'impose dans l'intérêt de l'ordre public ou d'une bonne administration de la justice.

B. Les conditions de forme

1. L'acte d'appel

L'appel résulte d'une déclaration au greffe de la juridiction qui a rendu la décision attaquée (art. 380-12, 502 al. 1 et 2, art. 547 al. 4 CPP), signée par le greffier, l'appelant lui-même ou par un avoué, un avocat ou un fondé de pouvoir spécial. Lorsque l'appelant est détenu, l'appel se fait par déclaration auprès du chef de l'établissement pénitentiaire, qui transmet au greffe de la juridiction (art. 503 CPP)[2]. L'appel du procureur général résulte d'une signification faite au prévenu ou à la personne civilement responsable (art. 505 CPP).

Le prévenu libre doit déclarer son adresse personnelle ou celle d'un tiers chargé de recevoir les rectifications et citations qui lui sont destinées s'il produit l'accord de ce dernier. A défaut, l'adresse figurant dans le jugement rendu en premier ressort est prise en compte (art. 503-1 CPP).

2. Le délai

En matière criminelle, le délai est de dix jours à compter du prononcé de l'arrêt ou de sa signification, s'agissant d'une partie absente ou non représentée à l'audience (art. 380-9 CPP).

En matière correctionnelle et de police, le délai est de dix jours en principe à compter du prononcé du jugement (art. 498, 547 al. 1 CPP) ou de la signification du jugement rendu par défaut ou par itératif défaut (art. 499 CPP). Le délai court également à compter de sa signification si la partie qui a assisté n'était pas présente au

1. Crim., 23 juillet 2003, *AJ pénal*, 2003, p. 68.
2. S'il est détenu à l'étranger, l'article 502 du code de procédure pénale est applicable : Crim., 22 juillet 2004, *RSC*, 2005, p. 103, obs. Giudicelli.

moment du prononcé du jugement et qu'elle n'a pas été informée par le président de la juridiction de la date à laquelle le jugement serait rendu. Il en est de même lorsque le prévenu a été jugé en son absence, mais après audition d'un avocat assurant sa défense et sans être titulaire d'un mandat de représentation ou lorsque le prévenu a demandé à être jugé en son absence en étant représenté par un avocat qui ne s'est pas présenté (art. 498 al. 2 CPP).

Pour un jugement de condamnation à une peine d'emprisonnement ferme ou à une peine d'emprisonnement assortie du sursis partiel rendu par défaut qui n'a pas été signifié à personne, le délai court de la signification faite à domicile, en mairie ou au parquet s'il résulte de l'avis constatant la remise ou d'un acte d'exécution que la personne a eu connaissance de la signification. A défaut, l'appel reste recevable jusqu'à l'expiration des délais de prescription de la peine (art. 498-1 CPP).

En cas d'appel d'une des parties, les autres peuvent faire un appel incident pendant un délai supplémentaire de cinq jours (art. 380-10, 500 CPP). Le désistement du prévenu et de la partie civile de son appel principal dans le délai d'un mois à compter de l'appel entraîne la caducité des appels incidents. Le ministère public peut toujours se désister de son appel formé après celui du prévenu, lorsque ce dernier se désiste lui-même (art. 500-1 CPP).

L'appel ne sera recevable après ce délai que si l'appelant prouve qu'il était dans l'impossibilité absolue de se présenter au greffe et qu'il n'a pas pu constituer de mandataire à raison d'un événement assimilable à une force majeure.

Le procureur général dispose d'un délai de dix jours à compter du jour du prononcé du jugement en matière correctionnelle et de police[3] (art. 505 CPP).

II. Les effets

A. L'effet suspensif

Le délai d'appel et l'appel lui-même suspendent l'exécution du jugement attaqué (art. 380-4, 506, 549 CPP). Toutefois, si le prévenu est détenu, il doit être immédiatement mis en liberté en cas de jugement de relaxe, d'exemption de peine ou de condamnation à une peine d'emprisonnement avec sursis ou lorsque la peine prononcée se trouve couverte par la détention provisoire. Le maintien en détention peut être ordonné par le tribunal correctionnel, qui délivre mandat de dépôt ou d'arrêt en cas de condamnation à un emprisonnement ferme d'au moins un an. L'accusé condamné à une peine privative de liberté reste maintenu en détention par l'effet du mandat de dépôt (art. 380-4 al. 2 CPP).

3. L'ancien délai de vingt jours avait été jugé non-conforme aux exigences du procès équitable, le procureur général disposant alors d'un délai plus long que les autres parties.

Sont exécutoires par provision certaines peines complémentaires, comme l'interdiction de chèques, les condamnations avec sursis assorties d'une mise à l'épreuve, les mesures concernant les mineurs, la décision d'ajournement du prononcé de la peine avec injonction. La condamnation civile peut être exécutée lorsque le tribunal accorde une provision à la partie civile, sauf opposition du président de la juridiction d'appel si ce paiement risque d'entraîner des conséquences manifestement excessives (art. 380-8, 505-1 CPP).

L'appel n'est pas suspensif s'agissant de l'ordonnance d'homologation de la peine proposée en cas de plaider coupable (art. 495-11 CPP).

B. L'effet dévolutif

La cour d'appel va réexaminer le procès en fait et en droit dans la limite fixée par l'acte d'appel et la qualité de l'appelant (art. 509 CPP).

Les juges d'appel ne sont saisis que des faits soumis au premier juge afin de garantir le principe du double degré de juridiction. Il leur est interdit de statuer sur des demandes nouvelles (art. 515 al. 3 CPP)[4] qui font apparaître des faits nouveaux ou concernent une personne non visée dans la prévention[5]. La partie civile peut toutefois demander une augmentation des dommages-intérêts pour le préjudice souffert depuis la décision de première instance ou une réévaluation. L'assureur et certains fonds de garantie peuvent aussi intervenir pour la première fois en appel.

Le principe dévolutif est limité par les termes de l'appel (art. 509 CPP). Limité à l'action publique, l'appel est sans effet sur l'action civile et inversement. De même, l'appel peut être limité à certaines dispositions seulement de l'action publique ou de l'action civile.

La saisine de la cour d'appel dépend aussi de la qualité de l'appelant. Ainsi l'appel formé par le ministère public seul est sans effet sur l'action civile. En cas d'appel formé par la partie civile, le tiers civilement responsable ou par l'assureur, la juridiction d'appel n'est saisie que de l'action civile. Si la personne condamnée interjette appel à la fois de l'action civile et de l'action publique, la cour d'appel est saisie de l'entier litige.

Des appels incidents peuvent se greffer sur l'appel principal, limitant ainsi la portée de l'effet dévolutif.

4. L'interdiction n'est pas d'ordre public : Crim., 20 juillet 1976, *Bull. crim.*, n° 259.
5. Tel n'est pas le cas lorsqu'elle tend aux mêmes fins alors que le fondement juridique a changé : Crim., 29 juin 1999, *Bull. crim.*, n° 164.

C. La décision de la cour d'appel

La juridiction peut rendre un arrêt d'irrecevabilité si l'appel est tardif ou irrégulièrement formé.

Si l'appel est recevable, en matière contraventionnelle et correctionnelle, la cour examine le bien-fondé de l'appel et rend un arrêt confirmatif maintenant la décision des premiers juges, un arrêt infirmatif annulant la décision des premiers juges dans sa totalité ou un arrêt infirmant sur un point et confirmant sur un autre. Si une partie privée intente seule appel, la cour ne peut aggraver son sort (art. 380-3, 515 al. 2 CPP). Sur appel du ministère public, elle peut aggraver ou diminuer la peine du prévenu (380-6, 515 al. 2 CPP).

Si elle estime que les faits sont criminels, la cour se déclare incompétente. Elle peut décerner mandat de dépôt ou d'arrêt.

En cas d'appel pour irrégularité de forme, la juridiction d'appel peut, après avoir annulé la décision, statuer sur le fond du procès sans renvoyer devant le juge de première instance. Dans ce cas, elle évoque, quelle que soit la qualité de l'appelant. Elle peut diminuer ou aggraver peines et dommages-intérêts. L'aggravation n'est cependant possible en cas d'appel d'une décision d'homologation d'une peine proposée par le procureur de la République qu'avec l'accord de ce dernier (art. 520-1 CP).

En matière criminelle, l'appel n'a pas pour objet la confirmation, la réformation ou l'infirmation de la première décision, mais le réexamen de l'affaire (art. 380-1 CPP). Ce sont de nouveaux débats qui s'instaurent. Le président donne cependant lecture des questions posées à la cour d'assises ayant statué en premier ressort, des réponses apportées et de la condamnation (art. 327 CPP). Les décisions défavorables à l'accusé doivent être prises à la majorité de dix voix sur quinze.

Lecture d'arrêt

Crim., 17 septembre 2008, pourvoi n° 08-80598

« LA COUR DE CASSATION, CHAMBRE CRIMINELLE,
« Statuant sur le pourvoi formé par :
- X... Robert,
contre l'arrêt de la cour d'appel de LYON, 4e chambre, en date du 13 décembre 2007, qui, pour destruction du bien d'autrui par un moyen dangereux pour les personnes, l'a condamné à deux ans d'emprisonnement dont un an avec sursis et cinq ans d'interdiction des droits civiques, civils et de famille et a prononcé sur les intérêts civils ;

« Vu le mémoire produit ;

« Sur le moyen soulevé d'office, pris du défaut de conformité de l'article 505 du code de procédure pénale à l'article 6 § 1 de la Convention européenne des droits de l'homme ;

« Vu lesdits articles ;

« Attendu que le principe de "l'égalité des armes" tel qu'il résulte de l'exigence d'un procès équitable, au sens de l'article 6 § 1 de la Convention européenne des droits de l'homme, impose que les parties au procès pénal disposent des mêmes droits ; qu'il doit en être ainsi, spécialement, du droit à l'exercice des voies de recours ;

« Attendu que, par jugement en date du 6 juin 2007, le tribunal correctionnel de Lyon a condamné Robert X..., pour destruction du bien d'autrui par un moyen dangereux pour les personnes, à dix-huit mois d'emprisonnement dont quinze mois avec sursis et mise à l'épreuve, et a prononcé sur les intérêts civils ; que, le 23 juillet 2007, le procureur général près la cour d'appel de Lyon a interjeté appel de ce jugement, dans les formes prévues par l'article 505 du code de procédure pénale ; que, le 25 juillet 2007, Robert X... a formé un appel incident ;

« Attendu que, par arrêt en date du 13 décembre 2007, la cour d'appel de Lyon a condamné Robert X..., pour destruction du bien d'autrui par un moyen dangereux pour les personnes, à deux ans d'emprisonnement dont un an avec sursis et cinq ans d'interdiction des droits civiques, civils et de famille, et a prononcé sur les intérêts civils ;

« Mais attendu que l'article 505 du code de procédure pénale ouvre au procureur général un délai d'appel plus long que celui accordé aux autres parties par l'article 498 de ce code ; que, dès lors, les dispositions de ce texte ne sont pas compatibles avec le principe conventionnel énoncé ci-dessus ;

« D'où il suit que l'arrêt doit être annulé. »

Fiche n° 42 : Les voies de recours extraordinaires : le pourvoi en cassation

Références

• Lemoine P., « Les pourvois formés contre les jugements rendus par les juridictions de proximité en matière pénale : premiers constats », *Bull. inf. C. Cass.*, 2005.

Explications

Le pourvoi en cassation a pour objet d'assurer l'exacte interprétation de la loi et l'unité de la jurisprudence. Il permet de faire annuler les jugements et arrêts rendus en dernier ressort en violation de la loi. La Cour de cassation juge le droit et non le fait. Elle n'est pas un troisième degré de juridiction, sauf lorsqu'elle statue sur un pourvoi en révision.

I. Le pourvoi en cassation de droit commun

Ce pourvoi est intenté dans l'intérêt des parties.

A. Les conditions du pourvoi en cassation

1. Les conditions de fond

a) Les cas d'ouverture du pourvoi en cassation
Il faut qu'il y ait violation de la loi (art. 591, 592, 593 CPP). Donnent ouverture à cassation la composition irrégulière de la juridiction dont la décision est attaquée, l'incompétence ou l'excès de pouvoir, la méconnaissance des règles de publicité de l'audience, le défaut, l'insuffisance la contradiction des motifs, l'omission ou le refus de répondre aux conclusions des parties ou aux réquisitions du ministère public. Le pourvoi est également ouvert en cas d'erreur de qualification, de fausse interprétation des textes, du prononcé d'une peine non prévue par le législateur, de méconnaissance des droits de la défense.
En application de la théorie de la peine justifiée, l'erreur dans la citation du texte applicable ne constitue pas un motif de cassation lorsque la peine prononcée par la juridiction est la même que celle portée par la loi qui s'applique à l'infraction commise (art. 598 CPP). De même, l'erreur sur la qualité de complice ou d'auteur, l'erreur de qualification ne sont pas sanctionnées lorsque la peine prononcée ne dépasse pas le maximum légal prévu par le texte normalement applicable. Cette théorie est inapplicable en cas d'erreur sur la qualité de récidiviste ou sur une règle d'ordre public relative à l'organisation et à la compétence des juridictions ou pour les dommages-intérêts.
Le demandeur doit produire des moyens de pur droit, à l'exclusion des moyens de pur fait ou des moyens mêlés de droit et de fait. Il ne peut soumettre de moyens nouveaux, sauf s'ils touchent à l'ordre public (art. 599 CPP).

b) Les décisions susceptibles d'un pourvoi en cassation
Le pourvoi en cassation n'est possible que contre un jugement ou un arrêt rendu en dernier ressort[1] (art. 567, 591 CPP), ce qui exclut les décisions non juridictionnelles ou les décisions juridictionnelles soumises à une voie de recours ordinaire. Si le jugement est susceptible d'appel ou d'opposition et que ces recours n'ont pas été utilisés, le pourvoi est irrecevable. Il l'est également contre les arrêts rendus par défaut par la cour d'assises. Les décisions d'acquittement rendues en dernier ressort par la cour d'assises ne sont pas susceptibles de pourvoi, sauf par la partie civile pour ses intérêts civils.
En ce qui concerne les décisions avant-dire droit, le pourvoi n'est possible qu'en même temps que le pourvoi contre le jugement sur le fond, mais c'est le président de la chambre criminelle qui apprécie s'il y a lieu de statuer immédiatement ou non sur le pourvoi.

c) L'intérêt à agir
Les parties peuvent former un pourvoi à condition qu'elles y aient un intérêt (art. 567, 573 CPP). Le ministère public peut se pourvoir contre les décisions sur l'action publique. La partie civile peut agir contre les décisions sur l'action civile lui faisant grief. Lorsque la décision en cause n'a statué que sur la validité des poursuites, le pourvoi de la partie civile se répercute aussi sur l'action publique. Le prévenu et l'accusé peuvent se pourvoir sur les décisions relatives à l'action publique et à l'action civile qui leur font grief.

2. Les conditions de forme

Le pourvoi en cassation résulte d'une déclaration écrite et signée faite au greffier de la juridiction qui a rendu la décision attaquée ou si le demandeur est incarcéré auprès du chef d'établissement pénitentiaire qui le transmet à ce même greffe (art. 577 CPP). La déclaration doit être signée par le demandeur, un avoué près la juridiction qui a statué ou par un fondé de pouvoir spécial. Mais en matière criminelle, l'avocat de l'accusé peut former un pourvoi sans mandat spécial.

Le délai du pourvoi est de cinq jours francs pour toutes les parties à compter de la décision contradictoirement rendue en dernier ressort ou du jour de la signification de l'arrêt contradictoire à signifier ou d'itératif défaut (art. 568 CPP). Contre les décisions par défaut, le point de départ est reporté à l'expiration du délai d'opposition pour le prévenu ou à l'expiration du délai de dix jours suivant la signification pour le ministère public. Lorsque la personne est condamnée à une peine d'emprisonnement ferme ou à une peine d'emprisonnement assortie d'un sursis partiel et qu'elle n'a pas été signifiée à personne, le délai court du jour de la signification à domicile, à la mairie ou au parquet s'il résulte de l'avis constatant la remise ou d'un acte d'exécution que la personne en a eu connaissance (art. 498-1 CPP).

1. Crim., 28 sept. 2005, *Bull. crim.*, n° 240.

Le demandeur doit notifier son recours au ministère public et aux parties dans un délai de cinq jours francs par lettre recommandée avec demande d'avis de réception. A défaut, les autres parties pourront former opposition à l'arrêt rendu par la Cour de cassation (art. 579 CPP).

Chaque partie peut déposer un mémoire contenant les moyens de cassation au greffe de la juridiction qui a rendu la décision, ou après le délai de dix jours au greffe de la Cour de cassation, accompagné d'autant de copies qu'il y a de parties (art. 584 et 585 CPP). Le mémoire est obligatoire en cas de pourvoi contre un arrêt de la chambre de l'instruction. Ces dispositions ne sont pas applicables au ministère public, qui doit produire son mémoire, sauf dérogation accordée par le président de la chambre criminelle, au plus tard un mois après la date de son pourvoi (art. 585-2 CPP).

B. Les effets du pourvoi

1. L'effet suspensif

Le délai du pourvoi et le pourvoi lui-même suspendent l'exécution de la décision pénale (art. 569 CPP). Cependant, les condamnations civiles peuvent être exécutées. Le contrôle judiciaire ou la détention provisoire prennent fin, sauf décision contraire de la cour d'appel. Les condamnations assorties d'exécution provisoire ou les mesures prises par les juridictions pour mineurs sont exécutoires. En cas d'acquittement, ou de condamnation à l'emprisonnement assorti d'un sursis ou à l'amende, le prévenu détenu est libéré. L'arrêt de la chambre de l'instruction qui ordonne le maintien ou la mise en liberté est immédiatement applicable, malgré le recours (art. 207 al. 1 CPP).

Si le pourvoi contre un arrêt avant-dire droit est immédiatement recevable, l'arrêt ne sera pas exécutoire pendant le délai et la durée du pourvoi (art. 570 al. 4 et 571 CPP). Dans le cas contraire, le pourvoi est différé au jour de l'arrêt de la chambre de l'instruction sur le fond et l'arrêt avant-dire droit est exécutoire seulement à l'expiration des délais des pourvois (art. 570 al. 2 CPP). Si le président déclare le pourvoi immédiatement recevable à la requête de l'intéressé, l'exécution de l'arrêt est suspendue jusqu'à la décision de la chambre criminelle. Si la requête est dirigée contre un arrêt par lequel la chambre de l'instruction avait statué sur une requête en nullité, le président peut ordonner la suspension de l'instruction, à l'exception des actes urgents (art. 571 al. 7 CPP).

2. L'effet dévolutif

La chambre criminelle ne statue que sur les questions de droit dont elle est saisie. L'effet dévolutif ne vaut que pour la partie de l'arrêt attaquée, même si la Cour de cassation peut relever d'office tous les moyens d'ordre public. Il est limité par la qualité du requérant. Mais la chambre criminelle peut, dans l'intérêt de l'ordre public ou d'une bonne administration de la justice, étendre l'annulation aux parties qui ne sont pas pourvues (art. 612-1 CPP). Le condamné qui ne s'est pas pourvu et au profit duquel l'annulation a été étendue ne peut être condamné à une peine supérieure à celle prononcée par la décision annulée.

3. La décision de la Cour de cassation

Si les conditions de recevabilité ne sont pas réunies ou en cas de dépôt tardif du mémoire, la chambre criminelle rend un arrêt d'irrecevabilité ou de déchéance (art. 605 CPP).

Si le pourvoi est devenu sans objet, par exemple à cause d'une amnistie ou parce que le demandeur s'est désisté, elle rend un arrêt de non-lieu à statuer. Si elle estime que les moyens ne sont pas fondés ou lorsqu'ils le sont mais qu'il est possible de substituer un motif de pur droit au motif erroné ou si on peut appliquer la théorie de la peine justifiée, elle écarte le pourvoi et rend un arrêt de rejet. La partie qui l'avait formulé ne peut plus se pourvoir en cassation contre le même arrêt ou jugement, sous quelque prétexte ou par quelque moyen que ce soit (art. 618 CPP).

L'arrêt de cassation censure et annule la décision attaquée. L'annulation peut ne porter que sur une partie de l'arrêt ou du jugement si la nullité ne vicie qu'une ou quelques-unes de ses dispositions. La chambre criminelle doit renvoyer l'affaire devant une juridiction de même ordre et de même degré que celle qui a rendu la décision annulée (art. 609 CPP). Si la décision est cassée pour incompétence, elle désigne la juridiction de renvoi (art. 612 CPP). En cas d'annulation d'un arrêt de la cour d'assises sur les seuls intérêts civils, une cour d'appel autre que celle dans le ressort de laquelle la cour d'assises a rendu l'arrêt est désignée (art. 610 CPP).

La juridiction de renvoi ne statue qu'à l'égard de la personne qui s'est pourvue, sauf si, dans l'intérêt d'une bonne administration de la justice, l'annulation est étendue aux parties qui n'ont pas intenté le pourvoi (art. 621-1 CPP). Cette extension ne permet cependant pas à la juridiction de renvoi d'aggraver la situation de la personne qui ne s'est pas pourvue.

Elle a les mêmes pouvoirs que la juridiction dont la décision a été cassée dans les limites fixées par l'acte du pourvoi. Après relaxe et seul pourvoi de la partie civile, elle ne peut prononcer une peine[2].

Lorsque la juridiction de renvoi ne statue pas dans le même sens que la chambre criminelle, un nouveau pourvoi est possible s'il est fondé sur des moyens différents ou devant l'assemblée plénière s'il repose sur les mêmes moyens (art. 619 CPP).

2. Crim., 5 déc. 2006, *Dr. pénal*, 2007, comm. 43, obs. Maron.

La cassation peut avoir lieu sans renvoi devant une juridiction de fond. Il en est ainsi lorsque celui-ci est inutile parce qu'il ne reste plus rien à juger après cassation (action éteinte par prescription) ou parce qu'il suffit de procéder à une cassation par voie de retranchement (peine complémentaire prononcée à tort et retranchée) ou encore parce que les faits tels qu'ils ont été souverainement constatés et appréciés par les juges permettent à la Cour de cassation d'appliquer elle-même la règle de droit appropriée. Lorsqu'une question de principe est posée, l'assemblée plénière est saisie.

II. Le pourvoi dans l'intérêt de la loi

Le pourvoi dans l'intérêt de la loi peut être intenté par le procureur général près la Cour de cassation, sans condition de délai, contre une décision rendue en dernier ressort entachée d'une irrégularité et contre laquelle les parties n'ont pas intenté de pourvoi (art. 621 CPP). Exercé dans le seul intérêt de la loi, ce pourvoi est sans effet sur la situation des parties. Il n'est pas suspensif, la décision attaquée est exécutée même si elle est défavorable aux parties. La cassation se fera donc toujours sans renvoi.

Le procureur général près la cour d'appel peut aussi exercer un pourvoi dans l'intérêt de la loi contre les arrêts d'acquittement de cour d'assises (art. 572, 597 CPP)[3]. Il doit alors respecter le délai ordinaire, mais ni le pourvoi ni la cassation éventuelle ne nuiront à la personne qui a bénéficié de la décision. En cas d'inaction du procureur général près la cour d'appel, le procureur général près la Cour de cassation peut agir.

Le procureur général près la Cour de cassation peut aussi agir sur ordre écrit du garde des Sceaux (art. 620 CPP). Ce pourvoi peut être formé contre des décisions rendues en premier et dernier ressort à tout moment de la procédure. Un renvoi est donc possible devant une juridiction du fond pour qu'il soit à nouveau statué lorsque le cours de la justice a été interrompu. L'annulation de la décision peut profiter au condamné sans toutefois s'étendre aux intérêts privés et purement civils des parties. La juridiction est tenue par l'interdiction de la *reformatio in pejus* en ce qui concerne le condamné et la partie civile. Le pourvoi peut affecter les actes d'administration judiciaire ou viser les seuls motifs d'une décision indépendamment de son dispositif.

Approfondissement : Signature et recevabilité du mémoire produit en soutien d'un pourvoi en cassation

D'une relative simplicité, la législation réglementant la signature des mémoires personnels produits au soutien d'un pourvoi en cassation donne, curieusement, lieu

3. Crim., 21 févr. 2007, *D.*, 2007, *Actualités juridiques*, 1080 ; *AJ pénal*, 2007, p. 184, obs. Royer.

à un abondant contentieux, essentiellement dû, à la mauvaise compréhension de ces dispositions légales par bon nombre d'avocats.
Une fois le pourvoi formé, le demandeur dispose d'un délai de dix jours pour déposer un mémoire contenant les moyens de cassation au greffe de la juridiction ayant rendu la décision (art. 584 CPP). A l'expiration de ce délai, il peut déposer son mémoire directement au greffe de la Cour de cassation et sauf dérogation accordée par le président, dans un délai d'un mois au plus tard après la date du pourvoi en outre, par un demandeur condamné pénalement (art. 585 CPP). Si un ou plusieurs avocats se sont constitués, le conseiller rapporteur fixe un délai pour le dépôt des mémoires entre les mains du greffier de la chambre criminelle.
Mais, quel que soit le destinataire de cette transmission, une constante demeure : la signature du mémoire par son auteur (art. 584 CPP), qu'il s'agisse d'une personne physique ou d'une personne morale, que ce document soit déposé en demande ou qu'il le soit en défense[4]. Le ministère public n'est pas concerné par cette exigence, sa mission étant de veiller à l'application de la loi.
La signature constitue un élément essentiel du mémoire permettant d'attester, ou tout au moins de supposer, que son auteur en approuve le contenu. Aussi, ce document doit-il normalement contenir autant de signatures que de déposants, la simple reproduction de la signature étant jugée insuffisante[5].
Le demandeur en cassation ne peut être suppléé, dans cette tâche, par un avoué ou par un avocat quand bien même ce dernier serait muni d'un pouvoir spécial[6]. Pourtant le défenseur, en matière criminelle, étant assimilé à l'accusé lui-même, peut former un pourvoi au nom de son client, sans avoir à justifier d'un pouvoir spécial[7] et sa signature devant la cour d'assises était équivalente à celle du demandeur. L'absence de signature du demandeur en cassation est considérée comme une irrégularité de forme, la Cour de cassation s'estimant alors non saisie des moyens qu'il contient. L'envoi, postérieurement au dépôt du rapport du conseiller commis, d'un nouveau document où figure la signature du demandeur, ne permet pas de régulariser cette situation[8]. Est-ce alors à dire qu'un envoi antérieur au dépôt de ce rapport pourrait suffire ? La question reste, semble-t-il, en suspens, la publication au bulletin de la première des deux décisions précitée permettant, toutefois, raisonnablement de l'envisager[9].
Dès lors, seule une impossibilité absolue motivée par des considérations médicales, autrement dit un cas de force majeure, permettrait d'en dispenser le demandeur[10], la signature apposée par ses soins au pied d'un acte de dépôt dressé par le greffier n'étant, ainsi, d'aucun secours.

4. O. Debouillane de Lacoste, *op. cit.*, n° 53.
5. Crim., 20 déc. 2006, *Bull. crim.*, n° 324, *Dr. pénal*, 2007, 93, obs. A Maron.
6. Crim., 20 déc. 2006, *Bull. crim.*, n° 324, *Dr. pénal*, 2007, 93, obs. A Maron.
7. Cass. crim., 25 juillet 1957, *Bull. crim.*, n° 576 et 8 mars 1989, ibid., n° 113.
8. Crim., 22 mai 2002, *Bull. crim.*, n° 135 et 19 juin 2007, pourvoi, n° 07-81731.
9. Voir, cependant, Crim., 14 nov. 1991, *Dr. pénal*, 1992, comm. 86 considérant qu'est insuffisante la signature du demandeur présente sur une lettre accompagnant le mémoire.
10. Crim., 31 mars 1993, *Bull. crim.*, n° 138.

L'irrecevabilité du mémoire ne fait pas échec à la possibilité qu'a la chambre criminelle de relever un moyen d'office, sauf si l'irrecevabilité du mémoire entraîne l'irrecevabilité du pourvoi (art. 575 CPP relatif au pourvoi formé contre un arrêt d'accusation par un demandeur partie civile).

A la différence du mémoire personnel, le procès-verbal de déclaration de pourvoi peut ne pas être signé par le demandeur en cassation. Aussi, l'intervention d'un avoué près la juridiction qui a statué ou d'un fondé de pouvoir spécial est-elle jugée suffisante (art. 576, al. 2 CPP). Cette dissimilitude se comprend aisément. Exiger une signature du demandeur en cassation reviendrait, en effet, à lui imposer de se rendre au greffe de la juridiction qui a rendu la décision attaquée, pour procéder à cette déclaration, nécessairement orale. Cette formalité serait d'autant plus inutile que paraît amplement suffisant le contrôle de l'assentiment du demandeur au contenu du seul mémoire et non au pourvoi lui-même. Cela étant, cette modification faciliterait la tâche du juge chargé de vérifier l'authenticité de la signature apposée sur le mémoire, qu'il compare généralement avec celle figurant, soit au bas de la déclaration de pourvoi, soit au pied du pouvoir donné à un mandataire et joint au dossier[11].

11. O. Debouillane de Lacoste, *op. cit.*, n° 54.

Fiche n° 43 : Les voies de recours extraordinaires : le pourvoi en révision

Références

• COMMARET D.-N., « La procédure de réexamen », *RSC*, 2002, p. 348.
• GUILLEMIN C., « Révision et criminalité dépendante, La portée des décisions de justice inconciliables », *JCP*, 2001, I, 295.
• LEVASSEUR G., « De quelques singularités des voies de recours en matière répressive », *Mélanges Vincent*, Dalloz, 1980, p. 219.
• RENAUT M.-H., « Révision et réexamen : les condamnations pénales sont de moins en moins définitives », *LPA*, 18 mars 2003, p. 6.
• RINALDI F., « Les demandes en révision et réexamen d'une condamnation pénale définitive », *LPA*, 12 juillet 2001, p. 4.

Explications

Le pourvoi en révision permet de réparer les erreurs de fait qui peuvent subsister dans une décision devenue définitive[1]. L'affaire doit être réexaminée par une juridiction de même nature que celle dont la décision est attaquée. Il s'agit donc d'une voie de recours extraordinaire et de rétractation qui peut être exercée même si la peine a été exécutée.

I. Les conditions du pourvoi en révision

Le pourvoi en révision ne s'applique qu'aux décisions pénales devenues irrévocables et qui comportent une déclaration de culpabilité pour crime ou délit (art. 622 CPP). Ce recours est exclu pour les contraventions[2], mais aussi pour les arrêts rendus par la chambre criminelle. La révision reste possible même si la peine a été exécutée ou si le condamné a bénéficié d'une grâce ou d'une amnistie[3].

Il n'existe aucune condition de délai. Le pourvoi peut être intenté par le ministre de la Justice, le condamné ou son représentant, et, en cas de mort ou d'absence déclarée, son conjoint, ses enfants, parents et autres légataires universels ou son mandataire spécial (art. 623 CPP). Le demandeur doit adresser la requête à la commission de révision des condamnations, composée de cinq magistrats de la Cour de cassation.

1. Comm. rév., 11 avril 2005, *Bull. crim.*, n° 2 : le pourvoi en révision est exclu s'il existe un autre moyen de faire disparaître l'erreur, telle la rectification de casier judiciaire.
2. Sauf si la contravention est indivisible avec des crimes ou des délits soumis à révision : Comm. rév., 12 juin 2006, *Bull. crim.*, n° 1.
3. Comm. rév., 12 juin 2006, *Bull. crim.*, n° 2.

Le demandeur doit se trouver dans l'un des cas d'ouverture à révision de l'article 622 du code de procédure pénale rendant l'erreur judiciaire possible. Quel que soit le cas, il doit jeter une suspicion suffisante sur la décision contestée.

Le pourvoi en révision est ouvert lorsque :
• après la condamnation pour homicide volontaire, des pièces propres à faire naître des doutes suffisants sur l'existence de la prétendue victime de l'homicide sont représentées ;
• deux individus sont condamnés pour un même fait par des décisions contradictoires entre elles ;
• postérieurement à la condamnation, l'un des témoins entendus est condamné pour faux témoignage.

Le quatrième cas d'ouverture est plus large. Le pourvoi en révision est possible lorsque vient à se produire ou à se révéler un fait nouveau ou un élément qui était inconnu au jour du procès de la juridiction qui a déclaré la culpabilité. Le fait nouveau peut consister dans le désistement du témoin dont la déposition constituait la principale charge[4]. De même, lorsque l'auteur principal d'un délit s'est pourvu en cassation et que la cour de renvoi prononce la relaxe au motif que l'infraction n'est pas caractérisée, cet arrêt constitue un fait nouveau de nature à établir l'innocence du complice[5].

II. Les effets de la demande en révision

Après avoir procédé aux actes d'instruction nécessaires, la commission de révision composée de cinq magistrats de la Cour de cassation peut rejeter la demande si elle l'estime mal fondée ou saisir la chambre criminelle. La décision de la cour de révision doit être motivée, mais elle n'est pas susceptible de recours (art. 623 CPP)[6]. La chambre criminelle statue comme cour de révision des demandes qui lui paraissent pouvoir être admises. La chambre criminelle se trouve alors investie des questions de droit et exceptionnellement des questions de fait. Par conséquent, si l'affaire n'est pas en état d'être jugée, elle peut ordonner un supplément d'instruction. La commission comme la cour peuvent à tout moment ordonner la suspension de l'exécution de la condamnation.

La cour de révision statue par arrêt motivé, non susceptible de recours. Si la chambre criminelle estime la demande mal fondée, elle la rejette. Dans le cas contraire, elle annule la condamnation prononcée (art. 625 CPP). S'il est possible d'organiser de nouveaux débats contradictoires, la cour procède au renvoi devant

4. Comm. rév., 12 juin 2006, *op. cit.* ; 19 déc. 2006, *Bull. crim.*, n° 320.
5. Crim., 8 févr. 2005, *Bull. crim.*, n° 45 ; 15 nov. 2006, *Bull. crim.*, n° 288, *AJ pénal*, 2007, obs. Girault ; 17 janv. 2006, *Bull. crim.*, n° 11.
6. Comm. rév., 25 juin 2001, *Bull. crim.*, n° 157 ; *D.*, 2001, IR p. 2878.

une juridiction de même ordre et de même degré, mais autre que celle qui a statué. Cette juridiction demeure libre de sa décision, mais elle ne peut prononcer une peine plus lourde que celle initialement prononcée.

L'annulation s'opère sans renvoi lorsque de nouveaux débats contradictoires sont impossibles (décès ou démence de la personne condamnée, faits amnistiés ou prescrits) ou lorsque l'innocence du condamné est avérée. Il importe peu de savoir si l'infraction a pu être commise par d'autres. La cour de révision statue au fond, annule les condamnations qui lui paraissent non justifiées et décharge, s'il y a lieu, la mémoire des morts.

La décision révisée est rétroactivement annulée, ce qui entraîne sa suppression du casier judiciaire. Les amendes payées injustement sont restituées ainsi que les dommages-intérêts versés si la condamnation civile était exclusivement fondée sur la déclaration de culpabilité pénale. Les droits des tiers restent cependant acquis. Le divorce prononcé à la suite de la condamnation criminelle révisée est maintenu.

Toute personne justifiant d'un préjudice que lui a causé la condamnation peut prétendre à une réparation pour son préjudice tant matériel que moral, sauf s'il est prouvé que la non-représentation de la pièce nouvelle ou la non-révélation de l'élément inconnu en temps utile lui est imputable en tout ou partie (art. 626 CPP). L'indemnité est allouée par le premier président de la cour d'appel ou à la demande de l'intéressé par la juridiction qui proclame son innocence et s'il s'agit de la cour d'assises, elle statue sans jury. L'Etat dispose d'un recours contre les responsables de la condamnation erronée, dénonciateur, faux témoin, voire partie civile.

Fiche n° 44 : Les voies de recours extraordinaires : le réexamen d'une décision pénale

Références

• ROUJOU DE BOUBÉE G. et DE LAMY B., « A propos de la création en procédure pénale d'un pouvoir dans l'intérêt des droits de l'homme », *D.*, 2000, Act. n° 10.

Explications

En cas d'épuisement des voies de recours internes, une procédure peut être engagée devant la Cour européenne des droits de l'homme en cas de violation d'une des règles du procès équitable. Le succès de ce recours conditionne l'ouverture de l'ultime voie, le réexamen d'une décision pénale définitive.

La loi du 15 juin 2000 a en effet créé la possibilité de faire réexaminer une décision pénale définitive après condamnation de la France par la Cour européenne des droits de l'homme.

Toute personne reconnue coupable d'une infraction peut demander le réexamen d'une décision pénale définitive lorsqu'il y a eu condamnation de l'Etat français pour violation des dispositions du droit conventionnel par la Cour européenne[1] (art. 626-1 CPP). Il faut en outre que cette violation, par sa nature et sa gravité, entraîne des conséquences dommageables pour le condamné auxquelles la satisfaction équitable ne peut mettre fin. Le réexamen peut aussi être demandé par le ministre de la Justice, le procureur général près la Cour de cassation ou les ayants droit du condamné en cas de décès de ce dernier (art. 626-2 CPP).

La demande, formée dans le délai d'un an à compter de la décision de la Cour européenne des droits de l'homme, doit être adressée à une commission composée de sept magistrats de la Cour de cassation. Celle-ci statue en audience publique après avoir recueilli les observations du requérant et du ministère public. Si elle estime la demande justifiée, elle renvoie devant l'assemblée plénière lorsque le réexamen permet de remédier à la violation constatée. Dans les autres cas, le renvoi se fait devant une juridiction du fond de même nature et même degré que celle qui a rendu la décision attaquée. La décision de la commission n'est pas susceptible de recours. Le réexamen de l'affaire est ordonné lorsque le condamné n'a pas disposé du temps nécessaire à la préparation de sa défense[2], n'a pas été jugé par un tribunal impartial[3] ou n'a pu exercer un recours[4].

1. Comm. réex., 6 déc. 2001, *Bull. crim.*, n° 255 ; *D.*, 2002, IR 457 ; 24 janv. 2002, *Bull. crim.*, n° 1 ; *Dr. pénal*, 2002, chron. 16, obs. Barberot.
2. Comm. réex., 30 nov. 2000, aff. Hakar, *D.*, 2001, p. 182 ; *Gaz. Pal.*, 2001, note Montillet ; *JCP*, 2001, 10642, note Lefebvre.
3. Comm. réex., 6 déc. 2001, aff. Remli, *Bull. crim.*, n° 255 ; *D.*, 2002, p. 457.
4. Comm. réex., 24 janv. 2002, *Bull. crim.*, n° 1.

Le recours n'a pas en lui-même d'effet suspensif, sauf décision contraire de la commission ou de la Cour de cassation (art. 626-5 CPP)[5]. La personne privée de liberté reste détenue jusqu'à la décision de l'Assemblée plénière ou de la juridiction statuant au fond, sans que la détention ne puisse excéder la durée de la peine prononcée. La décision doit intervenir dans un délai d'un an à compter de la décision de la commission. A défaut, la personne est remise en liberté.

La personne reconnue innocente peut être indemnisée (art. 626-7, 626 CPP).

5. Comm. réex., 30 nov. 2000, *D.*, 2001, IR 182 ; 29 sept. 2004, *Bull. crim.*, n° 229.

Fiche n° 45 : La procédure applicable aux mineurs délinquants

Références

• CARIO R., « Jeunes délinquants à la recherche de la socialisation perdue », *Revue pénitentiaire et de droit pénal*, 1999, p. 622.
• CASTAGNÈDE J., « La loi n° 2002-1138 du 9 septembre 2002 : un nouveau regard porté sur le droit pénal des mineurs », *D.*, 2003, chron., p. 779.
• CORPART I. et LOBE FOUDA M., « L'histoire du droit des enfants – Une construction récente perfectible » in *Une histoire du droit et de la justice en France*, Prat, 2007.
• GIACOPELLI M., « Les dispositions procédurales de la loi n° 2002-1138 du 9 septembre 2002 applicable aux mineurs et majeurs délinquants, continuité ou rupture ? », *JCP*, 2003, I, 139.
• LAZERGES C., « Fallait-il modifier l'ordonnance 45-174 du 2 février 1945 ? », *RSC*, 2003, p. 173.
• LOBE FOUDA M., « La récidive des majeurs et des mineurs : de nouvelles mesures... déjà jugées insuffisantes », *LPA*, 2007, p. 4.
• « Les dispositions relatives à la prévention de la délinquance des mineurs de la loi n° 2007-297 du 5 mars 2007, *Revue juridique personnes et famille*, 2007, p. 8.
• MARÉCHAL J.-Y., « L'enregistrement audiovisuel des interrogatoires des mineurs gardés à vue : un dispositif illusoire », *JCP*, 2003, II, 10070.
• MARSAT C., « Spécialité de la garde à vue des mineurs », *Dr. pénal*, 1999, chron. 13.
• OTTENHOF R., « La spécialisation des fonctions et des juridictions en droit pénal des mineurs », in *Mélanges A. Vitu*, p. 405.
• THOMAS D., « La détention des mineurs », *RSC*, 1990, p. 416.

Explications

Les mineurs capables de discernement sont pénalement responsables des crimes, délits ou contraventions dont ils sont reconnus coupables dans les conditions fixées par une loi particulière qui détermine les mesures de protection, d'assistance de surveillance et d'éducation dont ils peuvent faire l'objet (art. 122-8 al. 1 CPP).

L'ordonnance du 2 février 1945 relative à l'enfance délinquante donne priorité à l'éducation sur la répression et prévoit une spécialisation des intervenants[1]. Elle détermine les sanctions éducatives qui peuvent être prononcées à l'encontre des mineurs de 10 à 18 ans ainsi que les peines auxquelles peuvent être condamnés les mineurs de 13 à 18 ans en tenant compte de l'atténuation de responsabilité dont ils bénéficient en raison de leur âge. Elle prévoit des dispositions procédurales particulières en ce qui concerne l'enquête, l'instruction ou le jugement des mineurs.

1. Pour les juridictions compétentes, voir Fiche n° 4.

I. La mise en œuvre des poursuites

A. La décision du procureur sur l'action publique

Il appartient au procureur de la République près le tribunal dans le ressort duquel le tribunal pour enfants a son siège de poursuivre les crimes, délits et contraventions de cinquième classe commis par les mineurs (art. 7 ord. 1945).

1. La médiation-réparation

Le procureur de la République peut proposer au mineur une mesure ou une activité d'aide ou de réparation à l'égard de la victime ou dans l'intérêt de la collectivité. La mesure ne peut être ordonnée à l'égard de la victime qu'avec son consentement (art. 12-1, ord. 1945).

Lorsqu'elle est proposée avant l'engagement des poursuites, elle doit être acceptée par le mineur et les titulaires de l'autorité parentale.

La mise en œuvre de la mesure ou de l'activité peut être confiée au service de la protection judiciaire de la jeunesse ou à une personne physique, à un établissement ou un service dépendants d'une personne morale habilitée. Un rapport doit être rédigé et adressé au magistrat ayant ordonné la mesure à l'issue du délai fixé.

En cas d'exécution, le procureur de la République peut classer le dossier sans suite. Si la mesure est ordonnée pendant l'information par le juge de l'instruction, il pourra prononcer un non-lieu. La juridiction de jugement, quant à elle, pourra prononcer une relaxe ou une dispense de peine.

2. Les mesures alternatives aux poursuites

Lorsqu'il envisage de recourir à une mesure alternative aux poursuites (voir Fiche n° 7), le procureur de la République doit convoquer les représentants légaux du mineur (art. 7-1 CPP, loi du 5 mars 2007). Leur accord est nécessaire lorsqu'il ordonne l'orientation du mineur vers une structure sanitaire, sociale ou professionnelle, la régularisation de la situation au regard de la loi, des règlements ou la réparation du dommage résultant de l'infraction.

S'agissant de l'orientation vers une structure sanitaire, sociale ou professionnelle, le procureur de la République peut prononcer une des mesures prévues par l'article 41-1 du code de procédure pénale : accomplissement d'un stage ou d'une formation dans un service ou un organisme social, sanitaire ou professionnel ; stage de citoyenneté ; stage de sensibilisation à la sécurité routière. Il peut aussi en choisir parmi celles mentionnées à l'article 7-1 de l'ordonnance de 1945, et qui consistent en un stage de formation civique ou une consultation auprès d'un psychiatre ou d'un psychologue. Il fixe, le cas échéant, le montant des frais de stage pouvant être mis à la charge des représentants légaux du mineur.

3. Application de la composition pénale dès l'âge de 13 ans

La composition pénale est applicable aux mineurs âgés d'au moins 13 ans lorsqu'elle apparaît adaptée à la personnalité de l'intéressé (art. 7-2, ord. 1945).

La proposition de composition pénale doit être faite aux représentants légaux. Le consentement du mineur et de ses représentants légaux doit être recueilli en présence d'un avocat désigné.

La composition pénale doit être validée par le juge des enfants. Avant sa décision, il peut procéder à l'audition du mineur ou de ses représentants légaux. Cette audition est de droit si ceux-ci en font la demande. La décision du juge des enfants est notifiée à l'auteur des faits et à ses représentants légaux et, le cas échéant, à la victime.

Les mesures proposées au mineur au titre de la composition sont les mêmes que celles prévues par l'article 41-2 du code de procédure pénale. Il existe toutefois des mesures spécifiques aux mineurs : l'accomplissement d'un stage de formation civique ; le suivi de façon régulière d'une scolarité ou d'une formation professionnelle ; le respect d'une décision, antérieurement prononcée par le juge, de placement dans une institution ou un établissement public ou privé d'éducation ou de formation professionnelle habilité ; la consultation d'un psychiatre ou d'un psychologue ; l'exécution d'une mesure d'activité de jour.

Le parquet peut aussi proposer l'orientation vers une structure scolaire adaptée ou l'obligation faite aux parents de faire examiner leur enfant par un psychologue ou psychiatre.

La durée d'exécution des mesures proposées aux mineurs ne peut excéder un an.

4. La décision de poursuivre

En matière criminelle, le procureur de la République doit obligatoirement requérir l'ouverture d'une information (art. 5 ord. 2 févr. 1945). S'il s'agit d'un délit, le procureur de la République peut saisir le juge de l'instruction ou le juge des enfants. Il peut aussi saisir directement le tribunal en utilisant la procédure de présentation immédiate.

B. La victime

La victime peut se constituer partie civile devant le juge des enfants, devant le juge d'instruction, devant le tribunal pour enfants et devant la cour d'assises des mineurs (art. 6, ord. 1945), et mettre en mouvement l'action publique. Son action ne met pas en cause les responsables légaux.

Lorsqu'un mineur est impliqué dans la même cause qu'un majeur, l'action civile peut être portée devant le tribunal correctionnel ou devant la cour d'assises compétente à l'égard des majeurs. En ce cas, les mineurs ne comparaissent pas à l'audience, mais seulement leurs représentants légaux. A défaut de choix d'un défenseur par le mineur ou par son représentant légal, il en sera désigné un d'office. S'il n'a pas encore été statué sur la culpabilité des mineurs, le tribunal correctionnel ou la cour d'assises peuvent surseoir à statuer sur l'action civile.

II. L'enquête et l'instruction

A. Le statut du mineur pendant l'enquête

Des règles spécifiques concernent les vérifications d'identité et la garde à vue.

1. Les vérifications d'identité

Comme pour les majeurs, une vérification d'identité peut être effectuée lorsque le mineur ne peut pas ou ne veut pas prouver son identité (voir Fiche n° 14). Le procureur de la République doit être informé dès le début de la rétention. Le mineur doit être assisté de son représentant légal, sauf impossibilité, notamment parce que l'identité du mineur est inconnue (art. 78-3 al. 2 CPP).

2. La garde à vue du mineur

a) Le placement en garde à vue ou en rétention
Le mineur de 13 ans ne peut être placé en garde à vue (art. 4, ord. 2 févr. 1945). Toutefois, à titre exceptionnel, le mineur de 10 à 13 ans contre lequel il existe des indices graves ou concordants laissant présumer qu'il a commis ou tenté de commettre un crime ou un délit puni d'au moins cinq ans d'emprisonnement peut, pour les nécessités de l'enquête, être retenu à la disposition d'un officier de police judiciaire avec l'accord préalable et sous le contrôle d'un magistrat du ministère public ou d'un juge d'instruction spécialisés dans la protection de l'enfance ou d'un juge des enfants. La rétention, qui ne peut excéder douze heures, peut toutefois être prolongée à titre exceptionnel par décision motivée du magistrat pour une durée de douze heures, après présentation devant lui du mineur, sauf si les circonstances rendent cette présentation impossible. En toute hypothèse, la rétention est strictement limitée au temps nécessaire à la déposition du mineur et à sa présentation devant le magistrat compétent ou à sa remise aux parents, au tuteur, à la personne ou au service auquel le mineur est confié.
Le mineur de plus de 13 ans peut être placé en garde à vue après information d'un magistrat. Lorsque le mineur est âgé de moins de 16 ans, la prolongation de la

mesure n'est possible que pour les crimes et les délits punis de plus de cinq ans d'emprisonnement. Aucune mesure de garde à vue ne peut être prolongée sans présentation préalable du mineur au procureur de la République ou au juge d'instruction du lieu d'exécution de la mesure. En cas de commission d'actes de terrorisme, la garde à vue d'un mineur de 13 à 16 ans ne peut faire l'objet de la prolongation supplémentaire de quarante-huit heures.

b) Les droits du mineur pendant la rétention ou la garde à vue

Dès le début de la rétention ou de la garde à vue, l'officier de police judiciaire doit informer de cette mesure les parents, le tuteur, la personne ou le service auquel est confié le mineur.

Lorsque le mineur ou ses représentants légaux n'ont pas désigné d'avocat, le procureur de la République, le juge chargé de l'instruction ou l'officier de police judiciaire doit, dès le début de la retenue, informer par tout moyen et sans délai le bâtonnier afin qu'il commette un avocat d'office. Lorsque le mineur n'a pas sollicité l'assistance d'un avocat, cette demande peut également être faite par ses représentants légaux, qui sont alors avisés de ce droit lorsqu'ils sont informés de la garde à vue. Le mineur, informé de ce droit, peut demander à s'entretenir avec un avocat dès le début de la garde à vue.

Dès le début de la garde à vue d'un mineur de 16 ans ou de sa rétention, le procureur de la République, ou le juge chargé de l'information, doit désigner un médecin qui examine le mineur dans les conditions prévues par l'article 63-3 alinéa 3 du code de procédure pénale. Les interrogatoires des mineurs placés en garde à vue font l'objet d'un enregistrement audiovisuel, conformément à l'article 64 du code de procédure pénale (voir Fiche n° 13).

B. Le mineur pendant l'instruction

Aucune poursuite ne peut être exercée en matière de crimes contre les mineurs sans une information préalable (art. 5, ord. 1945). Pour les délits, le procureur peut saisir soit le juge d'instruction, soit le juge des enfants par voie de requête.

1. Les règles générales concernant l'instruction des mineurs

a) L'enquête de personnalité

Le juge chargé de l'instruction doit procéder à une enquête de personnalité, sauf si l'intérêt du mineur s'y oppose (art. 8 al. 8 ord. 1945).

L'enquête sociale porte sur la situation matérielle et morale de la famille, sur le caractère et les antécédents du mineur, sur sa fréquentation scolaire, son attitude à l'école et sur les conditions dans lesquelles il a vécu ou a été élevé.

L'examen médical peut être complété, s'il y a lieu, par un examen médico-psychologique et psychiatrique. Le juge peut à cet effet placer le mineur dans un centre d'accueil ou un centre d'observation (art. 8 al. 6 ord. 1945).

b) Les mesures provisoires

Le juge peut confier provisoirement le mineur mis en examen à ses représentants légaux ou à une personne de confiance, à un centre d'accueil, au service de l'assistance à l'enfance, à un établissement, une institution d'éducation, de formation professionnelle ou de soins (art. 10 al. 3 ord. 1945). Le mineur peut être placé dans un centre d'observation en tenant compte de son état physique ou psychique. Le juge peut enfin soumettre le mineur à une mesure de liberté surveillée (art. 11 et 14 ord. 1945). La procédure de mise en examen du mineur est identique à celle du majeur (art. 9 ord. 1945). Cependant, le juge d'instruction ou le juge des enfants doivent aviser les parents du mineur, son tuteur ou la personne ou le service auquel il est confié des poursuites dont il fait l'objet. Cette information peut être faite verbalement avec émargement au dossier ou par lettre recommandée. Lorsque les représentants légaux du mineur poursuivi sont convoqués et qu'ils ne se présentent pas, le ministère public peut requérir qu'ils soient condamnés par le magistrat ou la juridiction saisie à une amende civile.

c) Le contrôle judiciaire

Pour les mineurs de 13 à 18 ans, le contrôle judiciaire peut être décidé dans les mêmes conditions que pour les majeurs. Toutefois, en matière correctionnelle, il ne peut être ordonné à l'encontre d'un mineur de moins de 16 ans que si la peine d'emprisonnement encourue est supérieure ou égale à cinq ans et si le mineur a déjà fait l'objet d'une mesure éducative ou d'une condamnation à une sanction éducative ou à une peine et si la peine d'emprisonnement encourue est égale ou supérieure à sept ans. Il peut être encouru dans tous les cas lorsque la peine encourue est supérieure à sept ans d'emprisonnement (art 10, ord. 2 févr. 1945).

Le contrôle judiciaire est décidé par ordonnance motivée, prise, selon les cas, par le juge des enfants, le juge d'instruction ou le juge des libertés et de la détention, statuant en audience de cabinet après un débat contradictoire au cours duquel ce magistrat entend le ministère public, les observations du mineur ainsi que celle de son avocat. Il peut aussi recueillir les observations du représentant du service du service qui suit le mineur. Ce magistrat doit notifier oralement au mineur les obligations qui lui sont imposées, en présence de son avocat et de ses représentants légaux ou ceux-ci dûment convoqués. Il doit également informer le mineur magistrat qu'en cas de non-respect de ces obligations, il pourra être placé en détention provisoire. Ces formalités sont mentionnées par procès-verbal, qui est signé par le magistrat et le mineur. Lorsque cette décision accompagne une mise en liberté, l'avocat du mineur est convoqué par tout moyen et sans délai.

Le contrôle judiciaire dont fait l'objet un mineur peut également comprendre une ou plusieurs des obligations suivantes :

• se soumettre aux mesures de protection, d'assistance, de surveillance et d'éducation confiées à un service de la protection judiciaire de la jeunesse ou à un service habilité, mandaté à cette fin par le magistrat ;

• respecter les conditions d'un placement dans un centre éducatif de la protection judiciaire de la jeunesse ou relevant d'un service habilité auquel le mineur a été confié par le magistrat et notamment dans un centre éducatif fermé ou respecter

les conditions d'un placement dans un établissement permettant la mise en œuvre de programmes à caractère éducatif et civique. Ces obligations ne peuvent être ordonnées que pour une durée de six mois et ne peuvent être renouvelées par ordonnance motivée qu'une seule fois pour une durée au plus égale à six mois ;
• accomplir un stage de formation civique ;
• suivre de façon régulière une scolarité ou une formation professionnelle jusqu'à sa majorité.
Pour les mineurs de moins de 16 ans, si le contrôle judiciaire comporte l'obligation de respecter les conditions d'un placement dans un centre éducatif fermé, le non-respect de cette obligation pourra entraîner le placement du mineur en détention provisoire. Dans les autres cas, le mineur est informé qu'en cas de violation des obligations imposées, le placement dans un centre éducatif fermé pourra être ordonné, placement dont le non-respect pourra entraîner sa mise en détention provisoire.

d) La détention provisoire
Les mineurs de moins de 13 ans ne peuvent faire l'objet d'un placement en détention provisoire. Les mineurs de 13 à 18 ans peuvent être placés en détention provisoire s'ils encourent une peine criminelle ou s'ils se sont soustraits aux obligations du contrôle judiciaire. Pour les mineurs âgés de 16 ans révolus, cette mesure peut également être ordonnée lorsqu'il s'agit d'un délit puni d'un emprisonnement supérieur à trois ans (art. 11, II et III, ord. 2. févr. 1945).
Lorsque la personne poursuivie est un mineur de 13 à 18 ans mis en examen, le juge des libertés et de la détention saisi par le juge d'instruction ou le juge des enfants ne peut prononcer une telle mesure que si elle s'avère indispensable ou s'il est impossible de prendre toute autre disposition et à la condition que les obligations du contrôle judiciaire soient insuffisantes (art. 11, ord. 1945).
La détention provisoire est effectuée soit dans un quartier spécial de la maison d'arrêt, soit dans un établissement pénitentiaire spécialisé pour mineurs. Les mineurs détenus sont, autant qu'il est possible, soumis à l'isolement de nuit. Les mineurs âgés de 13 à 16 ans ne peuvent être placés en détention que dans les seuls établissements garantissant un isolement complet d'avec les détenus majeurs ainsi que la présence en détention d'éducateurs dans des conditions définies par décret en Conseil d'Etat (art. 11 al. 3, ord. 1945).
Lorsque les mineurs détenus sont remis en liberté au cours de la procédure, ils font l'objet, dès leur libération, des mesures éducatives ou de liberté surveillée justifiées par leur situation et déterminées par le juge des enfants, le juge d'instruction ou le juge des libertés et de la détention. Lorsque le magistrat estime qu'aucune de ces mesures n'est nécessaire, il statue par décision motivée.

2. La procédure d'instruction

Le procureur de la République peut saisir soit le juge d'instruction par réquisitoire introductif, soit le juge des enfants par voie de requête (art. 5 al. 2, ord. 1945). S'il s'agit d'un crime, l'instruction est confiée au juge d'instruction spécialisé du tribunal de grande instance où siège le tribunal pour enfants.

Lorsque l'infraction est commise dans le ressort d'un tribunal correctionnel auprès duquel ne siège pas de tribunal pour enfants, le procureur de la République ou le juge d'instruction requis par lui ou agissant d'office procède à tous actes urgents de poursuite ou d'information, à charge d'en donner immédiatement avis au procureur de la République du siège du tribunal pour enfants et de se dessaisir de la poursuite dans le plus bref délai.

a) La procédure d'instruction devant le juge des enfants

Le juge des enfants effectue toutes diligences et investigations utiles pour parvenir à la manifestation de la vérité et à la connaissance de la personnalité du mineur ainsi que des moyens appropriés à sa rééducation (art. 8, ord. 1945).

Il peut procéder à une enquête par voie officieuse ou dans les formes prévues par le code de procédure pénale. Dans ce dernier cas, et si l'urgence l'exige, le juge des enfants pourra entendre le mineur sur sa situation familiale ou personnelle hors la présence de l'avocat (art. 8 al. 2, ord. 1945).

Il convoque le mineur, les parents, le tuteur ou la personne qui en a la garde ou son représentant pour qu'ils soient entendus par lui. Les représentants légaux qui ne défèrent pas aux convocations peuvent être condamnés à une amende civile de 3 750 euros (art. 10-1, ord. 1945).

Il recueille, par une enquête sociale, des renseignements sur la situation matérielle et morale de la famille, sur le caractère et les antécédents du mineur, sur sa fréquentation scolaire, son attitude à l'école, sur les conditions dans lesquelles il a vécu ou a été élevé.

Le juge des enfants peut ordonner un examen médical et, s'il y a lieu, un examen médico-psychologique. Il décide, le cas échéant, le placement du mineur dans un centre d'accueil ou dans un centre d'observation ou prescrit une mesure d'activité de jour (art. 16 ter, ord. 1945). Il peut, dans l'intérêt du mineur, n'ordonner aucune de ces mesures ou ne prescrire que l'une d'entre elles en motivant sa décision.

Avant de se prononcer au fond, le juge des enfants peut ordonner à l'égard du mineur mis en examen une mesure de liberté surveillée à titre provisoire en vue de statuer après une ou plusieurs périodes d'épreuve dont il fixera la durée.

A la fin de l'instruction, il peut déclarer par ordonnance n'y avoir lieu à poursuivre ou renvoyer le mineur devant le tribunal pour enfants ou, s'il y a lieu, devant le juge d'instruction, ou, enfin, statuer au fond.

b) Le juge d'instruction

Il est saisi en matière criminelle ou lorsque le mineur est poursuivi dans une affaire impliquant également des majeurs. Il procède aux actes d'instruction dans les formes prescrites par le code de procédure pénale tout en respectant les règles spécifiques posées par l'ordonnance (art. 9, ord. 1945).

A l'issue de l'instruction, le juge de l'instruction peut prononcer un non-lieu, renvoyer devant le tribunal de police s'il s'agit d'une contravention de première classe ou devant le juge des enfants ou le tribunal pour enfants pour les contraventions de cinquième classe. Il peut renvoyer devant le juge des enfants ou le tribunal

pour enfants s'il s'agit d'un délit. Le renvoi devant le tribunal pour enfants est obligatoire si la peine encourue est supérieure à sept ans d'emprisonnement. S'il estime qu'un crime a été commis, il ordonne le renvoi devant le tribunal pour enfants s'il s'agit d'un mineur de moins de 16 ans et une mise en accusation devant la cour d'assises s'agissant d'un mineur de plus de 16 ans (art. 9, ord. 2 févr. 1945).
Si le mineur a des coauteurs ou complices majeurs, ces derniers seront, en cas de poursuites correctionnelles, renvoyés devant la juridiction compétente suivant le droit commun. La cause concernant le mineur sera disjointe pour être jugée devant une juridiction pour enfants. S'il s'agit d'un crime, le juge d'instruction pourra soit renvoyer tous les accusés âgés de 16 ans au moins devant la cour d'assises des mineurs, soit disjoindre les poursuites concernant les majeurs et renvoyer ceux-ci devant la cour d'assises de droit commun. Les mineurs âgés de moins de 16 ans seront renvoyés devant le tribunal pour enfants.

III. La procédure devant les juridictions de jugement

A. Le juge des enfants

Le juge des enfants est compétent pour les contraventions de cinquième classe et les délits commis par un mineur. Il ne peut ordonner que des mesures de rééducation, à l'exclusion du placement. Il ne peut infliger une peine. S'il estime qu'une peine doit être prononcée ou que le mineur doit faire l'objet d'un placement, il renvoie au tribunal pour enfants.

Il ne peut être saisi par voie de citation directe ou par l'un des procédés prévus aux articles 393 à 396 du code de procédure pénale.

1. Procédure ordinaire

Le juge des enfants peut être saisi par une ordonnance de renvoi. Il peut également statuer à la suite de l'instruction qu'il a lui-même menée. Il statue en chambre du conseil sauf si la peine encourue est supérieure ou égale à sept ans et que le mineur est âgé de plus de 16 ans (art. 8, ord. 1945).

Le juge des enfants peut relaxer le mineur s'il estime que l'infraction n'est pas établie.

S'il déclare le mineur coupable, il peut le dispenser de toute mesure s'il apparaît que son reclassement est acquis, que le dommage causé est réparé et que le trouble résultant de l'infraction a cessé, et en prescrivant, le cas échéant, que cette décision ne sera pas mentionnée au casier judiciaire.

Il peut prononcer une admonestation, la remise aux parents, au tuteur, à la personne qui en avait la garde ou à une personne digne de confiance. Ces mesures ne peuvent toutefois être ordonnées seules si elles ont déjà été prononcées à l'égard du mineur pour une infraction identique ou assimilée au regard des règles de la récidive commise moins d'un an avant la commission de la nouvelle infraction.

Il peut ordonner le placement dans une institution ou un établissement, public ou privé, d'éducation ou de formation professionnelle, au service de l'assistance à l'enfance, dans un internat approprié aux mineurs délinquants d'âge scolaire, dans un établissement médical ou médico-pédagogique habilité ou dans une institution publique d'éducation surveillée ou d'éducation corrective. Il peut prescrire une mesure d'activité de jour.

Il peut prononcer à titre principal la mise sous protection judiciaire pour une durée n'excédant pas cinq ans.

Dans tous les cas, il pourra prescrire le placement du mineur sous le régime de la liberté surveillée jusqu'à un âge qui n'excédera pas celui de sa majorité.

2. Les procédures accélérées de jugement

a) La procédure de convocation par officier de police judiciaire

Il s'agit d'une procédure accélérée de jugement permettant au procureur de la République de donner instruction à un officier de police ou à un agent de police judiciaire de notifier au mineur une convocation à comparaître devant le juge des enfants dans un délai de dix jours au minimum (art. 5 al. 2, ord. 1945). Il doit exister contre le mineur des charges suffisantes de culpabilité d'un délit. Cette convocation vaut citation à personne et elle doit énoncer le texte qui réprime les faits, le nom du juge, la date et le lieu de l'audience. Elle doit mentionner le droit à l'assistance d'un avocat.

Le juge des enfants est immédiatement avisé de la convocation. Celle-ci est notifiée dans les meilleurs délais aux parents, au tuteur, à la personne ou au service auquel le mineur est confié. Elle sera constatée par procès-verbal signé par le mineur et la personne visée, qui en recevront copie. La victime sera avisée par tout moyen de la date de comparution du mineur devant le juge des enfants.

Le juge saisi à la suite de la procédure de convocation par officier de police judiciaire doit constater l'identité du mineur et s'assurer qu'il est assisté d'un avocat (art. 8-1, ord. 1945).

Si les faits ne nécessitent aucune investigation supplémentaire, le juge des enfants statuera sur la prévention par jugement en chambre du conseil et, s'il y a lieu, sur l'action civile.

Lorsqu'il estime que l'infraction est établie, le juge des enfants pourra, s'il constate que des investigations suffisantes sur la personnalité du mineur et sur les moyens appropriés à sa rééducation ont déjà été effectuées, prononcer immédiatement une dispense de peine, l'admonestation, la remise aux parents ou ordonner une mesure ou une activité d'aide ou de réparation.

Si les investigations ont été faites et qu'il envisage de prononcer une mise sous protection judiciaire ou un placement, le juge des enfants doit renvoyer l'affaire à une prochaine audience de la chambre du conseil, qui doit avoir lieu au plus tard dans les six mois. Si les investigations ne sont pas suffisantes, il renvoie l'affaire à une prochaine audience de la chambre du conseil. Il pourra ordonner le placement du mineur à titre provisoire dans un établissement public ou habilité à cet effet, une mesure de liberté surveillée préjudicielle ou une mesure ou activité d'aide ou de réparation à l'égard de la victime, avec son accord, ou dans l'intérêt de la collectivité. Si les faits nécessitent des investigations supplémentaires, le mineur est mis en examen, et il doit être procédé à l'instruction et à l'enquête de personnalité.

b) La comparution du mineur à délai rapproché
En matière correctionnelle, le procureur de la République peut, à tout moment de la procédure, s'il estime que des investigations suffisantes sur la personnalité du mineur ont été effectuées, le cas échéant à l'occasion d'une précédente procédure, requérir du juge des enfants qu'il ordonne la comparution du mineur soit devant le tribunal pour enfants, soit devant la chambre du conseil, dans un délai compris entre un et trois mois (art. 8-2, ord. 1945).
Le juge des enfants doit constater l'identité du mineur et s'assurer qu'il est assisté d'un avocat. Il notifie au mineur les faits retenus contre lui et leur qualification. Il recueille les observations de l'avocat et les déclarations du mineur.
Si le juge des enfants suit les réquisitions du parquet, il doit informer le mineur, son avocat, ses parents ou la personne qui en a la garde, de la date et de l'heure de comparution devant le tribunal pour enfants ou la chambre du conseil. Il peut ordonner des mesures provisoires, la détention provisoire ou le contrôle judiciaire. S'il prend une décision contraire aux réquisitions du procureur de la République, ce dernier peut faire appel devant le président de la chambre spéciale des mineurs de la cour d'appel. Le recours du procureur de la République doit être porté à la connaissance du mineur, de ses représentants légaux et de son avocat, qui pourront présenter par écrit toutes observations.

B. Le tribunal pour enfants

Il est compétent pour juger les contraventions de cinquième classe, les délits commis par les mineurs lorsque le prononcé d'une peine est envisagé et les crimes commis par les mineurs âgés de moins de 16 ans au moment des faits.

1. La procédure de droit commun

La procédure est identique à celle qui est suivie devant le tribunal correctionnel (art. 13 et 14, ord. 1945).

Le tribunal statue après avoir entendu l'enfant, les témoins, les parents, le tuteur ou le gardien, le ministère public et le défenseur. Il peut entendre, à titre de renseignements, les coauteurs ou complices majeurs (art. 8, ord. 1945). Le président du tribunal peut, dans l'intérêt du mineur, dispenser ce dernier de comparaître à l'audience.

Le service de l'éducation surveillée doit faire un rapport écrit contenant tous renseignements utiles sur la situation du mineur et faire une proposition de mesures éducatives.

La publicité de l'audience est réduite. Chaque affaire sera jugée séparément, en l'absence de tous autres prévenus. Seuls peuvent assister aux débats la victime, les témoins de l'affaire, les proches parents, le tuteur ou le représentant légal du mineur, les membres du barreau, les représentants des sociétés de patronage et des services des institutions s'occupant des enfants, les délégués à la liberté surveillée. Le président peut ordonner à tout moment que le mineur ou un témoin se retire, pendant tout ou partie des débats.

Le jugement est rendu en audience publique, en présence du mineur. Il pourra être publié, mais sans que le nom du mineur puisse être indiqué, même par une initiale, à peine d'une amende de 3 750 euros.

Le tribunal pour enfants peut prononcer les mêmes mesures que le juge des enfants s'il s'agit d'un mineur de 13 ans. Lorsque le mineur est âgé d'au moins 10 ans, il peut prononcer une sanction éducative (art. 15-1, ord. 1945). En cas de non-respect d'une sanction éducative, le tribunal peut ordonner le placement.

Il peut en outre prononcer des peines (art. 20-2, ord. 1945). La réduction de peine est obligatoire pour les mineurs de moins de 16 ans, facultative pour les mineurs de plus de 16 ans. La juridiction peut décider d'écarter en raison des circonstances et de la personnalité du mineur, ou en cas de récidive de crime d'atteinte volontaire à la vie et à l'intégrité physique ou psychique de la personne, de délit de violences volontaires, d'agressions sexuelles, de délit commis avec circonstances aggravantes de violences. Le tribunal n'est pas obligé de motiver sa décision lorsqu'elle est fondée sur l'état de récidive.

Lorsque ces infractions sont commises une nouvelle fois en état de récidive légale, l'atténuation des peines ne s'applique pas aux mineurs de plus de 16 ans. Le tribunal pour enfants peut toutefois décider de rétablir l'atténuation par une décision motivée.

2. La présentation immédiate du mineur

Elle est applicable aux mineurs qui encourent une peine d'emprisonnement supérieure ou égale à un an en cas de flagrance, ou supérieure ou égale à trois ans dans les autres cas (art. 14-2, ord. 1945). Elle ne peut être engagée que si des investigations sur les faits ne sont pas nécessaires. Il faut également que des investigations sur la personnalité du mineur aient été accomplies, le cas échéant, à l'occasion d'une procédure antérieure de moins d'un an. Le mineur doit être traduit devant le tribunal pour enfants pour y être jugé à une audience qui doit avoir lieu dans un délai qui ne peut être inférieur à dix jours ou supérieur à un mois. Le procureur de la République peut requérir un placement sous contrôle judiciaire ou en détention provisoire jusqu'à l'audience.

Lorsqu'il s'agit d'un mineur de 13 à 16 ans, elle n'est applicable que si la peine encourue est d'au moins cinq ans d'emprisonnement, sans qu'elle puisse excéder sept ans. Le procureur de la République ne peut alors requérir que le placement sous contrôle judiciaire du mineur jusqu'à sa comparution devant le tribunal pour enfants dans un délai de dix jours à deux mois.

Il peut toutefois être procédé au jugement du mineur à la prochaine audience, sans que le délai de dix jours soit applicable, lorsque le mineur et son avocat y consentent expressément, sauf si les représentants légaux du mineur, dûment convoqués, font connaître leur opposition.

Si l'affaire n'est pas en état d'être jugée, le tribunal peut renvoyer à une prochaine audience dans un délai qui ne peut être supérieur à un mois. Il peut alors commettre le juge des enfants pour procéder à un supplément d'information ou ordonner une mesure provisoire. Si le mineur est en détention provisoire ou sous contrôle judiciaire, le tribunal statue par décision spécialement motivée sur le maintien de la mesure. Lorsque le mineur est en détention provisoire, le jugement au fond doit être rendu dans un délai d'un mois suivant le jour de sa première comparution devant le tribunal.

Le tribunal pour enfants peut également, s'il estime que des investigations supplémentaires sont nécessaires compte tenu de la gravité ou de la complexité de l'affaire, renvoyer le dossier au procureur de la République. Lorsque le mineur est en détention provisoire, il statue au préalable sur le maintien du mineur en détention provisoire jusqu'à sa comparution devant le juge des enfants ou le juge d'instruction. Cette comparution doit avoir lieu le jour même, à défaut de quoi le prévenu est remis en liberté d'office.

C. La cour d'assises des mineurs

Elle est saisie par renvoi de la chambre d'accusation. Elle est compétente pour les crimes commis par les mineurs de plus de 16 ans. La procédure est prévue par l'article 20 de l'ordonnance de 1945 et elle se rapproche de celle suivie devant le tribunal pour enfants.

Le président doit obligatoirement poser deux questions au juge, l'une sur l'application de la peine, l'autre sur l'exclusion ou, en cas de multirécidive, d'atteintes volontaires aux personnes ou de délits commis avec la circonstance aggravante de violences, l'application de la diminution de peine.

Si la cour répond négativement à la première question, le mineur pourra être soumis à une mesure de placement ou à une sanction éducative. Il peut aussi être placé sous le régime de la semi-liberté surveillée jusqu'à sa majorité. La cour d'assises peut appliquer à titre principal la mise sous protection judiciaire.

Lorsque la cour d'assises opte pour la condamnation, et rejette la réduction de peine, le mineur de 16 à 18 ans est passible des mêmes peines que le majeur.

Cas pratique

I. Enoncé

Le 3 janvier 2007, Alain, 14 ans, et Xavier, 17 ans, se sont introduits dans une supérette au moment de la fermeture. Du fait de la résistance du caissier, Xavier l'a roué de coups. Ils ont emporté la recette du jour, s'élevant environ à 3 000 euros. La victime a subi une incapacité de travail de plus de huit jours. La caméra installée dans le local a permis d'identifier physiquement les auteurs.

Quelques jours plus tard, à la suite d'un appel d'un voisin se plaignant de tapage nocturne, deux agents de police judiciaire ont procédé à l'interpellation d'une bande de mineurs devant un immeuble du quartier Drouot. Deux d'entre eux n'ont pas voulu donner leur identité. Ils ont été amenés au local de police pour vérification d'identité. Conduits au poste de police, ils ont été retenus pendant trois heures. La retenue effectuée est-elle régulière ?

Les policiers établissent très vite un lien entre les voleurs de la recette et les deux jeunes gens. L'officier de police judiciaire décide alors de les placer en garde à vue afin de pouvoir les interroger. Une telle mesure peut-elle être décidée ?

Alain a reconnu les faits au cours de la garde à vue. Xavier prétend qu'ils effectuaient une promenade et qu'ils n'avaient pas du tout l'intention de voler. Il s'avère que Xavier a déjà été condamné pour vol aggravé avec violences sur une personne âgée. Quelle décision peut prendre le procureur de la République à l'encontre des deux mineurs ?

Article 331-5 CP : le vol est puni de sept ans d'emprisonnement et de 100 000 euros d'amende lorsqu'il est précédé, accompagné ou suivi de violences sur autrui ayant entraîné une incapacité totale de travail de plus de huit jours.

II. Eléments de correction

A. Sur la rétention des mineurs

Lorsqu'un mineur ne peut ou ne veut pas décliner son identité, il peut faire, comme les majeurs, l'objet d'une retenue judiciaire sur place ou au local de police. Celle-ci ne peut durer que le temps nécessaire à l'établissement de l'identité, soit quatre heures. En principe, le mineur doit être assisté de son représentant légal, sauf impossibilité (art. 78-3 CPP). Mais l'identité du mineur n'étant pas encore connue au moment de la rétention, le représentant ne peut être informé qu'à l'issue de l'opération de vérification d'identité.

B. La garde à vue des mineurs

Seuls les mineurs de moins de 13 ans ne peuvent être placés en garde à vue. En l'espèce, tous les deux sont âgés de plus de 13 ans. Une garde à vue peut donc être décidée contre Alain et Xavier dans la mesure où il existe des raisons plausibles laissant présumer leur participation à une infraction.

L'officier de police judiciaire doit aussitôt en informer le procureur de la République. Les parents, le tuteur, la personne ou le service auquel est confié le mineur en sont également avisés, sauf si le procureur en décide autrement. L'assistance d'un avocat est obligatoire. L'interrogatoire doit faire l'objet d'un enregistrement audiovisuel.

Xavier ayant plus de 17 ans, les règles applicables aux majeurs s'appliquent. En ce qui concerne Alain, le procureur de la République doit désigner, dès le début de la garde à vue, un médecin aux fins d'examen médical. La prolongation de la garde à vue ne sera possible que si la peine encourue est supérieure à cinq ans d'emprisonnement. Tel est le cas en l'espèce.

La durée de la rétention pour vérification va s'imputer sur la durée totale de la garde à vue.

C. La décision du procureur de la République

Les faits se sont déroulés le 3 janvier 2007, avant la loi du 5 mars relative à la délinquance et la loi du 10 août 2005 relative à la récidive des majeurs et des mineurs. Ces lois étant sévères, elles ne trouvent pas application en l'espèce.

Les faits étant avérés, un classement sans suite n'est pas envisageable ici. Mais Alain ayant reconnu les faits, le procureur de la République peut proposer une mesure ou une activité de réparation à l'égard de la victime avec l'accord de cette dernière (art. 12-1 ord. 1945). A cette fin, le procureur de la République peut requérir du juge des enfants la comparution à délai rapproché devant la chambre du conseil (art. 8-2, ord. 1945). Il peut recourir à une alternative aux poursuites (art. 7-1, ord. 1945) ou proposer une composition pénale (art. 7-2, ord. 1945). S'il envisage le prononcé de sanctions éducatives ou une peine, il pourra requérir la comparution devant le tribunal pour enfants.

Xavier est un mineur récidiviste. Il a déjà été condamné pour violences aggravées sur une personne âgée. La saisine du tribunal pour enfants apparaît évidente. Etant donné qu'il est âgé de plus de 16 ans, le tribunal peut exclure l'atténuation de la peine en tenant compte des circonstances et de la personnalité de l'auteur. Le juge peut tenir compte de l'état de récidive de Xavier et de sa mauvaise foi pour écarter la réduction de peine. Depuis la loi du 10 août 2007, cette exclusion est de droit en cas de récidive d'un délit commis avec la circonstance aggravante de violences (art. 20-2, ord. 1945).

INDEX

A

C

D

E

F

G

H

I

J

L

M

N

O

P

Collection Panorama du droi
STUDYRAMA

Références

34/38, rue Camille-Pelletan - 92309 Levallois-Perret cedex
Imprimerie Darantiere - 21801 Quetigny
Imprimé en France - 1er trimestre 2010 - N° d'impression : 29-1702

Service éditorial : Marjorie Champetier, Elsa Goisnard,
Deborah Lopez, Marie Tourat
Conception graphique : Catherine Aubin
Crédit photographique : Fotolia.com : Tom McNemar, Ronald Hudson

Dépôt légal à parution
ISBN 978-2-7590-0953-4